教育部人文社會科學重點研究基地重大項目"晋唐高僧因緣傳整理與研究"
（項目編號：15JJDZONGHE014）成果

敦煌寫本高僧因緣記及相關文獻校注與研究

鄭阿財 著

四川大學出版社

項目策劃：毛張琳

責任編輯：歐風偃　毛張琳

責任校對：李施余

封面設計：墨創文化

責任印製：王　煒

圖書在版編目（CIP）數據

敦煌寫本高僧因緣記及相關文獻校注與研究 / 鄭阿
財著 . 一 成都：四川大學出版社，2020.6
　　（中國俗文化研究大系 . 俗文學與俗文獻研究叢書）
　　ISBN 978-7-5690-3778-4

　　Ⅰ . ①敦… Ⅱ . ①鄭… Ⅲ . ①僧侶－列傳－中國－古
代②傳記文學評論－中國－古代 Ⅳ . ① B949.92
② I207.5

中國版本圖書館 CIP 數據核字（2020）第 111810 號

書名　敦煌寫本高僧因緣記及相關文獻校注與研究
DUNHUANG XIEBEN GAOSENG YINYUANJI JI XIANGGUAN WENXIAN JIAOZHU YU YANJIU

著　者	鄭阿財
出　版	四川大學出版社
地　址	成都市一環路南一段 24 號（610065）
發　行	四川大學出版社
書　號	ISBN 978-7-5690-3778-4
印前製作	四川勝翔數碼印務設計有限公司
印　刷	成都金龍印務有限責任公司
成品尺寸	170mm×240mm
插　頁	2
印　張	30.25
字　數	554 千字
版　次	2020 年 6 月第 1 版
印　次	2020 年 6 月第 1 次印刷
定　價	138.00 圓

◆ 讀者郵購本書，請與本社發行科聯繫。
　電話：(028)85408408/(028)85401670/
　(028)86408023　郵政編碼：610065
◆ 本社圖書如有印裝質量問題，請寄回出版社調換。
◆ 網址：http://press.scu.edu.cn

掃碼加入讀者圈

四川大學出版社
微信公眾號

總　序

項　楚

　　四川大學中國俗文化研究所，作爲教育部人文社會科學重點研究基地，已經走過了二十年的歷程。不忘初心，重新出發，是我們編輯這套叢書的目的。

　　俗文化是中國傳統文化的重要部分，與雅文化共同形成中國文化的兩翼。俗文化集中反映出中華民族獨特的思維模式、風俗習慣、宗教信仰、語言風格、審美趣味等，在構建民族精神、塑造國民心理方面，曾經起過並正在起著重要的作用。因此，俗文化研究不僅在認知傳統的中華民族文化方面具有重大的學術價值，而且在促進社會主義精神文明建設方面具有傳統雅文化研究不可替代的意義。不過，俗文化和雅文化一樣，都是極其廣泛的概念，猶如大海一樣，汪洋恣肆，浩渺無際，包羅萬象，我們的研究祇不過是在海邊飲一瓢水，略知其味而已。在本所成立之初，我們確立了三個研究方向：俗語言研究、俗文學研究、俗信仰研究，後來又增加了民族和民俗的研究。同時，我們也開展了相關領域的研究，如敦煌文化研究、佛教文化研究等。在歷史上，雅文化主要是士大夫階級的意識形態，俗文化則更多地代表了下層民眾的意識形態。它們是兩個對立的範疇，有各自的研究領域和研究路數，不過在實踐中，它們之間又是互相影響、互相滲透、互相轉化的。當我們的研究越來越深入的時候，我們就會發現它們在對立中的同一性。雖然它們看起來是那樣的不同，然而它們都是我們民族心理素質的深刻表現，都是我們民族性格的外化，都是我們民族的魂。

　　二十年來，本所的研究成果陸續問世，已經在學界產生了廣泛的影響。本套叢書收入的祇是本所最近五年來的部分研究成果，正如前面所說，是在俗文化研究大海中的一瓢水的奉獻。

目　録

緒　論

一、研究旨趣與研究範圍

佛教傳記文學初期以佛傳爲主，佛陀爲教主、成道者，是信眾崇拜學習的對象。僧人景仰佛陀，學習佛陀，是佛法的實踐者，又是佛教弘法布道的載體。其學習、實踐的歷程與典範更是後世佛教新穎而有效的見證與宣傳。

佛教傳入中國，信眾出家漸多，僧人傳記隨之孳乳，六朝僧傳蜂出，然宗教人物事迹的流傳，一般爲正史所罕載。六朝以來有雜傳一類，用以著錄高士傳、列女傳、高道傳、高僧傳、先賢傳、耆舊傳等正史史傳之外的人物事迹，此類傳記主要是以類相從的傳記集，"高僧傳"即在其列。

"高僧傳"爲佛教雜傳，屬於類傳性質，有眾僧合傳、宗派僧人合傳、祖師合傳等，大抵屬一般性傳記。在佛教全盛時期的唐代，僧傳文學更是多元發展，並蔚爲大宗。其中還有"高僧因緣記""高僧傳略""高僧贊"等一類篇幅短小、單篇散錄的僧傳文學，既不成集，又無編纂集錄，流布於寺院、道場、齋會之間，以寫本傳抄構成，呈現與實際應用場合相適應的文本特色。可惜受正統文學觀念的影響，其大多未能得到應有的重視，以致隨時代變遷而散佚。

1900 年敦煌莫高窟藏經洞的偶然發現，讓六萬多號抄寫於 4 世紀中期到 11 世紀初期的寫本文獻重見天日，筆者曾歸納其文獻特色：其一，不爲流傳而流傳，反映敦煌地區僧眾實際生活面貌，是中國中古社會生活的活化石；其二，抄寫的時間跨度越長，時代越後，文獻越多，以晚唐五代歸義軍時期的寫本爲多；其三，就文獻涉及的地區而論，中央與地方並存，西域與中原同在，而以河西地區爲大宗；其四，寫本抄寫使用的階層有王室、貴族、文士、官吏、僧人、商旅、庶民、學郎等；其五，寫卷内容呈現出種類繁多，體類龐雜，不具系統性的特点。另外存在著同一寫卷正背書寫、抄者不一，不同時段、不同屬性内容並呈一卷，以及多殘卷、多缺題、多隨意性等特徵，既顯現了敦煌文獻與傳世刻本文獻的差异性，也突出了獨特性與珍貴性。

敦煌是佛教勝地，發現敦煌文獻的莫高窟是佛教石窟，藏經洞是敦煌都僧統洪辯和尚的影堂，爲後來三界寺貯存圖書、修補經典的場所，因此，90％以上的敦煌遺書皆是佛教文獻。佛教文獻數量既大，種類又豐，經、律、論、疏都有，其中，古佚經疏、疑僞經典、初期禪宗史料、净土教及三階教文獻、吐蕃時期的新譯經論尤爲珍貴，還有反映日常佛教活動的寺院文書，如齋文、願文、懺悔文等。

其中，幸存的"高僧因緣記""高僧傳略""高僧贊"等系列抄本，是了解僧傳文學發展演變的具體實物材料。雖題名不同，文體有別，然其作爲高僧圖像解説、繪畫榜題或法會諷誦宣講之功能無二，具有紀傳功能之取向，且多匯抄在同一寫本，形成具有同質性的文本群。敦煌寫本"高僧因緣記""高僧傳略""高僧贊"當是兩晉六朝高僧傳與佛像讚之新變，對其進行整理研究，有助於考察中國佛教傳播過程中僧傳文學的發展與演變。筆者對其加以篩檢、梳理，計得 21 件寫本，分列如下：《佛圖澄和尚因緣記》《隋净影寺沙門惠遠和尚因緣記》《法照和尚因緣傳》《靈州龍興寺白草院史和尚因緣記》《聖者泗州僧伽和尚元念因緣記》《劉薩訶和尚因緣記》6 種高僧因緣記；《康僧會傳略》（一）、《康僧會傳略》（二）、《鳩摩羅什傳略》（一）、《鳩摩羅什傳略》（二）、《法顯傳略》、《竺道生傳略》、《釋弘明傳略》7 種高僧傳略；《佛圖澄羅漢和尚贊》《彌天釋道安贊》《羅什法師贊》《稠禪師解虎贊》《南山宣律和尚贊》《唐三藏贊》《義净三藏法師贊》《寺門首立禪師贊》8 種。這些寫本爲我們考察晉唐高僧的因緣記、傳略及贊等僧傳文學發展與運用實況提供了寶貴的材料。茲列表如下，並略加説明。

表 1　敦煌寫本高僧因緣記、高僧傳略、高僧贊傳總表

	傳主	時代	里籍	文本與卷號
1	康僧會	？—280	康居	《康僧會傳略》（一）S. 3074 《康僧會傳略》（二）P. 4964
2	佛圖澄	232—348	西域①	《佛圖澄和尚因緣記》S. 1625V、S. 3074、P. 2680 《佛圖澄羅漢和尚贊》P. 3355、S. 276V
3	道安	312—385	常山扶柳	《彌天釋道安贊》P. 3355V
4	鳩摩羅什	344—413	龜茲	《羅什法師贊》S. 276V、S. 6631V、P. 2680、P. 4597 《鳩摩羅什傳略》（一）S. 381 《鳩摩羅什傳略》（二）S. 3074
5	法顯	334—420	平陽	《法顯傳略》S. 3074
6	竺道生	355—434	鉅鹿	《竺道生傳略》S. 3074
7	劉薩訶	360—436	并州離石	《劉薩訶和尚因緣記》P. 2680、P. 3570V、P. 3727、羽 698
8	釋弘明	483—493 活動	會稽	《釋弘明傳略》S. 3074
9	釋僧稠	480—560	昌黎	《稠禪師解虎贊》P. 3490V、P. 4597
10	净影寺惠遠	523—592	敦煌	《隋净影寺沙門惠遠和尚因緣記》P. 2680、P. 3570、P. 3727
11	宣律和尚	596—667	丹徒	《南山宣律和尚贊》P. 3570V
12	玄奘	602—664	洛州緱氏	《唐三藏贊》S. 6631V、P. 2680、P. 4597
13	僧伽和尚元念	628—710	葱嶺北何國	《聖者泗州僧伽和尚元念因緣記》P. 3727
14	義净三藏	635—713	河北涿縣	《義净三藏法師贊》S. 6631V、P. 2680、P. 3727、P. 4597
15	寺門首立禪師	713 在世？	不詳	《寺門首立禪師贊》S. 1774V、P. 2680、P. 3490V、P. 3727
16	法照和尚	747—821	不詳	《法照和尚因緣傳》P. 2130
17	史和尚增忍	813—871	沛國陳留	《靈州龍興寺白草院史和尚因緣記》P. 2680、P. 3570V、P. 3727、P. 3902、S. 276V、S. 528

　　表中總計傳主、贊主 17 位，其時代從三國至唐。其中，三國吴 1 位，兩

---

　　①　南朝宋劉義慶《世説新語・言語》第四五條劉孝標注引《佛圖澄别傳》作"道人佛圖澄，不知何許人，出於燉煌"。

晋南北朝 8 位，隋 1 位，唐代 7 位。從里籍看，西域入華高僧有康僧會、佛圖澄、鳩摩羅什、僧伽和尚元念 4 位，大抵爲佛教傳入初期西域來華高僧。南北朝隋唐時期，以中土高僧爲主，計 13 位。其事迹大都見載於《高僧傳》《續高僧傳》《宋高僧傳》《法苑珠林》《集神州三寶感通録》等。其中寺門首立禪師，有學者以爲是唐京師紀國寺沙門釋慧净（578—?）。①

從這些晋唐高僧因緣記、高僧傳略、高僧贊的内容來看，其共同的特徵蓋在記叙高僧的出家、守戒、苦修、得道、成聖僧之歷程，尤其突出神通、感應、靈驗等事迹，是弘法布道、見證宣傳之利器。從西域入華高僧，到中土出家赴西天取經之聖僧，再到漢地凡夫皈依悟道成聖者，對照印度佛傳、十大弟子傳、菩薩傳到中土僧傳的發展，具體展現了印度佛教進入中國後的中國化、在地化。

二、佛教中國化：佛傳到僧傳文學的發展

佛傳文學主要是以記叙佛陀降誕、出生、出家、降魔、成道、涅槃等事迹爲主題之文學作品。印度有關佛陀的事迹，早期僅零散存於各經中②，蓋早期佛教徒關心的是佛陀的教導。佛陀的時代，有關佛陀的行迹以零散片段在信徒間口耳相傳，由於去佛日遠，佛陀的形象在修行者心目中逐漸淡薄，所以有關佛陀生平的完整的傳記尚没有出現。③ 佛傳的出現是在佛陀涅槃後，信徒對教主的思念、崇敬之心日增，才開始結合經、律典籍中相關片段事迹加

---

① 梅雪在《〈靈州龍興寺白草院史和尚因緣記〉研究》中據《寺門首立禪師贊》"禪師俗姓氾氏，法號惠净"與《續高僧傳·譯經篇三·唐京師紀國寺沙門釋慧净傳》"慧净俗姓房氏，常山真定人"二句，認爲"房""氾"可能因音近而誤抄，且惠、慧多通，故推測慧净就是寺門首立禪師（蘭州大學碩士學位論文，2019 年，第 37～39 頁）。按：《續高僧傳·譯經篇三唐京師紀國寺沙門釋慧净傳》雖載釋慧净早年出家，但《寺門首立禪師贊》所贊頌的内容全不見於《續高僧傳》，且二者所記述内容迥然不同：一以譯經功績立傳，一以神通靈異頌讚，且無任何交集。單憑早年出家這種大多數僧人的共相實難爲證。又 P.3490《寺門首立禪師贊》後有"先天二年十二月廿五日清信弟子張大爽述"。按：張大爽，唐沙州人，張芝第十八代族孫。開元時文舉人，後爲昭武校尉、甘州三水鎮將、上柱國。先天是唐玄宗第一個年號，先天二年即公元 713 年，雖寺門首立禪師生卒年、里籍不詳，據此似可推測其是 713 年前後在世。

② 郭良鋆在《佛陀和原始佛教思想》中指出："在巴利語三藏中並無完整的佛陀傳記，而只有散見於各處的佛陀生平片斷。顯然，在佛陀時代，佛教徒們最關心的是佛陀的教導。"（北京：中國社會科學出版社，2011 年，第 21 頁）

③ 印順法師《原始佛教盛典之集成》云："佛傳——佛陀一生的傳記，以文字集録爲大部，傳誦或書寫而流傳下來，是並不太早的。在没有大部以前，先有片段的記録；片段記録以前，是作爲事迹，而傳説於僧伽或信衆之間。"（臺北：正聞出版社，1994 年，第 357 頁）

以增飾，包括開始編輯佛陀的傳記以顯揚贊頌佛陀的功德，逐漸發展爲今所見内容豐富且自成系統的佛傳典籍，如《大事》（*Mahāvastu*）便是一部顯揚佛陀本生、生平與功德的經典。其文體乃駢散雜糅，使用的語言是混合梵語。① 至於較早出現的完整的佛傳作品當推公元 1 世紀、2 世紀馬鳴所作的《佛所行贊》（*Buddhacarita*）。② 他以豐富多樣的文學手法鋪陳佛陀生平，完成了長篇叙事詩，成爲宣教的利器。

佛教傳入中國，有關佛陀生平事迹的典籍也相續譯出，如《修行本起經》二卷（東漢竺大力共康孟詳譯）、《中本起經》二卷（東漢曇果共康孟詳譯）、《太子瑞應本起經》二卷（三國吴支謙譯）、《普曜經》八卷（西晉竺法護譯）等，尤其是北凉曇無讖譯《佛所行贊》五卷、劉宋寶雲譯《佛本行經》七卷、隋闍那崛多譯《佛本行集經》六十卷，記述佛陀生平事迹，叙事龐雜不一，不僅是歷史人物之傳記資料，更雜糅宗教神話、本生輪迴等傳説。隨著佛傳典籍在中國的傳布，佛傳文學逐漸普及且影響深廣。著名詩人馬鳴贊頌佛陀生涯的《佛所行贊》二十八品③，是佛傳文學的白眉，是漢譯佛典中膾炙人口的佛傳文學，也是中國佛傳文學的淵藪。

除佛傳外，由於公元前 3 世紀印度大乘佛教開始發展，到了 2 世紀至 4 世紀時龍樹菩薩④開創中觀派，無著菩薩及世親菩薩開創瑜伽行派。4 世紀時鳩摩羅什（334—413）將大量佛教經典進行漢譯，促進中觀派、瑜伽行派在中國的流行，同時也出現了署名鳩摩羅什（翻譯）的《馬鳴菩薩傳》《龍樹菩薩

① 《大事》（*Mahāvastu*）是印度部派佛教的重要典籍。爲《大事譬喻》（*Mahāvastu-avadAna*）的略稱。全書共分三篇，第一篇描述釋尊在燃燈佛與其他過去佛時代行菩薩道的事迹，第二篇介紹菩薩（指釋尊的前生）上生兜率天的種種，第三篇介紹初轉法輪與諸大弟子等的本生。

② 賴鵬舉在《北傳大乘佛教的起點——紀元後西北印以"釋迦佛"爲中心的思想、造像與禪法》一文中認爲："馬鳴是佛教史上已知第一位將教化的重點由法相地分别移到佛陀在世功德（佛傳）的講述。而且馬鳴以其優美且細膩的文學手法，來叙述佛陀不平凡的一生……以佛陀的功德作爲佛教的主題正是爾後大乘的起點。"（《普門學報》，2001 年第 3 期，第 112 頁）

③ 馬鳴菩薩，中天竺國人，約爲公元 1 世紀的人。深研佛法，博通三藏，廣宣大乘佛法，備受時人推崇。有《大乘莊嚴經論》《大乘起信論》等論著，爲歷來各宗所依據的重要論典之一，影響深遠《付法藏傳》稱爲第十二祖。他曾將佛陀的一生用梵語寫成叙事詩《佛所行贊》，成爲印度文學史上不朽的名著。

④ 龍樹菩薩，又譯龍猛、龍勝，在印度佛教史上被譽爲"第二代釋迦"，精通佛法，著作宏富，主要有《大智度論》《中論頌》《十二門論》《十住毗婆沙論》等。後世因其所著《中論頌》宣揚空觀學派又稱爲中觀派，而尊其爲中觀派之祖。其學説因鳩摩羅什的翻譯、推介而在中國盛行，影響深遠。中國大乘八宗都一致尊奉龍樹菩薩爲共同的祖師，其被《付法藏傳》尊爲第十四祖（《龍樹菩薩傳》稱十三祖）。

傳》《提婆菩薩傳》。① 今 P. 2680 卷子本，與高僧贊、高僧因緣記匯抄中見有《唯識論師世親菩薩本生緣》《唯識大師無著菩薩本生緣》，P. 3727《付法藏傳》寫本中也抄有《唯識大師無著菩薩本生緣》《唯識論師世親菩薩本生緣》。

　　眾所周知，佛教東傳，從印度到中亞，經由絲路進入中土，佛教特有的文學也隨之傳入中原。在傳播與接受的歷程中，佛教在逐漸中國化、世俗化的因應與轉變下，漸次建構出漢傳佛教的獨特體系。中國的佛教文學既繼承了印度原有的題材、形式與手法，又融入中土獨特的內容與形式，不斷地創新，既豐富了漢傳佛教的內涵，又形塑了中國佛教的樣貌與風格。

　　中國佛教的弘傳，除了在文學傳播上繼承了印度佛教原有的本生、佛傳、因緣等文學傳統外，在佛傳傳統與中國佛教傳播發展的實際歷程中，歷代彰顯高僧修行典範與弘法行迹的僧傳文學在中國固有史傳文學的影響下蓬勃發展，逐漸成爲中國佛教傳記文學的主流與中國佛教記叙文學的新題材。

　　佛教傳記文學早在印度佛教十二分教中便占有一席之地，佛傳文學更在因緣、譬喻、本生與本事等體類中一一呈現。佛教傳入中國後，中國佛教傳記文學日趨發達，除了翻譯印度佛陀傳記經典外，也開始有僧人據之編創以佛傳爲題材的文學作品，如梁僧祐（445—518）的《釋迦譜》等。中土僧人及文人亦撰寫了贊嘆佛、菩薩威德與佛、菩薩像的銘、贊等，如晉支遁（314—366）《釋迦文佛像讚并序》、梁簡文帝（503—551）《釋迦文佛像銘》《彌陀佛像銘》《維衛佛像銘》《梁安寺釋迦文佛像銘》，唐穆員（約 750 年至 810 年在世）《畫釋迦牟尼佛讚（並序）》《綉西方阿彌陀佛讚（並序）》《綉藥師琉璃光佛讚（並序）》《綉藥師佛觀世音菩薩讚（並序）》《綉救苦觀世音菩薩讚（並序）》《綉地藏菩薩讚（並序）》、唐白居易（772—846）《綉阿彌陀佛讚（并序）》《綉觀世音菩薩像讚（並序)》等。

　　隨著佛教在中國的盛行與普及，高僧大德輩出，受中國傳統史傳文學的影響，"名僧傳""高僧傳"一類僧傳作品劇增，使佛教傳記文學的範疇更爲寬廣，體類更加豐富，除佛陀的傳記文學外，更有佛弟子傳、僧傳等佛教傳記文學的流布。

---

　　① 提婆，梵文音譯，意譯爲天，又稱聖天，是龍樹門下最傑出的一位弟子，繼龍樹之後，在南印度傳揚大乘空宗。流傳下來的著作有《四百論》《百論》《百字論》等，是中觀派的重要作品。佛教史上，提婆與龍樹兩人的思想一同被稱作"龍樹提婆之學"，即印度初期大乘佛教的中觀學説。提婆被禪宗尊爲西天第十五代祖師。

1985 年，日本金岡照光開始關注 S. 1625《佛圖澄和尚因緣記》，以爲該因緣記是概括佛圖澄的神變故事，與“變文”一樣也是用來講唱的；現今留下的抄本雖短，但實際上講談時大概講得很詳細，主張應另設“高僧傳變文”一類來進行分析研究。① 同年，周紹良也注意到敦煌題名《因緣記》的寫本“文字基本與《高僧傳》或《續高僧傳》大同小異。是此等因緣記採自《高僧傳》或《續高僧傳》，抑《高僧傳》或《續高僧傳》採自民間傳說，均不能定”②。以爲《因緣記》是作講說之用，是說因緣的底本。1989 年柴劍虹承繼了周紹良的看法，更爲明確地指出題名爲“因緣記”的作品或擷取佛經故事，或徑取某個高僧的傳記故事，照本宣科或略有鋪染，是當時寺院俗講的底本。③

之後，主張此類作品是寺院俗講底本的說法一直是學界的主流觀點。④ 1998 年筆者在《敦煌佛教靈應故事綜論》一文中指出《劉薩訶和尚因緣記》雖名爲“因緣記”，然內容實屬靈應故事一類，因此將《劉薩訶和尚因緣記》納入敦煌佛教靈應故事進行考察。⑤ 2009 年楊寶玉也對敦煌本《劉薩訶和尚因緣記》進行了解題與校注。⑥

2004 年馬德因側重故事性而將“選取佛經經文段落和一些高僧傳記所改編的各類故事”，如《悉達太子修道因緣》《金剛醜女因緣》《難陀出家緣起》《歡喜國王緣》《四獸因緣》《祇園因由記》《佛圖澄和尚因緣記》《劉薩訶和尚因緣記》《隋淨影寺沙門慧遠和尚因緣記》《靈州龍興寺白草院史和尚因緣記》

---

① ［日］金岡照光：《關於敦煌本高僧傳因緣》，《古典文學》第 7 期，臺北：臺灣學生書局，1985 年 8 月，第 121～140 頁。

② 周紹良：《唐代的變文及其他》，載《文史知識》1985 年第 12 期，後收入《敦煌文學芻議及其他》，臺北：新文豐出版公司，1992 年，第 85 頁。

③ 柴劍虹在《因緣（緣起）附因緣記》中說：“敦煌遺書中還有一類作品，大都題名爲‘因緣記’（或‘因由記’）。它們或擷取佛經故事，或徑取某個高僧的傳記故事，照本宣科或略有鋪染，也是闡明因果、宣揚作善求福的。這些作品恐怕也是當時寺院俗講的底本，但却是純散文作品，即是只說不唱的。”（《敦煌文學》，蘭州：甘肅人民出版社，1989 年，第 276～278 頁。）

④ 1993 年張鴻勛在《敦煌文學概論》第六章“敦煌講經文和因緣”中說：“這些作品均是散文，大多直抄原傳文字，却又‘東刪西節，胡增亂添’，是否作爲說唱因緣底本，恐尚須進一步研究。”（顏廷亮主編：《敦煌文學概論》，蘭州：甘肅人民出版社，1993 年，第 227 頁）

⑤ 鄭阿財：《敦煌佛教靈應故事綜論》，《佛學與文學——佛教文學與藝術學術研討會論文集·文學部分》，臺北：法鼓文化，1998 年，第 121～152 頁。

⑥ 楊寶玉：《敦煌本佛教靈驗記校注並研究》，蘭州：甘肅人民出版社，2009 年，第 258～268 頁。

等感應故事、因緣故事與因緣記等皆歸入"敦煌佛教經論"中的"佛經故事部分"。①

2007 年，尚麗新指出《劉薩訶因緣記》文體雖難以歸屬，但題名"因緣記"，仍然暗示了與講唱因緣文存在著某種聯繫。②

2010 年，張涌泉、竇懷永提出："具備小説特點的《佛圖澄和尚因緣記》等因緣記類作品，周氏歸入'因緣（緣起）'類，而未注意到兩者間的不同，今日觀之，或有失允當。"③ 因而分敦煌文獻中的小説爲古體小説與通俗小説兩種，並將《佛圖澄和尚因緣記》《劉薩訶和尚因緣記》《隋净影寺沙門慧遠和尚因緣記》《靈州龍興寺白草院史和尚因緣記》等與《周秦行記》《秋胡小説》《唐太宗入冥記》《劉季遊學乞食故事》一同歸入通俗小説中的"傳奇類"，肯定"因緣（緣起）類"與"因緣記"同屬文學，也注意到兩者的不同：一爲講唱體，一爲傳奇小説體。

筆者認爲，敦煌文獻中的"高僧因緣記""高僧傳略""高僧贊"等僧傳文學系列抄本，是佛教在中國弘傳過程中發展出來的體類，因特加以篩檢梳理，作爲敦煌僧傳文學研究的主要對象，希望從敦煌佛教角度，透過寫本原生態來考察其發展與演變。

"高僧因緣記"或稱"高僧因緣傳"。主要記叙高僧出家學佛的因、修行得道成爲高僧的緣。元魏時西域三藏吉迦夜共曇曜譯有《付法藏因緣傳》六卷，P. 2680、P. 3727、P. 3355 以抄錄《付法藏因緣傳》爲主體，將十大弟子讚或名目、菩薩本生緣、歷代傳法聖者傳、《佛圖澄和尚因緣記》、《劉薩訶和尚因緣記》、《隋净影寺沙門惠遠和尚因緣記》、《聖者泗州僧伽和尚元念因緣》、《靈州龍興寺白草院史和尚因緣記》等匯抄在一起，將中土高僧歸入歷代祖師聖者之列，並爲之繪製畫像，是即視同《付法藏因緣傳》。

按："傳"是記叙人物事迹的文字。高僧傳是高僧人物生平事迹的記叙文本。傳有轉述傳布的意涵。"高僧因緣"則是專門記叙高僧出家學佛、修行得

① 馬德：《敦煌佛教文獻的再認識》，《中國佛學院學報》，2004 年第 22 期，第296～298 頁。
② 尚麗新：《敦煌本〈劉薩訶因緣記〉解讀》，《文獻》，2007 年第 1 期，第 65～74 頁。
③ 張涌泉、竇懷永：《敦煌小説整理研究百年：回顧與思考》，《文學遺產》，2010 年第 1 期，第 150 頁。又張涌泉、竇懷永的《敦煌小説合集》將《周秦行記》《秋胡小説》《唐太宗入冥記》《劉季遊學乞食故事》《佛圖澄和尚因緣記》《劉薩訶和尚因緣記》《隋净影寺沙門慧遠和尚因緣記》《靈州龍興寺白草院史和尚因緣記》8 篇校錄收入"通俗小説"下"丙傳奇類"（杭州：浙江文藝出版社，2010 年，第 370～438 頁）。

道成爲高僧的歷程，其中有可資信衆修行學習、弘傳及信仰崇拜的重要事迹。"記"，意指記述，説明。"記"作爲文體名，其體以叙事爲主，兼及情事之描寫。一以人物爲主體，一以事情爲核心。有人有事，交叙互呈。

高僧因緣故事標示因緣，旨在彰顯高僧出家弘法傳道歷程中的感通、靈驗、神異等事迹。其或稱傳，或稱記，二者實爲一物。如中國文學作品《西廂記》，以崔鶯鶯人物爲著眼點的稱爲《鶯鶯傳》，以故事發生場所爲焦點的稱爲《西廂記》，二者同實而异稱。晋唐期間頗多人們向佛、菩薩祈禱、懺悔，或念佛、誦經、造經、造像之後，出現感通、靈异等神异經驗之記述，或稱冥報傳、報驗傳、感應記、靈驗記、冥報記等；其或有傳記合稱，如記述張居道因適女事，殺生宴客而受報應入冥，後發願造《金光明經》四卷，以求懺悔滅罪，因而還陽復生的故事《懺悔滅罪金光明經傳》，S. 4155 寫卷的尾題即作《金光明經冥報驗傳記》。所以高僧因緣故事或稱因緣傳，或稱因緣記。

敦煌文獻中也保存了佛陀十大弟子的贊，計有 S. 276V、S. 1042V、S. 5706、S. 6006、P. 3355V、P. 3727、P. 4968、BD14546V、羽 025－1 等寫本。另 P. 2680 及 P. 3727 與高僧贊、高僧因緣記或《付法藏傳》匯抄中也有《唯識論師世親菩薩本生緣》《唯識大師無著菩薩本生緣》。它們性質相同，均屬佛教傳記文學，然傳主、贊主爲佛陀弟子及印度早期僧人，時隔久遠，不若中土高僧之時近人親（其時代較爲貼近，形迹典範切時有感，修行砥礪較具時效）。又由於傳主、贊主皆非中土僧人，故雖爲中土撰作，筆者不將它們列入本項目之研究範圍，宜另行撰文論述。

至於所謂的"原生態"，是從自然科學生態學科的"生態概念"借鑒而來的，指的是一切在自然狀况下生存的東西。敦煌文獻中的寫本"原生態"則是指寫本没有經過整理、改變，保存了敦煌文獻抄寫時的原始狀態。

過去，敦煌文學文獻的整理者主要從中國傳統文體分類的角度進行作品的輯録與研究，如《敦煌石窟僧詩校釋》《全敦煌詩》《敦煌文研究與校注》[①]等一類作品文本的輯録或研究，基本均以單一作品立論，罕見關照作品抄寫的"原生態"，且未對寫本的使用情形、作品的運用與功能等作論述，更未見

---

① 如汪泛舟：《敦煌石窟僧詩校釋》，香港：香港和平圖書有限公司，2002 年；張錫厚：《全敦煌詩》，北京：作家出版社，2006 年；鍾書林、張磊：《敦煌文研究與校注》，武漢：武漢大學出版社，2014 年。

有從宏觀視野來論析中國僧傳文學的發展與演變。

敦煌文獻中的"高僧因緣記""高僧傳略""高僧贊"等僧傳文學寫本，形態有卷軸、冊子、單張散葉；流傳的寫本有彙抄、散抄；大抵爲敦煌地區僧人所抄，保存了敦煌地區佛教僧傳文學寫本的"原生態"，既可反映文本性質和使用功能，又可供考察敦煌僧傳文學的發展與演變之用。

三、敦煌佛教視野下多元多樣的僧傳文學

佛教主要是通過佛、法、僧三寶來獲得信衆的崇奉。佛寶主要指釋迦牟尼佛，是佛教徒信仰的對象，佛陀的本生、本事與本行是信衆遵奉的神聖典範。法寶指的是佛教的經典，是教理教義的載體，佛教經典的傳播以語言、文字爲媒介，採取譯經、誦經與講經等手段。僧寶指的是僧人、僧團，是佛陀的弟子與信徒，是佛法的護持者、實踐者，更是歷代推動佛教發展的主要人物；高僧護法證道的行迹是信徒親近、學習、修行的楷模。佛、法、僧三者構成佛教弘傳的有機體。

在中國，初期的佛教傳播者主要爲外來高僧，傳播方式以口頭諷誦、宣說爲主，進而訴諸文字的經典翻譯。之後，信衆憑藉漢譯經典展開誦習，快速推動佛教信仰的傳播。除了語言宣說、經典翻譯外，教法的宣揚與弘傳也採取由綫條、色彩構成的圖像，通過視覺具像傳達，擺脱語言文字的限制，發揮文字、圖像相輔相成的功效。多元的傳播方式與豐富的傳播媒介，促使傳播空間與對象範圍大爲擴張。

隋唐五代佛教的發展與傳播進入了由雅而俗的新階段。這一階段化俗法師通過語言，以講唱經文或俗曲歌讚唱誦的方式來進行口頭傳播；同時在寺院繪製大型的壁畫，以綫條、色彩來製作經變畫，或在絹本、紙本上繪製經變掛畫，進行視覺傳播。這些"圖繪變相""口宣俗講"的題材，首先選擇的便是引人入勝的佛傳故事、本生、因緣與譬喻等叙事題材。

釋迦牟尼從誕生、出家、修行、證道、成佛、轉法輪到涅槃的種種事迹，體現了佛教産生與發展的歷程，是佛教布教的重要内容，更是佛教文學與圖像展現的主要題材。當佛教傳入具有深厚史學傳統的中國，除了原有的佛傳外，僧傳也不斷發展，體現了中華民族獨特的歷史意識，成爲漢傳佛教興起的獨特文類，是具有繼承性與創新性的佛教傳記文學。

中國史學與文學傳統中，"傳"體是一種以人物或事件爲核心的叙事文

體。《四庫全書總目》"史部傳類"釋"傳記"言："傳記者，總名也。類而別之，則叙一人之始末者，爲傳之屬；叙一事之始末者，爲記之屬。"① 説明叙述事件始末與突出傳主的生平是中國傳記文學的叙事傳統。這種文體在中國有悠久的傳統，大體上包括歷史傳記文學和雜體傳記文學，即史傳文學和雜傳文學兩大類。

宗教人物的事迹一般爲正史所罕載，六朝以來高僧傳記文獻蜂出，史志乃將之與高士傳、列女傳、高道傳、神仙傳、先賢傳、耆舊傳等正史史傳之外的人物事迹一並歸爲雜傳。此類傳記主要是正史之外以類相從的傳記集。

高僧傳記屬於佛教文學作品，人文色彩尤其鮮明。中國僧傳自從佛教傳入中土，隨著佛教的弘傳而逐漸發展，尤其西晋後趙開始廢止漢人出家的禁令，遂有了完整意義上的中國第一位僧人朱士行，其後僧人漸多。記述僧人弘法歷史的僧傳也漸次出現，先有個別僧人傳記的"別傳"；而後有同類僧人傳記結集的"類傳"，或述求法，或述高逸，或專述某地僧人；又有所謂的"總傳"以匯述整個歷史時期的中外各類高僧。在中國史傳傳統影響下，中國僧傳文學得以快速發展。

東晋義熙十二年（416），法顯在建康道場寺撰《法顯傳》（又名《佛國記》），記載自己西行求法的見聞，是現存最早的一部自述性"別傳"。南朝時期，佛教在中國的傳播已成爲人們關注的熱點。當時佛教傳入中土已數百年，其間"西域名僧往往而至，或傳度經法，或教授禪道，或以异迹化人，或以神力救物"；而"此土桑門，含章秀起，群英間出，迭有其人"。南朝僧俗競相撰述各類僧人傳記。

梁僧祐（445—518）於南齊明帝建武年間（494—497）完成《出三藏記集》，全書凡十五卷，計分撰緣記、詮名録、總經序、述列傳 4 部分。其中卷十三至卷十五爲述列傳，共爲 32 位東漢至劉宋期間譯經及義解的高僧立傳。此雖非完備的僧傳，也未有分科，但開僧傳之先河，實爲日後寶唱《名僧傳》與慧皎《高僧傳》編纂的先驅，《名僧傳》《高僧傳》除因襲《出三藏記集》的叙述方法外，其相關史料也頗多爲寶唱《名僧傳》、慧皎《高僧傳》所採用。

寶唱（生卒年不詳）於南梁天監十三年（514）"遍尋經論，使無遺失，

---

① 永瑢等：《四庫全書總目》卷五十八《史部傳類》，北京：中華書局，1965 年，第 531 頁。

搜括列代《僧録》，創區別之，辯真偽，芟繁冗"，歷時 4 年完成《名僧傳》三十一卷，全書分列法師、律師、禪師、神力、苦節、導師、經師 7 科，分別記述東漢、三國吳、晋、後秦、北魏、劉宋、蕭齊 7 代名僧 425 人。開"分科總傳"體例之先河，此書雖已亡佚，今存有《名僧傳抄》，爲日本嘉禎元年（1235）五月宗性的摘抄本。

梁慧皎（497—554）於南梁天監十八年（519）撰成《高僧傳》十四卷，借鑒《名僧傳》七科體例，立釋門"德業"爲十科，將傳主分別系入僧傳"十科"。收録高僧 257 人，附見 200 餘人；上起東漢永平十年（67），下迄梁天監十八年（519），前後達 453 年。其寫作遵循傳統史傳體體例，先寫傳主的法名，俗姓名，籍貫，出家時間、地點等；次寫釋門主要行事與貢獻，表叙傳主生涯，並於每科傳後創設附"論"。該書採用資料依其自序及慧皎與王曼穎之書信得見，包括現有僧傳類及晋法濟之《高逸沙門傳》、齊法安之《志節》、僧寶之《遊方》、法進之《論傳》、琅琊王巾之《僧史》、僧祐之《出三藏記集》、郄景興之《東山僧傳》、治中張孝秀之《廬山僧傳》、宋臨川王義慶之《宣驗記》《幽冥録》、太原王延秀之《感應傳》、朱君台之《徵應傳》、陶淵明之《搜神録》、王琰之《冥祥記》、劉俊之《益部寺記》、宋曇景之《京師塔寺記》、齊文宣王之《三寶記傳》、陸明霞之《沙門傳》等十數種。

唐道宣《續高僧傳》遵承傳統，師法良史，繼承並發展慧皎僧傳例法，承襲慧皎"十科"，略有變通，或保留，或更名，或合併，或增删。是書凡十五卷，約 46 萬字，正傳 468 人，附見 229 人；有鑒於慧皎《高僧傳》"緝裒吳越，叙略魏燕別傳"，乃將時間上限推前，自南梁初（502）至唐麟德二年（665），凡 164 年，兼收南北高僧。

隋唐之際，釋門另有"別傳"撰述之風，如灌頂的《天台智者大師別傳》、彥悰的《唐護法沙門法琳別傳》等。另一方面，在佛教布教弘傳的活動中，高僧傳記可作爲信衆學佛修行的典範，高僧的行迹也有助於勸誘信衆。因此，在佛教中國化、世俗化的歷程中，僧傳也因應實際需求而有多元的發展。因而除了原有的僧傳傳統外，更衍生出"高僧因緣記""高僧傳略""高僧贊"等僧傳文學體類。這些僧傳文學的篇幅、體制尤便於發揮因時、因地化俗成信的特殊功能，凸顯中國僧傳文學的獨特性，是中國佛教弘傳文學的重要組成部分，只是學界一般將焦點放在歷代"高僧傳"上，對於這些零星散落的另類僧傳文獻留意甚少。

20 世紀初敦煌文獻的發現使爲數不少的"高僧因緣記""高僧傳略""高僧贊"等僧傳文學文獻逐漸引起學界的重視。同時敦煌石窟壁畫與紙本畫、絹本畫中也有不少與這些僧傳文學相應的高僧史迹畫、高僧人物畫，更加彰顯了僧傳文學與圖像在敦煌佛教傳播中多元的文化功能與意涵。以下謹就今所得見敦煌文獻中的"高僧因緣記""高僧傳略""高僧贊"等略加說明，以顯現敦煌僧傳文學多元多樣的特性。

（一）高僧因緣記

"高僧因緣記"或稱"高僧因緣傳"，主要記述高僧出家、得道、成爲聖僧的因緣事迹。按：佛教以事物生起、變化及壞滅的主要條件爲"因"，輔助條件爲"緣"。換言之，一切事物、現象的生起，皆由相待的互存關係和條件決定，佛法中有所謂"十二因緣"，便是説明衆生生死流轉的因果聯繫，強調 12 個環節按順序組成，是佛教思想中生死流轉的因果律。

原始經典十二分教中，第十爲 nidāna，漢譯音譯爲"尼陀那"，意語作"因緣"，是指見佛聞法、佛説教化的因緣，或佛典開端作爲講經緣起的經序。① 漢譯佛典中的因緣故事，除了佛陀説法和制戒機緣故事外，還包括小乘佛教所注重的"業報因緣"。因小乘佛教所認爲的因緣是指直接產生果的因，著重在業感果報，即今世所得果乃前世所種因，與原始佛教關於因緣的説法大有不同。

印度佛教十二分教中，佛教文學所采用的因緣、譬喻、本生與本事等幾種文體，其因素也在中國佛教傳記文學中孳乳、轉化。其中文學形式的"因緣"後來漸漸與本生、譬喻、本事相結合，内容更加廣泛，成爲中國佛教文學的重要部分，而唱導活動中所謂的"説緣喻"，便是説唱佛教的"因緣""譬喻"故事。南梁釋慧皎《高僧傳·唱導論》記叙六朝唱導活動，即提到"或雜序因緣，或傍引譬喻"②；而唐代敦煌寫卷《俗講儀式》

---

① 《大毗婆沙論》卷一百二十六："因緣云何？謂諸經中，遇諸因緣而有所説，如義品等種種因緣。如毗奈耶作如是説；由善財子等最初犯罪，是故世尊集苾芻僧，制立學處。"（CBETA，T27，no.1545，p0660a13—a16）

② 《高僧傳》卷十三："唱導者，蓋以宣唱法理，開導衆心也。昔佛法初傳，于時齊集，止宣唱佛名，依文致禮。至中宵疲極，事資啓悟，乃別請宿德，升座説法。或雜序因緣，或傍引譬喻。"（CBETA，T50，no.2059，p.417，c7—12）

中更有"便入經，説緣喻"①，可見極具故事性的"因緣""譬喻"是聽眾所喜聞的。因此在中國佛教的齋會中，往往會將其安插在唱導、俗講中，以作爲聽眾聽講疲憊時提振精神並資啓發開悟之用。在中國僧傳文學的發展歷程中，還衍生出"高僧因緣記"一類新興的佛教傳記文學。

"因緣記""因緣傳"是叙述因緣的散文體傳記文學作品，是佛教傳記文學的特殊成員，其以傳主的藝術形象、故事的傳奇性、叙事的生動性，在中國的傳播過程中產生兼具閱讀與宣講備用提示功能的文學形式，既豐富了中國僧傳文學的多元性，也展示了佛教文學的發展，其形式、題材之特色及其在唱導活動中的運用與功能，具有佛教文化與文學的研究價值。

敦煌文獻中題名或擬名爲"因緣記""因緣傳"的寫卷，以今所知見主要有《佛圖澄和尚因緣記》（S. 1625V、S. 3674、P. 2680）、《劉薩訶和尚因緣記》（P. 2680、P. 3570V、P. 3727、羽 698）、《隋净影寺沙門惠遠和尚因緣記》（P. 2680、P. 3570V、P. 3727）、《法照和尚因緣傳》（P. 2130）、《靈州龍興寺白草院史和尚因緣記》（S. 276V、S. 528、S. 3570V、P. 2680、P. 3727、P. 3902）、《聖者泗州僧伽和尚元念因緣記》（P. 3727）。此類高僧"因緣記"的出現，反映了唐代佛教僧傳文學的多元發展。

（二）高僧傳略

"傳略"是指對人物大略生平事迹的記述。高僧傳略指的是佛教高僧生平事迹的大略記述。傳略所記述的内容粗略，文字簡潔樸實，一般大多節引史傳，亦酌采舊聞軼事。相對"詳傳"而言，或可稱之爲"略傳"。略傳與傳略統言不分，析言有別。略傳是寫作者就高僧生平進行簡要的記述寫作；傳略則是基於使用場合與功能的需要，就已有的高僧傳亦即詳傳内容進行適當剪裁，以完成高僧大要事迹記述的加工創作。

佛教弘傳的過程中，高僧足以垂示世人的種種事迹往往被穿插在法會儀軌中作爲對高僧的贊嘆。這些贊頌高僧的參考文本，自然以歷代"高僧傳"最爲完備便利。不過由於法會時序、節目及傳誦、贊詠時間的種種制

---

① P. 3849V 及 S. 4417《俗講儀式》記講《維摩經講經文》儀式的篇章有云："講《維摩》：先作梵，次念觀世音菩薩三兩聲，便説押座了；便索唱經文了。唱曰法師自説經題了；便説開贊了；便莊嚴了；便念佛一兩聲了；法師科三分經文了；念佛一兩聲；便一一説其經題名字了；便入經，説緣喻了；便説念佛贊了；便施主各各發願了；便迴向、發願、取散。"

約，這些文本篇幅相對短小，内容概括凝練，當是此類特殊僧傳文學産生的緣由。因此，每每從《高僧傳》中選擇所要贊頌高僧的傳記文本截取適當篇幅以作贊頌之用，或據以删簡改易，無須另行撰作，此類文獻或稱作"高僧傳略"，敦煌寫本 S.3074 便是此類文獻。① S.3074 原卷無標題，殘存有關康僧會（殘存 7 行）、鳩摩羅什（17 行）、竺道生（9 行）、法顯（16 行）、釋弘明（9 行）、佛圖澄（殘存 7 行）等部分，内容大抵係節録梁慧皎《高僧傳》，因而有擬題爲《高僧傳略》。

另 S.381 有《鳩摩羅什傳略》。此件爲卷子本，正面分抄《唐京師大莊嚴寺僧智興判抄》《鳩摩羅什傳略》《龍興寺毗沙門天王靈驗記》，卷背分抄《僧威祭嬭文抄》等 6 件祭文抄。《鳩摩羅什傳略》缺題，首尾具完，計 18 行，内容簡要。劉銘恕在《斯坦因劫經録》中擬名爲《鳩摩羅什別傳》，並説明云："隱括《高僧傳羅什傳》文，極簡略，約二三百字。"按：所謂"別傳"，一般是指正史之外記録遺聞逸事可補本傳之不足的個人傳記。鳩摩羅什生平事迹，見正史《晋書》卷九十五、《十六國春秋》卷六十二、僧祐《出三藏記集》、慧皎《高僧傳》等，是有關鳩摩羅什生平傳記的一手資料。S.381 是據史傳、僧傳之文簡略而成，當稱之爲《鳩摩羅什傳略》。

又 S.3074《竺道生傳略》前，題有《宋揚都龍光寺法師竺道生圖贊》，S.381《鳩摩羅什傳略》前，題有《羅什法師譯經院》，據此推測，這些高僧傳略蓋爲搭配高僧畫像作圖像解説之用，故節録"僧傳"中有關傳主的文字以成篇。

（三）高僧贊

贊或作讚，是一種文體，指贊頌、贊嘆，是頌揚贊嘆人物的文章，相當於佛經中的頌詞，中國自古以來也有贊這一文體，《文心雕龍·頌贊篇》："贊者，明也，助也。昔虞舜之祀，樂正重贊，蓋唱發之辭也。及益贊於禹，伊陟贊於巫咸，並揚言以明事，嗟嘆以助辭也。"清姚鼐在《古文辭類纂》序言中曾指出："贊頌類者亦詩頌之流。頌者美盛德之形容，

① 如《英藏敦煌文獻》卷五（成都：四川人民出版社，1992 年，第 5～7 頁）、《英藏敦煌社會歷史文獻釋録》第十五卷（北京：社會科學文獻出版社，2017 年，第 199～208 頁）著録 S.3074 均擬題爲《高僧傳略》。

以其成功，告於神明者也。別於風雅徒歌，故將贊、頌歸爲一類。"

佛教繼承印度贊頌傳統，初期自然以贊頌佛陀及其弟子爲主。隨著佛教在中國的流行與發展，贊頌文學更爲豐富，除了沿用印度佛教贊頌佛陀成道、佛子出家等題材之外，由於中土高僧大德輩出，佛教宣教弘法過程、贊揚稱頌高僧的贊文亦漸次發展而日趨多樣，形成贊頌佛、法、僧三寶具足的贊頌文學。內容包括皈依頂禮三寶，頌揚佛祖威德，歌詠佛法甚深微妙，以及傳達高僧學行典範等。大量贊揚中土高僧的贊文，可說是佛教在中國傳播後所衍生的豐富成果。

今敦煌文獻保存有不少此類作品，其中原卷題名有"贊"，或擬題爲"讚"的，計有：《佛圖澄羅漢和尚贊》（S. 276V、P. 3355）、《彌天釋道安贊》（P. 3355）、釋金髻《羅什法師贊》（S. 276V、S. 6631V、P. 2680、P. 4597）、《稠禪師解虎贊》（P. 3490、P. 4597）、《南山宣律和尚贊》（P. 3570）；釋利濟《唐三藏贊》（S. 6631V、P. 2680、P. 4597）、釋金髻《義净三藏法師贊》（S. 6631V、P. 2680、P. 3727、P. 4597）、《寺門首立禪師贊》（S. 1774V、P. 2680、P. 3490、P. 3727）等，大抵爲佛教寺院壁畫之榜題文字，或在莊嚴道場及齋會法事活動中作贊頌高僧之用。

四、敦煌高僧因緣記及其相關文獻的功能

佛教文學的發展，從功能角度考察，大抵始於贊頌文學，進而爲自證文學，而後到弘傳文學。就文學體類論，佛教傳記文學在發展初期以佛傳文學爲主，之後衍生出僧傳文學，特別是魏晉隋唐以來，僧傳、僧史、名德傳、名僧傳、高僧傳等各類僧傳一時蜂出，蔚爲大宗。佛教繼承印度贊頌傳統，初期爲贊佛，後隨著佛教發展，高僧大德輩出，在宣教弘法過程中乃有贊僧。"高僧贊"贊頌的對象、"高僧傳"記叙的傳主與"高僧因緣記"的主人翁同爲高僧，各文獻內容多涉高僧的行迹，又爲直接裁剪《高僧傳》文本以成篇，故內容性質大抵相同。

"高僧傳略"是以不重新創作的方式，取材、剪裁已有高僧傳記而成。"高僧因緣記""高僧傳略"多以散文爲主，偶有駢文，講究文采，篇幅短小，傳奇性、書面性强。"高僧贊"多采四言、五言或七言的韻文形式以贊揚高僧或祖師之功德，篇幅短小，概括典範性强。"高僧傳"多以散文體記叙高僧生平事迹，以表彰其在弘揚佛法過程中的行迹，塑造高僧德行

高遠、法力深厚的形象，强調其在佛教史的地位。"高僧傳"以評價爲主體，篇幅較長，史傳性、全面性、史料性强。所以"高僧傳""高僧因緣記""高僧傳略""高僧贊"四者可説是同質而分用。

僧傳在中國自魏晉南北朝開始出現，其雖屬人物傳記，却不同於一般傳記，蓋以其宗教的特殊性，在叙述主題或叙述手法上多具文學特質。從文學的視角論，似可將此類作品稱爲僧傳文學。贊頌文學最初以"佛贊"爲主，之後有"佛弟子贊"，以及兼具贊頌與弘傳的"高僧贊"，同時衍生出具有弘傳性質的"高僧因緣記"一類僧傳文學。

高僧事迹傳記稱爲"僧傳"，與記述佛陀事迹的"佛傳"同屬佛教傳記。佛傳故事不論四相、八相，在佛教的傳播中始終被廣泛運用，或造像，或繪畫，或撰文，或講唱，其深遠的傳播效益與影響使自身成爲佛教弘法、宣教的利器。此類作品具有宗教與文學之雙重特性，同爲宗教弘傳文學。

法會儀軌所使用的高僧贊，如 P. 2130《法照和尚因緣傳》（擬題）後接抄《西方道場法事文》（内容包括《念佛法事次第》《散花樂讚》《寶鳥讚》《迴向發願文》《念佛偈讚》《西方十五願讚》《十願讚》《西方念佛讚》《净土樂讚》《西方禮讚偈文》《懺悔文》等）、《佛説觀佛三昧海藏經·本行品第八》等三部分，除了説明這些寫卷文書的使用者蓋爲敦煌地區佛教僧人外，且反映其當與净土五會念佛有關，顯爲法照門徒持有之寫卷，以備净土念佛法會進行時的法事儀軌之用。①

除了"高僧傳略""高僧贊"，道場、齋會等的宣講活動中也常選擇"高僧傳"中適當的高僧典範或神通行迹，或裁剪抄略，或檃栝内容，撰作"高僧因緣記"一類僧傳文學。②

"因緣記"與"因緣"，就其本質與意義來説，均爲解説佛説經、律的

---

① 參鄭阿財：《敦煌寫本〈隋净影寺沙門惠遠和尚因緣記〉研究》，《敦煌研究》，2017 年 1 期（總 161），第 59～69 頁。徐俊也對敦煌佛教贊頌與佛事活動關係有所關注，他説："敦煌贊頌作品本身的内容、形式、作者、時代及流傳情況等都比較複雜，就功用和流傳方式而言，贊頌與宗教儀軌如禮懺、布薩、宣講、化緣、勸俗等佛事活動有關，並由此而在廣大僧俗民衆中間流傳，與敦煌佛教的消長和世俗化進程密切相關。"（見《敦煌佛教贊頌寫本叙録——法藏部分六種》，《項楚先生欣開八秩頌壽文集》，北京：中華書局，2012 年，第 159 頁）

② 周紹良《敦煌文學芻議及其他》："有一部分題名作'因緣記'，但文字基本與《高僧傳》或《續高僧傳》大同小异。是此等因緣記采自《高僧傳》或《續高僧傳》，抑《高僧傳》或《續高僧傳》采自民間傳説，均不能定。"（臺北：新文豐出版公司，1992 年，第 85 頁）

事緣以及高僧出家學佛、成道弘法的行迹因緣。就文學體制而論，"因緣記"是散文體高僧行迹之記叙文，可作爲俗講唱導活動中"説緣喻"之提示綱要。

佛教經典中的"因緣""緣起"等故事，在唱導、俗講活動中被廣泛運用於"入經，説緣喻"，在這樣的需求發展背景之下，唐代更產生了説唱體的特殊佛教故事主題文學，即"因緣""緣起"。敦煌寫本的"因緣"，如《悉達太子修道因緣》《太子成道因緣》《須大拏太子好施因緣》《四獸因緣》《金剛醜女因緣》等，或省稱爲"緣"，如《金剛醜女緣》《歡喜國王緣》；敦煌寫本的"緣起"，如《難陀出家緣起》《目連緣起》等一類獨立講唱作品。

這些文本蓋爲佛教講唱中"雜叙因緣"的底本，其故事内容大抵爲佛陀、佛弟子或善信之本生、本行、本事，多涉前世今生、因果報應。在講唱文本中且每每穿插"吟""側""斷""吟斷""側斷"等唱腔的指示詞語，形成獨特的説唱文體。所以，"因緣""緣起"與"因緣記"在唱導、俗講活動中的作用大抵相同，然就文學體制與文本功能論，仍存在差異。

又如 P.2680《隋浄影寺沙門惠遠和尚因緣記》背面抄寫有名錄、便粟曆、絹帛曆、練綾曆、聲聞唱道文、轉帖、社司轉帖、丙申年四月十七日慕容使軍請當寺開大般若經付經曆、疋段曆，P.3570 正面抄《大般若波羅蜜多經》卷第四百七十，P.3727 正面抄《付法藏傳》及其他禪宗史料、沙州官吏及僧人來往狀牒數通。從各卷正、背面與佛教經卷及佛教法事相關文書合抄的情形來看，這些寫卷文書的使用者蓋爲敦煌地區佛教僧人。P.2680《隋浄影寺沙門惠遠和尚因緣記》與《行威儀》之間有 4 行與浄影寺惠遠和尚畫像有關的榜題文字稿，内容正是《隋浄影寺沙門惠遠和尚因緣記》中精彩的情節："北方大聖毗沙門天王第三之子，諸天配遣逐日往於廬山龍聖者遠公前送齋食，供養不闕時"，"周武帝升座破滅佛法信邪時"，"惠遠和尚不具王條，不信邪教，對而嘖罵帝王三塗地獄，不揀貴賤，大眾驚恠，和尚直入廬山"。從這三則榜題，可見壁畫當有此 3 個畫面。從現存壁畫榜題寫作情形看，常見榜題對應畫面情節的套語有"爾時……""時……""……時"，P.2680 這 4 行文字顯然是"隋浄影寺沙門惠遠和尚因緣變"的榜題文字稿。這更是高僧因緣記作爲高僧圖繪的贊文，或爲高僧圖像題材、情節之參考，或爲榜題文字稿擬撰之依據的明證。

高僧傳記是結合佛教、歷史與文學三方面元素，將高僧個人的宗教歷程提供給後世信眾學習的修行典範。敦煌寫本"高僧因緣記""高僧傳略""高僧讚"等僧傳文學，是作者運用史料進行裁剪與改寫，積極建構高僧的典範與形象，與高僧史傳的編撰承載著同樣的宗教使命。

佛教的弘傳以對人物事迹的宣揚與講說爲主體。其人物自是以三寶中的佛、僧爲主，從最初最核心的教主佛陀，到佛弟子、佛菩薩、眾多的羅漢，再到更爲接近現世信眾的高僧，其生平事迹從出家、學佛、證道到傳法，其間突出故事性、傳奇性、神異性無疑是最受歡迎的創作手法。

"高僧因緣記""高僧傳略""高僧讚"圍繞的人物是高僧，高僧之爲高僧，端賴其在戒、定、慧三學的實踐。三學齊高的僧人可爲信眾修學之典範，故記叙之以供信眾學習，且廣爲宣說。其內容包括出家前的凡夫以何因緣而出家，如何求佛學法，乃至學佛過程中所遭遇的神奇經驗；又以何因緣得以證道，其證道的特殊際遇，以及證道後弘法布道的神異事迹，以此彰顯其之所以爲高僧的諸多因緣，從而勸誘信眾學佛向道。

"高僧因緣記""高僧傳略""高僧讚"主要記叙有關高僧的神異事迹，內容雖與《高僧傳》《續高僧傳》相似，文字亦大同小異，但實際並非全部摘自《高僧傳》《續高僧傳》，其中存在與《高僧傳》《續高僧傳》同採自民間傳說的特殊現象。這些僧傳文學均以凸顯高僧神異事迹爲主，法師抄錄此類文獻蓋備宣講時提示參考之用。

就此一特性論，僧傳文學可以說是中國佛教弘傳文學的重要組成部分。其中，"因緣記"一類以散文爲主，偶有駢體，講究文采，篇幅短小，叙事生動，具傳奇性，兼具閱讀與宣講提示功能，既豐富了中國僧傳文學的多元性，也展示了佛教文學發展的多樣化。

從敦煌文獻中的僧傳文學可以看出，法師在撰寫或抄錄時，或逕取某個高僧的傳記，間加裁剪、修飾成篇，以備讚頌及宣講時提示參考之用，雖然篇幅短小，但實際穿插在法會講說中時，甚少照本宣科，一般多略有渲染，更有大事敷衍鋪陳者。所以除了書面文本供閱讀參考之外，各類唱導活動宣唱時的使用，更發揮了口頭傳播的強大宣傳力。所以這些具有故事性、傳奇性的高僧神異形迹在佛教史傳、文學文本與史迹壁畫的留存，不僅與《高僧傳》等傳記文學有著密切關係，同時也與當時寺院的齋會講

經 "雜叙因緣，旁引譬喻" 的講唱風潮密不可分。這樣既可印證佛教傳播的方法與特色，也爲佛教文獻與文學跨領域的整合研究提供了新的角度與思考。

敦煌寫本 "高僧因緣記" "高僧傳略" "高僧贊" 與寫真肖像結合的像贊功能及文學特性，既承襲中國傳統畫像贊，又普遍應用於寺院道場法會儀式之間，同時也對唐代喪葬文化中供後世子孫作緬懷先人之用的 "邈真贊" 產生了影響，當值得進一步深入探究。

歷來對於僧傳的研究，主要集中在對南梁慧皎《高僧傳》、唐道宣《續高僧傳》、宋贊寧《宋高僧傳》三僧傳的研究。僧傳中有關高僧的行迹，多可作學佛修行之典範，或用作勸誘信衆之素材。以其具有因時、因地化俗成信之特殊功能，僧傳文學可以説是中國佛教弘傳文學之重要組成部分。

學界對 "俗講變文" 的研究起步早，關注多，探究深，成果豐。近年來 "靈驗故事" 也逐漸受到重視，以此類作品兼具宗教與文學之雙重特性，同爲宗教的弘傳文學。筆者對此類文獻有過系列整理與研究，近期更撰《從敦煌文獻論 "靈驗故事" 在唱導活動的運用》一文，考察儒釋道採擇其信仰的靈應體驗作爲開導信衆、庶民宣唱教化材料之情形。因而重新檢索高僧 "因緣記" 一類文獻，以爲此類文獻當是僧人於各種法會間選擇《高僧傳》中適當的高僧神通行迹，鈔栝其內容以備法會宣講之參考，此即所謂 "因緣傳" 或 "因緣記"。這些敦煌寫本高僧 "因緣記" 與高僧傳、靈驗記性質相近，內容相涉，獨樹一幟，而同爲佛教弘傳所運用之文學，值得我們關切與深思。

然而，當今國內眾多研究中國文學史或佛教文學的學者對於高僧傳的文學頗多留意，對於高僧因緣記、高僧傳則普遍忽視，相關的作品也很少被學者論及，除了敦煌寫卷《劉薩訶和尚因緣記》被學者據以論述河西地區民間佛教信仰外，其他因緣記皆被歸入佛教靈驗故事一類。"因緣記" 是佛教叙述因緣的散文體傳記文學作品，是佛教傳記文學的特殊成員，在佛教於中國傳播過程中產生兼具閱讀與宣講之備用提示功能之文學形式，既豐富了中國僧傳文學的多元性，也展示了佛教文學的發展，其形式、題材之特色及其在唱導活動中的運用與功能，具有佛教文化與文學方面之研究價值，應將其視爲僧傳文學的特殊作品來考察。

此類作品不僅存於敦煌文獻中，兩晋隋唐佛教發展背景下，此類作品爲數不少，或在僧傳，或在碑傳，或見於墓志，只是未經整理。倘若能將此類作品廣爲收集，整理校對，進而分析其形式，考究其內容，並考察其在中國佛教傳記文學史上的發展與演變，當可擴大充實中國佛教傳記文學之內涵，建構中國佛教僧傳文學之體系，豐富中國佛教文學之材料，開闊中國文學研究之視野。又敦煌石窟壁畫與紙本、絹本高僧寫真圖像和榜題文字的結合，既爲中國傳統畫像贊的發展提供了寶貴的印證，又爲佛教寺院活動保存了真實的紀錄，同時影響到唐代喪葬文化中供後世子孫緬懷先人之用的"邈真贊"一類。從學術研究的視野看，其可反映佛教傳播的方法與特色，並爲佛教文獻、文學與圖像跨領域的整合研究提供了新的角度與思考。

五、前賢相關研究成果述評

研究中國佛教高僧傳者不乏其人，成果也頗可觀，然相關研究集中在歷代藏經史傳部中的幾部僧傳巨著，如慧皎《高僧傳》、道宣《續高僧傳》、贊寧《宋高僧傳》等，其關注的面向與切入的角度也各有所重，或在版本文獻，或在佛教史。近年漸有文學研究者，然大抵以敘事學來探究。至於從僧傳本身的文體及功能進行研究並將之置入佛傳文學發展史來考察的並不多見，特別是關注到高僧因緣記、高僧傳略、高僧贊的研究更是少有，所採用的材料也往往局部且片面，探究的問題也多屬個案，既乏微觀細緻的校釋與辨析，又缺歷時與宏觀發展演變之論述。

目前國內外相關的研究，主要有以下幾方面，茲分別評述如下：

有關歷代"高僧傳"的研究：紀贇在《慧皎〈高僧傳〉研究》① 中從相關文獻的文本及其神異題材的社會學研究角度探討《高僧傳》的結構、文風、人物性格等藝術成就。耿朝暉在《釋慧皎〈高僧傳〉文學探析》② 中分別從篇幅、取材、互見及神異角度研究《高僧傳》的傳記文學特色。陳柳冬雪在《〈高僧傳〉與〈續高僧傳〉神異故事研究》③ 中探討高僧神

---

① 紀贇：《慧皎〈高僧傳〉研究》，上海：上海古籍出版社，2009 年。
② 耿朝暉：《釋慧皎〈高僧傳〉文學探析》，陝西師範大學博士學位論文，2011 年。
③ 陳柳冬雪：《〈高僧傳〉與〈續高僧傳〉神異故事研究》，陝西師範大學碩士學位論文，2011 年。

異故事的類型、特點及宗教意義。趙晶在《〈高僧傳〉神異描寫研究》①中主要析論《高僧傳》神異描寫的基本類型、藝術特點與影響。黃敬家在《贊寧〈宋高僧傳〉敘事研究》②中從敘事學的角度研究僧傳，認爲中國僧傳敘事源流融合佛陀修行成道歷程、中國史傳傳統敘事方法和高僧的生命特質形成獨特的書寫模式。

有關敦煌變文因緣文學的研究：1992 年，周紹良在《唐代的變文及其他》一文中提及"有一部分題名作'因緣記'，但文字基本與《高僧傳》或《續高僧傳》大同小異。是此等因緣記采自《高僧傳》或《續高僧傳》，抑《高僧傳》或《續高僧傳》采自民間傳説，均不能定"③。柴劍虹在《因緣（緣起）附因緣記》一文中説："敦煌遺書中還有一類作品，大都題名爲因緣記（或因由記）。它們或擷取佛經故事，或徑取某個高僧的傳記故事，照本宣科或略有鋪染，也是闡明因果、宣揚作善求福的。這些作品恐怕也是當時寺院俗講的底本，但却是純散文作品，即是只説不唱的。"④1993 年，《敦煌文學概論》第六章"敦煌講經文和因緣"將敦煌文獻《佛圖澄和尚因緣記》《隋净影寺沙門慧遠和尚因緣記》《靈州龍興寺白草院史和尚因緣記》《劉薩訶和尚因緣記》等歸入敦煌因緣，書云："這些作品均是散文，大多直抄原傳文字，却又東删西節，胡增亂添，是否作爲説唱因緣底本，恐尚須進一步研究。"⑤2004 年，馬德將"選取佛經經文段落和一些高僧傳記所改編的各類故事"的《佛圖澄和尚因緣記》等皆歸入"敦煌佛教經論"中的"佛經故事部分"。⑥

比較多的則是以文獻整理爲主的校録成果，基本可分爲 3 類：

第一，依文體分類進行校録：2010 年竇懷永、張涌泉的《敦煌小説合集》⑦將具備小説特點的《佛圖澄和尚因緣記》《劉薩訶和尚因緣記》

① 趙晶：《〈高僧傳〉神異描寫研究》，河南師範大學碩士學位論文，2013 年。

② 黃敬家：《贊寧〈宋高僧傳〉敘事研究》，臺灣師範大學博士學位論文，2006 年。

③ 周紹良：《唐代的變文及其他》，原載《文史知識》1985 年第 12 期，後收入《敦煌文學芻議及其他》，臺北：新文豐出版公司，1992 年。

④ 柴劍虹：《因緣（緣起）附因緣記》，載《敦煌文學》，蘭州：甘肅人民出版社，1989 年，第 276～278 頁。

⑤ 顏廷亮主編：《敦煌文學概論》，蘭州：甘肅人民出版社，1993 年，第 227 頁。

⑥ 馬德：《敦煌佛教文獻的再認識》，《中國佛學院學報》，2004 年第 22 期，第 296～298 頁。

⑦ 竇懷永、張涌泉：《敦煌小説合集》，杭州：浙江文藝出版社，2010 年，第 370～438 頁。

《隋净影寺沙門慧遠和尚因緣記》《靈州龍興寺白草院史和尚因緣記》4 種因緣記類作品歸入通俗小説中的"傳奇類"進行校録。

2014 年，鍾書林、張磊在《敦煌文研究與校注》①"（四）傳"中對《鳩摩羅什傳》（S.0381）、《高僧傳略》（S.3074）、《康僧會傳》（P.4964），"（五）記"中對《靈州龍興寺白草院史和尚因緣記》（S.528、S.276V、P.2680、P.3570V、P.3727）、《佛圖澄和尚因緣記》（P.2680、S.1625V）、《隋净影寺沙門慧遠和尚因緣記》（P.2680、P.3570V、P.3727）、《聖者泗州僧伽和尚元念因緣》（P.3727）等進行了簡單的校注。

此外，1965 年巴宙《敦煌韻文集》據 S.276V 校録了《佛圖澄羅漢和尚贊》，1981 年陳祚龍在《新校重訂敦煌古抄僧贊集》②中據 P.2680、P.3490、P.3727 校録了《羅什法師贊》《大唐三藏贊》《大唐義净三藏贊》《濟北郡寺門首立禪師贊》等，1994 年汪泛舟在《敦煌僧詩校輯》③中校録了《佛圖澄羅漢和尚贊》《羅什法師贊》，2000 年徐俊在《敦煌詩集殘卷輯考》④中校録了《佛圖澄羅漢和尚贊詩》《羅什法師贊》，2010 年張錫厚在《全敦煌詩》⑤中校録了《佛圖澄羅漢和尚贊詩》《羅什法師贊》《南山宣律和尚贊》《大唐三藏贊》《大唐義净三藏贊》，2015 年汪泛舟在《敦煌詩解讀》⑥第二部分"高（名）僧詩"校録了佚名《南山宣律和尚贊》一首。

周紹良主編的《全唐文新編》⑦收録了《靈州龍興寺白草院史和尚因緣記》（S.276V）。楊寶玉的《敦煌本佛教靈驗記校注並研究》⑧收録了《劉薩訶和尚因緣記》。

---

① 鍾書林、張磊：《敦煌文研究與校注》，武漢：武漢大學出版社，2014 年。
② 陳祚龍：《新校重訂敦煌古抄僧讚集》，載《中華佛教文化史散策三集》，臺北：新文豐出版公司，1981 年。
③ 汪泛舟：《敦煌僧詩校輯》，蘭州：甘肅人民出版社，1994 年後收入《敦煌石窟僧詩校釋》，香港：香港和平圖書出版公司，2002 年。
④ 徐俊：《敦煌詩集殘卷輯考》，北京：中華書局，2000 年。
⑤ 張錫厚：《全敦煌詩》，北京：作家出版社，2010 年。
⑥ 汪泛舟：《敦煌詩解讀》，北京：世界圖書出版有限公司，2015 年，第 118～123 頁。
⑦ 周紹良：《全唐文新編》第 17 冊，長春：吉林文史出版社，2000 年，第 12184 頁。
⑧ 楊寶玉：《敦煌本佛教靈驗記校注並研究》，蘭州：甘肅人民出版社，2009 年，第 262～268 頁。

第二，依收藏單位卷號釋録：主要有郝春文《英藏敦煌社會歷史文獻釋録》[1]，此書於 2001 年印行第一卷，至今已印行至第十五卷，釋録英藏敦煌社會歷史文獻從 S. 10 至 S. 3330。其中釋録了 S. 276V《佛圖澄羅漢和尚讚抄》、S. 381《鳩摩羅什傳》、S. 528《靈州龍興寺白草院史和尚因緣記》、S. 1625《佛圖澄和尚因緣記》、S. 1774《寺門首立禪師頌》、S. 3074《高僧傳略》（康僧會、鳩摩羅什、竺道生、法顯、釋弘明、佛圖澄）等。

第三，以單一文本進行校録：如《劉薩訶和尚因緣記》，1973 年陳祚龍在《劉薩訶研究》[2] 中針對 P. 2680、P. 3570、P. 3727 三寫卷進行文本校録，2003 年王國良在《劉薩訶和尚因緣記探究》[3] 中據 P. 2680、P. 3570、P. 3727 三件寫本校並加注釋。又如《靈州龍興寺白草院史和尚因緣記》，1975 年陳祚龍在《新校重訂釋增忍的答李"難"》[4] 中據 P. 2680、P. 3570、P. 3727、S. 276V、S. 528 等寫本進行校訂，並論述增忍傳說與刺血寫經；1989 年柴劍虹在《因緣（緣起）附因緣記》[5] 中述及《靈州龍興寺白草院史和尚因緣記》S. 276V、S. 528、P. 2680、P. 3570 四件，並迻録全文。

除了文本校録外，與本書直接相關的研究成果主要集中在對《劉薩訶和尚因緣記》的研究。有關劉薩訶的事迹，正史、佛教史傳及民間碑記中多有記載，也不乏與其相關的文學作品、民間傳說與民間信仰。因此，劉薩訶廣爲學界關注。1973 年旅法華人學者陳祚龍以法藏 P. 2680、P. 3570、P. 3727 三寫卷進行文本校録，並梳理《高僧傳》《續高僧傳》《廣弘明集》《集神州三寶感通録》《道宣律師感通録》《太平寰宇記》等傳

---

[1] 郝春文：《英藏敦煌社會歷史文獻釋録》第一卷，北京：科學出版社，2001 年；《英藏敦煌社會歷史文獻釋録》第十五卷，北京：社會科學文獻出版社，2017 年。

[2] 陳祚龍：《劉薩訶研究》，《華岡佛學學報》，1973 年第 3 期，第 33～56 頁。

[3] 王國良：《劉薩訶和尚因緣記探究》，載《新世紀敦煌學論集》，巴蜀書社，2003 年，第 582～597 頁。

[4] 陳祚龍：《新校重訂釋增忍的答李"難"》，載《敦煌學海探珠》下，臺北：臺北商務印書館，1979 年，第 309～316 頁。

[5] 載顏廷亮《敦煌文學》，蘭州：甘肅人民出版社，1989 年，第 272～278 頁；後合"詩話"改題爲《敦煌文學中的"因緣"與詩話》，收入《西域文史論稿》，臺北：國文天地雜志社，1991 年，第 520～521 頁。又見於柴劍虹：《敦煌吐魯番學論稿》，杭州：浙江教育出版社，2000 年，第 192～199 頁。按：其中 S. 528 誤作 S. 5528。

世文獻中有關劉薩訶的材料，加以考證，奠定之後有關劉薩訶歷史、文獻研究的基礎。1983 年史葦湘在陳祚龍的研究基礎上，結合敦煌石窟有關劉薩訶的壁畫、絹畫與題記，發表了《劉薩訶與敦煌莫高窟》①一文；同年，孫修身也在"全國敦煌學術討論會"中宣讀了《劉薩訶和尚事迹考》②，在已有敦煌寫本《劉薩訶因緣記》及傳世文獻的基礎上，結合莫高窟有關劉薩訶的佛教史蹟故事畫等材料，同時運用新發現的《涼州御山石佛瑞像因緣記》石碑對劉薩訶的人物事迹作了翔實的考證。近年尚麗新在前賢的成果上，發表了《劉薩訶信仰解讀——關於中古民間佛教信仰的一點探索》等系列文章③，廣泛搜集有關劉薩訶事迹與傳說的資料，細細考察，並對劉薩訶在民間佛教信仰的發展提供了較爲寬泛的解讀。之後，學界有關劉薩訶的研究漸多，有文獻考訂、事迹考述、文學闡釋、圖像解讀、佛教信仰與民俗等諸多論題。由於研究者學術背景不同，其關注的面向及切入的角度也不盡相同，相關篇章已逾 60 篇，論述深淺、專博不一。有關研究概況可參考盧秀文《劉薩訶研究綜述》、尚麗新《劉薩訶研究綜述》及紀應昕《劉薩訶研究綜述》。④

　　有關僧伽和尚的研究甚多，但主要集中在圖像研究上，如羅世平《敦煌泗州僧伽經像與泗州和尚信仰》⑤、孫曉崗《僧伽和尚像及遺書〈僧伽欲入涅槃説六度經〉有關問題考》⑥等，相關研究情況可參考王惠民《僧伽研究論著目録》⑦。其次則是圍繞僧伽和尚的生平與信仰的研究，如牧

---

① 史葦湘：《劉薩訶與敦煌莫高窟》，《文物》，1983 年第 6 期，第 5～13 頁。

② 孫修身：《劉薩訶和尚事迹考》，《1983 年全國敦煌學術討論會文集》（石窟藝術編上編），蘭州：甘肅人民出版社，1985 年，第 272～310 頁。

③ 尚麗新：《劉薩訶信仰解讀——關於中古民間佛教信仰的一點探索》，《東方叢刊》，2006 年第 3 期，第 6～23 頁；《高僧劉薩訶的傳說》，《文史知識》，2006 年第 5 期，第 102～108 頁；《敦煌本劉薩訶因緣記解讀》，《文獻》，2007 年第 1 期，第 65～74 頁；《敦煌高僧劉薩訶的史實與傳說》，《西南民族大學學報（人文社科版）》，2007 年第 4 期，第 6～82 頁；《劉薩訶研究綜述》，《敦煌學輯刊》，2009 年第 1 期，第 135～143 頁。

④ 盧秀文：《劉薩訶研究綜述》，《敦煌研究》，1991 年第 3 期，第 113～119 頁；尚麗新：《劉薩訶研究綜述》，《敦煌學輯刊》，2009 年第 1 期，第 135～143 頁；紀應昕：《劉薩訶研究綜述》，《敦煌學國際聯絡委員會通訊》，2017 年 7 月，第 96～104 頁。

⑤ 羅世平：《敦煌泗州僧伽經像與泗州和尚信仰》，《美術研究》，1993 年第 1 期，第 64～68 頁。

⑥ 孫曉崗：《僧伽和尚像及遺書〈僧伽欲入涅槃説六度經〉有關問題考》，《西北民族研究》，1998 年第 2 期，第 261～269 頁。

⑦ 見"敦煌研究院—敦煌石窟公共網"（http://public.dha.ac.cn/content.aspx?id=149132737013）。

田諦亮《中國に於ける民俗佛教成立の一過程泗州大聖僧伽和尚について》①、孫應杰《僧伽生平和僧伽信仰考》②。近年學界更多關注各地石窟摩崖遺存的僧伽圖像，特別是四川大足、安岳、內江等地唐宋僧伽變相，相較之下敦煌寫本《聖者泗州僧伽和尚元念因緣記》則罕有論及。2017年，楊明璋在《泗州僧伽和尚神異傳説研究——以敦煌文獻爲中心的討論》③一文中利用 3 種涉及僧伽和尚事迹的敦煌寫本探究有關僧伽和尚的神異傳説時略有論及。

此外還有少數文章涉及部分主題，如日本金岡照光在《關於敦煌本高僧傳因緣》④一文中關注到 S. 1625《佛圖澄和尚因緣記》，認爲其是概括佛圖澄的神變故事，是以慧皎《高僧傳》中佛圖澄的神變爲中心編成的作品。他以爲"高僧傳因緣"和"變文"同樣也是用來講唱的。現今留下來的抄本雖然很短，但實際上講談時大概講得很詳細，因此主張應該另起一個類別"高僧傳變文"來進行分析研究。

2007 年，馬格俠在《敦煌〈付法藏傳〉與禪宗祖師信仰》⑤中系統梳理敦煌寫本《付法藏因緣傳》後，討論其與中原地區流傳內容的異同，提到 P. 3727 在佛教付法世系外還有祖師圖的榜題，這與記載洞窟繪畫內容的特徵有關。他還注意到寫本中有關於"泗州僧伽和尚無念因緣""門首立禪師贊""無著菩薩（並弟子）""世積菩薩（並弟子）""羅什法師（所□並弟子）""佛圖澄""劉薩訶""慧遠和尚"等洞窟繪畫內容的記載，以爲敦煌的祖師信仰中，不但將佛的十大弟子作爲祖師來崇拜，連高僧羅什法師、佛圖澄、劉薩訶、史和尚、慧遠等也被作爲祖師來信仰，這當與其神異故事有關。

　　①　［日］牧田諦亮：《中國に於ける民俗佛教成立の一過程泗州大聖僧伽和尚について》，《東方學報》（京都大學人文科學研究所）第 25 冊（1954），第 264～286 頁。

　　②　孫應杰：《僧伽生平和僧伽信仰考》，《世界宗教研究》，2017 年第 1 期，第 86～93 頁。

　　③　楊明璋：《泗州僧伽和尚神異傳説研究——以敦煌文獻爲中心的討論》，《中國學術年刊》，2017 年第 39 期，第 51～76 頁。

　　④　［日］金岡照光：《關於敦煌本高僧傳因緣》，《古典文學》第七期，臺北：臺灣學生書局，1985 年，第 121～140 頁。

　　⑤　馬格俠：《敦煌〈付法藏傳〉與禪宗祖師信仰》，《敦煌學輯刊》，2007 年第 3 期，第119～126 頁。

2009 年，劉苑如《重繪生命地圖——聖僧劉薩荷形象的多重書寫》[①]
借鑒西方神學研究的方法，認爲："宗教傳記作爲一種宗教人物的生命書
寫，歷經了實用、批判與詮釋三種不同階段的閱讀策略，早期通常又將其
當作一種宗教典範人物的史實記載，具有不可懷疑的歷史價值，引發許多
研究者的質疑。因有 Hippolyte Delehaye 提出批判的解讀觀點，認爲與其
重視傳主本身的生平事迹，毋寧更重視其所反映的聖傳作者本身，及其活
動時代相關的神學、精神領域和政治。"對詮釋僧傳文學具有一定的參考
意義。

2013 年，許尤娜的《敦煌寫本 S. 3074〈高僧傳略〉考釋》[②] 爲其讀
博時選修筆者"敦煌學研究"課程學期報告的修訂稿，雖是初學之作，但
其用功細心可嘉，其中認爲《羅什法師傳》扼要提示法師重要生平的文字
或爲題在"行歷圖畫"上的"圖讚文字"，推測合理。

2017 年，錢光勝在《敦煌寫卷〈靈州龍興寺白草院史和尚因緣記〉
與唐五代的刺血寫經》[③] 中主要據敦煌寫卷《靈州龍興寺白草院史和尚因
緣記》討論唐五代佛教刺血寫經與儒家價值觀之衝突，並關注牛肅志怪傳
奇集《紀聞》中"屈突仲任"故事及敦煌老人刺血寫經的題記，以顯示刺
血寫經在佛教地獄信仰背景下在民間的轉變，將之視爲佛教中土化、世俗
化歷程中的一個側影。

2018 年，楊明璋在《敦煌文獻中的高僧讚抄及其用途》[④] 中檢視敦煌
文獻中的高僧讚抄，關注高僧讚與其他佛教文書合抄的情形，借以探討寫
本性質及用途。其部分論述與筆者《寫本原生態及文本視野下的敦煌高僧
讚》有异曲同工之妙。

2019 年梅雪的《〈靈州龍興寺白草院史和尚因緣記〉研究》[⑤] 在前賢

---

① 劉苑如：《重繪生命地圖——聖僧劉薩荷形象的多重書寫》，《中國文哲研究集刊》，2009
年第 34 期，第 1~51 頁。

② 許尤娜：《敦煌寫本 S. 3074〈高僧傳略〉考釋》，《全國佛學論文第 24 屆論文集》，2013
年。

③ 錢光勝：《敦煌寫卷〈靈州龍興寺白草院史和尚因緣記〉與唐五代的刺血寫經》，《敦煌
研究》，2017 年第 6 期，第 100~107 頁。

④ 楊明璋：《敦煌文獻中的高僧讚抄及其用途》，《敦煌寫本研究年報》2018 年第十二號，
第 27~44 頁。

⑤ 梅雪：《〈靈州龍興寺白草院史和尚因緣記〉研究》，蘭州大學敦煌學研究所碩士学位論
文，2019 年。

研究基礎上，主要從白草谷與靈州密教、《三教毀傷論》與三教關係等角度，討論《靈州龍興寺白草院史和尚因緣記》與晚唐五代社會環境及其所反映的高僧神异事迹與末法思想。

　　筆者也有幾篇與此課題有關的文章，謹就已正式發表篇章略述如下：1998 年筆者曾撰《敦煌佛教靈應故事綜論》①，文中認爲《劉薩訶和尚因緣記》雖名爲“因緣記”，然内容實屬靈應故事一類，因此將《劉薩訶和尚因緣記》納入敦煌佛教靈應故事進行考察。2010 年，筆者曾撰《見證與宣傳：敦煌佛教靈驗記研究》②，該書關注既是宗教見證也是宗教宣傳的靈驗記，認爲其具有宗教與文學的雙重特性；留意敦煌寫本佛教靈驗記保存流傳原貌，可據以發抉文獻學、佛教文學、民間信仰等研究意涵；以准小説的觀點審視敦煌文獻中之佛教靈驗故事，掌握各類寫本狀況，從龐雜材料入手，徵引相關文獻，翔實論證，展開内容探討；並從緒論、分論、專論等方面，建立敦煌靈驗記之理論與系統。該書的研究觀點與研究方法對於本書有可借鑒之處。2014 年，筆者所撰《從敦煌文獻論靈驗故事在唱導活動的運用》③ 一文以敦煌文獻爲核心，分别就靈驗故事傳播的途徑、手段及其在佛教唱導活動、道教講經及儒家宣講等方面的作用，論證靈驗故事在高僧、道士、儒生宣唱教化、開導信衆時運用之實況，留意敦煌寫本中以散文形式記叙具有神通靈應特質的高僧因緣記在佛教各種弘法布道場合的運用。2015 年筆者所撰《敦煌本“因緣記”之性質及其在佛教弘傳的運用》④ 一文，認爲敦煌文獻中佛教弘傳文學的作品除“俗講變文”“靈驗記”外，尚有高僧“因緣記”一類，只是學界對其性質與功能的探究尚顯不足。該文主要從因緣記與靈驗記的區别、因緣記與高僧傳的關係進行論述，並通過敦煌寫本《佛圖澄和尚因緣記》《隋净影寺沙門慧遠和尚因緣記》《劉薩訶和尚因緣記》《靈州龍興寺白草院史和尚因緣

　　① 鄭阿財：《敦煌佛教靈應故事綜論》，《佛學與文學　　佛教文學與藝術學術研討會論文集·文學部分》，臺北：法鼓文化，1998 年，第 121～152 頁。
　　② 鄭阿財：《見證與宣傳：敦煌佛教靈驗記研究》，臺北：新文豐出版公司，2010 年。
　　③ 鄭阿財：《從敦煌文獻論靈驗故事在唱導活動的運用》，《敦煌研究》2014 年第 3 期，第 142～148 頁。
　　④ 鄭阿財：《敦煌本“因緣記”之性質及其在佛教弘傳的運用》，“敦煌與中外關係國際學術研討會”論文，敦煌：敦煌研究院，2015 年 8 月。收入《敦煌與中外關係研究》下編《敦煌文獻與史理研究》，2019 年，第 825～841 頁。

記》等寫卷抄寫狀況進行全面考察，根據寫卷的原生態析論高僧因緣記在敦煌佛教弘傳中的運用，並論述其在敦煌佛教文學中的特色與宗教文化功能。2017 年筆者所撰《敦煌寫本〈隋净影寺沙門惠遠和尚因緣記〉研究》①，在對 P. 2680、P. 3570、P. 3727 三件敦煌寫本進行校録的基礎上，析論净影寺惠遠因緣記的叙事情節，並與《續高僧傳・慧遠傳》對照，説明其篇幅、叙事异同之用意與文體屬性。又通過分析多種高僧因緣記匯抄的文獻特色，認爲當時僧人于各種法會間選擇《高僧傳》中適當的高僧神异事迹，棗栝其内容而撰寫因緣傳、因緣記，以備宣講時參考之用。2018 年筆者所撰《寫本原生態及文本視野下的敦煌高僧贊》② 一文，主要對高僧贊寫本原生態進行考察，從中國傳統文學與中國佛教文學贊體流變的角度，探究"贊"在唐代的多元發展，進而析論敦煌寫本高僧贊的性質與功能，並將其納入僧傳文學系統與高僧傳、高僧因緣記等進行比較研究。

綜上所述，學術界在佛教傳記文學相關研究方面取得的成果較爲豐碩，其中有些雖與本書直接關係不大，但總體來説，或研究材料相近，或概念觀點相通，或研究方法可資借鑒。本書研究仍有開展的空間，如若干中國佛教僧傳文學特殊的現象仍有待深入探究，若干學術空白也亟待填補，一些相關理念有待進一步的釐清與建構。

六、本書研究進路與研究方法

敦煌莫高窟藏經洞保存了許多晋唐高僧因緣記、高僧傳略、高僧贊的寫卷，這些多元多樣的僧傳文學爲我們考察中國佛教傳播從佛傳到僧傳的發展歷程提供了材料，展現了佛教中國化的特色。本書以整理爲基礎，以研究爲目的。藏經洞大部分文物自發現以來，隨著各國探險隊的車載馱運而流落海外，現存總數約六萬多號的文獻分藏於中國、英國、法國、俄羅斯、日本、美國、印度等 20 幾個國家和地區的博物館以及私人手中，整理研究不易。所幸近年各國館藏目録的公布，大型敦煌文獻圖録的印行，乃至高清晰度數位化影像的逐漸建構，爲學界提供了可靠、良好的整理研

---

① 鄭阿財：《敦煌寫本〈隋净影寺沙門惠遠和尚因緣記〉研究》，《敦煌研究》，2017 年第 1 期（總 161），第 59～69 頁。

② 鄭阿財：《寫本原生態及文本視野下的敦煌高僧贊》，《敦煌學輯刊》，2018 年第 1 期，第 15～29 頁。

究條件。

本師潘重規先生曾總結他從事敦煌學研究一甲子的體悟，提示敦煌研究的法門："文字是基礎，目錄爲門徑。"面對流散於世界各地的敦煌文獻，本書首先借助翟里斯（Lionel Giles）《英國博物館藏敦煌漢文寫本注記目錄》①《法藏敦煌漢文寫本目錄》②《敦煌遺書總目索引》③ 等聯合目錄的檢索過濾，並根據已公布的大型寫卷圖錄，如《法國國家圖書館藏敦煌西域文獻》《英藏敦煌文獻：漢文佛經以外部分》④《英國國家圖書館藏敦煌遺書》⑤《敦煌寶藏》⑥《國家圖書館藏敦煌遺書》⑦《敦煌秘笈影片冊》⑧，輔以"國際敦煌學項目"（IDP）⑨ 數位影像，參考縮微膠卷建立"晋唐高僧因緣記及相關文獻圖像資料檔"，按圖索驥，進行文獻梳理，展開寫卷叙錄工作。

其次，根據筆者與朱鳳玉合編《1908—1997 敦煌學研究論著目錄》（臺北：漢學研究中心，2000 年）、《1998—2005 敦煌學研究論著目錄》（臺北：樂學書局，2006 年），並參考《敦煌學國際聯絡委員會通訊》及"中國知網"等網絡資源，蒐集相關研究論著，儘可能瞭解相關研究資訊，把握學術前沿，並將本書具體分爲緒論、校注篇、研究篇三部分。

緒論主要説明本書的研究旨趣與範圍，論述從佛傳到僧傳文學的發展是佛教中國化的表現之一，並從敦煌佛教視野來考察敦煌文獻中高僧因緣記、高傳僧略、高僧贊等多元多樣的僧傳文學，説明其文本性質與宗教功

① Lionel Giles："*Descriptive catalogue of the Chinese manuscripts from Tunhuang in the British Museum*"，London，1957.

② "*Catalogue des manuscrits chinois de Touen-houang：fonds Pelliot chinois de laBibliothèque nationale.*" Vol. 1，Vol. 3，Vol. 4，Vol. 5，Paris，Bibliothèque nationale，1970、1983、2001、2005.

③ 王重民、劉銘恕等：《敦煌遺書總目索引》，北京：商務印書館，1962 年；施萍婷等：《敦煌遺書總目索引新編》，北京：中華書局，2000 年。

④ 《英藏敦煌文獻：漢文佛經以外部分》（1－15），成都：四川人民出版社，1990－2010 年。

⑤ 方廣錩、吳芳思主編：《英國國家圖書館藏敦煌遺書》（已出 1－50），桂林：廣西師範大學出版社，2011—2017.

⑥ 黃永武編：《敦煌寶藏》，臺北：新文豐出版公司，1981—1985 年。

⑦ 中國國家圖書館：《國家圖書館藏敦煌遺書》（1－146 冊），北京：北京圖書館出版社，2005—2012 年。

⑧ 《敦煌秘笈影片冊》（1－9 冊），武田科學振興財團杏雨書屋編集，大阪：武田科學振興財團，2009—2013 年。

⑨ 國際敦煌學項目（IDP）：http：//idp. bl. uk；http：//idp. nlc. cn.

能。同時從學術史出發，蒐羅前賢相關研究成果，進行簡要述評，充分掌握學術前沿。最後在前賢既有的研究成果上，從對寫本原生態與文本群的考察入手，嘗試將傳統文字文本的研究擴大到與非文字文本、圖像進行交叉研究，並説明其間的研究進路和結構安排。

由於敦煌文獻主要是 4 到 11 世紀的寫本，其複雜的抄寫形態使之與刻本文獻在整理與研究上有著顯著的差异，這既是敦煌寫本的特性，也是敦煌寫本文獻整理與研究的難點。敦煌寫本的價值主要有三，即文獻、文字、文物。從學術研究的視角來看，我們首先關注的是文獻價值，也就是寫本文獻内容蘊含的學術意涵。但這些文獻内容透過紙本文字這一載體呈現，對寫本文字的辨識是解讀文本的基礎。敦煌寫本具有以下特色：不爲流傳而流傳，保存未經過整理的原生態，反映實際面貌；抄者的層次不一，有高僧大德、一般僧人，也有文士、學郎；在紙張寶貴的情況下，同一寫卷正、背書寫，抄者不一，時段不同、屬性有別，且多殘卷、缺題等寫本原生態。校注時必須一一叙録，提供論述文獻性質等相關問題之客觀材料。

再者，由於寫本中多有俗字、訛字、繁字、簡字，書寫文字字形無定、偏旁無定、行草無定、通假無定之外，還有重文、删改、倒乙等各式特殊符號，因此叙録寫卷之後，必先將寫本文字一一辨識，通讀文本，進行校録，秉持存真求實的理念，言之有據，希望能“以唐考敦，以敦證唐”，更希望能做到“以敦證敦”，以提供正確解讀文獻之文本憑據。

正確辨識文字之後，還要面對傳統字書所不録的通俗語詞、佛教名相與高僧史迹，特別是與傳世文獻有所不同或較令人費解的，往往造成解讀上的障礙，使後人於整理、解讀此類作品時横生不少疑惑，甚至滋生錯誤。潘師重規曾説：“凡欲研究某一時代之作品，必須通曉一時代之文字；欲通曉某一時代之文字，必須通曉某一時代書寫文字之慣例，纔能看得見作品的真面目；纔能領略到作品的真風格；纔不會傷害作品的真面目；纔不會破壞作品的真風格。”[1] 因此，文字辨識之後，更須針對語詞、典故進行注釋，特別是佛教名詞以及傳主的行迹，當有助於理解作品。援引傳世僧傳、史料或敦煌相關文獻作爲注釋，有助於對文本的解讀，並爲研究

① 潘重規：《敦煌卷子俗寫文字與俗文學之研究》，《木鐸》1980 年第 9 期，第 39 頁。

奠定良好的基礎。

研究篇是在叙錄、校錄、注釋之基礎上逐一展開的。除了傳統文獻學的整理與研究方法外，因敦煌寫本與傳世刻本文獻具有不同特性，本書的整理與研究特採取寫本原生態的理念，存真求實地針對敦煌寫本高僧因緣記、高僧傳略、高僧贊進行叙錄，進而依據叙錄所見抄寫的實況與現象進行考察，展開研究論述。同時也從紙質文字文本整理研究的基礎出發，進而跨出傳統，嘗試利用出土文獻、文物等考古成果，結合非紙質的文字文本，如碑刻、壁畫榜題，將叙事文本範圍從文字文本擴大到石窟壁畫、絹畫、紙本畫、摩崖圖像等非文字文本，使研究材料更趨完備。基於此一理念，研究篇分爲兩部分。

第一部分屬宏觀總論，首先將敦煌寫本6種高僧因緣記、7種高僧傳略、8種高僧贊在叙錄的基礎上進行總體的寫本原生態分析、歸納與論述，並據高僧因緣記、高僧傳略、高僧贊匯抄情形，及與《付法藏因緣傳》《高僧畫像榜題文字稿》等其他佛教文獻同卷並存等情況，論述高僧因緣記、高僧傳略、高僧贊三者的性質與關係，探究其所具有的畫像配置性質與功能，考察其在法會儀軌中的運用，即供作法會誦讀、講唱，配置法堂圖贊、莊嚴石窟壁畫等使用情況。其次，從佛教由印度到中國的傳播視角考察佛傳文學到僧傳文學的發展與演變，高僧傳、高僧傳略、高僧因緣記爲散文體記叙文。高僧傳叙述全面，篇幅宏大，爲高僧生平事迹的完備記錄，是檢閱有關高僧的基本史傳資料，一般僧人不易閱讀，更不便使用，個人、寺院也不易傳寫。基於法會行儀對高僧贊嘆、諷誦的需求，乃有摘錄、抄略僧傳的高僧傳略，以及記叙集中、概括事迹的高僧因緣記的撰寫，因以其篇幅短小、內容精要、情節簡明、形象生動，方便弘法布道之講説，又可作爲繪製高僧圖像之情節文本依據，及壁畫榜題撰寫之參考。最後，基於文獻、文學與圖像等領域的整合，以及敦煌學所具有的歷史、宗教、信仰與民俗等學科交叉的特質，從敦煌寫本的物質形態與僧傳文學文本的構成，結合史傳、載籍、寫本文獻、石窟壁畫、榜題文字、石刻碑記等物質文本，進行跨學科整合研究，具有可行性與必要性。

第二部分是個案分論。筆者在"高僧因緣記""高僧傳略""高僧贊"3類中選擇篇幅較長、內容較豐富，深具高僧神異記叙特色的"高僧因緣記"5篇，分別進行專論研究，依序爲《佛圖澄和尚因緣記》《劉薩訶和尚因緣記》《隋净影寺沙門惠遠和尚因緣記》《靈州龍興寺白草院史和尚因緣記》《聖者泗州僧伽和尚元念因緣記》。筆者就各篇内容蘊含的論題，結合傳世文獻、僧傳、史料、圖像，以共時與歷時的視角論述這些高僧在佛教中國化、世俗化以及地域化過程中的形象，並考察這些叙事文本與石窟壁畫、絹畫、摩崖圖像等的傳承性與互文性，以期作爲佛教文學文獻與圖像結合整理研究之借鑒，以及理解中國佛教信仰與民俗文化之參考。

校注篇

凡　例

一、依據各寫本原卷圖録逐行、逐字進行文本迻録。若有俗字、异體字、別字常見者則徑直録正，具有校勘價值及顯示寫本特色者，則保留原形，以存其真。

二、以文本完整、抄寫良好、寫本較早者爲底本，參校諸本逐一進行字詞考辨，並校録全文，加以斷句。

三、凡底本俗字、訛字、通假字、缺漏字據參校本或依文意改正、補出時，如“圓（圍）四五寸”“弟子恠（怪）而問”“由（猶）如微塵”則出校説明。

四、原卷缺字用“□”表示，缺幾字用幾個“□”，如“行業剋標，等松□□□□”。不確定缺字字數則用“▢”表示。若上部殘缺，則用“▢”表示；下部殘缺，則用“▢”表示。底本模糊不清，無法辨認者用“▨”表示，一個“▨”代表一個字，如“▨▨何人刑（形）儀異俗”。

五、校注部分以正文的標點符號爲單位，一個標點符號（、，；。）只加一個注釋，校記注碼一律置於所需出校的字、詞、句或條目的第一個標點符號之内的右上角。

六、凡有礙讀者理解文意的名相、典故、晦澀字句、歧義之字詞者，儘量出注，以利文本之解讀。

第一章　敦煌高僧因緣記及相關文獻寫本敘錄

　　研究敦煌寫本文獻最爲基礎的工作是文本考釋，有了文本考釋之後，可從內容角度展開考索，進而析論闡釋。初期由於文獻獲睹不易，學者僅能就展覽所見的片段內容略作簡介或序跋、題記。之後，隨著學者奔走於世界各大圖書館，閱覽抄錄，及至部分影本、微卷的陸續公布，逐漸出現叙錄、校錄等整理研究，就文學研究而言，主要以文學體類爲對象，進行分類校錄與研究，如《敦煌變文集》《敦煌曲子词集》《敦煌曲校錄》《敦煌歌辭總編》《敦煌詩集殘卷輯考》《敦煌賦彙》《全敦煌詩》等經過分類整理編印的文本。這些文學文本抄寫時的原貌均無從得知，更遑論細究。尤其是這些個別文本抄寫的情況，以及各個寫本中各種文本匯抄的情形，誠如方廣錩所説的"多主題"的寫本，筆者姑且稱之爲"文本群"。也就是在同一件寫本中，同時或先後抄寫多種文本。前論敦煌文獻僧傳文學的作品主要有高僧傳略、高僧贊、高僧因緣傳/記等體類，其文本分別散錄或匯抄於各個寫卷之中，僅有個別敦煌文學研究者，或立足佛教贊體，偶爾觸及一二（如從佛教靈驗故事或小説角度出發，選擇具有故事情節和靈驗特質之篇章加以錄釋），少見全面系統梳理，且多遵守文學文獻研究的傳統，直錄作品文字以立論，甚少涉及在單一作品文本正反、前後的其他文本。筆者遍檢敦煌文獻中抄錄有關僧傳文學的寫卷，逐一篩檢計得 21件寫本。其中有單獨抄寫一種文本的，如 S.528 正面僅單獨抄錄《靈州龍興寺白草院史和尚因緣記》，羽 698 背面僅單獨抄錄《劉薩訶和尚因緣記》，P.4964 正面僅單獨抄錄《康僧會傳略》；有匯抄同一種文類多篇作品的，如 S.3074 寫卷正面抄有《康僧會傳略》《鳩摩羅什傳略》《法顯傳略》《竺道生傳略》《釋弘明傳略》；有匯抄多種文類多篇作品的，如

P. 2680 正面分抄《唯識論師世親菩薩本生緣》等 2 種 "菩薩本生緣"，《劉薩訶和尚因緣記》《佛圖澄和尚因緣記》等 4 種 "高僧因緣記"，《羅什法師贊》《大唐義淨三藏贊》等 4 種 "高僧贊"，以及《付法藏傳》等 16 種文書。從寫本 "原生態" 來考察這些文獻抄寫的情況，有助於理解這些文本的性質與功能。這是過去寫本未全面公布且沒有大型寫本圖錄與數字化時，僅從錄文進行傳統單一文體研究所無法觸及的。下文以寫本爲單位，從寫本 "原生態" 的視角出發，逐一進行寫本的叙錄，以奠定敦煌僧傳文學寫本研究之基礎。兹依法藏、英藏、日藏寫本卷號先後爲序，叙錄如下：

（一）P. 2130

卷子本。存 16 紙，每紙寬 44.6～46.1 釐米，高 29.8～30.5 釐米，總長 729 釐米。

正面書寫。爲同一人所抄。計分 3 部：

1.《法照和尚因緣傳》（1—30 行），首缺尾完，存 30 行。

起："照啓二聖言：'念時，當何念？' 二聖告言。"

訖："須相勸念佛，來世極樂爲期耳。略説行遊。宜者任詳讀。"

説明佛陀利波與法照之關係。

2.《西方道場法事文》（30—361 行），首尾俱完，計 331 行。

首題：《西方道場法事文》。

起："若欲作五會法事時，先誦阿彌陀經。"

訖："如是等罪，願皆消滅，歸命敬禮，常住三寶。"

《西方道場法事文》内容包含念佛法事次第：《散花樂贊》《寶鳥贊》《迴向發願文》《念佛偈贊》《西方十五願贊》《西方念佛贊》《净土樂贊》《西方禮贊偈文》《懺悔文》。

3.《佛説觀佛三昧海藏經》（362—447 行），首尾俱完，計 113 行。

首題：《佛説觀佛三昧海藏經本行品第八》。

尾題：《佛説觀三昧海藏經一卷》。

題記："三界寺道真　經不出寺門，就此靈窟記。"

卷背：佛教筆記，零散一二行，碎片大小不一。

（二）P. 2680

卷子本，存 12 紙，長 311.5 釐米，高 25.9～31.3 釐米，正背書。

正面分抄 16 種文書：

1.《唯識論師世親菩薩本生緣》（1—24 行）計 24 行。首題：《唯識論師世親菩薩本生緣》。

2.《唯識大師無著菩薩本生緣》（25—39 行）計 15 行。首題：《唯識大師無著菩薩本生緣》。

3.《寺門首立禪師讚》（39—50 行）計 11 行。首題：《寺門首立禪師讚》。

4.《靈州龍興寺白草院和尚俗姓史法號增忍以節度使李公度尚書立難刺血書經義》（原題）（50—64 行）計 15 行（今擬題爲《靈州龍興寺白草院史和尚因緣記》）。

5.《付法藏傳》（65—83 行）存 19 行。分別爲《第廿三代付法藏人聖者鶴勒那夜奢》（65—75 行）計 11 行，《第廿四代付法藏人聖者師子比丘》（76—83 行）計 8 行。

6.《劉薩訶和尚因緣記》（84—111 行）計 28 行。首題：《劉薩訶和尚因緣記》。首尾俱完。第 96 行抄至 "可令家人速爲填納即得生處免曆幽" 停筆，下有七、八字空白。第 97 行起字迹不一，紙張也不同，爲另一抄本。第 97 行起 "石妄語之罪汝可令家人速爲填納即得生處免曆幽" 右半因與前一寫本拼合時，爲第 96 行所粘貼，以至 "石妄" 二字以下文字僅可隱約見到左半邊字形。而第 96 行 "可令家人速爲填納即得生處免曆幽" 內容與第 98 行 "冥也又見觀世音菩薩處處救諸罪人語薩訶言汝今" 內容相銜接。97—114 行字迹與 97 行以前、114 行以後不同，此段紙質也與前後有異，當是後來的配補。

7. 榜書底稿（112—114 行）存 3 行。內容有 "佛告目連（旁有加字大目連）：汝是天竺輔相之子，其母好食豆，子因而豆也"，"妻子寢臥迦葉行道時，迦葉寢臥金色女人行道時"，"迦葉往□□□□女莊一會像從黃色□願□夫妻金色女時" 等字句。

8.《大唐義净三藏贊》（115—117 行）計 3 行。首題：《大唐義净三藏贊》。

9.《佛圖澄和尚因緣記》（117—127 行）計 11 行。首題：《佛圖澄和尚因緣記》。

10.《大唐三藏贊》（127—129 行）計 3 行。首題：《大唐三藏贊》。

11.《羅什法師贊》（130—135 行）計 6 行。首題：《羅什法師贊》。

12.《隋净影寺沙門惠遠和尚因緣記》（135—151 行）計 16 行。首題：
《隋净影寺沙門惠遠和尚因緣記》。

13.《遠公和尚緣起》（151—154 行）計 4 行。首題：《遠公和尚緣起》。

14.《四威儀》（155—168 行）計 14 行。首題：《行威儀》。

15.“八部眾”（169—178 行）計 10 行。

16.“雜寫”（179—180 行）存 2 行。寫兩次“歸義軍節度都頭内親從守常樂縣令銀青光禄大夫”。

背面分别抄寫：名録、便粟曆、絹帛曆、練綾曆、聲聞唱道文、轉帖、社司轉帖、丙申年四月十七日慕容使軍請當寺開大般若經付經曆、正段曆。

（三）P. 2775

卷子本，存 3 紙。第一紙寬 24.7 釐米，第二紙寬 38.6 釐米，第三紙寬 42.7 釐米。高 29～30.3 釐米，全長 106.1 釐米。正背書寫。

正面：《付法藏因緣傳》（1—8 行）爲“第三代高那和修”至“第二十四代師子比丘”名録，及“迦旃延”等十大弟子名目，後接抄《付法藏因緣傳》“第十一代付法藏人聖者富那奢”傳、“第十二代付法藏人聖者龍樹菩薩”傳、“第十二代付法藏人聖者毗羅”傳、“第十三代付法藏人聖者龍樹菩薩”傳。“第十二代付法藏人聖者龍樹菩薩”傳中“第十二代”顯爲“第十三代”之誤，抄者發覺後，續抄“第十二代付法藏人聖者毗羅”傳、“第十三代付法藏人聖者龍樹菩薩”傳（内容見元魏吉迦夜共曇曜譯《付法藏因緣傳》卷五），而未將前“第十二代付法藏人聖者龍樹菩薩”傳刪去。

背面首先是兩行雜寫“□□不離自家田□□變化多應有/緣舊日荒蕪種少”，字大，書迹佳，與其他文字的抄寫者不同。接著爲《付法藏因緣傳》第八代伏陀蜜多，然後爲倒書 11 行，行約 16 字，内容爲“僧伽難提”一段，爲元魏吉迦夜共曇曜譯《付法藏因緣傳》卷六内容。最後是 12 行分別抄有“義净三藏/卓哉大士/白草院史和尚/劉薩訶和尚/惠遠和尚/佛圖澄”“第十四聖提婆　第十五羅睺羅/第六□□□□/付法藏人□/”及“稠禪師解虎　龍樹菩薩讚　寺門手立禪師頌　隋净影寺沙門惠遠　/靈州史和尚　佛畺澄和尚　羅什法師　唐大莊嚴寺僧釋智興　/大唐三藏法師　大唐義净法師　劉薩訶　宣律和尚”。“義净三藏/卓哉大士”是

《義净三藏法師贊》及讚文首句。倒數第 4 行是"付法藏人▢▢"。

（四）P.3355

卷子本，存 11 紙。其中 8 紙寬 46.7～47.1 釐米。第 1、11 紙殘損；第 3 紙 4.8 釐米。紙高 26.2 釐米，總長 482.8 釐米。正背書。

正面抄北魏曇摩流支譯《信力入印法門經》卷第二。

卷背抄有《十大弟子贊》《付法藏傳》等。

説明：在《十大弟子贊·阿那律天眼第一》與《付法藏傳·第七代付法藏人聖者伏（佛）陀難提》間夾抄有《彌天釋道安第一》《佛圖澄聖僧讚》。

其中《十大弟子贊》少了《摩訶迦旃延論第一》，《羅睺羅密行第一》僅抄題名未錄贊文，殘存《須菩提解空第一》上右旁標注"托經"，《摩訶迦葉頭陀第一》上右旁標注"拄杖"，《聖者大目乾捷連神通第一》上右旁標注"念珠"，《聖者舍利弗智慧第一》上右旁標注"香爐"，《富樓羅説法第一》上右旁標注"托意仗"，《優婆梨持律第一》上右旁標注"齒枝"。從這些對十大弟子畫像人物情態特徵的標注，可以推知此寫本應是十大弟子、傳法世與聖者、高僧畫像的提示文稿。

（五）P.3490

卷子本，存 10 紙。其中 4 紙寬 40.9～43.3 釐米。總長 271.8 釐米。正背書。

正面爲財禮凡目、油破曆、辛巳年破曆等。

背面分抄：

1.《寺門首立禪師頌》20 行。缺題。有題記："先天二年十二月廿五日清信弟子張文爽述，比丘智照書。"

2.《稠禪師解虎讚》計 5 行。首題：《稠禪師解虎讚》。

3.《於當居創造佛刹功德記》計 30 行。文末有題記："于時天成三年歲次戊子九月壬申朔十五日丙戌。"

4. 敬繪文殊、聖賢、萬回、觀音願文 4 篇，計 48 行。缺題。文末有題記："天成三年戊子歲九月十七日。"

（六）P.3570

卷子本，存 4 紙，紙高 26.1 釐米，總長 157.6 釐米。正背書。

正背字迹不同。

正面爲楷書，有界欄。每紙 28 行，行 17 字。内容爲《大般若波羅蜜多經卷第四百七十》，存 83 行。

背面分别抄寫：

1.《南山宣律和尚讚》（1—11 行）計 11 行。首題：《南山宣律和尚讚》。

2.《隋净影寺沙門慧遠和尚因緣記》（12—36 行）計 25 行。首題：《隋净影寺沙門慧遠和尚因緣記》。

3.《劉薩訶和尚因緣記》（37—72 行）計 36 行。首題：《劉薩訶和尚因緣記》。

4.《靈州龍興寺白草院和尚俗姓史法號增忍以節度使李公度尚書立難刺血書經義》（今擬作《靈州龍興寺白草院史和尚因緣記》）（73—89 行）。計 17 行。首題：《靈州龍興寺白草院和尚俗姓史法號增忍以節度使李公度尚書立難刺血書經義》。

（七）P. 3727

P. 3727 是由 12 張大小不一的紙張黏貼而成的專輯。紙張高 29.2～30.8 釐米，寬 23～43.5 釐米。每張紙正面左端以膠水黏貼。每葉正背書寫。法國 "*Bibliothèque nationale de France* IV" 著録、上海古籍出版社《法藏敦煌藏文文献》拍攝圖録及 IDP 數位掃描，均將各紙分開，並正背展示。兹考圖録及 IDP 數位掃描依序如下：

第一葉

正面：《付法藏傳》28 行，行 22～24 字。内容分抄：

1.《第四代付法藏人聖者優波毱多》18 行。

2."聖者提多迦從尊者付優波毱多時" 2 行。

3."第四夢" 3 行。

4."第三夢" 4 行。

5.《第七代付法藏人聖者伏陁難提》（前 4 行）。

背面：《内親從都頭知常樂縣令羅員定狀》（擬），10 行。行書，字大熟練。頭尾空白及行間接抄正面《付法藏傳》内容，起"難提轉大法輪伏魔" 7 行係接抄正面《第七代付法藏人聖者伏（佛）陀難提》文字。又起"第九代付法藏人聖者脇比丘"，迄"聖者富那奢從尊者脇比丘受付囑時" 11 行。

按：依照書寫情形及紙張正面左端膠水黏貼情形判斷，當以背面《內親從都頭知常樂縣令羅員定狀》爲正面，《付法藏傳》爲後抄，當是背面。

第二葉

正面：《付法藏傳》17 行，行 22～24 字。抄：《第五代付法藏人聖者提多迦》17 行。

背面：《廣順五年正月都知兵馬使吕富延、陰義進等狀》（擬）9 行。及後抄倒書"聖者彌遮迦從尊者"1 行。

按：依照書寫情形及紙張正面左端膠水黏貼情形判斷，當以《廣順五年正月都知兵馬使吕富延、陰義進狀》爲正面，《付法藏傳》爲後抄，當是背面。

第三葉

正面：《付法藏傳》。

原有："度子書至處""都知陰書上付"2 行。空白處及行間分抄：

1.《第六代付法藏人聖者彌遮迦》10 行。

2."第五夢"3 行。

3.《第八代付法藏人聖者伏陀密多》7 行。

背面：《乙卯年二月廿日通報吕都知、陰都知狀》（擬）7 行。後左邊倒書 6 行，分別是"第八夢"2 行，"第九夢"3 行，"聖者脇比丘從尊者伏陀密多受付囑時"1 行（爲第八代內容）。

按：依照書寫情形及紙張正面左端膠水黏貼情形判斷，當以《乙卯年二月廿日通報吕都知、陰都知狀》爲正面，《付法藏傳》爲後抄，當是背面。

第四葉

正面：《付法藏傳》。分抄：

1.《第十代付法藏人聖者富那奢》7 行。

2."聖者馬鳴菩薩從尊者富那舍受一代教時"1 行。

3.《唯識大師無著菩薩本生緣》16 行。

背面：《吕都知、陰都知與親友往來書狀》（擬）18 行。行間接抄正面《唯識大師無著菩薩本生緣》。

按：依照書寫情形及紙張正面左端膠水黏貼情形判斷，當以背面《吕都知、陰都知與親友往來書狀》爲正面，《唯識大師無著菩薩本生緣》爲後抄，當是背面。

第五葉

正面：《付法藏傳》。抄：《第十一代付法藏人聖者馬鳴菩薩》29 行。

背面：《沙門道會給瓜州吕都知、陰都知狀》（擬）18 行。夾行間抄有"釋迦如來成道夜，净居天空中報净飯王悉達太子已成正覺，明旦宫人報云：斛飯王夫人昨夜生一太子。斛飯王生太子後，遣人往於聖者相太子時"，無著菩薩"以舌舓蛆時""却送刀時"，世親菩薩"從無著菩薩受制千部論時"，有一弟子"誦無盡意經時""誦十地經時"，無著菩薩厭世"欣慕出家時"等（14 行）。

按：依照書寫情形及紙張正面左端膠水黏貼情形判斷，當以《沙門道會給瓜州吕都知、陰都知狀》爲正面，《付法藏傳》爲後抄，當是背面。

第六葉

正面：《付法藏傳》。分抄：

1.《第十二代付法藏人聖者比羅》9 行。

2."罽賓國王信奉末漫尼彌師訶法"3 行。

3.《唯識論師世親菩薩本生緣》16 行。

背面分抄：

1."自挽外道法，人就聖者求死歸大乘教時"11 行（内容屬《第廿五代舍那婆斯聖者》）。

2."彌勒慈尊及诸眷屬，坐寶宫殿，空中而現，告無著言：'善男子，汝何所願?'無著白言：'我願於大乘法無有疑惑。'彌勒菩薩即爲説法時"3 行（内容屬《唯識大師無著菩薩本生緣》）。

第七葉

單面書寫。分抄：

1.《第二夢》6 行。

2.《舍利弗智惠第一》4 行。

3.《大目乾連神通第一》4 行。

4.《摩訶迦葉頭陀第一》4 行。

5.《須菩提解空第一》4 行。

第八葉

正面分抄：

1.“大迦葉不悟回時，釋迦如來再現大身，相廣爲説法，受付囑留傳一代教法時”3行（内容屬《第一代付法藏大迦葉》）。

2.《第一夢》3行。

3.《富樓那説法第一》4行。

4.《摩訶迦旃延論語第一》4行。

5.《阿那律天眼第一》4行。

6.《優波離持律第一》4行；

7.《阿難陀總持第一》2行。

背面硬筆書寫有：“未畫間子第一代白象前　第二代三鑊前　第三代一馬兩項　智公和尚　解虎禪師讚　肩長和尚十三代掩耳帽　十四代　十五代前有一僧一俗新樂器　十六代有池内有火　十七代有僧項上放五色光　十八代有僧説法並有剃度　十九代有樓内有一手放光　又有一僧花山硤身　廿代前有剃度出家”4行。

第九葉

正面分抄：

1.《聖者泗州僧伽和尚元念因緣》12行。

2.《寺門首立禪師讚》12行。前者字大，後者字小，字迹不同，蓋爲不同人所抄。

背面分抄：

1.《靈州龍興寺白草院和尚俗姓史法號增忍以節度使李公度尚書立難刺血書經義》（原題）18行，今擬題爲《靈州龍興寺白草院史和尚因緣記》。

2.《隋净影寺沙門惠遠和尚因緣記》9行（未完）。

第十葉

單面書寫。分抄：

1.“龍象入高僧傳”10行（接續第九葉背面《隋净影寺沙門惠遠和尚因緣記》）。

2.“龍樹菩薩從龍宫將《華嚴經》却還閻浮時”“龍樹菩薩受龍王請往龍宫時”“龍樹共三人隱身入王宫，三人被傷，龍樹隨王不離三步，爲刀不向王，免得此難，從兹厭欲出家”5行。

第十一葉

正面：《劉薩訶和尚因緣記》25 行（未完）。

背面分抄：

1. "利至心求者皆得形色數般漠高窟亦和尚受記，因成千龕者也" 2 行（接續正面《劉薩訶和尚因緣記》）。

2. "赫連驢耳王和尚以水灑之即復人耳" 1 行（爲《劉薩訶和尚因緣記》文句之重抄）。

3. "羅什將丈二面衣鏡藏於澡罐之中，解秦王芥子藏須彌之疑事" 5 行。

4.《無著世親菩薩本生緣》11 行。

説明：《劉薩訶和尚因緣記》抄於 P.3727 第十一葉正背面。首尾俱完，計 27 行，行 19～23 字。首題：《劉薩訶和尚因緣記》。

第十二葉

正面分抄：

1.《大唐義净三藏讚》計 4 行。首題：《大唐義净三藏讚》。

2.《梁朝第一祖菩提達摩多羅禪師者》（未抄完），内容爲《歷代法寶記》。

背面："後六度毒大師告諸弟子我來本爲傳法" 15 行。按：此係接續正面《歷代法寶記·梁朝第一祖菩提達摩多羅禪師者》。

（八）P.3902

紙本。高 26～27.4 釐米，寬 30.7 釐米。正背書。

正面：《靈州龍興寺白草院史和尚因緣記》，首尾俱完。計 20 行，行 19 字。首題：《龍興寺白草院和尚俗姓史法號增忍與節□□李尚書立難□血寫經義□（記）》，起"尚書難曰：教有受之父母，不敢毀傷"，訖"請絶斯義。謹答"。按：原題 P.2680、P.3570、P.3727 同作"《靈州龍興寺白草院和尚俗姓史法號增忍以節度使李公度尚書立難刺血書經義》"，今據 S.276、S.528 擬題爲《靈州龍興寺白草院史和尚因緣記》。

背面零散雜寫 3 行，有："善住還獨斧替鑼子 寺壹，寺家秤稱得參拾"，"量，分付後，寺主大進"，"此交索 法律 張還與嵩法律"。

（九）P.4597

卷子本，正背書。15 紙，每紙寬 39～42 釐米，高 28.3 釐米。總長

533.5 釐米。

正面分抄：（1）《和菩薩戒文》；（2）《西方樂贊文》；（3）《散華樂贊文》；（4）《般舟梵贊文》；（5）《香湯贊文》；（6）《四威儀贊》；（7）《卧輪禪師偈》；（8）《受吉祥草偈》；（9）《大乘中宗見解要義別行本》；（10）《香贊文》；（11）《花贊文》；（12）《遊五臺山贊文》；（13）《辭父母出家贊文》；（14）《義净三藏贊》；（15）《羅什法師贊》；（16）《唐三藏贊》；（17）《稠禪師解虎贊》；（18）《菩薩十無盡戒》；（19）《金剛五禮文》；（20）《五臺山贊文并序》；（21）《寅朝禮》；（22）《九想觀詩》；（23）《佛母贊》；（24）《出家贊文》；（25）《菩薩安居息解夏法》；（26）《辭道場贊》；（27）《請十方賢聖贊》；（28）《送師贊》；（29）《勸善文》；（30）《入布薩堂説偈文》；（31）《受水説偈文》；（32）《聲聞布薩文》；（33）《布薩文》；（34）《十二光禮法身禮》；（35）《破酒曆》。

卷背雜寫 59 行，極爲分散，或爲倒書。内有："我釋迦如來超彌勒四十劫，底沙佛時超九劫，雪山童子超八劫，薩埵王子超十一劫，善財童子時超十二劫"，"咸通九年"，"光化四年九月三日"，"光化三年五月廿日弟子比丘律師念記"，"光化四年九月十五日靈圖寺法（下缺）"，"弟子某甲等合道場人，同發勝心歸依啓請十方之佛三世如來口若虚空口花藏界百億如來大賢劫一千化佛"（倒書），"癸亥十月十六日□□弟子六人看和尚來得口褐兩口東窟去上人偷將"，"咸通九年正月四口學生德書卷"，"咸通九年武文晟念佛德"。又有致都僧政信札一通。紙張的接縫處每有"惠水"二字。

（十）P.4964

卷子本。存 1 紙，紙高 29.7 釐米，長 66 釐米。單面書寫。首尾俱殘，缺題。存 28 行，行 16～17 字。第 8 至 28 行有"第二明僧會遊吳"，記述康僧會入吳國建康弘法的故事，其題名及用途待考；與 S.3074 正面第 1—9 行有關康僧會的傳略相似，因擬作"康僧會傳略"。

（十一）S.276

卷子本，正背書。

正面抄有長興四年癸巳歲（933）的《具注曆日》。

背面分抄：

1.《阿難陀總持第一》4 行、《摩訶迦葉頭陀第一》3 行（後加小字）。

2.《第一代付法藏大迦葉》17 行（3 行後加小字）。

3.《靈州史和尚因緣記》21 行。

4.《佛圖澄羅漢和尚贊》計 7 行，首題：《佛圖澄羅漢和尚贊》。

5.《羅什法師贊》計 9 行，首題：《羅什法師贊》。

6.《第廿五代付法藏人聖者舍那波斯抄》存 1 行。

按：除《靈州史和尚因緣記》《佛圖澄羅漢和尚贊》《羅什法師贊》外，均出自元魏西域三藏吉迦夜共曇曜譯《付法藏因緣傳》中印度傳法世系二十八代之中。

（十二）S. 381

卷子本，正背書。

正面分抄：

1.《唐京師大莊嚴寺釋智興鳴鐘感應記》（擬），題記："庚申年四月二十七日抄"。

2.《鳩摩羅什別傳（擬）》計 18 行，櫽栝《高僧傳》羅什傳文，極簡略，約二三百字。

3.《龍興寺毗沙門天王靈驗記》。

4.《鳴鐘詩》（擬），題記："咸通十四年四月廿六日題記耳也。"

以上 4 件文書，抄寫字跡相同，當爲同一人所抄。

背面抄寫：（1）《僧威信祭嬸文》；（2）《己卯年僧惠澤妹什娘子等祭表姊什二娘文》；（3）《十二娘祭婆婆文》。

（十三）S. 528

卷子本，正背書。

正面：《靈州龍興寺白草院史和尚因緣記》，首尾俱全，計 17 行，行約 23 字。首題：《靈州龍興寺白草院史和尚因緣記》。

背面：《敦煌縣莫高等鄉配物歷》《三界寺僧智德狀稿》。

（十四）S. 1625

卷子本，正背書。

正面：《天福叄年十二月六日大乘寺諸色斛斗入破歷計會》。

卷背分抄：《佛圖澄和尚因緣》《唐京師大莊嚴寺僧釋智興》，出自一人之手。《佛圖澄和尚因緣》，首尾俱全，計 12 行，每行約 20 字。首題：《佛圖澄和尚因緣》。起"佛圖澄者，中天竺人也"，訖"開棺驗之，全無屍也"。

（十五）S. 1774

卷子本，正背書。

正面：《天福七年某寺法律智定等交割常住什物點檢歷狀》。

背面：《寺門首立禪師頌》，首尾俱完，計 17 行，行約 17 字。首題：《寺門首立禪師讚》。卷末有"法律智定等一交歷"。

（十六）S. 3074

卷子本。紙高 28.7 釐米，長 86.5 釐米。正背書。

正面：《高僧傳略》（擬），首尾俱殘。存 57 行，行約 23 字。起"釋迦者，净飯王子"，訖"詣澄講説更"。

原卷無標題，殘存有：

1. 康僧會（1—9 行）。

2. 鳩摩羅什（一）（10—15 行），首題"羅什法師譯經院"。

3. 鳩摩羅什（二）（15—26 行）。

4. 竺道生（26—35 行），首題"宋揚都龍光寺法師竺道生圖讚"。

5. 法顯（36—44 行）。

6. 弘明（45—52 行）。

7. 佛圖澄（53—59 行）。

按：最後 7 行有關佛圖澄的記述與 S. 1625、P. 2680《佛圖澄和尚因緣記》的内容全同，當是《佛圖澄和尚因緣記》。

卷背：《吐蕃時期某年五月至十二月某寺斛斗破歷》。

正反兩面書體似爲一致，當爲同一人所抄，爲吐蕃占領時期（786—848）抄本。

（十七）S. 6631

卷子本，正背書。長 518.16 釐米，紙高 25.2 釐米。

正面：《金剛般若波羅蜜經》，首缺尾完。字體工整。

背面：（1）《歸極樂去贊》；（2）《四威儀》；（3）《卧輪禪師偈》；（4）《香贊文》；（5）《遊五臺山贊文》；（6）《辭父母贊》；（7）《義净三藏贊》；

(8)《唐三藏贊》；（9）《九想觀詩》；（10）《和菩薩戒文》；（11）《羅什法師贊》；（12）《維摩五更轉十二時》等。

（十八）《敦煌秘笈》羽 698

卷子本，正背書。存 3 紙，紙長 75.1 釐米，高 25.4 釐米。

正面：《十方千五百佛名經》，首尾題俱缺。有界有欄。

背面：《劉薩訶和尚因緣記》殘卷，首殘尾完，缺題。存 34 行，行 17～23 字。前 3 行上半殘缺。起"和尚俗姓劉氏，字薩訶，丹州定陽人也。性"，訖"亦和尚受記，因成千龕者也"。

《敦煌秘笈》著録云："正面題名：《和尚説反魂記》。首尾題俱缺。存 3 紙。長 75.1 釐米，高 25.4 釐米。背面題名：《十方千五百佛名經》，首尾題俱缺。有界有欄。"按：《十方千五百佛名經》有絲欄，當爲正面，《劉薩訶和尚因緣記》蓋爲利用《十方千五百佛名經》的背面而抄寫。

第二章 敦煌寫本高僧因緣記校注

"高僧因緣記"或稱"高僧因緣傳"，主要記述高僧出家、得道、成爲聖僧的因緣事迹。按：佛教以事物生起、變化及壞滅的主要條件爲"因"，輔助條件爲"緣"。換言之，一切事物、現象的生起，皆由相待的互存關係和條件決定，佛法中有所謂"十二因緣"，便是説明衆生生死流轉的因果聯繫，强調 12 個環節按順序組成，是佛教思想中生死流轉的因果律。原始經典十二分教中，第十爲"nidāna"，漢語音譯爲"尼陀那"，意譯作"因緣"，是指見佛聞法、佛説教化的因緣，或在佛典開端作爲講經緣起的經序。[①] 漢譯佛典中的因緣故事，除了原指佛陀説法和制戒機緣故事外，還包括小乘佛教所注重的"業報因緣"。因小乘佛教所認爲的因緣，是指直接產生果的因，著重在業感果報，即今世所得果乃前世種因，與原始佛教對因緣的説法大有不同。文學形式的"因緣"後來漸漸與本生、譬喻、本事相結合，範圍更加擴大，成爲佛教文學的重要組成部分。

"因緣記"一類文獻，是僧人於各種法會間選擇《高僧傳》中適當的高僧神通行迹，櫽栝其內容以備法會宣講之參考，此即所謂"因緣記"或"因緣傳"。這些敦煌寫本高僧"因緣記"與"高僧傳""靈驗記"性質相近，內容相涉，獨樹一幟，而同爲佛教弘傳所運用之文學，值得我們關切與深思。

敦煌文獻中題名或擬名爲"因緣記""因緣傳"的寫卷以今所知見，計有 6 種，分抄在 8 個寫卷：《佛圖澄和尚因緣記》（S. 1625V、S. 3674、

---

① 唐玄奘譯《阿毗達磨大毗婆沙論》卷一百二十六："因緣云何？謂諸經中，遇諸因緣而有所説，如義品等種種因緣。如毗奈耶作如是説；由善財子等最初犯罪，是故世尊集苾芻僧，制立學處。"（《大正藏》第 27 册，第 660 頁。）

P. 2680、）、《劉薩訶和尚因緣記》（P. 2680、P. 3570V、P. 3727、羽 698 等）、《隋浄影寺沙門惠遠和尚因緣記》（P. 2680、P. 3570V、P. 3727）、《法照和尚因緣傳》（P. 2130）、《靈州龍興寺白草院史和尚因緣記》（P. 2680、S. 276V、S. 528、S. 3570V、P. 3727、P. 3902）、《聖者泗州僧伽和尚元念因緣記》（P. 3727）。謹依序先行題解，次作校録、校記，並加注釋，編次如下，以爲研究文本之基礎。

一、敦煌寫本《佛圖澄和尚因緣記》校注

【題解】

今已公布的敦煌文獻中有關《佛圖澄和尚因緣記》者計有 P. 2680、S. 1625、S. 3074 三件寫本。兹分別叙述如下：

（一）P. 2680

卷子本，正背書。正面分抄《唯識論師世親菩薩本生緣》《劉薩訶和尚因緣記》《大唐義浄三藏贊》等 16 種文書。第 116—126 行爲《佛圖澄和尚因緣記》，是第十件文本。首尾俱完，計 11 行，行 24～27 字。首題"仏圖澄和尚旦緣記"，起"仏圖澄者，天竺國人也"，訖"開棺驗之，全不見屍矣"。

1　仏圖澄和尚旦緣記　仏圖澄者天竺國人
2　也幼年入道而求出家誦經數百万言善解文義雖未誦此土儒史
3　論辯而無疑滯若志弘大法善誦神咒能役鬼神以麻油塗掌千
4　里事徹見由掌中如對面焉又聽鈴音便知万事石勒石虎尊
5　之甚重虎詔曰和尚國之大寶榮爵不加高位不受何以旌得從此
6　已往宜衣以綾錦乘以雕輦會之日和尚昇殿澄身長八尺風姿詳
7　雅妙解深經須菩提等數十名僧大德詣澄講説矣澄左乳傍
8　先有一孔圓四五寸通徹腹内或時腹從出輙以絮塞之夜欲誦書
9　▨去其絮則一室洞明又於齋日至水邊引腸洗之已洗還内澄
10　死之日有人見在流沙南行中天竺國人聞知不信遂開棺驗之全不
11　見屍矣

（二）S. 1625V

S. 1625V 卷子本，正背書。正面爲《天福叁年十二月六日大乘寺諸

色斛斗入破歷計會》。卷背分抄《佛圖澄和尚因緣》《唐京師大莊嚴寺僧釋智興》，出自一人之手。《佛圖澄和尚因緣》，首尾俱全，計 12 行，行約 20 字。首題"仏圖澄和尚因緣"，起"仏圖澄和尚者，中天竺人也"，訖"開棺驗之，全無屍也"。

1　仏圖澄和尚因緣　　仏圖澄和尚者中天竺人也
2　幼年入道而求出家誦經數百言義善解文義雖
3　未通誦此土儒史論辯而無疑滯若志弘大法善
4　誦神咒能役鬼神以麻油塗掌千里事徹由掌
5　中如對面焉又聽聆音便知万事石勒石虎尊之
6　甚重虎詔曰　　　和尚國之大寶榮尉不加高位
7　不受何以旌得從此已往宜衣以綾羅乘以雕輦朝
8　會之日和尚昇殿澄身長八尺風姿詳雅妙解心經
9　須菩提數十明僧詣澄講説矣左乳旁先有一孔圓
10　四五寸或時脹中出以絮塞之夜欲誦經▨去其
11　絮則一室洞明澄死之日有人見在流沙南行竺國
12　人開棺驗之全無屍也

（三）S. 3074

S. 3074 正背書。正面首尾俱缺，存 59 行。抄寫內容爲魏晉時期 6 位高僧之簡要傳記。原卷無標題，殘存有康僧會、鳩摩羅什、竺道生、法顯、釋弘明、佛圖澄等傳記之部分，內容大抵係節錄慧皎《高僧傳》以成篇，因而有擬題爲《高僧傳略》。其中第六部分有關佛圖澄的記述，缺題，殘存 7 行。起"仏晶澄者，中天竹國人也"，訖"詣澄講説矣"。當是《佛圖澄羅漢和尚因緣記》的殘卷。

1　仏晶澄者中天竹國人也幼年入道而求出家誦經數百万
2　言善解文義雖未誦此土儒史論辯而無疑滯若志
3　弘大法善誦神咒能役鬼神以麻油塗掌千里事徹見
4　掌中如對面焉又聽鈴音便知万事石勒石虎尊之甚
5　重虎詔曰和尚因之大寶榮爵不加高位不受何以旌德從此
6　▢▢▢輦朝會之日和尚昇殿澄身長八丈風姿
7　▢▢詣澄講説矣▢▢

　　1962 年，劉銘恕的《斯坦因劫經錄》著錄 S.1625V 作《佛圖澄和尚因緣》①，1989 年柴劍虹在《因緣（緣起）附因緣記》② 一文中有錄文，2004 年馬德將屬 "選取佛經經文段落和一些高僧傳記所改編的各類故事" 的《佛圖澄和尚因緣記》等皆歸入 "敦煌佛教經論" 中的 "佛經故事部分"③。2010 年竇懷永、張涌泉的《敦煌小説合集》④ 則將具備小説特點的《佛圖澄和尚因緣記》等因緣記類作品歸入通俗小説中的 "傳奇類"，並以 P.2680 爲底本，S.1625V 爲甲本，進行校錄（簡稱《合集》）。2010 年郝春文在《英藏敦煌社會歷史文獻釋錄》中據 S.1625V 做了釋文⑤（簡稱《釋錄》）。2014 年，鍾書林、張磊在《敦煌文研究與校注》"（五）記" 的第八篇，據 P.2680、S.1625V 進行了校注⑥（簡稱《校注》）。

　　有關 S.3074《佛圖澄和尚因緣記》的殘卷，1962 年劉銘恕的《斯坦因劫經錄》著錄 S.3074 作《高僧傳（擬）》，説明："計存釋迦、鳩摩羅（什）、（法）顯法師、佛圖澄各傳，澄傳只存前六行。"⑦ 1986 年黃永武《敦煌遺書最新目錄》著錄并擬題爲《高僧傳》⑧。1992 年湯用彤校注《高僧傳》在 "晋長安鳩摩羅什" 後 "參考書目" 列有敦煌寫本照片六六六七、S.3074、六六五九、S.381⑨。1992 年《英藏敦煌文獻（漢文佛經以外部分）》第五卷，收錄 S.3074 題作 "《高僧傳略》（康僧會、鳩摩羅什、竺道生、法顯、佛圖澄）"⑩。2000 年張弓《英藏敦煌文獻第五卷叙錄》，"S.3074 高僧傳略" 條，叙錄云："原件前後缺，下有殘，存 59 行，含六位高僧的傳略。六僧（鳩摩羅什傳有兩個文本）依次爲：康僧會（1—9 行），鳩摩羅什（一）（10—15 行），鳩摩羅什（二）（15—26 行），竺道生（26—35 行），法顯（36—44 行），弘明（45—52 行），佛圖澄（53—59

　　① 商務印書館編：《敦煌遺書總目索引》，北京：商務印書館，1962 年，第 290 頁。
　　② 周紹良等：《敦煌文學》，蘭州：甘肅人民出版社，1989 年，第 278 頁。
　　③ 馬德：《敦煌佛教文獻的再認識》，《中國佛學院學報》，2004 年第 22 期，第 296～298 頁。
　　④ 竇懷永、張涌泉：《敦煌小説合集》，杭州：浙江文藝出版社，2010 年，第 413～416 頁。
　　⑤ 郝春文：《英藏敦煌社會歷史文獻釋錄》（第七卷），北京：科學出版社，2010 年，第 390～392 頁。
　　⑥ 鍾書林、張磊：《敦煌文研究與校注》，武漢：武漢大學出版社，2014 年，第 644～645 頁。
　　⑦ 商務印書館編：《敦煌遺書總目索引》，北京：商務印書館，1962 年，第 172 頁。
　　⑧ 黃永武：《敦煌遺書最新目錄》，臺北：新文豐出版公司，1986 年，第 111 頁。
　　⑨ 湯用彤校注：《高僧傳》，北京：中華書局，1992 年，第 60 頁。
　　⑩ 張弓：《英藏敦煌文獻（漢文佛經以外部分）》第五卷，成都：四川人民出版社，1992 年，第 6～7 頁。

行）。無釋迦牟尼。佛本行不應入僧傳。《劉目》稱'釋迦傳'係'僧會傳'的誤讀。"並迻錄全文。① 鍾書林、張磊《敦煌文研究與校注》"（四）傳"的第八篇，據 S.3074 校注了《高僧傳略》（五則）②。2017 年郝春文《英藏敦煌社會歷史文獻釋録》第十五卷，校録 S.3074《高僧傳略》（康僧會、鳩摩羅什、竺道生、法顯、釋弘明、佛圖澄）③。筆者持 S.1625、P.2680 具有首題的寫卷與 S.3074 比對，内容文字全同，確定 S.3074 是有關佛圖澄的文獻，當是《佛圖澄和尚因緣》，只是缺題，殘存前半部而已。

佛圖澄生平事迹見《高僧傳·晋鄴中竺佛圖澄傳》與《晋書·佛圖澄傳》，《佛圖澄和尚因緣記》主要記述佛圖澄和尚在華行事與神通。《高僧傳》是早期有關佛圖澄事迹的較爲完整的主要材料。《佛圖澄和尚因緣記》當是參考《高僧傳》，摘録其要點，加以修改别録成文。

另載籍可見徵引佛圖澄之别傳有二：一作《佛圖澄别傳》，一作《佛圖澄傳》。《隋書·經籍志》等史志均無著録，撰人不詳。《法苑珠林》卷三一《潛遁篇·感應緣》載有《西晋沙門竺佛圖澄》，與《高僧傳·晋鄴中竺佛圖澄傳》《晋書·佛圖澄傳》不同，可資參考。

【校録】

今已公布的敦煌文獻中，P.2680 抄寫字體爲行書，書寫流暢；S.1625V 字體蓋爲楷書，然不甚工整，且時有錯字、脱文及塗改。以下謹以 P.2680 爲底本，以參校 S.1625V、S.3074，校録全文如下：

佛圖澄和尚因緣記[1]

佛圖澄者[2]，□（中）天竺國人也[3]。幼年入道[4]，而求出家，誦經數百萬言[5]，善解文義。雖未誦此土儒史，論辯而無疑滯[6]。若志弘大法，善誦神咒，能役鬼神，以麻油塗掌，千里事徹見由掌中[7]，如對面

① 宋家鈺、劉忠：《英國收藏敦煌漢藏文獻研究》，北京：中國社會科學出版社，2000 年，第 129～131 頁。

② 鍾書林、張磊：《敦煌文研究與校注》，武漢：武漢大學出版社，2014 年，第 508～511 頁。

③ 郝春文主編：《英藏敦煌社會歷史文獻釋録》（第十五卷），北京：社會科學文獻出版社，2017 年，第 199～208 頁。

焉。又聽鈴音[8]，便知萬事[9]。石勒、石虎尊之甚重，虎詔曰："和尚，國之大寶，榮爵不加，高位不受，何以旌德[10]？從此已往[11]，宜衣以綾錦[12]，乘以雕輦，朝會之日[13]，和尚升殿。"[14]

澄身長八尺[15]，風姿詳雅[16]，妙解深經[17]，須菩提等數十名僧大德詣澄講説矣[18]。澄左乳傍先有一孔[19]，圍四五寸[20]，通徹腹内[21]，或時腸從中出[22]，輒以絮塞之[23]。夜欲誦書，拔去其絮[24]，則一室洞明。又於齋日至水邊，引腸洗之，已洗還内。[25]

澄死之日，有人見在流沙南行。中天竺國人聞知，不信，遂開棺驗之，全不見屍矣。[26]

【校記】

[1] 今已公布的敦煌文獻中，《佛圖澄和尚因緣記》共有 3 卷，以 P. 2680 爲原卷，以 S. 1625V 爲甲卷，以 S. 3074 爲乙卷對比校勘。◎按：原卷卷端題 "佛圖澄和尚因緣記"，甲卷題 "佛圖澄和尚因緣"，無 "記" 字。乙卷前半殘缺。茲據原卷題作 "佛圖澄和尚因緣記"。

[2] 佛，各本並作 "仏"。圖，原卷、甲卷作 "圖"，乙卷抄作 "昌"，是 "圖" 字的省筆俗字。原卷、乙卷抄作 "佛圖澄者"，甲卷 "佛圖澄" 下有 "和尚" 二字，作 "佛圖澄和尚者"，據原卷、甲卷録作 "佛圖澄者"。◎和尚：或作 "和上"，是對堪爲人師的僧人的尊稱，爲梵語 Upādhyāya 譯音之訛轉。在印度此乃對親教師的稱呼，在中國唐代以前用作對高僧的尊稱，而唐代以後則常用作一般僧侣的通稱。

[3] 中天竺國人也：原卷作 "天竺國人也"，乙卷作 "中天竹國人也"，據甲卷 "中天竺人也" 及其文末之 "中天竺國人" 改。◎中天竺國：中古時期，印度依東西南北中分爲五區，中央部分稱爲 "中天竺"，略稱 "中天"。玄奘《大唐西域記》卷四載中印度共有三十餘國，印度古代對五天竺的地域劃分並不完全固定，如龍樹菩薩常弘法之憍薩羅國，通常被認爲在南印度，而玄奘《大唐西域記》將其列於中印度。五天竺之中，中天竺的範圍最廣，包括現今的拉賈斯坦（Rajasthan）的東半及中央諸省、中央印度省、聯合省及西孟加拉省等地。此外，自古至今，廣爲人熟知的佛教聖迹多位於中印度。"中天竺" 有時可代指中印度，如唐王玄策記述 3 次出使印度親身見聞的著作，便稱《中天竺國行記》。

[4] 幼：原卷、甲卷並作 "㓜"，爲 "幼" 之異體。按："㓜" 爲 "幼" 之異體。敦煌寫本常見。如 S. 3074《竺道生傳略》"生㓜而穎悟，聰慜若神"。

[5] 萬：甲卷脱，原卷、乙卷並作"万"，爲"萬"之异體；或以爲"萬"的古字。《四聲篇海·一部》："万，俗萬字。十千也。"敦煌寫本常見，如 S.126《太子出家讚》"孤山高万仞"。

[6] 儒史：意指儒家經典與史書。《南齊書·良政傳》："父馹，南中郎參軍。昭明少傳儒史之業，泰始中，爲太學博士。"疑滯：指疑難之處。《後漢書·儒林傳下·謝該》："河東人樂詳條《左氏》疑滯數十事以問，該皆爲通解之。"《宋書·隱逸傳·關康之》："又爲《毛詩義》，經籍疑滯，多所論釋。"◎按：慧皎《高僧傳·晋鄴中竺佛圖澄傳》載："竺佛圖澄者，西域人也，本姓帛氏。少出家，清真務學，誦經數百萬言，善解文義。雖未讀此土儒、史，與諸學士論辯疑滯，接闇若符契，無能屈者。"

[7] 見：原卷作"見"，甲卷脱，據原卷以録。◎按："若志弘大法，善誦神咒，能役鬼神，以麻油塗掌，千里事徹，見由掌中，如對面焉"，出自《高僧傳·晋鄴中竺佛圖澄傳》："（竺佛圖澄）以晋懷帝永嘉四年來適洛陽，志弘大法。善誦神咒，能役使鬼物。以麻油雜胭脂塗掌，千里外事，皆徹見掌中，如對面焉，亦能令潔齋者見。"又詳見《晋書·佛圖澄傳》。

[8] 鈴：甲卷作"聆"，蓋音近而訛，據原卷、乙卷録作"鈴"。

[9] 又聽鈴音，便知萬事：指竺佛圖澄以鈴音預見萬事，《高僧傳·晋鄴中竺佛圖澄傳》載："至光初十一年，曜自率兵攻洛陽，勒欲自往拒曜，内外僚佐，無不必諫。勒以訪澄，澄曰：'相輪鈴音云："秀支替戾岡，僕谷劬禿當。"此羯語也。秀支，軍也；替戾岡，出也；僕谷，劉曜胡位也。劬禿當，捉也。此言軍出捉得曜也。'時徐光聞澄此旨，苦勸勒行。勒乃留長子石弘，共澄以鎮襄國。自率中軍步騎，直指洛城。兩陣纔交，曜軍大潰。曜馬没水中，石堪生擒之送勒。澄時以物塗掌，觀之見有大眾，眾中縛一人，朱絲約項，其時因以告弘。當爾之時，正生擒曜也。曜平之後，勒乃僭稱趙天王，行皇帝事，改元建平。是歲東晋成帝咸和五年也。"

[10] 德：乙卷作"德"，原卷、甲卷並作"得"。◎按："得""德"音同，敦煌寫本每多混用，如 P.2931《佛説阿彌陀經講經文》"名聞遐邇共尊，道得名高已遠"。據乙卷及上下文意録作"德"。

[11] 原卷作"從此已往"，甲卷脱"從"字，乙卷"從此"後所抄之字，漫漶不清。今據原卷以録。

[12] 錦：原卷作"錦"，甲卷作"羅"，乙卷闕文，《高僧傳·晋鄴中竺佛圖澄傳》作"宜衣以綾錦"。◎按："綾錦""綾羅"均通，皆指精緻的高級織物，此處據原卷以録。

[13] 朝：原卷無，疑脱，據另兩卷以補。

[14] 本段以石虎所頒詔令凸顯石勒、石虎對佛圖澄的尊崇，内容文字主要摘抄自《高僧傳·晉鄴中竺佛圖澄傳》："虎傾心事澄，有重於勒。乃下書曰：'和上國之大寶，榮爵不加，高禄不受，榮禄匪及，何以旌德。從此已往，宜衣以綾錦，乘以雕輦。朝會之日，和上升殿，常侍以下，悉助舉輿。太子諸公，扶翼而上。主者唱大和上至，衆坐皆起，以彰其尊。'又敕偽司空李農旦夕親問，太子諸公，五日一朝，表朕敬焉。"

[15] 八尺：原卷、甲卷作"八尺"，乙卷本寫作"丈八"，"八"字右上方有倒乙符，據之乙正作"八丈"。◎按："丈"字當爲"尺"字形近而誤。

[16] 風姿詳雅："詳"通"祥"，指風度儀態安詳温雅。《晉書·王衍傳》："衍字夷甫，神情明秀，風姿詳雅。"詳雅，亦作"祥雅""庠雅"，如《佛本行經》卷五《嘆定光佛品》："調御六情馬，駕乘六度車；施戒之輦輿，慈箱喜護屋。……頒宣微妙法，以調和衆生；行道庠雅好，千日同時出。"《大莊嚴論經》卷七："又復世尊不齊相好殊妙可嘆，衆行皆備功德悉具，説偈贊言：'如來所言説，智者所欽仰，威儀及舉止，終無有過失。……行步甚詳雅，爲人所愛樂，言説義深廣，視瞻極審諦。詳雅有次叙，一切皆捨離，食飲無貪著。舉要而言之，無有不可愛。'"

[17] 妙解深經："深經"，甲卷誤作"心經"，據原卷以録。"妙解"，意謂精通。《晉書·王玟傳》："時有外國沙門，名提婆，妙解法理。"深經：宣説諸法實相深理的大乘經典的統稱，與"深藏"同義。《妙法蓮華經》卷四《法師品》："藥王汝當知！如是諸人等，不聞法華經，去佛智甚遠，若聞是深經，決了聲聞法。是諸經之王，聞已諦思惟，當知此人等，近於佛智慧。"《維摩詰所説經》卷三《法供養品》："佛言：'善男子！法供養者，諸佛所説深經，一切世間難信難受，微妙難見，清净無染，非但分別思惟之所能得。菩薩法藏所攝，陀羅尼印印之。至不退轉，成就六度，善分別義，順菩提法，衆經之上。'"S. 2440《八相變押座文》："今晨擬説此甚深經，唯願慈悲來至此。聽衆聞經願罪消滅。"

[18] 須菩提等數十名僧大德：甲卷脱"等""大德"3字；且"名"字，甲卷作"明"，蓋爲"名"字之誤。乙卷寫本至此斷裂，暫未找到後半卷。鍾書林《校注》："妙解《深經》《須菩提》等，數十名僧大德詣澄講説矣。"未諦，不可從。"詣澄講説矣"以下，乙卷殘缺。按："澄身長八尺，風姿詳雅，妙解深經，須菩提等數十名僧大德詣澄講説矣"，出自《高僧傳·晉鄴中竺佛圖澄傳》："澄身長八尺，風姿詳雅，妙解深經，傍通世論。……佛調、須菩提等數十名僧，皆出自天竺康居。不遠數萬之路，足涉流沙，詣澄受訓。樊沔釋道安、中山竺法

雅並跨越關河，聽澄講説。"

［19］澄：甲卷脱，據原卷以録。

［20］圍：原卷、甲卷並作"圓"，據之以録。◎按：《高僧傳·晋鄴中竺佛圖澄傳》《法苑珠林》《釋氏六帖》等均作"圍"。圍，有圓周長之義，如宋陸游《舟中作》詩："梨大圍三寸，鱸肥疊四腮。"兹據《高僧傳》校作"圍"。

［21］"通徹腹内"原卷有，甲卷脱。

［22］腸，原卷作"腹"，蓋涉上文而形訛作"腹"，甲卷作"脹"蓋爲偏旁記音之訛。◎按：《高僧傳·晋鄴中竺佛圖澄傳》謂"澄左乳傍先有一孔，圍四五寸，通徹腹内。有時腸從中出，或以絮塞孔"，此外，敦煌本《佛圖澄羅漢和尚贊》贊其"以油塗掌，探腹洗腸"亦可佐證此處確爲"腸"字，今據《高僧傳》及上下文意校改作"腸"字。"從"字，甲卷脱，底本與前文"從此"並書寫作"從"，蓋爲從字隸書楷化之變。《干禄字書·平聲》："徔從従上中通，下正。"是"從"爲"從"之異體。鍾書林《校注》録作"徒"，未諦。"中"字，原卷脱，甲卷有，據甲卷以録。《高僧傳·晋鄴中竺佛圖澄傳》"有時腸從中出，或以絮塞孔"亦可爲證。

［23］輒：甲卷脱。◎按："輙"爲"輒"之訛體。蓋"取"形常見，又與"耴"形近致訛而成俗字，《干禄字書·入聲》："輙通，輒正。"《五經文字》："輒，張涉反，從耴。從取，訛。"今據上下文意校改作"輒"。

［24］拔：原卷、甲卷並作"𢸸"，爲"拔"之異體。敦煌寫本常見，如 S. 328《伍子胥變文》："會稽山南相趁及，拔劍擬欲斬臣頭"中"拔"字，原卷即作"𢸸"。

［25］又於齋日至水邊，引腸洗之，已洗還内：甲卷脱，《高僧傳·晋鄴中竺佛圖澄傳》作"又齋日輒至水邊，引腸洗之，還復内中"，與原卷相近。◎"探腹洗腸"一事，詳參《高僧傳·晋鄴中竺佛圖澄傳》："澄左乳傍先有一孔，圍四五寸，通徹腹内。有時腸從中出，或以絮塞孔。夜欲讀書，輒拔絮，則一室洞明。又齋日輒至水邊，引腸洗之，還復内中。"又見《晋書·佛圖澄傳》："腹旁有一孔，常以絮塞之，每夜讀書，則拔絮，孔中出光，照於一室。又嘗齋時，平旦至流水側，從腹旁孔中引出五藏六府洗之，訖，還内腹中。"

［26］中天竺國人聞知，不信，遂開棺驗之，全不見屍矣：甲卷作"竺國人開棺驗之，全無屍也"，相較而言，原卷對"開棺"一事叙述較詳，甲卷相對簡略。◎按："澄死開棺不見屍"一事，《高僧傳·晋鄴中竺佛圖澄傳》云："或言澄死之月，有人見在流沙，虎疑不死，開棺不見屍。"《晋書·佛圖澄傳》云："後有沙門從雍州來，稱見澄西入關，季龍掘而視之，惟有一石而無屍。季龍惡之曰：'石者，朕也，葬我而去，吾將死矣。'因而遇疾。明年，季龍死，遂大亂。"

二、敦煌寫本《劉薩訶和尚因緣記》校注

敦煌文獻中有關《劉薩訶和尚因緣記》的寫本今所得見者計有法藏 P. 3570V、P. 3727、P. 2680 及日本杏雨書屋《敦煌秘笈》羽 698 四件。

【題解】

（一）P. 3570

卷子本。正背書。正背字迹不同。

正面爲《大般若波羅蜜多經》卷第四百七十殘卷。

背面分別抄寫：《南山宣律和尚贊》《隋净影寺沙門慧遠和尚因緣記》《劉薩訶和尚因緣記》《靈州龍興寺白草院和尚俗姓史法號增忍以節度使李公度尚書立難刺血書經義》。

《劉薩訶和尚因緣記》爲寫卷背面抄寫的第二篇作品。首尾俱完，計 36 行（含首題），行 15～17 字。首題："劉薩訶和尚因緣記"，起"和尚俗姓劉氏，字薩訶，丹州定陽人也"，訖"和尚受記，因成千龕者也"。

1　劉薩訶和尚因緣記
2　和尚俗姓劉氏字薩訶丹州定陽人也性好
3　遊獵多曾煞鹿後忽卆亡乃被鬼使擒
4　捉領至閻羅王所問薩訶汝曾煞鹿以
5　否薩訶因即拒諱須臾乃見怨家競來
6　相證即便招丞聞空中唱聲薩訶爲鹿
7　當即身變成鹿遂被箭射㪷下迷悶
8　無所覺知即時又復人身唯見諸地獄中
9　罪人無數受諸苦毒和尚遍歷諸獄忽
10　見友人王叔談在兹受罪乃囑和尚曰若却
11　至人間請達音耗謂我妻男設齋造像
12　以濟幽冥更有無數罪人皆來相囑又
13　見亡過伯父在王左右逍遥無事和尚問
14　伯父何得免其罪苦伯父報云我平生之日
15　曾與眾人臘月八日共相浴佛兼許施粟

16　六碩承此福力雖處三塗且免諸苦然

17　吾當發心捨粟陸碩三石已還三石未付

18　倏忽之間吾身已逝今若施粟福盡即受

19　不還粟三石妄語之罪汝可令家人速爲填

20　納即得生處免曆幽石忘冥也又見觀世音菩薩

21　處處救諸罪人語薩訶言汝今却活可能便

22　作沙門以否和尚依然已有廣利群品之心言訖

23　而墮高山劃然醒悟即便出家廣尋聖迹

24　但是如來之行菩薩行處悉已到之皆起塔

25　供養乃獲聖瑞所到之處無不欽仰於是

26　驢耳王焚香敬礼千拜和尚以水灑之遂復

27　人耳王乃報恩造和尚形像欲送定陽驚嶂

28　之人若有信心之士一二人可勝若無信心雖百

29　數終不能舉又道安法師碑記云魏時劉

30　薩訶仗錫西遊至番禾望御谷山遥禮弟子

31　恠而問曰和尚受記後此有瑞像果如其

32　言和尚西至五天曾感佛鉢出現以政始九年

33　十月廿六日却至秦州敷化返西遊至酒泉

34　遷化于今塔現在焚身之所有舍利至心

35　求者皆得形色數般漠高窟亦和尚受記

36　曰成千龕者也

（二）P.3727

P.3727 是由 12 張大小不一的紙張黏貼而成的專輯。每葉正背書寫。

第十一葉，正面：《劉薩訶和尚因緣記》25 行（未完）。

背面：接續正面《劉薩訶和尚因緣記》抄寫"利至心求者皆得形色數般漠高窟亦和尚受記，因成千龕者也"。後有"赫連驢耳王和尚以水灑之即復人耳"1 行（爲《劉薩訶和尚因緣記》文句重抄）及"羅什將丈二面衣鏡藏於澡罐之中，解秦王芥子藏須彌之疑事"及《無著世親菩薩本生緣》。

P.3727《劉薩訶和尚因緣記》第十一葉正背面連抄。首尾俱完，計 27 行，行 19～23 字。首題"劉薩訶和尚曰緣記"。起"和尚俗姓劉氏字薩訶丹州定陽人也"，訖"赫連驢耳王和尚以水灑之遂復人耳"。

1　劉薩訶和尚因緣記　和尚俗姓劉氏字薩訶丹州定陽

2　人也性好遊獵多曾煞鹿後忽卒亡乃被鬼使擒捉領至

3　閻羅王所問薩訶汝曾煞鹿以否薩訶曰即扠毀須

4　臾乃見怨家競來相證即便招丞聞空中唱聲薩

5　訶爲鹿當即身變成鹿遂被箭射斜下迷悶無所覺

6　知即時又復人身唯見諸地獄中罪人無數受諸苦毒

7　和尚遍歷諸地獄忽見友人王叔談在茲受罪乃囑和尚

8　曰若却至人間請達立耗謂我妻男設齋造像以濟

9　幽冥更有無數罪人皆來相囑又見亡過伯父在王左右

10　逍遙無事和尚問伯父何得免其罪苦伯父報云我平生

11　之日曾與眾人臘月八日共相浴佛兼施粟陸石丞此福力雖

12　處三塗且免諸苦然吾當發心捨粟陸石三石已還三石未付

13　倏忽之間吾身已逝今若施粟福盡即受不還粟三石

14　忘語之罪汝可令家人速爲填納即得生處免歷幽冥

15　也又見觀世音菩薩處處救之罪人語薩訶言汝今却

16　活可能便作沙門以否和尚依然已有廣利群品之心言訖

17　而墮高山歘忽惺悟即便出家廣尋聖迹但是☒（如）來之諸

18　行菩薩行處悉已到之皆起塔供養乃獲聖瑞所到之

19　處無不欽仰於是驢耳王焚香敬礼千拜和尚以水灑之

20　遂復人耳王乃報恩造和尚形尚欲送定陽驚舉之人若

21　有信心之士一二人可勝若無信心雖百數終不能舉又道安

22　法師碑記云魏時劉薩訶伏錫西遊至番禾望御谷山

23　遙礼弟子恂而問曰和尚記後此有瑞像現果如其

24　言和尚西至五天曾感佛鉢出現以政始九年十月二十六日却

25　至秦州敷化返西遊至酒泉遷化于今塔現在焚身之所有舍

26　利至心求者皆得形色數般莫高窟亦和尚受記曰成千龕

27　者也　　赫連驢耳王和尚以水灑之遂復人耳

（三）P. 2680

卷子本，正背書。

正面分抄：《唯識論師世親菩薩本生緣》《唯識大師無著菩薩本生緣》

《靈州龍興寺白草院和尚俗姓史法號增忍以節度使李公度尚書立難刺血書經義》《付法藏傳》《劉薩訶和尚因緣記》《大唐義净三藏贊》《佛圖澄和尚因緣記》等 16 種文書。

背面分別抄寫：名録、便粟曆、絹帛曆、練綾曆、《聲聞唱道文》、社司轉帖等文書。

《劉薩訶和尚因緣記》爲寫卷正面第六件文書。首尾俱完。首題“劉薩訶和尚因緣記”，第 96 行抄至“可令家人速爲填納即得生處免曆幽”停筆，下有七八字空白。第 97 行起字迹不一，紙張也不同，爲另一抄本。第 97 行起“石妄語之罪汝可令家人速爲填納即得生處免歷幽”右半因與前一寫本拼合時，爲第 96 行所粘貼，以致“石妄”二字以下文字僅可隱約見到左半邊字形。而第 96 行“可令家人速爲填納即得生處免歷幽”與第 98 行“冥也又見觀世音菩薩處處救諸罪人語薩訶言汝今”相銜接。97—114 行字迹與 97 行以前及 114 行以後字迹不同，此段紙質也與前後有異，當是後來的配補。

1　劉薩訶和尚因緣記　和尚俗姓劉氏自薩河丹州定陽人也性好遊

2　獵多曾煞鹿後忽卆亡乃被鬼所使擒捉領至閻羅王所問薩

3　訶汝曾煞鹿以否薩河因即詬諱須臾乃見怨家競來相

4　證即便招丞聞空中唱聲薩河爲鹿當即變身成鹿遂被

5　箭射斟下迷悶無所覺知即時又復人身唯見之地獄中罪人

6　無數受諸苦毒和尚遍歷諸獄忽見友人王叔啖在兹受罪叔

7　啖囑和尚若却至人間請達音耗謂我妻亦設柰造像以濟

8　幽冥更有無數罪人競來囑託又見亡過伯父在王左右逍

9　遥無事和尚問伯父何得免其罪苦伯父報云我平生在日曾

10　與眾人臘月八日共相浴仏兼許施粟陸碩丞此福力雖處三

11　途且免之苦然吾當發心捨粟六石三石已還三石未付倏忽之

12　間吾身已逝今若施粟福盡即受不還粟三石妄語之罪汝

13　可令家人速爲填納即得生處免歷幽

14　石忘語之罪汝可令家人速爲填納▨▨▨▨▨▨▨（即得生處免歷幽）

15　冥也又見觀世音菩薩處處救諸罪人語薩訶言汝今

16　却活可能便作沙門以否和尚依然已有廣利群品

17　之心訖而墮高山割然醒悟即便出家廣尋聖跡

18　但是如來之行菩薩行處悉已到之皆起塔供養乃

19　獲聖瑞所到之處無不欽仰於是驢耳王焚香敬

20　礼千拜和尚以水灑之遂復人耳王乃報恩造和尚形

21　像欲送定楊驚譽之人若有信心之士一二人可勝若

22　無信心雖百數中不能舉又道安法師碑記云魏時

23　劉薩訶伏錫西遊至番禾望御谷山遥礼弟子

24　恠而問曰和尚受記後乃瑞像現果而其言和尚西

25　至五天曾感仏鉢出現以政始九年十月廿六日却至

26　秦州敷化返西州遊至酒泉遷化于今塔見在焚身之

27　所有舍利至心求者皆得形色數般莫高窟亦

28　和尚受記曰成千龕者也

（四）《敦煌秘笈》羽 698

　　學界有關劉薩訶的研究所據均爲 P.2680、P.3570V、P.3727 三件《劉薩訶因緣記》寫本的錄文，其中王國良的《劉薩訶和尚因緣記探究》① 校釋相對較佳。近年隨著世界各國庋藏敦煌文獻的相繼公布，日本大阪財團法人武田科學振興財團也於 2013 年 3 月完成了全部 9 册彩色圖錄杏雨書屋《敦煌秘笈影片》② 的出版，其中第九册羽 698 "某和尚說反魂記"，經筆者比對，實際上就是《劉薩訶和尚因緣記》的殘卷。《敦煌秘笈》著錄：

　　正面題名：《和尚說反魂記》。首尾題俱缺。存 3 紙。長 75.1 釐米，高 25.4 釐米。

　　背面題名：《十方千五百佛名經》，首尾題俱缺。有界有欄。

　　此殘卷，首殘尾完，缺題。所謂正面題名《和尚說反魂記》經比對，實爲《劉薩訶和尚因緣記》殘卷，存 34 行，行 17～23 字。前三行上半殘缺。起 "和尚俗姓劉氏，字薩訶，丹州定陽人也。性"，訖 "亦和尚受記，因成千龕者也"。按：《十方千五百佛名經》有絲欄，當爲正面，《劉薩訶和尚因緣記》蓋爲利用《十方千五百佛名經》寫經的背面加以抄寫。今據圖錄敘錄如下：

　　① 王國良：《劉薩訶和尚因緣記探究》，見項楚、鄭阿財：《新世紀敦煌學論集》，成都：巴蜀書社，2003 年，第 582～597 頁。
　　② ［日］吉川忠夫：《敦煌秘笈影片》第九册，大阪：武田科學振興財團杏雨書屋，2013 年，第 94～95 頁。

1 ▨▨▨▨▨▨▨▨（和尚俗姓劉氏字薩）訶丹州定陽人也性
2 ▨▨▨▨▨▨▨▨（好遊獵多曾煞鹿後）忽卆亡乃被鬼使
3 ▨▨▨▨（擒捉領至）閻羅王所問薩荷汝曾煞鹿
4 以否薩訶因即抂諱須臾乃見怨家競來相
5 證即便招承聞空中唱聲薩訶爲鹿當即身
6 變成鹿遂被射箭斞下迷悶無所覺知即
7 時又復人身唯見諸獄中罪人無數受諸苦毒
8 和尚遍歷諸獄忽見友人王叔談在此受罪
9 叔談乃囑和尚曰若却至人間
10 請達音秏謂我妻男設䜺造像以濟幽冥更
11 有無數罪人競來相囑又見亡過伯父在王左
12 右逍遥無事和尚問伯父曰何得免其罪苦
13 伯父報云我平生之日曾與衆人於臘月八夕共相
14 浴佛兼許粟六碩承此福力雖處三塗且免
15 諸苦然吾當發心捨粟陸碩三碩已還三碩
16 未付倏忽之間吾身已逝今若施粟福盡即受
17 不還粟三碩妄語之罪汝可令我家人速爲填
18 納即得生處免歷幽冥也又見觀音菩薩處處
19 救諸罪人語薩訶言汝今却活可能便作沙門
20 已否和尚依然已有廣利群品之心言訖而墮
21 高山蹔然醒悟即便出家廣尋聖跡但是如
22 來所行菩薩行處悉已到之皆起塔供養乃
23 護聖瑞所到之處無不欽仰於是驢耳王焚
24 香敬礼
25 千拜和尚以水灑之遂復人耳王乃報恩造和
26 尚形像欲送定陽擎舉之人若有信心之士二人
27 可勝若無信百數終不能舉又道安法師
28 碑記云魏時劉薩訶仗錫西遊至番和望御谷
29 山遥礼弟子恠而問曰和尚受後此山有瑞像現
30 果而其言和尚西至五天曾感
31 佛鉢出現以政始九年十月廿六日却至秦州

32　敷化返西遊至酒泉遷化于今塔現在焚

33　身之所有舍利至心求者皆得形色數般莫

34　高窟亦和尚受記曰成千龕者也

《劉薩訶和尚因緣記》是記述東晋末年到南北朝初期稽胡族的游方僧人劉薩訶由平凡而成聖的因緣行迹，極具地域特色，最爲特殊。南朝齊王琰《冥祥記》，南朝梁釋慧皎《高僧傳》，唐姚思廉《梁書》、唐釋道宣《續高僧傳》《廣弘明集》《集神州三寶感通録》《釋迦方志》《道宣律師感通録》、唐釋道世《法苑珠林》等傳世文獻均有劉薩訶人物事迹的相關記述，民間碑記亦有記載。學界相關研究文章已逾60篇，研究角度多元，有文獻考訂、事迹考述、文學闡釋、圖像解讀、佛教信仰與民俗等諸多論題。①

有關《劉薩訶因緣記》的校録，1962年，王重民《伯希和劫經録》P. 3570《殘佛經》著録背3爲《劉薩訶和尚因緣記》②。1973年，陳祚龍在《劉薩訶研究》中針對P. 2680、P. 3570、P. 3727三寫卷進行文本校録記③（下文簡稱《研究》）；2003年，王國良《劉薩訶和尚因緣記探究》④録校P. 2680、P. 3570、P. 3727三件寫本并加注釋（以下簡稱《探究》）；2009年楊寶玉《敦煌本佛教靈驗記校注並研究》⑤也據此三卷寫本，進行解題與校注（下文簡稱《校注》）；2010年，竇懷永、張涌泉《敦煌小説合集》據P. 3570、P. 3727、P. 2680三寫本進行校録（下文簡稱《合集》）⑥。今已公布敦煌文獻中有關《劉薩訶因緣記》的寫本所得見者計有：法藏P. 2680、P. 3570V、P. 3727及日本杏雨書屋《敦煌秘笈》羽698四件。其中P. 2680抄寫字體爲行書，書寫流暢；以下謹以P. 3570V

---

①　相關研究有盧秀文：《劉薩訶研究綜述》，《敦煌研究》，1991年第3期，第113～119頁；尚麗新：《劉薩訶研究綜述》，《敦煌學輯刊》，2009年第1期，第135～143頁；紀應昕：《劉薩訶研究綜述》，《敦煌學國際聯絡委員會通訊》，2017年，第96～104頁。先後有所述介，可資參考。

②　商務印書館編：《敦煌遺書總目索引》，北京：商務印書館，1962年，第290頁。

③　陳祚龍：《劉薩訶研究》，《華岡佛學學報》，1973年第3期，第33～56頁。

④　王國良：《劉薩訶和尚因緣記探究》，載《新世紀敦煌學論集》，巴蜀書社，2003年，第582～597頁。

⑤　楊寶玉：《敦煌本佛教靈驗記校注並研究》，蘭州：甘肅人民出版社，2009年，第262～268頁。

⑥　竇懷永、張涌泉：《敦煌小説合集》，杭州：浙江文藝出版社，2010年，第413～416頁。

爲底卷，P.3727 爲甲卷，P.2680 爲乙卷，杏雨書屋《敦煌秘笈》羽 698
爲丙卷，進行校録。全文如下：

【校録】

劉薩訶和尚因緣記[1]

和尚俗姓劉氏[2]，字薩訶[3]，丹州定陽人也[4]。性好遊獵，多曾煞
鹿。後忽卒亡[5]，乃被鬼使擒捉[6]，領至閻羅王所，問薩訶："汝曾煞鹿
以否[7]？"薩訶因即抵諱[8]。須臾，乃見怨家競來相證，即便招承[9]。聞
空中唱聲[10]："薩訶爲鹿！"當即身變成鹿[11]，遂被箭射[12]，陡下迷
悶[13]，無所覺知。即時又復人身[14]，唯見諸地獄中[15]，罪人無數，受諸
苦毒。

和尚遍歷諸獄，忽見友人王叔談在茲受罪[16]，乃囑和尚曰[17]："若却
至人間[18]，請達音耗[19]，謂我妻男[20]，設齋造像[21]，以濟幽冥[22]。"更
有無數罪人，皆來相囑[23]。又見亡過伯父，在王左右，逍遥無事。和尚
問伯父："何得免其罪苦？"伯父報云："我平生之日[24]，曾與眾人臘月八
日，共相浴佛[25]，兼許施粟六碩[26]。承此福力[27]，雖處三塗[28]，且免諸
苦[29]。然吾當發心，捨粟六碩；三碩已還[30]，三碩未付。倏忽之間，吾
身已逝。今若施粟福盡，即受不還粟三碩妄語之罪[31]。汝可令家人[32]，
速爲填納[33]，即得生處，免歷幽冥也[34]。"又見觀世音菩薩，處處救諸罪
人[35]，語薩訶言："汝今却活[36]，可能便作沙門以否[37]？"和尚依然[38]，
已有廣利群品之心。言訖而墮高山[39]，瑩然醒悟[40]。

即便出家，廣尋聖迹。但是如來之行苦薩行處[41]，悉已到之，皆起
塔供養[42]，乃獲聖瑞[43]。所到之處，無不欽仰。於是驢耳王焚香敬礼
（禮）千拜[44]。和尚以水灑之，遂復人耳[45]。王乃報恩，造和尚形像[46]，
欲送定陽[47]。擎舉之人[48]，若有信心之士，一二人可勝[49]；若無信
心[50]，雖百數終不能舉[51]。

又《道安法師碑記》云[52]："魏時劉薩訶，仗錫西遊[53]，至番禾，望
御谷山遥禮[54]。弟子怪而問[55]，曰：'和尚受記，後此有瑞像現[56]。'果
如其言[57]。"

和尚西至五天[58]，曾感佛鉢出現[59]。以正始九年十月廿六日[60]，却
至秦州敷化[61]。返西[62]，遊至酒泉遷化[63]，於今塔現在[64]。焚身之所有

舍利，至心求者皆得，形色數般。漢高窟亦和尚受記[65]，因成千龕者也[66]。

【校記】

[1]《劉薩訶和尚因緣記》：原卷、甲卷、乙卷首題《劉薩訶和尚因緣記》，丙卷前缺，題名《劉薩訶和尚因緣記》。

[2] 和尚：對高僧的尊稱，後世則成一般僧侶的通稱，參見《佛國澄和尚因緣記》校注〔2〕。《晉書·藝術傳·佛圖澄》："和尚神通，儻發吾謀，明日來者，當先除之。"敦煌本《破魔變文》："又將稱讚功德，奉用莊嚴我都僧統和尚：伏願長承帝澤，爲灌頂之國師；永鎮臺堦，讚明王於理化。"

[3] 字：乙卷誤作"自"。訶：乙卷作"河"。按："言"旁字敦煌寫本行書多作"水"旁，"河"即"訶"。下同。《高僧傳·晉并州竺慧達傳》載："釋慧達，姓劉，本名薩訶，并州西河離石人。"◎薩訶：劉薩訶法號"釋慧達"，俗名"薩訶"。王琰《冥祥記》作"薩荷""屑荷"，南朝梁慧皎《高僧傳》作"薩河"，《梁書》《南史》作"薩何"，《續高僧傳》作"窣荷"等。僅《集神州三寶感通錄》一書或作"薩荷"，或作"薩何"，或作"薩訶"，或作"蘇和"，當是音譯及傳寫形近音同所致。追其本源，蓋以劉薩訶爲稽胡族，其名"蠿蠿"因稽胡語的音譯，《法苑珠林》卷四一："何遂出家，法名慧達……晝在高塔，爲眾說法，夜入蠿中，以自沉隱，且從蠿出，初不寧舍，故俗名爲蘇何聖。蘇何者，稽胡名蠿也，以從蠿宿，故以名。"按：薩訶（荷、何、河）、窣荷、蘇和、屑荷蓋爲音譯用字不同，而訶、荷、何、河，蓋以偏旁同爲"可"字，音同形近致異，且有抄寫時"言"旁與"人"旁"水"旁多混故也。

[4] 丹州：丹州係因丹陽川而得名。春秋時爲白翟所居，秦屬上郡，漢因之。《元和郡縣圖志·關內道三》："後魏文帝大統三年，割鄜、延二州地置汾州，理三堡鎮。廢帝以河東汾州同名，改爲丹州。置延平縣，十三年爲胡賊劉步祿所據。義寧元年，於義川縣置丹陽郡。武德元年改爲丹州，九年置都督府，貞觀元年罷府爲州。永徽二年移於赤石川。"州治相當於今陝西省宜川縣。定陽：位於今宜川縣西北，定水之陽。《元和郡縣圖志》："吉昌縣，本漢北屈縣地也，屬河東郡。後魏孝文帝於今州置定陽郡，並置定陽縣，會有河西定陽胡人渡河居於此，因以爲名。十八年，改定陽縣爲吉昌縣。貞觀八年改置慈州，縣依舊屬焉。"按：有關劉薩訶里籍，文獻載籍多有不同。《涼州瑞像因緣碑》作"丹陽僧劉薩何"，《劉薩訶和尚因緣記》作"丹州定陽人也"，小有歧异。又如《冥祥記》作"西河

離石人也"，《高僧傳》作"并州西河離石人"，《集神州三寶感通録》《法苑珠林》卷三十八作"并州離石人"，《續高僧傳》作"三城定陽稽胡也"，《法苑珠林》卷八十六作"西河離石人也"，《集神州三寶感通録》卷二"有離石沙門劉薩訶者"，《釋迦方志》卷二"家於離石南高平原，今慈州也"。綜上，大抵可歸爲離石説（在今山西省吕梁市）、定陽説（在今陝西省宜川縣西北）和慈州説（在今山西省吉縣）。

[5] 卒：各本皆作"卆"。按："卆"爲"卒"之異體。《五經文字·衣部》云："作卆及卒訛。"按：敦煌寫本"卒"多寫"卆"，如敦煌研究院 004《優婆塞戒經》"七者獄卆，八者畜獵狗"。◎卒亡：卒同猝，意爲突然。卒亡即猝亡，指外表似健康的人突然發生的非正常死亡。

[6] 使：乙卷"使"字前原有"所"，後删去。

[7] 以否：亦作"以不""已否""已不"。"以""已""與"通；"不"與"否"同。東漢以來的載籍中都有所見，敦煌寫本例子尤多。蔣禮鴻主編《敦煌文獻語言辭典》猶言"與否"。表疑問，是肯定詞語後的反詰語，帶有不確定之意，相當於"是或不是""可以或不可以"，作用相當於現代漢語中的"嗎"。《北史·元禎傳》："禎告諸蠻曰：'爾鄉里作賊如此，合死以不？'"唐韓愈《送楊少尹序》："道邊者亦有嘆息知其爲賢以否？"《大目乾連冥間救母變文并圖一卷并序》："將軍問左右曰：'見一青提夫人以否？'左邊有一都官啓言將軍：'三年已前，有一青提夫人，被阿鼻地獄牒上索將，今見在阿鼻地獄受苦。'"敦煌本《搜神記》："昔秦時韓陵太守趙子元出遊城外，見一女子姿容甚美，年可十五六矣。太守遥問何處女子獨遊無伴。女子答曰：'女是客人，寄在城外，是以無伴。'太守不知是鬼，乃問之曰：'女能作衣以否，我家雇作衣。'女子曰：'善能作衣也。'"

[8] 抵諱：原卷、丙卷並作"扺諱"，乙卷作"詆諱"，甲卷"扺毁"。按："扺"爲"抵"之異體。《龍龕手鏡·手部》："扺二正，丁礼反,扺也。觸也。"敦煌寫本多作"扺"，如 P.2305《妙法蓮華經講經文》"不扺門徒彈指頃，王逐仙人到碧峰"。敦煌寫本偏旁"氏"多作"互"，"詆"即"扺"之異體。乙卷作"詆諱"，甲卷作"抵毁"，非。"詆"蓋涉"諱"而類化；"毁"蓋"諱"音近之訛。◎抵諱：意謂抵賴，指有過或犯罪而不承認。五代孫光憲《北夢瑣言》："先見判官，詰其所犯。彦先抵諱之。"《劉知遠諸宫調·第一一》："他垂雙泪，騎馬便歸城内，甚你却抵諱，問我兒安樂存亡，剗地道不知。"元劉壎《隱居通議·雜録》："事迹甚明，尚敢抵諱。"

[9] 承：原卷、甲卷、乙卷並作"丞"，丙卷作"承"。"丞""承"音同形近，寫本多

通，如 P.2931《佛説阿彌陀經講經文》"望君賞紫，丞恩特加師號"。◎招承，招供承認。《京本通俗小説·錯斬崔寧》："今日天理昭然，一一是他親口招承。"《探究》云："按《冥祥記·劉薩荷》云：'時即見襄陽殺鹿之地，草樹山澗，忽然滿目。所乘黑馬，並皆能言。悉證荷殺鹿年月時日。荷懼然無對。'正可印證本句。"《酉陽雜俎》卷六："咸初不省，僧故執之，經時不决，忽見沙門曰：'地藏尊者語云，弟子若招承，亦自獲祐。'"

[10] 唱聲：唱叫之聲。唱，高呼，大声喊叫。唱聲，意謂高聲喊叫的聲音。《王氏見聞録》："鷔獸自路左叢林間躍出，於萬人中攫將一夫而去。其人衔到溪洞間，尚聞唱救命之聲。"句道興撰《搜神記》："昔周國有一人空車向魯國，魯國有一人負父逐糧，疲困不得前進。齊人遂與魯人載父，行六十里，始分別路而去。後齊人遭事禁身獄中。婦來送食，語其夫曰：'君從小已來，豈可無施恩之處？不見有一人來救君之難。'其夫語妻曰：'卿向魯市上唱聲大唤言曰：齊人空車，魯人負父。齊今遭難，魯在何處？如此必應有人救我命也。'"

[11] 身變：乙卷作"變身"，原卷等餘三卷皆作"身變"。按："變身""身變"置於文中意皆無礙，今據原卷以録。

[12] 箭射：丙卷作"射箭"。

[13] 陡：各卷並作"卧"。《探究》云："猶陡下，謂突然間。"按：卧，即"斗"字，與"陡"通用，突然之意。"卧"爲"斗"的異體。《玉篇·斗部》："斗，丁口切，量器也，十升曰斗。卧，俗文。"敦煌寫本多作"卧"。Φ223《十吉祥》："滴土便能滋稼穡，人湌卧覺長光輝。"潘重規《敦煌變文集新書》校記云："卧，俗斗字，斗義同陡。"《正韻》："陡，通作斗。"是"斗"此爲"陡"之同音通假。◎陡下迷悶："陡"通"斗"，意謂頓時、突然。宋張元幹《鵲山溪》詞："一番小雨，陡覺添秋色。桐葉下銀床，又送個凄涼消息。"韓愈《答張十一功曹》："吟君詩罷看雙鬢，斗覺霜毛一半加。""陡下""斗下"，指頓時之間、突然之間。"迷悶"，意謂理智迷失，心悶口難出聲。《北齊書·儒林傳·權會》："會亦不覺墮驢，因爾迷悶，至明始覺。"新羅慧超、唐圓照等撰《遊方記抄》卷一："出牛心復過中峰之前入新峨眉。觀自觀前山，開新路極峻。斗下冒雨，以遊龍門。竭蹙數里，欻至一處。澗溪自兩山石門中涌出，是爲龍門峽也。"

[14] 即時：猶言當下，即刻。《漢書·張禹傳》："上即時徙咸弘農太守。"《東觀漢記·和熹鄧后傳》："宮人盜者，即時首服。"《八相變》（一）："爾時太子，悟身之而非久，了幻體之無常。其夜子時，感天人而唱道。唤云：'太子，修行時至，何得端然。'太子忽從睡覺，報言空中：'如此唤呼，是何人也？'即時空中報曰：'我是金團天子，遣助太子修行。正是去時，何勞懈怠。'"

[15] 諸地獄：“諸”，乙卷作“之”，“諸”“之”音近，寫本多通。如 S.6551《佛説阿彌陀經講經文》“爰承聖主之恩，端正無雙”的“之”字，原卷即作“諸”。“地”，丙卷脱。

[16] 談，乙卷作“唊”，餘卷皆作“談”；丙卷“罪”字下有“今無數受諸苦”6字，後抹去。

[17] 乃囑和尚曰：原卷、甲卷作“乃囑和尚曰”，乙卷作“叔唊囑和尚”，丙卷作“叔談乃囑和尚曰”。按：今據原卷以録。

[18] 却至：“却”爲“卻”之俗字。“卻”本義爲退。“却至”，意謂退回、返回。敦煌本《降魔變文》：“須達迴象，卻至城西，舉目忽見一園，林木倍勝前者。須達斂容叉手，啓言和尚：‘前者既言不堪，此園堪住已不？’”

[19] 音：甲卷誤作“立”，今據餘三卷録作“音”。“音耗”，意謂音信，消息。《周書·晉蕩公護傳》：“既許歸吾於汝，又聽致音耗。”宋歐陽修《漁家傲·妾解清歌并巧笑》：“何事拋兒行遠道，無音耗。”高麗一然撰《三國遺事》卷三：“禺金里貧女寶開有子名長春。從海賈而征。久無音耗。其母就敏藏寺（寺乃敏藏角干捨家爲寺）觀音前克祈七日。而長春忽至。”《廣弘明集》卷二十九《伐魔詔并書檄文》：“大夢國，長夜郡。未覺縣，癲語里。六自在主他化皇帝，報檄於高座大將軍南閻浮提道綏撫大使佛尚書安法師節下。音耗自遠，喜同暫接。尋覽句味，良用欣然。方見大國之臣禮義高矣。”

[20] 男：乙卷誤作“亦”。◎妻男：猶妻兒。泛指家室。元尚仲賢《三奪槊》第三折：“俺沙場上經歲受辛勤，撇妻男數載無音信。”《韓擒虎話本》：“余虎且與聖人取別，面辭合朝大臣，來入自宅内，委囑妻男，合宅良賤，且辭去也。”Φ101《維摩詰經講經文》（二）：“忠不施，孝不展，神道虛空皆總見，須臾致得禍臨身，妻男眷屬遭除剪。”

[21] 齋：甲、乙、丙卷並作“亲”。按：“亲”是“齋”的異體，爲“齋”的省訛俗寫字。敦煌寫本常見，如 BD03789《目連變文》“家竭所有七珍，設亲布施於一切”。◎設齋：營辦供養僧侶的齋會。《六祖大師法寶壇經》決疑品第三：“梁武帝，帝問云：‘朕一生造寺度僧，布施設齋，有何功德？’達摩言：‘實無功德。’”敦煌本《醜女緣起》：“來如（如來）長説誘勸門徒，焚香發願，勸念彌陀，修齋造善。布施有多功德，一一不及廣讚。設齋歡喜，果報圓滿。若人些子攢眉，來世必當醜面。”

[22] 濟：甲乙二卷並作“濟”，爲“濟”之异體，敦煌寫本常見，如 Φ96《雙恩記》“我爲濟貧，開王庫藏”。

[23] 皆來相囑：乙卷作"競來囑托"，丙卷作"競來相囑"，意皆可，今據原卷録。

[24] 之：乙卷作"在"，原卷等餘三卷皆作"之"。按："我平生在日"與"我平生之日"意同，即"在""之"二字置於文中皆可，今據原卷録作"之"。

[25] 日：丙卷作"█"，當是"日"字之書寫形變。◎臘月八日，共相浴佛：古代於臘月祭祀祖先、百神，起初並無固定日期，直到南北朝佛教盛行後，因臘月（農曆十二月）八日是釋迦牟尼佛的成道日，各寺皆舉行浴佛會，後臘月祭日遂與佛教儀式合一而有"臘八"之稱。浴佛爲佛教信眾的傳統習俗，漢傳佛教於佛誕日浴佛，其日期有二月八日、四月八日及十二月八日，《校注》云："9至11世紀的敦煌實行臘八浴佛，如 P.3103《浴佛節作齋事祈禱文》即云：'今三冬季序，八葉初辰。……爰當浴佛佳辰，洗僧良節……'故本《因緣記》所言正與敦煌佛俗相合。"宋初北方猶見臘八日浴佛習俗，載贊寧《大宋僧史略》卷一："今東京以臘月八日浴佛言佛生日者。案《祇洹圖經》：寺中有坡黎師子，形如拳許大，口出妙音，菩薩聞之，皆超地位。每至臘月八日，舍衛城中士女競持香花，來聽法音，詳彼。不言佛生日，疑天竺以臘八爲節日耳，又疑是用多論二月八日。臘月乃周之二月也，東西遼夐故，多差異焉。"

[26] 六碩："六"，乙卷作"陸"，下同；"碩"，甲卷作"石"，下同。

[27] 承：甲卷、乙卷並作"丞"。"丞""承"音同形近，寫本多通，參校記9。◎福力：神明賜予的福祐之力。漢焦贛《易林·觀之坎》："黍稷醇釀，敬奉山宗，神嗜飲食，甘雨嘉降，獨蒙福力，時灾不至。"漢應劭《風俗通·怪神·石賢士神》："客聊調之：'石人能治病，愈者來謝之。'轉語頭痛者摩石人頭，腹痛者摩其腹，亦還自摩，他處放此。凡人病自愈者，因言得其福力，號曰賢士。"又爲修福的功力。清龔自珍《〈妙法蓮華經〉四十二問》："眾生因緣、根性、福力，各各不同，合而讀之，用證三昧，分而讀之，用證三昧，無不可者。"Φ101《維摩詰經講經文》（二）："如諸天之人，共一寶器中食，各隨自己福力，其飯各各差別，滋味不等，聖凡福業有異，所以觀净穢不同如是。"Φ96《雙恩記》："非空飯味人人足，兼得衣裳日日多。五百貧夫皆飽暖，阿誰福力敢如他。自懂自悦暢情懷，每日人聽滿六街。"

[28] 三塗：又作"三途"，是三惡道的別名，分別指血塗、刀塗、火塗，義同三惡道之地獄、惡鬼、畜生，乃因身口意諸惡業引生之處。火塗是地獄道，或以彼處受苦之眾生常爲鑊湯爐炭之熱所苦，故稱；刀塗即惡鬼道，以彼處之眾生常受刀杖驅逼等之苦，故稱；血塗即畜生道，因彼處受苦之眾生，或互相吞啖，飲血食肉，故稱。唐湛然《止觀輔行傳弘決》卷一之三："《四解脱經》以三途名火、血、刀也。"《佛說阿彌陀經講經文》（一）："若能瞻禮者，罪滅幾生殃。神

通羅漢盡知名，見者能令福智生，不向三塗親往返，免於六道受身形。個個盡皆除結使，人人各自化群情。"《維摩碎金》："居士嘆曰：三千界內，百憶（億）塵中，有巍巍獨步之尊，作宕宕超群之主。挈慈悲杵，能摧我慢之即（鄉）；布智惠雲，後覆貪嗔之海。四生六道，八難三塗，救眾生而無始無終，化傍顏則莫窮莫盡。"

[29] 諸：乙卷作"之"。"諸""之"音近，寫本多通。

[30] 碩：原卷、甲卷、乙卷並作"石"，丙卷作"碩"，爲"碩"形省之訛。

[31] 碩：甲卷作"石"，丙卷作"碩"，爲"碩"形省之訛。妄：甲卷作"忘"，音同形近之訛。敦煌寫本常見，如 P.3808《長興四年中興殿應聖節講經文》"慈風解熱修來果，甘露能清忘起塵"。

[32] 家：丙卷作"我家"，餘三卷皆作"家"。按："我家""家人"置於文中意皆可，今據原卷錄作"家"。

[33] 填納：補繳，繳納。白居易《奏閿鄉縣禁囚狀》："今前件囚等，欠負官錢，誠合填納。"《唐会要》卷九十二："其段疋委別貯。至冬糴粟填納太倉。時人以爲甚便。"Φ96《雙恩記》："臣主珍財合盡忠，隄防急疾要須供。保持鎖鑰費身力，較察奸邪無少容。府縣凋殘填納庫，生靈指（脂）血進王官（宮）。"

[34] 歷：原卷作"曆"。按："歷""曆"音同形近，寫本多通。如 P.2122《佛說阿彌陀經講經文》"娑婆世界不堪居，巡曆三塗輪轉苦"。

[35] 諸：甲卷作"之"。敦煌寫卷"諸""之"多通。如 S.2073《廬山遠公話》"我若之處買得你來，即便將舊契券，即賣得你"。

[36] 却活：復活，重生。敦煌寫本《搜神記·張嵩》："棺額上云：'張嵩至孝，通於神明。今日孝感至誠，放母却活，延命更得三十二年，任將歸嬾侍奉。'"《王梵志詩集》："冥冥地獄苦，難見出頭時。依巡次弟去，却活知有誰？"

[37] 以：丙卷作"與"。敦煌寫卷"以""與"多通。如 S.2073《廬山遠公話》"但請問之，今對以前疑，速説"之"以"字，原卷即作"與"。◎可能，能否，可否。五代齊己《聞沈彬赴吳都請辟》："可能更憶相尋夜，雪滿諸峰火一爐？"敦煌寫本 P.2305《妙法蓮華經講經文》："若是世間七寶，只首交汝難求；可能捨得己身，與我充爲高座？"《祖堂集》卷一："太子語曰：此草可能惠施小許，不爲愛惜？"◎以否，或作"已否"，或作"已不"，即"與否"，是肯定詞語後的反詰語，帶有不確定之意，相當於"是或不是""可以或不可以"。

[38] 依然：形容思念、情有所繫的樣子。王琰《冥祥記·陳安居》："吾與汝父，幼少有舊，見汝依然。可隨我共游觀也。"江淹《別賦》："惟世間兮重別，謝主人兮依然。"唐高適《遇冲和先生》："拊背念離別，依然出户庭。"《伍子胥變文》：

"悲歌已了，更復向前，悽愴依然。丈夫契闊，何大迍邅？忠心盡節，事君九年，夙夜匪懈，晨省無愆。今遭落薄（魄），知復何言。"唯唐代以下，漸作"仍舊""如故"解。唐曹唐《劉阮再到天台不復見仙子》："桃花流水依然在，不見當時勸酒人。"

[39] 言：乙卷脱，原卷等三卷有，據原卷以録。

[40] 塈然醒悟："塈然"，原卷、乙卷並作"割然"，丙卷作"塈然"，甲卷作"蒆忽"。按："割"爲"豁"形近之訛。"蒆""豁"同音通假。"豁然"猶"豁忽"，意謂倏忽，頓然。唐道宣撰《中天竺舍衛國祇洹寺圖經》卷二："余聞斯告情事塈然。故備出之。非無遺囑擬重祈請。庶覿聖迹有若面焉。"S.4571《維摩詰經講經文》（一）："如斯功行救輪迴，廣發悲吟起愍哀。平（手）内楊枝除障惱，瓶中甘露滅迍灾，豈辭利濟勞兼倦，不憚辛勤去又來。長向娑婆與救度，總交病眼豁然開。"《太平御覽》卷九三二引《志怪》："以諸藥内鼈口中，終不死……乃試取馬溺灌之，豁然消成水。""醒悟"，甲卷作"惺悟"。按："醒悟""惺悟"皆有覺醒、覺悟之義，置於文中義皆可。《周書·晋蕩公護傳》："積稔長悲，豁然獲展。"支謙譯《撰集百緣經》卷一《菩薩授記品》："爾時如來即便觀察，見彼長者，爲病所困，燋悴巨濟，無人瞻養，即放光明，照病者身，令得清涼。心即惺悟，喜不自勝，五體投地，歸命於佛。"

[41] 但是：只要是，凡是。北魏賈思勰《齊民要術·作酢法》："諸麵餅，但是燒塼者，皆得投之。"唐元稹《勸酒》："寶家能釀銷愁酒，但是愁人便與銷。"敦煌寫本Φ96《雙恩記》："詔殊藩，宣近輔，綸指（旨）普天廣流布。但是貧寒速遍尋，無論好醜須濟（齊）赴。"菩薩行處：指修行者爲成佛道而修六度之行。六度即指布施、持戒、忍辱、精進、禪定、智慧。《大般涅槃經》卷二十九《師子吼菩薩品》："拘尸那城亦復如是，乃是諸佛菩薩行處，云何而言邊地弊惡陋隘小城？"

[42] 起塔供養：佛教稱以飲食、衣服、香花、明燈等資養佛、法、僧三寶爲"供養"，並分財供養、法供養兩種。香花、飲食等爲財供養，修行、利益衆生等爲法供養。今供養多指禮佛，或施捨僧人、齋僧。初期教團所受的供養，以衣服、飲食、卧具、湯藥等爲主，稱爲四事供養。甚而有以塔、廟作爲祭祀對象之供養，稱塔供養。《妙法蓮華經》卷六《如來神力品》："是故汝等於如來滅後，應一心受持、讀誦、解説、書寫、如説修行。所在國土，若有受持、讀誦、解説、書寫、如説修行，若經卷所住之處，若於園中、若於林中、若於樹下、若於僧坊、若白衣舍、若在殿堂、若山谷曠野，是中皆應起塔供養。"

[43] 獲：丙卷作"護"，形近之誤，原卷等餘卷皆作"獲"，兹據之以録。◎聖瑞：

本指開國之君誕生時的祥瑞。如《史記·周本紀》："太姜生少子季歷，季歷娶太任，皆賢婦人，生昌，有聖瑞。"此處借指劉薩訶已成就了佛果。《弘明集》卷八載釋僧順撰《答道士假稱張融三破論》："經云：浮圖者，聖瑞靈圖浮海而至，故云浮圖也。"唐湛然纂《國清百錄》卷四《國清寺謝啓》："仰惟。先師妙德不可思議，感應神通必當鑒降。午後對使人開發靈龕，希有聖瑞備。是使人等公私道俗共見，越等悲喜交至。"按：劉薩訶廣尋聖迹多有記叙，有訪阿育王塔、佛像徵感、吳中禮像、鄮塔禮拜等，詳見《高僧傳·釋慧達第一》。

[44] 丙卷"礼"下有14字，被抹去。驢耳王，《探究》云："驢耳王，未詳。伯三七二七《劉薩訶和尚因緣記》末，抄寫者附記云：'赫連驢耳王，和尚以水灑之，卻復人耳。'然則驢耳王，可能指夏王朝赫連勃勃，或其子赫連昌、赫連定之一。唯《晋書》卷一三〇《載記》，無相關資料可佐證。"

[45] 和尚以水灑之，遂復人耳：指和尚劉薩訶以水灑王之驢耳，遂又變回人耳。

[46] 像：甲卷誤作"尚"。

[47] 陽：乙卷誤作"楊"。

[48] 擎轝：乙卷作"驚譽"，原卷、甲卷並作"驚轝"，丙卷作"擎轝"。按"轝"同"輿"是用手抬扛的車，後指轎子。擎，意謂向上托，舉。"擎轝"置於文中與意相合，茲據丙卷以錄。◎擎轝：此指民衆抬著供奉劉薩訶像的轎子。釋道宣《集神州三寶感通錄》卷下載慈州（治所在今山西省吉縣境內）地區土俗"每年正月輿（扛著劉薩訶像）巡村落，去住自在，不惟人功。欲往彼村，兩人可舉，額文則開，顏色和悦，其村一歲死衰則少；不欲去者，十人不移，額文則合，色貌憂慘，其村一歲必有灾障。故俗至今常以爲候俗"。敦煌本《太子成道變文》（三）："思念卻返王城，諸天贈一輦轝。若論工就，世所絕希。迎菩薩入在其中，四天王擎轝。更有化生玉女，現身來奉金瓶，前後散衆名花。八部龍天左右護衛，太子大王鸞駕全仗而行。"

[49] 可勝：乙卷作"勝可"，右有倒乙符。

[50] 心：丙卷脱。

[51] 雖百數：原卷、甲卷、乙卷並作"雖百數"，丙卷作"數百"。按："雖數百""數百"置於句中皆通，今據原卷以錄。終：乙卷誤作"中"，蓋音近而訛。

[52]《道安法師碑記》：此道安指北周道安法師，因俗姓姚，故稱姚道安，或有意與東晉著名的道安（312—385）法師區別。姚道安曾作《二教論》爲佛教辯護（收入《廣弘明集》卷八），卒於北周建德三年（574）"五月十七日，普滅佛道一宗"之後。《研究》曾有考證。姚道安《製像碑》今已亡佚。除敦煌寫本《劉薩訶因緣記》引"道安法師碑"外，提及此碑的尚有《續高僧傳》《集神州三寶

感通録》。足見此碑頗多涉及慧達與涼州石像内容，是唐人有關劉薩訶記述的重
要依據。

[53] 仗錫：又作杖錫。拄著錫杖，意謂僧人出行。錫，錫杖，是雲遊僧所持的法器。
晋廬山諸道人《遊石門詩》序：“釋法師以隆安四年仲春之月，因詠山水，遂杖
錫而遊。”敦煌寫本 P.2551《大周李君莫高窟佛龕碑并序》：“莫高窟者，厥初
秦建元二年，有沙門樂僔，戒行清虚，執心恬静，嘗杖錫林野，行至此山，忽
見金光，狀有千佛，遂架空鑿岩，造窟一龕。”唐崔顥《贈懷一上人》：“傳燈遍
都邑，杖錫遊王公。”

[54] 番禾：丙卷作“磻禾”。◎番禾：後晋可洪撰《新集藏經音義隨函録》卷二十
六：“番禾，上音盤，縣名，在涼州。又録文‘番’字下音盤，作黷㥡。”涼州
番禾郡，地當今甘肅永昌縣，在武威市西北 80 千米，漢時屬張掖郡，北魏嘗爲
郡治。唐代屢次改名，至穆宗長慶中，仍舊定爲番和縣。◎御谷山：御谷山，
即御山，又稱御谷、御谷山，在番禾縣東北，今名虎頭山，爲龍首山支脉，位
於今甘肅省永昌縣境内。按：唐道世《法苑珠林》卷十三《敬佛篇·感應緣》
“元魏涼州石像山裂裂出現緣”條載太武大延元年離石沙門劉薩何“西至涼州西
一百七十里番和郡界東，北望御谷山遙禮。人莫測其然也。何曰：此山崖當有
像出。靈相具者，則世樂時平；如其有缺，則世亂人苦。經八十七載，至正光
元年，因大風雨，雷震山岩，挺出石像，高一丈八尺，形相端嚴，唯無有首。
登即選石命工，安訖還落。魏道凌遲，其言驗矣”。唐道宣《集神州三寶感通
録》卷中《元魏涼州石像山裂出現緣》云：“至涼州西一百七十里番禾郡界，東
北望御谷山造禮。”敦煌莫高窟第 237 窟（中唐）西壁龕頂東披正中有劉薩訶單
體瑞像，並有榜題作“盤和都督府仰容山番禾縣北聖容瑞像”，“仰”自當爲
“御”之訛。沈約撰《佛記序》云：“涼州西番禾縣瑞石像者，元魏太延中，沙
門劉薩訶行至番禾東北，望御谷山而禮曰：‘此山中有佛像出者。若相不具，國
亂人苦。’經八十七載，正光年初，風雨震山，像出長三丈許，惟無其首。登即
命造，隨安隨落。魏道陵遲，分東西矣。後四十年，州東七里澗内獲石佛首，
即以安之，恰然符合。周保定中，像首又落。隋初還復立瑞像寺，煬常西征過
之，改爲感通寺。今圖寫多依量莫准。”

[55] 恠：各卷並作“恠”，爲“怪”的异體字，敦煌寫本常用。如 P.3742《二教論》
“神迹詭恠，則理絶人區”。

[56] 此有：丙卷作“此山有”，餘各卷皆作“此有”。按：二者置於文中意皆通，今
據原卷以録。◎瑞像：本指稱佛教始祖釋迦牟尼之像。日本學者小野勝年在
《敦煌の釋迦瑞像圖》中提及：“瑞像之所以爲瑞像，是有光瑞、靈瑞的出現。

瑞的意思是指神通、神變，還進一步地延續漢代以來的祥瑞、符瑞思想。"印度佛教聖地所見的瑞像包括：釋迦牟尼佛、彌勒佛、觀音菩薩等特定瑞像。劉薩訶瑞像是指因劉薩訶授記而出現的瑞像。《續高僧傳‧魏文成沙門釋慧達傳》《集神州三寶感通録》《道宣律師感通録》《法苑珠林》等均有記述。因發現於涼州番禾郡（今甘肅省永昌縣）御山（今永昌縣北海子鄉金川西村西），所以又稱"涼州瑞像"或"番禾瑞像"，1979 年武威市出土的唐玄宗天寶元年鎸武威《涼州御山石佛瑞像因緣記》殘碑，莫高窟及榆林窟今尚保存有唐、五代、北宋時期劉薩訶瑞像圖，可供參證。

[57] 如：乙卷、丙卷並作"而"，原卷、甲卷作"如"，敦王寫本"而""如"多通。

[58] 五天：即五天竺，指古印度。古代印度的區域分爲東天竺、南天竺、西天竺、北天竺、中天竺五大部分。唐王維《能禪師碑》："大師至性淳一，天姿貞素……故能五天重迹，百越稽首。"慧超（704—783），也作惠超，幼年入華，故亦爲唐朝僧人。開元十一年（723），其曾前往印度諸國巡禮，先到東印度，再往中印度、南印度、西印度、北印度，然後前往波斯、大食、大拂臨、突厥，經葱嶺、疏勒、龜茲、于闐，在開元十五年（727）年抵達安西，再經焉耆回到長安，撰有《往五天竺國傳》記述期間見聞，後散佚，20 世紀初敦煌藏經洞發現殘卷。

[59] 佛鉢出現：4～5 世紀初我國曾出現去印度禮拜佛鉢的熱潮，一些有關佛鉢與中土各種因緣的傳聞隨之涌現，僞經《佛鉢經》也應時而生。法顯《佛國記》中有僧人慧達曾去印度禮拜佛鉢，《冥祥記》中世有觀音授記佛鉢必來中土的情節。可能後人受此啓發，將去印度的傳說、感現佛鉢的故事附會到了劉薩訶的身上。佛鉢，相傳爲佛陀所用的食鉢。按：《法顯傳》之"弗樓沙國"一節，嘗云佛鉢在此國，並詳述其形製功用；同時也叙及慧達、寶雲、僧景三人供養佛鉢、佛影、佛齒等，然後還秦土之事。

[60] 正：各卷並作"政"。按：敦煌寫本"政""正"多通用，如 Φ96《雙恩記》"匡扶社稷威忠正，陶鑄生靈盡叶和"中"正"字，原卷即作"政"。此"政始"當作"正始"。◎政始：即正始。三國時期曹魏的君主魏少帝曹芳第一個年號也是"正始"，此處當非曹魏年號。《探究》以爲："乃北燕惠懿帝高雲（慕容雲）的年號。西元四〇七年七月，高雲爲部下所殺，馮氏乃自立爲天王，改元太平。因此，政始九年，當爲太平七年，也就是西元四一五年。"

[61] 秦州：三國魏始置，晋因之。北魏時領天水、略陽、漢陽三郡，北周領天水、漢陽、清水、略陽、河陽五郡，隋初又廢，唐初又改置秦州，州治在今甘肅省天水市西南。敷化：傳布教化。三國魏阮籍《與晋王薦盧播書》："應期作輔，

論道敷化。"南朝梁沈約《齊故安陸昭王碑》："公下車敷化，風動神行。"唐張
欽敬《仲冬時令賦》： "維敷化布和，設明堂以聽政；發祥儲祉，坐宣室而
受釐。"

[62] 西：乙卷作"西州"。

[63] 遊至：甲卷作"至遊"。◎至酒泉遷化："遷化"指人死。《漢書·外戚傳上·孝
武李夫人》："忽遷化而不反兮，魄放逸以飛揚。"佛教傳入中土後，高僧死也稱
遷化，義謂遷移於他方世界度化眾生。《大乘義章》卷五："菩薩後時，遷化他
土。"敦煌寫本《壇經》： "大師云此語已，夜至三更，奄然遷化。"宋釋道誠
《釋氏要覽·送終》"初亡"條："釋氏死謂涅槃、圓寂、歸真、歸寂、滅度、遷
化、順世，皆一義也。從便稱之，蓋異俗也。"有關劉薩訶遷化之傳說甚多，且
有分歧，然一般以《續高僧傳》載和尚行至酒泉縣城西七里石澗中亡故爲主流，
估計其時間爲魏太武帝大延二年（436）左右。今日酒泉地區尚存有相關遺迹。
吳浩軍《酒泉劉薩訶資料輯釋》（載《敦煌學輯刊》，2008年第2期）可資參考。

[64] 現：乙卷作"見"，餘三卷作"現"，按："現""見"常互用，二者置於文中皆
通，茲據原卷錄作"現"。

[65] 漠：原卷、丙卷並作"漠"，甲卷作"莫"，乙卷作"漠"塗改作"莫"。漠高
窟：地名，今作莫高窟，在敦煌市東南25千米處。甘肅省敦煌市東南鳴沙山半
腹地山麓有石室無數，俗稱爲"千佛洞"，於前秦苻堅建元二年（366）由僧人
樂僔鑿建經營。按："莫高"又作"漠高"，或以爲與高出綠洲的戈壁沙漠有直
接關係；或認爲此石窟建造於鳴沙山崖壁上，鳴沙山較之周圍地勢更高，而洞
窟開鑿於沙漠高處，故稱"漠高窟"。又"漠""莫"音同，字根相同，形體相
近，古多通，故又作"莫高窟"。或以爲"莫高"係譯音，即突厥語沙磧的意
思，在沙磧裏開鑿的洞窟就是指莫高窟。《探究》云：漠、莫通用。依照通行的
說法，"莫高窟"可解作沙漠高處的佛窟，或爲至高無上的佛教活動場所（參馬
德著《敦煌莫高窟史研究》，蘭州：甘肅教育出版社）。錢伯泉認爲"莫高"一
詞是突厥語bogu的音譯，意爲"神聖"；"莫高山"意爲"神山"（錢伯泉《"敦
煌"和"莫高窟"音義考析》，《敦煌研究》，1994年第1期）。"莫高"二字，是
唐代以來在敦煌城沙漠附近流行的一種鄉、坊里和山的名稱。P.2913V《張淮
深墓志銘》載："公以大順元年（990）二月廿二日殞斃於本郡，時年五十有九。
葬於漠高鄉漠高里之南原，禮也。" "莫高窟"一名，在S.5448《敦煌録》：
"（沙）州南有莫高窟，去州二十五里，中途石磧帶山坡，至坡斗下谷中，其東
即三危山，西即鳴沙山；中有自南流水，名之宕泉土寺僧舍絕多。"受記：又作
授記、受莂、記別、記莂。本指分析教説，或以問答方式解説教理；轉指佛弟

子所證或死後之生處；後專指未來世證果及成佛名號之預言（又作預記）。唐李
邕《嵩岳寺碑》："密意所傳稱十方之首，莫不佛前受記，法中出家。"P. 2999
《太子成道經》："過去迦葉佛與釋迦牟尼佛受記。其釋迦牟尼佛與彌勒佛受記，
汝於來世，當得作佛。"《校注》云："後則專指佛預言有關佛弟子於未來世證等
事的證言。因劉薩訶後來已被西北信眾尊爲'胡師佛''劉師佛'，故此處稱他
所作的預言爲授記。"按：此處關於授記之解釋，劉薩訶没有預言某某成佛之内
容，預言並非授記。結合原文，應是指劉薩訶在此山得到了某人之授記，故遥
禮拜。但其人原文不詳，結合授記之情況，此蓋虛擬出的高僧授記，應爲後人
所增，以增加劉薩訶成佛之可靠性。

[66] 因成千龕：龕爲供奉神、佛像或祖先牌位的石室或櫥櫃。P. 2551《大周李君莫
高窟佛龕碑并序》載："莫高窟者，厥初秦建元二年，有沙門樂僔，戒行清虛，
執心恬静，嘗杖錫林野，行至此山，忽見金光，狀有千佛，遂架空鑿岩，造窟
一龕。次有法良禪師，從東屆此，又於僔師窟側，更即營建。伽藍之起，濫觴
于二僧。……爰自秦建元之日，迄大周聖歷之辰，樂僔、法良發其宗，建平、
東陽弘其迹。推甲子，四百他歲，計窟室一千餘龕。"今敦煌莫高窟開鑿在鳴沙
山東麓的崖面上，現存窟龕分南北兩區，長約 1700 米，1944 年常書鴻率領敦煌
文物研究所（敦煌研究院前身）對南區進行編號，計 492 號，後北區由彭金章
組織人力進行編號，現南北總計存有 735 窟龕。

三、敦煌寫本《隋净影寺沙門惠遠和尚因緣記》校注

【題解】

今已公布的有關《隋净影寺沙門惠遠和尚因緣記》的敦煌文獻計有：
P. 2680、P. 3570V、P. 3727 三件寫本。兹分別叙述如下：

（一）P. 2680

卷子本，正背書。

正面分抄 16 種文書。《隋净影寺沙門惠遠和尚因緣記》爲其中的第十
二種。首尾俱完，計 16 行（含題），行 24～26 字。首題"隋净影寺沙門
惠遠和尚曰緣記"，起"師俗姓█氏燉煌人也"，訖"此則護法聖者威神之
力也"。

1 隋净影寺沙門惠遠和尚曰緣記

2 師俗姓■氏燉煌人也纔年三歲志墓出家不戀囂塵情歸大教三十
落髮

3 六禮無虧大小乘中如瓶注水鵝珠掌握戒月恒明杖錫漕溪周遊

4 江蜀時周武帝删割大法欲致艾夷遠公於是不顧微軀屢

5 獻逆鱗之範謂武帝曰三塗地獄不揀貴賤帝乃發怒

6 直心衝冠僧眾驚惶投身無地遠公神情不易風調如常

7 直入盧山而求仏道其時道俗失色兩兩相看雨淚霑襟死而

8 無恨四眾遞相謂曰此公則是像教之中護法菩薩眾心

9 歸仰名嚮寰中師身長八尺腰有九圍容止肅然時稱龍象入

10 高僧傳標法仁尊隱迹盧山每自說法群石應聲時有一人常來獻

11 食後一日過齋其食不至續馳餉鉢食乃磽碎因問其故答云我

12 是毗沙門弟三之子諸天配事和尚和尚又問汝今日何故遲晚其時太子

13 答曰今晨天朝晚散所以稽遲人間之食所以磽碎又問天朝何以晚散

14 答曰緣周武帝破滅仏法令癩疾而崩楊隨今當天下和尚曰與

15 隨君受記汝若登位必須再隆三寶佛法興焉至于今日此則

16 護法聖者威神之力也

（二）P.3570V

P.3570，卷子本，正背書。正背字迹不同。

正面爲：《大般若波羅蜜多經卷第四百七十》。

背面分抄：《南山宣律和尚讚》《劉薩訶和尚因緣記》等四種文書。《隋净影寺沙門慧遠和尚因緣記》爲其中第二種文書。首尾俱完，計25行（含題），行字。首題“隋净影寺沙門慧遠和尚囙緣記”，起“師俗姓張燉煌人也”，訖“此則護法聖者威神之力也”。

1 隋净影寺沙門慧遠和尚囙緣記

2 師俗姓張燉煌人也纔年三歲志慕出

3 家不戀囂塵情歸大教十三落髮

4 六礼無虧大小中乘如瓶注水鵝珠

5 掌握戒月恒明仗錫漕溪周遊江

6 蜀時周武帝删割大法欲致艾夷

7 遠公於是不顧微軀屢獻逆鱗之

8 範謂　武帝曰三塗地獄不揀貴賤

9　帝乃發怒直上衝冠僧眾驚惶投

10　身無地遠公神情不易風調如常直入

11　盧山而求仏道其時道俗失色兩兩相看

12　雨泪霑襟死而無恨四眾遞相謂曰此公

13　則是像教之中護法菩薩眾心歸仰名

14　嚮寰中師身長八尺腰闊九圍容止肅然

15　時稱龍象入高僧傳標法仁尊隱迹盧

16　山每自説法群石應聲時有一人常來獻食

17　後一日過齋其食不續馳飯鉢食乃磣硛

18　曰問其故　答云我是北方毗沙門第三之子

19　諸天配事和尚和尚又問汝今日何故遲晚

20　失時小子答曰今日　天朝晚散所以稽

21　遲人間之食所以磣硛又問天朝何故晚

22　散　答曰緣　周武帝破滅　佛法令

23　癩疾而崩楊隋合當天下和尚曰與隋

24　君受記汝若登位必須再隆三寶佛法興

25　焉至于今日此則護法聖者威神之力也

（三）P. 3727

P. 3727 是由 12 張大小不一的紙張黏貼而成的專輯。

其中第九葉正面抄：《聖者泗州僧伽和尚元念因緣》《寺門首立禪師讚》。

背面分抄：《靈州龍興寺白草院和尚俗姓史法號增忍以節度使李公度尚書立難刺血書經義》《靈州龍興寺白草院史和尚因緣記》《隋净影寺沙門惠遠和尚因緣記》9 行（未完）。首題“隋净影寺沙門惠遠和尚因緣記”，起“師俗姓張氏燉煌人也”，訖“今日護法聖者威神之力也”。

第十葉爲單面書寫。開頭從“龍象入高僧傳”起，至“此則獲此聖者威神之力也”10 行，與第九葉背面抄寫的《隋净影寺沙門惠遠和尚因緣記》9 行的內容相銜接，字體一致，當係接續第九葉背面《隋净影寺沙門惠遠和尚因緣記》，是完整的《隋净影寺沙門惠遠和尚因緣記》抄本。

1　隋净影寺沙門惠遠和尚因緣記　師俗姓張氏燉煌人也纔

2　年三歲志慕出家不戀囂塵情歸大教三時落髮六礼無虧

3　大小中乘如瓶注水鵞珠掌握戒月恒明仗錫漕溪周遊江

4　蜀時周武帝删割大法欲致艾夷遠公於是不顧微

5　軀屢獻逆鱗之範謂武帝曰三塗地獄不揀貴賤帝

6　乃發怒勇氣衝冠僧眾驚惶投身無地遠公神情不

7　易風調如常直入盧山而求仏道其時道俗失色兩兩相看雨

8　淚沾襟死如無恨四眾遞相謂曰此則公是像教之中護法苷

9　眾心歸仰名馳寰中師身長八尺腰闊九圍容止肅然時稱

10　龍象入高僧傳標法人尊隱跡盧山每自說

11　法群石應聲時有一人常來獻食後有一日

12　過条其食不至續馳飰鉢食乃磣磒因問其

13　故答云我是毗沙門弟三之子諸天配事和尚

14　和尚又問汝今日何故失時太子答曰今晨天

15　朝晚散所以稽遲人間之食所以磣磒又

16　問天朝何故晚散答曰緣周武帝破滅仏法

17　令癩疾而崩陽隨今當天下和尚與

18　隋君受記汝若登位必須再隆三寶仏法僧

19　興焉至于今日護法聖者威神之力也

　　中國佛教史上，法號爲"惠遠（慧遠）"的僧人不少，隋以前見於史傳載籍者便有三位，各負盛名。依序是盧山慧遠（雁門樓煩氏）（334—416），爲中觀般若學大師，是南北朝高僧，以弘揚西方净土法門稱著，被尊爲净土宗初祖。其次是劉宋時江陵長沙寺高僧慧遠，修般舟行，以預言死期，死後現形於多寶寺，爲世人所稱道。另一位則是隋净影寺的慧遠，北齊時，即以開講《十地經論》而聞名，爲涅槃學名師，敦煌文獻中遺存有不少關於净影寺惠遠的《維摩義記》寫本。

　　有關净影寺慧遠的記載，以唐釋道宣《續高僧傳·隋京師净影寺釋慧遠傳》[①] 爲最早，內容也最爲詳盡。敦煌文獻中 P.2680、P.3570V、P.3727 三件寫本中《隋净影寺沙門惠遠和尚因緣記》主要叙述慧遠和尚

---

　　① 唐釋道宣《續高僧傳》卷八《隋京師净影寺釋慧遠傳》，見《大正新修大正藏經》第50冊，第489～492a頁。近人關於慧遠生平行持之論述有：杜斗城：《釋慧遠》，《敦煌學輯刊》，1983年第4期，第144～149頁；李會智、師煥英：《净影慧遠生平小考》，《五臺山研究》，2002年第1期，第27～31頁。可參考。

成爲隋代净影寺高僧的種種因緣。透過對慧遠特質、事迹及遇事態度的叙述，彰顯一介凡夫，自幼慕道出家，進而修道學法，護法弘道，終成爲一代高僧。

全篇不到 500 字，篇幅短，然記述有關慧遠和尚的事迹，却涉及北周到隋代佛教重大的事件與朝代的興替；尤其是慧遠大師護法弘道的因緣，關係著佛教的隆盛。

1962 年，王重民《伯希和劫經録》著録 P. 3570《殘佛經》，背面分少：（1）《南山宣律和尚讚》；（2）《隋净影寺沙門慧遠和尚因緣記》；（3）《劉薩訶和尚因緣記》；（4）《靈州龍興寺白草院和尚俗姓史法號增忍以節度使李公度尚書立難刺血書經義》僅 14 行，後缺。[①] 1989 年，柴劍虹在《因緣（緣起）附因緣記》中述及 P. 2680、P. 3570V 的《隋净影寺沙門慧遠和尚因緣記》。[②] 2010 年，竇懷永、張涌泉《敦煌小説合集》[③] 據 P. 2680、P. 3570V、P. 3727 三件寫本進行校録（下文簡稱《合集》）；2014 年，鍾書林、張磊《敦煌文研究與校注》[④] 也據 P. 2680、P. 3570V、P. 3727 三件寫本進行校注（下文簡稱《校注》）。

P. 2680、P. 3570V、P. 3727 三件寫本中，《隋净影寺沙門惠遠和尚因緣記》都是首尾俱全，内容除個别文字外，可説是大同小異。此三件寫本的字體，P. 2680 爲楷體，字迹工整，P. 3570 爲行書，字迹頗有法度，P. 3727 字迹較爲拙劣。就抄寫内容論，P. 3570V 相較於 P. 2680 及 P. 3727，多有脱漏。相對而論 P. 2680 内容較爲完整，字體工整，因據以爲底卷，而以 P. 3570V、P. 3727 作爲參校本，分别編號爲甲卷、乙卷，茲校録如下：

① 商務印書館編：《敦煌遺書總目索引》，北京：商務印書館，1962 年，第 290 頁。
② 載顏廷亮：《敦煌文學》，蘭州：甘肅人民出版社，1989 年，第 272～278 頁；後合"詩話"改題爲《敦煌文學中的"因緣"與詩話》，收入《西域文史論稿》，臺北：國文天地雜志社，1991 年，第 520～521 頁。又見於柴劍虹：《敦煌吐魯番學論稿》，杭州：浙江教育出版社，2000 年，第 192～199 頁。
③ 竇懷永、張涌泉：《敦煌小説合集》，杭州：浙江文藝出版社，2010 年，第 425～429 頁。
④ 鍾書林、張磊：《敦煌文研究與校注》，武漢：武漢大學出版社，2014 年，第 646～648 頁。

【校錄】

隋净影寺沙門惠遠和尚因緣記[1]

師俗姓李氏[2]，燉煌人也，纔年三歲，志慕出家[3]，不戀囂塵[4]，情歸大教[5]。十三落髮[6]，六禮無虧[7]，大小中乘[8]，如瓶注水[9]，鵝珠掌握[10]，戒月恒明[11]，杖錫漕溪[12]，周遊江蜀。時周武帝刪割大法，欲致艾夷[13]，遠公於是不顧微軀，屢獻逆鱗之範[14]，謂武帝曰："三塗地獄[15]，不揀貴賤。"帝乃發怒，直上衝冠[16]，僧眾驚惶，投身無地。遠公神情不易，風調如常[17]，直入廬山而求佛道[18]。其時道俗失色，兩兩相看，雨泪霑襟[19]，死而無恨[20]，四眾遞相謂曰："此公則是教之中護法菩薩[21]。"眾心歸仰，名響寰中[22]。

師身長八尺，腰有九圍[23]，容止肅然，時稱龍象[24]，入《高僧傳》[25]，標法仁尊[26]。隱迹廬山，每自説法，群石應聲[27]。時有一人，常來獻食。後一日過齋[28]，其食不至[29]。續馳飯鉢[30]，食乃硶碌[31]，因問其故。答云："我是北方毗沙門弟三之子[32]，諸天配事和尚。"又問："汝今日何故遲晚失時[33]？"太子答曰[34]："今晨天朝晚散[35]，所以稽遲[36]；人間之食，所以硶碌。"又問："天朝何以晚散[37]？"答曰："緣周武帝破滅佛法，令癩疾而崩，楊隨合當天下[38]。"和尚因與隋君受記[39]："汝若登位，必須再隆三寶。"佛法興焉，至於今日，此則護法聖者威神之力也[40]。

【校記】

[1] 本篇首題，底卷、乙卷作"隋净影寺沙門惠遠和尚因緣記"，甲卷則作"隋净影寺沙門慧遠和尚因緣記"。按：唐代"惠""慧"多通，敦煌寫卷《六祖壇經》"慧能"都寫作"惠能"，故"惠遠"即"慧遠"。本文據原卷題名"隋净影寺沙門惠遠和尚因緣記"。

[2] 李：底卷抄作"▨"，即"川"字的連筆寫法。甲、乙二卷寫作"張"字。按：唐釋道宣《續高僧傳·隋京師净影寺釋慧遠傳》（後簡稱《續高僧傳·慧遠傳》）作"李氏"，《法苑珠林》卷二十四"簡眾部"之"感應緣"條載："隋京師净影寺釋慧遠，姓季，燉煌人。"其中"季"字當爲"李"字的形誤。今據《高僧傳》校作"李"字。

[3] 慕：甲、乙二卷皆作"慕"，底卷作"墓"。按："慕"與"墓"音同形近，每多

混用，寫本常見，如 P. 3727《靈州龍興寺白草院史和尚因緣記》“干將之劍或非，角哀之慕誰讚”。今據甲、乙卷録作“慕”。志慕：向慕，嚮往。《續高僧傳·隋京師净影寺釋慧遠傳》載慧遠“年止三歲，心樂出家。每見沙門，愛重崇敬”。南朝梁刘勰《文心雕龙·才略》：“杜篤、賈逵，亦有聲於文，迹其爲才，崔、傅之末流也。李尤賦銘，志慕鴻裁，而才力沈腿，垂翼不飛。”《賢愚經》卷二《降六師品》：“次第五日，梵摩達王，請佛供養。佛於是日，口中放光，金色赫奕，遍大千土。光明所觸，一切眾生，三毒五陰，皆自然息，身心快樂，譬如比丘得第三禪。眾會嘆怪，志慕佛德。便爲説法，各得開解，發大道心，得果生天，進福修慧，數甚眾多。”

[4] 囂塵：指紛擾的塵世。南朝齊謝朓《之宣城出新林浦向板橋》：“囂塵自茲隔，賞心於此遇；雖無玄豹姿，終隱南山霧。”唐白居易《期李二十文略王十八質夫不至獨宿仙游寺》：“文略也從牽吏役，質夫何故戀囂塵？”P. 2292《維摩詰經講經文》（四）：“且兜率天王者，以十善果報，生六欲天中，受妙樂於外宫，離囂塵於内院。”

[5] 大教：指如來之教法，即佛教。晋無名氏《蓮社高賢傳·慧遠法師》：“初是大教流行江東，經卷未備，禪法無聞，律藏多闕。”《阿彌陀經講經文》（四）：“欲明大教之由漸，先須讚嘆大師，慈悲化道多般，練行修因三劫滿。”《維摩碎金》：“居士知佛入於毗耶，緣我於此國教化眾生，佛要共我助弘大教，我須今日略用神通。今日與誰緣熟？乃觀見寶積等追歡逐樂，我須教化，令滿道心。”

[6] 十三：底卷作“三十”，乙卷作“三時”，“時”蓋爲“十”之音訛。按：《續高僧傳·慧遠傳》載其“十三辭叔，往澤州東山古賢谷寺”，與前文述三歲便志慕出家，十年後的十三歲時正式出家較合情理，甲卷録作“十三”。◎落髮：剃髮出家。《北史·魏河南王和傳》：“和聘乙氏公主女爲妃，生子顯，薄之。以公主故，不得遣出。因忿，遂自落髮爲沙門。”敦煌本《廬山遠公話》：“是時相公再在連（蓮）宫之會，重開香積之筵，大集兩街僧尼，遂將金刀落髮。相公是日只於福光寺内，具將此事，寫表奏上晋文皇帝。”《難陀出家緣起》：“天女當時文（聞）語，便即卻報難陀：‘我家夫主威儀，不作俗人裝束。他家剃頭落髮，身被壞色袈裟，若論進止威儀，恰共如來不别。何處愚夫至此，輒來認我爲妻，不如聞早卻迴，莫大此時挫辱。’”

[7] 六禮無虧：指慧遠出家後，六時禮敬不綴。《續高僧傳·慧遠傳》載：“十三辭叔，往澤州東山古賢谷寺。時有華陰沙門僧思禪師，見而度之。思練行高世，眾所宗仰。語遠云：‘汝有出家之相，善自愛之。’初令誦經。隨事訓誨。六時之勤，未勞呼策。”

[8] 大小中乘：底卷作"大小乘中"，甲、乙二卷作"大小中乘"。按：此處應指"三乘"，佛教謂三種能使人獲得證悟、息滅煩惱的途徑：大乘佛菩提道、中乘緣覺菩提、小乘聲聞菩提。失譯《薩婆多毗尼毗婆沙》以小乘所得三乘共知、中乘所得二乘共知、佛所得二乘不知等爲由，將聲聞、緣覺、菩薩分別稱爲小乘、中乘、大乘，詳參其卷一："問曰：'若佛知而能説，聲聞、辟支佛亦知而能説，何不稱佛耶？'答曰：'不爾。佛知、説俱盡；聲聞、辟支佛知説，於法有所不盡。復次，佛解一切法，盡能作名；二乘不能。復次，佛得無邊法，能無邊説；二乘不能。復次，有共不共，聲聞、辟支佛所得共；佛所得不共。小乘所得，三乘同知；中乘所得，二乘共知；唯佛所得，二乘不知，獨佛自知。復次，函大蓋亦大，法相無邊，佛以無邊智知彼無邊法；二乘智有邊故，不稱知法相。'"今據甲、乙二卷録作"大小中乘"。

[9] 如瓶注水：與"如水瀉瓶""瀉瓶傳燈""瀉瓶相承"等義相同，皆指傳法毫無遺漏，如將一瓶水注入他瓶一般。本指阿難領受佛法，如瀉瓶之水，傳至別器而無遺漏。典出北本《大般涅槃經》卷四十《憍陳如品》："阿難事我二十餘年……自事我來，持我所説十二部經，一經於耳，曾不再問，如寫瓶水，置之一瓶。"後人遂以"瀉瓶"比喻高僧大德傳法無絲毫遺漏。如沙門慧立本、釋彥悰箋《大唐大慈恩寺三藏法師傳》卷六："時法師奉聖製，表謝曰：'沙門玄奘言。竊聞六爻探賾，局於生滅之場，百物正名，未涉真如之境，……尋蒙下詔，賜使翻譯。玄奘識乖龍樹，謬忝傳燈之榮；才異馬鳴，深愧瀉瓶之敏。所譯經、論紕舛尤多，遂荷天恩，留神構序。文超象、繫之表，理括衆妙之門。忽以微生親承梵綱，踊躍歡喜，如聞受記，無任欣荷之極。謹奉表詣闕陳謝以聞。'"

[10] 鵝珠掌握：指惠遠法師持戒精研。"鵝珠"指有一比丘見鵝吞寶珠，恐鵝將被穿珠師殺，自負其罪而救鵝的故事，詳參姚秦鳩摩羅什譯《大莊嚴論經》卷十一："復次，護持禁戒，寧捨身命終不毀犯。我昔曾聞，有一比丘次第乞食，至穿珠家立於門外。時彼珠師爲於國王穿摩尼珠，比丘衣色往映彼珠其色紅赤，彼穿珠師即入其舍爲比丘取食。時有一鵝見珠赤色其狀似肉，即便吞之。珠師持食以施比丘，尋即覓珠不知所在，此珠價貴王之所有。時彼珠師家既貧窮失王貴珠，以心急故，語比丘言：'歸我珠來。'爾時比丘作是思惟：'今此珠者鵝所吞食，若語彼人將必殺鵝以取其珠。如我今者苦惱時至，當設何計得免斯患？'……時珠師執縛比丘而加打棒，問比丘言：'珠在何處？還我珠來。'比丘答言'我不得珠。'……（珠師）遂加繫縛倍更搤打以繩急絞，耳眼口鼻盡皆血出。時彼鵝者即來飲血，珠師瞋恚打鵝即死。……時彼珠師聞是偈已，即開鵝腹而還得珠，即舉聲哭，語比丘言：'汝護鵝命不惜於身，使我造此非法之

事.'"因此,佛教中常以"鵝珠"比喻堅守戒律者。唐張鷟《滄州弓高縣實性寺釋迦像碑》:"鵝珠護戒,標苦節於堅林;龍鏡澄空,照真規於静域。"又《龍筋鳳髓判》卷二:"鷹全鴿命,護鵝珠而守戒。"

[11] 戒月:形容嚴守戒律清規,宛如明月般清净皎潔。唐處士顧齊之撰《新收一切經音義序》:"上座明秀寺主契元,都維那玄測,皆精愨真乘,護持聖典;文華璀璨,經論弘贍。或道情深遠,獨得玄珠;或律行清高,孤標戒月。"唐法照述《净土五會念佛略法事儀讚》卷一《莊嚴文》:"諸闍梨等三學圓明,慧燈長映。願弘斯教,同往净土;尼衆等戒月常明,凝神入定。"《宋高僧傳·唐京兆恒濟寺道成傳》:"釋道成者,不知何許人也。居於天邑,演彼律乘。戒月揚光,圓而不缺;德瓶告實,滿而不傾。"按:"戒月恒明"與上文"鵝珠掌握"意思相同,皆指惠遠守戒嚴明,慧光法師十大弟子如法上等曾爲之證戒,如《續高僧傳·慧遠傳》載:"(慧遠)年滿進具,又依上統爲和上、順都爲闍梨。光師十大弟子並爲證戒,時以爲聲榮之極者也。便就大隱律師聽《四分律》,流離請誨,五夏席端,淘簡精粗,差分軌轍。滅静捷度,前後起紛,自古相傳,莫曉來意。遠乃剖析約斷,位以單重,原鏡始終,判之即離,皆理會文合,今行誦之。"

[12] 仗:底卷作"杖",甲、乙二卷作"仗"。按:"杖""仗"並通,均有"執"義。本文據原卷録作"杖"。◎錫,錫杖,爲雲遊僧所持法器。杖錫,意爲拄著錫杖,後謂僧人出行。如晋廬山諸道人《遊石門詩》序:"釋法師以隆安四年仲春之月,因詠山水,遂杖錫而遊。"唐崔顥《贈懷一上人》:"傳燈遍都邑,杖錫遊王公。"

[13] 欲致芟夷:裁減、删削、鏟除。《〈尚書〉序》:"芟夷煩亂,翦截浮辭。"《三國志·蜀書·諸葛亮傳》:"今操芟夷大難,略已平矣,遂破荆州,威震四海。"◎時周武帝删割大法,欲致芟夷:指北周武帝滅佛一事。北周武帝宇文邕天和四年(569)詔令沙門、儒士、道士文武百官二千餘人於宮內文德殿論三教優劣。建德二年(573)定三教先後爲"儒、道、佛",建德三年(574)又欲廢佛,武帝昇高座與沙門論難,智炫法師應對從容,惹帝怒。此日下詔廢佛、道二教;敕令沙尼還俗,又下令破壞塔寺,焚燒經像。

[14] 逆鱗之龍:倒生的鱗片。古人以龍比喻君主,因以觸"逆鱗"、批"逆鱗"等喻犯人主。《韓非子·説難》:"夫龍之爲蟲也,柔可狎而騎也,然其喉下有逆鱗徑尺,若人有嬰之者則必殺人。人主亦有逆鱗,説者能無嬰人主之逆鱗則幾矣。"

[15] 三塗地獄:"三塗"同"三途"。佛教語,即火途(地獄道)、血途(畜生道)、刀途(餓鬼道)。《百喻經·夫婦食餅共爲要喻》:"墜墮三塗,都不怖畏。"唐湛

然《止觀輔行傳弘決》卷一之三："《四解脫經》以三途名火、血、刀也。"

[16] 直上：底卷作"直心"，蓋爲形近之訛，據甲卷校改，乙卷作"勇氣"。按："直上衝冠"與"勇氣衝冠"文意相類，置於文中皆可。直上指向上，向前。唐丘爲《尋西山隱者不遇》："絶頂一茅茨，直上三十里。"衝冠謂頭髮上指把帽子頂起，形容人極爲憤怒，語出《史記·廉頗藺相如列傳》："相如因持璧却立，倚柱，怒髮上衝冠。"相較而言，"直上衝冠"意稍長，今據甲卷以録。

[17] 風調如常："風調"指人品風格情調。《北齊書·崔瞻傳》："儴弟儦，學識有才思，風調甚高。"

[18] 廬：各卷皆作"盧"。"廬""盧"音同形近，敦煌寫本多混用。按：《續高僧傳·慧遠傳》："（慧遠）潛於汲郡西山。"是慧遠入汲郡西山。汲郡，今爲河南汲縣，而非廬山。本文謂慧遠潛於廬山，源自民間傳説，實嫁接自東晉慧遠之事迹，據《高僧傳·晉廬山釋慧遠傳》，净土初祖慧遠曾在廬山東林寺組織蓮社，且廬山遠公的民間傳説甚爲流行，本文創作時嫁接附會其事迹。

[19] 雨：各卷皆作"雨"，兹據之以録，《校注》作"兩"，誤。

[20] 而：底卷、甲卷作"而"，據之以録。乙卷作"如"。按："如""而"音近，寫本多通。如 S.6651《佛説阿彌陀經講經文》"以此而言，无有時悲八苦"中"而"字，原本作"如"。

[21] 底卷、甲卷抄作"此公則是"，乙卷誤作"此則公是"。◎像教：像教即像法，亦泛指佛法。《阿毗達磨大毗婆沙論》卷一："竊以佛日西沉，正法玄謝；慧流東漸，像教方傳。"《唐護法沙門法琳別傳》卷一："明帝永平十三年夢見金人已來，像教東流，靈瑞非一。"唐劉得仁《送智玄首座歸蜀中舊山》："像教得重興，因師説大乘。"護法菩薩：護法謂護持佛法。《宋書·夷蠻傳·天竺迦毗黎國》："苦節以要厲精之譽，護法以展陵競之情。"唐賈島《送僧》："王侯皆護法，何寺講鐘鳴。"護持佛法者也被稱作護法。上自梵天帝釋、八部鬼神，下至人世檀越、施主，都可稱護法。

[22] 響：各卷並作"嚮"。按："響""嚮"音同形近，敦煌寫本多通，如 Φ96 號《雙恩記》"身掛紬袍雲片片，手摇金錫嚮玲玲"，兹據文義校改。◎名響寰中：寰中謂宇内、天下。晉孫綽《喻道論》："焉複睹夫方外之妙趣、寰中之玄照乎？"唐王勃《拜南郊頌序》："天下黎人，知四海之安樂；寰中殊域，奉三靈之康泰。"

[23] 有：底卷作"有"，甲、乙二卷皆作"闊"。按："闊"有表示長度之義，如唐白居易《寄微之》詩之一："有山萬丈高，有江千里闊。""腰闊"表示腰圍，如《宋高僧傳·唐河東懸甕寺金和尚傳》載釋金和尚"於嵩岩山出家。其後身裁一

丈，腰闊一圍"。因此，"有""闊"二字，置於文中皆通。按：《續高僧傳‧慧遠傳》亦作"有"，即"形長八尺，腰有九圍。十三幅裙，可爲常服。登座震吼，雷動蟄驚"。茲據原卷、《續高僧傳‧慧遠傳》録作"有"。

[24] 龍象：梵語 Nāga，音譯那伽，意譯爲龍，又譯作象，合稱龍象。本指象中殊勝者，《維摩詰所説經‧不思議品》："譬如龍象蹴踏，非驢所堪。"僧肇注謂："能、不能爲喻，象之上者名龍象。"吉藏《維摩經義疏》卷四謂："稱爲龍象，非有二物，如好馬名龍馬，故好象稱龍象。"後人們以"龍象"比喻菩薩的威猛能力。《大智度論》卷三："那伽，或名龍，或名象。是五千阿羅漢，諸阿羅漢中最大力，以是故言如龍如象。水行中龍力大，陸行中象力大。"如 P.2292《維摩詰經講經文》（四）稱彌勒菩薩"位超十地，果滿三祇，障盡習除，福圓惠滿。將成佛果，看座花臺。無私若杲日當天，不染似白蓮出水。人間天上，此界他方。四生賴汝提携，六道蒙君救度。……已絶有漏因，已到涅盤城，已上金剛座。佛法中龍象，賢聖内鳳鱗（麟）。在會若鶴處雞群，出衆似雕遊霄漢"。本稱菩薩，後多用以指高僧。北本《大涅槃經》卷二《壽命品》："世尊我今已與大龍象菩薩摩訶薩，斷諸結漏，文殊師利法王子等。"《中阿含‧龍象經》説唯佛大龍象。《續高僧傳‧隋東都内慧日道場釋智脱傳》謂智脱"七歲出家，爲鄴下穎法師帝子。穎法侣駕鴻，釋門龍象，《華嚴》《十地》冠絶漳流。"唐王勃《四分律宗記序》："二邊雲徹，方知實相之尊；十刹風行，乃識真如之貴。將使龍象緇服，維明克允。"

[25] 入《高僧傳》：此處指道宣在《續高僧傳》中爲惠遠立傳一事。

[26] 仁尊：底卷、甲卷作"仁尊"，乙卷作"人尊"。按："人""仁"音同，寫卷多通，如 BD 6412（河 12）《父母恩重經講經文》"無有仁慈，不孝禮儀"之"仁"字，寫卷作即"人"。"人尊""仁尊"並通，《續高僧傳‧慧遠傳》作"仁尊"。◎標法仁尊："仁尊"是佛之德號，釋迦意爲能仁，故名"仁尊"，如《普曜經》卷六《諸天賀佛成道品》："於是净居天、梵世迦夷天、善梵天，及敬道魔子，往詣佛所執大寶蓋，以貢上佛，即又十指以偈讚曰：'仁尊現目前，進禪慧力；在魔顯大辯，聖以降伏之。一切義吉祥，無數億魔來；不起身不動，稽首普世尊。'"按："仁尊"也可指菩薩，如《長阿含經》卷一："仁尊處母胎，其母無惱患。"

[27] 隱迹廬山，每自説法，群石應聲：隱迹廬山與説法群石應聲爲東晋廬山慧遠修行之事迹，本文將其嫁接到隋净影寺惠遠身上。慧遠和尚於廬山講經"每至説法，群石應聲"的神異事迹乃膾炙人口的故事，可與晋羅什四聖竺道所謂的"生公説法，頑石點頭"相媲美。《東林十八高賢傳》："師被擯南還入虎丘山，

聚石爲徒，講《涅槃經》。至闡提處，則説有佛性，且曰：'如我所説契佛心否？'群石皆爲點頭。"

[28] 後一日過齋：底卷、甲卷作"後一日"，乙卷作"後有一日"，意皆可，據底卷以録。◎過齋：赴齋。佛制，比丘過午皆不許食，因以午前、午中之食爲齋。按小乘戒律，只禁過午食，而不禁食净肉。後人據大乘別意，以素食爲齋。唐明概《決對奕廢佛僧事》："昔人一瓢以濟餒夫，尚得扶輪相報，今一齋以供大聖，寧無福禄相酬。"禪宗寺院僧侶吃飯場所稱"齋堂"，用餐過程稱"過堂"。所以，信衆稱餐食爲"過堂齋"，省稱"過齋"。《法苑珠林》卷五十二："此犬常不離此舍，過齋時即不肯食。"S.5511《降魔變文》："分身百億，處處過齋。一名悉達，二號如來，爲天人師，具一切智，四生三界，最勝最尊。"

[29] 至：據底卷、乙卷以録，甲卷脱"至"字。

[30] 飯：甲卷作"飯"，底卷、乙卷並作"飰"，乃"飯"之異體，如Φ96《雙恩記》"要飯即雨飯，要衣即雨衣"之"飯"字，寫本即作"飰"。

[31] 磣硃：《敦煌小説合集》作"磣刺"，注云："疑當作'磣刺'，'刺'蓋因受'磣'字影響而類化換旁作'硃'；'磣刺'，義謂石沙誤入飯中而難食也。"按：磣，意謂物中雜有沙、土等异物。《玉篇·石部》："磣，食有沙。"《龍龕手鏡·石部》："磣，今初朕反。磣毒也。又砂土惡食也。""硃"未見各字書。敦煌寫本語詞俗寫文字每每涉上下文之偏旁而出現類化之俗字，如S.6631《九想觀詩》"第一嬰孩相"，寫本"嬰孩"作"嬰孩"，是《合集》之説可取。"磣硃"，即"磣刺"。磣刺，義謂飛沙細石誤入飯中而難食。

[32] 北方：底卷、乙卷並無，據甲卷補。

[33] 遲晚失時：底卷作"遲晚其時"；甲卷作"遲晚失時"；乙卷作"失時"，疑脱"遲晚"二字，據甲卷校改。

[34] 太子：底卷、乙卷作"太子"，是；甲卷作"小子"，蓋形近致訛。按：毗沙門天王的第三子是哪吒，常在毗沙門天身邊，爲護法軍神，民間習稱三太子。

[35] 今晨：甲、乙二卷並作"今日"，均通。

[36] 稽遲：滯留。《南史·張融傳》："隨例同行，常稽遲不進。"Φ96《雙恩記》："王聞臣奏，又敕云：'吾子不欲違拒，然卿小出稽遲，莫稱其心，所貴挍卻時光不取矣。'之主藏臣雖依王敕暫出，太子依日時節開庫不遇，遂怒曰：'此小人，爭敢逆我心意，多必是父王教矣。'"

[37] 何以：甲、乙二卷並作"何故"，均通，今據底卷以録。

[38] 楊隋合當天下：底卷作"楊隨今當天下"，甲卷爲"楊隋合當天下"，乙卷作"陽隋今當天下"。按："隋""隨"音同形近，"楊""陽"音同形近，寫本多混

用，如《劉薩訶因緣記》"王乃報恩，造和尚形像，欲送定陽"之"陽"，P.2680寫卷即作"楊"；"今"字蓋"合"字之形訛，今據甲卷、乙卷校改。

[39] 因：乙卷脫，今據餘兩卷錄。◎"受記"爲佛教用語，又云"受莂"，或作"授記"。本指佛對菩薩或弟子發心修行的人給予將來證果、成佛的預記。《法華經·譬喻品》："見諸菩薩受記作佛，而我等不預斯事。"《法華經·五百弟子受記品》："其五百比丘，次第當作佛，同號曰'普明'，轉次而授記。"後也用以指祖師對弟子悟道、弘法的預言或告誡。

[40] 此則：乙卷脫，今據底卷、甲卷錄。

四、敦煌寫本《聖者泗州僧伽和尚元念因緣》校注

【題解】

今已公布的有關《聖者泗州僧伽和尚元念因緣》的敦煌文獻僅見有P.3727一件寫本。茲叙錄如下：

P.3727是由12張大小不一的紙張黏貼而成的專輯。其中第九葉，正面抄：《聖者泗州僧伽和尚元念因緣》《寺門首立禪師讚》。背面分抄：《靈州龍興寺白草院和尚俗姓史法號增忍以節度使李公度尚書立難刺血書經義》《靈州龍興寺白草院史和尚因緣記》《隋净影寺沙門惠遠和尚因緣記》。

《聖者泗州僧伽和尚元念因緣》首尾俱完，計12行（含題），凡172字。首題"聖者泗州僧伽和尚元念囙緣"，起"昔僧伽和尚者化迹之邦"，訖："大慈大悲至智公和尚真影　張僧瑶邈此和尚真影時"。

1　聖者泗州僧伽和尚元念囙緣
2　昔僧伽和尚者化迹之邦現身百顧弋甲莫
3　侵端然而定或朝變人相或夜現仏儀度昔
4　眾生令歸彼岸有人崇重當獲良緣若有
5　拒惡不發恚怒凡人莫惻數作奇真因茲
6　誠實人發勝心海內清平殄除灾沴若有修
7　建繪　聖模真者無願不遂更有靈
8　應別錄傳文奉勸至心敬礼渴仰
9　聖者求願滿足隨願現種種身或示
10　大身側塞遍滿虛空變小身由如微塵

11　不可稱不可量不論不可説大慈大悲智公和

12　尚真影　　張僧瑶邈此和尚真影時

有關 P.3727《聖者泗州僧伽和尚元念因緣》的研究相對較晚，1962年，王重民《伯希和劫經録》著録 P.3727 時僅説“背録《付法藏傳》及其他禪宗史料”，並未提及《聖者泗州僧伽和尚元念因緣》。直到 2000 年，敦煌研究院編《敦煌遺書總目索引新編》著録 P.3727a “《付法藏傳》及其他禪宗史料”及 P.3727b “沙洲官吏及僧人來往狀牒數通”後有按語，才提及在付法藏傳行間抄寫或接寫，條列了十種，其中第六種爲《聖者泗州僧伽和尚元念因緣》。① 2014 年，鍾書林、張磊《敦煌文研究與校注》②（下文簡稱《校注》）才有針對 P.3727《聖者泗州僧伽和尚元念因緣》的簡單校注。2017 年，楊明璋《泗州僧伽和尚神异傳説研究——以敦煌文獻爲中心的討論》（下文簡稱《研究》）一文，在探究僧伽和尚的神异傳説，利用敦煌文獻中三種有關僧伽和尚事迹的寫本時，也據《敦煌文研究與校注》按核原寫本重新檢校、句讀。③

本篇因緣内容主要叙述僧伽和尚擅於變化，崇重則獲良緣、除灾沴，邈真觀像可遂願等“化迹”。其生平事迹載於贊寧《宋高僧傳》卷十八，另敦煌寫本 S.1624《唐泗州僧伽大師實録》也記述了其相關的化身事迹。茲據原卷逐全文，並參酌史書及有關僧伽的文獻注釋如下：

【校録】

聖者泗州僧伽和尚元念因緣[1]

昔僧伽和尚者[2]，化迹之邦，現身百顧，戈甲莫侵[3]，端然而定[4]，或朝變人相，或夜現佛儀，度昔眾生，令歸彼岸。有人崇重，當獲良緣[5]；若有拒惡，不發羞怒。凡人莫惻（測），數作奇真。因茲誠實，人發勝心，海内清平，珍除灾沴[6]。若有修建[7]，繪聖模真者，無願不遂[8]，更有靈應別録傳文[9]。奉勸至心敬禮。渴仰聖者，求願滿足，隨願現種種身，或示大身，側塞遍滿虛空；變小身，猶如微塵[10]，不可稱、

---

① 敦煌研究院：《敦煌遺書總目索引新編》，北京：中華書局，2000 年，第 296 頁。

② 鍾書林、張磊：《敦煌文研究與校注》，武漢：武漢大學出版社，2014 年，第 646~648 頁。

③ 楊明璋：《泗州僧伽和尚神异傳説研究——以敦煌文獻爲中心的討論》，《中國學術年刊》，2017 年第 39 期，第 51~76 頁。

不可量，不□（可）論[11]、不可説。大慈大悲誌公和尚真影[12]。

　　張僧繇邈此和尚真影時[13]。

【校記】

[1] 今已公布的敦煌文獻中，有關《聖者泗州僧伽和尚元念因緣》的寫本僅有
　　P.3727，茲據 IDP 公佈的彩色圖板，並參考學界現有的研究成果，重新校録。

[2] 僧伽和尚：俗姓何，唐代來自西域的神异僧，葱嶺北何國人，音譯爲屈霜你迦
　　人，一説爲碎葉人。唐龍朔初年先至西涼府，後遊歷江淮諸地，止於楚州龍興
　　寺。後來在泗州臨淮縣信義坊乞地建寺，於地下掘得古碑與刻普照王佛之銘，遂
　　建臨淮寺。景龍二年（708）奉敕至宫内道場祈雨成功，中宗賜其所建臨淮寺爲
　　普光王寺。景龍四年（710）示滅於薦福寺，後歸葬臨淮寺，起塔供奉。僧伽和
　　尚在唐弘法五十載，主要事迹可分成兩類：第一，利用方術治病與滅灾，如以澡
　　罐水治愈駙馬武攸暨之病，又能預知大雪或祈雨救旱。第二，常顯現神异，救度
　　民衆，據《宋高僧傳·唐泗州普光王寺僧伽傳》，僧伽和尚的靈异事迹共有 16
　　件，如其在賀跋氏家時能現十一面觀音形；又如萬迴曾答中宗謂僧伽是觀世音化
　　身等。《太平廣記》卷九十六“僧伽大師”條新增其以新絮塞頭頂之穴的故事，
　　即僧伽“常獨處一室，而其頂有一穴，恒以絮塞之，夜則去絮。香從頂穴中出，
　　烟氣滿房，非常芬馥。及曉，香還入頂穴中，又以絮塞之”。此外，敦煌寫本
　　S.1624《泗州僧伽大師實録》、敦煌寫本《僧伽和尚欲如涅槃説六度經》等亦多
　　載其靈异事迹。

[3] 戈：原卷作“弋”《研究》注云：“弋，原卷、鍾張二氏校録均作是，唯古漢語未
　　見有‘弋甲’一詞，蓋爲‘戈甲’之形近而訛。”按：“弋甲”不成詞，其意費
　　解。“弋”“戈”形近，敦煌寫本“戈”多作“弋”，形近致訛。◎戈甲：本指戈
　　和鎧甲，爲軍隊使用之武器装備，如敦煌本《漢將王陵變》：“三軍聞語，哽噎悲
　　啼，皆負戈甲，去漢王三十步地遠下營去。”後引申爲軍隊。前蜀杜光庭《馬尚
　　書本命醮詞》：“况封畿戈甲之餘，壟畝榛蕪之後，疲羸未復，瘡痍未平。”宋師
　　明集《續古尊宿語要》卷二：“不旋戈甲，萬里埽清。”清王耕心撰《摩訶阿彌陀
　　經衷論》卷一：“顧見西來戈甲如雲。人馬皆長尋丈。”戈甲莫侵，謂僧伽和尚身
　　現百頭，端正莊嚴坐定，既使是軍隊也無法接近侵凌。◎現身百顧，弋（戈）甲
　　莫侵：蓋指《宋高僧傳·唐泗州普光王寺僧伽傳》所載僧伽於“文德元年，外寇
　　侵軼，州將嬰城拒敵。伽現形於城西北隅。寇見，知堅壘難下。駭而宵遁”
　　之事。

[4] 端然而定：指修習禪定。《高僧傳·齊永興栢林寺釋弘明傳》載："虎來入明室內，伏於床前，見明端然不動，久久乃去。"《續高僧傳·唐汾州光嚴寺釋志超傳》："嘗夜坐禪，忽有群賊排門直進，炬火亂舉，白刃交臨，合坐端然，相同儀象。"

[5] 有人崇重，當獲良緣：尊崇敬奉僧伽和尚者，能求得美好因緣。按：僧伽和尚在北宋時，與萬迴、寶誌一起被當作聖僧崇拜，《宋高僧傳·唐泗州普光王寺僧伽傳》載："天下凡造精廬，必立伽真相，榜曰大聖僧伽和尚。有所乞願，多遂人心。"

[6] 殄除灾沴：《説文·水部》："沴，水不利也。"亦爲水流不暢。後指因排水不良引發的水灾。灾沴則代指自然灾害。晋袁宏《後漢紀·順帝紀下》："禮制修，奢僭息，事合宜，則無凶咎，然後神聖允塞，灾沴不至矣。"《法苑珠林》卷六十二《感應緣之》之"漢蔣子文死爲鍾山下神"條載："封子文爲中都侯。次弟子緒爲長水校尉。皆加印綬爲立廟堂。轉號鍾山。以表其靈，今建康東北蔣山是也。自是灾沴止息，百姓遂大事之。"

[7] 建：《校注》《研究》並録作"逢"。"修逢"不成詞，且語意不通。按：原卷作"逮"，爲"建"之異體。敦煌寫本"建"多作"**逮**"，如臺北"中央"圖書館藏32號《盂蘭盆經講經文》"四十里地布黄金，逮造如來説法處"。◎"修建"，指建造。敦煌變文《降魔變文》："修建伽藍，唯須此地。"

[8] 繪聖模真者：指繪聖僧僧伽和尚真貌，用以供奉。《宋高僧傳·唐泗州普光王寺僧伽傳》載燕師曾繪其像而歸燕薊，"嘗於燕師求毡罽，稍是泗州寺僧。燕使齎所求物到，認塔中形信矣。遂圖貌而歸，自燕薊展轉傳寫，無不遍焉"。唐梁蕭《三如來畫像讚（并序）》："予齋心命工裂素，作繪聖德之形容。"清慈善比丘本誠記《佛像量度經序》："若有善信人等，發心造像，依此準繩，造繪聖容。"是此句意謂若有建造而繪製僧伽和尚聖像或描摹其真容者，因此功德可無願不遂。

[9] 更有靈應別録傳文：敦煌文獻 S.1624《唐泗州普光王寺僧伽傳》開頭還提及"謹按：《唐泗州僧伽大師寔（實）録》"。又 P.2217、S.2556、S.2754 等《僧伽欲入涅槃説六度經》，而傳世文獻中如贊寧《宋高僧傳》卷十八《唐泗州普光王寺僧伽傳》、《太平廣記》卷九十六《僧伽大師》也提到了出《本傳》及《紀聞録》。

[10] 猶：原卷作"由"，"由""猶"音同，敦煌寫本多通，如 S.3872《維摩詰經講經文》"穢方净土，皆由心變"之"由"字，原卷即作"猶"。"由如"當作"猶如"。

[11] 不可論："可"字原卷脱。依上下文"不可稱""不可量""不可説"補。

[12] 誌：原卷作"智"。《研究》注云："智公，當即'誌公'，筆者補。"按："智""誌"音同，敦煌寫本多通。◎誌公和尚真影：誌公，即南朝僧寶誌（418—514），又作寶志、保志、保誌，世稱寶公、誌公和尚。《日本國承和五年入唐求法目録》卷一："大聖僧伽和尚影一卷。"圓仁《入唐新求聖教目録》卷一："大聖僧伽和尚影一張（苗）。"

[13] 張僧繇：《研究》注云："張僧瑶，當即'張僧繇'，筆者改。"按：張僧繇爲南朝梁之畫家，與晉顧愷之齊名。武帝時崇尚釋氏，張僧繇之畫的内容以釋氏爲多。"繇"多作"瑶"或"謡"，蓋"繇"爲罕用字，因傳寫每誤作偏旁相同之"瑶"或"謡"。如《續高僧傳·荊州内華寺釋慧耀傳》"梁右軍將軍張僧瑶自筆圖畫殿其工。正北盧舍那相好威嚴"中"瑶"即"繇"之形訛。S. 1624《唐泗州普光王寺僧伽傳》中僧伽和尚、萬迴和尚的神異事迹後，有關張僧繇爲寶誌邈真的記述。"繇"，S. 1624寫卷作"謡"。唐代張彦《歷代名畫記》卷七有傳云："張僧繇，上品中。吳中人也。天監中爲武陵王國侍郎，直秘閣，知畫事，歷右軍將軍、吳興太守。武帝崇飾佛寺，多命僧繇畫之。"邈：描繪、描摹。"邈真"即描摹真容圖像，又作"描真"，《敦煌變文集·捉季布傳文》："白土拂墙交畫影，丹青畫影更邈真。"敦煌寫本的喪葬文獻中有不少爲描摹死者真容畫像而記述其形迹讚體文的"邈真讚"，又稱"真讚""寫真讚""真儀讚""圖真讚""邈影讚""邈生讚"。《佛祖統紀》卷三十七："（梁武帝）嘗詔張僧繇寫誌真，誌以指劈破面門出十二面觀音相，或慈或威，僧繇竟不能寫。"《續高僧傳·荊州内華寺釋慧耀傳》："梁右軍將軍張僧瑶自筆圖畫殿其工。正北盧舍那相好威嚴。"

五、敦煌寫本《法照和尚因緣傳》校注

【題解】

今已公布的有關《法照和尚因緣傳》的敦煌文獻僅有 P. 2130 一件寫本。兹叙録如下：

P. 2130 卷子本。存 16 紙，正背書。正面書寫《照和尚因緣傳》（擬）、《西方道場法事文》、《佛説觀佛三昧海藏經本行品第八》，同一人所抄。

卷背：佛教筆記，零散一二行，碎片大小不一。

《法照和尚因緣傳》爲正面第一件文本，無題。首缺尾完。存 30 行。行約 28 字。起"照啓二聖言：念時，當何念？二聖告言"，訖"須相勸念

佛，來世極樂爲期耳。略説行遊。宜者任詳讀謹白"。卷末有題記："三界寺道真　經不出寺門，就此靈窟記。"此件内容以散文記叙法照入五臺山與文殊因緣，得文殊授記，創立竹林寺，提倡五會念佛等有關的神异故事，當爲净土念佛法事前宣説之考備用之因緣一類。

1　□□（法）照又啓二聖言念時當何念二聖告言此世界之西有佛号阿弥陁佛▨

2　佛有卌八願力不可思議稱其名号慈光攝受定得往生速得成佛▨（法）

3　照意欲不來其二聖答法照言汝是質导之身不應久住且去引▨

4　衆生離樂群品二聖答言令佛陁波利引法照於後院頂礼隨行見

5　大院母院有一百廿個小院皆有僧居一百廿口東院内有五千僧住持各作

6　事時隨緣住持西一大院房舍宛然並無師僧法照却迴辭二聖□

7　▨（見）者二具説有少疑心再問答二大院無僧有院者是誰安居二

8　聖告法照言此房師僧並在南閻浮提娑訶世界示現種種身

9　隨頻説法度人法照聞説深生敬信其時與法照雨㽺仙菓喫其

10　菓盡是七寶木校造作世間无比二聖言努力勤行念佛教勸化

11　衆生汝迴亦非久與法照摩頂授記　文殊師利説偈與法照□（言）

12　汝等欲求解脱者應當洗除我慢心嫉妬名利及慳貪去卻如斯不善□（意）

13　▨（應）當念彼弥陀仏　即能安住佛境界　若能安住佛境界是人常見一切佛

14　□□□（若能速）斷諸煩惱　即能了達真如性　在苦海中常欲樂譬如蓮花不著水

15　□□□（而心清）净出愛河　即能疾證菩提菓　又説云諸法唯心告　了心不可得

16　是名真實相　普賢菩薩説偈云普勸汝及一切衆常應謙下具慈悲

17　忍辱即是菩提因　无嗔必招端正報一切種見皆勸喜即發無上菩提心

18　若依此語常修行微塵菩薩從心現若見佛刹從心現即能虔修諸行願

19　運接一切諸有情　速離愛河登彼岸　法照得偈訖便辭二聖了依

20　前却迴還到二石門邊二童子云好去和尚早迴言未了遂乃不見忽看

21　還到本處天色已至五更日色已出人面相見法照所見者並不說向餘

22　伴黨各收拾三衣瓶鉢行往臺山住經半月已來隨喜頂礼諸老宿

23　並不放坐便下五臺縣山寺安居是時太原地界所由告節度使薩▨

24　□□訓延入太原城內居住其年有敕天下置般舟道場諸寺衆

25　▨（乃）申狀於節度使請法照和尚為道場主守頻詞說不放即

26　□（作）道場思惟修習即作念佛法事并作般舟梵未經旬日即有數
千人

27　誓為法照念佛弟子各請願聞終身修行於太原一住十有七年去貞

28　元元年節度使馬遂入太原奉敕知昨貞元四年正月廿二日延入京

29　中現今敕自辰朝供養勸化衆生至今見存並勸一切四衆等急

30　須相勸念佛來世極樂為期耳略說行遊宜者任詳讀謹白

　　1962 年，王重民《伯希和劫經録》著録 P. 2130 僅叙録《佛説觀海三昧經一卷》，但未著録有關法照和尚傳記及净土道場法事的資料。① 1994 年施萍婷的《法照與敦煌文學》② 注意到 P. 2130 中大曆七年（772）法照被節度使請入太原等幾條信息。1998 年，劉長東在《法照事迹新考》中根據 P. 2130 法照“行往五臺山，住經半月已來，隨喜頂禮，諸老宿並不放坐，便下五臺縣山寺安居”的記載指出法照在五臺山各寺院被排擠的遭遇。③ 2000 年，敦煌研究院編《敦煌遺書總目索引新編》雖著録了 P. 2130a《净土五會念佛觀行儀》，但對有關法照傳記資料部分仍未加留意。④ 2003 年張先堂的《唐代净土教宗師法照與五臺山、并州關係新探》⑤ 據 P. 2130 第 25—30 行校録了“是時，太原地界所由告……並勸一切四衆等，急須相勸念佛，來世極樂為期耳。略説行遊宜者，任詳讀”一段，將此篇文字擬題爲“法照和尚五臺山、并州、長安行遊記略”對法照在并州傳教、由并州入長安的時間，提出了新的認識。2016 年，荒見泰史《法照門徒的念佛法事與〈法照傳〉的宣唱》一文，介紹了 P. 2130 以

---

① 商務印書館編：《敦煌遺書總目索引》，北京：商務印書館，1962 年，第 257 頁。

② 施萍婷：《法照與敦煌文學》，《社科縱横》1994 年第 4 期，第 12～14 頁。

③ 劉長東：《法照事迹新考》，《佛學研究》1998 年第 7 期，第 42 頁。

④ 敦煌研究院編：《敦煌遺書總目索引新編》，北京：中華書局，2000 年，第 225 頁。

⑤ 張先堂：《唐代净土教宗師法照與五臺山、并州關係新探》，《敦煌研究》2003 年第 3 期，第 61～67 頁。

及北京國圖果字 41 號的系統。①

　　茲謹據 P.2130 號寫本，校錄全文，並參酌史書及有關法照的文獻注釋如下：

【校錄】

法照和尚因緣記[1]

　　□□□（法）照[2]又啓二聖言[3]："念時，當何念？"二聖告言："此世界之西有佛，號'阿彌陁佛'，▨佛有卅八願力[4]，不可思議。稱其名號'慈光'[5]，攝受定得往生[6]，速得成佛。"[7]▨（法）照[8]："意欲不來。"其二聖答法照言："汝是質导（礙）之身[9]，不應久住，且去引▨衆生，利樂群品[10]。"二聖答言："令佛陁波利引法照，於後院頂禮。"隨行見□（二）大院[11]，每院有一百廿箇小院[12]，皆有僧居一百廿口；東院内有五千僧住持，各作□（法）事時[13]，隨緣住持；西一大院房舍宛然[14]，並無師僧。法照却迴，辭二聖。□▨（見）者二具説[15]，有少疑心，再問答："二大院無僧，有院者是誰安居？"二聖告法照言："此方師僧[16]，並在南閻浮提娑婆世界示現種種身[17]，隨類説法度人[18]。"法照聞説，深生敬信。其時與法照兩盤仙果喫[19]。其菓盡是七寶莊挍造作[20]，世間無比[21]。二聖言："努力勤行念佛，教勸化衆生，汝迴亦非久[22]。"與法照摩頂、授記[23]。文殊師利説偈與法照□（言）[24]：

　　"汝等欲求解脱者，應當洗除我慢心。

　　嫉妬名利及慳貪[25]，去卻如斯不善□（意）[26]。

　　▨當（應專）念彼彌陁佛[27]，即能安住佛境界。

　　若能安住佛境界，是人常見一切佛。

　　□□□（若能速）斷諸煩惱[28]，即能了達真如性[29]。

　　在苦海中常欲樂，譬如蓮花不著水。

　　□□□（而心清）净出愛河[30]，即能疾證菩提菓。"

　　又説云：

---

① 荒見泰史：《法照門徒的念佛法事與〈法照傳〉的宣唱》，《饒學與華學》，第二屆饒宗頤與華學暨香港大學饒宗頤學術館成立十周年慶典國際學術研討會論文集（上、下冊），上海：辭書出版社，2016 年，第 349～362 頁。

"諸法唯心告，了心不可得，是名真實相。"[31]

普賢菩薩説偈云[32]：

"普勸汝及一切衆，常應謙下具慈悲。

忍辱即是菩提曰，无嗔必招端正報[33]。

一切衆見皆歡憙[34]，即發无上菩提心。

若依此語常修行，微塵菩薩從心現。

若見佛刹從心現，即能虔修諸行願。

運接一切諸有情，速離愛河登彼岸。[35]"

法照得偈訖，便辭二聖了。依前却迴還到二石門邊。二童子云："好去。和尚早迴。"[36]言未了，遂乃不見。忽看，還到本處，天色已至五更，日色已出，人面相見。法照所見者，並不説向餘伴黨[37]。各收拾三衣瓶鉢[38]，行往□（五）臺山[39]。住經半月已來，隨喜頂礼諸老宿，並不放坐，便下五臺縣山寺安居。是時，太原地界所由告，節度使薩▨□□訓延入太原城內居住。其年有敕，天下置般舟道場[40]，諸寺衆▨（乃）申狀於節度使[41]，請法照和尚爲道場主守[42]，頻詞訊不放[43]，即□（作）道場[44]。思惟修習，即作念佛法事，並作般舟梵[45]。未經旬日，即有數千人，誓爲法照念佛弟子，各請願聞，終身修行。於太原一住十有七年去，貞元元年，節度使馬遂入太原，奉敕知昨，貞元四年正月廿二日，延入京中。現今敕自辰朝供養，勸化衆生，至今見存。並勸一切四衆等，急須相勸念佛，來世極樂爲期耳。略説行遊宜者，任詳讀□□□

【校記】

[1] 本篇僅存 P.2130 寫卷，前缺後全，首題缺，無尾題。主要講述法照在五臺山竹林遇見文殊菩薩、普賢菩薩的神异事迹，據其內容擬題"法照和尚因緣傳"。

[2] 法照，原卷前缺，首行起"照"，據下文於"照"字前補"法"字。

[3] 二聖：指文殊、普賢二菩薩。此段叙述的是法照在五臺山大聖竹林寺遇文殊、普賢二菩薩的靈异事迹。

[4] 原卷"佛"字之前有一字，因寫卷下端殘泐，無法辨認。按：《宋高僧傳·唐五臺山竹林寺法照傳》："文殊言：'此世界西有阿彌陀佛，彼佛願力不可思議，汝當繼念，令無間斷，命終之後，決定往生，永不退轉。'"通過對比："佛"字之前所缺之字，可暫擬爲"彼"字。◎卌八願力：即曹魏康僧鎧譯《大無量壽經》所

載，阿彌陀佛於"因位"爲法藏菩薩時，所發的四十八種誓願，又作四十八本願、六八弘願、六八越世本願。日本僧人源空稱其爲"選擇本願"，即無三惡趣願、不更惡趣願、悉皆金色願、無有好醜願、宿命智通願、天眼智通願、天耳智通願、他心智通願、神境智通願、無有我想願、住正定聚願、光明無量願、壽命無量願、聲聞無數願、人天長壽願、無諸不善願、諸佛稱揚願、念佛往生願、來迎引接願、繫念定生願、三十二相願、必至補處願、供養諸佛願、供具如意願、説一切智願、那羅延身願、所須嚴净願、見道場樹願、得辯才智願、智辯無窮願、國土清净願、國土嚴飾願、觸光柔軟願、聞名得忍願、女人往生願、常修梵行願、人天致敬願、衣服隨念願、受樂無染願、樹中見土願、諸根具足願、住定供佛願、生尊貴家願、具足德本願、住定見佛願、隨意聞法願、聞名不退願、得三法忍願。唐智昇《集諸經禮懺儀》卷一："此即讚西方禮阿彌陀佛文。至心歸命禮西方阿彌陀佛。觀彼彌陀極樂界，廣大寬平衆寶成。四十八願莊嚴起，超諸佛刹最爲精。本國他方大海衆，窮劫算數不知名。普勸歸西同彼會，恒沙三昧自然成。願共諸衆生。往生安樂國。"◎發願：是指立下誓願，發起成佛度衆生的誓願。"願力"指佛、菩薩誓願的力量，多指善願功德之力，或稱爲"本願力""宿願力"。《净土論》卷中："無量無邊無數劫，廣修願力助彌陀。"

[5] 慈光：指諸佛、菩薩大慈之光輝。《讚阿彌陀佛偈》："慈光遐被施安樂，故佛又號歡喜光。"唐法照《净土五會念佛誦經觀行儀》卷二："第十觀音補處尊，身同佛想妙難論。頂戴如來心敬重，慈光恒住大悲門。"

[6] 攝受：謂佛以慈悲心收取和護持衆生。或護持正法者所受的利益。南朝梁簡文帝《大愛敬寺刹下銘》："應此一千，現茲權實，隨方攝受，孰能弘濟。"唐義净譯《金光明最勝王經》卷二《分別三身品》："善男子！一切如來有三種身。云何爲三？一者、化身，二者、應身，三者、法身。如是三身具足，攝受阿耨多羅三藐三菩提，若正了知，速出生死。"

[7] "二聖告言：'此世界之西有佛，號"阿彌陁佛"，▨佛有卅八願力，不可思議。稱其名號"慈光"，攝受定得往生，速得成佛'"，與《宋高僧傳·唐五臺山竹林寺法照傳》："文殊言：'此世界西有阿彌陀佛，彼佛願力不可思議，汝當繼念，令無間斷，命終之後，決定往生，永不退轉。'"相似，通過對比可知《法照和尚因緣傳》與《宋高僧傳》所據當來自共同的傳説，文本略有差異，《宋高僧傳》記述此段話爲"文殊菩薩"所言，本卷則作"文殊、普賢"二聖共答，且詳略有異。

[8] "法"字，原卷下端殘損，僅存左半邊殘筆，據上下文意擬補"法"字。按：此

段爲“法照法師”與“二聖”的對話，所缺確爲“法”字。

[9] 导：“碍”爲“礙”之异體，省作“导”。敦煌寫本常見。P. 2173《御注金剛般若波羅蜜經宣演》卷上“攝彼十二爲離障导”。◎質导之身：具有色法（物質）之性質者，因其具有質量，而與他物相互障礙，故稱質礙。蓋任何物體於同一時間不能與他物占據同一空間，故凡物體占有特定空間，此空間即不能容納其他物體；亦即一物障礙其他之物。

[10] 原卷“引”字後有一字殘泐，僅存上部殘筆，俟待考。“離”字當爲“利”字的音誤。按：“利樂”指利益與安樂。唐不空譯《仁王護國般若波羅蜜多經》卷上《菩薩品》：“復次，順忍菩薩，謂：焰慧地、難勝地、現前地，能斷三障心煩惱縛，能於一身遍往十方億佛刹土，現不可説神通變化，利樂眾生。”BD5394《維摩詰經講經文》（五）：“爾時持世語帝釋曰：‘我三途不出，皆因貪愛所迷；佛果未成，盡是欲之顛墜。我以修於禪觀，不染塵心，願出世間，希求利樂。’”◎群品：謂眾生。唐司空圖《爲東都僧化刻律疏》：“雖設喻於三乘，同歸覺路；蓋防微於群品，共用成規。”唐法照撰《净土五會念佛略法事儀讚》卷一：“智者必須深厭生死。正念思惟念佛三昧。普爲法界六道怨親。願同生極樂速成無上菩提。專心學取五會真聲。傳於未來廣度群品。”S. 4571《維摩詰經講經文》：“（首缺）眾所知識，乃至已……是位登十地，法究一乘，□道……四弘誓之願心，未滿皆□昏……穢邦助釋迦之視現身形，位婆娑而化諸群品。河沙界而眾知眾識，憶（億）萬土而響德聞名。”唐法琳撰《破邪論》卷二：“（釋迦牟尼）十九出家三十成道。四十九年處世説法。利益天人度脱群品。”

[11] “見”字後有闕文，據後文所述可知法照參觀的是東、西二大院，並在臨走之前又問二聖二大院無僧之緣由等，推知此處所缺爲“二”字，茲據上下文意擬補。《宋高僧傳・唐五臺山竹林寺法照傳》載法照入五臺山竹林寺，看到寺内有一百二十大院，“寺前有大金榜，題曰大聖竹林寺，一如鉢中所見者。方圓可二十里，一百二十院，皆有寶塔莊嚴。其地純是黃金。流渠華樹充滿其中”。

[12] 每：原卷作“母”，疑爲“每”字的省誤。

[13] “法”字，原卷下端殘泐闕文，茲據上下文意擬補。

[14] 宛然：真切貌、清晰貌。唐李肇《唐國史補》卷上：“山川宛然，原野未改。”P. 3808《長興四年中興殿應聖節講經文》：“修德修仁事莫裁，山河荒鯁宛然開；從今劍閣商徒入，自此刁州進貢來，數道朝臣銜命去，幾番□表謝恩迴；聖人更與封王後，厭却西南多少灾。”

[15] “見”，原卷上端殘泐，茲據殘筆及上下文意擬補。

[16] 原卷“房”字，當爲“方”字的音誤。按：“此方師僧”或“此方菩薩”等爲固

定搭配，與"他方"相對，今據上下文意擬改。如 P. 2292《維摩詰經講經文》
（四）："又見菴園會上，凡聖人多，此方菩薩微塵，他土聖賢沙數。不邀諸德，
偏道我名，對彌勒前却紀纖塵，向海水畔偏誇滴露。"

[17] 婆：原卷作"訶"，依文義當作"婆"。◎南閻浮提娑婆世界：閻浮提，梵名
Jambu－dvīpa 之音譯，略稱閻浮，舊譯爲穢洲、穢樹城，乃盛彦閻浮樹之國土。
此洲爲須彌山四大洲之南洲，故又稱南閻浮提、南閻浮洲、南贍部洲。閻浮提
原本係指印度之地，後則泛指人間世界；"娑婆世界"，娑婆，梵語的音譯，意
爲"堪忍"。"娑婆世界"又名"忍土"，系釋迦牟尼所教化的三千大千世界的總
稱。唐窺基《法華經玄贊》二："乃是三千大千世界，號爲娑婆世界也。"◎示
現種種身："示現"，謂佛菩薩應機緣而現種種化身，如觀音之三十三身。《華嚴
經·十地品》："（世尊）勤行不息，善能示現種種神通。"Φ252《維摩詰經講經
文》（六）："金粟尊，號調御，示現白衣毗耶住，既沐如來教問時，遥憑大聖垂
加護。"

[18] 隨類説法度人："類"原卷作"纇"，爲"類"之俗體。敦煌寫本常見。如甘博
136《道行般若經》卷九"其池中有眾雜琦鳥鳧雁鴛鴦異纇琦鳥，數千百
種"之。

[19] 兩：原卷作"雨"，敦煌寫本"雨""兩"多混。盤：原卷作"槃"，同"盤"。
宋蘇軾《日喻》："日之狀如銅槃。"

[20] 莊：原卷作"庄"，爲"莊"之異體。敦煌寫本常見，如敦煌研究藏101號《妙
法蓮華經》"百福莊嚴"之"莊"字，原卷即作"庄"。"扙"同"校"，敦煌寫本
"校"多作"扙"。如臺北圖書館98號《十地論》尾題"十地論不動地第八卷之
十"下有"一扙"。◎七寶莊扙造作：七寶，指七種珍寶。佛經中説法不一，如
《法華經》以金、銀、琉璃、硨磲、瑪瑙、真珠、玫瑰爲七寶；《無量壽經》以
金、銀、琉璃、珊瑚、琥珀、硨磲、瑪瑙爲七寶；《大阿彌陀經》以黃金、白
銀、水晶、琉璃、珊瑚、琥珀、硨磲爲七寶；《恒水經》以白銀、黃金、珊瑚、
白珠、硨磲、明月珠、摩尼珠爲七寶。莊扙：即莊校，指莊嚴校飾。《賢愚經》
卷八《大施抒海品》："迦毗梨歡喜，嚴五百伎女，擇取才能工爲伎者，具五百
白象，眾寶莊扙，極令奇异，用送其女。"造作：製造、製作。《漢書·毋將隆
傳》："武庫兵器，天下公用，國家武備，繕治造作，皆度大司農錢。"《百喻
經·五百歡喜丸喻》："今我造作五百歡喜丸，用爲資糧，以送於爾。"

[21] "其時與法照雨（兩）槃（盤）仙菓喫。其菓盡是七寶庄（莊）扙造作，世間無
比"，《宋高僧傳·唐五臺山竹林寺法照傳》作："（法照）遂至七寶果園。其果
纔熟其大如碗。便取食之。食已身意泰然。造大聖前作禮辭退。"

[22] 底卷"二聖言:'努力勤行念佛,教勸化衆生,汝迴亦非久'",《宋高僧傳·唐
五臺山竹林寺法照傳》:"汝已念佛,故不久證無上正等菩提。若善男女等願疾
成佛者,無過念佛,則能速證無上菩提。"

[23] 摩頂:《法華經》謂釋迦牟尼佛以大法付囑大菩薩時,用右手摩其頂。後爲佛教
授戒傳法時的儀軌。《法華經·囑累品》:"釋迦牟尼佛從法座起,現大神力,以
右手摩無量菩薩摩訶薩頂,而作是言:'我於無量百千萬億阿僧祇劫,作習是難
得阿耨多羅三藐三菩提法,今以付囑汝等。'"唐張南史《秋夜聞雁寄南十五兼
呈空和尚》詩:"禪師幾度曾摩頂,高士何年更發心。"◎授記:又作受記、記
別、記莂,謂佛對菩薩或發心修行的人給予未來世證果及成佛名號的預言(預
記)。如釋尊於過去世得燃燈佛之授記,又如彌勒曾經受釋尊之授記,《阿含經》
載有此説法。後大乘經典,成佛授記之説更爲普遍。《法華經·五百弟子受記
品》:"其五百比丘,次第當作佛,同號曰'普明',轉次而授記。"敦煌本《悉
達太子修道因緣》:"(世尊説)當日將兄立其六日,却交(教)托生耶輸腹中,
六年不見光明。其世尊却與羅睺摩頂授記三歸依:'第一歸依佛,第二歸依法,
第三歸依僧。'其羅睺三歸依了,頭髮不剃隨自落,金蘭(襴)袈裟從體自生,
同登佛會,身長一丈,號曰大阿羅漢。"

[24] "文殊師利説偈與法照"後因寫卷下端殘泐而缺一字,茲參宋延一編《廣清凉
傳》卷二《法照和尚入化竹林寺》"到於彼岸,時文殊大聖而説偈言:汝等欲求
解脱者,應當先除我慢心",擬補作"言"字。

[25] 妒:原卷作"姤",爲"妒"之俗寫。敦煌寫本常見。如 Φ 96《雙恩記》:"弟聞
是語,心生嫉妒,憂恚懊惱",原卷"妒"即作"姤"。

[26] 意:原卷下端殘泐,茲據上下文意擬補。

[27] 應當:"當"前殘一字,據文義擬補"應"字。宋延一編《廣清凉傳》卷二《法
照和尚入化竹林寺》載文殊對法照説偈之"應專念彼彌陀號,即能安住佛境界"
可證所缺當爲"應"字。

[28] 底卷"斷"字前殘,估計缺三字,依文義擬補"若能速",即作"□□□(若能
速)斷諸煩惱"。宋延一編《廣清凉傳》卷二《法照和尚入化竹林寺》"若能速
斷諸煩惱,即能了達真如性"可證。

[29] 了達真如性:了達,意謂徹底理解,即對一切事理皆能了悟通達。《法華經·提
婆達多品》:"深入禪定,了達諸法。"真,真實不虛妄之意;如,不變其性之
意。大乘佛教之主張,一切存在之本性爲人、法二無我,乃超越所有之差別相,
故稱真如。《維摩詰講經文》(二):"於是長者子寶積五百人等,受佛誨浄心,
浄聽佛言,寶積當知直心是菩薩浄土。菩薩成佛時,不諂衆生。來生其國。衆

生其心正直，無有邪曲，入佛知見，悟佛知見，悲嘆平等。勸一切眾生，皆如赤子。知身是空，了達實法。即佛是心，即心是佛，心外無法，法外無心，净穢同體，無有分別。"

[30] "而心清净出愛河"，底卷"净"字前殘，估計缺三字，依文義擬補"而心清"。宋延一編《廣清凉傳》卷二《法照和尚入化竹林寺》"而心清净出愛河，即能速證菩提果"亦可爲證。

[31] 此句宋延一編《廣清凉傳》卷二《法照和尚入化竹林寺》作："於是，文殊師利菩薩，又説偈言：'諸法唯心造，了心不可得。常依此修行，是名真實相。'"

[32] 普賢菩薩："賢"原卷作"堅"，音近形訛之誤，依文意改。

[33] "瞋"，原卷作"嗔"爲"瞋"之省體俗寫。按："嗔"同"瞋"，敦煌寫本 S. 388《正名要録》"右正行者揩（楷），脚注稍訛"列舉有"瞋嗔"。

[34] 一切眾見皆歡憙："眾"原卷作"種"，爲同音之訛。"歡"，原卷作"勸"，爲形近之訛，依文義改。

[35] 按：本段普賢菩薩所説十一句偈頌，宋延一編《廣清凉傳》卷二《法照和尚入化竹林寺》作："普賢菩薩，亦説偈言：'普誡汝及一切眾，常應謙下諸比丘。忍辱即是菩提因，無瞋必招端正報。一切眾見皆歡喜，即發無上菩提心。若依此語而修行，微塵佛刹從心現。悉能廣修諸行願，運接一切諸有情。速離愛河登彼岸，□□□□□□□。'"

[36] 本段"二童子云：'好去。和尚早迴'"，《宋高僧傳·唐五臺山竹林寺法照傳》作："（法照）造大聖前，作禮辭退。還見二青衣，送至門外。禮已舉頭，遂失所在。"

[37] 説向餘伴黨：伴黨，又作"伴當"，"伴儅"。指伙伴，同伴。《百喻經·殺商主祀天喻》："眾賈共思量言：'我等伴黨，盡是親屬，如何可殺？'"説向餘伴黨，是意謂向其餘同伴説。◎法照所見者，並不説向餘伴黨：指法照未將自己在五臺山見到文殊、普賢菩薩的靈異事迹告訴其餘同伴。按：這一情節詳參《宋高僧傳·唐五臺山竹林寺法照傳》："至於七日初夜，正念佛時，又見一梵僧入乎道場，告云：'汝所見臺山境界，何故不説？'言訖不見。照疑此僧，亦擬不説。翌日申時，正念誦次，又見一梵僧年可八十，乃言照曰：'師所見臺山靈異，胡不流布，普示眾生，令使見聞發菩提心，獲大利樂乎？'照曰：'實無心秘蔽聖道，恐生疑謗，故所以不説。'僧云：'大聖文殊見在此山，尚招人謗，況汝所見境界，但使眾生見聞之者，發菩提心，作毒鼓緣耳。'照聞斯語，便隨憶念録之。時江東釋慧從以大曆六年正月内與華嚴寺崇暉、明謙等三十餘人隨照至金剛窟所，親示般若院，立石標記。於時徒眾誠心瞻仰，悲喜未已，遂聞鐘聲，

其音雅亮，節解分明。眾皆聞之，驚异尤甚，驗乎所見不虛，故書於屋壁，普使見聞，同發勝心，共期佛慧。自後照又依所見化竹林寺題額處，建寺一區，莊嚴精麗，便號竹林焉。"

[38] 三衣瓶鉢：乃比丘隨身之物。三衣一鉢爲比丘六物中特別重要者。三衣，梵文 Tricīvara 的意譯。佛教比丘穿的三種衣服。一種叫僧伽梨，即大衣或名眾聚時衣，在大眾集會或行授戒禮時穿著；一種叫鬱多羅僧，即上衣，禮誦、聽講、說戒時穿著；一種叫安陀會，日常作業和安寢時穿用，即内衣。三衣亦泛指僧衣。南朝梁慧皎《高僧傳‧宋中寺釋曇光傳》："宋明帝於湘宮設會，聞光唱導，帝稱善，即救賜三衣瓶鉢。"唐玄奘《大唐西域記‧印度總述》："沙門法服，惟有三衣……三衣裁製，部執不同，或緣有寬狹，或葉有小大。"瓶爲比丘常隨身攜帶十八物之一，即盛水之容器，又稱水瓶、澡瓶。有净、觸二種，净瓶之水，供飲用；觸瓶之水，以洗觸手。洗滌沐浴之具，鉢又作鉢盂。乃僧尼所常持道具（比丘六物、比丘十八物）之一，一般作爲食器。

[39] "五"字，原卷脱，茲據上下文意擬補。

[40] 般舟道場：般舟，即般舟三昧。"般舟道場"指舉行般舟三昧的法會，是净土宗盛行的法會之一。在一特定期間内，修行三昧，得見諸佛。據《般舟讚》載以九十日爲一期，常行無休息，除用食之外，均須經行，不得休息，步步聲聲，念念唯在阿彌陀佛。《般舟讚》又謂，行此定法，須正身業，口稱佛名，意觀佛體，三業相應，故總稱爲三業無間。從東晋廬山慧遠起便聚眾結社行此定法，其後智顗、善導、慧日、承遠、法照等諸師相繼發揚此一定行，遂普遍盛行於我國與日本。

[41] 底卷"申"字前殘一字，依文意補作"乃"。"狀"，原卷作"𣲖"，敦煌寫本常見，如甘肅博物館藏 004《賢愚經》"何以忽忽，如恐怖狀"之"狀"字，原卷即作"𣲖"。

[42] 主守：負責守護。《爾雅‧釋鳥》："鴽，澤虞。"晋郭璞注："今澗澤鳥……常在澤中，見人輒鳴唤不去，有象主守之官，因名之，俗呼爲護田鳥。"唐柳宗元《寄許京兆孟容書》："先墓所在城南，無异子弟爲主，獨托村鄰。自譴逐來，消息存亡不一至鄉間，主守者固以益怠。"

[43] 頻詞訊不放：《集韻》："訊：扶泛切，音梵。多言。"

[44] 即□（作）道場："即"下疑脱"作"字，依文義補。

[45] 般舟讚：即《般舟梵讚》，又稱《般舟讚》，當指法照述《净土五會念佛誦經觀行儀》卷二釋慈愍和尚撰《般舟讚》。

六、敦煌寫本《靈州龍興寺白草院史和尚因緣記》校注

【題解】

有關《靈州龍興寺白草院史和尚因緣記》今已公布的敦煌文獻計有：S. 528、P. 2680、S. 276V、P. 3727、P. 3570V、P. 3902 六件寫本。茲分別叙述如下：

（一）S. 528

卷子本，正背書。

正面：《靈州龍興寺白草院史和尚因緣記》，首尾俱全，計 17 行，行約 23 字。首題"靈州龍興寺白草院史和尚曰緣記"，起"和尚，俗姓史氏，法号增忍"，訖"大教將行，請絶斯義，謹答"。

背面：《三界寺僧智德請節度使放歸牒》。

1　靈州龍興寺白草院史和尚曰緣記和尚俗姓史氏法号

2　增忍以節度李公度尚書立難刺血寫經尚書難曰教有受

3　之父母不敢毀傷文儒刺血寫經實思非善惡傷風教

4　必壞墳典幸請明宣以誠來者　史和尚答曰此難前後雖

5　繁然道門未至今已逆訪三教以政群言小或差殊伏垂再詰

6　竊以夫子談經志趣垂訓擇積善之餘慶去小而無傷何

7　則擁佛教門輒關異義子不聞古者以衣識水聰廢目奄

8　致之分干將之劍或非角哀褒之墓誰讚此儒教之毀傷也又

9　有羽客致屍林野遊戲丹霄群仙卦骨蓬萊飛騰碧落

10　此則道教之毀傷也我華嚴有一句投火涅槃有半偈捨身

11　至於慈力剜燈尸毗救鴿此則佛教之毀傷伏緣彼文不該三教

12　聖迹遍在五刑今則權掩釋門略開儒術先賢以懸頭刺股

13　明載於典墳常今有割股奉親必彰旌表別有直臣烈士致

14　死亡軀不然者謬立禮官錯封太史比干之虐焉合重陳弁

15　子遭辜寧容再獻韓朋初聞截耳何不逃刑蘇武既被髡頭

16　便合設拜且傳説虛陳高祖曾不流行章題雖奏玄宗全無

17　中的黃河東注誰置能迴大教將行請絶斯義謹答

（二）P. 2680

卷子本，存 12 紙，長 311.5 釐米，高 25.9～31.3 釐米，正背書。

正面分抄 16 種文書：

1.《唯識論師世親菩薩本生緣》1—24 行。

2.《唯識大師無著菩薩本生緣》25—39 行。

3.《寺門首立禪師讚》39—50 行。

4.《靈州龍興寺白草院和尚俗姓史法號增忍以節度使李公度尚書立難刺血書經義》（原題）50—64 行。

5.《付法藏傳》65—83 行：《第廿三代付法藏人聖者鶴勒那夜奢》65—75 行，《第廿四代付法藏人聖者師子比丘》76—83 行。

6.《劉薩訶和尚因緣記》84—111 行，

7. 榜書底稿 112—114 行。

8.《大唐義凈三藏讚》115—117 行。

9.《佛圖澄和尚因緣記》117—127 行。

10.《大唐三藏讚》127—129 行。

11.《羅什法師讚》130—135 行。

12.《隋凈影寺沙門惠遠和尚因緣記》135—151 行。

13.《遠公和尚緣起》151—154 行。

14.《四威儀》155—168 行。

15.“八部眾”169—178 行。

16.“雜寫”179—180 行“歸義軍節度都頭內親從守常樂縣令銀青光禄大夫”。

背面分別抄寫：名録、便粟曆、絹帛曆、練綾曆、《聲聞唱道文》、轉帖、社司轉帖、丙申年四月十七日慕容使軍請當寺開大般若經付經曆、定段曆。

《靈州龍興寺白草院史和尚因緣記》爲 P. 2680 正面分抄的第四種文本。首尾俱完。從第 50—64 行，計 15 行。首題“靈州龍興寺白草院和尚俗姓史法号增忍以節度使李公度尚書立難刺血書經義”，起“尚書難曰：教有受之父母，不敢毀傷”，訖“大教將行，請絕斯義，謹答”。

1 靈州龍興寺白草院和尚俗姓史法号增忍以節度李公度尚書立難刺

2 　血書經義　尚書難曰教有受之父母不敢毀傷文儒刺血書經實恐非

3　善既傷風教必壞墳典幸請明宣以解來者史和尚答曰此難前後雖繁

4　然後道門未至今已逆坊三教以正群言或小差殘伏垂再詰切以夫子

談經

5　志趣垂訓擇積善之餘慶去小惡而無傷何則擁仏教門輒關异義子

6　不聞古者以求聰廢目奄致之身干將之劒或非角哀之墓誰讚此

7　儒教之毀傷也又有羽客致屍林野遊戲丹霄群仙卦骨蓮萊飛騰

8　碧落此則道教之毀傷也我華嚴有一句投火涅槃有半偈捨身

9　至於慈力剜燈尼毗鵝鴿此則仏教之毀傷也伏緣彼文不該三教

10　聖迹遍在五刑今則權掩釋門略開儒術昔先賢以懸頭剌股

11　明戴於典墳當今有割股奉親必彰於旌表別有直臣致

12　如烈士亡軀不然者謬立禮官錯封太史比干之虐焉合重陳弁子

13　遭辜寧容再獻韓朋初聞截耳不逃形蘇武既被髡頭便合設

14　拜且傅説虛陳高祖曾不流行韋題雖奏玄宗全無中的黃

15　河東注誰置能迴大教將行請絶斯義謹答

（三）S. 276V

S. 276 爲卷子本，正背書。

正面抄長興四年癸巳歲《具注曆日》。

背面分抄：《阿難陁總持第一》《摩訶迦葉頭陁第一》《第一代付法藏大迦葉》《靈州史和尚因緣記》《佛圖澄羅漢和尚讚》《羅什法師讚》《第廿五代付法藏人聖者舍那波斯抄》等相關文本。

《靈州史和尚因緣記》首尾俱完。計 21 行。首題"靈州史和尚因緣記"，起"靈州龍興寺白草院史和尚，俗姓史氏，法号憎忍"，訖"大教將行，請絶斯義，謹答"。

1　靈州史和尚因緣記靈州龍興寺白草院史和尚俗

2　姓史氏法号憎忍以節度李公度立難剌血寫經尚

3　書難曰教有受之父母不敢毀傷文儒剌血書經

4　實恐非善惡傷風教必壞典墳幸請明宣以戒

5　來者　史和尚答言此難前後雖繁然道門未至

6　今以逆防三教以政群言小或若殊伏垂再詰竊

7　以夫子談經志趣垂訓擇積善之餘慶去小惡而無

8　傷何則擁仏教門輒關異義子不聞古者以衣聰

9　慶目奄致大身干將之劒或非角哀哀之墓誰讚

10　此儒教之毀傷也又有羽客致屍林野遊戲丹霄群

11　掛骨蓬萊飛騰碧落此則道教之毀傷也

12　我華嚴有一句捉火涅槃有半偈捨身至於慈力

13　剜燈尸毗救鴿此鴿則佛教之毀傷也伏緣彼文

14　不該三教聖迹偏在五形今則權掩釋門略開儒

15　術昔先賢以懸頭刺股名載於典墳當今割

16　股奉親必彰於旌表別有直臣致死烈士亡軀

17　不然者謬立禮官錯封太史比干知虐焉合再重

18　陳弁子遭辜寧容再獻韓朋初聞截耳何不

19　逃形蘇武既被髡頭便合設拜且傳說虛陳高

20　祖曾不流行韋題雖奏玄宗全無忠的黃河

21　東注誰置能迴大教將行請絕斯義謹答

（四）P.3727—9V

P.3727 是由 12 張大小不一的紙張黏貼而成的專輯。其中第九葉，正背書。

正面抄：《聖者泗州僧伽和尚元念因緣》《寺門首立禪師讚》。

背面分抄：《靈州龍興寺白草院史和尚因緣記》《隋净影寺沙門惠遠和尚因緣記》。

《靈州龍興寺白草院史和尚因緣記》首尾俱完。計 18 行，行約 20 字。首題 "靈州龍興寺白草院和尚俗姓史法号曾忍以節度使李公度尚書立難刺血書經義"，起 "尚書難曰：教有受之父母，不敢毀傷"，訖 "大教將行，請絕斯義，謹答"。

1　靈州龍興寺白草院和尚俗姓史法号曾忍以節度李公

2　度尚書立難刺血書經義　尚書難曰教有受之父母不

3　敢毀傷文儒刺血書經實恐非善惡傷風教必壞典墳幸

4　請明宣以解來者和尚答言此難前後雖繁然道門未至今

5　則逆防三教以正群言或小差殊伏垂再詰竊以夫子談經

6　志趣垂訓擇積善之餘慶去小惡而無傷何則擁仏教門

7　輒關異義子不聞古者以求聰廢目奄致之身干將之劒或非

8　角哀之慕誰讚此儒教之毀傷也又有羽客致屍林

9　野遊戲丹霄群仙卦骨蓬萊飛騰碧落此則道教之毀傷也

10　▨（我）花嚴有一句投火涅槃有半偈捨身至於慈力剜燈尸

11　▨（毗）救鴿此則仏教之毀傷也伏緣　文不該三教聖迹遍在五

12　形今則摧掩釋門略開儒術昔先賢以懸頭投剜股明

13　載於典墳　當今有割股奉親必彰於麾旌表別有直

14　臣致死列士亡驅然者謬立禮官錯封太史比干之虐焉合

15　重陳下子遭辜寧容再獻韓朋初聞截耳何不逃形蘇

16　武既被髡頭便合設拜且傅説虛陳高祖曾不流行韋

17　題雖奏　玄宗全無中的黃河東注誰置能迴大教將行

18　請絶斯義謹答

（五）P.3570V

P.3570 爲卷子本，存四紙，長157.6釐米，高26.1釐米。正背書。

正背字迹不同。正面爲楷書，每紙28行，行17字，内容爲《大般若波羅蜜多經卷第四百七十》，存83行。

背面分别抄寫：《南山宣律和尚讚》《隋净影寺沙門慧遠和尚因緣記》《劉薩訶和尚因緣記》《靈州龍興寺白草院史和尚因緣記》四件文本。

《靈州龍興寺白草院史和尚因緣記》爲卷背第四件文本。首完尾殘。存17行，行字。首題“靈州龍興寺白草院和尚俗姓史法号增忍以節度使李公度尚書立難剌血書經義”，起“尚書難曰”，訖“昔先賢以懸頭刺”。

1　靈州龍興寺白草院史和尚俗姓史法号

2　增忍以　　　節度李公度尚書立難剌

3　血寫經義

4　尚書難曰教有受之父母不敢毀傷文儒剌血寫

5　經實恐非惡傷風教必壞典墳幸請明宣

6　以戒來者　　　上頭史和尚答曰此難前後

7　雖繁然道門未至今則逆防三教以政群言小

8　或差殊伏垂再詰竊以夫子談經志趣垂訓擇

9　積善之餘慶去小惡而無傷何則擁佛教門輒

10　關異語子不聞古者以求聰廢目奄致之身

11　干將之劒或非角哀之墓誰讚此儒教之毀

12　傷也　又有羽客致屍林野遊戲丹霄群仙卦

13　□蓬萊飛騰碧落此則道教之毀傷也

14　□華嚴有一句投火涅槃有半偈捨身至

15　▨（慈）力剜燈尸毗救鴿此則佛教之毀傷

16　□□彼文不該三教聖迹偏在五刑今

17　□□▨（釋）門略開儒術昔先賢以懸頭剌□□□

（六）P. 3902

首尾俱完。計20行，行19字。首題"靈州龍興寺白草院和尚俗姓史法号增忍與節□□李尚書立難剌血寫經義"，起"尚書難曰：教有受之父母，不敢毀傷"，迄"請絕斯義。謹答"。按：原題 P. 2680、P. 3570、P. 3727 同作"《靈州龍興寺白草院和尚俗姓史法号增忍以節度使李公度尚書立難剌血書經義》"，今據 S. 276、S. 528 擬題爲《靈州龍興寺白草院史和尚因緣記》。

1　靈州龍興寺白草院和尚俗姓史法号增忍與節

2　▨（度）使李尚書立難剌血書經義　尚書難曰教有

3　受之父母不敢毀傷文儒刻書經實恐非善既傷

4　風▨（教）必壞典墳幸請明宣以戒來者和尚答曰此難前

5　▨（後）雖繁然道▨（門）未至今欲惣訪三教以政群言小▨
（或）

6　老殊伏垂再詰伏以夫子談經志趣垂訓擇積善

7　之餘慶▨（去）小惡而無傷何則擁仏教門輒開異義子不

8　▨（聞）古者以求聰廢目奄致文身干將之劍或非用哀

9　之墓誰讚此儒教之□▨（毀傷）也又有羽客致屍林野遊戲

10　▨（丹）霄▨（群）仙掛骨▨▨（蓬萊）飛騰碧▨（落）此則
道教之毀傷

11　也我華嚴有一句投火▨（涅）槃有半偈捨身至於慈

12　力王剜燈尸毗救鴿此則釋教之毀傷也伏緣彼

13　文不該三教聖迹遍在五刑今則難掩釋門略開儒

14　術昔先賢以懸頭剌股明載於典墳我當今有割

15　股奉親必彰於麋旌表別友直臣致死烈士亡軀不

16　然古者界立禮官錯封太史比干之虐焉合重

17　陳弁子遭掌寧容再獻韓朋初聞截耳何不

18　▨（然）形蘇武既被髮頭便合設拜且傳説虛陳高

19　祖曾不流行韋頭雖奏　玄宗全無中的黃何

20　東注誰置能迴大教將行請絕斯義謹答

今已公布《靈州龍興寺白草院史和尚因緣記》的六件敦煌寫本，除了P.3570 尾殘不全外，其他五件均首尾完整且有標題。其中 P.2680、P.3570V、P.3902 作《靈州龍興寺白草院和尚俗姓史法號增忍以節度使李尚書立難刺血書經義》，P.3727 作《靈州龍興寺白草院和尚俗姓史法號增忍以節度使李尚書立難刺血書經義記》。另 P.2775 抄有"白草院史和尚"名目。

1962 年，劉銘恕《斯坦因劫經録》著録 S.2763《靈州龍興寺白草院史和尚因緣記》並迻録全文①；著録 S.0528《靈州龍興寺白草院史和尚因緣記》②。王重民《伯希和劫經録》著録 P.3570《靈州龍興寺增忍和尚與節度使李公刺血寫經義》；1975 年，陳祚龍《新校重訂釋增忍的答李"難"》③ 據 P.2680、P.3570、P.3727、S.276V、S.528 等寫本進行校訂，並論述增忍傳説與刺血寫經（簡稱《校訂》）；1989 年，柴劍虹在《因緣（緣起）附因緣記》中述及《靈州龍興寺白草院史和尚因緣記》S.276、S.528、P.2680、P.3570 四件，並迻録全文④。1995 年，王書慶的《敦煌佛學·佛事篇》⑤ "雜記"據 S.276 迻録全文。周紹良主編《全唐文新編》卷九〇二⑥，收録 S.276《靈州史和尚因緣記》。2003 年，郝春文在《英藏敦煌社會歷史文獻釋録》第 3 卷⑦中據 S.276 進行釋録（簡

①　商務印書館編：《敦煌遺書總目索引》，北京：商務印書館，1962 年，第 114 頁。

②　商務印書館編：《敦煌遺書總目索引》，北京：商務印書館，1962 年，第 120 頁。

③　載《敦煌學海探珠》下，臺北：臺北商務印書館，1979 年，第 309～316 頁。

④　載顏廷亮主編《敦煌文學》，蘭州：甘肅人民出版社，1989 年，第 272～278 頁；後合"詩話"改題爲《敦煌文學中的"因緣"與詩話》，收入《西域文史論稿》，臺北：國文天地雜志社，1991 年，第 520～521 頁。又見於柴劍虹《敦煌吐魯番學論稿》，杭州：浙江教育出版社，2000 年，第 192～199 頁。按：其中 S.528 誤作 S.5528。

⑤　王書慶：《敦煌佛學·佛事篇》，蘭州：甘肅民族出版社，1995 年，第 287 頁。

⑥　周紹良主編：《全唐文新編》第十七冊，長春：吉林文史出版社，2000 年，第 12184 頁。

⑦　郝春文：《英藏敦煌社會歷史文獻釋録》第 3 卷，北京：社會科學文獻出版社，2003 年，第 28 頁。

稱《釋録》）；2010 年，寶懷永、張涌泉在《敦煌小説合集》①　中據 P. 2680、P. 3570、P. 3727、S. 276V、S. 528 五號寫本進行校録（簡稱《合集》）；2014 年，鍾書林、張磊《敦煌文研究與校注》②　據 S. 276V、S. 528、P. 2680、P. 3570V、P. 3727 等寫本進行校注（簡稱《校注》）；2019 年，梅雪的《〈靈州龍興寺白草院史和尚因緣記〉研究》在前賢基礎上，叙録了 P. 2680、P. 3727、S. 528、S. 276V、P. 3570V、P. 3902、P. 2775V 7 件與釋增忍有關的寫卷，以 P. 3902 爲底本，參考另外 5 件寫卷，作成校録（簡稱《研究》）。③

按：S. 528、P. 2680、S. 276V、P. 3727、P. 3570V、P. 3902 六件寫本書寫字體蓋爲楷書，略帶行書意味，其中以 P. 2680 行書字體流暢，S. 528 楷體工整，品相較佳。以下謹以 S. 528 爲原卷，參校其餘各本：甲卷：P. 2680；乙卷：S. 276V；丙卷：P. 3727；丁卷：P. 3570V；戊卷：P. 3902。

【校録】

靈州龍興寺白草院史和尚因緣記[1]

和尚俗姓史氏[2]，法號增忍[3]。以節度使李公度尚書立難刺血寫經義[4]。尚書難曰：“教有受之父母，不敢毁傷[5]，文儒刺血寫經[6]，實恐非善[7]，惡傷風教[8]，必壞墳典，幸請明宣，以誠來者[9]。”

史和尚答曰[10]：“此難前後雖繁，然道門未至[11]。今已逆訪三教[12]，以正群言[13]，或小差殊[14]，伏垂再詰。竊以夫子談經[15]，志趣垂訓[16]，擇積善之餘慶[17]，去小惡而無傷[18]，何則擁佛教門[19]，輒關异義[20]？子不聞古者以求聰廢目[21]，奄致之身[22]，干將之劍或非，角哀之墓誰讚[23]，此儒教之毁傷也。又有羽客致屍林野[24]，遊戲丹霄[25]，群仙挂骨蓬萊[26]，飛騰碧落[27]，此則道教之毁傷也。我《華嚴》有一句投火[28]，《涅槃》有半偈捨身[29]，至於慈力剜燈[30]，尸毗救鴿[31]，此則佛教之毁傷[32]。伏緣彼文不該三教[33]，聖迹偏在五刑[34]，今則權掩釋門[35]，略開儒術[36]。昔

---

①　寶懷永、張涌泉：《敦煌小説合集》，杭州：浙江文藝出版社，2010 年，第 413～438 頁。
②　鍾書林、張磊：《敦煌文研究與校注》，武漢：武漢大學出版社，2014 年，第 635～639 頁。
③　梅雪：《〈靈州龍興寺白草院史和尚因緣記〉研究》，蘭州大學碩士學位論文，2019 年，第 13～14 頁。

先賢以懸頭刺股^[37]，明載於典墳^[38]；當今有割股奉親^[39]，必彰於旌表^[40]；別有直臣致死，烈士亡軀^[41]。不然者^[42]，謬立禮官，錯封太史。比干知虐，焉合重陳^[43]；弁（卞）子遭辜^[44]，寧容再獻？韓朋初聞截耳，何不逃刑^[45]？蘇武既被髡頭，便合設拜^[46]。且傅説虛陳^[47]，高祖曾不流行；韋題雖奏^[48]，玄宗全無中的^[49]。黃河東注，誰置能迴？大教將行^[50]，請絕斯義。謹答。"

【校記】

[1] 原卷首題"靈州龍興寺白草院史和尚因緣記"，乙卷作"靈州史和尚因緣記"。按：餘四卷依據文本內容題作"靈州龍興寺白草院和尚俗姓史法号增（曾）忍以節度李公度尚書立難刺血書（寫）經義"，並無"史和尚因緣記"六字。茲據底卷題名"靈州龍興寺白草院史和尚因緣記"。◎釋增忍：俗姓史，又稱史和尚。沛國陳留（河南）人。會昌初年遊歷靈武之賀蘭山，於白草谷內得清净地，遂結草爲廬，羌胡民眾競相供養。刺史李彥佐崇敬增忍之行，爲其在龍興寺建白草院，並勸其行大乘法，教授民眾。增忍撰《三教毀傷論》以明志。大眾九年，增忍讀《大悲經》而尋究竟四十二臂與無畏手，遂結壇祈請，空中忽現其正印，畫工據之繪圖。有人譏諷，以爲不實，增忍再祈禱，畫工於銅碗中洗筆時，現一朵寶性華，眾人皆贊嘆敬服。按：增忍法師常刺血寫經二百八十餘卷，畫盧捨那閣三十五尺，又撰《大悲論》六卷。敕謚"廣慧大師"，塔名"念定"。

[2] 氏：甲卷、丙卷、丁卷、戊卷並無。按："俗姓史氏，法號增忍"，句式文氣較佳。又《宋高僧傳·唐朔方靈武龍興寺增忍傳》云："釋增忍，俗姓史氏。"

[3] 增：丙卷作"曾"，乙卷作"憎"，爲音同形近之訛。敦煌寫本常見，如 S.4571《維摩詰經講經文》"善用和平，接引愛曾之輩"。

[4] 以：戊卷作"與"，《釋録》校記："'以'，當作'與'，據文義改，'以'爲'與'之借字。"刺：各卷並作"刾"。按："刾"爲"刺"之異體，下同。寫：甲卷作"書"。義：原卷、乙卷並無；丙卷作"義記"，依全文體式蓋爲立義論難之"難義"，據原卷、丁卷、戊卷以補。◎李公度尚書：即節度使李彥佐，曾擔任朔方節度使；其曾在龍興寺爲增忍法師建白草院，勸其行大乘，廣度眾生，而增忍法師撰《三教毀傷論》以明其心志，詳參《宋高僧傳·唐朔方靈武龍興寺增忍傳》。增忍會昌初年至古賀蘭山白草谷修行"至五載，節使李彥佐嘉其名節，於龍興寺建別院，號白草焉，蓋取其始修道之本地也。忍刺血寫諸經。大中七年，李公慮其枯悴，躬往敦論曰：'師何獨善一身，行小乘行？胡不延惜生性，任持教法，

所利博哉！'忍執情膠固，遂著《三教毀傷論》以見志，帥覽而益加崇重。"◎立難刺血寫經義：立難，指公開針對某某議題進行詰難，論辯。《魏書》儒林第七十二："孫惠蔚，字叔炳，武邑武遂人也，小字陀邏高閭宿聞惠蔚，稱其英辯……共研是非。秘書令李彪自以才辯，立難於其間，閭命惠蔚與彪抗論，彪不能屈。""刺血血經"，謂以血書寫經文。如《梵網經》卷下載："剝皮爲紙，刺血爲墨，以髓爲水，析骨爲筆，書寫佛戒。"《大智度論》卷十六亦云："若實愛法，當以汝皮爲紙，以身骨爲筆，以血書之。"後世以血書寫經文之風，蓋基於此。文獻記載，唐代就流傳有不少刺血寫經的故事。如《法苑珠林》卷七十四載：唐高宗時有李虔觀，刺血寫《金剛經》《般若心經》超薦亡父事。敦煌寫本保存不少刺血寫經的實物，如 S.5669《金剛經》卷末並有："天祐三年丙寅二月三日，八十三老人刺左手中指出血，以香墨寫此金經流傳。信心人一無所願，本性實空，無有願樂。"P.2876《金剛經》卷末有："天祐三年丙寅四月五日八十三老翁刺血和墨，手寫此經，流布沙州，一切信士國土安寧，法輪常轉。"

[5] 教有受之父母，不敢毀傷：《孝經·開宗明義》："身體髮膚，受之父母，不敢毀傷，孝之始也。立身行道，揚名於後世，以顯父母，孝之終也。"

[6] 文儒刺血寫經："文儒"，指講求禮樂教化的儒生。晉葛洪《抱朴子·廣譬》："干戈興則武夫奮，《韶》《夏》作則文儒起。"《周書·賀拔勝傳》："乃招引文儒，討論義理。"

[7] 恐：原卷誤作"思"，甲卷等皆作"恐"，茲據之以録。《新編》作"惡"，未諦。

[8] 惡：戊卷作"既"，原卷等皆作"惡"。按："惡""既"置於文中意皆可，本文據原卷録作"惡"字。

[9] 誡：原卷作"誡"；甲卷、丙卷並作"解"；乙卷、丁卷、戊卷並作"戒"。按："誡""戒"皆有告誡、勸告、警告之義，置於文中語意皆通，今據原卷以録；"解"字應爲"戒"字的音誤。

[10] 曰：甲卷、丙卷並作"言"，原卷等餘四卷作"曰"。按："言""曰"置於文中與意無礙，今據原卷等録作"曰"。

[11] 然：甲卷作"然後"，"後"字衍。

[12] 已：乙卷作"以"，戊卷作"欲"，丙卷、丁卷並作"則"，原卷、甲卷作"已"。按："以"字當爲"已"的音誤，"已""欲"二字置於文中意皆通，據原卷録作"已"。逆：各本作"迻"，爲逆之異體，戊卷誤作"惣"。訪：甲卷作"坊"，丙卷、丁卷並作"防"。《録釋》作"防"。按："訪""坊""防"蓋音同形近之訛。◎逆訪三教：逆爲預先之意，如"逆料"。三國蜀諸葛亮聞孫權破曹休魏兵東下關中虛弱上言："凡事如此，難可逆見。"訪：詢。《尚書·洪範》："惟十有三

祀，王訪於箕子。"孔穎達疏："惟文王受命十有三祀，武王訪問於箕子，即陳其問辭。"逆訪意謂預先諮詢。

[13] 正：原卷、乙卷、丁卷、戊卷並作"政"，甲卷、丙卷作"正"。按：唐人"政""正"多互用，如 Φ96《雙恩記》"匡扶社稷咸忠政"。◎以正群言：群言謂各家言論。《後漢書·蔡邕傳》："乃斟酌群言，韙其是而矯其非，作《釋誨》以戒厲云爾。"P.2154《净名經關中釋抄》卷二《菩薩行品》："夫至理無言，託群言而爲教；真事無事，即俗事而爲佛事。所以進止威儀諸煩惱皆佛事也。"

[14] 或小：原卷、丁卷、戊卷並作"小或"，甲卷等其餘三卷作"或小"。差：乙卷誤作"若"，餘五卷皆作"差"。殊：甲卷誤作"殘"。◎或小差殊：差殊，指差異、不同。Φ101《維摩詰經講經文》（二）："佛告舍利弗，眾生種不見如來佛國嚴净，非如來各（咎）。即是眾生宿業深重，根智差殊，小果之徒，障累未除，不能自覺。又不覺他，因甚得見佛國嚴净。且十住菩薩尚不見佛智，况乎小果識劣智微，如何觀見佛國嚴净之事。"臺北"中央"圖書館藏 32 號《盂蘭盆經講經文》："適來雖烈（列）十恩名，義理差殊都未解，門徒若要細分別，先生敬重後依行。"金王若虛《五經辨惑下》："三代損益不同，制度名物，容有差殊。"

[15] 竊：原卷、乙卷、丙卷、丁卷皆作"竊"；甲卷作"切"，蓋爲音同而訛；戊卷作"伏"，意可通。相較而言，"竊"字意較長，今據原卷等以録。

[16] 志趣垂訓："志趣"意謂意向。《三國志·吳書·駱統傳》："誘諭使言，察其志趣。"垂訓，垂示教訓。沈約撰《齊竟陵王發講疏（并頌）》："大矣哉，妙覺之爲妙也，無相非色，空不可極。而立言垂訓，以汲引爲方。慈波慧水雖可溉，而莫知其源者也。靈篇寶籍遠採龍藏，蓋無得而言焉。"三國魏嵇康《答釋難宅無吉凶攝生論》："夫先王垂訓，開端中人。"

[17] 擇積善之餘慶：積善，意謂纍積善行。《易·坤》："積善之家，必有餘慶；積不善之家，必有餘殃。"餘慶，指留給子孫後輩的德澤。《三國志·吳書·賀邵傳》："餘慶遺祚，至於陛下。"敦煌本《大目乾連冥間救母變文并圖一卷并序》："目連抱母號咷泣。哭曰由如（兒）不孝順，殃及慈母落三塗。積善之家有餘慶。"

[18] 惡：原卷脱，今據甲卷等餘五卷以録。

[19] 擁：丙卷誤作"維"，原卷等餘五卷作"擁"。《校訂》作"唯"，不諦。◎擁佛教門："擁"，意爲擁護，贊成支持。《南史·宋紀上·武帝》"孟昶、諸葛長人懼，欲擁天子過江"，"教門"，指佛的教法。教法是入道的門户，故稱"教門"。《法華經·譬喻品》："以佛教門，出三界苦。"後秦鳩摩羅什譯《梵網經》卷二：

"時佛觀諸大梵天王網羅幢，因爲説無量世界猶如網孔，一一世界各各不同別异無量，佛教門亦復如是。"

[20] 關：各本並作"閞"，爲"關"之异體。義：丁卷作"語"，餘各卷皆作"義"。按："義"字意較長，據原卷以録。◎輒關异義："輒"意謂每每、總是。《史記·魏公子列傳》："臣子客有能深得趙王陰事者，趙王所爲，客輒以報臣，臣以此知之。"异義，不同的觀點，不同的意見，或作异議。《後漢書·章帝紀》："其令群儒選高才生，受學《左氏》《穀梁春秋》《古文尚書》《毛詩》，以扶微學，廣异義焉。"《晋書·王接傳》："（接）備覽衆書，多出异義。"宋蘇軾《次韻答劉涇》："新音百變口如鶯，异義蜂起弟子争。"

[21] 求聰廢目：乙卷誤作"衣聰慶目"，據原卷等以録。◎以求聰廢目：唐玄宗時有丘牛雲，資性愚鈍，少不聰慧。發心往詣五台山，朝禮文殊菩薩。懇祈文殊加被，使其宿障消除，善根增長。以求聰慧耳。初至東台，文殊化現，以其性昏迷，胸中有淤在肚内，因爲之割耳，頓時心懷開豁。事詳見《宋高僧傳·唐五臺山華嚴寺牛雲傳》。

[22] 奄致：意謂忽然，突然。如《晋書·魏詠之傳》："詔曰：'魏詠之器宇弘劭，識局貞隱，同獎之誠，實銘王府；敷績之效，垂惠在人。奄致隕喪，惻愴於心。可贈太常，加散騎常侍。'"《梁書·范雲傳》："方騁遠塗，永毗庶政；奄致喪殞，傷悼於懷。"《賢愚經》卷六《富那奇緣品》："爾時長者，復嬰痼疾，困篤著床，將死不久，遺言殷勤，告其二子：'吾設没後，慎勿分居。'長者被病，雖服醫藥，不能救濟，奄致命終。"

[23] 干將之劍或非，角哀之墓誰讚，《校訂》斷作"干將之劍，或非角哀之墓誰讚?"未諦。"劍"，各本並作"劎"，爲"劍"之异體。墓：丙卷誤作"慕"。"墓""慕"音同形近，敦煌寫本常見互用。如《隋净影寺沙門惠遠和尚因緣記》"纔年三歲，志慕出家"中"慕"字，P. 2680 即作"墓"。◎干將之劍或非：干將，古劍名。相傳春秋吳國有干將、莫邪夫婦善鑄劍，爲闔閭鑄陰陽劍，陽曰"干將"，陰曰"莫邪"。此處指羅睺阿修羅與帝釋天戰鬥時，手握干將、莫邪劍，於魚麗陣中攻之。漢趙曄《吳越春秋》卷四《闔閭内傳》："闔閭復使子胥、屈蓋餘、燭傭習術戰騎射御之巧，未有所用，請干將鑄作名劍二枚。干將者，吳人也，與歐冶子同師俱能爲劍，越前來獻三枚，闔閭得而寶之，以故使劍匠作爲二枚：一曰干將，二曰莫耶。莫耶，干將之妻也。干將作劍，采五山之鐵精，六合之金英，候天伺地，陰陽同光，百神臨觀，天氣下降，而金鐵之精不銷淪流，於是干將不知其由。莫耶曰：'子以善爲劍聞於王，使子作劍，三月不成，其有意乎?'干將曰：'吾不知其理也。'莫耶曰：'夫神物之化，須人而成。今

夫子作劍，得無得其人而後成乎？'干將曰：'昔吾師作冶，金鐵之類不銷，夫妻俱入冶爐中，然後成物。至今後世，即山作冶，麻絰葈服，然後敢鑄金於山。今吾作劍不變化者，其若斯耶？'莫耶曰：'師知爍身以成物，吾何難哉！'於是，干將妻乃斷髮剪爪，投於爐中，使童女、童男三百人鼓橐裝炭，金鐵乃濡，遂以成劍。陽曰干將，陰曰莫耶；陽作龜文，陰作漫理，干將匿其陽，出其陰而獻之。闔閭甚重，既得寶劍，適會魯使季孫聘於吳，闔閭使掌劍大夫以莫耶獻之，季孫拔劍之，鍔中缺者大如黍米。歎曰：'美哉劍也！雖上國之師何能加之？夫劍之成也，吳霸；有缺，則亡矣！我雖好之，其可受乎？'不受而去。闔閭既寶莫耶。"圓仁《入唐求法巡禮行記》卷二："廿九日。遲明。共道玄闍梨。入來客房，商量留住之事。便向船處歸去。赤山浦東南，涉少海有嶋，與東岸接連，是吳干將作劍處，時人喚爲莫耶嶋。但莫耶是嶋之名，干將是鍛工之名。"又據晉干寶《搜神記》卷十一、《太平御覽》卷三四三引《列異志》載，楚人干將、莫邪夫婦爲楚王鑄雌雄二劍，三年乃成。干將以誤期自分必死，乃留雄劍囑其妻：若生男，告以劍所在。干將果被殺。其子長，得客助捨身爲父復仇。◎角哀之墓誰讚：漢劉向《列士傳》："六國時，羊角哀與左伯桃爲友，聞楚王賢，俱往仕，至梁山，逢雪，糧盡，度不兩全，遂並糧與角哀。角哀至楚，楚用爲上卿，後來收葬伯桃。"

[24] 有：乙卷誤作"非"。屍：甲卷作"舒"，旁改爲"屍"。《校訂》誤斷作"羽客致屍，林野遊戲"。◎羽客致屍林野：羽客指神仙或方士。北周庾信《邛竹杖賦》："和輪人之不重，待羽客以相貽。"倪璠注："羽客，羽人。《山海經》有羽人之國，不死之民。"唐柳宗元《摘櫻桃贈元居士》詩："蓬萊羽客如相訪，不是偷桃一小兒。"

[25] 遊戲丹霄：丹霄，謂絢麗的天空。漢賈誼詩："青青雲寒，上拂丹霄。"晉庾闡《遊仙詩》："神嶽竦丹霄，玉堂臨雪嶺。"

[26] 蓬：原卷誤作"蓮"，據甲卷等餘卷以錄。◎群仙掛骨蓬萊：蓬萊，蓬萊山。古代傳說中的神山名，亦常泛指仙境。《史記·封禪書》："自威、宣、燕昭使人入海求蓬萊、方丈、瀛洲，此三神山者，其傅在勃海中。"又指蓬蒿草萊。借指草野。《後漢書·文苑傳下·邊讓》："舉英奇於仄陋，拔髦秀於蓬萊。"

[27] 飛騰碧落：飛騰，意謂飛跑騰躍。晉葛洪《抱朴子·仙藥》："其人蹻坑越谷，有如飛騰。"《增壹阿含經》卷二十《聲聞品》："時，尊者大目揵連著衣持鉢，飛騰虛空，詣長者家，破此鐵籠，落在虛空中，結跏趺坐。"碧落，指天空、青天。唐楊炯《和輔先入昊天觀星瞻》："碧落三千外，黃圖四海中。"唐道士徐靈府撰《天台山記》卷一"方瀛觀"："詔書曰：練師德超河上，道邁浮近。高遊

碧落之造，獨步清源源境。”

[28] 我：丁卷上端殘泐，闕；茲據原卷等餘五卷以錄。華：丙卷作“花”，原卷等餘五卷作“華”。按：“華”“花”皆可，今據原卷錄作“華”。投：乙卷作“捉”，蓋形近而訛。◎我《華嚴》有一句投火：指菩薩求法心切，爲聽一句、一言、一法而跳入火坑；典出唐實叉難陀譯《大方廣佛華嚴經華嚴經》卷三十五《十地品》第二十六之二：“若有人言：我有一句佛所説法，能净菩薩行。汝今若能入大火坑，受極大苦，當以相與。菩薩爾時，作如是念，我以一句佛所説法，净菩薩行故。假令三千大千世界，大火滿中，尚欲從於梵天之上，投身而下親，况小火坑而不能入。”唐栖復《法華經玄贊要集》卷一：“最初爲凡夫時，發得菩提心，如河出自昆侖。後供養却二十六殑伽沙佛，或以身爲床座，或一句投火，半偈捨身。六年苦行，七日翹足。或剥皮爲紙，刺血爲墨，折骨爲筆。書寫大乘。”《佛祖統紀·智禮傳》曰：“半偈亡身，一句投火。”

[29] 槃：甲卷、丙卷並作“盤”。◎《涅槃》有半偈捨身：半偈指“諸行無常，是生滅法；生滅滅已，寂滅爲樂”一偈之後半偈。據北本《大般涅槃經》卷十四《聖行品》第七之四，釋迦如來於過去世爲凡夫時，入雪山修菩薩行，從帝釋天所化現之羅刹聞前半偈“諸行無常，是生滅法”歡喜而更欲求後半偈；羅刹不允，乃誓約捨身與彼，而得聞之。故亦稱雪山半偈，或雪山八字。《心地觀經》卷一：“時佛往昔在凡夫，入於雪山求佛道，攝心勇猛勤精進，爲求半偈捨全身。”P.3808《長興四年中興殿應聖節講經文》：“如是我聞，信成就者。如來説法，分付信心，或談億劫之因緣，動説河沙之功行。淺根難湊，深信方明。聞半偈而捐捨全身，求一言而祇供千載。”敦煌本《醜女緣起》：“我佛因地曠劫修行，投崖飼虎，救鴿尸毗，爲求半偈，心地不趄。剜身然燈，供養辟支。善友求珠貧迷。父王有病，取眼獻之。”

[30] 慈力剜燈：慈力，音譯作彌羅拔羅、彌佉拔羅，梵名 Maitri-bala，巴利名 Metti-bala。慈力王釋迦牟尼佛於因位修菩薩行時之名。慈力王本生故事乃指刺血濟饑，過去世閻浮提有慈力王，修行十善，其國人民皆持戒，使鬼神無以爲食。見五夜叉爲啖人血肉，飢火所逼，心生哀愍，乃自刺身體五處，以鮮血供五夜叉飲之，王發願未來成佛時，會先度此五夜叉，使其得有法食。慈力王，即釋迦牟尼佛之前身，五夜叉爲喬陳如等五比丘，詳參《賢愚經》卷二《慈力王血施品》，玄奘《大唐西域記》卷二載：“烏仗那國的盧醯呾迦塔，即是此菩薩行之遺址。”按：剜身燃燈事，當指虔闍尼婆梨王爲聞一偈而剜身燃千燈的故事，此佛教本生故事，事見《賢愚經》卷一《梵天請法六事品第一》。敦煌寫本P.2999《太子成道經》：“寶燈王時，剜身千龕，供養十方諸佛，身上燃燈千

盞。"敦煌莫高窟壁畫多有此一題材的繪製，如北涼第 275 窟、隋第 302 窟。敦煌本《八相變》（一）列舉釋迦牟尼前世常以己身而行布施，即"爾時釋迦如來，於過去無量世時，百千萬劫，多生波羅奈國。廣發四弘誓願，直求無上菩提。不惜身命，常以己身，及一切萬物，給施眾生。慈力王時，見五夜叉，爲啖人血肉，飢火所逼，其王哀愍，與身布施餧五夜叉。歌利王時，割截身體，節節支解。尸毗王時，割股救其鳩鴿。月光王時，一一樹下，施頭千遍，求其智慧。寶燈王時，剜身千龕，供養十方諸佛，身上燃燈千盞"。按：本卷"慈力剜燈"應爲著者或抄者誤書。

[31] 尸：甲卷作"尼"。"救"，甲卷作"鵝"，涉鴿字而偏旁類化而誤。◎尸毗救鴿：尸毗王割股飼鷹救鴿，爲佛教本生故事。事見《賢愚經》卷一《梵天請法六事品第一》。敦煌寫本 P. 2999《太子成道經》："尸毗王時，割股救其鳩鴿。"敦煌莫高窟壁畫多有此一題材的繪製，如北涼第 275 窟、北魏 254 窟。

[32] "此"下，乙卷有"鴿"字，衍。

[33] 此處指《華嚴經》中爲一句而投火、《涅槃經》中爲半偈而喪身、慈力王以身肉餧五夜叉、虔闍尼婆梨王剜身燃千燈供佛、尸毗王割肉貿鴿等故事，唯載於佛教經典之中，而不見於道教、儒家典籍，故言"不該三教"。儒道二家認爲這些捨身布施以求佛法的行爲，如割肉、投火、剜身等皆在在儒家典籍所載的五刑（劓、墨、宮、割、臏）以內。

[34] 偏：甲卷、丙卷並作"遍"，蓋形近致誤。按：原卷等餘四卷作"偏"，此處指爲求佛法而捨身的行爲，偏偏又在儒家記載的"五刑"之內，故而儒道二家會藉此抨擊佛教徒，今據原卷等以録。刑：乙卷、丙卷、戊卷並作"形"，蓋因音同形近而訛。敦煌寫卷中"形""刑"常混用，敦煌寫本 P. 4964《康僧會傳略》"吳王問僧會曰：□何人形儀异俗？"之"形"字，原卷作"刑"。◎聖迹偏在五刑：五刑指五種輕重不等的刑法。秦以前爲墨、劓、剕（刖）、宮、大辟。《書·舜典》："五刑有服。"孔傳："五刑：墨、劓、剕、宮、大辟。"《周禮·秋官·司刑》："掌五刑之法，以麗萬民之罪，墨罪五百，劓罪五百，宮罪五百，刖罪五百，殺罪五百。"秦漢時爲黥、劓、斬左右趾、梟首、菹其骨肉。《漢書·刑法志》："漢興之初……尚有夷三族之令。令曰：'當三族者，皆先黥，劓，斬左右止，笞殺之，梟其首，菹其骨肉於市。其誹謗詈詛者，又先斷舌，故謂之具五刑。'"五形指頭和四服，泛指身體。《黃庭內景經·隱藏》："逸域熙真養華榮，內盼沉默煉五形。"

[35] 權，丙卷誤作"摧"。◎權掩釋門："權"，姑且，暫且。《漢書·王莽傳上》："臣聞周成王幼少，周道未成，成王不能共事天地，修文武之烈。周公權而居

攝，則周道成，王室安；不居攝，則恐周隊失天命。"《文選·左思〈魏都賦〉》："權假日以餘榮，比朝華而菴藹。""掩"，關閉。《南史·袁粲傳》："席門常掩，三逕裁通。""釋門"，佛門。《俱舍論》卷七："不越釋門，因緣正理。"唐張祜《秋夜宿靈隱寺師上人居》詩："貧知交道薄，老信釋門空。"敦煌本《葉净能詩》："開元皇帝好道，不敬釋門，遂命中使至玄睹（都）觀内宣進止，詔净能。"

[36] 儒術：儒家的學説、思想。《墨子·非儒下》："勝將因用儒術令士卒曰：'毋逐奔，揜函勿射。'"《史記·封禪書》："竇太后治黄老言，不好儒術。"唐韓愈《石鼓歌》："方今太平日無事，柄任儒術崇丘軻。""權掩釋門，略開儒術"指史和尚謂暫且不從佛教典籍所載來舉例，僅從儒家學説的視角來論證。

[37] 懸頭刺，丁卷此後皆缺。◎懸頭刺股：頭懸梁，錐刺股，又作懸梁刺股。形容刻苦學習。《太平御覽》卷三六三引《漢書》："孫敬字文寶，好學，晨夕不休。及至眠睡疲寢，以繩繫頭，懸屋梁。後爲當世大儒。"後因以"懸梁"指苦學。《藝文類聚》卷三一引南朝梁任昉《答陸倕感知己賦》："時坐睡而懸梁，裁據梧而錐輕。""刺股"，語本《戰國策·秦策一》："（蘇秦）讀書欲睡，引錐自刺其股，血流至足。"

[38] 載，甲卷誤作"戴"。◎典墳：三墳五典的省稱，指各種古代典籍。《淮南子·齊俗訓》："衣足以覆形，從典墳，虚循撓便身體，適行步。"晋潘岳《揚荆州誄》："游目典墳，縱心儒術。"《捉季布傳文一卷》："買得典倉緣利智，廳堂誇向往來賓。閑來每共論今古，悶即堂前話典墳。從兹朱解心怜惜，時時誇説向夫人。"

[39] 割股奉親：《唐會要》卷五十八："……詐偽律論。其孝子順孫。義夫節婦。及割股奉親。比來州府免課役。不由所司。"據記載，孝子鄭興，自幼很有志向，終日勤勞耕作，侍奉父母，但家境貧寒。父親去世後，鄭興守孝三年。母親久病不愈，鄭興服侍床前，從不解衣，不離母親半步。母親想吃肉丸湯，鄭興因無錢買肉，於是割下自己的肉煮湯奉母。此事傳開後，人人都爲鄭興的孝道所感動。"割股奉親，乃世乏奇事！"事見李吉甫《元和郡國志》。敦煌本《孝子傳》載："王武子者，河陽人也。以開元年中征涉湖州，十年不歸。新婦至孝，家貧，日夜織履爲活。武母久患勞（瘵）瘦，人謂母曰：'若得人肉食之，病得除差。'母答人曰：'何由可得人肉？'新婦聞言，遂自割眼（股）上肉作羹，奉送武母。母得食之，病即立差。河南尹奏封武母爲國太夫人，新婦封郢郡夫人，仍編史册。開元廿三年行下。詩曰：武子爲國遠從征，母病餐人肉始輕，新婦聞之方割股，阿家喫了得疾平。"

［40］於：原卷缺，餘四卷皆有，茲據甲卷等以補。旌：丙卷"旌"上原作"麾"，右旁有删減符。

［41］直臣致死，烈士亡軀：原卷作"直臣烈士，致死亡軀"，餘四卷皆作"直臣致死，烈士亡軀"，意較優，據之以錄；"烈"，甲卷、丙卷並作"列"。按："烈""列"敦寫本多互用，如 P.3808《長興四年中興殿應聖節講經文》"國列九州"之"列"字，原卷做"烈"。

［42］不然者，丙卷脱"不"字，據餘四卷以錄。

［43］知："之""知"音同互用，敦煌寫本常見。虐：《校訂》作"表"，非。◎比干知虐，焉合重陳：比干，商紂王的叔父，官少師。因屢次勸諫紂王，被剖心而死。《莊子·人間世》："昔者桀殺關龍逢，紂殺王子比干。"成玄英疏："比干，殷紂之庶叔，忠諫而被割心。"《史記·殷本紀》："紂愈淫亂不止。微子數諫不聽，乃與大師、少師謀，遂去。比干曰：'爲人臣者，不得不以死争。'迺强諫紂。紂怒曰：'吾聞聖人心有七竅。'剖比干，觀其心。"

［44］卞，《校注》校記云："卞，S.0528 作弁，茲據 P.2680、P.3727 改。"按：除丙卷作"卞"外，各本均作"弁"。"卞""弁"，音同且均爲姓，漢有弁嚴子，而此當指春秋楚人卞和因獻玉而被刖一事，此當作"卞"，寫本作"弁"，蓋音同致誤。◎弁（卞）子遭辜：《史記·魯仲連鄒陽列傳》："昔卞和獻寶，楚王刖之。"按：卞和春秋楚人。相傳他得玉璞，先後獻給楚厲王和楚武王，都被認爲欺詐，受刑砍去雙脚。楚文王即位，他抱璞哭於荆山下，文王使人琢璞，得寶玉，名爲"和氏璧"，事見《韓非子·和氏第十三》。弁也是姓，漢有弁嚴子。

［45］刑：甲、乙、丙卷並作"形"。◎韓朋初聞截耳，何不逃刑："韓朋"亦作"韓憑"。相傳戰國時宋康王舍人韓憑娶妻何氏，甚美，康王奪之。憑怨，王囚之，淪爲城旦。憑自殺。其妻乃陰腐其衣，王與之登臺，妻遂自投臺下，左右攬之，衣不中手而死。遺書於帶，願以屍骨賜憑合葬。王怒，弗聽，使里人埋之，冢相望也。宿昔之間，便有大梓木生於兩冢之端，旬日而大盈抱，屈體相就，根交於下，枝錯於上。又有鴛鴦，雌雄各一，恒栖樹上，晨夕不去，交頸悲鳴，音聲感人。宋人哀之，遂號其木曰"相思樹"。見晋干寶《搜神記》卷十一。"逃刑"，逃避刑罰。《左傳·定公十四年》："二君有治，臣奸旗鼓。不敏於君之行前，不敢逃刑，敢歸死。"北周庾信《燕射歌辞·商调曲一》："忠其敬事，有罪不逃刑。"

［46］蘇武既被髡頭，便合設拜：髡頭指剃去頭髮。《後漢書·西域傳·大秦》："人俗力田作，多種樹蠶桑，皆髡頭而衣文绣。"《三國志·魏書·袁紹傳》"紹愛少子尚"裴松之注引三國魏曹丕《典論》："劉氏性酷妒，紹死，僵尸未殯，寵妾五

人，劉盡殺之；以爲死者有知，當復見紹於地下，乃髡頭墨面以毀其形。”“設拜”，謂行下拜之禮。唐谷神子《博异志·敬元穎》：“一更後，忽見元穎自門而入，直造燭前設拜。”《伍子胥變文》：“子胥叩門從乞食，其妻歛容而出應。劃見知是自家夫，即欲發言相識認。婦人卓立審思量，不敢向前相附近，以禮設拜乃逢迎，怨結啼聲而借問。”《葉净能詩》：“岳神自趍走下殿，長跪設拜，哀祈使者。”

[47] 傅：各本並作“傅”，“傅”之异體。《校訂》《新编》並作“傳”，非。

[48] 奏：乙卷作“陳”。

[49] 玄宗，指佛教、道家的深奥旨意。晋僧肇《注維摩詰經序》：“而恨支、竺所出，理滯於文，常恐玄宗墜於譯人。”唐許敬宗撰《瑜伽師地論後序》：“佛滅度後。彌勒菩薩自覩史多天宫。降于中印度阿瑜他國。爲無著菩薩之所説也。斯固法門極地。該三藏之遺文。如來後心。暢五乘之奥旨。玄宗微妙不可思議。僧徒並戒行圓深。道業貞固。欣承嘉召。”唐王維《賀玄元皇帝見真容表》：“琪樹韜華，瑶池奪映，實由陛下弘敷本際，大啓玄宗。”謂玄妙之宗趣，與“玄旨”同義。

[50] 大教：指佛教。晋無名氏《蓮社高賢傳·慧遠法師》：“初是大教流行江東，經卷未備，禪法無聞，律藏多闕。”《維摩碎金》：“居士知佛入於毗耶，緣我於此國教化衆生，佛要共我助弘大教，我須今日略用神通。今日與誰緣熟？乃觀見寶積等追歡逐樂，我須教化，令滿道心。”敦煌本《太子成道經》：“今生小善總不曾作，來世覓人（身）大教難。火宅忙忙何日休，五欲終朝生死苦，不似聽經求解脱，學佛修行能不能，能者嚴心合掌著，經題名目唱將來。”

第三章　敦煌寫本高僧傳略校注

六朝以來高僧傳記文獻蜂出，史志乃將之與高士傳、列女傳、高道傳、神仙傳、先賢傳、耆舊傳等一類正史史傳之外的人物事迹，歸爲雜傳。此類傳記主要是正史之外，以類相從的傳記集。

記述僧人弘法歷史的僧傳也漸次出現，先有個別僧人傳記的"別傳"；而後有同類僧人結集的"類傳"，或述求法，如《法顯佛國記》；或述高逸，如竺法濟《高逸沙門傳》一卷；或專述某地僧人，如張孝秀《廬山僧傳》。又有所謂的"總傳"以匯述整個歷史時期的中外各類高僧，如寶唱《名僧傳》、慧皎《高僧傳》等，加速了中國僧傳文學的發展。

隋唐之際，釋門還盛行撰述"別傳"之風。如灌頂的《天台智者大師別傳》，彥悰的《唐護法沙門法琳別傳》等。作爲信眾學佛修行典範的高僧，急需精簡記叙高僧生平事迹的簡要文字，以供布教弘傳活動宣導信眾之用。一般多節引史傳，酌採舊聞軼事，相對"詳傳"而言，或可稱之爲"略傳"。基於法會時序、節目及傳誦、讚詠時間的種種制約，這些文本篇幅相對簡短，內容概括凝練。因此，每就《高僧傳》中截取適當篇幅，以充臨時之用，或據以刪減改易，此類文獻或稱作"高僧傳略"，敦煌寫本S.3074便是。

S.3074正面存59行。抄寫內容爲魏晋時期六位高僧之簡要傳記。原卷無標題，殘存有康僧會、鳩摩羅什、竺道生、法顯、釋弘明及佛圖澄等部分，內容大抵係節錄慧皎《高僧傳》以成篇，因而有擬題爲《高僧傳略》。1962年劉銘恕《斯坦因劫經錄》、1986年黃永武《敦煌遺書最新目錄》著錄擬題爲"高僧傳"；1992年《英藏敦煌文獻（漢文佛經以外部份）》第五卷、2000年張弓《英藏敦煌文獻第五卷叙錄》、2014年鍾書林、張磊《敦煌文研究與校注》、2017 年郝春文《英藏敦煌社會歷史文獻釋錄》第十五卷在校錄 S. 3074《高僧傳略》时均將最後佛圖澄部分視爲《佛圖澄傳略》。其中有關據佛圖澄記述部分，經仔細查核比對，内容文字與 S. 1625V 及 P. 2680 二件《佛圖澄和尚因緣記》完全相同，實際上是《佛圖澄和尚因緣記》，而非《佛圖澄傳略》。故此章未收。

　　S. 381 有《鳩摩羅什傳略》。此件爲卷子本，正面分抄：《唐京師大莊嚴寺僧智興判抄》《鳩摩羅什傳略》《龍興寺毗沙門天王靈驗記》，背面爲《僧威祭嬸文抄》等 6 件祭文抄。

　　又 P. 4964 單面書寫，缺題。首尾俱殘。中有記述康僧會如吳國建康弘法的故事。其内容形式頗似敦煌寫本《佛法東流傳》（P. 2352V、P. 2626、P. 2654、P. 2862、P. 3376、P. 3446）①，現姑且參考 S. 3074《康僧會傳略》，擬爲《康僧會傳略》（二）。加以整理校注，便於日後資料完備再行進一步考論。

　　另 S. 0556 殘卷一紙，正背連抄。學者或定名《竺道生·釋僧肇別傳》②，或將正面定名爲《竺道生傳》，反面定名爲《釋僧叡傳》③。細錄殘卷，按核全文，知此正背連書，係同一人所抄的殘卷，内容乃《净名經關中疏釋抄》，其中有關竺道生、釋僧叡的傳記均爲《净名經關中疏釋抄》内容的原文。是《釋抄》摘錄《高僧傳》竺道生、僧釋叡傳用以疏釋《净名經》，其屬性非高僧傳略，故本研究不加採錄。

　　綜合上列各寫卷，依傳主時代先後，敦煌寫本高僧傳略計有：《康僧會傳略》（一）、《康僧會傳略》（二）、《鳩摩羅什傳略》（一）、《鳩摩羅什傳略》（二）、《法顯傳略》、《竺道生傳略》、《釋弘明傳略》，謹依序先行題解、次作校錄、校記，並加注釋，編次如下，以爲研究文本之基礎。

---

① 參劉林魁《敦煌本佛法東流傳復原》，見唐道宣撰、劉林魁校注《集古今佛道論衡校注》，北京：中華書局，2018 年，第 364～440 頁。
② 如劉銘恕《斯坦因劫經錄》，見商務印書館編：《敦煌遺書總目索引》，北京：商務印書館，1962 年，第 172 頁。
③ 郝春文主編：《英藏敦煌社會歷史文獻釋錄》（第三卷），北京：社會科學文獻出版社，2003 年，第 231～237 頁；鍾書林、張磊：《敦煌文研究與校注》，武漢：武漢大學出版社，2014 年，第 508～511 頁。

一、敦煌寫本《康僧會傳略》校注

【題解】

有關敦煌寫本《康僧會傳略》今已公布的敦煌文獻中有 S. 3074 一件，叙述如下：

S. 3074 卷子本，正背書。下部多殘泐。

正面：《高僧傳略》（擬），殘存有：康僧會（殘存 9 行）、鳩摩羅什（17 行）、竺道生（10 行）、法顯（9 行）、釋弘明（9 行）、佛圖澄（殘存 7 行）等部分。

《康僧會傳略》是 S. 3074 正面的第一件文本。首缺尾完。缺題。存 9 行，行約 23 字。起"釋迦者，净飯王子，轉輪王孫"，訖"大興盛於世也"。

1　釋迦者净飯王子轉輪王孫託蔭王宫右脇而□□

2　滅無去無來示名如來十号稱尊顧王察也帝□曰釋□（迦）

3　大聖靈驗如何會答曰如來化後有真心者我□舍□

4　帝乃誠心願師為我祈請只就獄内七日得之七日□

5　求不得　帝問何為不遂會近緣至此心尚未專更□

6　必舍利天雨　　帝前帝問真偽須知如何爲誠會□

7　不能然砧鎚不碎是日也鎚下有五色光現，帝即□

8　自歎其身靈莚人身不逢於仏何期正法臻矣□

9　息譯（議）者哉曰兹吴地仏法大興盛行於世也

1962 年，劉銘恕《斯坦因劫經録》著録 S. 3074 作《高僧傳（擬）》，説明："計存釋迦、鳩摩羅（什）、（法）顯法師、佛圖澄各傳，澄傳只存前六行"[①]；1986 年黄永武《敦煌遺書最新目録》著録擬題爲"高僧傳"[②]；1992 年《英藏敦煌文獻（漢文佛經以外部份）》第五卷，收録 S. 3074 題作"《高僧傳略》（康僧會、鳩摩羅什、竺道生、法顯、佛圖

①　商務印書館編：《敦煌遺書總目索引》，北京：商務印書館，1962 年，第 172 頁。
②　黄永武：《敦煌遺書最新目録》，臺北：新文豐出版公司，1986 年，第 111 頁。

澄）"①；2000 年張弓《英藏敦煌文獻第五卷叙録》"S.3074 高僧傳略"
條，叙録云："原件前後缺，下有殘，存 59 行，含六位高僧的傳略。六僧
（鳩摩羅什傳有兩個文本）依次爲：康僧會（1—9 行），鳩摩羅什（一）
（10—15 行），鳩摩羅什（二）（15—26 行），竺道生（26—35 行），法顯
（36—44 行），弘明（45—52 行），佛圖澄（53—59 行）。無釋迦牟尼。"
（佛本行不應入僧傳。《劉目》稱"釋迦傳"系"康僧會傳"的誤讀）並迻
録全文。② 2014 年鍾書林《敦煌文研究與校注》"（四）傳"的第八篇，據
S.3074 校注了《高僧傳略》（五則）③（簡稱《校注》）。2017 年郝春文
《英藏敦煌社會歷史文獻釋録》第十五卷，校録了 S.3074《高僧傳略》
（康僧會、鳩摩羅什、竺道生、法顯、釋弘明、佛圖澄）④（簡稱《釋
録》）。

【校録】

敦煌文獻 S.3074 寫本字體爲行書，書寫流暢；以下謹據原卷寫本圖
版迻録原文，並參酌慧皎《高僧傳》等，校録全文如下：

康僧會傳略（擬）

□□（會答）："釋迦者[1]，净飯王子[2]，轉輪王孫[3]，託蔭王官[4]，
右脅而▨（誕）[5]。□▨滅，無去無來[6]，示名如來[7]，十號稱尊[8]，願
王察也。"[9]帝▨（問）曰[10]："釋□（迦）大聖[11]，靈驗如何[12]?"會答
曰："如來化後，有真心者，我一舍□□□□[13]"帝乃誠心："願師爲我祈請，
只就獄内，七日得之。"七日▨（至）□□求不得[14]。帝問："何爲不
遂?"會："近緣至此，心尚未專。更□□必舍利天雨帝前。"[15]帝問："真
僞須知，如何爲誠?"會▨▨（答曰）："▨（火）不能然[16]，砧鎚不碎。"

---

① 張弓主編：《英藏敦煌文獻（漢文佛經以外部分）》第五卷，成都：四川人民出版社，
1992 年，第 6～7 頁。
② 宋家鈺、劉忠主編：《英國收藏敦煌漢藏文獻研究》，北京：中國社會科學出版社，2000
年，第 129～131 頁。
③ 鍾書林、張磊：《敦煌文研究與校注》，武漢：武漢大學出版社，2014 年，第 508～511
頁。
④ 郝春文主編：《英藏敦煌社會歷史文獻釋録》（第十五卷），北京：社會科學文獻出版社，
2017 年，第 199～208 頁。

是日也。鎚下有五色光現，帝即□□自歎："其身靈造人[17]，身不逢於佛，何期正法臻矣。□□息議者哉！因茲吳地佛法大興，盛行於世也[18]。"

【校注】

[1] 釋迦：梵名 Śākya，意譯作能仁。含義有二：其一指釋迦牟尼所屬種族的名稱，爲佛陀五姓之一。釋迦族爲古印度民族之一，屬武士階級，爲雅利安民族中日種系甘蔗王（梵 Ikṣvāku）之後裔。其二指釋迦牟尼的簡稱。佛陀出身於釋迦族，因而稱爲釋迦。

[2] 净飯王子：指釋迦牟尼。净飯王是佛陀生父，相傳爲古代（公元前 6—前 4 世紀）北天竺迦毗羅衛國（梵 Kapilavastu，今尼泊爾境内）國王，其子難陀、孫羅睺羅皆爲佛陀弟子。净飯王之父爲師子頰王，其娶天臂城善覺第八女摩訶波闍波提爲妻，後生悉達多太子，爲净飯王之長子。净飯王，梵名 Śuddhodana，音譯輸頭檀那、首圖馱那、悅頭檀、閲頭檀，又作白净王、真净王。中印度迦毗羅（梵 Kapilavastu）之城主。隋闍那崛多譯《佛本行集經》卷五《賢劫王種品》："時苷蔗王三子没後，唯一子在，名尼拘羅（隋言别成），爲王住在迦毗羅城，治化人民，受於福樂。其尼拘羅王，生於一子，名曰拘盧，還在父王迦毗羅城，治化而住。其拘盧王，復生一子，名瞿拘盧，亦在父城，爲王治化。其瞿拘盧王，復生一子，名師子頰，還在父城，治化人民。師子頰王，生於四子：第一名曰閲頭檀王（隋言净飯），第二名爲輪拘盧檀那（隋言白飯），第三名爲途盧檀那（隋言斛飯），第四名爲阿彌都檀那（隋言甘露飯），復有一女，名甘露味。師子頰王，最初長子閲頭檀者，次紹王位，還在父城，治化人民，受於福樂。"

[3] 轉輪王孫：釋迦牟尼是净飯王之子，師子頰王之孫，師子頰王爲迦毗羅城國王，俗稱轉輪王，故稱轉輪王孫。轉輪王，梵語的意譯。印度古代神話中的國王，亦稱"轉輪聖王"。此王即位時，自天感得輪寶，轉其輪寶，威伏四方。佛教也采用其説，説世界到一定時期，有金、銀、銅、鐵四輪王先後出現，金輪王統治四大部洲，銀輪王統治三洲，銅輪王統治二洲，鐵輪王統治一洲。他們各御寶輪，轉游治境，故名。亦泛指有威德的國王。轉輪聖王出現之説盛行於釋尊時代，諸經論將佛陀與之比擬之處甚多。後有釋迦摩尼爲轉輪王後代子孫的傳説。

[4] 託蔭王宫：託蔭，本指置身幽隱之處，引申指托胎、投生。此處指釋迦牟尼爲護明菩薩時，從兜率天降，托胎净飯王夫人摩耶腹中，從右肋降生。隋闍那崛多譯《佛本行集經》卷七《俯降王宫品五》多所記述，可參。敦煌寫本《三階教殘卷》

卷十："釋迦如來癸未年七月七日夜託蔭摩耶。" P. 2999《太子成道經》："上從兜率降人間，託蔭王宮爲生相。"

[5] "右脅而"下，原卷殘泐，《校注》依文意擬補一"誕"字，茲從之。

[6] 無去無來：佛教以法身本體，無去無來，所以恒常不變。北涼曇無讖譯《大般涅槃經》卷十四《聖行品》："佛性無生、無滅、無去、無來，非過去、非未來、非現在，非因、所作、非無因作，非作、非作者，非相、非無相，非有名、非無名，非名、非色、非長、非短、非陰界入之所攝持，是故名常。" S. 2073《廬山遠公話》："第六、非無相者，無言無語，無去無來，無動無念，不生不滅，即是真如。無去無來，便爲佛性，此即名爲非無相。"

[7] 示名如來："如來"是世尊的尊稱，爲佛陀的十大尊號之一。如來，梵語、巴利語皆作 Tathāgata。音譯作多陀阿伽度、怛薩阿竭、怛他誐多、多陀阿伽陀、多他阿伽度、多阿竭。又作如去。佛陀乘真理而來，由真如而現身，故尊稱爲如來。後秦佛陀耶捨共竺佛念譯《長阿含經》卷十二《第二分清净經》："佛於初夜成最正覺，及末後夜，於其中間有所言説，盡皆如實，故名如來。復次，如來所説如事，事如所説，故名如來。"鳩摩羅什譯《大智度論》卷五十五《散華品》："佛名如來者，如定光佛等行六波羅蜜，得成佛道；釋迦文佛亦如是來，故名如來。如錠光佛等智知諸法如，從如中來，故名如來；釋迦文佛亦如是來，故名如來。" P. 2133《金剛般若波羅蜜經講經文》："'如來者，无所從來，亦无所去，故名如來者'，釋義也。"

[8] 十號稱尊：釋迦牟尼佛或諸佛通號之十大名號。雖常稱如來十號、十種通號，但一般多列舉十一號，即如來、應供、正遍知、明行足、善逝、世間解、無上士、調御丈夫、天人師、佛、世尊十一種尊稱。東晉法顯譯《大般涅槃經》卷二："阿難當知，一切眾生皆無兜婆，唯有四人得立兜婆。一者謂如來、應、正遍知、明行足、善逝、世間解、無上士、調御丈夫、天人師、佛、世尊，慈愍眾生，堪爲世間作上福田，應起兜婆。" P. 2292 號《維摩詰經講經文》："世尊見諸聲聞五百並總不堪。此菩薩位超十地，果滿三祇，十號將圓，一生成道。"

[9] 底本所載"願王察也"之"王"爲吳王孫權，由此推知"釋迦者，净飯王子，轉輪王孫，託蔭王宮，右脅而▨（誕）。……十號稱尊，願王察也"當爲康僧會回答吳王孫權有關釋迦牟尼的問題時所言。茲依上下文意，於"釋家者"之前，添加"會答"二字，使文意更完整。

[10] "帝"字下，原卷殘損，據殘存部分字形，依文意當作"問"，梁慧皎《高僧傳》卷一《魏吳建業建初寺康僧會傳》："（吳主孫權）即召會詰問，有何靈驗？"亦

可佐證，此處所缺當爲"問"字。

[11] "迦"字，底卷下端殘，茲據文意擬補，唐釋玄嶷撰《甄正論》卷三："道士劉無待又造《大獻經》以擬《盂蘭盆》，并造《九幽經》將類《罪福報應》，自餘非大部帙，僞者不可勝計。豈若釋迦大聖獨擅法王，施化西國，聲流東夏。"

[12] 驗：原卷作"騐"，爲"驗"之異體。按：底卷"帝▨（問）曰：釋□（迦）大聖，靈騐（驗）如何？靈騐（驗）如何"，與梁慧皎《高僧傳》卷一《魏吳建業建初寺康僧會傳》"（吳主孫權）即召會詰問，有何靈驗"的故事情節相同，可見前者應借鑒自後者。《北齊書·陸法和傳》："江陵多神祠，人俗恒所祈禱，自法和軍出，無復一驗，人以爲神皆從行故也。"《正字通·馬部》曰："騐，俗驗字。"《俗書刊誤·去聲·二十二豔》："驗，俗作騐，非。"

[13] 底本"會答曰：如來化後，有真心者，我一舍□□□"的情節，應與《高僧傳》卷一《魏吳建業建初寺康僧會傳》"會曰：如來遷迹，忽逾千載。遺骨舍利，神曜無方。昔阿育王起塔乃八萬四千，夫塔寺之興，以表遺化也"相類。

[14] "七日"下，原卷殘泐，約缺三字，《校注》依文意擬補一"至"字。

[15] 與《高僧傳》之《魏吳建業建初寺康僧會傳》相對比，底卷增加僧會回答吳王孫權問僧會第一個七日未求得舍利的原因，及僧會回答時所言"近緣至此，心尚未專。更□□必舍利天雨帝前"的情節。

[16] "不能然"上，原卷殘泐，依文意擬補"答曰火"三字。《高僧傳》卷一《魏吳建業建初寺康僧會傳》"會進而言曰：舍利威神豈直光相而已，乃劫燒之火不能焚，金剛之杵不能碎"亦可佐證。

[17] 造：底卷作"莡"，是"造"字的異體。"造"字的異體字有"遭""逝""蓮""趙"，敦煌寫卷中"艹"字的異體字"艸"常與"竹"字的俗寫相混，按："莡"字右邊下部爲"口"字，上部"竹"字與"口"字中間是"十"字。這三個字，應爲"草"字筆畫顛倒後的誤書，而"遭"確爲"造"的異體字，本卷是"莡"是"造"字的異體訛寫。

[18] "因"，原卷作"囙"，爲"因"之異體。《北魏孝文吊比干墓文》："脱非武發，封墓誰因。""因"，石刻即作"囙"，敦煌寫本常見，如 P.2173《御注金剛般若波羅蜜經宣演卷上》："何故上座須菩提發斯問耶？有六囙緣。"從"釋□（迦）大聖，靈驗如何？"至"因茲吳地，佛法大興，盛行於世也"，事詳見梁慧皎《高僧傳·魏吳建業建初寺康僧會》："有司奏曰：'有胡人入境，自稱沙門，容服非恒，事應檢察。'權曰：'昔漢明帝夢神，號稱爲佛，彼之所事，豈非其遺風耶？'即召會，詰問：'有何靈驗。'會曰：'如來遷迹，忽逾千載，遺骨舍利，

神曜無方，昔阿育王起塔，乃八萬四千。夫塔寺之興，以表遺化也。'權以爲誇誕，乃謂會曰：'若能得舍利，當爲造塔。如其虛妄，國有常刑。'會請期七日，乃謂其屬曰：'法之興廢在此一舉。今不至誠，後將何及。'乃共潔齋靜室，以銅瓶加凡，燒香禮請。七日期畢，寂然無應，求申二七，亦復如之。權曰：'此寔欺誑。'將欲加罪。會更請三七，權又特聽。會謂法屬曰：'宣尼有言曰：文王既没，文不在茲乎。法靈應降，而吾等無感，何假王憲，當以誓死爲期耳。'三七日暮，猶無所見，莫不震懼。既入五更，忽聞瓶中鎗然有聲，會自往視，果獲舍利。明旦呈權，舉朝集觀，五色光炎，照耀瓶上。權自手執瓶，瀉於銅盤，舍利所衝，盤即破碎。權大肅然驚起，而曰：'希有之瑞也。'會進而言曰：'舍利威神，豈直光相而已，乃劫燒之火不能焚，金剛之杵不能碎。'權命令試之。會更誓曰：'法雲方被，蒼生仰澤。願更垂神迹，以廣示威靈。'乃置舍利於鐵砧磓上，使力者擊之，於是砧磓俱陷，舍利無損。權大嘆服，即爲建塔，以始有佛寺，故號建初寺。因名其地爲佛陀里。由是江左大法遂興。"事亦見載《集古今佛道論衡》。

二、敦煌寫本《康僧會傳略》（二）校注

【題解】

P.4964，卷子本，存一紙。高29.7釐米，長66釐米。單面書寫。首尾俱殘，缺題。起"修道滿千"，訖"須史即驗不四會"，存28行，行16～17字。寫卷前面七行講述的是漢明帝攝摩騰法師的對話，從第八行"第二明僧會遊吳"才開始記述康僧會如吳國建康弘法的故事，也就是説這個寫卷其實叙述了"攝摩騰入漢""康僧會遊吳"兩個主題，其題名及用途待考。

1　▢▢修道滿千生不▨行▨過人表□□得光流▨

2　□從永平十一年至今同光二年計八百五□

3　年矣問曰佛生周世教起西天何乃千▨（載）重□

4　然方傳遺法答曰潭澄月皎光必現□□□

5　響風□聲尋表應且王如（如王）舍衛城有▨□

6　億家四億家見佛聞經四億家□□不□□□

7　餘有四億家不見不聞故知眾生業□□□

8　第二明僧會遊吳後漢得一十四年帝禪位

9　魏姓曹名丕改号黄初二年劉備於□□

10　蜀國父子兩代册四年魏元▨所滅黄初

11　三年孫權於江南建吳國改号黄武黄武

12　七年改号黄龍門得四年改号加平間▨

13　四年改号赤烏九年此時魏蜀教法不行是以

14　蒼生未聞聖典至赤烏十年即有康▨

15　會遠聞吳越佛教未行遂乃振錫退方來

16　儀江逮吳讓初於郊野結草爲庵間

17　里邊盰爲言妖孽吳王問僧會曰▨▨

18　何人刑儀異俗僧會曰是佛之弟子非是▨

19　人吳王曰佛者何人也有何靈聖僧會曰

20　佛是三界大師四生慈母父修行百劫果滿□

21　身説法度人出離生死攬長河爲蘇酪變

22　大地爲黄金最尊最聖者不越於佛也某▨

23　其弟子矣吳王問僧會曰師解聖否僧會▨

24　未得上人之法不敢言聖若有所問願降□

25　音吳王曰今日天下如何僧▨蔪曰今日北▨

26　謀惡逆吳王曰北天有事豈可信乎僧會

27　既不信近不向哉吳王曰殿前松樹有何

28　異僧蔪曰樹有乖龍須臾即驗不□會□□□

　　1962 年，王重民《伯希和劫經録》著録 P. 4964 作《佛家殘史》（二十八行），説明："存僧會與吳主問答一節，疑即漢法本内傳。内有'至今同光二年一語'，則續至於五代時。"[1] 黄永武《敦煌遺書最新目録》題作"佛家殘史"。謝和耐、蘇遠鳴《法藏敦煌文獻漢文寫本注記目録》卷五題名 "*Histoire de la propogation du Bouddhisme en Chine*"。2014 年，鍾書林、張磊《敦煌文研究與校注》據 P. 4964 校注擬爲《康僧會傳》，收入 "傳" 的第十五篇（簡稱《校注》）。[2] 傳世文獻主要有梁慧皎《高僧

---

① 商務印書館編：《敦煌遺書總目索引》，北京：商務印書館，1962 年，第 310 頁。

② 鍾書林、張磊：《敦煌文研究與校注》，武漢：武漢大學出版社，2014 年，第 615～616 頁。

傳》卷一，另唐釋道宣《廣弘明集》（《歸正篇》第一）、釋道世《法苑珠林》卷五十五“辯聖真僞第一”也可參考。

【校錄】

敦煌文獻 P. 4964 寫本以下謹據原卷寫本圖版迻錄原文，並參酌慧皎《高僧傳》等，校錄全文如下：

康僧會傳略（擬）

▯▯修道滿千，生不▨行，▨過人表，□□得光，流▨（法？）□▨（耶）[1]。從永平十一年至今同光二年，計八百五▨（十）年矣[2]。問曰[3]：“佛生周世[4]，教起西天，何乃千▨（載）▨（重）然[5]，方傳遺法？”答曰：“潭澄月皎，光必現□。□響風□，聲尋表應。[6]且如王舍衛城有□□（十二）億家[7]，四億家見佛聞經[8]，四億家□□（見佛）不□□（聞經）[9]，餘有四億家不見不聞，故知眾生業□□□（力不等）。”[10]

第二明僧會遊吳，後漢得一十四年[11]，帝禪位魏。姓曹名丕，改號黃初[12]。二年，劉備於▨▨蜀國，父子兩代卌四年[13]。魏元▨（帝）所滅[14]。黃初三年，孫權於江南建吳國，改號黃武[15]。黃武七年，改號黃龍[16]。間得四年[17]，改號嘉禾[18]，間▨（得）四年[19]，改號赤烏[20]。九年，此時魏蜀教法不行，是以蒼生，未聞聖典。至赤烏十年，即有康▨（僧）會[21]，遠聞吳越佛教未行，遂乃振錫遐方[22]，來儀江遠（表）[23]。吳讓初於郊野，結草爲庵。[24]閭里邊畎，爲言妖孽（孼）。[25]

吳王問僧會曰：“▨▨何人形儀异俗[26]？”

僧會曰：“是佛之弟子，非是▨（邪）人。”[27]

吳王曰：“佛者，何人也？有何靈聖？”

僧會曰：“佛是三界大師，四生慈父[28]。修行百劫，果滿▨（三）身[29]。説法度人，出離生死。攬長河爲蘇酪，變大地爲黃金[30]。最尊最聖者，不越於佛也。某□（是）其弟子矣。”[31]

吳王問僧會曰：“師解聖否？”

僧會▨（曰）[32]：“未得上人之法，不敢言聖。若有所問，願降

□（法）音。"[33]

吴王曰："今日天下如何？"

僧▨（會）對曰[34]："今日北▨（天）謀惡逆。"[35]

吴王曰："北天有事，豈可信乎？"

僧會□（曰）[36]："既不信，近不向哉。"

吴王曰："殿前松樹，有何□异？"[37]

僧對曰："樹有乖龍。"[38]須臾即驗，不□會□□□

【校注】

[1]"耶"字，兹據底卷左半邊殘筆識別爲"耶"字。

[2]底卷"五"下有殘缺一字。按："永平"爲東漢明帝年號，永平十一年即公元 68
年；"同光"爲後唐莊宗年號，同光二年即公元 924 年。前後相距 857 年。舉其
成數，可稱八百五十年，擬補作"十"。

[3]按：該段"問曰"之問者，並非下段之吴主孫權與康僧會之間的問答，而是漢明
帝與攝摩騰法師之間的問答。因此，底卷"問者"指漢明帝問，其後之"答者"
爲攝摩騰法師。由本卷叙述康僧會時云"第二明僧會遊吴"可推知：本段講述攝
摩騰法師的首段首句，應該是"第一明摩騰入漢"。攝摩騰法師，是漢地沙門第
一人，其應邀到洛陽後，受到漢明帝接見，帝與之交談，詳參梁慧皎《高僧傳》
卷一《漢雒陽白馬寺攝摩騰傳》："攝摩騰，本中天竺人。善風儀，解大小乘經，
常遊化爲任。昔經往天竺附庸小國講《金光明經》。會敵國侵境，騰惟曰：'經
云："能説此經法，爲地神所護，使所居安樂。"今鋒鏑方始，曾是爲益乎。'乃
誓以忘身，躬往和勸，遂二國交歡，由是顯達。漢永平中，明皇帝夜夢金人飛空
而至，乃大集群臣以占所夢。通人傅毅奉答：'臣聞西域有神，其名曰佛，陛下
所夢，將必是乎？'帝以爲然，即遣郎中蔡愔、博士弟子秦景等，使往天竺，尋
訪佛法。愔等於彼遇見摩騰，乃要還漢地。騰誓志弘通，不憚疲苦，冒涉流沙，
至乎雒邑。明帝甚加賞接，於城西門外立精舍以處之，漢地有沙門之始也。"按：
《高僧傳》雖未載及漢明帝與攝摩騰法師之間的對話，然而南北朝佛道二教論辯
時，對其內容進行附會與補充，參唐彥琮撰《唐護法沙門法琳別傳》卷二所引
《後漢法本內傳》："故《後漢法本內傳》云：明帝問摩騰法師曰：'佛生日月，可
知以不？'騰答曰：'佛以癸丑之年七月十五日，託陰摩耶，即此年也。昭王二十
四年甲寅之歲四月八日，於嵐毗園內波羅樹下，右脇而誕生。故《普曜經》云：
普放大光，照三千界。'"再者，南北朝至隋唐五代，佛道二教論辯時對漢明帝和

攝摩騰法師之間的問答，常附會增添諸種細節，如唐道宣撰《集古今佛道論衡》卷一《後漢明帝感夢金人騰蘭入雒道士等請求角試事》："帝問騰曰：'法王出世，何以化不及此？'騰曰：'迦毗羅衛者，三千大千世界百億日月之中心，三世諸佛皆在彼生。乃至天龍鬼神有願行者，皆生於彼，受佛正化，咸得悟道。餘處眾生，無緣感佛，佛不往也。佛雖不往，光明及處，或五百年，或一千年，或一千年外，皆有聖人，傳佛聲教而化導之。'廣說教義，帝信重之。"由此推知，本段問答的主角是漢明帝與攝摩騰法師。

[4] 佛生周世：南北朝時，佛道二教爭論時，各自將其教主釋迦摩尼、老子的出生時間附會到周代，唐道宣撰《續高僧傳》卷八《齊大統合水寺釋法上傳》載法上答高句麗僧有關佛陀出生及滅度之事，詳參："上答略云：佛以姬周昭王二十四年甲寅歲生，十九出家，三十成道。當穆王二十四年癸未之歲，穆王聞西方有化人出，便即西入，而竟不還，以此爲驗。四十九年在世，滅度已來至今齊代武平七年丙申，凡經一千四百六十五年。"《周書异記》《漢法本內傳》等多借鑒其說。

[5] 底卷"載"字，僅存左半部殘筆，茲據殘形識別爲"載"字。底卷"重"字，僅存上半部殘筆，茲據文意擬補。◎唐法琳《破邪論》、道宣《集古今佛道論衡》等皆載明帝與攝摩騰法師之間的對話，二者內容基本相同，如前者所示："還明帝問摩騰曰：'法王出世，何以化不及此？'摩騰對曰：'迦毗羅衛國者，是三千大千世界百億日月之中心，三世諸佛皆從彼生，不問天龍鬼神有願行力者，皆生於彼，受佛正化，咸得悟道。餘處眾生，無緣感佛，佛不往也。佛雖不往，光明及處，或五百年，或一千年，一千年外，皆有聖人，傳佛聲教，而教化之。'"通過對比可知本卷"問曰：'佛生周世，教起西天，何乃千▨（載）▨（重）然，方傳遺法？'"是對《破邪論》中明帝所問"法王出世，何以化不及此"的發揮和演繹，由此推知，本卷創作時，應借鑒過唐五代流行甚廣的《破邪論》《集古今佛道論衡》等著作。

[6] 本卷"答曰"之答者是攝摩騰法師，本段"答曰：'潭澄月皎，光必現□。□響風□，聲尋表應。'"是對唐法琳《破邪論》卷一所載攝摩騰答語"佛雖不往，光明及處，或五百年，或一千年，一千年外，皆有聖人，傳佛聲教，而教化之"的簡化與敷演。

[7] 底卷"如"字與"王"字右側中間有倒乙符，茲據之校正爲"如王"，此句作"如王舍衛城"。底卷"十"字，茲據殘筆確定爲"十"；"二"字，底卷殘泐，闕文。按：由下文"四億家見佛聞經，四億家□□□□□（見佛不聞經），餘有四億家不見不聞"，可推知王舍城共有十二億家，茲據上下文擬補爲"二"。

［8］底卷"〓"字的右上角墨迹淡化，但依據殘筆可確認爲"四"字，再者，下文"〓"亦可佐證。

［9］底卷"見佛""聞經"四字，皆脱落。按：這段話主要是攝摩騰回答明帝眾生見佛聞經的時間機遇不等，茲據上下文意擬補作"四億家□□（見佛）不□□（聞經）"。此外，相同的例子見載於隋吉藏《金剛般若疏》卷一："問：'佛住舍衛，凡得幾年？'答：'《經》云：住舍衛國得二十五年，有九億家。三億家見佛不聞法，三億家亦聞法亦見佛，三億家不見佛不聞法。'"由此可證，此處確爲"四億家見佛不聞經"。

［10］底卷"故知眾生業"後有三字脱文，這一小段主講佛陀説法及其弟子傳法平等，然眾生因所作善惡之業不同，而見聞相異，此處暫依後唐景霄撰《四分律行事鈔簡正記》卷十六"舍婆提即舍衛城，彼三億家見佛聞法，三億家但聞有佛名，更三億家不聞不見，佛在彼處得二十五年，由有眾生見聞不等"擬補"不等"二字。按：底卷"業"與"不等"之間擬補"力"字與上下文意相合。業力：指善惡之業有生起苦樂果之力用，佛教主張一切苦樂之果皆因業力所致，通常有"業力不可思議"的説法。眾生因所造業力不同，故即使居住在舍衛城，也又不能聞法見佛者。

［11］底卷"後漢得一十四年"，俟校。按：後漢，即東漢，共一百九十五年。本卷所言令人費解，疑爲抄者誤書。

［12］黃初：三國時期曹魏君主魏文帝曹丕的年號（220—226），共計七年。也是魏朝的第一個年號。

［13］父子兩代冊四年：蜀漢開國於公元 221 年，劉備於成都稱帝，國號漢，史稱"蜀"或"蜀漢"。其子劉禪炎興元年，魏元帝曹奐景元四年（263）十一月，魏將鄧艾兵臨成都，劉禪投降蜀漢滅亡，歷二帝，凡四十三年。

［14］底卷"魏元"下有一字，筆迹脱落，僅存一殘筆，據寫卷無法辨認。按：蜀漢劉禪炎興元年，魏元帝曹奐景元四年（263）十一月，魏將鄧艾兵臨成都，劉禪投降，蜀漢滅亡，凡二帝四十三年。依文意擬補作"帝"。

［15］黃武：三國時東吳的君主孫權的第一個年號（222—229），共計八年。是東吳政權的第一個年號。

［16］黃龍：三國時期東吳的君主孫權的第二個年號（229—231），共計三年。黃武八年四月孫權即皇帝位，改元黃龍元年。

［17］間：底卷作"門"，《校注》擬作"間"，是，茲從之。按：底卷"門"字，當爲"間"字的缺筆。下文"〓（間）四年，改號赤烏"之"間"字，筆迹淡化，但

依稀可辨爲"間"字，茲據之以正。

[18] 嘉禾：底卷作"加平"。底卷"加"字，《校注》以爲模糊之字當爲"加（嘉）禾"。"加"當作"嘉"。按：嘉禾爲三國時期東吳帝孫權的第三個年號，共計七年。嘉禾七年八月，改元赤烏元年。"加"爲"嘉"音同形近之訛。《校注》是，茲從之。底卷"平"字，《校注》直接錄作"禾"字，不妥。按："平"字當爲"禾"字的誤書，三國吳主孫權黃龍四年改國號爲"嘉禾"，茲據之以正。

[19] 底卷"間"字的筆迹雖已淡化，但清晰可辨爲"間"字，其後"得"字，茲據左側上半部殘筆錄作"得"，上文"門得四年"之"得"字亦可補證。"四年，改號赤烏"，"四年"當爲"七年"之誤。

[20] 赤烏：是三國時期東吳的君主孫權的第四個年號（238—251），共計十四年。赤烏十四年四月改元太元元年。

[21] 底卷"康"下有一字漫漶殘損，據文意當補作"僧"。

[22] 振錫遐方：振錫，謂僧人持錫出行。錫，錫杖。杖頭飾環，拄杖行則振動有聲。南朝宋謝靈運《山居賦》："建招提於幽峰，冀振錫之息肩。"《高僧傳》卷一《漢洛陽安清傳》："高遊化中國，宣經事畢，值靈帝之末，關雒擾亂，乃振錫江南。"◎"遐方"，猶遠方。漢揚雄《長楊賦》："是以遐方疏俗，殊鄰絶黨之域，自上仁所不化，茂德所不綏，莫不蹻足抗首，請獻厥珍。"唐白居易《題郡中荔枝詩十八韻兼寄萬州楊八使君》："已教生暑月，又使阻遐方。"

[23] 表：底卷作"遠"，爲表之俗字。◎"江表"意謂江外，指長江以南的地區。漢阮瑀《爲曹公作書與孫權》："若能内取子布，外擊劉備，以效赤心，用復前好，則江表之任，長以相付。"

[24] 讓：用酒食之類款待；請人接受招待。《左傳·成公十二年》："若讓之以一矢，禍之大者，其何福之爲？"楊伯峻注："讓讀爲釀。見于㠱《校書》。"

[25] 孽：底卷作"蘗"，S.388《正名要錄》："蘗，妖。"右本音雖同，字義各別例。唐顏元孫《干禄字書》："孽蘗：上庶孽，下妖蘗"。◎底卷"吳讓初於郊野，結草爲庵，閭里邊甿，爲言妖孽"：《高僧傳》卷一《魏吳建業建初寺康僧會》："時吳地初染大法，風化未全。僧會欲使道振江左，興立圖寺，乃杖錫東遊。以吳赤烏十年，初達建鄴，營立茅茨，設像行道。時吳國以初見沙門，睹形未及其道，疑爲矯異。"

[26] 形：底卷作"刑"，《校注》云"刑，通形"，形儀，儀容，儀表。《南齊書·王思遠傳》："思遠清修，立身簡潔。衣服床筵，窮治素净，賓客來通，輒使人先密戰視，衣服垢秒，方便不前；形儀新楚，乃與促膝。"按：形、刑音同形近，寫卷多通，敦煌寫本常見。如Φ96《雙恩記》"黎庶遭殃既怕形，帝宮若罪須依

化"。

[27] 邪：原卷字迹漫漶不易辨識，《校注》作"▨"，余反復辨析，以爲似當作"邪"。

[28] 慈：原卷作"兹"，爲"慈"之形訛。"父"字，原卷"父"字右上方還有一個"母"字，抄得太小，糊在一起。按：佛爲慈父或四生之慈父，是唐五代僧俗兩界常用説法之一，如唐法崇撰《佛頂尊勝陀羅尼經教迹義記》卷一載："佛者三界法王，四生慈父，放神光於千刹，灑法雨於五燒。所以外道歸依，天魔稽首，玉毫皎潔地獄照以消亡，頂相岩嶢天人莫睹其際，難解難測故號佛焉。"敦煌本《八相押座文》："釋迦慈父降生來，還從右脅出身胎。"敦煌本《八相變》："佛者何語，佛者覺也。覺悟身中真如之性，覺心内煩惱之怨。出生死之塵勞，踐菩提之闐域。六通具足，五眼元明，爲三界大師，作四生慈父。從清净土，著蔽垢衣，出現娑婆，化諸弟子。"又如《長興四年中興殿應聖節講經文》："娑婆教主，大覺牟尼，一丈六尺身軀，三十二般福相。聖凡皆仰，毁讚無揺，蕩蕩人天大道師，巍巍法界真慈父。亦如我皇帝萬邦之主，四海之尊。"由此可見：此句"父"字之前的"母"字，應爲衍文。

[29] 底卷"三"字，茲據殘筆辨別。果滿三身：指釋迦牟尼成佛之事。三身爲法身、報身、化身。身：聚集之義，聚集諸法而成身，理法之聚集稱爲法身，智法之聚集稱爲報身，功德法之聚集稱爲應身。佛初成道乃現三身。

[30] 攪長河爲蘇酪，變大地爲黄金：《校注》釋讀爲"▨▨所爲，蘇酪▨大，地爲黄金"。似未諦，不可從。詳審原卷，雖字迹漫漶不易辨識，反覆辨析前二字"攪長"依稀可見。"大"字前有字爲"變"字。按：S.4571《維摩詰經講經文》："而又變現難窮，神工罕測。攪長河爲蘇酪，只在逡巡；變大地爲黄金，都來頃刻。"◎攪長河爲蘇酪，變大地爲黄金：源於印度古代攪乳海的神話故事，可見於《摩訶婆羅多》《毗濕奴往世書》《羅摩衍那》，佛教加以轉化運用於説法之中。S.1032《佛説如來成道經》卷一："大身彌輪八極，旻塞空庭。小則針穴裏走馬，塵裏藏形。喫海變成蘇酪，指地瑠璃水精，捻山即知斤兩。"梁法雲《法華經義記》卷一《序品》："若據内談如來種智則物莫能測，即是轉海水爲蘇酪、長短改度、小大相容等也。"唐窺基《説無垢稱經贊》卷二（本）："轉大地爲金銀，反巨海爲蘇酪。"S.4571《降魔變文》："高而不危，下而不頃（傾），變江海而成蘇酪，化大地爲琉璃水精。"

[31] 底卷"是"字，殘渺難辨，茲據上下文意擬補。◎"某"表自稱，代指我或名稱。

[32] 底卷"曰"字，僅存上部殘筆，茲據上下文意擬補。

[33] 底卷"降"字後，有一脫文，茲據上下文意擬補"法"字，與上文"上人之法"相呼應。

[34] 底卷"會"字因墨迹漫漶，僅存上半部，茲據殘筆及上下文意擬補。

[35] "天"字，底卷殘渺，茲據下文吳王所言"北天有事，豈可信乎？"擬補。

[36] 曰：原卷脫，依上下文義補。

[37] 有何□異，按：此句底卷有脫文，俟待考。

[38] 乖龍：傳說中的蟄龍，猶如霹靂，可破屋壞樹。沙門慧立本釋彥悰箋《大唐大慈恩寺三藏法師傳》卷六："玄奘識乖龍樹，謬忝傳燈之榮；才异馬鳴，深愧瀉瓶之敏。"《太平廣記》卷三百九十三《雷一》"狄仁傑"條："唐代州西十餘里。有大槐，震雷所擊，中裂數丈。雷公夾於樹間，吼如霆震。時狄仁傑爲都督，賓從往觀。欲至其所。衆皆披靡。無敢進者。仁傑單騎勁進，迫而問之。乃云：'樹有乖龍，所由令我逐之。落勢不堪，爲樹所夾。若相救者，當厚報德。'仁傑命鋸匠破樹，方得出，其後吉凶必先報命。"《太平廣記》卷四二五《龍八》之"郭彥郎"條載："世言乖龍苦於行雨，而多竄匿，爲雷神捕之。或在古木及楹柱之內，若曠野之間，無處逃匿，即入牛角或牧童之身。往往爲此物所累而震死也。蜀邸有軍將郭彥郎者，行舟俠江，至羅雲溉。方食而臥，心神恍惚如夢，見一黃衣人曰：'莫錯。'而於口中探得一物而去。覺來，但覺咽喉中痛。於時篙工輩但見船上雷電晦暝。震聲甚屬。斯則乖龍入口也。南山宣律師，乖龍入中指節，又非虛説。所以孔聖之言，迅雷風烈必變，可不敬之乎。出《北夢瑣言》。"唐白居易《偶然》詩之一："乖龍藏在牛領中，雷擊龍來牛枉死。"

三、敦煌寫本《鳩摩羅什傳略》（一）校注

【題解】

有關敦煌寫本《鳩摩羅什傳略》今已公布的敦煌文獻計有 S. 381、S. 3074 二號寫本。二者內容文字不同。現將 S. 381 有關鳩摩羅什的傳記記述，稱爲《鳩摩羅什傳略》（一），茲叙述如下：

S. 381 卷子本，正背書。

正面分抄：

1.《唐京師大莊嚴寺釋智興鳴鐘感應記（擬）》題記"庚申年四月二十七日抄"。

2.《鳩摩羅什別傳（擬）》糜栝《高僧傳》羅什傳文，極簡略，約二三

百字。

3.《寺毗沙門天王靈驗記》。

4.《鳴鐘詩（擬）》題記"咸通十四年四月廿六日題記耳也"。

背面抄寫：《僧威信祭嬬文》《己卯年僧惠澤妹什娘子等祭表姊什二娘文》《十二娘祭婆婆文》。

《鳩摩羅什傳略》爲此卷正面第二件文本。缺題，首尾俱完。計18行，行約18字。起"後秦鳩摩羅什法師者"，訖"帝乃深信，頂謝希奇"。

1　後秦鳩摩羅什法師者其父本罽賓國輔相之
2　子鳩摩羅炎厭世榮華志求出俗辭主東
3　邁至龜茲國龜茲國王妹體有赤厭法生智子諸國聘
4　之悉皆不許一見炎至遂即妻之炎乃問辭事
5　免而納不逾歲月便覺有胎異夢呈休母加聰
6　辯後生什已其辯還亡母因出家遍得初果年
7　至七歲日誦万言母携尋師還至輔國遍學
8　經論屢折邪宗大小諸師莫不欽伏罽賓
9　國王重加礼遇凡是僧徒莫敢居止槃乎進
10　且志在傳通辭母東來却至舅國遭侶光之
11　難礙留數年一一行由事廣不述年卅五方達
12　秦中什初欲來嘉瑞先現逍遥一菌慈變
13　爲薤後什公至即於此菌立草堂寺同譯經律
14　後因譯維摩經不思議品聞芥子納須弥秦
15　主懷疑什將證信以鏡納於瓶内大小無傷什
16　謂帝曰羅什凡僧尚納鏡於瓶内况維摩大
17　士芥子納須弥而不得者乎帝乃深信頂
18　謝希奇

此卷劉銘恕《斯坦因劫經録》擬名爲《鳩摩羅什別傳》，並説明："隱括《高僧傳羅什傳》文，極簡略，約二三百字。"按：所謂"別傳"，一般是指除正史之外，記録遺聞逸事可補本傳之不足的個人傳記。鳩摩羅什生平事迹，見正史《晋書》卷九十五、《十六國春秋》卷六十二，僧祐《出三藏記集》、慧皎《高僧傳》均有《鳩摩羅什傳》，是有關鳩摩羅什生平傳記的一手資料。S. 381 是據史傳、僧傳之文簡略而成，當稱之爲《鳩摩羅什傳略》。

2003 年，郝春文《英藏敦煌社會歷史文獻釋録》據 S.381 進行《鳩摩羅什傳》釋文（簡稱《釋録》）[1]；2014 年，鍾書林、張磊《敦煌文研究與校注》據 S.381 校注擬爲《鳩摩羅什傳》，收入"傳"的第五篇（簡稱《校注》）。[2]

【校録】

鳩摩羅什傳略（擬）

後秦鳩摩羅什法師者，其父本罽賓國輔相之子鳩摩羅炎，厭世榮華，志求出俗。辭主東邁，至龜茲國。[1]龜茲國王妹體有赤黶[2]，法生智子，諸國聘之[3]，悉皆不許，一見炎至，遂即妻之[4]。炎乃問辭，事免而納。不逾歲月，便覺有胎[5]。异夢呈休[6]，母加聰辯[7]，後生什已，其辯還亡。母因出家，便得初果[8]。年至七歲，日誦万言。母携尋師，還至輔國[9]。遍學經論，屢折邪宗。大小諸師，莫不欽伏。罽賓國王，重加禮遇。凡是僧徒，莫敢居止[10]。概乎進且[11]，志在傳通[12]。辭母東來，却至舅國。遭吕光之難，礙留數年[13]。一一行由[14]，事廣不述。

年卅五，方達秦中[15]。什初欲來，嘉瑞先現[16]。逍遥一菌[17]，葱變爲薤（韭）[18]。後什公至，即於此菌，立草堂寺[19]，同譯經律[20]。後因譯《維摩經·不思議品》，聞芥子納須彌[21]，秦主懷疑，什將證信。以鏡納於瓶内，大小無傷[22]。什謂帝曰："羅什凡僧，尚納鏡於瓶内，況維摩大士，芥子納須彌而不得者乎？"帝乃深信[23]，頂謝希奇[24]。

---

① 郝春文主編：《英藏敦煌社會歷史文獻釋録》（第二卷），北京：科學出版社，2003 年，第 213～214 頁。

② 鍾書林、張磊：《敦煌文研究與校注》，武漢：武漢大學出版社，2014 年，第 501～503 頁。

【校記】

[1] "後秦鳩摩羅什法師者，其父本罽賓國輔相之子鳩摩羅炎，厭世榮華，志求出俗。辭主東邁，至龜茲國"，簡略自《高僧傳·晋長安鳩摩羅什傳》："鳩摩羅什，此云童壽，天竺人也，家世國相。什祖父達多，倜儻不群，名重於國。父鳩摩炎，聰明有懿節，將嗣相位，乃辭避出家，東度葱嶺。龜茲王聞其弃榮，甚敬慕之，自出郊迎，請爲國師。"

[2] 黶：原卷作"厭"，當爲"黶"字之省誤。按：《出三藏記集》《高僧傳》之《鳩摩羅什傳》均云"且體有赤黶，法生智子，諸國娉之，並不肯行"，亦可佐證。黶，本指皮膚上所生黑色的痣。《説文》："中黑也。"《廣雅》："黑也。"《廣韻》："面有黑子。"《漢書·高帝紀》："帝左股有七十二黑子。"唐顔師古注曰："今中國通呼爲黶子。吴楚俗謂之志。志者，記也。"黶，後通指皮膚上所生斑點，不專指黑痣。"赤黶"即指紅痣。

[3] 底卷"聘"字，《録釋》作"騁"字，校爲"聘"字。《校注》云："原卷該字爲行末字，下截稍有殘損。'馬'之繁體'馬'上部與'耳'形近相近難辨，茲録作'聘'。"按：原卷作"騁"，偏旁馬字下截稍有殘損，但仍可確定爲"騁"。《出三藏記集》《高僧傳》之《鳩摩羅什傳》均作"娉"。"娉"，古代婚禮，男方遣媒向女方問名求婚謂之娉。今通作"聘"。《説文·女部》："娉，問也。"段玉裁注："凡娉女及聘問之禮，古皆用此字……而經傳概以'聘'代之。"今依《出三藏記集》《高僧傳》作"聘"。

[4] 即：《釋録》《校注》作"抑"，釋讀爲"欲"。按：寫本原抄作"抑"，後塗去，於右旁下改作"即"。

[5] 底卷"便"字，《釋録》《校注》録作"不"，不確。

[6] 异夢呈休：奇异的夢呈現美善、喜慶的徵兆。休，美善、喜慶。《全唐文》卷四三八徐承嗣《奏歲星太白同躔不犯狀》："五帝敬告，百神是憑。法象呈休，蒼生致福。"

[7] 底卷"聽"字，下半部稍有殘損，茲據現存殘筆"▧"辨識爲"聽"。按："聽辯"二字費解，與上下文意相礙，"聽"字，疑爲"聰"字的形誤。聰辯：聰慧明辯。《雜阿含經》卷二十四《誦道品》："若有比丘黠慧才辯，善巧方便，取内心已，然後取於外相，彼於後時終不退減，自生障閡。譬如厨士黠慧聰辯，善巧方便，供養尊主，能調眾味，酸醎酢淡，善取尊主所嗜之相，而和眾味，以應其心，聽其尊主所欲之味，數以奉之，尊主悅已，必得爵禄，爱倍倍重。如是黠慧厨士善取尊主之心，比丘亦復如是。"《宋書·隱逸傳·宗炳》："母同郡師氏，聰

辯有學義，教授諸子。”

[8] 初果：四沙門果（須陀洹果、斯陀含果、阿那含果、阿羅漢果）中之須陀洹果，故稱“初果”。須陀洹，梵語作Srotrāpanna的音譯，意譯作預流、逆流，即斷除欲、色、無色等三界之見惑，預入聖者流類果位。“流”有二義，即“無漏之聖道”與“生死之流”，前者爲預流，後者爲逆流。預流，“預”，即“入”義，指此聖人得證初果，入於聖道流類的果位。逆流，指初果聖人乃背逆生死之流類。此處（指斷除欲、色、無色等三界之見惑，預入聖者流類之果位。北涼曇無讖譯《大般涅槃經》卷三十六《迦葉菩薩品》：“迦葉菩薩白佛言：‘世尊！是須陀洹先得道故，名須陀洹。以初果故，名須陀洹。若先得道名須陀洹者，得苦法忍時，何故不得名須陀洹，乃名爲向？若以初果名須陀洹，外道之人先斷煩惱至無所有處，修無漏道得阿那含果，何故不名爲須陀洹?’”◎“龜茲國王妹，體有赤厭（靨），法生智子。諸國聘之，悉皆不許。一見炎至，遂即妻之。炎乃問辭，事免而納。不逾歲月，便覺有胎。異夢呈休，母加聽辯。後生什已，其辯還亡。母因出家，便得初果”，參考了《高僧傳·鳩摩羅什傳》：“王有妹，年始二十，才悟明敏，過目必能，一聞則誦。且體有赤靨，法生智子，諸國娉之，並不肯行。及見摩炎，心欲當之，乃逼以妻焉，既而懷什。什在胎時，其母慧解倍常。……及什生之後，還無前言。頃之，什母樂欲出家……仍樂禪法，專精匪懈，學得初果。”

[9] 輔國：指龜茲國，羅什母爲龜茲國王之妹。◎底卷“年至七歲，日誦萬言。母携尋師，還至輔國”，借鑒自《高僧傳·晉長安鳩摩羅什傳》：“什年七歲，亦俱出家，從師受經，日誦千偈，偈有三十二字，凡三萬二千言。誦《毗曇》既過，師授其義，即自通達，無幽不暢。時龜茲國人以其母王妹利養甚多，乃携什避之。”

[10] 底卷“居止”，《釋錄》作“居正”，不確。居止意謂行動。晋向秀《思舊賦序》：“余與嵇康、呂安，居止接近。”唐薛瑩《龍女傳·鄭德璘傳》：“訪其父母，父母居止儼然。”◎“遍學經論，屢折邪宗。大小諸師，莫不欽伏。罽賓國王，重加禮遇。凡是僧徒，莫敢居止”，是指鳩摩羅什九歲至罽賓國從罽賓王從弟盤頭達多學習經論，後在王宮與諸外道論辯時，折服諸外道，而受國王最上供之事，與S.3974《鳩摩羅什傳略》之“什年七歲，母攜往罽賓，訪以明師，志存求學。罽賓王見什神情爽朗，恠（怪）而以（异）之。集外道共論，其曰無能當者”所述事迹相同，詳參《高僧傳·晉長安鳩摩羅什傳》：“什年九歲，隨母渡辛頭河，至罽賓，遇名德法師槃頭達多，即罽賓王之從弟也。淵粹有大量，才明博識，獨步當時。三藏九部，莫不該練。從旦至中，手寫千偈。從中至暮，亦誦

千偈。名播諸國，遠近師之。什至即崇以師禮，從受《雜藏》、《中》《長》二《含》，凡四百萬言。達多每稱什神俊，遂聲徹於王，王即請入宮，集外道論師，共相攻難。言氣始交，外道輕其年幼，言頗不遜。什乘隙而挫之，外道折伏，愧惋無言。王益敬異，日給鵝腊一雙，粳米麨各三斗，酥六升。此外國之上供也。所住寺僧乃差大僧五人，沙彌十人，營視掃灑，有若弟子，其見尊崇如此。"

[11] 槩：原卷作"榘"，爲槩之异體。《龍龕手鏡・木部》："榘，同槩。"《集韻・去聲・代韻》："榘，或書作槩。"◎槩乎進且：《校注》云："進且，蓋言進取。且，蓋通擔。取，拿。"《老子》："今舍慈且勇，舍位且廣，舍後且先，死矣！"王弼注："且猶取也。"高享注："且，讀爲擔。《方言》十：擔，取也。"

[12] 傳通：傳法流通。唐道宣撰《續高僧傳》卷十五《唐京師普光寺釋法常傳》："及學成返國皆爲法匠，傳通正教於今轉盛。"

[13] 舅國：指龜茲。鳩摩羅什母爲龜茲國王白純之妹，故稱其國爲"舅國"。吕：原卷作"侣"，《校注》云：當爲"吕"字之訛，是，茲從之。◎"辭母東來，却至舅國。遭侣（吕）光之難，礙留數年"，指鳩摩羅什在龜茲國弘法時，被吕光擄至涼州數年之事。據《晋書・符堅載記》可知，符堅建元十八年（382），遣驃騎將軍吕光、陵將軍姜飛等率兵七萬，討伐龜茲及烏耆諸國，吕光率軍攻陷龜茲國，殺其王白純，擄羅什至涼州時知符堅被姚萇所害，後遂以涼州爲据，竊國號爲太安。吕光不信佛，羅什在涼州十餘年未曾弘法。後秦弘始五年（403），後秦姚興派隴西公大敗吕隆，方迎羅什入關至長安一事。

[14] 一一行由：一一，逐一、一個接一個。《韓非子・内儲説上》："韓昭侯曰：'吹竽者眾，吾無以知其善者。'田嚴對曰：'一一而聽之。'"劉宋疆良耶舍譯《佛説觀無量壽經》卷一："有五百億微妙寶珠，以爲映飾。一一寶珠有八萬四千光，一一光作八萬四千异種金色，一一金色遍其寶土。"行由，猶行歷。元宗寶編《六祖大師法寶壇經》卷一《行由第一》："善知識！且聽惠能行由，得法事意。"

[15] 秦中：古地區名。指今陝西中部平原地區，因春秋、戰國時地屬秦國而得名。也稱關中。《史記・封禪書》："杜主，故周之右將軍，其在秦中最小鬼之神者。"《漢書・婁敬傳》："秦中新破，少民，地肥饒，可益實。"顔師古注："秦中謂關中，故秦地也。"此卷專指關中後秦姚興建國之長安。元文才述《肇論新疏》卷二："時乃集義學沙門五百餘人於逍遥觀，躬（親）執秦文，與什公參正方等。義學即僧史十科中義解，逍遥觀即今秦中草堂寺。"

[16] 先：《釋録》作"光"，非是，不可從。《校注》作"先"，是，茲從之。按：秦

主姚興弘始三年（401）五月遣派隴西公碩德西伐呂隆，九月呂隆上表歸降，十二月羅什至長安；然而在弘始三年三月逍遥園便有瑞相，因此，本卷謂"什初欲來，嘉瑞先現"。◎嘉瑞：祥瑞。《漢書·宣帝紀》："承天順地，調序四時，獲蒙嘉瑞，賜茲祉福。"

[17] 薗：園之異體。"園"寫本即作"薗"。《字彙·艸部》："薗：同園。"蓋園爲樹草木花果之所在，故或又加義符"艸"。敦煌寫本常見，如Φ96《雙恩記》"時王有一果薗，其原茂盛，常患鳥雀"。◎逍遥一薗：逍遥園，在陝西鄠縣東南圭峰北麓，稱圭峰寺，又名草堂寺。後秦姚興迎鳩摩羅什在此譯經，時稱逍遥園。北魏崔鴻《十六國春秋·後秦·姚興》："鳩摩羅什至長安，七年正月，興如逍遥園，引諸沙門，聽什説佛經。"

[18] 薤：《釋録》作"韭"，《校注》作"韮"，釋讀爲"韭"，曰："韮，爲'韭'的增旁俗字。"按："韮"爲"韭"的異體字，然原卷實作"𦫖"，《出三藏記集·鳩摩羅什傳》作"薤"，《高僧傳·晋長安鳩摩羅什傳》作"苰"。敦煌寫本《語對》"薤露"，P.2524寫卷抄作"𦬊"與"𦫖"形近，疑當作"薤"。薤即薍頭，形似葱，俗稱小蒜。◎本卷"什初欲來，嘉瑞先現。逍遥一薗，葱變爲薤（韭）"指羅什未至長安時，逍遥園所現之瑞相一事，詳參《高僧傳·晋長安鳩摩羅什傳》："（後秦）興弘始三年三月，有樹連理，生于廣庭。逍遥園葱變爲苰，以爲美瑞，謂智人應入。至五月，興遣隴西公碩德西伐呂隆，隆軍大破。至九月隆上表歸降，方得迎什入關，以其年十二月二十日至于長安，興待以國師之禮，甚見優寵。"

[19] 立草堂寺：後秦姚興迎鳩摩羅什在陝西鄠縣東南圭峰北麓結草爲舍，翻譯佛經，建成中國第一所國家譯經場，時稱逍遥園，後稱草堂寺，是佛教八宗之一"三論宗"的祖庭。其後華嚴宗五祖圭峰宗密居之，又稱圭峰寺。

[20] 同譯經律：鳩摩羅什通曉多國語言，翻譯的佛教典籍包含經、律、論。所譯《般若經》《維摩經》《法華經》《阿彌陀經》《坐禪三昧經》《十誦律》《大智度論》《中論》《百論》《十二門論》《十住毗婆娑論》等，譯文流暢簡潔，據梁僧祐《出三藏記集》，譯有三十五部二九四卷。據唐智昇《開元釋教録》著録，則多達七十四部三八四卷。對中國天台、三論、净土、禪宗等宗派的形成影響重大。

[21] 芥子納須彌：芥子，原係芥菜之種子，體積微小，故於經典中屢用以比喻極小之物。須彌原指古印度宇宙觀中，位於一世界中央之彌山，轉喻爲極大之意。佛教芥子、須彌兩詞多對稱。如謂"芥子容須彌，毛孔收刹海"即爲常見於佛

典中之譬喻。《維摩詰所説經·不思議品》：“唯應度者，乃見須彌入芥子中，是名住不思議解脱法門。”尤爲經典的代表，之後各宗常見。禪宗多以“須彌入芥子”一語來表示超越大小、高低、迷悟、生佛等差别見解，而達於大徹大悟、融通無礙之境界。華嚴宗，則以須彌山放入一芥子中，須彌山不縮小，而芥子亦不膨脹。用來表示華嚴境界中不可思議的“大小無礙”思想。

[22] “秦主懷疑，什將證信。以鏡納於瓶内，大小無傷”事，S.3704《鳩摩羅什傳略》（一）對此有較爲詳細的記述：“是時，譯《維摩經》一部，文至‘芥子納須彌’，帝乃疑心。什知其意，便納衣鏡在灌澡之中。帝問：‘映鏡何在？’什報曰：‘鏡在澡罐。’帝甚异焉。帝問：‘出得以否？’什報曰：‘得。’登時瀉出，鏡復如常。什即啓言：‘羅什凡夫，猶内鏡於澡罐，何妨維摩大士芥子納須彌？’帝乃信之，悔謝也。”P.2680、P.4597、S.276V、S.6631《羅什法師讚》也有：“内鏡澡瓶裏，洗滌秦王惑。”《釋氏六帖》卷二十二《助道資身部》“净瓶”條下“瓶藏馬鏡”事載：“《釋經記》云：羅什譯《維摩經》至‘芥納須彌，毛吞巨海。’姚興閣（擱）筆曰：‘後人信不及！’什以帝馬鏡内净瓶中。鏡亦不小，瓶亦不大。姚興信伏，書之。”

[23] 帝：《校注》失錄。

[24] 希：《釋錄》作“希”，校改爲“稀”。《校注》以爲：“希奇”不煩校改。”◎頂謝希奇：頂謝，頂禮感謝。唐窺基《説無垢稱經疏·菩薩品》：“贊曰：七天女禮謝，聞道既深，故爲頂謝。”希奇，猶言罕見而新奇。《佛本行集經·俯降王宫品五》：“時阿私陀見未曾有希奇之事，异種光明。”《大方廣佛華嚴經·不思議佛境界分》：“應往精舍中，見甚希奇微妙佛像，安住不動。”

四、敦煌寫本《鳩摩羅什傳略》（二）校注

【題解】

敦煌寫本中另一有關鳩摩羅什的傳記記述 S.3074，現稱之爲《鳩摩羅什傳略》（二），兹叙述如下：

S.3074 正背書。正面首尾俱缺，存 59 行。無標題。抄寫内容爲魏晉時期的高僧康僧會、鳩摩羅什、竺道生、法顯、釋弘明、佛圖澄六位高僧之簡要傳記。内容大抵係節錄梁慧皎《高僧傳》以成篇，因而有擬題爲《高僧傳略》。

《鳩摩羅什傳略》爲第二件，前有《羅什法師譯經院》，據此推測，此傳略的功能蓋爲配合譯經院繪製鳩摩羅什畫像而取材於《高僧傳》節錄以

成簡要短篇的傳略以供圖像解説之用。

《鳩摩羅什傳略》，首尾俱全。計 17 行。行 21～23 字。前有"羅什法師譯經院"，起"法師中天三藏漢譯口之微言"，訖"何妨維摩大士芥子納須弥帝乃信之悔謝也"。前三行下部略有殘泐。

1　羅什法師譯經院　法師中天三藏漢譯口之微言▨（道）□□

2　典戒德孤隼若隙桂之千尋行業剋標等松□□□□

3　乘危遠涉見萊業興焉歷苦經過梵本臻矣▨（對）□□□

4　德擲筆空中經論若合仏心七日而莫下人倫合雜道俗駢

5　駢人者具瞻神通巨測不可思議也四輩（輩）有依救苦蒼生三

6　塗免溺圖畫行歷示以未知續以神姿未見當見▨（鳩）

7　摩羅者什法師是也本是五天人父爲國相男甚聰▨（明）

8　不樂輔臣誓擬離俗母亦樂道藏弃相家既發斯心其母

9　證得初果什年七歲母携往罽賓訪以明師志存求學罽

10　賓王見什神情爽朗惟而以之集外道共論其日無

11　能當者於是歷諸國尋大乘訪聖踪求仏教至卅五將梵本

12　屆　大唐　秦帝奉迎譯諸經論是時譯維摩經一部文

13　至芥子納須弥帝乃疑心什知其意便納衣鏡在灌澡

14　之中帝問暎鏡何在什報曰鏡在澡灌帝甚异焉

15　帝問出得以否什報曰得登時瀉出鏡復如常什即啓言羅

16　什凡夫猶内鏡於澡灌何妨維摩大士芥子納須弥帝乃

17　信之悔謝也

【校録】

鳩摩羅什傳略（擬）

羅什法師譯經院法師，中天三藏[1]，漢譯□（金）口之微言[2]，▨（道）□□□□□典[3]。戒德孤隼[4]，若隙桂之千尋[5]；行業剋標[6]，等松□□□□[7]。乘危遠涉，見業興焉[8]；歷苦經過，梵本臻矣。▨（對）□□□德[9]，擲筆空中，經論若合佛心[10]，七日而莫下。人倫合雜[11]，道俗駢填[12]，人者具瞻[13]，神通巨測[14]，不可思議也[15]。四輩有依[16]，救苦蒼生，三塗免溺[17]，圖畫行歷[18]，示以未知。續以神姿[19]，未見當見。

▨（鳩）摩羅者[20]，什法師是也，本是五天□（竺）人[21]。父爲國相，男甚聰▨（明）[22]，不樂輔臣，誓擬離俗；母亦樂道，厭弃相家[23]。既發斯心，其母證得初果[24]。什年七歲，母携往罽賓，訪以明師，志存求學。罽賓王見什神情爽朗，怪而異之[25]。集外道共論[26]，其日無能當者。於是歷諸國，尋大乘，訪聖踪，求佛教。至卅五，將梵本届大秦[27]。秦帝奉迎，譯諸經論。是時，譯《維摩經》一部，文至"芥子納須彌"，帝乃疑心。什知其意，便納衣鏡在灌澡（澡罐）之中[28]。帝問："暎鏡何在？"什報曰："鏡在澡罐。"帝甚異焉。帝問："出得以否？"什報曰："得。"登時瀉出，鏡復如常。什即啓言："羅什凡夫，猶内鏡於澡罐，何妨維摩大士芥子納須彌？"[29]帝乃信之，悔謝也。

【校注】

[1] 中天三藏：是"中天竺三藏"的簡稱。中天，指中天竺。中古時期，印度全域劃爲五區，稱爲五天竺，其中央部分之諸國，稱爲中天竺。或指全印度，殆因我國流傳甚久之佛教聖地等多存於中印度（五印度之一），如唐朝王玄策所著之記稱爲《中天竺行記》，即作此廣義之解釋。"三藏"，指通曉經、律、論三藏的僧人，稱三藏法師，如唐玄奘稱唐三藏。

[2] 金：底卷本無，兹據上下文意擬補。按：釋迦牟尼之口，常稱作"金口"。中土常將其所説之法稱作"金口所説"，如隋闍那崛多譯《佛本行集經》卷二《發心供養品》："爾時，阿難白佛言：'世尊！我曾聞佛金口所説，聞已繫心憶持不忘，所謂諸佛智，無有礙，無等等，無障礙。世尊！如來實知如是智不？'"或作"金口演述"，唐義净譯《金光明最勝王經》卷七《大辯才天女品》："如來金口演説法，妙響調伏諸人天；舌相隨緣現希有廣長能覆三千界。"因此，中土義學高僧翻譯佛經之舉，常被稱作"譯金口之微言"，唐圓照集《代宗朝贈司空大辨正廣智三藏和上表制集》卷一《拜不空三藏特進試鴻臚卿兼賜號制書一首》："敕不空三藏蓮宫釋種香界道師，性表真如，學精秘藏，承紺園之妙旨，開示四依，譯金口之微言。津梁六趣，身持梵匣，遠涉流沙。傳燈益明，甘露溥潤。散慈雲於火宅，揚慧日於幽塗。"如《維摩詰經講經文》（一）："此時結集正經文，總是如來金口語，今日分明説似君，途教人眾除疑慮。"如《阿彌陀經講經文》（二）："前言'佛説'，乃是釋迦如來金口所説。"《目連緣起》："目連聞金口所説，不覺悶絶號咷。既知受罪因緣，欲往三塗救拔。"微：原卷作"微"，爲"微"之异體。《偏類碑别字·彳部》引《魏安定王造象記》"微"作"微"。按：敦煌寫本"微"

多作"微",如 P. 2173《御注金剛般若波羅蜜經宣演卷上》："直照精微,洞開秘密。"◎微言:意謂精深微妙的言辭。漢劉歆《移書讓太常博士》:"及夫子沒而微言絶,七十子卒而大義乖。"

[3] 第一行下殘泐,據各行字數估,應殘五字,第一字殘留字的上半,應是"道"字。

[4] 戒:"戒"爲"戒"之异體。敦煌寫本"戒"多作"戒"。《維摩詰經講變文》:"可謂信戒聞相惠。"孤:原卷俗寫作"孤"。敦煌寫本"孤"多作"孤",如 Φ 96《雙恩記》:"孤標特起。"◎戒德孤隼:《高僧傳·釋僧祐傳》:"(僧祐)投法達法師。達亦戒德精嚴,爲法門梁棟。"孤隼,獨拔的猛禽。宋蘇軾《江上值雪效歐陽體》詩:"草中咻咻有寒兔,孤隼下擊千夫馳。"修菩薩行者,戒德圓明,心體光潔,宛如特立獨行的猛禽。

[5] 隙:原卷作"隙",爲"隙"之异體。唐柳宗元《楊評事文集後序》:"以比興之隙。"《干禄字書》:"隙,隙:上俗,下正。""⊘(道)□□□□□典,戒德孤隼,若隙(隙)桂之千尋",《校注》作"□□□□,□典戒德,孤隼若隙,挂之尋",非是,不可從。

[6] 行業剋標:行業,佛教指恪守戒律的操行。北齊顏之推《顏氏家訓·歸心》:"以僧尼行業多不精純爲奸慝也。"唐玄奘《大唐西域記·藍摩國》:"我惟多福,濫迹僧中,歲月亟淹,行業無紀。"剋標,成爲標竿、榜樣。三國魏阮籍《詠懷》:"人誰不善始,匙能剋厥終。"南朝梁劉勰《文心雕龍·頌贊》:"陳思所綴,以《皇子》爲標;陸機積篇,惟《功臣》最顯。"

[7] 第二行下殘泐,據各行字數估,"松"字下應殘四字。

[8] "葉",爲"葉"之异體,避唐太宗諱而改字。P. 3873《韓朋賦》:"枝枝相對葉葉相籠。""葉"原卷即作"葉"。敦煌寫本"業"多作"業"。二者形體相近,寫本多混。◎見業興焉:"見業"共有兩種,即正見之業、邪見之業,此處指前者。正見之業,本篇中指羅什等中天竺三藏將梵文佛經携帶至中土之事,本篇下文"歷苦經過,梵本臻矣"亦可爲證。《中阿含經》卷十二《王相應品》:"爾時,世尊告諸比丘:'我以淨天眼出過於人,見此衆生死時、生時,好色、惡色,或妙、不妙,往來善處及不善處,隨此衆生之所作業,見其如真。若此衆生成就身惡行,口、意惡行,誹謗聖人,邪見成就邪見業,彼因緣此,身壞命終,必至惡處,生地獄中。若此衆生成就身妙行,口、意妙行,不誹謗聖人,正見成就正見業,彼因緣此,身壞命終,必昇善處,乃生天上。'"

[9] 第三行下殘泐,據各行字數估,應殘四字,第一字殘留字的上半,應是

"對"字。

[10] "☒（對）□□□德，擲筆空中，經論若合佛心"，《校注》作"□□□□，□惡擲筆空中經論，若合佛心"，未諦，不可從。◎佛心：此處指羅什所譯之經文與佛陀説法之旨相合。

[11] 人倫合雜：合雜，猶交錯。唐蔡希綜《法書論》："八分、章草、古隸等體要相合雜，發人意思。"羅振玉《敦煌零拾》之《維摩詰經講經文》："毫光與晃日争輝，雅樂與梵音合雜。"

[12] 原卷"驥"字右半殘泐，尚可勉强辨識，"驥"蓋涉"駢"字而類化，依文意，當作"填"。◎道俗駢填：駢填：亦作"駢田""駢闐"，意謂連屬聚集。《晋書·隱逸傳·夏統傳》："會三月上巳，洛中王公已下並至浮橋，士女駢填，車服燭路。"唐道世《法苑珠林》卷五十二"感應緣"："主人曰：'君不欲定省先亡乎？乃遣人將廓行。經歷寺署甚衆。末得一垣城門楯並黑圖圍也，將廓入中，斜趣一隅。有諸屋宇，駢填銜接，而甚陋弊。'"如 S.4571《維摩詰經講經文》："滿街填塞闐，喜遇覺花開，競到菴園會，駢填卒莫裁。"

[13] 底卷"人者具瞻，神通叵測，不可思議也"，《校注》作"人者具瞻神通，叵測不可思議也"，非不可從。◎人者具瞻：具瞻，謂爲衆人所瞻望。語出《詩·小雅·節南山》："赫赫師尹，民具爾瞻。"《三國志·魏書·高柔傳》："今公輔之臣，皆國之棟梁，民所具瞻。"

[14] 神通叵測：謂佛、菩薩、阿羅漢等通過修持禪定所得到的神秘法力。《大薩遮尼乾子所説經·如來無過功德品》："何者如來神通智行？答言：大王！沙門瞿曇神通行有六種：一者，天眼通；二者，天耳通；三者，他心通；四者，宿命通；五者，如意通；六者，漏盡通。"泛指神奇高超的本領。晋干寶《搜神記》卷一："左慈，字元放，廬江人也，少有神通。"遼鮮演《華嚴經談玄抉擇》："或向華嚴法場，不遍而遍，神通叵測。群生而欽依。功德難思。"

[15] 不可思議：指不可思慮言説的微妙境界。主要用來形容諸佛菩薩覺悟的境地，與智慧、神通力的奥妙。《維摩詰經·不思議品》："諸佛菩薩有解脱名不可思議。"《晋書·藝術傳·鳩摩羅什傳》："方等深教，不可思議，傳之東土，惟爾之力。"

[16] 輦：原卷俗寫作"輂"。"輂"爲"輦"之异體。《説文解字·車部》："輦，若軍發車，百兩爲輦。從車，非聲。"《龍龕手鏡·車部》皆作："輂、輦，蒲昧反，比也。又北昧反，等，亦比類也。"◎四輦有依：四輦，指比丘、比丘尼、優婆塞、優婆夷等出家、在家之男女構成佛教教團之四種弟子衆。又稱四部衆、四

部弟子。或僅指出家四眾，即比丘、比丘尼、沙彌、沙彌尼。晋竺法護譯《正法華經》卷三《信樂品》："然今最後，普令四輩比丘、比丘尼、清信士、清信女，天上世間一切人民，顯示本宜。"按："四輩有依"此處指中土出家四眾，能依據羅什所譯佛經修行成道。

[17] 三塗免溺：參《劉薩訶和尚因緣記》校記 [28]。

[18] 晝：原卷作"書"。當爲"晝"之誤，依文意改。◎行歷：猶經歷。唐劉知幾《史通·雜説上》："司馬遷之叙傳也，始自初生，及乎行歷，事無臣細，莫不備陳，可謂審矣。"

[19] 繢以神姿：繢，繪畫。《周禮·考工記·畫繢》："畫繢之事，雜五色。"唐柳宗元《永州龍興寺修净土院記》："今刺史馮公作大門以表其位，余遂周延四阿，環以廊廡，繢二大士之像。"神姿，神情姿態。南朝宋劉義慶《世説新語·賞譽》："太尉神姿高徹，如瑤林瓊樹，自然是風塵外物。"《晋書·王戎傳》："王衍神姿高徹，如瑤林瓊樹，自然是風塵表物。"

[20] 底卷"鳩"字，下半部略有殘缺，茲據殘筆及上下文意校録作"鳩"字。

[21] "天"下原卷脱"竺"字，據《高僧傳·晋長安鳩摩羅什傳》"鳩摩羅什，此云童壽，天竺人也"，茲依文意補。

[22] "明"字，底卷筆迹淡化，且漫漶殘損，茲據上下文意擬補。

[23] 厭：原卷作"厭"，爲"厭"之異體。如甘博 001《法句經趣》"疲厭世苦，從是道除"。◎"厭弃相家"又作厭弃。謂厭惡而嫌弃。唐趙元一《奉天録》卷二："況陛下承丕業之餘慶，握皇圖而援籙，萬方同軌，八表恃賴，豈以一小豎厭弃皇家，百六之灾得爲天譴而縈聖心哉！" P.3093《佛説觀彌勒菩薩上生兜率天經講經文》："厭弃綺羅衣裳，常喫蘇陀品味。"

[24] 初果：參《鳩摩羅什傳略（擬）》校記 [8]。

[25] 怪：原卷作"恠"，爲怪之異體。"以"字，不解，依文意，擬爲"异"字。

[26] 外道：又作外教、外法、外學。指佛教以外的宗教及思想爲外道。南朝梁沈約《枳園寺刹下石記》："魔眾稽顙，外道屈膝；抽薪止火，折劍摧鋒。"隋吉藏《三論玄義》卷上："至妙虛通，目之爲道。心遊道外，故名外道。"

[27] 大秦：原卷作"大唐"，當爲"大秦"之誤。蓋抄者爲唐人，本應稱大秦，抄寫時下意識寫作大唐，當依文意改作"大秦"。◎將梵本屆大秦：將，拿、持、携帶。唐李白《俠客行》："將炙啖朱亥，持觴勸侯嬴。"屆，到。《書經·大禹謨》："惟德動天，無遠弗屆。"北魏酈道元《水經注·濁漳水》："昔袁本初還自易京，上已屆此，率其賓從，褉飲於斯津矣。"

[28] 灌澡：依下文"鏡在澡灌""猶内鏡於澡灌"，當是"澡灌"之倒。又"灌"當作"罐"，蓋音同形近之訛。下同。

[29] "譯《維摩經》一部，文至'芥子納須彌'，帝乃疑心。……内鏡於澡罐，何妨維摩大士芥子納須彌?"一段記述，可與 S.381《鳩摩羅什傳略》"後因譯《維摩經·不思議品》，聞芥子納須彌，秦主懷疑，什將證信。以鏡納於瓶内，大小無傷。什謂帝曰：'羅什凡僧，尚納鏡於瓶内，況維摩大士，芥子納須彌而不得者乎?'"參看。

五、敦煌寫本《法顯傳略》校注

【題解】

今已公布的有關敦煌寫本《法顯傳略》的敦煌文獻僅見 S.3074 一件，茲叙述如下：

S.3074 原卷無標題，殘存有康僧會、鳩摩羅什、竺道生等。《法顯傳略》爲第四件文本，首尾俱完，無題，計 17 行。内容大抵係節録梁慧皎《高僧傳·宋江陵辛寺釋法顯傳》以成篇，因而有擬題爲《高僧傳略》。除《高僧傳》外，《高僧法顯傳》（又稱《佛國記》）内容也多有相關記述，可參照。

1　顯法師者姓龔平揚人三歲出家志行明懿常慨經律未倫決

2　志西尋以晋隆安中与同學十人發自長安西至流沙上無飛鳥

3　下無走戰四顧茫茫莫測所之惟視日以知東西人以標

4　行路耳又有熱風惡鬼遇者必死顯任葉而行直遇嶮難

5　至葸嶺冬夏積雪惡龍吐毒風砂礫山路危懸壁立千刃昔

6　有穿石通路傍施梯道几度七白梯又躡懸絚過河數十處

7　皆漢張騫甘父所不至也孤行卅餘國達王舍上耆闍崛山

8　燒香礼拜三里師子舐脣搖尾在顯前顯一心誦經念仏師子乃☒（低）

9　頭下尾便以手摩之誦經竟師子良久遂去

【校錄】

法顯傳略（擬）

顯法師者，姓龔，平陽人[1]。三歲出家，志行明愍[2]，常慨經律未備[3]，決志西尋[4]。以晉隆安中，與同學十人，發自長安，西至流沙，上無飛鳥，下無走獸[5]，四顧茫茫，莫測所之。惟視日以知東西，□（望）人□（骨）以標行路耳[6]。又有熱風惡鬼，遇者必死[7]。顯任業而行，直過嶮難[8]。至葱嶺[9]，冬夏積雪，惡龍吐毒，風□（雨）砂礫。山路危懸，懸壁千仞[10]。昔有穿石通路[11]，傍施梯道，凡度七百梯[12]，又躡懸絙過河，數十處[13]，皆漢張騫、甘英所不至也[14]。孤行卅餘國[15]，達王舍□（城）上耆闍崛山[16]，燒香禮拜三里，師子舐唇搖尾在顯前。顯一心誦經念佛，師子乃▨（低）頭下尾[17]，便以手摩之。誦經竟，師子良久遂去。

【校記】

[1] 陽：原卷作“揚”。《高僧傳·宋江陵辛寺釋法顯傳》：“釋法顯姓龔。平陽武陽人。”揚、陽音同形近，敦煌寫本多混用。如 P.2122《佛説阿彌陀經講經文》“提舍忽然從外入，擊揚法鼓更聰時”中“揚”字，原卷即作“陽”。茲據《高僧傳》改。◎平陽人：《高僧傳·宋江陵辛寺釋法顯傳》：“釋法顯姓龔，平陽武陽人。”晉司州平陽郡武陽（今山西臨汾地區）。

[2] 志行明愍：志行，指志向和操行。《漢書·傅喜傳》：“少好學問，有志行。”明愍，猶明敏，意謂聰明機敏。《高僧傳·宋江陵辛寺釋法顯傳》即作“志行明敏”。《北齊書·文宣帝紀》：“（文宣）內雖明敏，貌若不足，世宗每嗤之。”

[3] 備：原卷作“俻”，爲“備”之异體。《玉篇·人部·備字》：“備，皮秘切，預也。俻，同上，俗。”《干禄字書·去聲》云：“俻備，上俗中通下正。”

[4] 常慨經律未備，決志西尋：指法顯出家後感慨中土經律不全，發誓至西域及天竺取經一事，詳參《高僧傳·宋江陵辛寺釋法顯傳》：“（法顯）嘗與同學數十人，於田中刈稻，時有飢賊欲奪其穀，諸沙彌悉奔走，唯顯獨留。語賊曰：‘若欲須穀，隨意所取，但君等昔不布施，故致飢貧，今復奪人，恐來世彌甚，貧道預爲君憂耳。’言訖即還，賊弃穀而去。眾僧數百人，莫不嘆服，及受大戒，志行明敏，儀軌整肅，常慨經律舛闕，誓志尋求。”按：這一情節又見於《法顯傳》：“法顯昔在長安，慨律藏殘缺，於是遂以弘始二年歲在己亥，與慧景、道整、慧

應、慧嵬等，同契至天竺尋求戒律。"

[5] 獸：原卷作"戵"，爲"獸"之俗寫。敦煌寫本常見，如 S.799《隸古定尚書》"武王伐殷，往伐歸戵"。"晋隆安中，與同學十人，發自長安，西至流沙。"按：《高僧傳·宋江陵辛寺釋法顯傳》："以晋隆安三年，與同學慧景、道整、慧應、慧嵬等。發自長安，西渡流沙。"隆安爲東晋安帝年號，隆安三年，即公元399年。

[6] 按：將原卷"人以標行路"置於上下文中，文意不通，疑"人"上脱"望"字，下脱"骨"字，茲據《高僧傳·宋江陵辛寺釋法顯傳》"唯視日以准東西，望人骨以標行路耳"擬補。按：《法顯傳》"遍望極目，欲求度處，則莫知所擬，唯以死人枯骨爲標識耳"亦可佐證。

[7] 熱風：炎熱的風，稱作"火風"。隋吉藏撰《仁王般若經疏》卷三《受持品》："赤風者即赤沙，青風者即青沙，天風地風者天陽地陰也，火風者熱風也。"按：這一小段指法顯等人過沙河（自敦煌西至鄯國間沙漠地帶）時的遭遇。沙漠里的熱風能燒灼人的身體皮肉甚至骨髓，若人碰到熱風，必死無疑。後秦佛陀耶舍共竺佛念譯《長阿含經》卷十八《閻浮提州品》："佛言：'何故名爲阿耨達？阿耨達其義云何？此閻浮提所有龍王盡有三患，唯阿耨達龍無有三患。云何爲三？一者舉閻浮提所有諸龍，皆被熱風、熱沙著身，燒其皮肉，及燒骨髓以爲苦惱，唯阿耨達龍無有此患。'"

[8] 顯任業而行，直遇嶮難：任，任憑，聽隨。三國魏嵇康《琴賦》："齊萬物兮超自得，委性命兮任去留。""任業"，猶隨緣。《高僧傳·宋江陵辛寺釋法顯傳》："顯任緣委命，直過險難。"唐菩提流支譯《大寶積經》卷一〇二《緣起品》："釋師子人雄，今者現於世，班宣深妙法，永拔衆苦源。諸天雖快樂，誰能保長久？任業還三塗，復受衆苦毒。所習諸欲事，貪愛獨增長，三界本無樂，而愚耽著之。"遇當作"過"，蓋形近致訛。《高僧傳·宋江陵辛寺釋法顯傳》："顯任緣委命，直過險難。"嶮同"險"。《後漢書·馬援傳》："從壺頭則路近而水嶮，從充則塗夷而運遠。"◎底卷從"以晋隆安中，與同學十人"至"顯任葉（業）而行，直遇（過）嶮難"主要講述法顯及同學從長安到蔥嶺途經沙河時的諸種艱險，詳參《高僧傳·宋江陵辛寺釋法顯傳》："（法顯）以晋隆安三年，與同學慧景、道整、慧應、慧嵬等，發自長安。西渡流沙，上無飛鳥，下無走獸，四顧茫茫，莫測所之。唯視日以准東西，望人骨以標行路耳。屢有熱風惡鬼，遇之必死，顯任緣委命，直過險難。"劉宋法顯撰《佛國記》的記載更爲具體："法顯昔在長安，慨律藏殘缺，於是遂以弘始二年歲在己亥，與慧景、道整、慧應、慧嵬等，同契至天

竺尋求戒律。初發迹長安，度隴，至乾歸國夏坐。……燉煌太守李暠供給度沙河。沙河中多有惡鬼、熱風，遇則皆死，無一全者。上無飛鳥，下無走獸。遍望極目，欲求度處，則莫知所擬，唯以死人枯骨爲標識耳。"

[9] 蔥：原卷俗寫作"葱"，參見敦煌寫本《鳩摩羅什傳略》（一）第18則校記。

[10] 底卷"惡龍吐毒，風□（雨）砂礫，山路艱危"主要叙述的是法顯等人度蔥嶺時的遭遇，《校注》釋讀作："惡龍吐毒風，砂礫山路危，懸壁千刃（仞）"，未諦，不可從。按："雨"字，原卷本無，茲據《高僧傳·宋江陵辛寺釋法顯傳》"嶺冬夏積雪，有惡龍吐毒，風雨沙礫"擬補。按：《佛國記》對度蔥嶺的記載更爲詳盡，即"從此西行向北天竺國。在道一月，得度蔥嶺。蔥嶺冬夏有雪。又有毒龍，若失其意，則吐毒風。雨雪，飛沙礫石。遇此難者，萬無一全"。山路危懸：指山路高懸，行走於上比較危險，如北周庾信《終南山義谷銘》："桂月危懸，風泉虛韻。"按：《高僧傳·宋江陵辛寺釋法顯傳》描述這一情節是作"山路艱危"。"危懸"與"艱危"都形容山路危險難行。仞：原卷作"刃"。按：刃、仞字根相同，音同形近，古多通用。如馬王堆帛書《戰國縱橫家書·須賈説穰侯章》："陵七刃之城，犯卅萬之衆。"

[11] 底卷"昔有穿石通路"，《高僧傳·宋江陵辛寺釋法顯傳》相應處作"昔有人鑿石通路"，《佛國記》此處作"昔人有鑿石通路，施傍梯者"。

[12] 凡：原卷俗寫作"九"。《干禄字書·平聲》："九凡：上俗，下正。"Ф96《雙恩記》"凡有所要，不逆其意"之"凡"，原卷即作"九"。底卷"白"字爲"百"字的誤書，茲據《高僧傳·宋江陵辛寺釋法顯傳》"凡度七百餘梯"，《佛國記》作"施傍梯者，凡度七百"擬改。

[13] "昔有穿石通路，傍施梯道，凡度七百梯，又躡懸絚過河，數十處"，《校注》作"昔有穿石通路，傍施梯道，度七日，梯又躡懸洹，過河數十處"，非，不可從。《高僧傳·宋江陵辛寺釋法顯傳》作"昔有人鑿石通路，傍施梯道，凡度七百餘所。又躡懸絚過河，數十餘處"。《佛國記》："昔人有鑿石通路，施傍梯者，凡度七百，度梯已，躡懸絚過河。"本段所述是指法顯等度過蔥嶺，從北天竺陀歷國到烏仗那國時途經新頭河的情形。法顯所過爲新頭河西北岸的支流。玄奘《大唐西域記》卷三載由烏仗那至達麗羅川的情況："曹揭釐城東北踰山越谷，逆上信度河（新頭河），途路危險，山谷杳冥，或履縆索，或索鐵鎖，棧道虛臨，飛梁危構，橡杙躡蹬，行千餘里，至達麗羅川，即烏仗那國舊都也。"再者，《高僧傳·宋黄龍釋曇無竭傳》詳載釋曇無竭與沙門僧猛、曇朗等度新頭河的經歷，即"登蔥嶺，度雪山，障氣千重，層冰萬里，下有大江，流急若箭。於東西兩山之脅，繫索爲橋。十人一過，到彼岸已，舉烟爲幟，後人見烟，知

前已度，方得更進。若久不見烟，則知暴風吹索，人墮江中。行經三日，復過大雪山，懸崖壁立，無安足處，石壁皆有故杙孔，處處相對，人各執四杙，先拔下杙，手攀上杙，展轉相攀，經日方過"。◎又躡懸絙過河："躡"，攀登。《史記·司馬相如列傳》："然後躡梁父，登泰山，建顯號，施尊名。""懸絙"，指高懸的大繩索。

[14] 底本作"皆漢張騫、甘父所不至也"，指的是漢武帝時張騫出使西域之事。按：漢武帝建元二年（前139），武帝命張騫出使大月氏。張騫率領100多名隨行人員，匈奴人甘父（又稱堂邑父）爲嚮導，從長安出發前往西域。道經匈奴，被俘執，滯居其地十餘年。後脫出，隨騫前往大宛、康居、大夏。元朔三年（前126），乘匈奴單於死內亂，張騫脫身返長安，向武帝詳細報告，對蔥嶺東西、中亞、西亞以至安息、印度諸國的位置、特産、人口、城市、兵力等情況。史稱鑿空。武帝對張騫出使西域的成果非常滿意，特封張騫爲太中大夫，授堂邑父爲"奉使君"，以表彰他們的功績。詳參漢司馬遷撰《史記》卷一百二十三《大宛列傳》。

[15] "孤"，原卷俗寫作"孤"，參見敦煌寫本《鳩摩羅什傳略》（二）第4則校記。◎孤行卅餘國：東晉高僧法顯是中國歷史上西天取經的第一人，比唐玄奘早兩百多年。回國譯經的同時還據其親身經歷寫下中國第一本記述當時中亞、印度和南海諸國山川地貌和風土人情的遊記《佛國記》一卷。《佛國記》又稱《高僧法顯傳》《歷遊天竺記》，記述了他偕慧景、道整、慧應、慧嵬等，於東晉隆安三年（399）自長安出發，至古印度等三十餘國遊學，於義熙八年（412）乘船返歸，途中歷經各國的所見所聞。卅餘：表概數。法顯《佛國記》所載：自沙河以西的有鄯善國、竭叉國、竺刹尸羅國、焉夷國、陀歷國、弗樓沙國、于闐國、烏國、那竭國、子合國、宿呵多羅國、羅夷國、於毫國、犍陀衛國、跋那國、毗荼國、迦維羅衛城、拘睒彌國、摩頭羅國、藍莫國、達嚫國、僧伽施國、拘夷那竭城、瞻波國、闍饒夷城、毗舍離國、多摩梨帝國、沙祇大國、摩竭提國、師子國、拘薩羅國、迦尸國、耶婆提國，共計三十國與三城，其中，其歸途所過者是耶婆提國，未親到者有達嚫國。

[16] 王舍城：原卷脫"城"字，茲據《高僧傳·宋江陵辛寺釋法顯傳》"去王舍城三十餘里有一寺，逼冥過之，顯明旦欲詣耆闍崛山"擬補。按：僧祐《出三藏記集》卷十五《高僧法顯傳》之"至北天竺，未至王舍城三十餘里有一寺，逼暮仍停，明旦顯欲詣耆闍崛山"亦可爲證。◎王舍城上耆闍崛山：王舍城，即古印度曷羅闍姞利呬城。傳說其西南佛陀迦雅爲釋迦牟尼成道之地。唐玄奘《大唐西域記·摩揭陀國下》："石柱東北不遠，至曷羅闍姞利呬城（唐言王

舍）……時吠舍釐王聞頻毗娑羅王野處寒林，整集戎旅欲襲，不虞邊候以聞，乃建城邑。以王先舍於此，故稱王舍城也。"◎耆闍崛山：梵名 Gṛdhrakūṭa，又作祇闍崛山、耆闍多山、崛山。意譯作靈鷲山、鷲頭、靈山。位於中印度摩羯陀國首都王舍城之東北側，爲著名的佛陀説法之地。酈道元《水經注·河水一》引《西域記》："耆闍崛山在阿耨達王舍城東北，西望其山，有兩峰雙立，相去二三里，中道鷲鳥常居其嶺，土人號曰耆闍崛山。胡語'耆闍'，鷲也。"

[17] "低"字，底卷抄作"仾"，有殘泐，茲據殘形及上下文意以録，"仾"爲"低"字的異體。◎底卷"（法顯）達王舍□（城）上耆闍崛山"至"師子良久遂去"主要敘述法顯在耆闍崛山誦經遇黑獅子之事，詳參《高僧傳·宋江陵辛寺釋法顯傳》："去王舍城三十餘里有一寺，逼冥過之。顯明旦欲詣耆闍崛山，寺僧諫曰：'路甚艱阻，且多黑師子，亟經啖人，何由可至。'顯曰：'遠涉數萬，誓到靈鷲，身命不期，出息非保，豈可使積年之誠，既至而廢耶，雖有險難，吾不懼也。'眾莫能止，乃遣兩僧送之。顯既至山，日將曛夕，欲遂停宿，兩僧危懼，捨之而還。顯獨留山中，燒香禮拜，翹感舊迹，如睹聖儀。至夜有三黑師子來蹲顯前，舐脣搖尾，顯誦經不輟，一心念佛。師子乃低頭下尾，伏顯足前，顯以手摩之，咒曰：'若欲相害，待我誦竟，若見試者，可便退矣。'師子良久乃去。"

六、敦煌寫本《竺道生傳略》校注

【題解】

S.3074 卷子本，正面存 59 行，原無標題，殘存有康僧會、鳩摩羅什、竺道生、法顯、佛圖澄等，内容大抵係節録梁慧皎《高僧傳》以成篇，因而有擬題爲《高僧傳略》。卷背：《吐蕃時期某年五月至十二月某寺斛斗破歷》。正反兩面書體似爲一致，當出自同一人所抄。當爲吐蕃占領時期（786—848）抄本。其中，《竺道生傳略》前題有"宋揚都龍光寺法師竺道生圖讚"，據此推測：這些高僧傳略的功能蓋爲配合高僧畫像作爲圖像解説之用，故節録"僧傳"中傳主的文字以成篇。

1　宋揚都龍光寺法師竺道生圖讚生法師者

2　姓魏寓居彭城家爲士族生幼而穎

3　悟聰慜若神值沙門法沐曰茲受業携思獨朗超然

4　異出志學之年登坐披講酬抗吐納莫不推焉初入

5　廬山幽栖七載求其志也常以入道之要無超慧津故鑽酌

6　群經略其標致於是立善不受報論頓悟成仏論法身無色

7　論仏無净土六卷泥洹初至生剖辨經旨知阿闡提人皆得成

8　仏于時孤明獨舉舊學以為邪說遂顯擯（擯）遣之生於大眾正

9　容曰若我説返於經義請於現身癘疾若与實相不■願壽

10　　終其年仏殿龍昇于天曰改為龍光寺歡曰龍既去矣我亦行矣在於高座端身而卒也

此外，S.0556卷子本，存一紙。高27.4釐米，寬41.1釐米。正反面連寫，爲同一人抄寫。正面存28行，首殘尾全。缺題。內容有關竺道生傳記，起"爲入道之要"，訖"何患不悟矣"。背面存27行，內容是僧釋叡的傳記。起"叡法師者高僧傳云：法師魏郡長樂人。少出家，廿二"，訖"三分者，釋文大體略有二種：一關中注解"。原件無題，劉銘恕《斯坦因劫經錄》定名《竺道生、釋僧肇別傳》，將正反面合題。郝春文《英藏敦煌社會歷史文獻釋錄》說明云："此傳前缺，內容基本與《高僧傳》中《竺道生傳》同，只是省略了一些詞句。但最後兩段爲《高僧傳》所無，而最後一段實爲《維摩詰經疏》，不見於傳世《大藏經》。"按：此卷正背連書爲同一人所抄，審其內容乃《净名經關中疏釋抄》。兹將正反起迄，持與《大正新修大藏經》第八十五冊古逸部對照如下：

正面：起"爲入道之要，惠解爲本，故鑽仰群經，斟酌眾論"，爲《净名經關中釋抄》卷1（T85，No.2778，p.510，b28－29），訖"若令求者徹到，何患不悟矣"，爲《净名經關中釋抄》卷1（T85，No.2778，p.511，a13－14）。卷背：起"叡法師者高僧傳云。法師魏郡長樂人。少出家二十二博通經論"，爲《净名經關中釋抄》卷1（T85，No.2778，p.511，a15－16），訖"三分者。釋文大體略有二種。一關中注解"，爲《净名經關中釋抄》卷1（T85，No.2778，p.511，b21－22）。

既是《净名經關中釋抄》抄錄有關竺道生、僧釋叡之傳記以爲疏釋《净名經》之用，則其屬性非高僧傳略明矣。2003年郝春文《英藏敦煌社會歷史文獻釋錄》（第三卷），校錄《竺道生傳》。2014年鍾書林、張磊《敦煌文研究與校注》"（四）傳"的第六篇，據S.0556校注了《竺道生傳》似未允當。

有關竺道生傳記資料，以《廣弘明集》收錄的南朝劉宋時期釋惠琳的

《龍光寺竺道生法師誄并序》爲最早，其次爲僧祐《出三藏記集》卷十五《道生法師傳》，唐釋道世《法苑珠林》卷二十四"感應緣"之《宋沙門竺道生傳》，可資參照。S.3074《竺道生傳略》內容大抵係節録梁慧皎《高僧傳》以成篇，文字較爲相近。郝春文《英藏敦煌社會歷史文獻釋録》已有校録（簡稱《釋録》），2014年鍾書林、張磊《敦煌文研究與校注》"（四）傳"的第八篇，據S.3074校注了《高僧傳略》（三）（簡稱《校注》）。茲就S.3074第26—35行《宋揚都龍光寺法師竺道生圖贊》（《竺道生傳略》），迻録全文，並作校注如下：

【校録】

竺道生傳略（擬）

宋揚都龍光寺竺道生圖讚[1]。生法師者，姓魏，寓居彭城，家爲士族。[2]生幼而穎悟[3]，聰憼若神[4]。值沙門法汰[5]，因茲受業[6]。儁思獨朗[7]，超然异出。志學之年，登座披講[8]，酬抗吐納[9]，莫不推焉。初入廬山，幽栖七載[10]，求其志也。常以入道之要，無超慧津，故鑽酌群經[11]，略其標致[12]。於是立《善不受報論》《頓悟成佛論》《法身無色論》《佛無净土□（論）》[13]。六卷《泥洹》初至，生剖析經旨[14]，知阿闡提人皆得成佛[15]。於時孤明獨舉[16]，舊學以爲邪説，遂顯擯遣之[17]。生於大衆正容曰：若我説返於經義[18]，請於現身癘疾[19]；若与實相不違[20]，願壽終其年。佛殿龍升於天，因改爲龍光寺。嘆曰：龍既去矣，我亦行矣。在於高座，端身而卒也[21]。

【校記】

[1] 宋揚都龍光寺竺道生圖讚：宋（420—479）爲劉裕所建立，是南北朝時期南朝的第一個朝代，定都建康，時稱揚都。《北齊書·文苑傳·顔之推傳》："在揚都值侯景殺簡文而篡位，於江陵逢孝元覆滅，至此而三爲亡國之人。"中華書局點校本校勘記："按當時習稱建康爲揚都。"龍光寺，位於江蘇南京覆舟山麓，爲東晋恭思皇后褚氏所創，原稱青園寺。義熙五年（409）竺道生自長安返建康，被延請入住本寺。劉宋景平元年（423），與慧嚴共請佛陀什，譯出彌沙塞五分律等。文帝深重道生，時賢王弘、范泰、顔延之等皆來問道，僧瑾亦從其受業。其後，道生倡闡提成佛之説，遭守舊之徒擯斥，遂離寺他去。是年夏，佛殿大震，一龍

升天，其光映西壁，遂改寺名，號龍光寺。圖讚，又作"圖贊"，指題寫在畫面上的贊美詩文，也就是據圖而作的贊文。李充《翰林論》云："容像圖則贊立，宜使辭簡而義正，孔融之贊楊公，亦其美也。"蕭統《文選序》云："美終則誄發，圖像則贊興。"唐張彥遠《歷代名畫記·記兩京外州寺觀畫壁》："西明寺⋯⋯東廊東面第一間傳法者圖讚，褚遂良書。"

[2] "生法師者，姓魏，寓居彭城，家爲士族"，《高僧傳·宋京師龍光寺竺道生傳》："竺道生，本姓魏。鉅鹿人，寓居彭城，家世仕族。"

[3] 幼：原卷作"㓜"，爲"幼"之俗寫。《字鑒·去聲·幼韻》："幼，《説文》：'小也。從幺從力。'俗作㓜。"敦煌寫本常見，如 S.2832《願文等範本》"自幼成長，備歷艱危"中的"幼"字，原卷即作"㓜"。

[4] 原卷"聰慜若神"，《出三藏記集》卷十五《道生法師傳》作"生幼而穎慧，聰悟若神"，《高僧傳·宋京師龍光寺竺道生傳》作"生幼而穎悟，聰哲若神"。

[5] 法汰：《高僧傳·宋京師龍光寺竺道生傳》："（道生）後值沙門竺法汰，遂改俗歸依，伏膺受業。"據此可知：本卷"法沐"當是"法汰"，"沐"字是"汰"字的筆誤，兹據《高僧傳》校改。劉宋釋慧琳撰《龍光寺竺道生法師誄》載"法師本姓魏，彭城人也，父廣戚縣令。幼而奇之，携就法汰法師，改服從業"，《出三藏記集》卷十五《道生法師傳》"於時法汰道人，德業弘懿，乃携以歸，依遂改服受學"皆可爲證。◎沙門法汰：五代義楚《釋氏六帖》卷十"道生天日"條云："（道生）後值沙門法汰，遂師事請業。"又"法汰西北"條有"法汰"傳記，云"（法汰）東莞人，少與安公同學，雖有才辯不逮，而姿貌過之。與安避難，行至新野，安分張徒眾，令汰下京。臨別謂安曰：法師儀軌西北，下座弘教東南。"

[6] 因：原卷作"曰"，爲"因"之異體。參敦煌寫本《康僧會傳略》（一）第18則校記。

[7] "儁"，原卷作"携"，當爲"儁"之形近之訛。《校注》作"携"。按："儁"爲"俊"之異體字。S.388《正名要録》："右字形雖別，音義是同。古而典者居上，今而要者居下。"録有"儁俊"。《高僧傳·宋京師龍光寺竺道生傳》之"既踐法門，俊思奇拔"亦可爲證。◎儁思獨朗：儁思又作俊思。意謂超群卓越的思想。《高僧傳·宋京師龍光寺竺道生傳》："既踐法門，俊思奇拔。"《釋氏六帖》卷十"道生天日"條："既踐法門，儁思奇拔。""獨朗"，獨特明朗。《肇論》："難曰：夫聖人真心獨朗，物物斯照，應接無方。"

[8] 坐：原卷俗寫作"坐"。唐顔元孫《干禄字書》："坐坐坐：上俗，中通，下正。""坐""座"多通用，如 Φ109《押座文》"大梵天王兼帝釋，願座祥雲降碧空"。

◎登座披講："登座"，登上法座。《高僧傳·宋江陵瑟琶寺釋僧徹傳》："及登座，詞旨明析，聽者無以折其鋒。"披講，謂開講。《續高僧傳·隋東都内慧日道場釋法澄傳》："廣流視聽，憲章新致。披講智論，聲望彌重。"

[9] 酬抗吐納：《校注》釋讀作："酬抗咄吐納"。按：原卷"咄"右旁有删去符，是此字爲誤抄删去。"抗"，原卷作"抍"，爲"抗"之異體。抗字右旁亢，變點爲撇，晋唐碑刻、寫卷多見。敦煌寫本常見，如：S.6659《太上洞玄靈寶妙經》："俯机高抗，命召五帝。""抗"，原卷即作"抍"。◎"酬抗吐納"：《高僧傳·宋京師龍光寺竺道生傳》："吐納問辯，辭清珠玉，雖宿望學僧，當世名士，皆慮挫詞窮，莫敢酬抗。"酬抗，酬對、對答。南朝梁慧皎《高僧傳·晋彭城郡釋道融傳》："融與婆羅門擬相酬抗，鋒辯飛玄，彼所不及。"吐納，言談、談吐。《魏書·元翼傳》："美姿貌，善吐納，兼有將略。"

[10] 幽栖，隱居。《宋書·宗炳傳》："南陽宗炳、雁門周續之，並植操幽栖，無悶巾褐，可下辟召，以禮屈之。"

[11] 鑽酌群經：指深入研究並反復斟酌經義。《出三藏記集》卷十五《道生法師傳》作"故鑽仰群經，斛酌雜論"，《高僧傳·宋京師龍光寺竺道生傳》作"常以入道之要，慧解爲本，故鑽仰群經，斟酌雜論"。

[12] 略其標致：標致，顯示旨趣。《魏書·文苑傳序》："自昔聖達之作，賢哲之書，莫不統理成章，蘊氣標致。"

[13] 論：原卷脱。"於是立《善不受報論》"至"《佛無净土論》"一段，《校注》釋讀作："於是立善不忌報論，頓悟《成佛論》，《法身無色論》，《佛無净土論》。"未諦。當作"於是立《善不受報論》《頓悟成仏論》《法身無色論》《仏無净土□（論）》"。◎"《善不受報論》……《佛無净土論》"：唐道世《法苑珠林》卷一百"傳記篇·雜集部"："《善不受報論》《佛無净土論》《應有緣論》《頓悟成佛論》《佛性當有論》《法身無色論》《二諦論》。右七卷。至宋朝初，龍光寺沙門釋竺道生撰。"《大唐内典録》卷四"宋朝傳譯佛經録第十"著録"沙門竺道生（七部七卷論）"云："《善不受報論》《佛無净土論》《應有緣論》《頓悟成佛論》《佛性當有論》《法身無色論》《二諦論》，右七部。宋初龍光寺沙門竺道生，思力天挺，智不從師。推佛性，通於有心；考性命，窮於法座。著論開化，廣如本紀。"吉藏《法華義疏》卷四《方便品》有："昔竺道生著《善不受報論》，明一毫之善並皆成佛、不受生死之報。"

[14] "析"，原卷作"拼"，爲"析"之異體。《魏東平王元君墓志銘》："義旗創植，忠儇未析，同爐熏莠""析"，原石刻卷即作"拼"。

[15] 六卷《泥洹》初至，生剖析經旨，知阿闡提人皆得成佛：宋志磐《佛祖統紀》卷三十六"晋安帝元興二年"下載："道生者，初入廬山蓮社，後至長安從羅什。見法顯譯《泥洹經》云（六卷者）：除一闡提皆有佛性。師曰：阿闡提人（此云信不具也）含生之類，何得獨無佛性？此經來未盡耳，乃唱闡提之人皆當成佛。衆以爲邪説背經，於律當擯。生對衆誓曰：若所説契合佛心，願捨報日踞師子座。於是束身還入虎丘山，聚石爲徒，講《涅槃經》。至闡提處，則説有佛性。且曰：如我所説契佛心否？群石皆爲點頭。後還廬山，聞曇無讖重譯《涅槃》，至聖行品，果云：一闡提人雖復斷善，猶有佛性。尉喜不勝。嘗謂聖教東流，譯人重阻多滯，權文鮮通圓義。於是檢閲真俗，精練空有。乃著《善不受報論》《頓悟成佛論》《佛性常有論》《法身無色論》《佛無净土論》，並籠罩舊説，妙有淵旨。"

[16] 孤：原卷作"孤"，爲"孤"之異體。參見敦煌寫本《鳩摩羅什傳略》（二）第 4 則校記。

[17] 擯：原卷作"擯"，爲"擯"之異體。《玉篇·手部》："擯，卑振切。相排斥也。"《龍龕手鏡·手部》："擯，必刃反。弃也，排也，斥也。"所從之偏旁"賓"隸變常作"宾"。敦煌寫卷常見，如浙敦 193《妙法蓮華經·見寶塔品》："惡口而嚬蹙，數數見擯出。""擯"，原卷即作"擯"。

[18] 返：猶反。違背；違反。漢王充《論衡·案書》："言多怪，頗與孔子'不語怪力'相違返也。"一本作"反"。P. 2418《父母恩重經講經文》："爲人争不審思量，豈合將心返父娘。"

[19] 現身癘疾：癘疾，疫病。《周禮·天官·疾醫》："四時皆有癘疾。"《高僧傳·宋僞魏長安釋曇始傳》："燾大生愧懼，遂感癘疾。"

[20] "違"，原卷作"■"，爲"違"之異體。S. 6825V 想爾注《老子道德經》："教人守誠不違，即爲守一矣。""違"，原卷作"■"。

[21] "嘆曰：龍既去矣，我亦行矣。在於高座，端身而卒也"爲"因改爲龍光寺"下的雙行小注。《高僧傳·竺道生傳》："其年，夏雷震青園佛殿，龍昇於天光影西壁。因改寺名號曰龍光。時人嘆曰：龍既已去，生必行矣。"雙行小注中的"在於高座，端身而卒也"與《高僧傳》記述牴觸，蓋爲抄者將"龍既去矣，我亦行矣"中的"去、行"誤解爲逝世的隱語，而所作的曲解。《校注》以爲竺道生並非卒於龍去之時，而是卒於"宋元嘉十一年冬十一月庚子"，此兩行小字對竺道生的卒年理解有誤。

七、敦煌寫本《釋弘明傳略》校注

【題解】

今已公布的有關敦煌寫本《釋弘明傳略》的敦煌文獻僅有 S. 3074 一件。茲叙述如下：

S. 3074 爲卷子本，正背書。下部多殘泐。

正面：《高僧傳略》（擬），殘存有：康僧會、鳩摩羅什、竺道生、法顯、及釋弘明等部分計 59 行。

《釋弘明傳略》爲第五件。首缺尾完。缺題。存 9 行，行 23～25 字。起"永明中會稽釋弘明者止雲門寺誦法華礼懺爲葉"，訖"顯四諦之因緣藏十二之微密也"。

1　永明中會稽釋

2　弘明者止雲門寺誦法華礼懺爲葉每旦水瓶自滿實

3　天童子爲給使也又虎來入室伏牀前久之乃去又見小兒來聽

4　經云昔是此寺沙弥盜僧厨食今墮清中聞上人誦經故力來聽

5　助方便免斯累也明爲説法領解方隱後山精來惱明乃捉

6　取腰繩繫之鬼謝遂放曰之永絶是知法華經力不可思

7　議持誦者自利利人救他自益經云擊負乾草入火不

8　燒能持是經甚爲難也其經具三乘之義含部五之▨

9　文顯四諦之曰緣藏十二之微密也

1962 年劉銘恕《斯坦因劫經録》著録 S. 3074 作《高僧傳（擬)》①，1986 年黄永武《敦煌遺書最新目録》著録擬題爲"高僧傳"②，1992 年《英藏敦煌文獻（漢文佛經以外部分)》第五卷，收録 S. 3074 題作《高僧傳略》③。三書均僅提及康僧會、鳩摩羅什、竺道生、法顯、佛圖澄五位，認爲緊接抄於《法顯傳略》"誦經竟，師子良久遂去"之後的"永明中會稽釋弘明者"等九行爲法顯傳略內容。直至 2000 年張弓《英藏敦煌文獻第五卷叙録》，才將"S. 3074 高僧傳略" 59 行中第 45—52 行有關釋弘明

---

① 商務印書館編：《敦煌遺書總目索引》，北京：商務印書館，1962 年，第 172 頁。

② 黄永武：《敦煌遺書最新目録》，臺北：新文豐出版公司，1986 年，第 111 頁。

③ 張弓主編：《英藏敦煌文獻（漢文佛經以外部分)》第五卷，成都：四川人民出版社，1992 年，第 6～7 頁。

的傳略，從《法顯傳略》中分離獨立出來。2017 年郝春文《英藏敦煌社會歷史文獻釋録》第十五卷，校録 S.3074《高僧傳略》採張弓之説，對"釋弘明"部分進行釋録（簡稱《釋録》）。① 梁慧皎《高僧傳》卷十二"誦經第七"有《齊永興柏林寺釋弘明傳》，可參照。《太平廣記》卷第一百九"報應八《法華經》釋弘明"。

【校録】

釋弘明傳略（擬）

永明中，會稽釋弘明者，止雲門寺[1]，誦《法華》，禮懺爲業[2]。每旦，水瓶自滿，實天童子爲給使也[3]。又虎來入室，伏牀前，久之乃去。又見小兒來聽經，云昔是此寺沙彌，盜僧厨食，今墮圊中[4]。聞上人誦經，故力來聽，□（願）助方便[5]，免斯累也。明爲説法，領解方隱[6]。後山精來惱[7]，明乃▨（捉）取[8]，腰繩繫之，鬼謝，遂放，因之永絕[9]。是知《法華經》力不可思議，持誦者自利利人，救他自益。經云：擔負乾草，入火不燒。[10]能持是經，甚爲難也。其經具三乘之義[11]，含五部之▨（深）文[12]，顯四諦之因緣[13]，藏十二之微密也[14]。

【校注】

[1] 止雲門寺：位於浙江紹興縣南十八千米處雲門山之中，又稱廣孝寺，創建於東晉安帝（397—418 在位）之時。

[2] 業：原卷作"葉"。◎禮懺爲業：爲禮拜與懺悔之略稱，又作拜懺，即禮拜諸佛、菩薩，懺悔所造諸惡業。佛教信眾將自己生活上所犯之過失，於一特定日在僧團眾僧前告白，表懺悔之意。大抵藉由禮佛、誦讀經文，以爲懺悔之意。依據諸經所説懺悔儀則而修行者，稱爲修懺。釋弘明及專以禮拜懺悔爲修行之業。《續高僧傳·唐京師會昌寺釋德美傳》："開皇末歲。觀化京師受持戒檢。禮懺爲業。"

[3] 天童子爲給使：給使，服事、供人差遣使喚。《墨子·備梯》："禽滑釐子，事子墨子，三年，手足胼胝，面目黧黑，役身給使，不敢問欲。"唐薛調《無雙傳》："舅氏舅母左右給使，達於廝養，皆厚遺之。"

[4] 圊：原卷作"清"，"清""圊"同音通假。《高僧傳·齊永興柏林寺釋弘明傳》：

---

① 郝春文主編：《英藏敦煌社會歷史文獻釋録》（第十五卷），北京：社會科學文獻出版社，2017 年，第 199～208 頁。

作"今墮圊中。"唐道宣撰《集神州三寶感通録》卷三"瑞經緣"之"釋弘明"條作"墮圊厠中"。

[5] 願,原卷無,《高僧傳》《集神州三寶感通録》作"願助方便,使免斯累也"。依文意據《高僧傳》補。◎願助方便:"方便",佛教謂以靈活方式因人施教,使悟佛法真義爲之方便。《維摩經·法供養品》:"以方便力,爲諸衆生分別解説,顯示分明。"唐姚合《秋夜寄默然上人》詩:"賴師方便語,漸得識真如。"

[6] 領解:領悟理解。《隋書·李德林傳》:"前者議文,總諸事意,小如混漫,難可領解。"

[7] 惱:原卷作"㛴",爲"惱"之異體。敦煌寫本常見,如 S.6657《南陽和尚問答雜徵義》"佛性與煩惱既俱,何故獨斷煩惱"之"惱",原卷即作"㛴"。

[8] "捉",爲第五行末,字體殘泐,僅存上半部,仔細辨識,疑當作捉。《高僧傳·齊永興柏林寺釋弘明傳》:"又有山精來惱明,明捉得,以腰繩繫之。"依文意據《高僧傳》作。

[9] 因:原卷作"囙",爲"因"之異體。下同。參見敦煌寫本《康僧會傳略》(一)第 18 則校記。◎"永明中"至"因之永絶"一段,內容文字起訖,釋道宣《集神州三寶感通録》卷三"瑞經録"之"釋弘明"條,除"今墮清中""清"作"圊"外,全同;道世《法苑珠林》卷九十四《穢濁篇》"便利部·感應緣"除開頭"齊永明中"多"齊"字,"今墮清(圊)中""清"作"廁",後有"右二驗出梁《高僧傳》"外,全同。

[10] 擔:原卷作"�担",爲"擔"之異體。凡偏旁"詹"之字,敦煌寫本每作"瞻",如 S.6631V《九相觀詩》"嬰孩相第一":"肝膽非爲比,珍財豈足敦?""膽"原卷作"𦚼"。S.1086《兔園策府》:"若使懸炭窺衡,瞻緹候管。""瞻"原卷作"瞻"。◎"經云:擔負乾草,入火不燒"出自《妙法蓮華經》卷四《見寶塔品》:"假使劫燒,擔負乾草,入中不燒,亦未爲難。"

[11] 具三乘之義:三乘,即三種交通工具,佛經中常用以比喻運載衆生渡越生死到涅槃彼岸之三種法門,即"聲聞乘""緣覺乘""菩薩乘"等三種教法,大乘佛法興起時,有以"聲聞""緣覺"爲二乘或小乘,以"菩薩"爲大乘的説法。或以聲聞乘爲小乘,緣覺乘爲中乘、菩薩乘爲大乘。《法華經》提出"會三歸一"的思想,融會三乘爲一乘(佛乘),亦即以一切衆生,無論三乘五乘,最終皆歸於一佛乘。"具三乘之義"所指即此。《法華經》第三《譬喻品》中以羊、鹿、牛三車乘載量的小大分別比喻聲聞、緣覺、菩薩三乘,爲膾炙人口的譬喻。釋弘明持誦《法華》的感通靈驗《法華傳記》《弘贊法華傳》《法華經傳記》《法華

靈驗傳》《法華經持驗記》等均多加載録，足見釋弘明習誦《法華經》的影響。

[12] 底卷"𣸪"字，右半邊漫漶，兹據殘形識别爲"深"字的異體。深文：指含義深刻豐富的文本。《廣弘明集》卷二十二《三藏聖教序》載："栖慮玄門，慨深文之訛謬。思欲分條析理，廣彼前聞。截僞續真，開兹後學."P.2440《温室經講唱押座文》："香湯能净凡聖衆，功德無量滿願中。今晨擬説甚深文，唯願慈悲來至此。聽衆聞經罪消滅，總證菩提法寶身。"五部"，原卷作"部五"，"部五"二字間右旁有"乀"，蓋爲乙倒符，知當"五部"。◎含五部之文：指一部《法華經》包含了大乘經典中五部甚深的經典，即如隋天台智者大師《妙法蓮華經玄義》卷五上所説的："究竟大乘，無過《華嚴》《大集》《大品》《法華》《涅槃》，雖明法界平等、無説無示，而菩薩行位終自炳然。"《開元釋教録》將部帙浩瀚的大乘經典分爲寶般若部、寶積部、大集部、華嚴部、涅槃部五大部（總計一五九經一二九二卷），强調號稱"經王之王"的《妙法蓮華經》，内容包含了五部大經的經文意涵。

[13] 顯四諦之因緣："四諦"，諦，是審實不虚之義。佛教的四諦，就是指苦、集、滅、道等四種正確無誤之真理，因此四者皆真實不虚，故稱四諦、四真諦；又此四者爲聖者所知見，故稱四聖諦。其中，苦與集表示迷妄世界之果與因，而滅與道表示證悟世界之果與因；即世間有漏之果爲苦諦，世間有漏之因爲集諦，出世無漏之果爲滅諦，出世無漏之因爲道諦。《法華經》彰顯了苦、集、滅、道四諦的因果關係。

[14] 微：原卷作"微"，爲"微"之異體。敦煌寫本《鳩摩羅什傳略》（二）第2則校記。◎藏十二之微密：蘊藏著佛教十二因緣的精微周密的思想。十二，指"十二因緣"，即構成有情生存的十二條件。《阿含經》所説根本佛教的基本教義，包括無明、行、識、名色、六入、觸、受、愛、取、有、生、老死十二支依次緣起，主要説明一切事物皆具有相依性，皆由因、緣所成立，故説無常、苦、無我。若能擺脱十二因緣的束縛，即可出離生死而證得涅槃。微密，精微周密的教法。北本《涅槃經》卷三之一偈四句："云何於此經，究竟到彼岸，願佛開微密，廣爲衆生説。"

第四章　敦煌寫本高僧贊校注

　　贊又作讚，本指贊美、稱頌，如《韓詩外傳》卷五："若夫無類之説，不形之行，不贊之辭，君子慎之。"後引申爲贊禮、唱贊，如《國語·周語上》："大宰以王命命冕服，内史贊之，三命而後即冕服。"唐韓愈《贈太傅董公行狀》："初，公爲宰相時，五月朔會朝，天子在位，公卿百執事在廷，侍中贊，百僚賀。"後更發展成一種用於贊頌人物的文學體制，多爲韻語。《後漢書·皇甫規傳》："所著賦、銘、碑、贊、禱文、吊、章表、教令、書、檄、牋記，凡二十七篇。"《梁書·武帝紀下》："詔銘贊誄，箴頌牋奏，爰初在田，洎登寶曆，凡諸文集，又百二十卷。"贊在佛經中指歌頌釋迦牟尼及諸佛的文辭，如南朝梁慧皎《高僧傳·經師論》："然天竺方俗，凡是歌詠法言，皆稱爲唄。至於此土詠經，則稱爲轉讀，歌贊則號爲梵唄。"

　　印度原始佛典十二分教中，韻文居其二，即重頌（Geya）與諷頌（Gāthā，偈頌），蓋爲禮佛、頌佛的唱辭。佛典中用以贊嘆佛德的贊頌深具文學性。晋唐時期是中國佛教贊體發展的關鍵期，其時正值紙本卷軸盛行的寫本時期。基於佛教弘傳與儀式贊的運用，不論是僧人創作或法會用以宣唱的範本，還是僧人私下傳寫備用的抄本，均以寫本形態呈現。唐以後印刷術發達，進入刻本時期，其時圖書大多經過整理刊刻印行，寫本漸趨消退。今傳世文獻典籍寫本實不多見，唐前寫本尤爲稀少，寫本文獻呈現的文化現象也因此逐漸無由得知。今敦煌藏經洞數萬件不爲流傳而流傳的唐前佛教寫本文獻，其中有不少佛教贊頌寫本保存了晋唐佛教文學文獻的原生態，提供了當時佛教贊體的樣貌以及考察寺院活動僧人使用實況的一手資料。

敦煌文獻中的佛教贊内容眾多，贊頌的主題包括贊佛成道、贊佛子出家、贊西方净土或佛教聖地、贊頌佛典等。佛教繼承印度贊頌傳統，初期有贊佛，隨著佛教發展，高僧大德輩出，乃有贊僧。贊揚高僧的贊文逐漸增多，後形成贊頌佛法僧三寶具足的贊頌文學，内容包括皈依頂禮三寶、頌揚佛德之贊嘆歌曲，歌詠佛法甚深微妙之詩文以及贊頌高僧行蹟典範。在佛教弘傳的發展歷程中，佛陀及其弟子的贊頌自然最爲風行且深受矚目。敦煌文獻中的佛教贊頌文學，内容主題也是以贊佛成道、贊佛子出家等最爲豐富。其中贊佛成道最爲主要，内容包括佛陀生平之事迹，例如誕生、出家、苦行、降魔等，這些作品在贊頌佛陀的同時，也成爲另類的佛陀生平傳記文學。敦煌文獻中《太子贊》《悉達太子贊》《太子修道贊》的寫本豐富，種類也多，可以證明。

就文學體類而論，佛教傳記文學初期以佛傳文學爲主，隨著漢傳佛教的發展，開始有僧傳文學的孳長，晋魏隋唐以來，僧傳文學更是蔚爲大宗。贊揚高僧的贊文當是佛教在中國傳播後所衍生的佛教傳記文學奇葩。今敦煌文獻保存的此類作品，其中原卷題名有"贊（讚）"的，計有：佚名《佛圖澄羅漢和尚贊》S.0276V、P.3355V，釋金髻《羅什法師贊》S.0276V、S.6631V、P.2680、P.4597，《稠禪師解虎贊》P.3490、P.4597，《南山宣律和尚贊》P.3570，釋利濟《唐三藏贊》S.6631V、P.2680、P.4597，釋金髻《義净三藏法師贊》S.6631V、P.2680、P.3727、P.4597，《寺門首立禪師贊》S.1774V、P.2680、P.3490、P.3727 七種。謹依序先行題解、次作校録、校記，並加注釋，編次如下，以爲研究文本之基礎。

一、敦煌寫本《佛圖澄羅漢和尚贊》校注

【題解】

有關《佛圖澄羅漢和尚贊》今已公布的敦煌文獻計有 P.3355V、S.276V 二件寫本。兹分別叙述如下：

（一）S.276V

S.276 爲卷子本，正背書。

正面抄有長興四年癸巳歲（933）《具注曆日》。

背面分抄：《阿難陁總持第一》《摩訶迦葉頭陁第一》《第一代付法藏大迦葉》《靈州史和尚因緣記》《佛圖澄羅漢和尚贊》《羅什法師贊》《第廿五代付法藏人聖者舍那波斯抄》等相關文本。除《靈州史和尚因緣記》《佛圖澄羅漢和尚贊》《羅什法師贊》外，其餘三篇均出自元魏西域三藏吉迦夜共曇曜譯《付法藏因緣傳》中印度傳法世系。

《佛圖澄羅漢和尚贊》爲卷背第五種文本，首尾俱完，計 7 行，行 16～17 字。首題"佛圖澄羅漢和尚讚"，起"異哉釋種，作用難量"，訖"世人思賤迹，猶想覺花香"。

1　佛圖澄羅漢和尚讚　異哉釋種作用難量

2　洞與旨默識否臧以油墮掌捼腹洗腸盡還

3　謀塞夜抽出光自在生死示現无常葬石

4　而起後趙知亡戴高僧傳千古騰芳又詩曰

5　權實應無方臨流每洗腹相照室掌裏現

6　興亡示滅無名常則不常世人思賤迹猶

7　想覺花香

（二）P. 3355V

P. 3355 爲卷子本，正背書。

正面抄北魏曇摩流支譯《信力入印法門經》卷第二。

卷背抄有：《十大弟子贊》《付法藏傳》等。其中在《十大弟子贊·阿那律天眼第一》與《付法藏傳·第七代付法藏人聖者伏陀難提》間夾抄有《彌天釋道安第一》及《佛圖澄聖僧贊》。

《佛圖澄和尚贊》首尾俱完，計 11 行，行 10～11 字。首題"仏█澄聖僧"，起"異哉釋種，作用難量"，訖"世人贊嘆，相覺花香"。

1　仏█澄聖僧

2　異哉釋種作用難量勳達

3　奧旨點識否臧以由塗掌

4　樣腸洗腸盡還絮寒夜抽

5　出光自在生死示現无常

6　葬石而去後趙知亡戴高

7　僧傳千古騰芳權實應化

8　方臨王即每洗腸中明照室

9　掌裏見興亡示滅非滅常

10　即不常世人贊嘆相覺花

11　香

1965 年，巴宙《敦煌韻文集》據 S.276V 校録《佛圖澄羅漢和尚讚》①（簡稱《韻文集》）；1980 年，陳祚龍《新集敦煌古抄釋門的詩歌與曲子》也校録 S.276V《佛圖澄羅漢和尚讚詩》②（簡稱《新集》）；1990 年，金岡照光《敦煌の文學文獻》據 S.276V 校録《佛圖澄羅漢和尚讚》③（簡稱《文獻》）；1994 年，汪泛舟《敦煌僧詩校輯》據 S.276V 校録④（簡稱《校輯》）；2000 年，徐俊《敦煌詩集殘卷輯考》校録 S.276V《佛圖澄羅漢和尚讚詩》⑤（簡稱《輯考》）；2001 年，郝春文《英藏敦煌社會歷史文獻釋録》據 S.276《佛圖澄羅漢和尚讚抄》釋文⑥（簡稱《釋録》）；2010 年，張錫厚《全敦煌詩》也據 S.276 校録了無名氏的《佛圖澄羅漢和尚讚詩》⑦。

《佛圖澄羅漢和尚讚》全篇爲四言體制，七韻，十四句，凡 56 字。平聲陽韻，一韻到底。讚後附五言詩一首，四韻，八句，與讚同爲平聲陽韻。主要頌讚佛圖澄和尚的佛教事功及其神通事迹，内容多見載於《高僧傳·晉鄴中竺佛圖澄傳》與《晉書·佛圖澄傳》，文字簡略，事迹概括。

敦煌寫本另有 S.1625、P.2680、S.3074 三件《佛圖澄和尚因緣記》寫本，其内容與文字雖較《高僧傳·晉鄴中竺佛圖澄傳》與《晉書·佛圖澄傳》所載簡略，然較之於《佛圖澄羅漢和尚讚》事迹情節完整，具有講説、閲讀之文本特色。《高僧傳》内容是早期有關佛圖澄事迹較爲完備的記述，是其他有關佛圖澄文學主要的依據材料。《佛圖澄和尚因緣記》當

---

① 巴宙：《敦煌韻文集》，臺北：佛教文化服務處，第 106～107 頁。

② 陳祚龍：《學佛散記》之三，載《海潮音》1980 年，第 6 期，第 20～25 頁。後收入：《敦煌簡策訂存》，台北：台灣商務印書館，1983 年，第 192 頁。

③ ［日］金岡照光：《敦煌の文學文獻》，東京：大東出版社，1990 年，第 579～584 頁。

④ 汪泛舟：《敦煌僧詩校輯》，蘭州：甘肅人民出版社，1994 年，第 54～55 頁。又收入《敦煌石窟僧詩校釋》，香港：香港和平圖書公司，2002 年，第 78 頁。

⑤ 徐俊：《敦煌詩集殘卷輯考》，北京：中華書局，2000 年，第 848 頁。

⑥ 郝春文主編：《英藏敦煌社會歷史文獻釋録》（第一卷），北京：科學出版社，2001 年，第 422～423 頁。

⑦ 張錫厚主編：《全敦煌詩》第十四冊，北京：作家出版社，2010 年，第 6671～6673 頁。

是參考《高僧傳》的記載摘録其要點，加以修改别録成文的抄本。可與此對照參看。

【校録】

以上兩件寫本，字迹均屬一般，且時有錯字、脱文。其中 S. 276 寫卷抄寫字體相對較爲工整，訛誤較少，以下謹以 S. 276V 爲底本，簡稱"原卷"，以 P. 3355V 爲參校本，簡稱"甲卷"，參酌前賢録校，校録全文並注釋如下：

佛圖澄羅漢和尚讚[1]

异哉釋種[2]，作用難量。洞□（達）奥旨[2]，默識否臧[3]。

以油塗掌[4]，探腹洗腸[5]，畫還絮塞[6]，夜抽出光[7]。

自在生死，示現無常[8]。葬石而去[9]，後趙知亡。

載高僧傳[10]，千古騰芳[11]。

權實應無方[12]，臨流每洗腸[13]。

腹中明照室[14]，掌裏現興亡[15]。

示滅非□（起）滅[16]，名常則不常[17]。

世人思踐迹[18]，猶想覺花香[19]。

【校記】

[1] 全篇四言，十四句，七韻，六十四字。"量、臧、腸、光、常、亡、芳"，押平聲陽韻。後附詩五言八句，首句入韻，五韻，四十字。"方、腸、亡、常、香"，與讚同押平聲陽韻。原卷首題"佛畵澄羅漢和尚讚"，甲卷題作"仏▓澄聖僧"。原卷"畵"爲"圖"之异體，敦煌寫本常見，如 S. 189《老子道德經》"圖難於易，爲大於細"之"圖"字，原卷即作"畵"。甲本"▓"爲"畵"之形訛。◎佛圖澄，西域人，俗姓帛，九歲於烏萇國出家，兩度到罽賓學法，西域當時之人都稱其已得道。爲弘揚佛法，其於晉懷帝永嘉四年（310）來洛陽，能誦經數十萬言，善解文意，雖未讀中土儒家經典，但與諸學士論辯時，摧折群鋒，無能屈者。佛圖澄博學多識，熱衷講説誘導，西域僧人如嚴佛調、須菩提不遠萬里追隨其至中土受學，中土僧人如釋道安、竺法雅等也跋山涉水至鄴城中寺事佛圖澄爲師，聽其講經。《高僧傳·晉鄴中佛圖澄傳》載其"受業追遊，常有數百。前後門徒，

幾且一萬"。此外，佛圖澄重視戒律治學，常"酒不踰齒，過中不食，非戒不履，無欲無求"，並以其教授諸弟子。佛圖澄戒行精進、善講經説法，其弟子釋道安、竺法汰、竺法雅、竺僧朗、竺法和等皆是東晋佛教發展的推動者與先行者。《高僧傳》《晋書》中述其神通事迹甚多，謂其善誦神咒，預知吉凶，預見千里以外之事，能差遣鬼神又兼善醫術，治療痼疾，爲時人崇拜，在後趙石勒、石虎朝頗受重用，其在後趙三十八年，建設寺院九百餘所，在中土佛教發展中起著舉足輕重的作用。

[2] 釋種：佛陀釋迦牟尼是古印度釋迦族人，簡稱爲"釋種"。後以"釋種"泛指佛教徒。《高僧傳·晋長安五級寺釋道安傳》："四姓爲沙門皆稱釋種，既懸與經符，遂爲永式。"唐虞世南《破邪論序》："既博學而心下，亦守卑而調高，時釋種之樑棟，人生之羽儀者也。"

[3] 洞達奧旨，《韻文集》據原本録作"洞與（粵）旨"，非是，不可從；"洞"，甲卷作"動"，蓋爲"洞"之音訛；"達"，原本脱，據甲卷補；"奧"，原本作"與"，形近致訛，茲據上下文意與甲卷擬改。◎洞達：通曉，理解透徹的意思。漢王充《論衡·知實》："孔子見竅睹微，思慮洞達，材智兼倍，強力不倦，超踰倫等！" S. 133《秋胡變》："終日披尋三史，洞達九經，以顯先宗，留名萬代。"◎奧旨：意謂奧義要旨。唐王勃《續書序》："爰考衆籍，共參奧旨。"《舊唐書·韋述傳》："貫穿經史，事如指掌，探賾奧旨，如遇師資。"

[4] 默，甲卷作"點"，蓋形近致訛；"臧"，甲卷作"咸"，爲形近之訛。◎默識：意謂暗中記誦在心，語出《論語·述而》："默而識之。"《後漢書·禰衡傳》："弘羊潛計，安世默識，以衡準之，誠不足怪。"唐西明寺沙門玄則撰《大般若波羅蜜多經第七會曼殊室利分序》："聞夫即相無睹，挺真如之壯觀；即慮無知，成種智之默識。但二塵且落，時逐見以輕濃；五翳將披，復因疑而聚散。"◎否臧：爲臧否之倒裝，以合協韻，猶言好壞、得失。《左傳·隱公十一年》："師出臧否，亦如之。"杜預注："臧否，謂善惡得失也。"《荀子·君道篇》："明於先王之所以得之，所以失之，知國之安危臧否，若別白黑。"敦煌本《燕子賦》（一）："鳳凰云：'燕子下牒，辭理懇切。雀兒豪橫，不可稱説。終須兩家，對面分雪。但知臧否，然可斷決。'"

[4] 以油塗掌："油"，甲卷作"由"，音同形近之訛。"塗"，原本作异體"墍"，並在下部"土"上多加一點，作"圡"，這一寫法敦煌寫本常見，如 S. 4624《受八關齋戒文》："第六不得著花鬘瓔珞、香油脂粉墍身"。◎以油塗掌：指佛圖澄以蘇油胭脂塗在手掌，能觀千里以外之事，《高僧傳·晋鄴中竺佛圖澄傳》載："以麻

油雜胭脂塗掌，千里外事皆徹見掌中，如對面焉，亦能令潔齋者見。”

[5] 原卷“探”字爲“探”之異體，敦煌寫本常見，如Φ96《雙恩記》“非唯探候聞宮内，兼又傳揚動國城”。《韻文集》作“掬”，未諦，不可從。甲卷作“樣”，是爲“探”字行書形近之訛。“探”意爲伸手取物；“掬”意謂兩手相合捧物。依文意，據字體當作“探”。原卷“腹”字，甲卷作“腸”，爲形近之訛。◎探腹洗腸：指佛圖澄將手伸進左乳房旁的孔内，把腸子拿出來用水洗過後，再塞進去，又以絮塞孔。本篇用“探”字與文意更合。詳參《高僧傳·晋鄴中竺佛圖澄傳》：“澄左乳傍先有一孔，圍四五寸，通徹腹内。有時腸從中出，或以絮塞孔。又齋日輒至水邊，引腸洗之，還復内中。”

[6] 書：原卷、甲卷皆作“盡”，蓋爲形近之誤。《韻文集》以爲當作“書”，是，茲從之。按：《高僧傳·晋鄴中竺佛圖澄傳》：“澄左乳傍先有一孔，圍四五寸，通徹腹内。有時腸從中出，或以絮塞孔。夜欲讀書，輒拔絮，則一室洞明。”據《高僧傳》内容，疑當作“書”，文義較爲通順，再者，“盡（書）還謀（絮）塞”與下句“夜抽出光”相對應，此處當爲“書”字，無疑。敦煌寫本“盡”“書”形近，每多誤混。如Φ96《雙恩記》“正夏風聲送臘寒，子時雉叫教星書。澄潭隱隱聽龍吟，古洞深深聞虎驟”之“書”字，原卷即寫作“盡”。底卷“謀”字，置於文中語義不通，茲據甲卷校作“絮”字，與意較合；原卷“塞”字，甲卷作“寒”，蓋形近致訛。◎書還絮塞：指佛圖澄白天則以絮塞左乳旁之孔。

[7] 夜抽出光：指佛圖澄白天以絮塞其左乳旁之孔，晚上讀書時將絮抽出，孔内出光，能使室内光明。

[8] 示現：佛教謂佛菩薩應機緣而現種種化身，如觀音之三十三身。唐實叉難陀譯《大方廣佛華嚴經》卷三十四《十地品》：“（世尊）勤行不息，善能示現種種神通。”無常：指世間一切萬有皆處於變動狀態，隨因緣生滅遷流而不常住。“無常”相對“常住”而言，“諸行無常”是佛教根本教義“三法印”之一。劉宋求那跋陀羅譯《雜阿含經》卷一云：“爾時，世尊告諸比丘：‘當觀色無常。如是觀者，則爲正觀。正觀者，則生厭離；厭離者，喜貪盡；喜貪盡者，説心解脱。’”漢牟融《理惑論》：“萬物無常，有存當亡。今欲學道，度脱十方。”

[9] 葬石而去：“去”字，原卷作“起”，甲卷作“去”。按：“去”“起”，敦煌寫本多通，據甲卷改。

[10] 載：甲卷作“戴”，蓋形近致訛。

[11] 騰芳：亦作“騰芬”，美名遠揚。新羅崔志遠撰《唐大薦福寺故寺主翻經大德法藏和尚傳》卷一：“外訓有言：醫不三世，不服其藥。矧於聖典，叵謬憲章。以

梁陳間有慧文禪師學龍樹法授衡岳思，思傳智顗，顗付灌頂，三葉騰芳。宛若前朝佛澄安遠，聽憶靈山之會，夢聆臺嶺之居，説通判四教之歸，圓悟顯一乘之極。"

[12] 原卷"權實應無方"之"無"字，甲卷誤作"化"。◎"權實"：佛教語。謂佛法之二教，權教爲小乘説法，取權宜義，法理明淺；實教爲大乘説法，顯示真要，法理高深。南朝梁簡文帝《大法頌序》："二諦現空有之津，二智包權實之底。"隋智顗《摩訶止觀》卷三之下："五、明權實者：權是權謀，暫用還廢；實是實録，究竟指歸。""無方"：無定法；無定式。《禮記·檀弓上》："事親有隱而無犯，左右就養無方。"

[13] "腸"字，原卷脱，甲卷有，兹據甲卷擬補；原卷"流"字，甲卷作"玉即"，與文意不通，兹據文意據原卷録作"流"字，此句作"臨流每洗腸"，《高僧傳·晋鄴中竺佛圖澄傳》載佛圖澄"又齋日輒至水邊，引腸洗之，還復内中"亦可爲證。

[14] 腹中明照室：原卷"腹"字，甲卷脱，據原卷以録；"中"字，原卷脱，甲卷有，兹據甲卷以録，《高僧傳·晋鄴中竺佛圖澄傳》"澄左乳傍先有一孔，圍四五寸，通徹腹内。有時腸從中出，或以絮塞孔。夜欲讀書，輒拔絮，則一室洞明"，亦可爲證。《新集》校作"明照空"。徐俊《輯考》："《晋書·佛圖澄傳》：'腹旁有一孔，常以絮塞之，每夜讀書，則拔絮，孔中出光，照於一室。'據此闕字似應作'拔絮'。"非是，不可從。按：依文義，參各本擬補作"腹中明照室"。

[15] 掌裏現興亡：其典故亦出自《高僧傳·晋鄴中竺佛圖澄傳》："（澄）善誦神咒，能役使鬼物……千里外事，皆徹見掌中，如對面焉。"《晋書·藝術傳·佛圖澄傳》、敦煌寫本《佛圖澄和尚因緣記》等皆有記叙，内容相同，文字近似。

[16] 示滅非起滅：原卷作"示滅無"，甲卷作"示滅非滅"，《新集》校作"示滅無□□□"，據甲卷依文義及下句"名常則不常"補"起"，作"示滅非起滅"。◎示滅非起滅：佛教徒稱佛、菩薩及高僧坐化身死爲"示滅"，又稱"示寂"。唐實叉難陀譯《大方廣佛華嚴經》卷三十一《十迴向品》："或現降神處母胎，無量自在大神變，成佛説法示滅度，普遍世間無暫已。"唐白居易《奉國寺神照師塔銘序》："（神照）以開成十三年冬十二月示滅於奉國寺禪院。"起滅，謂事物之生與滅。因緣和合則生起，因緣離散則滅謝。《維摩經·問疾品》："應作是念，但以衆法合成此身；起唯法起，滅唯法滅。"《後漢書·西域傳論》："精靈起滅，因報相尋。"李賢注："精靈起滅謂生死輪迴無窮已。"

[17] 名常則不常：甲卷作"常即不常"，《新集》校作"名掌則不常"。◎名常則不

常：《釋浄土群疑論》卷二："釋佛有三身，常有三種。一凝然常，謂法身佛。二不斷常謂受用身佛。三相續常，謂變化身佛。雖各名常，義有差別。以後二身，從生因生。般若論說：報化二身，生因生故。諸所作者，皆是無常。"

[18] 世人思賤（踐）迹：原卷作"世人思賤迹"，甲卷作"世人贊嘆"。"賤迹"，《韻文集》《新集》校作"勝迹"，未確。按：依文義當作"踐"，"賤"爲"踐"音同形近之訛。◎踐迹：沿著前人走過的足迹。《論語·先進篇》："子張問善人之道。子曰：'不踐迹，亦不入於室。'"又如《法句經》卷二《述佛品》："佛意深無極，未踐迹令踐。勇健立一心，出家日夜滅，根斷無欲意，學正念清明。"此處指佛圖澄的勝迹。

[19] 猶想覺花香：甲卷脱"猶"字。"想"字甲卷作"相"，蓋音同致誤。◎覺花：以花開形容覺悟。唐圓照集《代宗朝贈司空大辨正廣智三藏和上表制集》卷一《贈金剛三藏開府及號制一首》："敕不空三藏和尚，故金剛三藏天資秀異。氣禀冲和，識洞四生，心依六度。爰自西域杖錫東來，以梵行周身慈心濟物。覺花外照，智炬内明。汲引群迷，證通圓寂。密傳法印，隱示涅槃。"宋寶臣述《注大乘入楞伽經》卷一："三藏沙門于闐國僧實叉難陀大德，大福先寺僧復禮等，並名追安遠，德契騰蘭。襲龍樹之芳猷，探馬鳴之秘府。戒香與覺花齊馥，意珠共性月同圓。故能了達冲微，發揮奧賾。"

二、敦煌寫本《彌天釋道安贊》校注

【題解】

有關《彌天釋道安贊》今已公布的敦煌文獻僅見 P. 3355V 一件寫本。茲叙述如下：

（一）P. 3355V

P. 3355V 爲卷子本，正背書。

正面抄北魏曇摩流支譯《信力入印法門經》卷第二。

卷背抄有《十大弟子贊》《付法藏傳》等。其中在《十大弟子贊·阿那律天眼第一》與《付法藏傳·第七代付法藏人聖者伏（佛）陀難提》間夾抄有《彌天釋道安第一》及《佛圖澄聖僧贊》。

《彌天釋道安第一》爲四言，十三韻，二十六句，凡 104 字。雖無標"贊"，然審以内容體制，當作是《道安法師贊》，今參考原題擬爲《彌天釋道安贊》。

《彌天釋道安贊》首尾俱完，計 11 行，行 8～10 字。首題 "弥天釋道安第一"，起 "敏哉佛偉器"，訖 "芳垂萬春"。

1 弥天釋道安第一

2 敏哉佛偉器間世英靈氣

3 稟岳瀆才膺文星博瞻

4 墳典採蹟義經初地修

5 證弥天立名堅陷襄國遂

6 至咸秦門眾億地攢士一人

7 出入同輦寰宇稱弥菓

8 付愒諫不納謀臣紫禁

9 戲可周受詰詢櫛風沐

10 兩野次蒙塵凡諸澡思与

11 伐絶倫竹帛書徳丹青

12 寫真嘉績永播芳

13 垂萬春

【校録】

彌天釋道安第一[1]

敏哉偉器[2]，世間英靈[3]。氣稟岳瀆[4]，才膺文星[5]。博瞻墳典[6]，採蹟義經[7]。初地修證[8]，彌天立名[9]。堅陷襄國，遂至咸秦[10]。門眾億兆[11]，獲士一人[12]。出入同輦[13]，寰宇稱珍[14]。菓付愒諫[15]，不納謀臣[16]。紫禁獻可[16]，周受詰詢。櫛風沐雨[17]，野次蒙塵[18]。凡諸澡思[19]，與代絶倫[20]。竹帛書德[21]，丹青寫真[22]。嘉績永播[23]，芳垂萬春[24]。

【校記】

[1] 全篇四言，二十六句，十三韻，104 字。"靈、星、經"，押平聲青韻。"名、城"，押平聲庚青韻。"人、珍、詢、塵、臣、倫、真、春"，押平聲真韻。《高僧傳·晋長安釋道安傳》云："孫綽爲《名德沙門論》，自云：'釋道安博物多才，通經名理。'又爲之贊曰：'物有廣贍，人固多宰，淵淵釋安，專能兼倍，飛聲汧隴，馳名淮海。形雖草化，猶若常在。'"

[2] 敏哉偉器：原卷 "哉" 後衍一 "哉" 字，"偉" 上有一 "偉" 字，抹去。偉器，特异卓越的才器。《後漢書·孔融傳》："融應聲曰：'觀君所言，將不早惠乎？'

膺大笑曰：'高明必爲偉器。'"唐沙門慧立本、彦悰箋《大唐大慈恩寺三藏法師傳》卷一："（鄭善果）因謂官僚曰：'誦業易成，風骨難得。若度此子，必爲釋門偉器，但恐果與諸公不見其翔翥雲霄，灑演甘露耳。又名家不可失。'"

[3] 世間：原卷誤倒作"間世"，今據文意乙正。"靈"，原卷作"霛"，爲"靈"之异體。英靈：指傑出的人才。《隋書·李德林傳》："陳使江總目送之曰：'此即河朔之英靈也。'"唐王維《送綦毋潛落第還鄉》詩："聖代無隱者，英靈盡來歸。"唐道宣《續高僧傳·隋西京日嚴道場釋智矩傳》："隋煬往鎮楊越，採拔英靈。矩既譽洽東甌，名流西楚。徵居慧日，處以异倫。而執志出群，言成世則，欲使道張帝里，學潤秦川。"

[4] 稟：原卷作"稾"，"稾"爲"稟"之异體。S.6557《南陽和尚問答雜徵義》"稟六代爲先師"之"稟"，原卷即作"稾"。岳瀆，亦作"嶽瀆"，五岳、四瀆的並稱。《文選·蔡邕〈陳太丘碑文〉》："徵士陳君稟嶽瀆之精，苞靈曜之純。"李善注引《孝經援神契》："五嶽之精雄聖，四瀆之精仁明。"

[5] 文星：星名，即文昌星，又名文曲星。相傳文曲星主文才，後亦指有文才的人。唐元稹《獻滎陽公》詩："詞海跳波涌，文星拂坐懸。"唐裴說《懷素臺歌》："杜甫、李白與懷素，文星酒星草書星。"英藏S.2708《七千佛神符經》卷一："破軍星主耗虛，武曲星主官事，廉貞星主口舌，文曲星主惡夢，祿存星主百鬼，巨門星注非尸，貪郎（狼）星主惡氣，在北斗星注生命，左北斗星注百鬼，三台星主護身命。"

[6] 瞻：原卷作"膽"，"膽"與"瞻"聲符相同，形近致訛，依文意當作"瞻"。◎博瞻墳典：博瞻，即博贍，淵博、豐富。《宋書·范曄傳》："班氏最有高名……博贍不可及之，整理未必愧也。"唐沙門慧立本、釋彦悰箋《大唐大慈恩寺三藏法師傳》卷四："至建那補羅國（南印度境）。伽藍百餘所，僧徒萬餘人，大小乘兼習。天祠外道，亦甚眾多。王宫城側有大伽藍，僧徒三百餘人，並博瞻之士。""墳典"，三墳、五典的並稱，後泛指古籍。《〈書〉序》："討論墳典。"按：歷史上許多義學高僧都精於墳典，如慧皎撰《高僧傳·齊蜀齊后山釋玄暢》："（玄暢）洞曉經律，深入禪要，占記吉凶，靡不誠驗。墳典子氏，多所該涉。至於世伎雜能，罕不必備。"

[7] 採賾："採"，原卷作"採"，敦煌寫本偏旁"扌""木"不分，"採"當爲"採"之异體。賾，原卷作""，爲"賾"之异體。P.2717《碎金》"人探賾：士革反"之"賾"字，原卷即作"**賾**"。◎採賾義經：開採發掘經書中幽深奧妙的義理，或作"探賾"，探索奧秘。干寶《搜神記》卷十八《斑狐書生》："復商略三史，

探賾百家。"《古今圖書集成·博物彙編·禽蟲典》第七十一卷引《搜神記》則作"採賾"。《西晉文紀》卷十一《王驃騎誄》:"逍遥芒阿,闈門下帷,研精六藝,採賾鈎微。"此處指道安善於開采發掘探尋經中深義,詳參《高僧傳·晉長安五級寺釋道安傳》:"澄講,安每覆述,衆未之愜,咸言:'須待後次,當難殺昆侖子。'即安後更覆講,疑難鋒起,安挫鋭解紛,行有餘力。時人語曰:'漆道人,驚四鄰。'於時學者多守聞見,安乃嘆曰:'宗匠雖邈,玄旨可尋,應窮究幽遠,探微奥,令無生之理宣揚季末,使流遁之徒歸向有本。'"

[8] 初:原卷作"𥘉"字,"𥘉"爲"初"之異體。《碑别字新編·七畫》引《魏張猛龍碑》中"初"字即作"𥘉",敦博 072《妙法蓮華經》卷四"安住初法,能於後世説《法華經》"之"初"字,原卷即作"𥘉"。修:原卷作"脩"爲"修"之異體。S.6537《放妻文》"累世共修,今得緣會"之"修",原卷即作"脩"。◎初地修證:初地,佛教謂修行過程十個階位中的第一階位,三乘共修"十地"中,以"乾慧地"爲初地,即指僅有觀真理的智慧,但還未被定水滋潤。大乘菩薩"十地"中,以"歡喜地"爲初地。東晉佛馱跋陀羅譯《華嚴經·十地品》:"今明初地義,但以略解説……是初菩薩地,名之爲歡喜。"唐玄奘《大唐西域記·摩揭陀國上》:"出家修學,深究妙理,位登初地。"修證,指修行與證悟。蓋修行與證悟原本不二,宜應相輔相成;而一切衆生本即是佛,以迷執顛倒而流轉生死,若借修行與證悟之功,則衆生亦可遠離染污,趨向佛道。敦煌本《目連變文》:"目連父母亡没,殯送三周禮畢;遂即投佛出家,得蒙如來賑恤。頭上鬚髮自落,身裏架裟化出;精修證大阿羅,六用神通第一。"

[9] 彌天立名:《續晉陽秋》:"譚論,自贊曰:'四海習鑿齒。'道安應聲曰:'彌天釋道安。'咸以爲妙對。"立名,命名、建立名稱。南朝梁劉勰《文心雕龍·論説》:"蓋群論立名,始於兹矣。"《降魔變文》:"須達爲人慈善,好給濟於孤貧,是以因行立名給孤。"《王昭君變文》:"黄金白玉蓮(連)車載,寶物明珠盡庫傾,昔日有秦王合國葬,校料昭軍(君)亦未平。墳高數尺號青塚,還道軍人爲立名,只今葬在黄河北,西南望見受降城。"

[10] 咸秦:原卷作"秦咸",二字間有倒乙符,當作"咸秦"。原指秦都城咸陽,唐人多借指長安,此處亦指長安,《高僧傳·晉長安五級寺釋道安傳》載道安被苻丕請至長安,住五重寺。唐王維《登樓歌》:"王畿鬱兮千里,山河壯兮咸秦。"唐白居易《醉後走筆酬劉五主簿長句之贈》:"出門可憐惟一身,弊裘瘦馬入咸秦。"◎堅陷襄國,遂至咸秦:指前秦苻堅令苻丕南下攻克襄陽,獲釋道安與習鑿齒,並將此二人帶到長安,詳參《晉書·苻堅載記》。

[11] 兆：原卷作"垗"，爲"兆"之異體。《干禄字書·上聲》："垗、兆：並，上通，下正。"S. 617《俗務要名林》"十億爲一兆"之"兆"字，原卷即作"垗"。

[12] 獲：原卷作"攫"，爲"獲"之異體。S. 799《隸古定尚書》："予小子既獲仁人，敢祇承上帝，以遏亂略"之"獲"字，原卷即作"攫"。◎獲士一人：指苻堅曾對僕射權翼説其花十萬大軍攻取襄陽，僅獲釋道安一人，習鑿齒半人，詳參《高僧傳·晉長安五級寺釋道安傳》："時苻堅素聞安名，每云：'襄陽有釋道安，是神器，方欲致之，以輔朕躬。'後遣苻丕南攻襄陽，安與朱序俱獲於堅，堅謂僕射權翼曰：'朕以十萬之師取襄陽，唯得一人半。'翼曰：'誰耶?'堅曰：'安公一人，習鑿齒半人也。'既至住長安五重寺。僧衆數千大弘法化。"

[13] 出入同輦：指道安到長安後，深得苻堅敬奉，堅常與道安同輦而遊，詳參《高僧傳·晉長安五級寺釋道安傳》："會堅出東苑，命安升輦同載，僕射權翼諫曰：'臣聞天子法駕，侍中陪乘，道安毀形，寧可參厠。'堅勃然作色曰：'安公道德可尊，朕以天下不易。興輦之榮，未稱其德。'即敕僕射扶安登輦。"

[14] 珍：原卷作"弥"，依韻"人、臣、倫、真、春"均屬平聲真韻，當是"珍"字形近之訛。◎寰宇稱珍：東晉以前出家人的姓氏如爲來自外國，則大多數都以其故國的名字爲姓，如康僧鎧、康僧會（康居國人），竺法蘭、竺佛朔、竺叔蘭（天竺人），支婁迦讖、支道林、支遁、支謙等（月支國人），安世高、安玄（安息國人）。中國出家僧人一般則仍用俗家姓氏，如中國最早出家的嚴佛調、第一個受戒的朱士行等。其後多依師爲姓。有鑒於此，東晉道安，開始以釋爲氏，自稱彌天釋道安，提出了佛教徒以釋爲姓的想法，於是後來中國出家人以釋爲姓就成爲定式。梁慧皎《高僧傳·晉長安五級寺釋道安傳》載："初魏晉沙門依師爲姓，故姓各不同，安以爲大師之本，莫尊釋迦，乃以釋命氏。後獲《增壹阿含》，果稱四河入海，無復河名，四姓爲沙門，皆稱釋種，既懸與經符，遂爲永式。"

[15] 愎：原卷作"愎"，爲"復"之異體。按："复"字，敦煌寫本傷作"复"，如S. 6315《祈雨文》"稽首再賀於前恩，鼓腹謡於聖造"之"腹"字，原卷即作"腹"。◎果付愎諫："愎諫"堅持己見，不聽規勸。《晏子春秋·内篇·問上》："輕士民之死力者，不能禁暴國之邪逆；愎諫傲賢者之言，不能威諸侯。"唐劉知幾《史通·雜説上》："蓋晉之獲也，由夷吾之愎諫。"《廣弘明集》卷二十九《破魔露布文》："又波旬玩習小道，頗有才辯。愎諫飾非，好是愪怒。不用順子之言，專從佞臣之計。"

[16] 獻：原卷作"獻"，爲"獻"之俗寫。◎紫禁獻可：古以紫微垣比喻皇帝的居

處，因稱宮禁爲"紫禁"。《文選・謝莊〈宋孝武宣貴妃誄〉》："掩彩瑤光，收華紫禁。"李善注："王者之宮，以象紫微，故謂宮中爲紫禁。"

[17] 雨：原卷作"兩"，"雨""兩"形近，敦煌寫本多混。◎櫛風沐雨：風梳髮，雨洗頭，形容奔波勞苦。語出《莊子・天下》："沐甚雨，櫛急風。"《三國志・魏書・鮑勛傳》："況獵，暴華蓋於原野，傷生育之至理，櫛風沐雨，不以時隙哉?"《廣弘明集》卷二十八《唐太宗度僧於天下詔》："五福著於洪範，三灾終於世界。比因喪亂，僧徒減少，華臺寶塔，窺户無人。紺髮青蓮，櫛風沐雨。眷言彫毀，良用憮然。其天下諸州有寺之處，宜令度人爲僧尼。總數以三千爲限。"

[18] 塵：原卷作"麈"，爲"塵"之俗寫。◎野次蒙塵：野次，野外止宿之處。《三國志・魏書・陳群傳》："若必當移避，繕治金墉城西宮，及孟津別宮，皆可權時分止。可無舉宮暴露野次，廢損盛節鹽農之要。"蒙塵，本指沾染灰塵，後用以比喻天子失去政權，流亡出奔。《左傳・僖公二十四年》："天子蒙塵於外，敢不奔問'博贍墳典'官守?"《張淮深變文》："尚書見賊□降伏，莫遣波逃星散去。蒙塵首領陳辭曲，奉命差來非本意。今朝死活由神斷，鳥入網中難走脱。"

[19] 凡：原卷作"九"，爲"凡"之異體。藻，原卷作"澡"，爲"藻"之形訛，依文意改。◎凡諸藻思：藻思，優美、高妙的才思。《晉書・夏侯湛等傳・贊曰》："岳實含章，藻思抑揚。"梁劉孝標《與舉法師書》："童子厝志雕蟲，藻思内流，英華外發。葳蕤秋竹，照曜春松。爵頌息明珠之譽，長門濫黃金之賞。盛矣美矣，煥其麗乎。"

[20] 與代絕倫：絕倫，超越群倫，無可相比。《漢書・匡衡傳》："平原文學匡衡，材智有餘，經學絕倫，但以無階朝廷，故隨牒在遠方。"敦煌本《太子成道文》（三）："孩童雖生宮内，以世絕倫，莫是鬼魅妖神，莫是化生菩薩，心中疑誤，決定審詳，善惡二途，分明解説。"

[21] 德：原卷作"徥"。按：當是"德"異體作"悳"的行草。《魏尚書江陽王次紀石夫人墓誌銘》"恨量石裁文，書德不盡"。

[22] 丹青寫真：丹青，畫工的代稱。三國魏曹丕《與孟達書》："故丹青畫其形容，良史載其功勳"。唐李白《于闐采花》詩："丹青能令醜者妍，無鹽翻在深宮裏。"《王昭君變文》："維年月日，謹以清酌之奠，祭漢公主王昭軍（君）之靈。惟靈天降之精，地降之靈，姝越世之無比，婷妍傾國和陟娉，丹青寫刑（形），遠稼（嫁）使兜奴拜首，方代伐信義號罷征。"《醜女緣起》："饒你丹青心裏巧，彩色千般畫不成。獸頭渾是可憎兒，國内計應無比並，〔若論此女形貌相〕，長

大將身娉阿誰。"寫真，繪畫圖像。北齊顏之推《顏氏家訓·雜藝》："武烈太子偏能寫真，坐上賓客隨宜點染，即成數人。"《土風錄·遺像曰真》："今稱祖先遺像曰真，描寫遺容曰寫真。"

[23] 嘉績：美善的功績。《尚書·盤庚下》："古我先王，將多於前功，適於山，用降我凶德，嘉績於朕邦。"孔傳："下去凶惡之德，立善功於我國。"《國語·周語下》："帥象禹之功，度之於軌儀，莫非嘉績，克厭帝心。"

[24] 芳垂萬春：萬春，萬年。南朝宋劉義慶《世說新語·排調》："昔與汝爲鄰，今與汝爲臣，上汝一栖酒，令汝壽萬春。"唐閻朝隱《三日曲水侍宴應制》詩："三月重三日，千春續萬春。"《佛説觀彌勒菩薩上生兜率天經講經文》："慚愧慈尊戒定身，修心練行出埃塵，堅貞豈算千千劫，不壞何論萬萬春。"

三、敦煌寫本《羅什法師贊》校注

【題解】

有關《羅什法師贊》今已公布的敦煌文獻計有 P.2680、P.4597、S.276V、S.6631 四件寫本。茲分別叙述如下：

（一）P.4597

P.4597 爲卷子本，存 12 紙，長 311.5 釐米，高 25.9～31.3 釐米，正背書。

正面分抄《和菩薩戒文》《西方樂贊文》《遊五臺山贊文》《義净三藏贊》《羅什法師贊》等 35 種文本。《羅什法師贊》爲其中第 15 種。首尾俱完，計 8 行，行 20～22 字。首題"羅什法師贊釋金髻"，起"善哉童壽，母腹標奇"，訖"垂範西方則"。

1　羅什法師贊　釋金髻
2　善哉童壽母腹標奇四果玄記三十辟█呂氏起憬五凉
3　運衰秦帝生信示合昌弥草堂青眼慈嶺白眉瓶藏
4　一鏡針吞數匙生肇受業融叡爲資四方遊化兩國人師
5　詩　誕跡本西方利化遊
6　東國毗贊士三千摳衣四聖德内鏡操瓶裏洗滌秦王或吞
7　針糜鉢中機誠弟子色傳譯草堂居避地慈山側馳
8　譽五百年垂範西方則

（二）P. 2680

P. 2680 爲卷子本，存 12 紙，長 311.5 釐米，高 25.9～31.3 釐米，正背書。

正面分抄 16 種文書，第 11 種文本爲《羅什法師讚》，從第 130—135 行，首尾俱完，計 6 行，行 22～24 字。首題"羅什法師讚"，起"善哉童壽，母腹標奇"，訖"垂瓶四方則"。

1 羅什法師讚　善哉童壽母腹標奇四果懸記三十辟支呂氏

2 起憚五凉運衰秦帝青眼葱嶺白眉瓶藏一鏡計吞數匙生

3 肇受業融叡爲資四方遊化兩國人師詩曰誕跡本西方利化

4 遊東國毗贊士三千摳衣四聖德內鏡澡瓶裏洗滌秦王惑針

5 吞糜鉢中譏誠弟子色傳譯草堂居避地葱山側馳譽五百

6 年垂瓶四方則

（三）S. 276V

S. 276V 爲卷子本，存 12 紙，長 311.5 釐米，高 25.9～31.3 釐米，正背書。

正面抄長興四年癸巳歲（933）《具注曆日》。

背面分抄《付法藏因緣傳》中印度傳法世系及《靈州史和尚因緣記》《佛圖澄羅漢和尚贊》《羅什法師贊》等 6 種文本，第 5 種爲《羅什法師贊》，首尾俱完，計 9 行，行 15～18 字。首題"羅什法師讚"，起"善哉童壽，母腹標奇"，訖"垂範四方則"。字迹漫漶，小有殘缺，部分文字不清有後加墨筆，字迹與前抄《佛圖澄羅漢和尚贊》者相同，當是此卷後抄使用者所加。

1 羅什法師讚釋金譽善哉童壽母腹

2 標奇四果玄記三十辟支呂氏起憚五凉運

3 衰秦帝生信雅合昌期草堂青眼葱嶺

4 白眉瓶藏一鏡針吞數匙生肇受業融叡

5 爲資四方遊化兩國仁師詩曰誕跡本四方

6 利化遊東國毗贊士三千摳衣四聖德內鏡操

7 □□洗滌秦王惑針吞糜鉢中機誠弟子色

8 □□草堂居避地葱嶺側馳譽五百年垂

9 範四方則

（四）S.6631V

S.6631V 爲卷子本，卷子本，存 12 紙，長 311.5 釐米，高 25.9～
31.3 釐米，正背書。正面抄：《金剛般若波羅蜜經》。背面分抄：《歸極樂
去讚》《遊五臺山讚文》《義净三藏讚》《維摩五更轉十二時》等 12 種文
本。《羅什法師讚》爲第一種文本。首尾俱完。計 7 行，行 19～25 字。首
題 "羅什法師讚釋迦髻"，起 "善哉童壽，母腹標奇"，訖 "垂範西方則"。

1　羅什法師讚釋迦髻善哉童壽母腹標奇

2　四果玄記十辟天吕氏起憫五凉運衰秦帝生信示合昌弥草堂

3　青眼蒸嶺白眉瓶藏一鏡針吞數匙生肇受業融

4　叡爲資四方遊化兩國人師詩■跡本西

5　方利化遊東國毗贊士三千摳衣四聖德内鏡操瓶裏

6　洗滌秦王或吞針糜鉢中機戒弟子色傳譯草堂居

7　避地蒸山側馳譽五百年垂範西方則

1981 年，陳祚龍《新校重訂敦煌古抄僧讚集》據 P.2680 校録有《羅
什法師讚》[1]（簡稱《校訂》），1988 年，饒宗頤《鳩摩羅什〈通韻〉箋》
據 S.6631V 校録《羅什法師讚》並詩[2]（簡稱《饒箋》），2002 年，汪泛
舟《敦煌僧詩校輯》據 P.2680、P.4597、S.276、S.6631V 校録《羅什
法師讚詩》一首附《羅什法師讚》[3]（簡稱《校輯》），2000 年，徐俊《敦
煌詩集殘卷輯考》校録 S.276V《羅什法師讚詩》[4]（簡稱《輯考》），2001
年，郝春文《英藏敦煌社會歷史文獻釋録》據 S.276V 參校 S.6631V 進
行《羅什法師讚》釋文[5]（簡稱《釋録》），2010 年，張錫厚《全敦煌詩》
卷 163 "金髻詩讚五首"，據據 P.4597、S.6631V、P.2680、S.276、

　　① 陳祚龍：《新校重訂敦煌古抄僧讚集》，載《中華教文化史散策三集》，臺北：新文豐
出版公司，1981 年，第 193～194 頁。
　　② 饒宗頤：《鳩摩羅什〈通韻〉箋》，《敦煌語言文學論文集》，杭州：浙江古籍出版社，
1988 年，第 14 頁。
　　③ 汪泛舟：《敦煌僧詩校輯》，蘭州：甘肅人民出版社，1994 年，第 54～55 頁。又收入氏
著《敦煌石窟僧詩校釋》，香港：香港和平圖書出版公司，2002 年，第 99～100 頁。
　　④ 徐俊：《敦煌詩集殘卷輯考》，北京：中華書局，2000 年，第 904～905 頁。
　　⑤ 郝春文主編：《英藏敦煌社會歷史文獻釋録》（第一卷），北京：科學出版社，2001 年，
第 424～426 頁。

P. 3052 校録《羅什法詩讚》，並據 P. 4597、P. 2680 校録《羅什法詩讚附詩》①。

釋金髻《羅什法師讚》主要記述鳩摩羅什的事迹。内容多見載於《高僧傳·晉長安鳩摩羅什傳》與敦煌寫本《鳩摩羅什傳》，只是文字相對簡略概括。

【校録】

羅什法師讚[1]　　釋金髻[2]

善哉童壽[3]，母腹標奇[4]。四果玄記[5]，三十辟支[6]。吕氏起慢[7]，五凉運衰[8]。秦帝生信[9]，示合昌彌[10]。草堂青眼[11]，葱嶺白眉[12]。瓶藏一鏡，針吞數匙。[13]生肇受業[14]，融叡爲資[15]。四方遊化[16]，兩國人師[17]。

詩：

誕迹本西方，利化遊東國[18]。毗贊士三千[19]，摳衣四聖德[20]。

内鏡澡瓶裏，洗滌秦王惑。[21]吞針糜鉢中，機誡弟子色。[22]

傳譯草堂居[23]，避地葱山側。馳譽五百年[24]，垂範四方則[25]。

【校記】

[1] 本篇現存四個抄本，原卷：P. 4597；甲卷：P. 2680；乙卷：S. 276V；丙卷：S. 6631V。

[2] 釋金髻：甲卷脱著者之名，原卷、乙卷作“釋金髻”，丙卷作“釋迦髻”，徐俊《敦煌佛教讚頌寫本叙録——法藏部分六種》一文，以爲“迦”字涉其上“釋”字致訛。◎釋金髻：俗姓薛，唐沙洲（今甘肅敦煌市）人。生卒年未詳。出家於敦煌金光明寺，吐蕃統治敦煌時期爲釋門副教授。其名蓋取法自“金髻菩薩”，姚秦羅什譯《維摩詰所説經》卷一《佛國品》載：世尊在毗耶離菴羅樹園説《維摩詰經》時，等觀菩薩、嚴土菩薩、金髻菩薩、珠髻菩薩等前來聽説。僧肇《注維摩詰經》卷一《佛國品》：“金髻菩薩，什曰：‘金在髻也。’”窺基《説無垢稱經疏》卷二《序品》：“觀無爲法，不離心首。如以金爲髻，故名金髻。”全篇四言，十六句，八韻，六十四字。“奇、支、衰、彌、眉、匙、資、師”，押平聲支

① 張錫厚主編：《全敦煌詩》（十三册），北京：作家出版社，2010 年，第 6193～6196 頁。

韻。附詩五言，十二句，六韻，六十字。"國、德、惑、色、側、則"，押入聲
職韻。

[3] 童壽：是鳩摩羅什梵名之意譯。鳩摩羅什，東晉十六國時期西域龜茲人，是漢傳
佛教的著名譯師。梵名 Kumārajīva，音譯作究摩羅什、拘摩羅耆婆、鳩摩羅什
婆，略稱羅什、什，意譯作童壽。羅什生於龜茲國（今新疆維吾爾自治區阿克蘇
地區庫車市一帶），其父鳩摩羅炎是來自罽賓國（今克什米爾）的卿相世家後裔，
其母是龜茲王的妹妹。七歲時同母親一起出家，開始學習説一切有部的《阿毗達
磨大毗婆沙論》，日誦經千偈，每偈三十二字，凡三萬二千言，時人譽爲"神
童"。

[4] 母腹標奇：標奇，顯示奇特不凡，《北齊故祠部尚書趙州刺史崔公墓志銘》："既
取貴天下，稱珍海内，固當呈异王闕，標奇國庭。"按：此處指龜茲王妹耆婆體
有赤黶异於常人，注定要生智子，詳參《高僧傳·晉長安鳩摩羅什傳》："王有
妹，年始二十，識悟明敏，過目則能，一聞則誦。且體有赤黶，法生智子，諸國
娉之，並不肯行。及見摩炎，心欲當之，乃逼以妻焉，既而懷什。什在胎時，其
母自覺神悟超解，有倍常日。聞雀梨大寺名德既多，又有得道之僧，即與王族貴
女，德行諸尼，彌日設供，請齋聽法。什母忽自通天竺語，難問之辭，必窮淵
致，衆咸嘆之。有羅漢達摩瞿沙曰：'此必懷智子，爲説舍利弗在胎之證。'及什
生之後，還忘前言。"

[5] 玄記：甲卷作"懸記"。按："玄""懸"音同，通用。"玄記"或作"懸記"，意
謂"預言"。北涼曇無讖譯《大般涅槃經》卷三十《師子吼菩薩品》："爾時六師，
聞我玄記，生者必男，有大福德。心生嫉妒，以庵羅果和合毒藥，持往其家，語
長者言：'快哉，瞿曇善説其相，汝婦臨月可服此藥，服此藥已，兒則端正，産
者無患。'長者歡喜受其毒藥，與婦令服，服已尋死。六師歡喜，周遍城市高聲
唱言：'沙門瞿曇記彼長者婦當生男，其兒福德天下無勝；今兒未生，母已喪
命。'爾時長者復於我所生不信心，即依世法，殯殮棺蓋送至城外，多積乾薪，
以火焚之。我以道眼，明見此事，顧命阿難，取我衣來吾欲往彼，摧滅邪見。"
◎四果，佛教謂聲聞乘聖果有四，舊譯依梵語稱爲須陀洹果、斯陀含果、阿那含
果、阿羅漢果。新譯將前三果譯爲預流果、一來果、不還果，阿羅漢果仍其舊。
南朝齊周顒《重答張長史書》："吾不翔翩於四果，卿尚無疑其集佛。"南朝梁沈
約《佛記序》："非唯四果不議，固亦十地罔窺。"

[6] 支：各卷皆作"𰝀"，爲"支"之异體。《干祿字書》："𰝀支：竝上俗，下正。"
敦煌寫本常見，如敦博 072 號《妙法蓮華經》卷第四"求辟支佛者"之"支"
字，原卷即作"𰝀"；丙卷作"十辟支"。《校輯》作"三十闡教"云："原卷作

‘閩交’。敦煌寫卷‘交’‘教’，通用；又，二字古本通。”饒宗頤録作“十□辟支”；《釋録》作“十部辟支”。按：前句“四果玄記”，下句當爲四字句，丙卷作“十辟支”當脱一字，《釋録》補作“十部辟支”與“四果玄記”正成對句，非是，不可從。原卷、甲卷、乙卷作“三十辟支”。◎辟支：即辟支佛，梵語Pratyekabuddha 之音譯，辟支迦佛陀的略稱。意譯作緣覺、獨覺，又作貝支迦、辟支，是三乘中的中乘聖者，無師而能自覺自悟之聖者。辟支佛有兩種，《大智度論》卷十八《序品》載：“復次，辟支佛有二種：一名獨覺，二名因緣覺。因緣覺如上説。獨覺者，是人今世成道，自覺不從他聞，是名獨覺辟支迦佛。獨覺辟支迦佛有二種：一、本是學人，在人中生；是時無佛，佛法滅。是須陀洹已滿七生，不應第八生，自得成道。是人不名佛，不名阿羅漢，名爲小辟支迦佛，與阿羅漢無異；或有不如舍利弗等大阿羅漢者。大辟支佛，亦於一百劫中作功德，增長智慧，得三十二相分：或有三十一相，或三十、二十九相，乃至一相。於九種阿羅漢中，智慧利勝，於諸深法中總相、別相能入；久修習定，常樂獨處。如是相，名爲大辟支迦佛，以是爲异。”

[7] 慢：各卷並作“憦”，爲“慢”之異體。敦煌寫本常見，如 BD 03024《八相變》“緩行慢行，粗喘細喘”之“慢”字，原卷即作“憦”。◎吕氏起慢：建元二十年（384），吕光俘獲羅什，因吕光的脅迫，被迫娶龜茲王女阿竭耶末帝，並賜醇酒，淫、酒雙戒俱捨。吕光部隊回程途中，鳩摩羅什預測將有山洪，吕光不以爲然，後因確有山洪而懼怕鳩摩羅什，不久前秦滅亡，吕光稱凉王。此後十八年間，鳩摩羅什被吕光、吕纂軟禁在凉州。

[8] 五凉運衰：五凉，指晋和南朝宋時北方十六國中的前凉、後凉、西凉、北凉、南凉。

[9] 秦帝生信：原卷、乙卷、丙卷作“秦帝生信”，兹據原卷以録；甲卷脱“生信”二字，徑抄作“秦帝青言，蔥嶺白眉”。秦帝生信：指姚秦之主姚萇、姚興父子信奉佛教，迎羅什至長安一事，詳參《高僧傳·晋長安鳩摩羅什傳》：“什停凉積年，吕光父子既不弘道，故藴其深解，無所宣化，苻堅已亡，竟不相見。及姚萇借有關中，亦挹其高名，虛心要請，諸吕以什智計多解，恐爲姚謀，不許東入。及萇卒，子興襲位，復遣敦請。……至（弘始三年）五月，興遣隴西公碩德西伐吕隆，隆軍大破。至九月，隆上表歸降，方得迎什入關，以其年十二月二十日至於長安。興待以國師之禮，甚見優寵。晤言相對，則淹留終日；研微造盡，則窮年忘倦。”

[10] 雅合昌期：原卷、丙卷作“示合昌彌”，甲卷脱，乙卷作“雅合昌期”。按：“疋”古同“雅”，與“示”形近，“示合昌彌”費解，“雅合昌期”意謂正好遇

上佛教興隆昌盛的時期，語意明確，文從字順，茲據乙卷以録。◎雅合昌期：雅合，意爲正好相合。隋釋彦琮《辯正論》："先覺諸賢，高名參聖，慧解深發，功業宏啓，創發元路，早入空門，辨不虚起，義應雅合。"唐義净譯《根本説一切有部毗奈耶皮革事》卷二："王告鄔波難陀曰：'汝可合卧如是八重敷具耶？'便答王曰：'得。雅合其理，何處佛制不許卧八重敷具？'"昌期，意謂興隆昌盛時期。唐王維《爲舜闍黎謝御題大通大照和尚塔額表》："沙門等叨承禪訓，幸遇昌期。御劄賜書，足報本師之德。"唐監使李憲誠進《金字法華經表》云："謹於元日跪而奉進，以表吉祥。伏願均如來之壽，延陛下之昌期。無任犬馬懇欸之至，謹奉進以聞。"

[11] 草堂青眼：原卷、乙卷、丙卷作"草堂青眼"，甲卷脱"雅合昌期、草堂"六字，節略作"秦帝青眼"，茲據原卷以録。◎草堂：指草堂寺，原爲後秦皇帝姚興在漢長安城西南所建的逍遥園，弘始三年（401），姚興迎西域高僧鳩摩羅什居於此，苫草爲堂翻譯佛經，由此得草堂寺名。青眼，指對人喜愛或器重的意思。阮籍，字嗣宗，陳留尉氏（今河南尉氏縣）人，是魏晉時的一位著名詩人。傳説阮籍能作"青白眼"：兩眼正視，露出虹膜，則爲"青眼"，以看他尊敬的人；兩眼斜視，露出眼白，則爲"白眼"，以看他不喜歡的人。據説，阮籍母親死時，其好友嵇康來慰問，阮籍給的就是"青眼"；而阮籍看不順眼的嵇康的哥哥嵇喜來吊唁時，阮籍給的就是"白眼"。

[12] 蒽：各卷並作"蒤"，爲"蒽"之異體。敦煌寫本常見，如 S.5431《開蒙要訓》："蒽蒜韭薤。"S.381《鳩摩羅什傳略》之"蒽"原卷即作"蒤"，蓋由隸書楷化來。◎蒽嶺白眉：白眉，指同儕中的傑出者。《三國志·蜀書·馬良傳》："馬良，字季常，襄陽宜城人也。兄弟五人，並有才名，鄉里爲之諺曰：'馬氏五常，白眉最良。'良眉中有白毛，故以稱之。"後因以喻兄弟或儕輩中的傑出者。唐陳子昂《合州津口別舍弟》詩："思積芳庭樹，心斷白眉人。"

[13] 數：原卷、乙卷、丙卷皆抄作"數"字，《校訂》作"如"，未諦。按：甲卷寫作"𢽾"，蓋爲"數"之草書，與"如"字形近。◎瓶藏一鏡，針呑數匙：見下文"内鏡澡瓶裏，洗滌秦王惑。呑針糜鉢中，機誠弟子色"的注文。

[14] 生肇受業：生肇，即羅什弟子"竺道生、釋僧肇"之合稱。竺道生（355—434），東晉涅槃經學者，鉅鹿（河北平鄉）人，俗姓魏。寓居彭城（江蘇銅山）。後改姓竺。師幼即穎悟，聰慧如神，依瓦官寺竺法汰出家。十五歲登講座，雖宿學名士亦不能抗衡。及至受具足戒，更名遍華夏，王公顯貴皆參其席。初於建業之龍光寺（青園寺）弘法。罽賓沙門僧迦提婆蒞止廬山，譯出阿毗曇

心論。師聞之，乃從學一切有部之教義。鳩摩羅什至關中，師復負笈北上，依止從學。釋僧肇（384—414），東晉僧人。長安人，俗姓張。家貧，以傭書爲業，遂得博覽經史。初好老莊，及讀維摩經而感悟，遂出家。善方等大乘經典，兼通三藏，冠年名聲已震關中。才思幽玄，精於談論。聞鳩摩羅什羈留涼土，前往從之，羅什嘆爲奇才。及至姚秦破涼，乃隨侍羅什入長安。稟姚興之命，與僧叡等於逍遙園詳定經論，解悟彌深，被稱爲解空第一。

[15] 融叡爲資：融叡，即羅什弟子釋道融、釋僧叡的簡稱。道融，魏晉時代僧人。汲郡林慮（河南衛輝市）人。十二歲出家，初學外典。及三十歲，才解英絶，窮究内外經書。羅什入關後，師前往諮稟，羅什甚奇之。受姚興之命，住於逍遙園，參與羅什之譯場。後還彭城，講説中論、法華等經，門徒甚多。是鳩摩羅什之門人。僧叡，東晉僧。魏郡長樂（河南安陽）人。少有出塵之志，十八歲剃髮，依僧賢爲師，二十歲即博通經論。曾聽僧朗講放光般若經，常質疑，僧朗嘆其才。二十四歲，遊歷諸國講説，聽者成群。常慨禪法未傳，及姚秦弘始三年（401）十二月鳩摩羅什至長安，即隨受禪法；且請羅什譯出禪法要解，日夜修習，精練不怠。司徒姚嵩深相禮敬，秦主姚興亦稱其才器。曾與僧肇等共參訂羅什之譯經。按：道生、僧肇、道融、僧叡等皆爲羅什門下之俊傑，時稱關中四聖。

[16] 四方遊化：遊化，謂遊行各處而教化之。《增壹阿含經》卷三十六："一時，佛在毗舍離㮈祇園中，與大比丘眾五百人俱，漸漸復在人中遊化。"《賢愚經》卷十三《頂生王品》："佛告之曰：'乃往過去，不可計劫，時世有佛，號曰弗沙，與其徒眾，遊化世間。時婆羅門子，適欲娶婦，手把大豆，當用散婦，是其囊世，俗家之禮。於道值佛，心意歡喜，即持此豆，奉散於佛，四粒入鉢，一粒住頂。由此因緣，受無極福，四粒入鉢，王四天下；一粒在頂，受樂二天。'"南朝梁慧皎《高僧傳・漢雒陽白馬寺竺法蘭傳》："蔡愔既至彼國，蘭與摩騰共契遊化，遂相隨而來。"

[17] 人師：乙卷作"仁師"，餘三卷抄作"人師"。按："人""仁"通用，寫本多互用，據原卷校作"人"。如Φ96《雙恩記》："人（仁）者今朝何必疑，我身只是孤貧子"中"仁"字，原卷即作"人"。◎兩國人師：人師，指德行學問等各方面可以爲人表率的人，佛教對凡夫之具有教化他人能力者也稱爲人師。按：兩爲概數，泛指羅什所至的西域諸國。兩國人師指鳩摩羅什爲西域諸國及中土姚秦民眾之師。羅什出生於龜茲國，曾至罽賓國、沙勒國、温宿國弘法。《高僧傳・晋長安鳩摩羅什傳》"什既道流西域，名被東川"亦將其所至之地以"西域""東川"對舉。《荀子・儒效》："四海之内若一家，通達之屬莫不從服，夫

是之謂人師。"唐楊炯《益州溫江縣令任君神道碑》:"策名天爵,獨步人師。"

[18] 利化遊東國:指羅什東行至中土(長安)弘法之事,羅什母去天竺之前,希望羅什能弘大法於真丹(中國),爾後,羅什果然至長安譯經宣法,詳參《高僧傳·今長安鳩摩羅什傳》:"有頃,什母辭往天竺,謂龜茲王白純曰:'汝國尋衰,吾其去矣。'行至天竺,進登三果。什母臨去謂什曰:'方等深教,應大闡真丹。傳之東土,唯爾之力。但於自身無利,其可如何?'什曰:'大士之道,利彼忘軀。若必使大化流傳,能洗悟矇俗。雖復身當爐鑊,苦而無恨。'於是留住龜茲止於新寺。"

[19] 士:各本皆寫作"士",《校訂》錄作"大",未諦。◎毗贊士三千:毗贊亦作"毘贊",意謂輔佐、襄助。《西京雜記》卷四:"其有德任毗贊、佐理陰陽者,處欽賢之館。"僧祐撰《雜錄序》云:"今即其本錄,以相綴附。雖非正經,而毘讚道化。可謂聖典之羽儀,法門之警衛。足以輝顯前緒,昭進後學。是以寄於三藏集末,以廣枝葉之覽焉。"唐法琳撰《辯正論》卷三:"大業末歲,妖寇勃生。雖郊壘多虞,干戈競接。而隆敬盡一,終始無虧。毘贊佛理,勒諸銘碣。"按:什之弟子,資學三千,拔萃有人。入室弟子有僧肇、僧叡、道生、道融、慧觀等,後世有什門八俊、四聖、十哲之稱。

[20] 摳衣四聖德:古人迎趨時撩起衣服前襟以表示恭敬。《孔子家語·王言解》:"曾子肅然而懼,摳衣而退,負席而立。"唐李邕《大照禪師塔銘》:"負笈梁許,摳衣班馬。"宋王安石《奉酬永叔見贈》詩:"摳衣最出諸生後,倒屣嘗傾廣座中。"◎四聖德:鳩摩羅什門下有三千弟子,其中的菁英有所謂"四聖十哲",十哲是十位高足,分別是:道生、僧肇、道融、僧叡、曇影、慧嚴、慧觀、僧䂮、道常、道標。譯經事業的得力助手。其中竺道生、僧肇、道融、僧叡四人更是當時佛教界名人,並稱爲"什門四聖"或"關中四聖"。

[21] 澡:甲卷、乙卷作"澡",原卷、丙卷作"操"。按:水旁、提手旁,敦煌寫本多混。澡瓶爲僧人用以貯水的容器,此言納寶鏡於澡瓶之中,"操瓶"不詞,"操""澡"形近,當是傳抄致訛。◎內鏡澡瓶裏,洗滌秦王惑:"內"讀作"納",內鏡澡瓶裏意謂將鏡子藏納在澡瓶之中,藉以去除姚秦帝王心中的疑惑,因獲得取信。事見於敦煌寫本 S. 3704《高僧傳略》"及是時,譯《維摩經》一部,文至'芥子納須彌',帝乃疑心,什知其意,便納衣鏡在灌澡之中。帝問:'映鏡何在?'什報曰:'鏡在澡灌。'帝甚異焉,帝問:'出得以否?'什報曰:'得。'登時瀉出,鏡復如常。什即啓言:羅什凡夫,猶內鏡於澡灌,何妨維摩大士芥子納須彌?帝乃信之悔謝也。"及 S. 381《鳩摩羅什傳略》記述:"後因譯《維摩經·不思議品》,間聞芥子納須彌,秦主懷疑,什將證信,以鏡納於瓶

内，大小無傷。什謂帝曰：羅什凡僧。尚納鏡於瓶内，況維摩大士，芥子納須彌而不得者乎？帝乃深信，頂謝希奇。"又《釋氏六帖》卷二十二"助道資身部""净瓶條"下"瓶藏馬鏡"事載："《釋經記》云：羅什譯《維摩經》至'芥納須彌，毛吞巨海。'姚興閣（擱）筆曰：'後人信不及！'什以帝馬鏡内净瓶中。鏡亦不小，瓶亦不大。姚興信伏，書之。"

[22] 機誡：原卷、乙卷作"機誡"，甲卷作"譏誡"，丙卷作"機戒"。按："戒"通"誡"，敦煌寫卷多通用。"譏誡"可釋讀爲譏諷告誡；"機誡"當釋讀爲趁機告誡，於意均通。然依上下文，"機誡"於意尤勝。"機""譏"音同形近，甲卷作"譏"疑爲"機"之誤抄，茲據原卷、乙卷録作"機誡"。◎吞針糜鉢中，機誡弟子色：《晋書·藝術·鳩摩羅什傳》記叙羅什吞針故事云："（姚興）遂以伎女十人，逼令受之。爾後不住僧坊，別立解舍，諸僧多效之。什乃聚針盈鉢，引諸僧謂之曰：'若能見效食此者，乃可畜室耳。'因舉匙進針，與常食不別，諸僧愧服乃止。"姚興對羅什大師備極崇敬愛戴，甚至憂慮神思俊才的羅什大師無後甚至爲可惜，竟起异想，以十名的歌伎美女逼令羅什大師接受，並另建官舍供養，不讓入住僧房羅什大師雖然内心憂苦，爲了弘法東土的重任，只得勉强聽任安排。有人或生起輕慢心或妄想仿效，羅什大師爲服衆心，集合大衆，借機以吞食滿鉢的細針告誡大家各自安心辦道，謹守戒律，莫再生起妄念。敦煌的贊文中却明確地將此能力解釋成爲讓他的弟子克制色欲而使用的一種"方便"。依史書載情節，當非譏諷，而是借機告誡。唐圓照集《代宗朝贈司空大辨正廣智三藏和上表制集》卷六《沙門崇惠登刀梯頌》也提到這個故事："自漢明感夢，騰蘭裂見網於雒陽；秦主懷疑，羅什顯寶鏡於瓶内。"

[23] 傳譯草堂居：指鳩摩羅什在草堂寺譯經之事。"傳譯"，轉譯，翻譯。漢董仲舒《春秋繁露·王道》："四夷傳譯而朝。"《世説新語·言語篇》："高坐道人不作漢語。"南朝梁劉孝標注："（高坐）性高簡，不學晋語，諸公與之言，皆因傳譯，然神領意得，頓在言前。""草堂居"，《歷代三寶紀》卷八："（姚興）弘始三年春，有樹連理，生於廟庭。逍遥一園，葱悉變爲薤。咸稱嘉祥，應有智人來入國瑞。冬什到雍，興加禮遇，待以國師。崇敬甚隆，大闡經論。震旦宣譯，盛在此朝。四方沙門，雲奔湊集。先是長安自前漢廢，到符秦興。其間三百三十一載，曠絶朝市，民俗荒蕪。雖數伽藍，歸信尠寡。三千德僧，同止一處，共受姚秦天王供養。世稱大寺，非是本名。中構一堂，權以草苫，即於其内，及逍遥園二處翻譯。……草堂本名，即爲一寺。"

[24] 馳譽五百年：馳譽，猶馳名。南朝宋鮑照《見賣玉器者》詩："揚芳十貴室，馳譽四豪門。"道宣《續高僧傳》卷十五《唐襄州神足寺釋慧眺傳》："釋慧眺，姓

莊氏，少出家，以小乘爲業。遊學齊徐青海諸州，數論之精，馳譽江漢。開皇末年，還住鄉壤之報善寺，承象王哲公在下龍泉講開三論。”唐安錡《題賈島墓》詩：“馳譽超先輩，居官下我儂。”此讚作者釋金髻，爲唐沙州僧人，俗姓薛。出家屬金光明寺，爲吐蕃統治敦煌期間釋門副教授，與金炫同時，見P.4597、P.3052。其活動時間約在元和五年（810）前后。距鳩摩羅什（344—413）時，四百多年，舉其成數，故號稱“馳譽五百年”。

[25] 垂範：《校訂》作“乘瓶”，未諦，當爲“垂範”之誤識。“範”，《饒箋》録作“軌”。甲卷“瓶”。按：原卷實作“𩕳”，爲“範”的异體字。“四方”，原卷、丙卷作“西方”，甲卷、乙卷作“四方”。按：“西方”“四方”文意皆通，相較而言，“垂範四方則”意更優。“垂範四方則”，意謂垂示典範作爲四方之準則，作“軌”未確。◎垂範四方則：垂範，垂示典範。南朝梁劉勰《文心雕龍·詔策》：“（漢武帝）《策封三王》，文同訓典；勸戒淵雅，垂範後代。”《弘明集》卷十《衛尉卿蕭禹答》：“豈直群生靡惑，實亦闡提即曉；方宣揚四海，垂範來世，惠使聞見，唯深佩服。”

四、敦煌寫本《稠禪師解虎贊》校注

【題解】

有關《稠禪師解虎贊》今已公佈的敦煌文獻計有 P.3490、P.4597 二件寫本。另 P.2775 卷背也録有“稠禪師解虎”，與《龍樹菩薩贊》《寺門首立禪師頌》《隋净影寺沙門惠遠和尚因緣記》《靈州史和尚》《佛圖澄和尚因緣記》《羅什法師贊》《唐大莊嚴寺僧釋智興》《大唐三藏法師贊》《大唐義净法師贊》《劉薩訶和尚因緣記》《宣律和尚贊》合抄，可知當是壁畫圖讚提示稿，故録僅題名“稠禪師解虎”，不具文本，僅存其名。P.3490、P.4597 等二號寫本情形如下：

（一）P.4597

卷子本，15 紙，總長 533.5 釐米。正背書。

正面分抄：（1）《和菩薩戒文》；（2）《西方樂讚文》；（3）《散華樂讚文》；（4）《般舟梵讚文》；（5）《香湯贊文》；（6）《四威儀讚》；（7）《卧輪禪師偈》；（8）《受吉祥草偈》；（9）《大乘中宗見解要義別行本》；（10）《香讚文》；（11）《花讚文》；（12）《遊五臺山讚文》；（13）《辭父母出家讚文》；（14）《義净三藏讚》；（15）《羅什法師讚》；（16）《唐三藏讚》；（17）

《稠禪師解虎讚》；（18）《菩薩十無盡戒》；（19）《金剛五禮文》；（20）《五臺山讚文并序》；（21）《寅朝禮》；（22）《九想觀詩》；（23）《佛母讚》；（24）《出家讚文》；（25）《菩薩安居息解夏法》；（26）《辭道場讚》；（27）《請十方賢聖讚》；（28）《送師讚》；（29）《勸善文》；（30）《入布薩堂説偈文》；（31）《受水説偈文》；（32）《聲聞布薩文》；（33）《布薩文》；（34）《十二光禮法身禮》；（35）《破酒歷》。

卷背有"光化三年五月廿日弟子比丘律師念記""光化四年九月十五日靈圖寺法（下缺）""咸通九年正月四口學生德書卷""咸通九年武文晟念佛德等雜寫及致都僧政信札"一通。

《稠禪師解虎讚》爲正面的第17種文本。首尾俱完。計13行（含首題），行20字。首題"稠禪師解虎讚釋像幽"，起"禪師道高德邁，將天地而齊恒"，訖"德伏息諸誼"。

1　稠禪師解虎讚　釋像幽

2　禪師道高德邁將天地而齊恒節行貞堅等青松而

3　莫祚問其姓名字不知若何鉢持毒龍恐損境城潛伏

4　六賊謹誅根門久虞幽山精修無惓初坠之地境多犲

5　狼及虫久居小虎遠避大虎猛惡屈鼠來投恒在四邊

6　無離咫尺行則隨後三衣頭下即縣坐乃不離而依師

7　主忽有愚虎歛耳來投兩虎相諍論各稱已有禪

8　師慈悲量廣利物寬深以杖解之不懼嗔怒以德伏虎

9　起世絶倫圖狀行廊後倍僧次原其本質竟無虞求

10　輒述奇能以誠來學視賢思等舉善彰能不揆膚

11　虞後到其頌節行越前賢慈悲度自緣静心了其諦

12　不著水如蓮鉢裏降毒龍犲狼遑四邊偏能解兩虎

13　德伐息諸誼

（二）P.3490

卷子本，存10紙，長271.8釐米。正背書。

正面爲財禮凡目、油破歷、辛巳年破歷等。

背面分抄：《寺門首立禪師頌》《稠禪師解虎讚》《於當居創造佛刹功

德記》，敬繪文殊、聖賢、萬回、觀音等願文四篇。

《稠禪師解虎讚》爲卷背的第二種文本。首完尾缺。存5行（含首題），行18字。首題"稠禪師解虎讚釋像幽"，起"禪師道高德邁，將天地而齊恒"，訖"精修無倦，初坐"。

1　稠禪師解虎讚　釋像幽

2　禪師道高德邁將天地而齊恒節行貞堅等青

3　松而莫朽問其姓字不知若何鉢持毒龍鎮

4　城潛伏六賊謹護根門久處幽山精修無

5　倦初坐

1981年陳祚龍《新校重訂敦煌古抄僧讚集》據P.3490V校錄了《稠禪師解虎讚》①（簡稱《讚集》）；2002年汪泛舟《敦煌石窟僧詩校釋》②據P.4597、P.3490V僅校錄P.3490V所存的部分（簡稱《校釋》）；2010年張錫厚《全敦煌詩》據P.4597、P.3490V校錄《稠禪師解虎讚》③。

【校錄】

稠禪師解虎贊[1]　釋像幽[2]

禪師道高德邁，將天地而齊恒；節行貞堅，等青松而莫朽[3]。問其姓字[4]，不知若何。鉢持毒龍，恐損境域[5]，潛伏六賊[6]，謹護根門[7]，久處幽山[8]，精修無倦[9]。初坐之地[10]，境多犲狼，及蟲久居[11]，小獸遠避[12]，大虎猛惡，屈膝來投[13]。恒在四邊，無離咫尺。行則隨後，三衣領下[14]，即縣坐乃不離[15]，而依師主。忽有愚虎，歛耳來投。兩虎相爭論，各稱已有。禪師慈悲量廣[16]，利物寬深[17]，以杖解之。不懼嗔怒，以德伏虎。超世絶倫，圖狀行廊，後輩僧次[18]，原其本質，竟無處求。輒述奇能[19]，以誠來學。覩賢思等，舉善彰能。不揆庸處[20]，後列其頌：

節行越前賢，慈悲度自緣。静心了其諦，不著水如蓮[21]。鉢裏降毒龍[22]，犲狼迴四邊[23]，偏能解兩虎，德伏息諸誼[24]。

① 陳祚龍：《新校重訂敦煌古抄僧讚集》，載《中華佛教文化史散策三集》，臺北：新文豐出版公司，1981年，第194頁。

② 汪泛舟：《敦煌石窟僧詩校釋》，香港：香港和平圖書出版公司，2002年，第83頁。

③ 張錫厚主編：《全敦煌詩》第十三冊，北京：作家出版社，2010年，第6160～6163頁。

【校記】

[1] 本篇現存兩個寫本，本文以 P. 4597 爲原卷，以 P. 3490V 爲參校本，即甲卷並參考《讚集》《校釋》《敦煌詩》之録文校録。◎ "虎"，原卷作 "虝"，爲虎之異體。《干禄字書·上聲》："虝虎：上通下正。"◎ 稠禪師解虎讚："稠禪師" 指北齊釋僧稠（480—560）。俗姓孫，昌黎人。精通儒家典籍，做過太學博士，二十八歲出家，師從寔法師、道房禪師、道朋禪師、嵩山少林寺祖師三藏，修習禪法，撰《止觀法》二卷。北魏孝明帝三召皆辭，常於西王屋山、青羅山等地修禪。僧稠所修爲小乘禪，於小乘禪觀中廣弘四念處法，與菩提達摩所習大乘禪並稱。跋陀稱讚僧稠是蔥嶺以東禪法之最者。北魏孝武帝永熙元年（532）爲僧稠於懷州（河南）馬頭山中建禪寺。北齊天保年間，文宣帝召請入京，爲建雲門寺，敕令爲寺主，號爲大禪師。僧稠請在諸州置禪寺，使禪法盛行於北方。◎ 解虎：指以錫杖解開兩虎之相鬥。僧稠禪師解虎之事，詳參道宣《續高僧傳·齊鄴西龍山雲門寺釋僧稠傳》："後詣懷州西王屋山，修習前法。聞兩虎交鬥，咆響振岩。乃以錫杖中解，各散而去。" 此外，隋代曇詢禪師亦有以錫解虎鬥之事，《續高僧傳·隋懷州栢尖山寺釋曇詢傳》載曇詢在雲門修行時，"又山行值二虎相鬥，累時不歇，詢乃執錫分之，以身爲翳。語云：'同居林藪，計無大乖，幸各分路。' 虎低頭受命，便飲氣而散。屢逢熊虎交諍，事略同此。而或廓居榛梗。唯詢一踪，入鳥不亂，獸見如偶。斯又陰德感物，顯用成仁"。按：僧稠、曇詢解虎之錫，後世稱 "解虎錫"，唐玄覺撰《永嘉證道歌》卷一："江月照松風吹，永夜清宵何所爲。佛性戒珠心地印，霧露雲霞體上衣。降龍鉢解虎錫，兩鈷金環鳴歷歷。不是標形虛事持，如來寶杖親踪迹。" 如清佚名《銷釋印空實際寶卷》卷一："何所爲佛性？戒珠心地印，霧露雲霞体上衣。降龍鉢，鮮虎錫，兩鈷金環明歷歷。不是標形虛事持，如來寶藏真踪迹。不求真，不斷妄，了知二法空無相。"

[2] 釋像幽："像"，P. 4597 作 "𠒅"，爲 "像" 之異體。敦煌寫本常見。如 S. 6825V 想爾注《老子道經》卷上 "天地像道，仁於諸善，不仁於諸惡" 之 "像"，原卷即作 "𠒅"。"釋像幽"，《全敦煌詩》作 "像幽"，校記並云："原鈔首題《稠禪師解虎讚》，下署 '釋僧幽'。" 李小榮的《敦煌佛讚音樂文學之內容簡析》讚頌東土高僧、信士類之音樂文學作品，提及《稠禪師解虎讚》云："其中 P. 4597 題下

標有作者名‘釋僧函’。"① 按：各卷均作"釋像幽"，作"僧幽""釋僧函"當是形近誤識。

[3] 全篇前有序文 187 字，後接頌讚五言，八句，五韻（首句入韻），40 字。"賢、緣、蓮、邊"押平聲先韻；"誼"爲平聲元韻。"朽"，原卷、甲卷皆作"朽"，爲"朽"之异體。敦煌寫本常見，如 S. 2832《願文範本·亡兄弟》"徽猷與天地而齊長，令問等山河之不朽"之"朽"字，原卷即作"朽"。

[4] 姓字：原卷作"姓名字"，"名"當爲衍文，茲據甲卷校作"姓字"。姓字：姓氏和名字，猶姓名。《墨子·經説上》："聲出口，俱有名，若姓字。"《賢愚經》卷六《月光王頭施品》："王入見佛，稽首佛足，右遶三匝，却坐一面，白世尊言：‘向者比丘，神力難及，入石如水，出石無孔，姓字何等？願見告示。’"

[5] 恐損：甲卷脱，茲據原卷校録。境域：原卷、甲卷抄作"境城"，意指境内城居。《校釋》作"竟成"，並云："原作境成。竟，終也，後字亦變作境。"未諦。《全敦煌詩》逐録作"境域"，其意指境内的地區，文意通暢，亦有可取。若此則原卷、甲卷並作"城"當是"域"字形近致訛，據《全敦煌詩》校改作"域"。

[6] 潛伏六賊：佛教稱色、聲、香、味、觸、法爲六塵，謂此六塵能以眼、耳等六根爲媒介，劫掠"法財"，損害善性，故稱六賊。《雜阿含經》卷四十三："人復語言：‘士夫！内有六賊，隨逐伺汝，得便當殺，汝當防護。’爾時，士夫畏四毒蛇、五拔刀怨及内六賊，恐怖馳走，還入空村，見彼空舍，危朽腐毁，有諸惡物，捉皆危脆，無有堅固。" P. 2931《阿彌陀經講經文》："偉哉羅漢，位極難階。超有學之流，越凡夫之輩。智具十智，通具六通，叨掘三明，包含八解，硬磨慧劍，斷六賊於解脱之場；張縮定弓，射四魔於菩提之路。"唐白居易《齋戒》詩："每因齋戒斷葷腥，漸覺塵勞染愛輕。六賊定知無氣色，三尸應恨少恩情。"

[7] 護：原卷、甲卷並作"護"，爲"護"之异體。敦煌寫本常見，如敦研 365 號《大般涅槃經》卷十五"常爲善友之所擁護"之"護"字，原卷即作"護"。◎謹護根門：佛教謂眼、耳、鼻、舌、身、意爲六根，六根漏出種種煩惱，進入種種妄塵的門户，故稱爲"根門"。"謹護根門"，即守護根門，不讓煩惱入侵。《瑜伽師地論》卷十四："謂守根門者，於諸境界，不慎不違，爲守根門。念增上力，正智而行，住遠離者。心無染污，專注一緣。"《百喻經·奴守門喻》："如來教誡常護根門，莫著六塵。" P. 2292《維摩詰經講經文》（四）："智劍鋒寒比雪霜，不交（教）煩惱滿身藏。六根門裏長尋捉，此個名爲真道場。"

---

① 李小榮：《敦煌佛教音樂文學研究》，福州：福建人民出版社，2007 年，第 417 頁。

[8] 處：原卷、甲卷並作"**處**"，爲"處"之異體。S. 388《正名要録》："處、**處**：上正，下相承用。"下同。

[9] 倦：原卷作"**倦**"，爲"倦"之異體。敦煌寫本常見，敦研 035（2-1）《妙法蓮華經》"無有一人若身若心而生懈倦"。

[10] 初：原卷、甲卷皆作"**初**"，爲"初"之異體。敦煌寫本常見，如敦博 072 號《妙法蓮華經》卷四"安住初法，初能於後世説《法華經》"之"初"字，原卷即作"**初**"。坐：原卷、甲卷並作"**坐**"，爲"坐"之異體。《干禄字書·上聲》："**坐**坐**坐**：上俗，中下正。"◎按：《讀集》據甲卷校録斷句爲："鉢持毒龍，境域潛伏，六賊謹護，根門久處，幽山精修，無倦初坐。"《校釋》雖據原卷、甲卷以録，但以爲甲卷所存爲完整，僅校録至此。並釋讀斷句爲"禪師道高德邁，將天地而齊恒；節行貞堅，等青松而莫朽。問其姓名字，不知若何。鉢持毒龍，恐損竟成，潛伏六賊謹護，根門久處幽山，精修無倦初坐"，恐未諦。

[11] 蟲：原本作"**虫**"，爲"蟲"之異體。敦煌寫本常見，如敦研 309《修行本起經》卷下"太子坐閻浮樹下，見耕者塑墾壤出虫"。

[12] 獸：原卷作"**獸**"，爲"獸"之異體。敦煌寫本常見，如 S. 799《隸古定尚書》"武王伐殷，往伐歸獸"之"獸"，原卷即作"**獸**"。

[13] 膝：原卷作"**膝**"，爲"膝"之異體。敦煌寫本常見，如敦煌研究院研 181 號《佛説太子瑞應本起經》"屈膝舐足，淚如連珠"之"膝"，原卷即作"**膝**"。

[14] 三衣領下：佛教有所謂"三衣一鉢"，即比丘隨身之物。《摩訶僧祇律》卷八："出家離第一樂而隨所住處，常三衣俱，持鉢乞食。譬如鳥之兩翼，恒與身俱。"三衣指佛教比丘穿的三種衣服。一種叫僧伽梨，即大衣或名眾聚時衣，在大眾集會或行授戒禮時穿著；一種叫郁多羅僧，即上衣，禮誦、聽講、説戒時穿著；一種叫安陀會，日常作業和安寢時穿用，即内衣。三衣亦泛指僧衣。南朝梁慧皎《高僧傳·宋中寺釋曇光傳》："宋明帝於湘宮設會，聞光唱導，帝稱善，即敕賜三衣瓶鉢。"唐玄奘《大唐西域記·印度總述》："沙門法服，惟有三衣……三衣裁制，部執不同，或緣有寬狹，或葉有小大。"

[15] 縣坐：縣通懸，坐通座，"縣坐"即"懸座"，意謂懸掛在座位上。

[16] 量廣：原卷作"廣量"，二字間右旁有倒乙符，據改。

[17] 寬：原卷作"**寬**"，爲"寬"之異體。S. 388《正名要録》："寬**寬**"右正行者楷，脚注稍訛。"敦煌寫本常見，如 P. 3666《燕子賦》："恰似寬縱，苟徒（圖）過時。"

[18] 輩：原卷作"倍"。"倍""輩"音同，寫本多通。◎後輩僧次：僧次，指僧侶戒

臘之席次。即受具足戒後依年數而定席位，詳參羅什譯《梵網經》卷二："若佛子！應如法次第坐。先受戒者在前坐，後受戒者在後坐，不問老少、比丘比丘尼、貴人、國王王子乃至黃門奴婢，皆應先受戒者在前坐，後受戒者次第而坐。莫如外道癡人，若老若少無前無後，坐無次第兵奴之法。我佛法中先者先坐、後者後坐。而菩薩不次第坐者，犯輕垢罪。"唐王梵志《杌杌貪生業》詩："杓柄依僧次，巡到厥摩師。"

[19] 輒述奇能："奇能"，意指特殊的才能。漢劉向《列女傳·齊鍾離春》："今夫人不容於鄉里布衣，而欲干萬乘之主，亦有何奇能哉。"唐韓愈《進撰平淮西碑文表》："竊惟自古神聖之君，既立殊功異德，卓絶之迹，必有奇能博辯之士，爲時而生。"

[20] 庸：原卷作"𢇍"，爲"庸"之異體。《干祿字書·上聲》："𢇍庸：上俗下正。"◎不揆庸處："不揆"爲自謙之詞。意謂不自量。晉郭璞《省刑疏》："臣不揆淺見，輒依歲首粗有所占，卦得《解》之《既濟》。"唐孫過庭《書譜》："不揆庸昧，輒效所明；庶欲弘既往之風規，導將來之器識，除繁去濫，睹迹明心者焉。"

[21] 水：原卷作"氺"，起筆作橫，致易識作"永"。敦煌寫本常見，如 P.2299《太子成道經》"太子沐浴，便現九龍吐水"之"水"字，原卷起筆即作橫"氺"。

[22] 毒龍：原卷寫作"龍毒"，《全敦煌詩》據序文"鉢持毒龍"改，是，茲從之。◎鉢裹降毒龍：佛教以鉢降毒龍之記載甚多，世尊降毒龍置鉢內之記載佛典多載，如《四分律》卷三十三："時如來即降毒龍，盛著鉢中。"而晉代雖有高僧涉公嘗應苻堅之請，加持祈禱降雨，未久降伏一龍，入於涉公之鉢，瞬間乃降大雨。後世禪林中轉指通達佛道者於行住坐臥之間所顯現之自由裕如。與此鉢裹降毒龍不同。

[23] 迥：原卷作"迴"，爲"迥"之異體。敦煌寫本常見，如 Φ96《雙恩記》"此乃孤高迥聳"中"迥"字，原卷即作"迴"。◎犲狼迥四邊："迥"，指僻遠的地方。南朝宋鮑照《蒜山被始興王命作》詩："升嶠眺日軏，臨迥望滄洲。"

[24] 伏：原卷作"伐"，爲"伏"之異體。漢《白石神君碑》："故天無伏陰，地無鮮陽。""伏"，原碑即作"伐"。

五、敦煌寫本《南山宣律和尚讚》校注

【題解】

有關《南山宣律和尚讚》今已公佈的敦煌文獻計有 P.3570V 一寫本。兹叙述如下：

P.3570V 爲卷子本，存四紙，長 157.6 釐米，高 26.1 釐米。正背書。正背字迹不同。正面爲楷書，每紙 28 行，行 17 字。内容爲《大般若波羅蜜多經》卷第四百七十，存 83 行。

背面分別抄寫《南山宣律和尚讚》《隋净影寺沙門慧遠和尚因緣記》《劉薩訶和尚因緣記》《靈州龍興寺白草院和尚俗姓史法號增忍以節度使李公度尚書立難刺血書經義》《靈州龍興寺白草院史和尚因緣記》四種文本。

《南山宣律和尚讚》爲卷背第一種文本。首尾俱完，計 11 行，行 14～16 字。首題"南山宣律和尚讚"，起"猗歟錢氏娠而有靈"，訖"弥勒宫生"。

1　南山宣律和尚讚

2　猗歟錢氏娠而有靈九歲能賦儒道

3　專精十六落髮定慧俱明授具守律

4　如水瀉瓶感舍利寶得神人寧毗沙獻

5　果天送香馨集高僧傳抄磨羯英

6　終南訪道誨迹幽清所屆乏水泉█嘗

7　盈猛獸伏衛白水寺名累遷精舍獨坐

8　祥呈請觀故塔群龍化形若男若女或謁

9　或迎沙弥斜視吐毒井坋潜規異事波

10　濤震聲悟般若定入涅槃城流芳萬

11　代德邁千齡所作偕偕弥勒宫生

1981 年，陳祚龍《新校重訂敦煌古抄僧讚集》據 P.3570V 校録《南山宣律和尚贊讚》[①]（簡稱《校訂》）。2010 年，張錫厚《全敦煌詩》據

---

① 陳祚龍：《新校重訂敦煌古抄僧讚集》，載《中華佛教文化史散策三集》，臺北：新文豐出版公司，1981 年，第 195 頁。

P.3570V 校録《南山宣律和尚讚》①。2015 年，汪泛舟《敦煌詩解讀》第二部分"高（名）僧詩"校録有佚名《南山宣律和尚贊》一首②（简稱《解讀》）。

【校録】

南山宣律和尚讚[1]

猗歟錢氏[2]，娠而有靈[3]。九歲能賦[4]，儒道專精。

十六落髮[5]，定慧俱明[6]。授具守律[7]，如水瀉瓶[8]。

感舍利寶，得神人寧[9]。毗沙獻果，天送香馨[10]。

集《高僧傳》[11]，抄羯磨英[12]。終南訪道[13]，晦迹幽清[14]。所居乏水[15]，泉涌嘗盈[16]。猛獸伏衛，白泉寺名[17]。累遷精舍[18]，獨坐[19]祥呈。請觀故塔，群龍化形[20]。若男若女，或謁或迎。沙彌斜視，吐毒井坑[21]。潛窺异事[22]，波濤震聲。悟般若定[23]，入涅槃城[24]。流芳萬代，德邁千齡。所作偕備，彌勒宫生[25]。

【校記】

[1] 南山宣律和尚讚：作者佚名。全篇四言，三十六句，十八韻，144 字。"靈、瓶、寧、馨、形、齡"押平聲青韻；"精、明、英、清、盈、名、呈、迎、坑、聲、城、生"押平聲庚韻。大抵與贊寧《宋高僧傳》記叙的内容相近，對南山律宗大師道宣一生的功業做了全面而又概括的讚述。以平仄不定的格律組成全篇。道宣（596—667），俗姓錢，字法遍。浙江吳興人，一説江蘇潤州丹徒人。十六歲依智頵律師出家。隋大業中，從智首律師受具足戒。唐武德中依智首學律，後住於終南山倣掌谷，住白泉寺，定慧雙修。道宣在受慧頵、智首教導以外，常跋涉山川到四方遊歷參學，如其《關中創立戒壇圖經序》云："居無常師，追千里如咫尺；唯法是務，跨關河如一葦；周遊晋魏，披閲累於初聞；願步江淮，緣構彰於道聽。遂以立年方尋鉛墨，律儀博要，行事謀猷，圖傳顯於時心，鈔疏開於有識；或注或解，引用寄於前經，時抑時揚，專門在於成務。"唐高祖武德七年（624）日嚴寺廢毁，道宣隨其師慧頵往崇義寺。同年，又往終南山，栖居倣掌谷定慧雙修。貞觀十九年（645）六月，被召至長安弘福寺譯場任綴文大德，參與玄奘譯

---

① 張錫厚主編：《全敦煌詩》第十四册，北京：作家出版社，2010 年，第 6598～6599 頁。
② 汪泛舟：《敦煌詩解讀》，北京：世界圖書出版有限公司，2015 年，第 118～123 頁。

經團隊。翌年，又返終南山。道宣的成就主要體現在：第一，對《四分律》的開宗弘化與講説。其撰《四分律删繁補闕行事鈔》《四分律拾毗尼義鈔》三卷、《四分律删補隨機羯磨》一卷、《疏》二卷，《四分律比丘含注戒本》一卷、《疏》三卷、《量處輕重儀》（一作《釋門亡物輕重儀》）二卷、《尼注戒本》一卷、《羯磨》一卷增廣爲二卷。此外，道宣於乾封二年（667），在終南山麓清宫精舍創立戒壇，依其所制儀規爲沙門傳授具戒，並撰《關中創立戒壇圖經》一卷、《律相感通傳》一卷。第二，對佛教文史學貢獻與影響甚大，唐智昇《開元釋教録》稱他能"外博九流，内精三學，戒香芬洁，定水澄奇，存護法城，著述無輟"，其共撰成《續高僧傳》三十卷、《釋迦方志》二卷、《佛化東漸圖贊》一卷（今佚）、《集古今佛道論衡》四卷、《大唐内典録》十卷、《廣弘明集》三十卷、《集神州三寶感通録》（一名《東夏三寶感通記》）三卷、《釋迦氏譜》一卷。此外還撰有《聖迹見在圖贊》一卷（今佚）、《後集續高僧傳》十卷（今佚，一説已屬入現行的《續高僧傳》内）、《法門文記》若干卷（今佚）。道宣生平事迹，主要見宋贊寧《宋高僧傳·唐京兆西明寺道宣傳》。唐穆宗（李恒）有《南山律師贊》："代有覺人，爲如來使。龍鬼歸降，天人奉事。聲飛五天，辭驚萬里。金烏西沉，佛日東舉。稽首歸依，肇律宗主。"（《全唐文》卷六十七）

[2] 猗與：亦作"猗歟"，嘆詞。表示贊美。《詩·周頌·潛》："猗與漆沮，潛有多魚。"鄭玄箋："猗與，嘆美之言也。"漢班固《東都賦》："猗歟緝熙，允懷多福。"《宋高僧傳》卷二十五："猗歟元皎，致李樹之叢生；焯爾楚金，感帝王之入夢。"

[3] 原卷"而"字，《校訂》作"即"，非；"有"，《解讀》作"南"，並注曰"南靈，謂南山律宗的靈異和尚"，非是，不可從。按：原卷實作"有靈"，據之以録。"娠而有靈"，指道宣母懷孕時，便有靈異之事降臨，詳參《宋高僧傳·唐京兆西明寺道宣傳》："（道宣）母娠而夢月貫其懷，復夢梵僧語曰'汝所妊者即梁朝僧祐律師，祐則南齊剡溪隱嶽寺僧護也。宜從出家，崇樹釋教'云。凡十二月在胎，四月八日降誕。"此即娠而有靈之記述。《解讀》讀作"南靈"誤矣。

[4] 九歲能賦：借鑒自《宋高僧傳·唐京兆西明寺道宣傳》："凡十二月在胎，四月八日降誕，九歲能賦。"

[5] 原卷"十六"，《全敦煌詩》校作"一六"，其校記謂"一六，伯本原作'丨六'，茲録作'一六'，與僧傳合"，非是；《解讀》作"一六"，非，不可從。按：原卷本作"十"，唯起筆橫劃較短，寫卷圖版不易辨識，致誤録作"丨"，茲據原卷録作"十"。《宋高僧傳·唐京兆西明寺道宣傳》云："十五厭俗，誦習諸經，依智顗律師受業，洎十六落髮，所謂除結，非欲染衣，便隸日嚴道場。"亦可爲證。◎落髮，意謂剃髮出家。《北史·魏河南王和傳》："和聘乙氏公主女爲妃，生子

顯，薄之。以公主故，不得遣出。因忿，遂自落髮爲沙門。"道宣十六歲於日嚴寺依慧頵出家。

[6] 定慧俱明："定慧"，戒定慧爲佛教三項基本訓練，即所謂的"三學"。宋法雲編《翻譯名義集》卷四"示三學法篇"云："安法師云：'世尊立教法有三焉：一者戒律，二者禪定，三者智慧。斯之三者，至道之由戶，泥洹之關要。戒乃斷三惡之干將也，禪乃絶分散之利器也，慧乃濟藥病之妙醫也。今謂防非止惡曰戒，息慮靜緣曰定，破惑證真曰慧。'什法師云：'持戒能折伏煩惱，令其勢微；禪定能遮煩惱，如石山斷流；智慧能滅煩惱，畢竟無餘。故遺教云：依因此戒，得生諸禪定及滅苦智慧。'"定學與慧學的並稱。定，禪定；慧，智慧。《法華經·序品》："又見佛子，定慧具足。以無量喻，爲衆講法。"

[7] 原卷"授"字通"受"，"授具"即"受具"，爲"受具足戒"或"受具戒"的省稱，意謂十六落髮出家，即受具足戒，而嚴守清規戒律。◎受具守律：具足戒，又稱大戒。指比丘、比丘尼所應受持之戒律；因與沙彌、沙彌尼所受十戒相比，戒品具足，故稱具足戒。依戒法規定，受持具足戒即正式取得比丘、比丘尼之資格。唐王維《大唐大安國寺故大德淨覺禪師碑銘序》："入太行山，削髮受具。"道宣二十歲於大禪定寺受具足戒，隨智首學律。《宋高僧傳·唐京兆西明寺道宣傳》："弱冠極力護持，專精克念，感舍利現於寶函。隋大業年中，從智首律師受具。"

[8] 如水瀉瓶：瀉瓶謂將一瓶之水注入他瓶，以佛教常用比喻傳法無遺漏。北本《大般涅槃經》卷四十："阿難事我二十餘年……自事我來，持我所說十二部經，一經於耳，曾不再問，如寫瓶水，置之一瓶。"唐沙門慧立本、釋彦悰箋《大唐大慈恩寺三藏法師傳》卷六："玄奘識乖龍樹，謬忝傳燈之榮；才异馬鳴，深愧瀉瓶之敏。"

[9] 感舍利寶，得神人寧："舍利"，梵語，意譯"身骨"。釋迦牟尼佛遺體火化後結成的堅硬珠狀物。又名舍利子。《魏書·釋老志》："佛既謝世，香木焚尸。靈骨分碎，大小如粒，擊之不壞，焚亦不燋，或有光明神驗，胡言謂之'舍利'。弟子收奉，置之寶瓶，竭香花，致敬慕，建宮宇，謂爲'塔'。"後泛指佛教徒火化後的遺骸。"感舍利寶"，當是指《宋高僧傳·唐京兆西明寺道宣傳》載"（道宣）弱冠極力護持，專精克念，感舍利現於寶函"之事。

[10] 毗沙獻果，天送香馨："毗沙"即北方多聞天王，是佛經中四天王之一，統領羅刹、夜叉，有大威德力，受佛之付囑，護持正法，守護國家。因其掌托古佛舍利塔，故俗稱托塔天王。佛教中爲護法的天神。按："毗沙獻果"疑爲"毗沙獻寶"之誤書，"毗沙"此處指毗沙門天王之子哪吒。"毗沙獻寶"：當指道宣在雲

室山修習時，足踏空台階，被毗沙門天王之子哪吒扶持之後，又獻佛牙寶掌之事，詳參《宋高僧傳·唐京兆西明寺道宣傳》載："貞觀中，曾隱沁部雲室山，人睹天童給侍左右。於西明寺夜行道，足跌前階，有物扶持，履空無害。熟顧視之，乃少年也。宣遽問：'何人中夜在此?'少年曰：'某非常人，即毗沙門天王之子哪吒也，護法之故，擁護和尚。時之久矣。'宣曰：'貧道修行，無事煩太子。太子威神自在，西域有可作佛事者，願爲致之!'太子曰：'某有佛牙寶掌雖久，頭目猶捨，敢不奉獻。'俄授於宣，宣保録供養焉。""天送香馨"，指天人送道宣棘林香之事，詳參《宋高僧傳·唐京兆西明寺道宣傳》："復次庭除有一天來禮謁，謂宣曰：'律師當生睹史天宮。'持物一苞，云是棘林香。"

[11] 集《高僧傳》：道宣早年即有志於高僧傳記的編輯，又見梁慧皎《高僧傳》中記載梁代的高僧有限，以爲實有進一步補輯的必要，於是展開長期的資料收集，於貞觀十九年（645）完成三十卷的《續高僧傳》或稱《唐高僧傳》。内容從梁代初葉開始，到唐貞觀十九年止，上下一百四十四年間高僧傳記，計有正傳三百三十一人，附見一百六十人。成書之後二十年間，陸續有所增補，又完成後集《續高僧傳》十卷。

[12] 羯磨：原卷作"磨羯"，當爲"羯磨"之誤倒。按："羯磨"指受戒、懺悔、結界等有關戒律行事之場合，意指生善滅惡之作法。抄磨羯英：抄，謂摘録，節略。"羯磨"，指受戒、懺悔、結界等有關戒律之事與法。道宣爲南山律宗大師，一生有關佛教戒律之整理著述頗豐，如號稱南山宗五大部的《四分律刪繁補闕行事鈔》《四分律刪補隨機羯磨疏》《四分律比丘含注戒本疏》《四分律比丘尼鈔》《四分律拾毗尼義鈔》等皆爲羯磨之菁英。誠如其在《四分律刪補隨機羯磨》卷一所説："故略舉羯磨一色，別標銓題。……然律藏殘缺，義有遺補，故統關諸部，撮略正文。……夫羯磨雖多，要分爲八。始從心念，終乎白四。各有成濟之功，故律通標一號。今就其時用顯要者，類聚編之。"正是"抄磨羯英"的明證。

[13] 終南訪道：《校訂》云："'終'原本作'修'"；《解讀》作"修南説道"。原卷實作"終南訪道"，文義正合。蓋寫卷'終'行書近'修'，'訪'行書近'説'，寫卷不易辨識，致誤。按："終南訪道"當指道宣常與孫思邈處士論議，詳參《宋高僧傳·唐京兆西明寺道宣傳》："有處士孫思邈嘗隱終南山，與宣相接，結林下之交。每一往來，議論終夕。"

[14] 晦迹幽清：《校訂》作"晦"，云："原本作'誨'。""清"，《校訂》作"情"。按："晦迹"指道宣隱居修煉的終南山山谷，環境清幽，即《宋高僧傳·唐京兆西明寺道宣傳》所謂："已乃坐山林行定慧，晦迹於終南倣掌之谷。""終南訪

道，晦迹幽清。所居乏水，泉涌嘗盈。猛獸伏衛，白水寺名。”“晦迹”，謂隱藏
行踪，不與人交往。唐杜甫《岳麓山道林二寺行》：“昔遭衰世皆晦迹，今幸樂
國養微軀。”此段記述詳見《宋高僧傳·唐京兆西明寺道宣傳》：“已乃坐山林，
行定慧，晦迹於終南倣掌之谷。所居乏水，神人指之，穿地尺餘，其泉迸涌，
時號爲白泉寺。猛獸馴伏，每有所依，名華芬芳，奇草蔓延。”

[15] 所居乏水：《校訂》云：“‘居’，原本作‘屁’。”按：“屁”爲“居”之異體字，
《玉篇·尸部·居字》以“屁”爲“居”之古文，《龍龕手鏡·尸部》：“屁，音
居，住也。”敦煌寫本常見，如 S. 388《正名要録》：“屁居：右字形雖別，音義
是同。古而典者居上，今而要者居下。”

[16] 泉涌嘗盈：“涌”，《解讀》作“漫”，非是，不可從。按：原卷作“**湧**”，爲涌之
異體，敦煌寫本常見，如 S. 6557 號《南陽和尚問答雜徵義》“海深不測，洪涌
澄漪”中“涌”即作“**湧**”。“嘗”，原卷作“甞”，爲“嘗”之異體。敦煌寫本
常見，如 S. 5774《茶酒論》“竊見神農曾甞百草”中“嘗”原卷即作“甞”。

[17] 白泉寺名：原卷作“白水寺名”，《全敦煌詩》校記：“‘白水’，伯本原鈔二字連
寫，亦似‘泉’，或作‘白泉寺’。”按：《宋高僧傳·唐京兆西明寺道宣傳》：
“釋道宣……晦迹於終南倣掌之谷。所居乏水，神人指之，穿地尺餘，其泉迸
涌，時號爲白泉寺。猛獸馴伏，每有所依。”是此疑爲“白泉寺名”，蓋因抄者
抄寫時因書寫習慣脱“泉”字上部的“白”字。因將“泉”字誤析爲“白水”
二字致誤。

[18] 累遷精舍：“遷”，原卷作“遷”，爲“遷”之異體。《干禄字書》：“遷遷：竝，
上俗，下正。”敦煌寫本常見，S. 610《啓顏録》：“昔殷遷頑人，本居於兹”之
“遷”字，原卷即作“遷”。

[19] “坐”，原卷作“坐”，爲“坐”之異體。《干禄字書·上聲》：“坐、坐、坐：上
俗，中下正。”敦煌寫本常見，如《漢將王陵變》“唯有漢高皇帝大殿而坐”之
“坐”，原卷即作“坐”。

[20] 群龍化形：《全敦煌詩》：“伯本原作‘刑’，同音借字。”按：原卷作“形”，只
是右旁“彡”連筆。◎“累遷精舍，獨坐祥呈。請觀故塔，群龍化形。若男若
女，或謁或迎。沙彌斜視，吐毒井坑。潛窺異事，波濤震聲”，此段記述詳見
《宋高僧傳·唐京兆西明寺道宣傳》：“隋末徙崇義精舍，載遷豐德寺。嘗因獨
坐，護法神告曰：‘彼清官村，故净業寺，地當寶勢，道可習成。’聞斯卜焉，
焚功德香，行般舟定。時有群龍禮謁，若男若女，化爲人形。沙彌散心，顧盼
邪視。龍赫然發怒，將搏攖之。尋追悔，吐毒井中，具陳而去。宣乃令封閉。

人或潛開，往往烟上，審其神變。”

[21] 坑：原卷作“坈”，爲“坑”之异體。《龍龕手鏡》：“壙坈坑：三俗。坑：正。客庚反，坎塹墾陷也。敦煌寫本常見，如 S.3704《大目乾連冥間救母變文》“飢即於坑中食人不凈”之“坑”字，原卷即作“坈”。

[22] 窺：原卷作“規”。《全敦煌詩》校記云：“伯本原作‘規’，疑爲‘窺’之省筆致誤。”按：規通“窺”，意謂窺察。馬王堆漢墓帛書甲本《老子·德經》：“不規（窺）於牖，以知天道。”《三國志·魏書·鍾會傳》：“明者見危於無形，智者規禍於未萌。”

[23] 悟般若定：“般若”，梵語 prajñā，意譯爲慧、智慧、明，即修習八正道、諸波羅蜜等，而顯現之真實智慧。明見一切事物及道理之高深智慧，即稱般若。

[24] “入涅槃城”：“涅槃城”，涅槃，梵語 nirvāna，指相對於迷界之悟界。“涅槃城”有二義，一爲譬喻之語，蓋涅槃係證得不生不滅，到達安樂解脱之聖者所居，故以城爲喻。如劉宋求那跋陀羅《楞伽阿跋多羅寶經》卷三《一切佛語心品》：“緣自覺了，向涅槃城。”《大智度論》卷二十：“三十七品是趣涅槃道，行是道已，得到涅槃。涅槃城有三門，所謂空、無相、無作。”皆以證悟後之境地稱爲涅槃城。另一義指極樂世界，蓋極樂係無爲之涅槃界，故爲證涅槃寂静妙果之都城，如習稱之“畢命直入涅槃城”，即指命終後，往生極樂世界。

[25] 所作偕備：《校訂》作“皆”，云“原作‘偕’”；“備”，原卷作“僃”，爲“備”之异體。北魏《張猛龍碑》：“源流所出，故已備詳世録”中“備”，原碑即作“僃”。敦煌寫本常見，如 P.2173《御注金剛般若波羅蜜經宣演》卷上“稽首善逝大仙雄，智斷慈衆德備”中“備”，原卷即作“僃”。◎所作皆備，彌勒宮生：所作皆備，即所作已辦。《長阿含經》卷二：“修戒獲定，得大果報；修定獲智，得大果報；修智心凈，得等解脱，盡於三漏——欲漏、有漏、無明漏。已得解脱生解脱智：生死已盡，梵行已立，所作已辦，不受後有。”即對種種色染、調戲、親暱都不起欲想，直觀肉身惡穢不凈，無欲可起，解脱諸漏，生死已盡，梵行已立，所作已辦，更不受胎，如入於無畏境，得至涅槃城。彌勒爲佛教的未來佛。“三世佛”爲大乘佛教主要的崇敬對象，即過去佛燃燈佛，現在佛釋迦牟尼佛，未來佛彌勒佛。“彌勒佛”又稱“彌勒菩薩”，是未來佛賢劫中第五佛，未來將出生於此娑婆世界，今在兜率内院。“兜率”，梵名 Tusita，又作都率天、兜術天、兜率陀天、睹史多天等。意譯知足天、妙足天、喜足天、喜樂天。是欲界六天之第四天，此天有内外兩院，兜率内院乃即將成佛者（即補處菩薩）之居處，今則爲彌勒菩薩之凈土；彌勒現亦爲補處菩薩，於此宣説佛法，若住

此天滿四千歲，即下生人間，成佛於龍華樹下。《宋高僧傳‧唐京兆西明寺道宣傳》：“復次，庭除有一天來禮謁，謂宣曰：‘律師當生睹史天宮。’”亦即在兜率天宮候補成佛。

六、敦煌寫本《大唐三藏贊》校注

【題解】

有關《大唐三藏贊》今已公佈的敦煌文獻計有 P. 4597、P. 2680、S. 6631 三件寫本。茲分別敘述如下：

（一）P. 4597

卷子本，正背書。

正面分抄《和菩薩戒文》《西方樂讚文》《散華樂讚文》《般舟梵讚文》《遊五臺山讚文》《辭父母出家讚文》《義净三藏贊》《羅什法師贊》《唐三藏贊》《五臺山贊文并序》《九想觀詩》《布薩文》《十二光禮法身禮》及《破酒曆》等三十五種文本。背面爲雜寫 59 行。

《唐三藏贊》爲本卷的第十六種文本。首尾俱完，計 4 行（含題）。行 22 字。首題“唐三藏贊釋利濟”，起“嵩山秀氣，河水英靈”，訖“一生激節，萬代流名”。

1 唐三藏贊　　釋利濟
2 嵩山秀氣河水英靈挺特瑰傳脱屣塵榮孙園東望竺國
3 西傾心存寶偈志切金經戒賢忍死邪賊逃形弥勒期
4 契觀意顧成辯論无當慈悲有情一生激節萬代流名

（二）P. 2680

卷子本，存 12 紙，長 311.5 釐米，高 25.9～31.3 釐米，正背書。

正面分抄有《唯識論師世親菩薩本生緣》《唯識大師無著菩薩本生緣》《寺門首立禪師讚》《靈州龍興寺白草院和尚俗姓史法號增忍以節度使李公度尚書立難刺血書經義》《付法藏傳》《劉薩訶和尚因緣記》《佛圖澄和尚因緣記》《大唐義净三藏讚》《大唐三藏讚》《羅什法師讚》《隋净影寺沙門惠遠和尚因緣記》及“歸義軍節度都頭内親從守常樂縣令銀青光禄大夫”等雜寫計十六種文書。

背面分別抄寫名録、便粟曆、絹帛曆、練綾曆、《聲聞唱道文》、轉帖、社司轉帖、丙申年四月十七日慕容使軍請當寺開大般若經付經曆、疋段曆。

《大唐三藏讚》爲本卷正面第十種文本。首尾俱完，計 3 行。行約 26 字。首題"大唐三藏讚"，起"嵩山秀氣，河水英靈"，訖"一生激節，萬代流名"。

1 大唐三藏讚　嵩山秀氣河水英靈挺特瑰瑋脱屜

2 塵縈鄉菌東望竺國西傾心存寶偈志切金經戒賢忍死邪賊遯形

3 弥勒期啓觀音䫻成辯無論當慈悲有情一生激節萬代流名

（三）S. 6631

卷子本，正背書。

正面抄《金剛般若波羅蜜經》。

背面分抄《歸極樂去讚》《四威儀》《卧輪禪師偈》《香讚文》《遊五臺山讚文》《辭父母讚》《義净三藏讚》《唐三藏讚》《九想觀詩》《和菩薩戒文》《羅什法師讚》《維摩五更轉十二時》等十二種文本。

《唐三藏讚》爲本寫卷卷背第八種文本。首尾俱完，計 5 行（含題）。行 22 字。首題"唐三藏讚釋利濟"，起"嵩山秀氣，河水英靈"，訖"一生激節，万代流名"。

1 唐三藏讚　釋利濟　　嵩山秀氣河水英靈

2 挺特瑰傳脱履塵縈鄉園東望竺國西傾心存

3 寶偈志切金經戒賢忍死邪賊遯形弥勒期

4 契觀音穎成辯論无當慈悲有情一生激節

5 萬代流名

1981 年陳祚龍《新校重訂敦煌古抄僧讚集》據 P. 2680 校録有《大唐三藏讚》[①]，1990 年金岡照光《敦煌の文學文獻》據 S. 6631V、P. 2680 校録《大唐三藏讚》[②]，2010 年張錫厚《全敦煌詩》據 P. 2680、P. 4597、S. 6631V 校録利濟《大唐三藏讚》[③]。

---

① 陳祚龍：《新校重訂敦煌古抄僧讚集》，載《中華佛教文化史散策三集》，臺北：新文豐出版公司，1981 年，第 194 頁。
② ［日］金岡照光：《敦煌の文學文獻》，東京：大東出版社，1990 年，第 576 頁。
③ 張錫厚主編：《全敦煌詩》第十四册，北京：作家出版社，2010 年，第 6198～6200 頁。

【校錄】

大唐三藏讚[1]　釋利濟[2]

嵩山秀氣[3]，河水英靈[4]。挺特瑰瑋[5]，脱屣塵縈[6]。

鄉園東望[7]，竺國西傾[8]。心存寶偈[9]，志切金經[10]。

戒賢忍死[11]，邪賊逃形[12]。彌勒期契[13]，觀音願成[14]。

辯論無當[15]，慈悲有情[16]。一生激節[17]，萬代流名。

【校記】

[1] 現存三個寫本，原卷：P. 4597；甲卷：P. 2680；乙卷：S. 6631。這三個寫卷首尾俱全，有前題。原卷作"唐三藏贊"，甲卷"大唐三藏讚"，乙卷作"唐三藏讚"。按：這三個前題皆可，以據甲卷題名。全篇四言，十六句，八韻，共 64 字。"靈、經、形"平聲青韻；"縈、傾、成、情、名"平聲庚韻。通押。

[2] 釋利濟：原卷、甲卷皆有，乙卷脱。◎釋利濟，俗姓兆氏（一作姚氏），生卒年不詳，吐蕃統治時期沙州敦煌僧人。兆利濟出家後在金光明寺修行，是吐蕃統治敦煌時期重要的寫經高僧之一。兆利濟所抄寫的佛經典籍主要有 S. 1520《法門集》和 BD01046（北圖辰 46）《四分律删補隨機羯磨經》一卷等。敦煌遺書中還保存有兆利濟所撰寫的《故法和尚讚》《唐三藏讚》《上贊普奏》和五言詩一首。

[3] 嵩山秀氣：玄奘洛州緱氏（今河南洛陽偃師市）人，其先潁川人，故讚開頭稱"嵩山秀氣，河水英靈"。嵩山，山名。在河南省登封市北，爲五嶽之中嶽。古稱外方、太室，又名崇高、嵩高。其峰有三：東爲太室山，中爲峻極山，西爲少室山。唐宋之問《下山歌》："下嵩山兮多所思，携佳人兮步遲遲。"唐白居易《八月十五日夜同諸客玩月》詩："嵩山表裏千重雪，洛水高低兩顆珠。"河水，指黃河。《吕氏春秋·有始》："何謂六川？河水、赤水、遼水、黑水、江水、淮水。"

[4] 靈：各卷皆作"靈"，爲"靈"之異體。

[5] 挺：原卷作"挺"，甲卷作"挻"，丙卷作"挻"，並爲"挺"之異體。蓋從隸變而來，如《魏吐谷渾璣墓志》中"挺"字，即作"挻"。敦煌寫本常見。如：P. 3742《二教論》："賢懿之所挺生"之"挺"字，原卷即作"挻"。◎挺特瑰瑋："挺特"，超群特出。漢班固《爲第五倫薦謝夷吾表》："容顏挺特，世所稀有。"《後漢書·方術列傳》："竊見鉅鹿太守會稽謝夷吾，出自東州，厥土塗泥，而英姿挺特，奇偉秀出。"敦煌本《伍子胥變文》："越國賢臣范蠡諫越王曰：'吳國賢臣伍子胥，上知天文，下知地理，文經武律（緯），以立其身。相貌希奇，精神挺特。吳國大相，國之垓（階）首。王今伐吳，定知自損。'"瑰瑋，謂人

品、才幹卓异，或謂形貌魁梧美好。《三國志·蜀書》八："南陽宋仲子於荆州與蜀郡太守王商書曰：'文休倜儻瑰瑋，有當世之具，足下當以爲指南。'"唐道宣《法苑珠林》卷四十九"弃父部"："天神又化作一女人，端正瑰瑋，逾於世人。而又問言：'世間頗有端正之人似我者不？'群臣默然無能答者。"

[6] 屣：乙卷作"履"；"縈"，原卷、乙卷並作"榮"，甲卷作"縈"，兹據原卷以録。按："塵榮""塵縈"文意皆通。塵榮，即世榮、俗世煩惱，如法照《净土五會念佛誦經觀行儀》卷三："聞彼彌陀安樂國，總皆渴仰致丁寧。況及凡夫流浪者，不求解脱出塵榮。"塵縈，即塵俗縈累，俗世猶塵世，指人世間。《法苑珠林》卷五十六"感應緣"："罪垢蒙除結，神珠啓闇明。貴門光景麗，賤業永休寧。志求八解脱，誓捨六塵縈。儻遇慈父誨，開我心中經。"陳子昂《送中嶽二三真人序》："攀倒景而迷途，顧中峰而失路。塵俗縈累，復汩吾和，仙人真侣，永幽靈契。"全文韻脚"靈、傾、經、形、成、情、名"均押平聲清韻，"榮"屬平聲庚韻，"縈"爲平聲清韻，依韻當據甲卷作"縈"。◎脱屣，比喻看得很輕，無所顧戀，猶如脱掉鞋子。《漢書·祀志上》："嗟乎！誠得如黄帝，吾視去妻子如脱屣耳！"顔師古注："屣，小履。脱屣者，言其便易，無所顧也。"唐李頎《緩歌行》："一沈一浮會有時，弃我翻然如脱屣。"清蒲松齡《聊齋志异·黎氏》："（謝中條）三十餘喪妻，遺二子一女，晨夕啼號，縈累甚苦。"

[7] 園：原卷、乙卷作"園"。甲卷"蘭"字，爲"園"之异體。蓋園爲樹草木花果之所在，故或又加義符"艸"。敦煌寫本常見，如甘博 004 號《賢愚經》"一時佛在舍衛國給孤獨園"之"園"字，原卷即作"蘭"。◎鄉園東望：鄉園，家園，故鄉。南朝梁何遜《春暮喜晴酬袁户曹苦雨》詩："鄉園不可見，江水獨自清。"唐杜甫《宴王使君宅題》詩之二："戎馬今何地，鄉園獨舊山。""東望"，指向東邊眺望，引申爲思念故鄉。P.3451《張淮深變文》："尚書捧讀詔書，東望帝鄉，不覺流涕處，若爲陳説。"唐岑參《逢入京使》詩："故園東望路漫漫，雙袖龍鍾泪不乾。"

[8] 竺國西傾：竺國，指天竺，古印度的別稱。唐劉言史《病僧》詩之一："竺國鄉程算不回，病中衣錫遍浮埃。"竺國西傾，指玄奘傾心向西往天竺佛國取經。

[9] 心存寶偈：寶偈，佛教對偈頌的敬稱。武則天撰《新譯大方廣佛華嚴經序》："一窺寶偈，慶溢心靈，三復幽宗，喜盈身意。"《法苑珠林》卷一〇七："晨朝宣寶偈，夕夜虔誠恭。近求出苦海，遠念法身踪。"◎寶偈，後泛指佛法。唐睿宗製《大寶積經序》："然則教自西方、法流東夏、馬鳴、龍樹肇闡瓊編，羅什、道安承宣寶偈，關中道俗雖傳貝葉之文，江左黎元未極蓮花之旨。"唐法照《净土五會念佛略法事儀讚》卷二"極樂五會讚"云："觀經妙讚定中成，寶偈分明化有

情。五會閻浮流布廣，相期極樂悟無生。"

[10] 志切金經：志切，心意關切。《舊唐書·韋皋傳》："皋位居將相，志切匡扶，先朝獎知，早承恩顧。金經，佛教徒對佛經的尊稱。唐窺基撰《阿彌陀經通贊疏》卷二："足行寶地，口念金經，故云經行也。"唐陳子昂《酬田逸人游岩見尋不遇》詩："石髓空盈握，金經秘不聞。"唐楊衡《宿陟岵寺雲律師院》詩："玉爐揚翠烟，金經開縹帙。"

[11] 戒賢忍死：戒賢，梵名 Silabhadra，音譯尸羅跋陀羅。公元六七世紀，大乘佛教瑜伽行派論師，爲印度摩竭陀國那爛陀寺之住僧。長期主持那爛陀寺，弘傳唯識教義。玄奘西遊時，師年已百餘，時爲那爛陀寺大長老，玄奘師事之，且傳習其法，故稱"忍死"。"忍死"，謂在死前有所期待勉力從事。忍死以待來者爲佛教傳法所常見。唐盧綸《栖岩寺隋文帝馬腦盞歌》："山中老僧眉似雪，忍死相傳保局鑰。"按："戒賢忍死"事，詳載《大唐故三藏玄奘法師行狀》卷一："（玄奘）將法師參正法藏。即戒賢法師也。其人博聞强識。佛法及外道經書，一切通達。又最耆宿。時年一百六十歲。……問從何處來。報從支那國來。欲於師處。學瑜伽等經論。聞已啼泣。喚弟子覺賢。令説三年已前病惱因緣。……和上去今三年已前。有患。四支拘急。如火燒刀判之病。意厭此身。欲不食取盡。於夜中。夢天人黃金色。謂和上曰：'汝勿厭此身。身是法器，修習難得。汝過去曾作國王。多惱眾生。故招此苦。當自悔責。禮誦行道。廣通正法。業累可除。直欲不食捨之。終不得了。死已受身。還得受苦。猶如井輪。迴轉無息。復三年餘。有支那國僧，欲來於此，學諸經論，已發在路。汝可待之。爲演説付授。……'"

[12] 逃：各卷並作"逃"，爲"逃"之異體。S.388《正名要錄》："逃：右正行者正體，脚注訛俗。"《隋王榮墓志》中"逃"作"逃"。敦煌寫卷常見，如 S.2073《盧山遠公話》"是時眾僧例總波逃走出"之"逃"字，原卷即作"逃"。◎邪賊逃形："逃形"，猶藏身。《梁書·武帝本紀上》："蹈天蹐地，逃形無所。"《法苑珠林·法滅篇》："假托之文，辭意淺雜，玉石朱紫，無所逃形。"

[13] 契：甲卷作"啓"，蓋爲音訛。◎彌勒期契："期契"，指誓約、約期。北魏楊衒之《洛陽伽藍記·永寧寺》："榮意在長樂，遣蒼頭王豐入洛，詢以爲主，長樂即許之，共剋期契。"此蓋指彌勒爲佛教三世佛中的未來佛，今在兜率内院，約期於五十六億七千萬年後，將下生爲此婆婆世界之佛。按："彌勒期契"此處指玄奘往生彌勒净土一事，詳參道宣撰《續高僧傳·京大慈恩寺釋玄奘傳》："奘生常以來，願生彌勒，及遊西域，又聞無著兄弟皆生彼天，又頻祈請，咸有顯

證，懷此專至，益增翹勵。後至玉華，但有隙次，無不發願生睹史多天見彌勒佛。自《般若》翻了，惟自策勤，行道禮懺。麟德元年，告翻經僧及門人曰：'有爲之法，必歸磨滅，泡幻形質，何得久停！行年六十五矣，必卒玉華。於經論有疑者，今可速問。'聞者驚曰：'年未耆耋，何出此言？'報曰：'此事自知。'遂往辭佛，先造俱胝十億像所，禮懺辭別。有門人外行者，皆報：'好去，今與汝別，亦不須來，來亦不見。'至正月九日告寺僧曰：'奘必當死。經云：此身可惡，猶如死狗。奘既死已，勿近宮寺，山靜處埋之。'因既臥疾，開目閉目，見大蓮花鮮白而至，又見偉相，知生佛前。命僧讀所翻經論名目已，總有七十三部一千三百三十卷，自懷欣悦，總召門人。有緣並集云：'無常將及，急來相見。'於嘉壽殿以香木樹菩提像骨，對寺僧、門人辭訣，并遣表訖，便默念彌勒。令傍人稱曰：'南謨彌勒如來應正等覺，願與含識速奉慈顏。南謨彌勒如來所居內眾，願捨命已必生其中。'至二月四日，右脇累足，右手支頭，左手髀上，鏗然不動。有問何相，報曰：'勿問！妨吾正念。'至五日中夜，弟子問曰：'和上定生彌勒前不？'答曰：'決定得生。'言已氣絕神逝，迄今兩月，色貌如常。"

[14] 音：原卷誤作"意"，甲、乙二卷作"音"，茲據之以録；"願"，甲卷作"𫢸"，原卷、乙卷並作"顡"，皆爲"願"之異體。敦煌寫本常見，如 S.343《願文範本》"惟願三千垢累，沐法水以雲消"中"願"字，原卷即作"𫢸"，S.6659《太上洞玄靈寶妙經·眾篇序章》"願垂告誨"之"願"字，原卷即作"顡"。

[15] 辯論無當：甲卷誤作"辯無論當"，"無"字，原卷、乙卷並作"无"，皆爲"無"之異體。◎辯論無當：指玄奘於那爛陀寺等地勤學佛法十餘年後，歸國前戒日王大於曲女城舉辦辯論大會，玄奘舌戰群雄，破除异說。小乘佛教與外道莫不折服。事詳《大唐大慈恩寺三藏法師傳》。玄奘弟子窺基《因明入正理論疏》卷中也有記述："周遊西域，學滿將還。時戒日王，王五印度，爲設十八日無遮大會，令大師立義。遍諸天竺，簡選賢良，皆集會所，遣外道小乘，競申論詰。大師立量，時人無敢對揚。"

[16] 慈悲有情："慈悲"，佛教謂對一切眾生給予歡樂爲慈，拔除苦難爲悲。大乘佛教以此爲修行的重要依據，將人從苦難中拔救出來，亦泛指慈愛與悲憫。《大智度論》二十七："大慈與一切眾生樂，大悲拔一切眾生苦。""有情"，梵語sattva，音譯作薩多婆、薩埵，舊譯爲眾生，即指人和一切有情識的生存者。敦煌寫本《六祖壇經》："善自護念，廣度有情。"《妙法蓮華經講經文》："證得菩提歸净土，又起慈悲化有情。"

[17] 一生激節：激節，激勵志節。《吕氏春秋·恃君覽》："吾將死之，以醜後世人主

之不知其臣者也，所以激君人者之行，而厲人主之節也。行激節厲，忠臣幸於得察。"

七、敦煌寫本《義净三藏法師贊》校注

【題解】

有關《義净三藏法師讚》今已公佈的敦煌文獻計有 P. 2680、P. 3727、P. 4597、S. 6631 四號寫本。茲分別叙述如下：

（一）P. 4597

卷子本，正背書。

正面分抄《和菩薩戒文》《西方樂讚文》《散華樂讚文》《般舟梵讚文》《遊五臺山讚文》《辭父母出家讚文》《義净三藏讚》《羅什法師讚》《唐三藏讚》《五臺山讚文并序》《九想觀詩》《布薩文》等 35 種文本。

背面爲雜寫行。

《義净三藏讚》正面第 14 種文本。首尾俱完，計 4 行，行約 23 字。首題"義净三藏讚釋門副教授金髻"，起"卓哉大士，道迹隨機"，訖"詠通內外，鬱爲國師"。

1　義净三藏讚　釋門副教授金髻

2　卓哉大士運跡隨機應物懷念濟世含悲飛錫西邁白馬東

3　㱕語窮五印行盡四維譯經九部定教三時皇上同輦群下

4　丞規該通內外欝爲國師

（二）P. 2680

卷子本，存 12 紙，長 311.5 釐米，高 25.9～31.3 釐米，正背書。

正面分抄《唯識論師世親菩薩本生緣》《唯識大師無著菩薩本生緣》《寺門首立襌師讚》《靈州龍興寺白草院和尚俗姓史法號增忍以節度使李公度尚書立難刺血書經義》《付法藏傳》《劉薩訶和尚因緣記》《佛圖澄和尚因緣記》《大唐義净三藏讚》《大唐三藏讚》《羅什法師讚》《隋净影寺沙門惠遠和尚因緣記》等十六種文書。

背面分別抄寫名録、便粟曆、絹帛曆、練綾曆、《聲聞唱道文》、轉帖、社司轉帖、丙申年四月十七日慕容使軍請當寺開大般若經付經曆、正段曆。

《大唐義净三藏讚》爲正面第八種文本。首尾俱完，計3行，行約28字。首題"大唐義净三藏讚"，起"卓哉大士，道迹隨機"，訖"該通内外，鬱爲國師"。

1　大唐義净三藏讚卓哉大士遁迹隨機應物懷念濟世含悲飛錫西邁

2　白馬東帰諸窮五蘊刂盡四維譯經九部定教三時皇上同肇群下丞規

3　該通内外鬱爲國師

（三）P. 3727

P. 3727是由12張大小不一的紙張黏貼而成的專輯。紙張高29.2～30.8釐米，寬23～43.5釐米。每張紙正面左端以膠水黏貼。每葉正背書寫。《法國國家圖書館藏敦煌漢文寫本目錄》IV著録、上海古籍出版社《法藏敦煌藏文文獻》拍攝圖録及IDP數位掃描，均將每紙分開，並正背處理。茲考圖録及IDP數位掃描依序如下：

正面抄有：《大唐義净三藏讚》及《梁朝第一祖菩提達摩多羅禪師者》，未完。内容爲《歷代法寳記》。

背面："後六度毒大師告諸弟子我來本爲傳法"15行。按：此係接續正面《歷代法寳記·梁朝第一祖菩提達摩多羅禪師者》抄寫。

《大唐義净三藏讚》爲本葉正面第一種文本。首尾俱完，計4行，行約28字。首題"大唐義净三藏讚"，起"卓哉大士，道迹隨機"，訖"該通内外，鬱爲國師"。

1　大唐義净三藏讚　　卓哉大士遁迹隨機應

2　物憶念濟世含悲飛錫西邁白馬東歸語窮

3　五印行盡四維譯經九部定教三時　皇上同

4　肇群下丞規　該通内外鬱爲國師

（四）S. 6631

S. 6631卷子本，正背書。

正面抄《金剛般若波羅蜜經》。

背面分抄《歸極樂去讚》《卧輪禪師偈》《遊五臺山讚文》《辭父母讚》《義净三藏讚》《唐三藏讚》《九想觀詩》《和菩薩戒文》《羅什法師讚》《維摩五更轉十二時》等十二種文本。《義净三藏讚》背面第七種文本。首尾俱完，計 4 行，行約 19 字。首題 "義淨三藏讚釋門副教授金髻"，起 "卓哉大士，道跡隨機"，訖 "該通內外，鬱爲國師"。

1　義淨三藏讚　釋門副教授金█

2　卓哉大士道跡隨機應物懷念濟世含悲飛錫西

3　邁白馬東歸語窮五印行盡四維譯經九部定

4　教三時皇上同輦群下丞規該通內外鬱爲國師

1981 年陳祚龍《新校重訂敦煌古抄僧讚集》據 P.2680、P.3727 校録了《大唐義淨三藏讚》①，1990 年金岡照光《敦煌の文學文獻》據 P.2680、P.3727、S.6631V 校録《義淨讚》②，2010 年張錫厚《全敦煌詩》卷一六三《金髻詩讚》五首，據 P.4597、S.6631V、P.2680、P.3727 校録《大唐義淨三藏讚》③。

釋金髻《大唐義淨三藏讚》爲四言體制，七韻，十四句，凡 56 字。平聲支微韻，一韻到底。贊頌大唐武周時期佛譯經大師義淨三藏的重要事迹，詳《宋高僧傳》卷一譯經篇 "唐大薦福福寺義淨傳一"。

【校録】

大唐義淨三藏讚[1]　釋門副教授金髻[2]

卓哉大士[3]，遁迹隨機[4]。應物懷念[5]，濟世含悲[6]。

飛錫西邁[7]，白馬東歸[8]。語窮五印[9]，行盡四維[10]。

譯經九部[11]，定教三時[12]。皇上同輦[13]，群下丞規[14]。

該通內外[15]，鬱爲國師[16]。

【校記】

[1] 本篇共有四個抄本，皆首尾俱全，編號如下：原卷：P.4597；甲卷：P.2680；乙卷：P.3727；丙卷 S.6631V。以上四卷皆有首題，甲、乙兩卷作 "大唐義淨三藏讚"，丙卷作 "義淨三藏讚"，其中原卷作 "義淨三藏贊"；茲據甲、乙題作 "大唐義淨三藏讚"。全篇四言，十四句，七韻，56 字。"機、歸" 平聲微韻；"悲、

---

① 陳祚龍：《新校重訂敦煌古抄僧讚集》，載《中華佛教文化史散策三集》，臺北：新文豐出版公司，1981 年，第 195～196 頁。

② 金岡照光：《敦煌の文學文獻》，東京：大東出版社，1990 年，第 577～578 頁。

③ 張錫厚主編：《全敦煌詩》第十二冊，北京：作家出版社，2010 年，第 6189～6193 頁。

維、時、規、師"平聲韻，通押。

[2] 釋門副教授金髻：甲卷、乙卷脱，原卷、丙卷作"釋門副教授金髻"，其中"髻"字皆抄作"髩"，"髩"爲"髻"之異體。浙敦027號《大智度論》"頭上皆以有髻爲好"之"髻"字，原卷即作"髬"。◎釋門副教授：俗姓薛，唐沙洲（今甘肅敦煌市）人。生卒年未詳，於敦煌金光明寺出家。吐蕃統治敦煌時期爲釋門副教授。

[3] 卓哉大士："卓哉"，表示贊美，如宋宗曉《樂邦遺稿》卷二："卓哉西聖釋迦文，口輪垂範億代遵。開顯一化無餘蘊，復譚樂土拔沈淪。""大士"，佛教對菩薩的通稱，南朝齊周顒《重答張長史》："夫大士應世，其體無方，或爲儒林之宗，或爲國師道士，斯經教之成説也。"唐湛然《法華文句記》卷二："大士者，《大論》稱菩薩爲大士，亦曰開士。"亦是對高僧的敬稱。宋蘇軾《金山長老寶覺師真贊》："望之儼然，即之也温，是惟寶覺大士之像。"

[4] 遁：原卷、甲卷、乙卷並作"遄"，丙卷作"道"。按："遄"爲"遁"之異體。《干禄字書·去聲》"遄遁：上俗，下正。《龍龕手鏡·辵部》："遄遯：二俗。遯，或作遁，正音鈍，逃去，引避也。"迹：原卷、丙卷作"跡"，甲卷、乙卷作"迹"。隨機：《全敦煌詩》校記："丙本（P. 2680）作'隨懺'。"按：原卷機字漫漶，然仔細辨識實作"隨機"。◎遁迹隨機：遁迹，指隱居，意謂隱避行踪，不爲人所知。《世説新語·文學第四》："于法開始與支公争名，後精漸歸支，意甚不忿，遂遁迹剡下。"北齊顔之推《顔氏家訓·養生》："而望遁迹山林，超然塵滓，千萬不遇一爾。""隨機"，依照情勢，順應時機。《陳書·徐世譜傳》："世譜性機巧，諳解舊法，所造器械，並隨機損益，妙思出人。"

[5] 物：《全敦煌詩》校記："甲（P. 4597）、丁（P. 3727）本原作'惚'。"按：各本實作"物"，兹據之以録。懷：原卷作"懥"，丙卷作"恧"，按："恧"爲"懷"之異體，見《碑别字新編·十九畫·懷字》引《魏靈藏造像記》；"懥"字爲"懷"之異體，見《偏類碑别字·心部·懷字》引《唐孟氏麻夫人銘》）。◎應物懷念：應物，順應事物。《莊子·知北遊》："邀於此者，四枝彊，思慮恂達，耳目聰明，其用心不勞，其應物無方。"《史記·太史公自序》："與時遷移，應物變化，立俗施事，無所不宜。"懷念：關心；思念。西晋竺法護譯《普曜經·諸天賀佛成道品》："其眼甚清净，睹無數諸佛，國土衆生身，心中所懷念，其心甚清净。"

[6] 濟：乙卷作"濟"。北魏《齊郡王元祐造像記》"舟輿爲本，廣濟爲功"中"濟"字，原碑即作"濟"。濟世含悲：濟世，救世、濟助世人。《莊子·庚桑楚》："簡

髮而櫛，數米而炊，竊竊乎又何足以濟世哉?"成玄英疏："此蓋小道，何足救世。"《後漢書·盧植傳》："性剛毅有大節，常懷濟世志。"含悲，佛教以與樂拔苦的慈悲爲懷，慈愛眾生並給與快樂稱之爲慈；同感其苦，憐憫眾生，並拔除其苦稱爲悲。含悲即懷抱著悲憫眾生，救拔其苦的情懷。敦煌本《搜神記》："（焦華）華聞此語，氣咽含悲，食飲不下，聲塞頓絕。乃至十日，後始更甦。"

[7] 飛錫西邁："飛錫"，佛教謂僧人等執錫杖飛空。宋道誠集《釋氏要覽》卷下載："飛錫：今僧遊行，嘉稱飛錫。此因高僧隱峰遊五臺，出淮西，擲錫飛空而往也。若西天得道僧，往來多是飛錫。"《文選·孫綽〈遊天台山賦〉》："王喬控鶴以冲天，應真飛錫以躡虛。"李周翰注："應真，得真道之人，執錫杖而行於虛空，故云飛也。"後指僧人遊方。唐冷朝陽《同張深秀才遊華嚴寺》詩："有僧飛錫到，留客話松間。"《大唐西域求法高僧傳》："（玄照法師）以貞觀年中，乃於大興善寺玄證師處，初學梵語。於是仗錫西邁掛想祇園。"此處專指義净西行求法之事。

[8] 歸：原卷、丙卷作"埽"，甲卷作"帰"、乙卷作"歸"，皆均爲"歸"之異體。◎白馬東歸，本指相傳東漢明帝永平八年（西元 65），派遣蔡愔及博士弟子秦景憲西行求經，途中遇竺摩騰、竺法蘭二僧，正以白馬馱《四十二章經》東行傳道，遂迎二僧至洛陽，創建白馬寺。此處以"白馬東歸"喻義净取經歸來之事。按：義净於唐咸亨二年（671）由廣州，取道海路，至印度，巡禮佛教聖迹，勤學佛法。遊歷三十餘國，後携梵本經論約四百部返回洛陽。武后親迎，敕住佛授記寺。

[9] 印：甲卷作"蘊"，蓋爲音近而誤，餘各卷皆作"印"，是。五印：指五天竺。中古時期，印度全域分割爲東、西、南、北、中五區，稱爲五天竺，又稱五印度，略稱五天、五竺、五印。《大唐西域記》卷二載："若其封疆之域，可得而言。五印度之境，周九萬餘里。三垂大海，北背雪山。北廣南狹，形如半月，畫野區分，七十餘國。時特暑熱，地多泉濕。北乃山阜隱軫，丘陵鳥鹵；東則川野沃潤，疇壠膏腴；南方草木榮茂；西方土地磽确。斯大概也，可略言焉。"◎語窮五印：指義净西行取經時，學遍五印諸國語言方音，如《宋高僧傳·唐京兆大薦福寺義净傳》所言"净奮勵孤行，備歷艱險。所至之境，皆洞言音"。義净至印度，巡禮佛教聖迹，勤學佛法。遊歷三十餘國後，將其印度南海諸國僧人之生活、風俗、習慣等，一一詳細記述，撰寫《南海寄歸內法傳》四卷、《大唐西域求法高僧傳》二卷。

[10] 行盡四維：指東南、西南、東北、西北四隅。《淮南子·天文訓》："帝張四維，運之以斗……日冬至，日出東南維，入西南維……夏至，出東北維，入西北維。"《晉書·地理志上》："天有四維，地有四瀆。"指四方。唐歐陽詹《早秋登

慈恩寺塔》詩：“寶塔過千仞，登臨盡四維。”此處指義净足迹踏遍五印諸地。

[11] 譯：甲卷原作有一字後於其上改作“譯”致模糊難辨，乙卷作“譯”，爲譯之異體。◎譯經九部：九部，指九部經、九分教、九部法，略稱九經，是佛經内容的九種分類，一般指修多羅、祇夜、伽陀、和伽羅那、優陀那、伊帝目陀伽、闍陀伽、毗佛略、阿浮陀達磨九部之名稱。此處指義净所譯經典遍及九部。《宋高僧傳·唐京兆大薦福寺義净傳》載義净譯經“净雖遍翻三藏，而偏攻律部”。

[12] 定教三時：佛教謂釋迦牟尼佛逝世後，佛法將經歷的正法、像法和末法三大時期。一般認爲正法五百年，像法一千年，末法一萬年。唐窺基《大乘法苑義林章》卷六：“佛滅度後，法有三時，謂正、像、末。具行教、行、證三，名爲正法；但有教、行，名爲像法；有教無餘，名爲末法。”

[13] 輦：原卷、丙卷並作“輩”，蓋爲“輦”形近之訛。皇上同輦：指與天子同車。輦，天子之車。《漢書·梁孝王劉武傳》：“入則侍帝同輦，出則同車遊獵上林中。”南朝梁元帝《班婕妤》詩：“何言飛燕寵，青苔生玉墀。誰知同輦愛，遂作裂扇詩。”此指義净於證聖元年（695），離開室利佛逝國，歸抵洛陽，武則天親自率衆人到洛陽東門迎接，並賜“三藏”，敕住洛陽佛授記寺。

[14] 丞：甲卷、丙卷作“丞”。按：“丞”爲“丞”之形訛。“丞”“承”音同形近，古書多通。如《史記·酷吏列傳》：“（張湯）丞上指，請造白金及五銖錢。”敦煌寫本多互用，如 P.2305《解座文匯抄》“勸門徒，修福利，一一祇丞來世事”中“祇丞”即作“祇承”，意謂敬奉。◎群下承規：群臣秉承武則天旨意，尊崇義净法師。

[15] 該通内外：該通，博通。漢蔡邕《翟先生碑》：“該通五經，兼洞墳籍。”唐劉禹錫《薦處士嚴毖狀》：“歷代史及國朝故事悉能該通。”内外，内典和外典，佛教徒稱佛經和佛經以外的典籍。南朝梁慧皎《高僧傳·習禪·釋僧從》：“隱居始豐瀑布山，學兼内外，精修五門。”

[16] “鬱”，乙卷作“欝”，餘三卷作“欎”，均爲“鬱”之異體。鬱爲國師：“鬱”，引申爲特出貌，卓然。唐陸贄《李叔明右僕射制》：“禀粹挺生，鬱爲邦傑。”“國師”，帝王封賜僧人的尊號始於北齊法常。《大宋僧史略》卷中：“北齊有高僧法常……齊王崇爲國師。”《景德傳燈錄·慧安國師》：“嵩嶽慧安國師……武后征至輦下，待以師禮。”

八、敦煌寫本《寺門首立禪師讚》校注

【題解】

有關《寺門首立禪師讚》今已公佈的敦煌文獻計有：P. 2680、P. 3490V、P. 3727、S. 1774V 四件寫本。茲分別敘述如下：

（一）P. 2680

卷子本，存 12 紙，長 311.5 釐米，高 25.9～31.3 釐米，正背書。

正面分抄有《唯識論師世親菩薩本生緣》《唯識大師無著菩薩本生緣》《寺門首立禪師讚》《靈州龍興寺白草院和尚俗姓史法號增忍以節度使李公度尚書立難刺血書經義》《付法藏傳》《大唐義淨三藏讚》《佛圖澄和尚因緣記》《大唐三藏讚》《羅什法師讚》《隋净影寺沙門惠遠和尚因緣記》等十六種文書。

背面分別抄寫名錄、便粟曆、絹帛曆、練綾曆、《聲聞唱道文》、轉帖、社司轉帖、丙申年四月十七日慕容使軍請當寺開大般若經付經曆、疋段曆。

《寺門首立禪師讚》爲正面第三種文本。首尾俱完。計 11 行。首題"寺門首立禪師讚"，起"禪師俗姓氾氏，法号惠净"，訖"景慕禪師，勿求司録"。

1　寺門首立禪師讚　禪師俗姓氾氏法号惠净昔在

2　齠年早修梵刂出家入道歸正邪捨眼不見是非口不言利害三衣之外四壁

3　迥然身恒立於寺門或分形於槨外處ㄑ現驗往ㄑ標奇詢問侍人无不

4　離其常所及變化自在靈應無方不刂而至形留禪往而已矣豈謂

5　閻浮伽還同香積世界无言无説潛致潛通將非四果羅漢疑是十

6　地菩薩謹右彰高行焉几百君當宜礼敬寂默示緘慘然定是不

7　懼不憂無爲无欲忘懷物我韜靈真俗跡混塵勞心愜味觸莫問

8　貴賤拒驚寵禱戒護我珠行賢虹玉手非妄動自靡邪囑形既

9　常端影何曾曲衣服破弊四階裝束十方丞風万里蹢秦稱貪識

10　戀勉勗生若浮泡命其危促一朝殞滅百身難贖貪嗔萌芽

11　連根宜斷疑綱永斷法輪恒續景慕禪師勿求司録

（二）P. 3490

卷子本，正背書。

正面爲財禮凡目、油破曆、辛巳年破曆等。

背面分抄《寺門首立禪師頌》《稠禪師解虎讚》《於當居創造佛刹功德記》及敬繪文殊、聖賢、萬回、觀音願文四篇。

《寺門首立禪師頌》爲背面第一種文本，首缺尾完，缺題，存 20 行。起"昔在髫年，早行脩梵"，訖"景慕禪師，勿求司録"。尾題有"先天二年（713）十二月廿五日清信弟子張文爽述，比丘智照書"。

```
1   □□□□□□□□在髫年早行脩梵
2   □□□□□□□捨邪眼不見是非口不
3   □□□□□衣之外四壁□然身恒立於
4   □□或分形於郭外□□□驗往ㄔ標奇
5   □□侍人元不離其常所乃變
6   化自在靈應無方不行而主形留
7   禪往而已矣豈謂閻浮伽藍還同
8   香積世界无言无説潛感潛通將非四
9   果羅漢疑是十地菩薩謹右彰高行
10  焉兄百君子當宜敬礼
11  默示緘慘然定是不懼不憂無爲無欲
12  忘懷物我韜靈真俗跡混塵勞捐心味
13  觸莫分貴賤詎驚寵辱戒護鵝珠行
14  賢虹玉手非妄動自靡邪囑形既常端
15  影何曾曲衣師破弊四偕裝束十方求風
16  萬里蹇躅忝稱含識盛勉曷生若浮泡
17  命其危促一朝殞滅百身難贖貪嗔萌
18  芽連根綱斸疑綱永斷法輪恒續景
19  慕禪師勿求司録
20  先天二年十二月廿五日清信弟子張文爽述，比丘智照書
```

（三）P. 3727

P. 3727 是由 12 張大小不一的紙張黏貼而成的專輯。紙張高 29.2～

30.8 釐米，寬 23～43.5 釐米。每張紙正面左端以膠水黏貼。每葉正背書寫。《法國國家圖書館藏敦煌漢文寫本目録》IV 著録、上海古籍出版社《法藏敦煌藏文文獻》拍攝圖録及 IDP 數位掃描，均將每紙分開，並正背處理。兹考圖録及 IDP 數位掃描依序，其中第九葉正背書寫。

正面分抄：《聖者泗州僧伽和尚元念因緣》12 行，《寺門首立禪師讚》12 行。前者字大，後者字小，字迹非一，蓋爲不同人所抄。

背面分抄：《靈州龍興寺白草院和尚俗姓史法號增忍以節度使李公度尚書立難刺血書經義》（原題）18 行，今擬題爲《靈州龍興寺白草院史和尚因緣記》；《隋净影寺沙門惠遠和尚因緣記》9 行（未完）。

《寺門首立禪師讚》爲正面第二種文本，首尾俱完。計 12 行。首題"寺門首立禪師讚"，起"昔禪師昔俗姓汜氏，法名惠净"，訖"景慕禪師，勿求司録"。

1　□（寺）門首立禪師讚　昔禪師者俗姓汜氏法名惠净昔在髫
2　年早修梵行出家入道歸正捨邪眼不見是非口不言利舍三衣
3　之外四壁迥然身恒立於寺門或分形於櫚外處ˋ現驗往ˋ標奇
4　詢問侍人元不離其常所乃變化自在靈應無方不行而主形留禪
5　往而已矣豈謂閻浮伽藍還同香積世界无言无説潛感潛通將非
6　四果羅漢疑是十地荓謹右彰高行焉几百君子當宜敬礼
7　默然示緘慘然定何足不懼不憂无爲无欲忘懷物我韜靈真俗跡
8　渾塵勞至心味觸莫分貴賤詎驚寵辱戒護鵝珠行賢取玉
9　手非妄動自靡邪囑形既常端影何曾曲衣師破弊四偕裝
10　束十方求風萬里蹳蹻喬稱含識戀盛勉勗生若浮泡命
11　其危促一朝殞滅百身難贖貪嗔萌芽連根宜斷疑綱永斷
12　法輪無濁景慕禪師勿求司録

（四）S.1774V

S.1774 爲卷子本，正背書。

正面抄有天福七年某寺法律智定等交割常住什物點檢曆狀。

背面抄有《寺門首立禪師頌》、法律智定等一伴交曆（卷題）。

寺門首立禪師贊，首題"寺門首立禪師頌"，首尾俱完，計 17 行（含題），行 17～18 字。

1 　寺門首立禪師頌

2 　禪師俗姓氾法名惠净昔在臨年早脩梵ᵔ出

3 　家入道歸正捨邪眼不見是非口不言利宮三

4 　衣之外四壁迥□□恒立於□□或分形於

5 　郭外處ᵔ現驗往ᵔ標奇詢問侍人元夭離

6 　其常所乃變化自在靈應無方不ᵔ而住形留

7 　禪往而已矣豈謂閻浮伽藍还同香積㫪界

8 　无言无説潜感通將非四果羅漢疑是十地

9 　菩薩謹有彰高ᵔ焉凡百君子當疑敬礼

10 　默示緘口惨然定足不懼不憂無爲無欲忘懷物

11 　我韜韜靈玄俗跡混塵勞心揹味觸莫分貴賤

12 　詎驚寵辱戒護我珠行賢虹玉手非妄動

13 　自靡邪囑形既毛端影何曾曲衣師破弊四

14 　偕裝束十方求風萬里猗躅忝稱含識戀盛

15 　勉勗生若浮泡□命危促一□殞滅百身

16 　難祂貪嗔萌芽連根宷斸疑綱永斷法

17 　輪恒續景慕禪師勿求司錄

1981 年陳祚龍《新校重訂敦煌古抄僧讚集》據 P. 2680、P. 3490V、P. 3727 校録了《濟北郡寺門首立禪師讚》①。1994 年汪泛舟《敦煌僧詩校輯》校録 S. 276②，2012 年郝春文《英藏敦煌社會歷史文獻釋録》據 S. 1774V《寺門首立禪師頌》釋文③。

【校録】

寺門首立禪師讚[1]

昔禪師者[2]，俗姓氾氏[3]，法名惠净[4]。昔在瞖年[5]，早修梵行[6]。

---

①　陳祚龍：《新校重訂敦煌古抄僧讚集》，載《中華佛教文化史散策三集》，臺北：新文豐出版公司，1981 年，第 196～198 頁。

②　汪泛舟：《敦煌僧詩校輯》，蘭州：甘肅人民出版社，1994 年，第 54～55 頁。又收入《敦煌石窟僧詩校釋》，香港：香港和平圖書出版公司，2002 年，第 78 頁。

③　郝春文主編：《英藏敦煌社會歷史文獻釋録》第八卷，北京：科學文獻出版社，2012 年，第 8～11 頁。

出家入道，歸正捨邪[7]。眼不見是非，口不言利害[8]。三衣之外[9]，四壁迥然[10]。身恒立於寺門，或分形於郭外[11]。處處現驗[12]，往往標奇[13]。詢問侍人，元不離其常所[14]。乃變化自在[15]，靈應無方[16]。不行而至[17]，形留神往而已矣[18]。豈謂閻浮伽藍[19]，還同香積世界[20]。無言無説，潛感潛通[21]，將非四果羅漢[22]，疑是十地菩薩[23]。謹右彰高行焉[24]。凡百君子[25]，當宜禮敬[26]。默示緘口[27]，慘然定足[28]。不懼不憂，無爲無欲。忘懷物我[29]，韜靈真俗[30]。迹混塵勞[31]，心捐味觸[32]。莫分貴賤[33]，詎驚寵辱[34]。戒護鵝珠[35]，行賢取玉[36]。手非妄動，自靡邪囑[37]。形既常端[38]，影何曾曲。衣服破弊[39]，四階裝束[40]。十方丞風[41]，萬里蹢躅[42]。忝稱含識[43]，戀盛勉勗[44]。生若浮泡，命其危促[45]。一朝殞滅，百身難贖[46]。貪嗔萌芽，連根宜斸[47]。疑網永斷[48]，法輪恒續[49]。景慕禪師，勿求司録[50]。

【校記】

[1] 本篇現存四個抄本，編號如下：原卷：P.2680，首尾俱全；甲卷：P.3490，首缺尾完，缺題；乙卷：P.3727，首行僅缺一字，有前題；丙卷：首尾俱全，卷中有四五處因漫漶而脱文。◎原卷、乙卷前題作"寺門首立禪師讚"，丙卷作"寺門首立禪師頌"，本篇據原卷、乙卷擬題爲"寺門首立禪師讚"。全篇前有序 142 字，後接"當宜敬禮"以下爲讚，採四言，三十二句，共 128 字。"足、欲、觸、辱、玉、囑、曲、束、躅、勗、促、贖、斸、續、録"押入聲沃韻。

[2] "禪師者"，原卷、丙卷作"禪師"，無"者"字，乙卷"禪師"前後分別抄"昔""者"二字，作"昔禪師者"。按：此二者皆可，茲據乙卷録作"昔禪師者"。

[3] 氏：原卷、乙卷有，茲據之以録，丙卷無。◎俗姓，僧道出家前的本姓。《世説新語・德行》"桓常侍聞人道深公者"，南朝梁劉孝標注："僧法深，不知其俗姓，蓋衣冠之胤也。"

[4] 法名惠净：原卷作"法号"，乙卷、丙卷作"法名"。按：法名、法號皆可表示皈依佛教後由法師起的名字。置於文中義相同，據原卷録作"法號"。按：法名又作法號、法諱、戒名，是僧侶於剃度儀式舉行之後由師父另取的名字；或在家者則於皈依、授戒或葬儀之時授予法名。《法苑珠林》卷八："與其法名，大曰法緣，小曰法彩。"

[5] "髫"，原卷作"髫"，甲卷作"髫"，乙卷作"髫"，丙卷作"髫"，均爲"髫"之異體。◎髫年：幼年。髫爲孩童下垂的頭髮。唐慧琳《一切經音義》卷八十九

《音高僧傳第一卷》："鬓年，上田遥反，《蒼頡篇》云：鬓，髦也。《文字集略》：從周，作髟，小兒髮也。"《續高僧傳·唐京師弘福寺釋智首傳》："釋智首……而幼抱貞亮，夙標雄傑，鬓年離俗，馳譽鄉邦。初投相州雲門寺智旻而出家焉。"唐楊炯《明威將軍梁公神道碑》："卝歲騰芳，鬓年超霭。"按：《續高僧傳·譯經篇》載有《唐京師紀國寺沙門釋慧净傳》言"慧净，俗姓房氏，常山真定人"。《寺門首立禪師贊》："禪師俗姓氾氏，法號惠净。"或以"房""氾"音近而誤抄，且惠、慧寫本多通，故推測寺門首立禪師慧净即紀國寺沙門釋慧净（578—?）。雖《贊》載"昔在鬓年，早修梵行"。《續高僧傳·唐京師紀國寺沙門釋慧净傳》記叙也同爲早年出家，然《贊》贊頌之内容，全不見載於《續高僧傳》，二者記述内容迥然不同，毫無關涉。不過，P. 3490《寺門首立禪師贊》後有"先天二年十二月廿五日清信弟子張大爽述"。按：張大爽，唐沙州人。張芝第十八代族孫。開元時文舉人，後爲昭武校尉、甘州三水鎮將、上柱國。先天是唐玄宗第一個年號，先天二年即公元 713 年，雖寺門首立禪師年代里籍不詳，據此似可推測當是713 年前後在世。

[6] 修：原卷、乙卷抄作"修"，甲卷、丙卷作"俻"，均爲"修"之異體；"行"，甲卷作"亅"，爲"行"之異體，下同。梵行：佛教語，又作净行，泛指道俗二眾所修清净行爲。《長阿含經》卷三十《六重品》："世尊告曰：'若有人戒律具足而無犯，此名清净修得梵行。'"北本《大般涅槃經》卷十五《梵行品》："復次善男子！復有梵行，謂慈、悲、喜、捨。"即以慈悲喜捨四無量心爲梵行。晋法顯《佛國記》："王净修梵行，城内人信敬之情亦篤。"

[7] 捨邪：原卷作"邪捨"，二字間右旁有倒乙符，兹據之以正。按：其餘三個寫卷皆作"捨邪"。歸：原卷作"帰"，乙卷作"埽"，均爲"歸"之異體。丙卷殘存右半部。

[8] 害：原卷、乙卷、丙卷並作"宐"，爲"害"之異體。敦煌寫本常見，如 S. 214《燕子賦》"雀兒被額，更害氣噴"之"害"字，原卷即作"宐"。

[9] 三衣：梵文 Tricīvara 的意譯。指佛教比丘穿的三種衣服。一種叫僧伽梨，即大衣或名眾聚時衣，在大眾集會或行授戒禮時穿著；一種叫郁多羅僧，即上衣，禮誦、聽講、説戒時穿著；一種叫安陀會，日常作業和安寢時穿用，即内衣。亦泛指僧衣。南朝梁慧皎《高僧傳·宋中寺釋曇光傳》："宋明帝於湘宮設會，聞光唱導，帝稱善，即敕賜三衣瓶鉢。"唐玄奘《大唐西域記·印度總述》："沙門法服，惟有三衣……三衣裁制，部執不同，或緣有寬狹，或葉有小大。"

[10] 四壁迥然：四壁，原指四面牆壁。《史記·司馬相如列傳》："文君夜亡奔相如，

相如乃與馳成都。家居徒四壁立。"後以"四壁"形容家境貧寒，一無所有。迥然，猶孑然，孤獨貌。《陳書·姚察傳》："卿迥然一身，宗奠是寄，毀而滅性，聖教所不許。"四壁迥然：意謂家徒四壁，孑然一身。

[11] 郭：原卷、乙卷作"槨"，甲卷、丙卷作"郭"。按："郭"通"椁"，外棺；"槨"同"椁"。◎分形於郭外：分形，謂呈現各種形態。《文選·張衡〈西京賦〉》："奇幻倏忽，易貌分形。"薛綜注："易貌分形，變化异也。"

[12] 處處：各本並作"處乀"，"乀"爲重文符號。◎處處現驗：處處，各處、到處。《晋書·王尼傳》："常嘆曰：滄海橫流，處處不安也。"P. 3808《長興四年中興殿應聖節講經文》："今日多聞絲竹聲，滿乾坤賀聖人生。恩同玉露家家滴，貴並金花處處呈。""現驗"，謂顯露而得到驗證。《出曜經》卷十《誹謗品》："誹謗之報，其罪如是，現驗如茲，豈云後世？"

[13] 往往：各卷並作"往乀"，"乀"爲重文符號。◎往往：每每、常常。唐杜甫《飲中八仙歌》："蘇晋長齋繡佛前，醉中往往愛逃禪。"道安《增壹阿含經序》："凡諸學士撰此二《阿含》，其中往往有律語，外國不通與沙彌、白衣共視也。而今已後，幸共護之，使與律同，此乃茲邦之急者也。"標奇：顯示奇特不凡。參敦煌寫本《羅什法師贊》校注第4條。

[14] 元不：丙卷作"无天"，"天"字爲"不"的形書。

[15] 乃：甲、乙、丙三卷皆作"乃"，是，據之以錄。原卷作"及"，蓋形近致誤。靈：各卷並作"霝"，爲"靈"之异體。下同。◎變化自在：即自由自在，隨心所欲，變化出種種形相。

[16] 靈應無方：謂靈妙不可思議之感應，呈現在很多方面。靈應又作靈驗，即祈求諸佛菩薩，或由於受持讀誦經典，而獲得不可思議之證驗。隋智者《觀音義疏》卷一："如是等束縛行人不能得脫。稱名繫念必蒙靈應。"唐慧立撰、彥悰增補《大唐大慈恩寺三藏法師傳》卷五："城有雕檀立佛像，高二丈餘，質狀端嚴，甚多靈應。""多方"，意謂多端，多方面。《墨子·公孟》："人之所得於病者多方，有得之寒暑，有得之勞苦。"

[17] 行：甲卷、乙卷作"行"，原卷、丙卷作"丬"。按："丬"爲"行"之异體。至：原卷作"至"；甲卷作"主"；乙卷作"住"，旁注小字"主"；丙卷作"住"。按：本段當指首立禪師常居寺院，却能現身其他地方，即文中所言"不行而至"，依文意當爲"至"字。

[18] 留：原卷作"留"，餘三卷並作"畱"。按："畱"爲"留"之异體。《干祿字書·平聲》："畱留，上通下正。"

[19] 藍：原本脱，據餘三本擬補。◎閻浮伽藍："閻浮"爲"閻浮提"之略。閻浮提
是梵語 Jambudvipa 的音譯。"閻浮"梵語 jambu，乃樹之名；提，梵語 dvipa，
意爲洲。梵漢兼譯則作閻浮洲、瞻部洲。《長阿含經》："閻浮提，有大樹王，名
曰閻浮，圍七由旬，高百由旬。"閻浮提省稱"閻浮"。南朝梁沈約《内典序》：
"聖迹彪炳，日焕於閻浮；神光陸離，星繁於净刹。"伽藍，梵語僧伽藍摩譯音
的略稱，意爲眾園或僧院，即僧眾居住的庭園。後因稱佛寺爲伽藍。北魏楊衒
之《洛陽伽藍記·法雲寺》："伽藍之内，花果蔚茂，芳草蔓合，嘉木被庭。"唐
玄奘《大唐西域記·阿耆尼國》："伽藍十餘所，僧眾二千餘人，習學小乘教説
一切有部。"

[20] 香積世界：佛國净土之一。《維摩詰所説經·香積佛品》提及上方世界過四十二
恒河沙佛土，有國名眾香，佛號香積，其國香氣，比於十方諸佛世界、人、天
之香，最爲第一。此佛國内没有聲聞、辟支佛，唯有清净大菩薩眾。佛在此向
大菩薩説法，此佛國内有香積如來、香積菩薩及香嚴天人。國土以香作樓閣，
經行香地，滿園皆香。彼佛與諸菩薩共坐食，有諸天子，皆號香嚴，悉發阿耨
多羅三藐三菩提心。以香爲佛事，無説成經；無文字説，但以眾香令諸天子得
入律行。《宗鏡録》卷二十四："香積世界，餐香飯而三昧顯；極樂佛國，聽風
柯而正念成。"

[21] 潛感潛通：原卷作"潛敢潛通"，甲、乙二卷作"潛感潛通"，丙卷作"潛感
通"，兹據甲、乙二卷録作"潛感潛通"。◎無言無説，潛感潛通：無言無説指
進入禪定的一種境界。《出曜經》卷三十《梵志品》："彼修行人不念惡禪，夫入
禪之人，無言無説，常思善法。""感通"，以至誠通達而獲得回應。唐韓愈《謁
衡嶽廟遂宿嶽寺題門樓》詩："潛心默禱若有應，豈非正直能感通？"

[22] 羅：原卷作"𤦲"，爲"眾"字的俗書，置於文中與義不合，餘三卷作"羅"，
據之以録。◎將非四果羅漢：將非，意謂豈非。"四果"，佛教謂聲聞乘聖果有
四，舊譯依梵語稱爲須陀洹果、斯陀含果、阿那含果、阿羅漢果。南朝梁沈約
《佛記序》："非唯四果不議，固亦十地罔窺。"唐玄奘《大唐西域記·納縛僧伽
藍》："伽藍西南，有一精廬。建立已來，多歷年所，遠方輻湊，高才類聚，證
四果者難以詳舉。""羅漢"，梵語 Arhat（阿羅漢）的省稱。小乘佛教的最高果
位，稱爲"無學果"。謂已斷煩惱，超出三界輪迴，應受人天供養的尊者。我國
寺廟中供奉者，有十六尊、十八尊、五百尊、八百尊之分。唐玄奘《大唐西域
記·縛喝國》："故諸羅漢，將入涅槃，示現神通。"

[23] 菩薩：乙卷作"𦬇"，爲菩薩二字的合文，餘三卷作"菩薩"。敦煌寫本常見。

如 P. 2173《御注金剛般若波羅蜜經宣演卷上》"又依功德施菩薩論云：佛所説法，咸歸二諦"之"菩薩"二字，原卷即作"芐"。◎疑是十地菩薩："十地"，梵語 daśa-bhūmi 的意譯。或譯爲"十住"。佛家謂菩薩修行所經歷的十個境界。大乘菩薩十地爲歡喜地、離垢地、發光地、焰慧地、極難勝地、現前地、遠行地、不動地、善慧地、法雲地。另有三乘共十地，四乘十地，真言十地等，名目各有不同。南朝宋謝靈運《辨宗論附答問》："一合於道場，非十地之所階，釋家之唱也。"唐高宗《謁慈恩寺題奘法師房》詩："蕭然登十地，自得會三歸。""菩薩"，梵文菩提薩埵之省，原爲釋迦牟尼修行而未成佛時的稱號，後泛用爲對大乘思想的實行者的稱呼。北魏楊衒之《洛陽伽藍記‧昭儀尼寺》："並有二菩薩，趺上銘云：'晋太始二年五月十五日侍中中書監荀勗造。'"

[24] 右：丙卷作"有"，蓋音近而訛，餘三卷作"右"，是，茲據之以録。

[25] 凡：丙卷照抄，原卷、乙卷作"几"，甲卷作"凡"，均爲"凡"之異體；子：原卷脱，據餘三卷録作"子"。

[26] 宜：丙卷誤作"疑"，據餘三卷録作"宜"。礼敬：丙卷作"礼敬"，餘三卷作"敬礼"。按："礼敬"置於文中與義合，茲據原卷等録作"凡百君子，當宜礼敬"。◎禮敬：以合於禮儀的舉動表示尊崇。北齊顔之推《顔氏家訓‧慕賢》："世人多蔽，貴耳賤目，重遥輕近，少長周旋，如有賢哲，每相狎侮，不加禮敬。"P. 2292《維摩詰經講經文》（四）："光嚴才見，趨驟近前，五體投誠，虔恭便禮。重重禮敬，問諍起居。"

[27] 默示緘口：原卷作"寂默示緘"，甲卷、乙卷作"默示緘"，丙卷作"默示緘口"，語意較佳，據丙卷以録。◎默示緘口："緘口"，意謂慎言，本指閉口不言。《孔子家語‧觀周》："孔子觀周，遂入太祖后稷之廟，廟堂右階之前，有金人焉，三緘其口，而銘其背曰：古之慎言人也。"後因謂爲"緘口"。漢蔡邕《銘論》："周廟金人，緘口以慎。"

[28] 足：原卷作"是"，甲卷抄作"是"，右邊校改作"足"，乙卷作"定"前有"何"字，作"定何足"。定足：猶立足，穩定脚跟。《摩訶般若鈔經》卷四《本無品》："是輩菩薩供養過去五百佛已，皆作施與，護於净戒，成於忍辱，所作精進，定足於禪。"唐無可《奉和段著作山居呈諸同志三首次本韻》："折腰窺乳竇，定足涉冰溪。"可見"足"字置於文中與意相合，茲據甲卷等校作"足"。◎慘然：憂戚哀傷的樣子。唐慧琳撰《一切經音義》卷十一《音大寶積經第三卷》："慘然：倉感反，《毛詩傳》曰：慘，戚也。《爾雅》：慘，憂也。"《史記‧外戚世家》："漢王心慘然，憐薄姬，是日召而幸之。"敦煌本《漢將王陵變》：

"陵母天生有大賢，聞喚王陵意慘然。須（雖）是女兒懷智（志）節，高聲便答霸王言：'自從楚漢争天下，萬姓惶惶總不安。斫營比是王陵過，無辜老母有何愆？'"

[29] 忘懷物我："忘懷"，忘却、不係戀於事物。晋陶淵明《五柳先生傳》："常著文章自娱，頗示己志，忘懷得失，以此自終。""物我"，指外物與己身。物，即客觀之境；我，爲主觀之人。"忘懷物我"，即贊美首立禪師休息禪定達到"物我一如""人境不二"的境界。南朝梁江淹《雜體詩·效張綽〈雜述〉》："物我俱忘懷，可以狎鷗鳥。"王僧儒《懺悔禮佛文》："夫小乘志劣事唯一己，大士意均乃包六趣。今日檀主，信等明珠。無勞傍鏡；質同斑玉，不待外光。常欲物我均心怨親等觀，衆等各歸誠。爲二十八天四王釋梵人間貧病地獄辛楚，敬禮尊儀靈像菩提寶塔，云云。"

[30] 真：丙本作"⿰"，是"真"之草寫，餘三卷皆抄作"真"。◎韜靈真俗："韜靈"，猶韜光，意謂隱藏聰明才華。南朝梁蕭統《〈陶淵明集〉序》："聖人韜光，賢人遯世。""真俗"，意謂出家在家。蓋以佛教謂因緣所生之事理曰俗，不生不滅之理性曰真。出世爲真，入世曰俗。《北魏司馬興龍墓志銘》："於是德高遐邇，聲動真俗。"《大唐西域記》卷四："氣序温暑，風俗怯弱。學綜真俗，信兼邪正。"

[31] 混：乙卷作"渾"，餘三卷作"混"。迹混，即混迹。意謂使行踪混雜在大衆間，常有隱身不露之意。置於句中與意相合，茲據原卷等録作"混"。如唐元稹《代曲江老人百韻》："毀容懷赤紱，混迹戴黄巾。"◎塵勞：佛教以爲世俗事務使人煩惱，猶如塵垢之使身心勞憊。《無量壽經》卷上："散諸塵勞，壞諸欲塹。"南朝梁蕭統《同泰僧正講》詩："何因動飛轡，暫使塵勞輕。"Ф 96《雙恩記》云："三僧祇劫除煩障，百億分身曾供養。釋梵諸天起敬心，龍神鬼趣生迴向。爲衆生，心願廣，誓把塵勞與掃蕩。見道如來説此經，所以權爲菩薩相。"BD5394《維摩詰經講經文》（五）："爾時魔王告持世曰：'我暫别欲界，來下天宫，喜瞻菩薩威儀，得到修禪室内。幸蒙慈念，迴賜宣揚；深知五欲不堅，稍會天中未久。多邊障染，從今應是去除；心上塵埃，自此多應屏迹。蒙沾法雨，洗蕩塵勞；得飲醍醐，頓消熱惱。'"

[32] 捐：原卷作"攟"。甲卷、丙卷作"揹"，爲"捐"之异體。按："捐"爲"損"之异體。S. 189《老子道德經》："損之又新損，以至於无爲"之"損"字，原卷即作"攟"。茲據甲、丙卷録作"捐"，此句作"心捐味觸"，乙卷另作"至心味觸"，置於文中與意相反，不可從。◎心捐味觸：指一心捐除舌處美味之貪

愛。佛教以眼觸、耳觸、鼻觸、舌觸、身觸、意觸爲六觸，指六種作用。舌觸生愛，謂舌能觸對一切世間所有珍饈美饌等種種之味，而貪愛不捨。《大寶積經》卷五十一《般若波羅蜜多品》："又舍利子！或有眾生味貪非觸貪，或有眾生觸貪非味貪，或有眾生味觸俱貪。"西晋竺法護譯《佛説無希望經》卷一："於是世尊説此頌竟，告文殊師利：'若有菩薩、凡人篤信斯經典者，聞之不疑不懷猶豫，受持諷誦爲他人説，具足解義，則當現致二十事功德之劬。何謂二十事？一曰、諸天神明悉宿左右……八曰、速得法忍，加當復見彌勒菩薩；九曰、專精修此經典之要，心捐睡寐疲極之意。'"

[33] 分：原卷作"問"，餘三卷作"分"。按"問"與"分"置於文中意皆可通，茲據甲卷等録作"分"。

[34] "詎""辱"二字，原卷作"拒""褥"，蓋音近而誤，餘三卷皆作"詎""辱"，據餘卷以録。◎詎驚寵辱：詎爲副詞，表示否定，相當於"無""非""不"。南朝梁簡文帝《三月三日率爾成詩》："洛濱非拾羽，滿握詎揮椒。""詎驚寵辱"即寵辱不驚。南朝宋劉義慶《世説新語・栖逸篇》："阮光禄在東山，蕭然無事，常内足於懷。有人問王右軍，右軍曰：'此君近不驚寵辱，雖古之沉冥，何以過此。'"唐魏歸仁《宴居賦并序》："固當絕於可否，齊於適莫，聞寵詎驚其心，居陋寧改其樂？"

[35] 鵝：原卷等三卷皆作"鵝"，據之以録；丙卷作"我"，蓋爲"鵝"字的省誤。◎"戒護鵝珠"爲佛教有護鵝珠而守戒的典故。指有一比丘見鵝鳥吞寶珠，恐鵝鳥將被穿珠師殺，自負其罪而救鵝的故事，詳參姚秦鳩摩羅什譯《大莊嚴論經》卷十一："復次，護持禁戒，寧捨身命終不毀犯。我昔曾聞，有一比丘次第乞食，至穿珠家立於門外。時彼珠師爲於國王穿摩尼珠，比丘衣色往映彼珠其色紅赤，彼穿珠師即入其舍爲比丘取食。時有一鵝見珠赤色其狀似肉，即便吞之。珠師持食以施比丘，尋即覓珠不知所在，此珠價貴王之所有。時彼珠師家既貧窮失王貴珠，以心急故，語比丘言：'歸我珠來。'爾時比丘作是思惟：'今此珠者鵝所吞食，若語彼人將必殺鵝以取其珠。如我今者苦惱時至，當設何計得免斯患？'……時珠師執縛比丘而加打棒，問比丘言：'珠在何處？還我珠來。'比丘答言'我不得珠。'……（珠師）遂加繫縛倍更搥打以繩急絞，耳眼口鼻盡皆血出。時彼鵝者即來飲血，珠師瞋忿打鵝即死。……時彼珠師聞是偈已，即開鵝腹而還得珠，即舉聲哭，語比丘言：'汝護鵝命不惜於身，使我造此非法之事。'"唐張鷟《滄州弓高縣實性寺釋迦像碑》："鵝珠護戒，標苦節於堅林；龍鏡澄空，照真規於静域。"又《龍筋鳳髓判》卷二："鷹全鴿命，護鵝珠而守戒。"

[36] 行賢取玉："行賢"，做賢德的事情。《韓非子·説林上》："楊子謂弟子曰：行賢而去自賢之心，焉往而不美。""取玉"，意指不迷失方向。《鬼谷子·謀篇》："鄭人之取玉也，必載司南之車，爲其不惑也。"

[37] 自靡邪囑：謂自然没有私下偏邪之付托。

[38] 常：丙卷作"𠔃"，爲"常"之草書。

[39] 服：原卷作"服"，餘三卷皆作"師"，蓋形近而訛。

[40] 階：原卷作"階"，"四階"與下句"十方"相對，餘三卷皆爲"偕"，蓋形近致訛。

[41] 丞：原卷作"丞"。按："丞風"又作"承風"，即接受教化。《史記·秦始皇本紀》："天下承風，蒙被休經。"據之以録。餘三卷皆作"求"，蓋形近致訛。《賢愚經》卷六《月光王頭施品》："王即言曰：'彼月光王，名德遠著，四遠承風，但我獨卑陋，無此美稱；情志所願，欲得除之。作何方便能辦此事？'"◎十方：佛教謂東南西北及四維上下。《宋書·夷蠻傳·呵羅單國》："身光明照，如水中月，如日初出，眉間白豪，普照十方。"南朝陳徐陵《爲貞陽侯重與王太尉書》："菩薩之化行於十方，仁壽之功霑於萬國。"唐韓偓《僧影》詩："智燈已滅餘空爐，猶自光明照十方。"

[42] 蹢：各卷皆作"𨁤"，當是"蹢"的異體，"蹢躅"，形聲字，又作"躑躅""躊躇"，意謂徘徊不進的樣子。唐慧琳《一切經音義》卷八十一《音大唐西域求法高僧傳卷下》："躑躅（上，程石反；下，重録反。顧野王云：驟舉足而不進也，或作'蹢躅'亦通。按：躑躅，猶情意徘徊而有進退。"◎萬里蹢躅：徘徊不前。《易·姤卦·初六》："繫於金柅，貞吉，有攸往見凶，羸豕孚蹢躅。"《樂府詩集·雜曲歌辭十三·焦仲卿妻》："蹢躅青驄馬，流蘇金鏤鞍。"

[43] 忝：原卷作"秦"，餘三卷作"忝"字，"忝"，常用作謙詞，如《後漢書·楊賜傳》："臣受恩偏特，忝任師傅，不敢自同凡臣，括囊避咎。"按："忝"字置於文中與意相合，兹據甲卷等以録。原卷抄作"秦"字，蓋爲"忝"之形訛。含：原卷作"貪"，爲"含"之形訛，據餘三卷録作"含"字。含識：梵語 sattva，音譯薩埵。意譯含識，即指含有心識之有情眾生。又作有情、眾生。唐罽賓國三藏般若奉詔譯《大方廣佛華嚴經》卷二《入不思議解脱境界普賢行願品》："普轉妙法輪，利益諸含識。"Φ 96《雙恩記》："多興利便緣含識，廣起慈悲爲有情。知道釋迦宣此教，故來同聽大乘經。"《大寶積經》卷三十七："假使三界諸含靈，一切變成聲聞眾。"南朝梁簡文帝《馬寶頌》："愍含識，資惠命，引蒼生，歸法性。"

[44] 戀盛勉勗：戀盛，眷念不捨之甚；勉勗，勉勵。《後漢書·馬援傳》："陛下既已得之自然，猶宜加以勉勗，法太宗之隆德，戒成哀之不終。"

[45] 生若浮泡，命其危促：意謂人生無常，生命何其短促。浮泡：是佛典中經常用來對無常的一種譬喻。《雜阿含經》云："如無常……如沫、如泡、如芭蕉、如幻……如觸露、如淹水、如駛流、如織縷、如輪涉水、如跳杖……"鳩摩羅什譯《金剛經》云："一切有爲法，如夢幻泡影，如露亦如電，應作如是觀。"

[46] 贖：原卷、甲卷、乙卷作"贖"。丙卷作"𧶠"，當是"贈"字的俗書，蓋爲"贖"字之形訛。

[47] 宜：甲卷、丙卷並作"冝"，爲"宜"之形訛，茲據原卷、乙卷錄作"宜"。◎貪嗔萌芽，連根宜斷："貪嗔"，又作"貪瞋"，當指貪、瞋、癡，因此讚句式而略"癡"字，是佛教所謂的三毒，又作三火、三垢，是身、口、意等三惡行之根源。《長阿含經》卷一："斷貪瞋恚癡，拔愛之根源。"《大乘本生心地觀經》卷三《報恩品》："永斷貪瞋癡繫縛，菩薩淨戒爲利劍。"P. 2133《妙法蓮華經講經文》（二）："居在無常夜永，還同永漏更長。貪嗔煩惱昏沉，也似睡夢何別。"

[48] 網：原卷、乙、丙卷皆作"綱"，乙卷作"網"，均爲"網"之異體。◎疑網永斷：疑網，佛教以爲疑惑之情交織如網，是信仰的障蔽，故稱疑網，當斷除。《維摩詰經講經文》卷四："正當我發善心時，誰知得見慈悲相。搖塵尾，把灾丈（杖），何處爲人斷疑網。"《法華經·譬喻品》："心懷大歡喜，疑網皆已除。"唐實叉難陀譯《大方廣佛華嚴經》卷十四《賢首品》："斷除疑網出愛流，開示涅槃無上道。"唐王勃《四分律宗記序》："除惑箭而斷愛枝，銷恚刀而解疑網。"

[49] 法輪恒續：法輪，佛教最初以法輪比喻佛說法，圓通無礙，運轉不息，能摧破眾生的煩惱。釋迦牟尼佛成道之初，三度宣講"苦、集、滅、道"四諦，稱爲"三轉法輪"。《四十二章經》："（世尊）於鹿野苑中，轉四諦法輪，度憍陳如等五人而證道果。"

[50] 司録：司録爲司録參軍的簡稱。唐各州設有録事參軍，在京府者稱司録參軍。

研究篇　綜論

第一章　敦煌寫本高僧因緣記及相關文獻原生態析論

第一節　寫本原生態在敦煌文獻研究中的意義與運用

晉唐時期是中國佛教僧傳文學發展的關鍵期，其時正值紙本卷軸盛行。基於佛教弘傳與儀式的需要，不論是僧人創作還是寺院法會使用的相關文本，或僧人私下備用的各類文書，均以寫本形態呈現。唐以後，印刷術發達，進入刻本時期，其時圖書大多經過整理刊刻印行流通，寫本因而漸趨消退，以致今所見傳世文獻中寫本不多。唐前寫本更是稀少，因此寫本文獻呈現的文化現象也逐漸無由得知。今敦煌藏經洞有幸被偶然發現，其中有不少佛教高僧因緣記、高僧傳略、高僧贊寫本，保存了晉唐佛教僧傳文學文獻的原生態，是瞭解晉唐僧傳文學發展及考察寺院、僧人使用這些佛教藝文實況的珍貴材料。

近年新的敦煌寫本圖錄與數位掃描彩色高清圖片的陸續出版與公布，爲我們提供了認知寫本原貌的良好條件。筆者認爲各種敦煌寫本文獻雖屬性不同，呈現的抄寫現象多有異處，然這些寫本，不論是出自官府、寺院還是私人，大多皆爲唐五代宋初敦煌地區流傳的寫本；其文本功能與抄寫目的，或創作，或閱讀，或供養，或作爲寺院佛事及法會使用，就呈現寫本時代敦煌佛教文獻的寫本文化而言，當視之爲具有文化原生態特質的有機體。對於這些寫本的研究，若能結合寫本的物質形態特徵與文本抄寫的文化現象，加以析論，當不失爲新的嘗試，對於考察這類文獻的研究必能更爲深入，同時對於多元內容與多層次的解讀當有所助益。

　　隨著敦煌文獻原卷圖錄、照片的獲取越來越方便，學界逐漸重視個別寫本的文本抄寫情況，也開始意識到寫本的複雜性以及寫本抄寫情況所衍生的相關問題，特別是與傳統刻本文獻不同的現象。

　　筆者以爲敦煌寫本複雜的抄寫形態與傳統刻本文獻在整理與研究上有著顯著的差異，這既是敦煌寫本的特性，也是敦煌寫本文獻整理與研究的難點。百年來敦煌學蓬勃發展，面對寫本文獻的裝幀、分卷、字體、符號、异文等特徵，以及寫本俗文字、俗語詞與文本校理關係的研究，相關的系統與理論已日趨成熟。榮新江、方廣錩、鄭阿財等先後提出建立"敦煌寫本學"的構想與呼籲。① 張涌泉《敦煌文獻的寫本特徵》② 更具體地從分卷不定、符號不定、内容不定、用字不定、文多疏誤五個方面簡明論述了敦煌文獻的寫本特徵，提供了正確整理和研究敦煌文獻的參考。2013年，張涌泉將其三十年來從事敦煌文獻整理、研究以及在教學實踐中對敦煌文獻語言文字、書寫特徵、校錄整理等心得，通過豐富的實例，系統地加以論述，撰成《敦煌寫本文獻學》③。可见"敦煌寫本學""敦煌寫本文獻學"已是敦煌學重要的組成部分，更是研究敦煌學的基礎。不論是"敦煌寫本學"還是"敦煌寫本文獻學"，主要都是强調寫本與刻本所存在的差異，是對敦煌寫本文獻進行的宏觀研究。方廣錩《敦煌遺書中多主題遺書的類型研究（一）》④ 及《敦煌遺書中寫本的特異性——寫本學札記》⑤ 也强調寫本是由抄寫者逐一抄寫而成的，這一形成方式決定了寫本的唯一性與流變性兩個基本特點，這與後代刻本以版片刷印典籍形成了鮮明對照。這些觀點對於敦煌寫本僧傳文學文獻的整理研究頗有值得借鑒之處。

　　筆者近期關注到寫本文獻在未經過篩檢迻錄匯整前，各個寫本中存在各種文本匯抄的情形，姑且稱之爲文本群。在同一件寫本的正面或背面，

---

① 如榮新江《敦煌學十八講》（北京：北京大學出版社，2001 年，第 340～352 頁）；鄭阿財《論敦煌俗字與寫本學之關係》《敦煌研究》2006 年第 6 期；方廣錩《敦煌遺書中寫本的特異性——寫本學札記》（《敦煌吐魯番研究》第 14 卷，上海：古籍出版社，2014 年，第 181～192頁）等，共同呼籲對敦煌寫本學的重視。

② 張涌泉：《敦煌文獻的寫本特徵》，《敦煌學輯刊》，2010 年第 1 期，第 1～10 頁。

③ 張涌泉：《敦煌寫本文獻學》，蘭州：甘肅教育出版社，2013 年。

④ 方廣錩：《敦煌遺書中多主題遺書的類型研究——寫本學札記》，《中國社會科學院敦煌學回顧與前瞻學術研討會論文集》，上海：上海古籍出版社，2012 年，第 67～79 頁。

⑤ 方廣錩：《敦煌遺書中寫本的特異性——寫本學札記》，《敦煌吐魯番研究》第 14 卷，上海：上海古籍出版社，2014 年，第 181～192 頁。

存在同時或先後抄寫多種文本的情況。抄者或同一人，或先後多人。抄者身份不一，抄寫內容層次多元，性質、功能多樣。對這些寫本文獻在未經整理前的抄寫原生態情況進行考察是極具意義的。

所謂"原生態"是從自然生態學科的"生態概念"借鑒而來的新生文化名詞。原生態是指一切在自然狀況下生存下來的東西。敦煌文獻中的寫本"原生態"則是指沒有經過整理改變，保存於敦煌文獻中的寫本的原始狀態，包含作者的草稿、修改、定本、抄錄、轉寫以及抄者有意識或無意識地編纂、彙錄、叢抄、散篇、塗抹改寫乃至習文練字等原始樣態。

過去研究者對於寫卷中這些文本抄寫的原貌少有浩及，對其同卷前後、正背合抄的文獻也未能給予應有的關注。這些寫本抄寫的複雜現象蘊含著寫本時代的抄寫文化，如果我們在研究單一文獻的同時亦能關注同一寫本文獻抄寫存在的相關現象，那麼對於單一文獻性質的考定當有所幫助。對同一寫本存在同時或先後抄寫的各個文本（文本群）的整體考察，必將對此寫本運用與功能的釐清有所助益。

《敦煌韻文集》①《敦煌僧詩校輯》②《全敦煌詩》③ 等一類整理研究中涉及高僧讚的輯錄，《敦煌小説合集》涉及幾篇具有小説特質的高僧因緣記，《敦煌文研究及校注》涉及一些高僧傳略及高僧因緣記。這些著作大多僅就作品文本進行輯錄或略作校釋，基本以單一作品立論，鮮少關注作品抄寫的原生態樣貌，對單一作品與其他作品同卷並抄的關係，乃至作品的運用與功能，大多未能有所析論。

根據本書校注篇第一章對敦煌寫本中十八件有關高僧因緣記、高僧傳略、高僧讚寫本的詳細叙錄，可見其寫本形態有卷軸、冊子、單張散葉，抄寫情況有匯抄、散篇，大抵爲敦煌地區僧人所抄，其抄寫時代爲敦煌吐蕃及歸義軍時期，即中晚唐五代時期。這些寫本反映了抄者的身份以及寫本使用的空間場合，呈現出這些寫本文獻的性質與功能。

敦煌文獻中有關高僧因緣記、高僧傳略、高僧讚等文本，除少數是單獨抄錄的個體，如 S. 528 正面僅單獨抄錄《靈州龍興寺白草院史和尚因緣記》，羽 698 背面僅單獨抄錄《劉薩訶和尚因緣記》，其他文本分別散錄或

---

① 巴宙：《敦煌韻文集》，臺北：佛教文化服務處，1956 年。
② 汪泛舟：《敦煌僧詩校輯》，蘭州：甘肅人民出版社，1994 年。
③ 張錫厚主編：《全敦煌詩》，北京：作家出版社出版，2006 年。

匯抄於各個寫卷之中。過去僅有個別敦煌文學研究者將各個文本從各寫本中輯録出來，分別依文體加以歸類，從各自文體分類的觀點各取所需進行校録與研究，如巴宙《敦煌韻文集》①、汪泛舟《敦煌僧詩校輯》②，二者著眼於有韻的佛教讚體，因而採録敦煌寫本中的《佛圖澄羅漢和尚贊》《羅什法師讚》《寺門首立禪師讚》等幾篇高僧讚；或從散文文體的視角採擇"傳""記"一類的作品，如鍾書林、張磊的《敦煌文研究與校注》③；或關注佛教靈驗故事作品，如楊寶玉的《敦煌本佛教靈驗記校注並研究》④ 校録了《劉薩訶因緣記》；或從小説視角出發，如竇懷永、張涌泉的《敦煌小説合集》，將《佛圖澄和尚因緣記》《劉薩訶和尚因緣記》《隋净影寺沙門慧遠和尚因緣記》《靈州龍興寺白草院史和尚因緣記》四篇頗具故事情節的高僧因緣記收入"通俗小説"下"傳奇類"，並進行校録⑤。諸家校録、研究各有亮點，成果亦是可觀，但因各有選擇，較少全面系統的梳理，且多遵循文學文獻研究的傳統，直録作品文字以立論，罕有交叉統觀的分析探究，尤其對每一寫本在單一作品文本與正反、前後抄寫的其他文本間的關係均罕涉及，也未予以適切的關注。這主要是由於過去寫本未能全面公布，礙於研究條件的局限。

第二節　敦煌寫本高僧因緣記、高僧傳略、高僧贊之抄寫考察

以下謹就寫本叙録所得，以每一寫本、每一文類爲單位，將各類文本表列如下，據以進行敦煌高僧因緣記、高僧傳略、高僧贊總體抄寫情形的考察，並展開寫本原生態的分析與論述。

---

① 巴宙：《敦煌韻文集》，臺北：佛教文化服務處，1965 年。

② 汪泛舟：《敦煌僧詩校輯》，蘭州：甘肅人民出版社，1994 年。後修訂增補改題《敦煌石窟僧詩校釋》，香港：香港和平圖書出版公司，2002 年。

③ 鍾書林、張磊：《敦煌文研究與校注》，武漢：武漢大學出版社，2014 年。

④ 楊寶玉：《敦煌本佛教靈驗記校注並研究》，蘭州：甘肅人民出版社，2009 年，第 262～268 頁。

⑤ 竇懷永、張涌泉：《敦煌小説合集》，杭州：浙江文藝出版社，2010 年，第 370～438 頁。

表 1-1

1	P. 2130	《法照和尚因緣傳》
2	P. 2680	《佛圖澄和尚因緣記》《劉薩訶和尚因緣記》《隋净影寺沙門惠遠和尚因緣記》《靈州龍興寺白草院史和尚因緣記》《羅什法師贊》《唐三藏贊》《義净三藏法師贊》《寺門首立禪師讚》
3	P. 2775	《義净三藏法師贊》
4	P. 3355	《佛圖澄羅漢和尚贊》《彌天釋道安贊》
5	P. 3490V	《寺門首立禪師讚》《稠禪師解虎讚》
6	P. 3570V	《劉薩訶和尚因緣記》《隋净影寺沙門惠遠和尚因緣記》《靈州龍興寺白草院史和尚因緣記》《宣律和尚贊》
7	P. 3727	《劉薩訶和尚因緣記》《隋净影寺沙門惠遠和尚因緣記》《聖者泗州僧伽和尚元念因緣記》《靈州龍興寺白草院史和尚因緣記》《義净三藏法師贊》《寺門首立禪師讚》
8	P. 3902	《靈州龍興寺白草院史和尚因緣記》
9	P. 4597	《羅什法師贊》《稠禪師解虎讚》《唐三藏贊》《義净三藏法師贊》
10	P. 4964	《康僧會傳略》（二）
11	S. 276V	《靈州龍興寺白草院史和尚因緣記》《佛圖澄羅漢和尚贊》《羅什法師贊》
12	S. 381	《鳩摩羅什傳略》（一）
13	S. 528	《靈州龍興寺白草院史和尚因緣記》
14	S. 1625V	《佛圖澄和尚因緣記》
15	S. 1774V	《寺門首立禪師讚》
16	S. 3074	《康僧會傳略》（一）、《鳩摩羅什傳略》（二）、《法顯傳略》、《竺道生傳略》、《釋弘明傳略》、《佛圖澄和尚因緣記》
17	S. 6631V	《羅什法師贊》《唐三藏贊》《義净三藏法師贊》
18	羽 698V	《劉薩訶和尚因緣記》

敦煌寫本高僧因緣記計有《佛圖澄和尚因緣記》《劉薩訶和尚因緣記》《隋净影寺沙門惠遠和尚因緣記》《聖者泗州僧伽和尚元念因緣記》《法照和尚因緣傳》《靈州龍興寺白草院史和尚因緣記》六種，分別抄寫在 P. 2130、 P. 2680、 P. 3570V、 P. 3727、 P. 3902、 S. 276V、 S. 528、 S. 1625V、 S. 3074、羽 698V 十件寫本中。表列如下：

表 1—2

《佛圖澄和尚因緣記》	S. 1625V、P. 2680、S. 3074
《劉薩訶和尚因緣記》	P. 2680、P. 3570V、P. 3727、羽 698V
《隋净影寺沙門惠遠和尚因緣記》	P. 2680、P. 3570V、P. 3727
《聖者泗州僧伽和尚元念因緣記》	P. 3727
《法照和尚因緣傳》	P. 2130
《靈州龍興寺白草院史和尚因緣記》	P. 2680、 S. 276V、 S. 528、 S. 3570V、P. 3727、P. 3902

敦煌寫本高僧傳略計有《康僧會傳略》（一）、《康僧曾傳略》（二）、《鳩摩羅什傳略》（一）、《鳩摩羅什傳略》（二）、《法顯傳略》、《竺道生傳略》、《釋弘明傳略》七篇，分別抄寫在 S. 3074、P. 4964 及 S. 381 三件寫本上。表列如下：

表 1—3

《康僧會傳略》（一）	S. 3074
《康僧會傳略》（二）	P. 4964
《鳩摩羅什傳略》（一）	S. 381
《鳩摩羅什傳略》（二）	S. 3074
《法顯傳略》	S. 3074
《竺道生傳略》	S. 3074
《釋弘明傳略》	S. 3074

敦煌寫本高僧贊計有《佛圖澄羅漢和尚贊》《彌天釋道安贊》《羅什法師贊》《稠禪師解虎讚》《唐三藏贊》《南山宣律和尚贊》《義净三藏法師贊》《寺門首立禪師讚》八種，分別抄寫在 P. 2680、P. 2775、P. 3355、P. 3490V、P. 3570V、P. 3727、P. 4597、S. 276V、S. 1774V、S. 6631V 十件寫本中。表列如下：

表 1—4

《佛圖澄羅漢和尚贊》	S. 276V、P. 3355
《彌天釋道安贊》	P. 3355
《羅什法師贊》	S. 276V、S. 6631V、P. 2680、P. 4597
《稠禪師解虎讚》	P. 3490V、P. 4597
《唐三藏贊》	S. 6631V、P. 2680、P. 4597
《南山宣律和尚贊》	P. 3570V
《義凈三藏法師贊》	S. 6631V、P. 2680、P. 2775、P. 3727、P. 4597
《寺門首立禪師讚》	S. 1774V、P. 2680、P. 3490V、P. 3727

第三節　從敦煌寫本原生態看
抄寫的時間與使用者

一、抄寫時間之考察

從十八件寫本叙録中我們可以找到十件寫本保存有抄寫年代的相關題記或訊息。兹依時代先後順序條列如下:

S. 3074 分別抄有康僧會(一)、鳩摩羅什(二)、竺道生、法顯、釋弘明五篇傳略,卷背爲《吐蕃時期某年五月至十二月某寺斛斗破歷》。與正面書體一致,當爲同一人所抄。按:此件爲吐蕃占領時期(786—848)敦煌寺院的寫卷。

S. 381 卷子本,正背書。正面抄《唐京師大莊嚴寺釋智興鳴鐘感應記》《鳩摩羅什傳略》《龍興寺毗沙門天王靈驗記》《鳴鐘詩(擬)》四件文書,抄寫書體相同,當爲同一人所抄。後有題記"咸通十四年四月廿六日題記耳也"。按:咸通爲唐懿宗年號,咸通十四年是公元 873 年,爲敦煌歸義軍時期張淮深領軍的第二年。

P. 4597 卷子本,正背書。正面分抄三十四種釋門贊文等佛教文獻,一種寺院會計文書《破酒歷》。卷背有《和菩薩戒文》及"光化四年九月十五日靈圖寺法聖"等雜寫。按:此本正面抄有釋金髻《羅什法師贊》

《義淨三藏法師贊》，釋利濟《唐三藏贊》。釋金髻、釋利濟爲吐蕃時期敦煌金光明寺的僧人，是以其抄寫年代上限當在吐蕃統治敦煌以後。"光化"爲唐昭宗年號，光化四年即公元 901 年，故此本爲敦煌歸義軍張承奉時期的寫卷。靈圖寺爲唐五代北宋時期敦煌地區著名佛寺，始建於唐乾封元年（666），因在城西李先王廟附近發現瑞石，附有圖讖，所以朝廷下令修建寺廟，取名爲靈圖寺，直到天禧三年（1019）仍然存在。① 可知此卷贊文當是歸義軍時期靈圖寺舉辦法事活動時僧人備用的抄本。

P.3490 卷子本，正背書。正面爲財禮凡目、油破曆、辛巳年破曆等，背面分抄：

1.《寺門首立禪師頌》文末題記"先天二年十二月廿五日清信弟子張大爽述，比丘智照書"。

2.《稠禪師解虎讚》。

3.《于闐居創造佛刹功德記》文末有題記"于時天成三年歲次戊子九月壬申朔十五日丙戌題記"。

4. 敬繪文殊、聖賢、萬回、觀音等願文四篇，文末有題記"天成三年戊子歲九月十七日"。按："先天"爲唐玄宗第一個年號，先天二年是公元 713 年；"天成"爲五代後唐明宗李嗣源年號，天成三年爲公元 928 年，是敦煌曹議金歸義軍時期。

S.276 卷子本，正背書。正面抄有長興四年癸巳歲（933）的《具注曆日》。背面除抄有《靈州龍興寺白草院史和尚因緣記》《佛圖澄羅漢和尚贊》《羅什法師贊》外，其他所抄均出自元魏西域三藏吉迦夜共曇曜譯《付法藏因緣傳》中印度傳法世系二十八代之中。按：長興爲後唐明宗李嗣源第二個年號，長興四年是公元 933 年，爲敦煌曹議金歸義軍時期。

P.2680 背面有《丙申年四月十七日慕容使軍請當寺開大般若經付經曆》。按：此"慕容使軍"當指慕容歸盈，是歸義軍節度使曹議金的姐夫，公元 914—940 年間曹氏重建歸義軍政權初期出任瓜州刺史。"丙申年"當是後唐末帝清泰三年，即公元 936 年爲敦煌歸義軍曹元德時。

S.1625 卷子本，正背書。正面抄有《天福叁年十二月六日大乘寺諸色斛斗入破曆計會》。卷背分抄有《佛圖澄和尚因緣記》《唐京師大莊嚴寺

---

① 高雪：《唐五代宋時期敦煌靈圖寺研究》，上海師範大學碩士學位論文，2015 年。

《僧釋智興》。按：天福爲後晋高祖石敬瑭的年號。天福三年是公元 938 年，爲敦煌曹元德嗣曹議金領歸義軍時期。

S. 1774 卷子本，正背書。正面抄有天福七年某寺法律智定等交割常住什物點檢曆狀。背面抄《寺門首立禪師頌》。按：天福爲後晋高祖石敬瑭的年號。天福七年是公元 942 年。此年敦煌曹元德卒，其弟元深、元忠共掌歸義軍。

P. 3727 由 12 張大小不一的紙張黏貼形成專輯，其中有年代訊息的是《廣順五年正月都知兵馬使吕富延、陰義進等狀》及《乙卯年二月廿日通報吕都知、陰都知狀》。按：廣順爲後周太祖郭威的第一個年號，僅三年，第四年改爲顯德元年，是年駕崩，養子柴榮即位，仍用顯德年號，不曾改元，故廣順五年即後周世宗顯德二年，即公元 955 年。是三界寺道真在净土念佛法會上使用的寫本。

P. 2130 正面書寫。計抄《法照和尚因緣傳》《西方道場法事文》及《佛説觀佛三昧海藏經本行品第八》。卷末有題記"三界寺道真，經不出寺門，就此靈窟記"。按：三界寺是唐五代北宋時期敦煌莫高窟的重要寺院，道真俗姓張，約生於 915 年，987 年去世，是歸義軍時期莫高窟三界寺的重要人物，出身於敦煌大族，早年出家於沙州三界寺，長興五年（934）前受具足戒，管理寺院的佛經，編有《三界寺藏内經論目録》，949 年前後升爲沙州釋門僧政。[①] 此卷顯然是三界寺道真在净土念佛法會上使用的寫本。

S. 6631V 雖無題記年代可資判斷，但由於寫本抄有釋金髻《羅什法師贊》《義净三藏法師贊》、釋利濟《唐三藏贊》，是以其抄寫年代上限當在吐蕃統治敦煌以後。

二、使用空間之考察

P. 2130 卷末有題記"三界寺道真，經不出寺門，就此靈窟記"。

S. 528 卷背有《三界寺僧智德狀稿》。按：三界寺是晚唐五代北宋時期敦煌莫高窟的重要寺院之一。據文獻所載，唐五代敦煌地區的寺院計有

---

① 參朱鳳玉：《論講唱活動在敦煌佛教寺院的傳播——以莫高窟三界寺爲例》，《敦煌學》2017 年第 33 期，第 33~52 頁。

龍興寺、乾元寺、開元寺、永安寺、金光明寺、靈圖寺、顯德寺、蓮臺寺、三界寺、淨土寺、報恩寺、大雲寺 12 僧寺，大乘寺、普光寺、靈修寺、安國寺、聖光寺 5 尼寺，總計 17 寺。其中龍興寺是吐蕃時期敦煌佛教教團領導機構所在，最具影響力，而靈圖寺則是歸義軍時期都司所在之寺院。這些寺院主要分布在敦煌城內外，且確知在莫高窟的是三界寺。

S. 2614 卷背《敦煌諸寺僧尼名簿》及 S. 2669《敦煌諸寺比丘尼姓名年齡籍貫表》寫卷中所記載的內容都是五代時期敦煌寺院的情況，其寫作時代亦當在五代時期。其中 S. 2614 卷背文獻出現的三界寺僧人法達、法閏二位僧人名號也出現在莫高窟五代時期第 44 窟的供養人題記中，分別記爲"釋門法律臨壇供奉大德兼義學法師沙門法達""釋門法律臨壇大德兼義學大法師沙門法閏一心供養"。另外，莫高窟五代時期第 98 窟的供養人題記中也有"釋門法律臨壇大德沙門法閏一心供養"。據此推知，三界寺顯然是晚唐五代時期敦煌佛教教團的官寺之一。

榮新江曾據道真以沙州釋門僧政身份簽發的《辛亥年（951）臘八燃燈份配窟龕名數》、俄藏敦煌文書 Дx. 1400＋Дx. 2148＋Дx. 6069《于闐天壽二年（964）九月弱婢祐定等牒》記君泉造窟和三界寺供養事，以及 P. 2130 題記"三界寺道真，經不出寺門，就此靈窟記"等材料，主張道真所在的三界寺位於莫高窟前。同時他還根據藏經洞文獻、文物與三界寺藏經、供養具之間的種種聯繫，尤其是敦煌寫經中帶有寺院標記（包括藏書印、寺名縮寫等）的寫本以三界寺最多（有一種説法以爲三界寺位於莫高窟下寺，即今藏經洞第 17 窟和第 16 窟的前面，藏經洞出土的藏經就是三界寺的藏經），推測藏經洞是三界寺的圖書館。[①]

P. 2680 背面分別抄寫名録、便粟曆、絹帛曆、練綾曆、《聲聞唱道文》、轉帖、社司轉帖、丙申年四月十七日慕容使軍請當寺開大般若經付經曆、疋段曆。按：瓜州刺史慕容歸盈請當寺開大般若經付經曆，其場所應是敦煌官寺，靈圖寺是歸義軍時期都僧統司統所在。

P. 4597 卷背雜有"光化四年九月十五日靈圖寺法聖雜寫"。按：靈圖寺是唐五代宋時期敦煌地區著名的佛寺，在沙州城西南八里李先王廟附近，是敦煌佛教僧團在沙州的一所官寺，於唐乾寧二年（895）至後晉天

---

① 參榮新江：《敦煌學十八講》，北京：北京大學出版社，2001 年，第 86～91 頁。

福五年（940）前後設有寺學（P.3211、S.728），兼授僧俗生徒。内地赴西域求法僧人往來敦煌多由該寺接待。從敦煌遺留的文獻中有當地官員請該寺僧人轉經、設齋與給予布施的記載。①

S.1625 正面抄有《天福叁年十二月六日大乘寺諸色斛斗入破歷計會》。按：大乘寺是敦煌規模最大的尼寺，在沙州城内。歸義軍節度使曹議金侄女即在此寺出家。

S.1774 正面抄有《天福七年某寺法律智定等交割常住什物點檢歷狀》，S.3074 卷背抄有《吐蕃時期某年五月至十二月某寺斛斗破歷》。雖不能確知爲敦煌哪所寺院，但可以肯定這些寫本爲寺院所有、使用。

總體而論，敦煌寫本高僧因緣記、高僧傳略、高僧贊的 21 件寫本，其抄寫的年代，除 S.3074 爲吐蕃占領時期（786—848）外，大多爲敦煌歸義軍時期所抄寫，年代主要在 10 世紀初期到中期，即晚唐五代，反映了敦煌歸義軍時期佛教信仰的實況。其使用的場所當是敦煌的寺院，特別是作爲都僧統所在的靈圖寺及與歸義軍政權關係良好的莫高窟重要寺院三界寺。這些寫本文獻爲寺院所藏，大多是與佛教有關的文獻，或爲寺院使用的寫本文書。寫本原生態保存的訊息也可進一步印證這些寫本的使用場合當是敦煌佛教寺院與石窟，爲當時敦煌地區佛教界的都僧統司或其他寺院所使用，基本上涉及石窟壁畫、寺院道場圖像的繪製、佛教法會、寺院齋會儀式贊頌講説等，不同於一般供養或諷誦、修習的佛經，非僧人個人所用，所以十八件寫本中均不見有個人署名。

第四節 寫本原生態中敦煌僧傳
文學抄寫現象析論

從原卷圖版叙錄所呈現的寫本原生態來看，裝幀的形態主要爲卷子本七件，一件葉子粘貼專册（P.3727），兩件單葉（P.3902、P.4964）。抄寫的分布大都是正背書寫，除 P.2130、P.3902 兩件爲單面抄寫外，其他

---

① 參李正宇《敦煌學大辭典》"靈圖寺"條，上海：上海辭書出版社，1998 年，第 629 頁。高雪：《唐五代宋時期敦煌靈圖寺研究》，上海師範大學碩士學位論文，2015 年。

都是正背書，大多數是抄寫在背面。抄寫内容多種，情況也多樣。其中較單純的是只抄寫一種文本，不論是在正面或背面，如 P.3902 正面只抄寫《靈州龍興寺白草院史和尚因緣記》，S.528 正面只抄寫《靈州龍興寺白草院史和尚因緣記》一種，S.1774 背面只抄寫《寺門首立禪師頌（讚）》一種，羽 698 背面只抄寫《劉薩訶和尚因緣記》一種；其他都是同一寫卷正背面合抄多種文獻文本，情況較爲複雜，但也能提供較多的研究訊息。

古代紙張寶貴，地處西北的敦煌地區相較於中原地區紙張不易獲得，因此多被充分利用。故經典、公文書的背面往往被再度利用來抄寫其他文書，甚至卷末、空白，乃至夾行也都充分抄寫，形式隨意。中唐之後的吐蕃占領時期及歸義軍時期，敦煌與唐朝基本隔絕，中原紙張不易輸入，故紙再次使用的情形更是普遍。敦煌文獻整理研究基本依文獻文類進行，近年由於原卷圖錄的公布，學界已逐漸關注同一寫卷内容合抄的現象，注意到這些駁雜内容之間的種種意涵。

首先是“合鈔”，指同一抄者把不同的文獻匯抄在同一寫卷上，同一時期不同抄者先後利用原有寫卷的背面或空白處抄寫；其次則是利用原來的經卷典籍，在其正面空白或背面進行再抄寫，包括一人抄寫多種文本，或不同人先後抄寫多種文本的文獻，不宜將其視爲合抄。其抄寫内容既有同一主題，也有多種主題。茲據所見分述如下。

一、同一卷匯抄同一主題多種文類、多篇文本

僅正面抄寫同一卷内容，爲佛教相關文獻，如 P.2130 正面書寫，先後計抄《法照和尚因緣傳》（擬）、《西方道場法事文》（内容包含“念佛法事次第”：《散花樂讚》《寶鳥讚》《迴向發願文》《念佛偈讚》《西方十五願讚》《西方念佛讚》《净土樂讚》《西方禮讚偈文》《懺悔文》等）、《佛説觀佛三昧海藏經本行品第八》。爲同一人所抄，内容以佛教净土歌讚爲主，後接抄東晉佛陀跋陀羅所譯《佛説觀佛三昧海藏經》。另有 BD 05441《西方净土讚文一卷》，抄寫《念佛法事次第》《散花樂讚》《寶鳥讚》《極樂欣厭讚》《念佛讚》《念佛偈讚》《西方十五願讚》《西方念佛讚》《净土樂讚》《西方禮讚偈文》《迴向發願文》《善導禪師勸善文》等。是以 P.2130 與 BD 05441 寫本内容大抵相同，顯然都是用於同一系統儀禮，屬於中唐以後法照净土念佛法事流行下的寫卷。

二、同一卷匯抄多種文類，内容多元，情況多樣

茲歸納如下：

第一，正面爲佛教文獻，背面爲高僧因緣記、高僧贊一類文本。在紙張取得不易的吐蕃占領時期及歸義軍時期，僧人充分利用既有佛經背面的空白，進行其他文書的抄寫，是極爲常見的現象。若作閲讀參考之用，所抄寫的内容多隨意、夾雜，不如正面書寫工整。如 P.3570 正背書，字迹不同。正面爲《大般若波羅蜜多經卷第四百七》，有界欄，背面抄寫《南山宣律和尚讚》《隋净影寺沙門慧遠和尚因緣記》《劉薩訶和尚因緣記》《靈州龍興寺白草院史和尚因緣記》。《敦煌秘笈》羽 698 正面爲《十方千五百佛名經》，有界有欄，字迹工整，爲正規寫經；後人利用寫經背面抄寫《劉薩訶和尚因緣記》。

S.6631 正面抄《金剛般若波羅蜜經》，行款有致，字迹工整，係正規寫經。背面與正面字迹工拙不同，當係後人利用該寫卷背面抄寫法會使用的有關釋門讚歌藝文，計有《歸極樂去讚》《四威儀》《卧輪禪師偈》《香讚文》《遊五臺山讚文》《辭父母讚》《義净三藏讚》《唐三藏讚》《九想觀詩》《和菩薩戒文》《羅什法師讚》《維摩五更轉十二時》等十二種文本。各文本抄寫字迹也不全同，其中《辭父母讚》之前爲一人所抄，字迹工整，《辭父母讚》之後爲另一人所抄，字迹較拙。

第二，正面爲高僧因緣記、高僧贊及相關文獻，背面爲非佛教文獻。以 P.2680 爲例，正面分抄《唯識論師世親菩薩本生緣》、《唯識大師無著菩薩本生緣》、《寺門首立禪師讚》、《靈州龍興寺白草院史和尚因緣記》、《付法藏傳》（第廿三代人聖者鶴勒那夜奢、第廿四代付法藏人聖者師子比丘）、《劉薩訶和尚因緣記》、《榜書底稿》、《大唐義净三藏讚》、《佛圖澄和尚因緣記》、《大唐三藏讚》、《羅什法師讚》、《隋净影寺沙門惠遠和尚因緣記》、《遠公和尚緣起》、《四威儀》和"八部眾"等同質性的佛教文本，"歸義軍節度都頭内親從守常樂縣令銀青光禄大夫"雜寫兩行。從其匯抄的情形看，應是佛教傳法世系與高僧因緣記、高僧贊一類的合集。其背面抄寫名録、便粟歷、絹帛歷、練綾歷、轉帖、社司轉帖、丙申年四月十七日慕容使軍（君）請當寺開大般若經付經歷、疋段歷。雖非佛教經典，爲各種賬簿，是寺院經濟文書及社司轉帖等社會文書。

第三，正面爲非佛教文獻，背面爲佛教文獻。以 S. 276 爲例，正面爲長興四年癸巳歲（933）的《具注曆日》，背面分抄《付法藏因緣傳》《靈州史和尚因緣記》《佛圖澄羅漢和尚贊》《羅什法師贊》等性質相同的佛教文本，應屬閱讀或以備參考之用的抄録本。

從十八件寫本抄寫内容來考察構成高僧因緣記、高僧贊及相關文獻的寫本，主要可分成三種：其一，高僧因緣記與高僧贊合抄；其二，高僧因緣記與高僧贊及《付法藏因緣傳》一類傳法世系匯抄在同一卷上；其三，高僧因緣記、高僧贊與净土法事讚一類佛教藝文匯抄在同一寫卷上。茲分别説明如下。

（一）高僧因緣記與高僧贊合抄

P. 3570

正背字迹不同。正面爲《大般若波羅蜜多經》卷第四百七十。背面分別抄寫《南山宣律和尚讚》《隋净影寺沙門慧遠和尚因緣記》《劉薩訶和尚因緣記》《靈州龍興寺白草院和尚俗姓史法號增忍以節度使李公度尚書立難刺血書經義》（今擬作《靈州龍興寺白草院史和尚因緣記》）。這説明高僧因緣記與高僧贊文本的體制與篇幅雖然不同，一屬散文，一屬韻文，然其佛教僧傳文學的性質是相同的，在佛教弘傳的應用中功能相近，故多匯抄一處。

（二）高僧因緣記、高僧贊與《付法藏因緣傳》一類傳法世系匯抄

P. 2680

正面分抄《唯識論師世親菩薩本生緣》、《唯識大師無著菩薩本生緣》、《寺門首立禪師讚》、《靈州龍興寺白草院和尚俗姓史法號增忍以節度使李公度尚書立難刺血書經義》（原題，今擬題爲《靈州龍興寺白草院史和尚因緣記》）、《付法藏傳》（内容有《第廿三代付法藏人聖者鶴勒那夜奢》《第廿四代付法藏人聖者師子比丘》《劉薩訶和尚因緣記》）、榜書底稿（内容有"佛告目連旁有加字大目連：汝是天竺輔相之子，其母好食豆，子因而豆也"、"妻子寢卧迦葉行道時，迦葉寢卧金色女人行道時"、"迦葉往□□□□女莊一會像從黄色□願□夫妻金色女時"等）、《大唐義净三藏讚》、《佛圖澄和尚因緣記》、《大唐三藏讚》、《羅什法師讚》、《隋净影寺沙門惠遠和尚因緣記》、《遠公和尚緣起》、《四威儀》、"八部衆"及"歸義軍節度都頭内親從守常樂縣令銀青光禄大夫"等雜寫兩行。

P. 3355

正面抄北魏曇摩流支譯《信力入印法門經》卷第二。卷背抄有《十大弟子贊》《付法藏傳》等。在《十大弟子贊·阿那律天眼第一》與《付法藏傳》之《第七代付法藏人聖者伏（佛）陀難提》間夾抄有《彌天釋道安第一》《佛圖澄聖僧讚》。

P. 2775

正面抄《付法藏因緣傳》，内容爲"第三代高那和修"至"第二十四代師子比丘"名録，及"迦㫋延"等十大弟子名目，後接抄《付法藏因緣傳》之《第十一代付法藏人聖者富那奢傳》《第十二代付法藏人聖者龍樹菩薩傳》《第十二代付法藏人聖者羅羅傳》《第十三代付法藏人聖者龍樹菩薩傳》。其中《第十二代付法藏人聖者龍樹菩薩傳》顯爲"第十三代"誤抄作"第十二代"，發覺後，續抄《第十二代付法藏人聖者毗羅傳》《第十三代付法藏人聖者龍樹菩薩傳》（内容見元魏吉迦夜共曇曜譯《付法藏因緣傳》卷五），而未將前《第十二代付法藏人聖者龍樹菩薩傳》删去。

背面首先是兩行雜寫"□□不離自家田□□變化多應有/緣舊日荒蕪種少"，字大，書迹佳，與其他非同一人所寫。接著爲《付法藏因緣傳》之《第八代伏陀蜜多》，然後爲倒書11行，行約16字，内容爲"僧伽難提"一段，爲元魏吉迦夜共曇曜譯《付法藏因緣傳》卷六内容。最後12行分別抄有"義净三藏/卓哉大士/白草院史和尚/劉薩訶和尚/惠遠和尚/佛圖澄"及"稠禪師解虎　龍樹菩薩讚/寺門手立禪師頌/隋净影寺沙門惠遠/靈州史和尚/佛圖澄和尚　羅什法師/唐大莊嚴寺僧釋智興/大唐三藏法師/大唐義净法師/劉薩訶/宣律和尚""義净三藏/卓哉大士"是《義净三藏法師贊》及贊文首句。倒數第4行是"付法藏人□"（下缺）。

P. 3727

此本是由12張大小不一的紙張黏貼而成的專輯。每葉正背書寫。《法國國家圖書館藏敦煌漢文寫本目録》IV著録、上海古籍出版社《法藏敦煌藏文文獻》拍攝圖録及IDP數位掃描，均將每紙分開，處理正背凌亂次序。現總合統觀抄寫内容，除《内親從都頭知常樂縣令羅員定狀》、《廣順五年正月都知兵馬使吕富延、陰義進等狀》、《乙卯年二月廿日通報吕都知、陰都知狀》、《沙門道會給瓜州吕都知、陰都知狀》（擬）等文書外，主要爲《付法藏傳》與高僧因緣記、高僧贊匯抄，茲歸納如下。

《付法藏傳》內容殘存爲《第一代付法藏大迦葉》到《第十二代付法藏人聖者比羅》及《第廿五代舍那婆斯聖者》等。"十夢"存"第一夢"至"第五夢";"十大弟子"存《舍利弗智惠第一》至《阿難陁總持第一》。敦煌寫本中抄有《十大弟子讚》的寫本還有 P. 3355、BD14546、P. 4968、S. 5706、S. 1042V、S. 6006、羽 025-1 等。其中 P. 3355 寫本與《佛圖澄羅漢和尚讚》《彌天釋道安讚》合抄。這與敦煌石窟壁畫中十大弟子等圖讚形式繪畫及榜題多所相應,值得進一步考察。

高僧因緣記有《聖者泗州僧伽和尚元念因緣》、《靈州龍興寺白草院和尚俗姓史法號增忍以節度使李公度尚書立難刺血書經義》(原題,今擬題爲《靈州龍興寺白草院史和尚因緣記》)、《隋净影寺沙門惠遠和尚因緣記》、《劉薩訶和尚因緣記》等。

高僧讚有《寺門首立禪師讚》《大唐義净三藏讚》。

其中還有硬筆書寫歷代高僧畫像的壁畫提示稿"未畫間子第一代白象前　第二代三鑊前　第三代一馬兩項　智公和尚　解虎禪師讚　肩長和尚十三代掩耳帽　十四代　十五代前有一僧一俗新樂器　十六代有池內有火十七代有僧項上放五色光　十八代有僧説法並有剃度　十九代有樓內有一手放光　又有一僧花山硤身　廿代前有剃度出家"4 行。

同卷合抄還有圖像繪製榜題文字,如"大迦葉不悟回時,釋迦如來再現大身,相廣爲説法,受付囑留傳一代教法時""聖者提多迦從尊者付優波毱多時""聖者富那奢從尊者脇比丘受付囑時""聖者脇比丘從尊者伏陁密多受付囑時""聖者馬鳴菩薩從尊者富那舍受一代教時""斛飯王生太子後,遣人往於聖者相太子時",無著菩薩"以舌舐蛆時""却送刀時",世親菩薩"從無著菩薩受制千部論時"有一弟子"誦無盡意經時""誦十地經時",無著菩薩厭世"欣慕出家時""彌勒菩薩即爲説法時""龍樹菩薩從龍宮將《華嚴經》却還閻浮時""龍樹菩薩受龍王請往龍宮時"等,蓋爲指示壁畫圖像榜題的套語。

如此複雜的匯抄情形却能説明這是以《付法藏傳》爲主體,抄錄其中有關佛陀十大弟子讚或名目,以及菩薩本生緣及歷代聖者傳等,並結合中國高僧形成本土佛教的傳法世系,以作爲繪製石窟壁畫的提示稿,其中有些是石窟壁畫繪製後榜題文字的抄錄稿。這恰好説明了繪製中國高僧圖像的榜題文字稿便是由高僧因緣記、高僧讚而來,其匯抄的情形也就不難理解。

（三）高僧因緣記、高僧贊與净土法事讚一類佛教藝文匯抄

P. 2130

正面抄有《法照和尚因緣傳》（擬）、《西方道場法事文》及《佛説觀佛三昧海藏經本行品第八》，爲同一人所抄。《西方道場法事文》内容有"念佛法事次第"：《散花樂讚》《寶鳥讚》《迴向發願文》《念佛偈讚》《西方十五願讚》《西方念佛讚》《净土樂讚》《西方禮讚偈文》《懺悔文》。

P. 4597

正面抄有：（1）《和菩薩戒文》；（2）《西方樂讚文》；（3）《散華樂讚文》；（4）《般舟梵讚文》；（5）《香湯贊文》；（6）《四威儀讚》；（7）《卧輪禪師偈》；（8）《受吉祥草偈》；（9）《大乘中宗見解要義別行本》；（10）《香讚文》；（11）《花讚文》；（12）《遊五臺山讚文》；（13）《辭父母出家讚文》；（14）《義净三藏贊》；（15）《羅什法師贊》；（16）《唐三藏贊》；（17）《稠禪師解虎贊》；（18）《菩薩十無盡戒》；（19）《金剛五禮文》；（20）《五臺山贊文并序》；（21）《寅朝禮》；（22）《九想觀詩》；（23）《佛母讚》；（24）《出家讚文》；（25）《菩薩安居息解夏法》；（26）《辭道場讚》；（27）《請十方賢聖讚》；（28）《送師讚》；（29）《勸善文》；（30）《入布薩堂説偈文》；（31）《受水説偈文》；（32）《聲聞布薩文》；（33）《布薩文》；（34）《十二光禮》；（35）《法身禮》；（36）《破酒曆》。卷背雜寫 59 行，内有"我釋迦如來超彌勒四十劫，底沙佛時超九劫，雪山童子超八劫，薩埵王子超十一劫，善財童子時超十二劫"之文。

S. 6631

背面分抄《歸極樂去讚》《四威儀》《卧輪禪師偈》《香讚文》《遊五臺山讚文》《辭父母讚》《義净三藏讚》《唐三藏讚》《九想觀詩》《和菩薩戒文》《羅什法師讚》《維摩五更轉十二時》等。

以上這三件寫本是高僧贊與其他法會所用的歌贊藝文的匯抄，説明高僧贊除用作石窟壁畫高僧圖像的解説外，還與一般法會中使用的法事讚、禮懺、布薩文等匯抄，顯示其在法會中的諷誦之用。

P. 3490 背面分抄《寺門首立禪師頌》《稠禪師解虎讚》《於當居創造佛刹功德記》及敬繪文殊、聖賢、萬回、觀音等願文四篇。

S. 3074 正面所抄《高僧傳略》殘存有康僧會、鳩摩羅什（一）、鳩摩羅什（二）、竺道生、法顯、弘明的傳略，最後 7 行是關於佛圖澄的記述，

與 S.1625、P.2680《佛圖澄和尚因緣記》的内容文字全同，當是《佛圖澄和尚因緣記》。又第 10—15 行《鳩摩羅什傳略》的首題有 "羅什法師譯經院"，《竺道生傳略》首題有 "竺道生圖讚"，是以據此推知，不論是傳略或因緣記，均是作爲圖贊的使用。

S.1625 卷背分抄有《佛圖澄和尚因緣》及《唐京師大莊嚴寺僧釋智興》，出自一人之手。

按：《唐京師大莊嚴寺僧釋智興》的敦煌寫本有 S.381、S.1625 二件。其内容是記叙道宣的師兄京師大莊嚴寺鐘頭釋智興因平日戒行精淳，慈悲爲懷，賴其精誠而神通廣大，以鳴鐘功德救護陰間受難眾生的靈應故事。主要宣揚鳴鐘可停毒、息惡、生善心、增正念、除重罪、解脱苦受等功德。此故事當時即爲道宣載入《續高僧傳》"興福篇" 第九，後又被道世編入《法苑珠林》卷三二 "眠篇" 第二十六 "感應緣"，屬於佛教靈驗記，與記叙神異事迹的《佛圖澄和尚因緣》同爲傳教布道之利器。

總的來説，從原生態寫本的抄寫内容可知這些寫本均抄録於吐蕃及歸義軍時期，抄寫的年代從九世紀中葉到十世紀中葉，90％爲十世紀中葉以前抄寫使用，也就是歸義軍時期，以曹氏歸義軍時期爲多。寫本持有者與使用者都是敦煌寺院或敦煌都僧統司，非個人所擁有。

從 21 件寫本叙録中我們找到 10 件寫本存有抄寫年代的相關題記或訊息。有高僧因緣記與高僧贊合抄，高僧因緣記與高僧贊、《付法藏因緣傳》及净土法事讚匯抄等情形。統而觀之，有助於釐清高僧因緣記與高僧贊的性質，並考察這些寫本在壁畫繪製與法會使用中的情形。高僧因緣記與高僧靈驗記合抄、高僧傳略與高僧靈驗記合抄的情況也可説明因緣記與靈驗記均具有神通靈應和感通靈驗的故事情節，爲廣大信眾所喜聞樂道，更是佛教宣傳的利器。

第二章 從寫本原生態考察高僧因緣記等文本性質與功能

所謂"文本"，蓋指由語言文字組成的文學實體，是具有完整性、系統性的篇章。"文本性"除依託文本所表達的意涵外，還包括不同文類與具體文本間因互文或差異呈現的關聯性意義。[①] 筆者在研究敦煌文獻與俗文學時，對此也多有留意。佛教文學乃佛教弘法布教的主要媒介，每每因傳播的主體、環境、對象的不同而存在適當的傳播内容與傳播方式。同一内容的題材，在不同的體類中也會因不同的功能需求、傳播形式和傳播對象而有所取捨、變衍。[②]

高僧傳乃至敦煌寫本高僧因緣記、高僧傳略、高僧贊等各類僧傳文學，蓋同屬佛教傳記文學的範疇，雖然在文體上有散文與韻文的不同，在文類上有史傳與頌贊的差別，且内容各有側重，功能也不盡相同，然其本質却同歸高僧傳記文學。同一高僧會出現在高僧因緣記、高僧傳略、高僧贊等不同的文學體類中。歷代高僧作爲佛教典範人物，除高僧傳的記述外，其事迹也往往成爲道場、法會講唱的題材，用於圖寫高僧形象莊嚴道場，或作爲佛教歷代傳法祖師禮拜圖像題寫的圖讚。佛教寺院道場的莊嚴與法事活動的需求，可以在敦煌寫本文獻抄寫的情況中獲得印證，也反映了敦煌地區佛教僧傳文學發展與實際運用的實況。

從各寫本匯抄的原生態情形能够推斷出這些寫本是唐五代敦煌地區佛教僧徒實際使用的佛教文書。高僧因緣記、高僧傳略、高僧贊大抵爲佛教

---

① 參陸揚：《文本性與物質性交錯的中古中國專號導言》，《唐研究》第二十三卷，"文本性與物質性交錯的中古中國專號"，北京：北京大學出版社，2017年，第1～5頁。

② 參鄭阿財：《史語所藏〈鸚哥寶卷〉研究——兼論同一題材在各類俗文學的運用》，《俗文學學術研討會論文》，臺北：中研院歷史語言研究所傅斯年圖書館主辦，2006年。

寺院莊嚴道場及法會活動中讚頌高僧所用。根據以上各件寫本叙録所呈現的抄寫狀況來考察，可以大致歸納出其性質，説明如下。

第一節　高僧因緣記、高僧傳略、高僧讚具有畫像讚的性質與功能

在校注篇各件寫本原生態的抄寫情況與合抄現象中，以高僧因緣記、高僧讚與《付法藏傳》相關文獻的合抄最爲鮮明，是此類寫本文獻的核心，通過其匯抄的情況可約略窺探此類文本的性質與功能。

《付法藏傳》是《付法藏因緣傳》的省稱，由北魏吉迦夜共曇曜所譯，或稱《付法藏因緣經》《付法藏經》《付法傳》。關於此經歷代經録記載不一。梁僧祐《出三藏記集》著録云：“《付法藏因緣經》六卷（闕）。”[①] 隋費長房《歷代三寶記》著録有《付法藏傳》四卷、《付法藏因緣傳》六卷。[②] 唐道宣《大唐内典録》、智昇《開元釋教録》著録承襲《歷代三寶記》。

《付法藏因緣傳》叙述從佛滅度時以最勝法咐囑大迦葉起，至師子止，共計印度傳法世系二十四人，爲大迦葉、阿難、商那和修、憂波毱多、提多迦、彌遮迦、佛陀難提、佛陀蜜多、脅比丘、富那奢、馬鳴、比羅、龍樹、迦那提婆、羅睺羅、僧伽難提、僧伽耶舍、鳩摩羅馱、闍夜多、婆修槃陀、摩奴羅、鶴勒那、師子二十三位印度祖師付法相傳之事迹與傳法世系。其最後一祖師子尊者，爲罽賓國王彌羅掘殺害，付法遂至此斷絶。天台宗、禪宗均重視本傳，以此爲付法相承之規準。智顗《摩訶止觀》所述西天二十四祖即根據本書（加上旁系之摩田提），道原《景德傳燈録》亦採用本書二十三祖之傳承，另加婆須蜜、婆舍斯多、不如密多、般若多羅、

---

① 《出三藏記集》卷二《新集撰出經律論録第一》記：“《付法藏因緣經》六卷（闕）。……宋明帝時，西域三藏吉迦夜於北國，以僞延興二年，共僧正釋曇曜譯出，劉孝標筆受。”（見蘇晉仁、蕭鍊子點校《出三藏記集》，北京：中華書局，1995 年，第 62 頁）

② 《歷代三寶記》卷九：“《付法藏傳》四卷（見《菩提留支録》）。和平三年昭玄統沙門釋曇曜譯。”同卷又云：“《付法藏因緣傳》六卷（或四卷，因緣廣，曇曜自出者）西域沙門吉迦夜延興二年（472）爲沙門統釋曇曜於北臺譯，劉孝標筆受（見道慧《宋齊録》）。”同書卷十又云：“《付法藏經》六卷（見《李廓録》），涼州沙門寶雲譯。”

菩提達磨五人，成爲禪門付法西天二十八祖。然本傳内容與阿育王傳多有類似，似非由梵文翻譯而來，或依口傳，或參照該書而作。

此書傳入中土後，其列舉歷代祖師付囑心法的傳承逐漸成爲隋唐期間禪宗、净土宗等宗派祖師法統世系發展的基礎。[①] 或據以增減而有二十四祖、二十九祖之説。

敦煌寫本高僧因緣記、高僧贊等的匯抄中還有其他禪宗史料，除了説明禪宗流行於吐蕃統治敦煌時期，也顯示了這些高僧因緣記、高僧贊在當時寺院佛事活動中被廣爲運用的具體情形。

又唐代寺院、石窟也多有據《付法藏因緣傳》的世系爲基底以繪製圖畫、塑像，用以説明祖師來歷，並供禮拜瞻仰。敦煌的佛教信仰並不專主一宗一派，即所謂的無宗無派，且具有其地域特性。今所得見的敦煌佛教文獻雖各宗的典籍都有遺存，各時代的壁畫也有各宗經典内容的表現，但只能説明當時各宗都曾在敦煌活動，很難考察敦煌寺院分屬哪一宗派，石窟壁畫内容的龐雜也是此一特性的反映。這些都共同展現出佛教從西域東傳並逐漸漢化乃至世俗化的特點，尤其是吐蕃、歸義軍時期的晚唐五代，漢藏交融、地域化及民俗化的發展特色爲度明顯。

敦煌文獻中保存的《付法藏因緣傳》相關文獻寫本有 21 件，大體可分二系：一爲《付法藏因緣傳》，計有 S.264、S.276V、S.366V、S.1730、S.4478、P.2124、P.2775、P.2775V、P.2776V、P.3355V、P.3727、P.4968 共 12 件；二爲《付囑法藏傳略抄》，計有 S.1053、S.8758、S.9407、P.2680、P.2774、P.2791、P.3212、BD06329（咸29V）、BD07262（帝 62）共 9 件。此外還有少數節略及摘抄壁畫圖像説明文字的榜題，充分反映了敦煌當地佛教傳法世系的流行與發展。

從寫本叙録可見，將《付法藏因緣傳》法系與圖像緊密關連的是與榜題的合抄。唐五代僧人寫真盛行，寺院中出現有世代僧人享用同一影堂的風尚。唐羊士諤（約 762—819）《山寺題壁》詩便有"一燈心法在，三世

① 參［日］田中良昭：《〈付法藏因緣傳〉と〈付囑法藏傳略抄〉》，收入《敦煌禪宗文獻の研究》，東京：大東出版社，1983 年，第 61～105 頁；馬格俠：《敦煌〈付法藏傳〉與禪宗祖師信仰》，《敦煌學輯刊》2007 年第 3 期，第 119～126 頁；王書慶、楊富學：《也談敦煌文獻中的〈付法藏因緣傳〉》，《敦煌學輯刊》2008 年第 3 期，第 94～106 頁。

影堂空"① 的詩句。而禪宗六祖慧能坐化後有漆像肉身，弟子神會序禪宗宗脈，更將其餘五祖繪作影像，安置於慧能的真堂，一起供奉。可見這些"傳法高僧圖"大抵用以説明祖師傳承的由來並供瞻仰，其起源當溯源至《付法藏因緣傳》的流傳。

P. 3727 第八葉背面有硬筆書寫，"未畫間子，第一代白象前　第二代三鑊前　第三代一馬兩項　智公和尚　解虎禪師讚　肩長和尚十三代掩耳帽　十四代　十五代前有一僧一俗新樂器　十六代有池内有火　十七代有僧項上放五色光　十八代有僧説法並有剃度　十九代有樓内有一手放光又有一僧花山硤身　廿代前有剃度出家"②，説明敦煌石窟乃至唐代佛教寺院都有據《付法藏因緣傳》繪製歷代付法聖者、高僧、祖師圖像的風尚。

寺院與石窟是因佛教僧徒日常修行、説法及進行各種宗教儀式活動等需求而產生的建築。因此，石窟除了安置佛像、繪製經變畫外，也繪製諸佛、菩薩、十大弟子、歷代高僧的畫像，以供法會禮拜之需，兼作莊嚴道場之用。上舉 P. 2680、P. 3355、P. 3727 均抄有壁畫榜題文字稿，且與《付法藏因緣傳》十大弟子、菩薩本生緣、歷代聖者、高僧讚、高僧因緣記等合抄，這種現象説明了寫卷文本與高僧壁畫、圖像間的密切關係。這些僧傳文學除了作爲獨立閲讀的紙本外，也可依據齋會法事活動的實際需求加以靈活運用，或諷誦，或宣説，或作爲石窟壁畫繪製諸佛、菩薩、歷代高僧畫像的榜題解説文字，可在法堂、經院繪製高僧圖像時配合解説，既可莊嚴道場，又可用作僧眾禮拜時之提示。如 P. 3355 寫本中抄寫的六則榜題子目旁分別標有"把經""把杖""念珠""香爐""把意仗""齧枝"等畫像人物的標志特徵。這是與《佛圖澄羅漢和尚讚》《彌天釋道安讚》的合抄，顯示其與敦煌石窟壁畫中十大弟子等圖讚形式繪畫及榜題的相應。

---

① 唐羊士諤《山寺題壁》詩："物外真何事，幽廊步不窮。一燈心法在，三世影堂空。山果青苔上，寒蟬落葉中。歸來還閉閣，棠樹幾秋風。"

② 楊明璋在《敦煌文獻中的高僧讚抄及其用途》中認爲："所列舉的應該就是預計繪上的主題內容。其中有一項爲'解虎禪師讚'，可以想象此一畫作應是先繪上僧稠禪師解虎鬥的畫面，再添上釋像幽的《稠禪師解虎讚》，而其前則準備畫繪上智公和尚（應是誌公和尚）。我們能較具體推知的繪畫主題還有'第一代白象前第二代三鑊前第三代一馬兩項'，其與前文曾引述過的 BD14546 卷背之諸壁畫榜題中的十夢壁畫榜題——'一夢見白象閉在一室''第五夢見一匹馬兩頭吃草者''第七夢見燃三鑊湯'正好得以相應，可見 P. 3727 第一至三代表明的應該就是十夢之前三夢之畫作安排。"（《敦煌寫本研究年報》第十二號，2018 年 3 月，第 27~44 頁）

　　敦煌寫本中抄有《十大弟子贊》的除 P. 3355 外，還有 BD14546、
P. 4968、S. 5706、S. 1042V、S. 6006、羽 025－1 等。按：十大弟子是佛
陀釋迦牟尼弟子中特別卓越的十人，又稱釋迦十聖、十弟子。十人各執一
法門，皆具眾德而各有偏長，故稱第一，如《舍利弗智惠第一》《大目乾
連神通第一》《摩訶迦葉頭陀第一》《須菩提解空第一》《富樓那説法第一》
《摩訶迦旃延論議第一》《阿那律天眼第一》《優波離持律第一》《羅睺羅密
行第一》《阿難陀總持第一》。

　　此外，性質相同的寫本還有 P. 2971 "壁畫榜題底稿"。此寫卷中有些
聖者或高僧名字旁加有畫像特徵的標示，是壁畫繪製聖者、高僧圖像的有
力明證。這些寫本榜題文字稿與《高僧贊》《高僧因緣記》乃至《高僧傳
略》合抄，説明高僧壁畫、圖像與高僧贊關係密切，既可獨立閱讀，又能
依據法會活動的實際需求結合使用。

　　東壁第一須菩提（把香鈴無弟子）、第二富樓那（把經無弟子）、第三
摩訶迦旃延（把如意杖有弟子）、第四阿那律（坐繩床無弟子）、第五優波
梨（把楊枝水瓶無弟子）、第六羅侯羅、第七闍夜多、第八婆修盤陁、第
九摩奴羅、第十鶴勒那夜奢、第十一師子比丘、第十二達摩祖師、第十三
惠可禪師、第十四璨禪師、第十五信大師、第十六弘忍禪師、第十七能大
師、第十八無著菩薩（無弟子）、第十九世親菩薩（無弟子）、第二十羅什
法師（寫經無弟子）、第二十一佛圖澄、第二十二劉薩訶、第二十三惠遠
和尚。

　　該寫本中 "第十八無著菩薩、第十九世親菩薩、第二十羅什法師、第
二十一佛圖澄、第二十二劉薩訶、第二十三惠遠和尚" 與 P. 3727《付法
藏傳》合抄的情形相吻合，可見除二十五代付法藏人聖者外，還將十大弟
子、羅什法師、佛圖澄、劉薩訶、史和尚、惠遠、元念等敦煌當地普遍信
仰的高僧納入系譜。① 這一情形也具體地展現了敦煌地區無宗無派的民間
佛教信仰與地域特色。今莫高窟第 72 窟（五代）龕外南側上畫 "聖者泗

---

　　① 除了上節敍錄的 P. 2680 外，S. 276V、P. 4968、ДХ03719 等寫本也呈現了這種抄寫現
象。

州和尚",龕外北側上畫"聖者劉薩訶像",有明確榜題"聖者劉薩訶和尚",另南壁上畫垂幔中有"劉薩訶因緣變相一鋪"①,可爲明證。

S. 3074《高僧傳略》(擬)殘存有康僧會、鳩摩羅什、竺道生、法顯、佛圖澄等部分,内容大抵節録梁慧皎《高僧傳》以成篇,其中竺道生部分前題有《宋揚都龍光寺法師竺道生圖贊》,鳩摩羅什部分前題有《羅什法師譯經院》,據此推測蓋節録高僧傳文字作爲配合高僧畫像圖像解説的贊文。唐張彦遠《歷代名畫記‧記兩京外州寺觀畫壁》載:"西明寺……東廊東面第一間傳法者圖讚,褚遂良書。"由此可見這些高僧贊當是配合高僧圖像的説明,極可能是在寺院道場懸掛諸佛、菩薩、歷代高僧及祖師畫像以供法會禮拜,由法師一一禮拜贊頌。因此其可題寫在畫面上或書寫於畫像下,也可抄録以備法師歌詠贊頌之用。

P. 2680《隋净影寺沙門惠遠和尚因緣記》與《行威儀》之間有四行不起眼的文字,蓋爲與净影寺惠遠和尚畫像有關的榜題文字稿,茲迻録如下:

遠公和尚緣起　北方大聖毗沙門天王第三之子諸天配遣逐日往於

盧山龍聖者遠公前送粢食供養不闕時　周武帝昇座

破滅佛法信邪時　惠遠和尚不具王條不信邪教對而嘖

罵帝王三塗地獄不揀貴賤大眾驚恈和尚直入盧山

内容正是《隋净影寺沙門惠遠和尚因緣記》中重要的精彩情節。從録文"北方大聖毗沙門天王第三之子,諸天配遣逐日往於盧山龍聖者遠公前送齋食,供養不闕時""周武帝昇座破滅佛法信邪時""惠遠和尚不具王條,不信邪教,對而嘖罵帝王三塗地獄,不揀貴賤,大眾驚恈,和尚直入盧山"等三則榜題,可看出壁畫當有此三個畫面。又"……供養不闕時""……破滅佛法信邪時",從現存壁畫榜題寫作情形看,常見榜題對應畫面情節的套語有"爾時……""時……""……時",那麼 P. 2680 這四行顯然是"隋净影寺沙門惠遠和尚因緣變"的榜題文字稿。這更是高僧因緣記具畫像贊性質與功能的明證。

---

① 敦煌研究院編:《敦煌石窟内容總録》,北京:文物出版社,1996 年,第 30 頁。

　　值得注意的是 P. 2775《付法藏因緣傳》寫卷的背面分別抄有"義净三藏/卓哉大士/白草院史和尚/劉薩訶和尚/惠遠和尚/佛圖澄"，其中"義净三藏/卓哉大士"是《義净三藏法師讚》首句，可能是未抄完，也可能是有意省略僅供提示之用而已。而另一頁最末三行更是連抄十二位高僧名號，名號之間僅空一格，文曰"稠禪師解虎/龍樹菩薩讚/寺門首立禪師頌/隋净影寺沙門惠遠/靈州史和尚/佛圖澄和尚/羅什法師/唐大莊嚴寺僧釋智興/大唐三藏法師/大唐義净法師/劉薩訶/宣律和尚"。此種現象當屬石窟壁畫繪製歷代祖師傳法圖像及配置高僧讚參考的匯抄。這十二位高僧除了"龍樹菩薩讚""唐大莊嚴寺僧釋智興"外，都是高僧因緣記、高僧讚文本中的傳主、讚主。又"唐大莊嚴寺僧釋智興"與《佛圖澄和尚因緣記》也在 S. 381、S. 1625 寫本中一併出現，意義值得推敲。

　　這些抄本除呈現與高僧因緣記、高僧傳寫本相應的特點之外，也與榜題文字稿相契，可逐一將其與壁畫圖像考察，以此來説明敦煌佛教無宗無派的地域特性，以及高僧因緣記、高僧傳圖像作爲繪製文本依據的性質，並且展現其配圖解説的文學功能。

第二節　敦煌寫本高僧因緣記的性質與功能

一、敦煌寫本高僧"因緣記"的屬性

　　對於敦煌本"因緣記"的屬性，學者論述各有説法，不過也存在一定的共識，即這些寫卷題名"因緣記"，其性質與用途顯然有別於史傳和僧傳。

　　日本金岡照光較早對"因緣記"提出看法，他在《關於敦煌本高僧傳因緣》[①]一文中認爲 S. 1625《佛圖澄和尚因緣記》是概括佛圖澄神變的故事，也是依據《梁高僧傳》，尤其是以佛圖澄的神變爲中心而編成的作品，他還認爲"高僧傳因緣"和"變文"同樣也是用於講唱的。現今留下來的抄本雖然很短，但實際上在講談時大概講得很詳細，因此主張應該另起

---

　　① ［日］金岡照光:《關於敦煌本高僧傳因緣》,《古典文學》第7輯,臺北:臺灣學生書局, 1985年, 第121~140頁。

"高僧傳變文"的一個類別來進行分析研究。與此同時，周紹良先生在《唐代的變文及其他》一文中提出"因緣記"是"説因緣"的底本。他説：

> 這裏有一部分題名作"因緣記"，但文字基本與《高僧傳》或《續高僧傳》大同小异。是此等因緣記採自《高僧傳》或《續高僧傳》，抑《高僧傳》或《續高僧傳》採自民間傳説，均不能定。如《靈州史和尚因緣記》，似不能採自《宋高僧傳》，即此一例，已足説明此等因緣記當在前。可見爲講説之用，否則不必標明爲"因緣記"，抑不必另行録出，只據書宣講即可。故此等因緣記可見爲説因緣之底本。①

周紹良已看出敦煌寫本中某些題名爲"因緣記"的作品，其文字基本與《高僧傳》或《續高僧傳》大同小异，是供作講説之用，蓋爲"説因緣"之底本。

1989 年柴劍虹在《因緣（緣起）附因緣記》一文中承繼了周紹良的看法，更爲明確地指出，題名爲"因緣記"的作品，它們或攝取佛經故事，或徑取某個高僧的傳記故事，照本宣科或略有鋪染，是當時寺院俗講的底本。②

之後，主張此類作品是寺院俗講説唱底本的説法一直是學界的主流。③ 1998 年筆者在《敦煌佛教靈應故事綜論》一文中認爲《劉薩訶和尚因緣記》雖名爲"因緣記"，然内容實屬靈應故事一類，因此將《劉薩訶和尚因緣記》納入敦煌佛教靈應故事進行考察。④ 2009 年楊寶玉的《敦煌本佛教靈驗記校注並研究》也對敦煌本《劉薩訶和尚因緣記》進行了解題

---

① 周紹良：《唐代的變文及其他》，載《文史知識》1985 年第 12 期，第 11～18 頁，1986 年第 1 期，第 17～23 頁。後收入《敦煌文學芻議及其他》，臺北：新文豐出版公司，1992 年，第 85 頁。

② "敦煌遺書中還有一類作品，大都題名爲'因緣記'（或'因由記'）。它們或攝取佛經故事，或徑取某個高僧的傳記故事，照本宣科或略有鋪染，也是闡明因果、宣揚作善求福的。這些作品恐怕也是當時寺院俗講的底本，但卻是純散文作品，即是只説不唱的。"（《敦煌文學》，蘭州：甘肅人民出版社，1989 年，第 276～278 頁）

③ 1993 年張鴻勛《敦煌文學概論》第六章"敦煌講經文和因緣"中説："這些作品均是散文，大多直抄原傳文字，却又'東删西節，胡增亂添'，是否作爲説唱因緣底本，恐尚須進一步研究。"（顏廷亮主編：《敦煌文學概論》，蘭州：甘肅人民出版社，1993 年，第 227 頁）

④ 鄭阿財：《敦煌佛教靈應故事綜論》，《佛學與文學－佛教文學與藝術學術研討會論文集·文學部分》，臺北：法鼓文化，1998 年，第 121～152 頁。

與校注。①

　　2004 年馬德選取佛經經文段落和一些高僧傳記所改編的各類故事，如《悉達太子修道因緣》《金剛醜婦因緣》《難陀出家緣起》《歡喜國王緣》《四獸因緣》《祇園因由記》《佛圖澄和尚因緣記》《劉薩訶和尚因緣記》《慧遠和尚因緣記》《白草院史和尚因緣記》等感應故事、因緣故事與因緣記等，歸入“敦煌佛教經論”中的“佛經故事部分”②，側重其故事性。

　　2007 年尚麗新在《敦煌本〈劉薩訶因緣記〉解讀》③一文中認爲《劉薩訶因緣記》蓋爲劉薩訶傳說故事的雜集，具有獨特的民間佛教文學價值。其文體雖找不到歸屬，但題名“因緣記”，仍然暗示了與講唱因緣文存在某種聯繫。

　　2010 年竇懷永、張涌泉竇懷永在《敦煌小説整理研究百年：回顧與思考》一文中認爲“具備小説特點的《佛圖澄和尚因緣記》等因緣記類作品，周氏歸入‘因緣（緣起）’類，而未注意到兩者間的不同，今日觀之，或有失允當”。因而分敦煌文獻中的小説爲古體小説與通俗小説兩種，並將《佛圖澄和尚因緣記》《劉薩訶和尚因緣記》《隋净影寺沙門慧遠和尚因緣記》《靈州龍興寺白草院史和尚因緣記》等與《周秦行記》《秋胡小説》《唐太宗入冥記》《劉季遊學乞食故事》同歸入通俗小説中的“傳奇類”。④ 二人肯定“因緣（緣起）”類與“因緣記”同屬文學的性質，注意到兩者的不同，一爲講唱體，一爲傳奇小説體。

　　佛教傳記文學中，佛傳文學夙爲主體，佛傳文學就主要採取因緣、譬喻、本生與本事等幾種文體來呈現。中國佛教傳記文學的範圍則隨著佛教在中國的盛行而不斷發展衍變，更因中國傳統史傳文學的影響，《名僧傳》《高僧傳》一類僧傳作品遽增，使佛教傳記文學更加寬泛，除佛傳文學外，更有僧傳、佛弟子傳等，而敦煌文獻《佛圖澄和尚因緣記》《劉薩訶和尚

　　①　楊寶玉：《敦煌本佛教靈驗記校注並研究》，蘭州：甘肅人民出版社，2009 年，第 258～268 頁。

　　②　馬德：《敦煌佛教文獻的再認識》，《中國佛學院學報》2004 年第 22 期，第 296～298 頁。

　　③　尚麗新：《敦煌本〈劉薩訶因緣記〉解讀》，《文獻》2007 年第 1 期，第 65～74 頁。

　　④　竇懷永、張涌泉：《敦煌小説整理研究百年：回顧與思考》，《文學遺產》2010 年第 1 期，第 150 頁。又竇懷永、張涌泉在《敦煌小説合集》中將《周秦行記》《秋胡小説》《唐太宗入冥記》《劉季遊學乞食故事》《佛圖澄和尚因緣記》《劉薩訶和尚因緣記》《隋净影寺沙門慧遠和尚因緣記》《靈州龍興寺白草院史和尚因緣記》八篇校録收入“通俗小説”下“丙傳奇類”，杭州：浙江文藝出版社，2010 年，第 370～438 頁。

因緣記》《隋浄影寺沙門慧遠和尚因緣記》《靈州龍興寺白草院史和尚因緣記》等一類高僧"因緣記"的出現，更説明唐代佛教傳記文學的發展已蔚爲大觀。

從以上研究小史可知敦煌本高僧"因緣記"的屬性，其本質就是佛教弘傳文學。就宗教傳播功能論，具有佛教説唱的弘傳功能；就内容論，則與"因緣""靈驗記"同屬佛教人物神异故事；就文學體類論，蓋近似志怪、傳奇小説，可説是佛教文學中的準小説。然而隨著學術研究的日趨細緻，除了文學屬性的認定外，在探究此類高僧"因緣記"的特色時，不免會進一步考察其與靈驗記、佛經緣起、佛教因緣文學之間的异同，乃至與高僧傳、高僧贊的差别，藉以釐清此類"因緣記"的屬性。

二、"因緣記"與"因緣""説緣喻"

"因緣記"一詞，爲"因緣"與"記"的複合詞。"記"是中國傳統文學中記事説明的一種文體，主要用於説明事理，如《禮記》中的《學記》《樂記》。顧名思義，"因緣記"當是記叙人物事迹因緣的文體。"記"作爲叙事人物事迹的散文體，漢魏以前尚未流行，其盛行蓋自唐始。唐以後，"因緣記"的使用多作爲産生事物結果的一切原因，如宋熙寧中進士楊諤撰《金山水陸因緣記》，元至元三年（1266）杭州集慶寺住持宏智撰《延慶寺啓信格施造千佛因緣記》，明憨山德清撰《衡州府開福寺因緣記》，皆屬此類文體。

"因緣"在古代漢語中爲一般詞彙，主要意思有"機會、緣分"①，"依據、攀附"②或"發端、緣起"③等。

佛教傳入中國後，"因緣"一詞成爲佛教教義與文學形式的特殊名詞。佛教以事物生起、變化及壞滅的主要條件爲"因"，輔助條件爲"緣"。换言之，一切事物、現象的生起，皆由相待的互存關係和條件决定，佛法中

---

① 如《史記·田叔列傳》："〔任安〕少孤貧困，爲人將車之長安，留，求事爲小吏，未有因緣也。"

② 《漢書·鄭崇傳》："上欲封祖母傅太后從弟商，崇諫曰：……孔鄉侯，皇后父；高武侯以三公封，尚有因緣。今無故欲封商，壞亂制度，逆天人心。"

③ 漢阮瑀《爲曹公作書與孫權》："每覽古今所由改趣，因緣侵辱；或起瑕釁，心忿意危，用成大變。"

有所謂"十二因緣"，便是説明衆生生死流轉的因果聯繫，强調十二個環節按順序進行，是佛教思想中生死流轉的因果律。同時原始經典十二分教中，第十爲 nidāna，漢語音譯爲"尼陀那"，意譯作"因緣"，指見佛聞法、佛説教化的因緣或佛典開端作爲講經緣起的經序。① 漢譯佛典中的因緣故事，除了指佛陀説法和制戒機緣的故事外，還包括小乘佛教所注重的"業報因緣"。小乘佛教所認爲的因緣是指直接產生果的因，著重在業感果報，即今世所得果乃前世所種因，與原始佛教對因緣的説法大有不同。文學形式的"因緣"後來漸漸與本生、譬喻、本事相結合，内容更加廣泛，成爲佛教文學的重要部分。

至於唱導活動中所謂的"説緣喻"，指的是説唱佛教的"因緣""譬喻"故事。梁慧皎《高僧傳·唱導論》所載六朝唱導活動，即提到"或雜序因緣，或傍引譬喻"，敦煌寫卷《俗講儀式》中有"便入經，説緣喻"，可見極具故事性的"因緣""譬喻"爲聽衆所喜聞樂道，因此在中國佛教的齋會中往往被安插在唱導、俗講中，以備聽講疲憊時提振精神，並資啓發開悟之用。唐代俗講盛行，講唱文學發達，從文獻中我們能看到最早引據經文、穿插故事、既説且唱、用以吸引聽衆的講經文，進而發展爲不引録經文，直接演述佛經中有關佛陀與佛弟子的本生、因緣故事。

再看題爲《佛説諸經雜緣喻因由記》的敦煌寫本②，原卷首題有"緣喻"二字，内容係輯録衆經中各種有關的因緣、譬喻故事以成編。此外，《頻婆娑羅王后宮綵女功德意供養塔生天因緣變》，其講唱故事出自《撰集百緣經》《功德意供養塔生天緣》，内容爲頻婆娑羅王后宮綵女功德意因供養佛塔而生天的因緣故事，其文本末尾也有"輒陳短見，綴秘密之因由；不懼羞慚，緝甚深之緣喻"的字句③。以内容性質衡之，這兩處"緣喻"的構詞也是"因緣、譬喻"的壓縮，其意旨與"雜序因緣""傍引譬喻"相契合，説明"説緣喻"當是講説因緣故事或譬喻故事，表現了此類故事

---

① 唐玄奘譯《大毗婆沙論》卷一二六："因緣云何？謂諸經中，遇諸因緣而有所説，如義品等種種因緣。如毗奈耶作如是説：由善財子等最初犯罪，是故世尊集苾芻僧，制立學處。"（《大正藏》第 27 冊，第 660 頁）

② 敦煌寫本《佛説諸經雜緣喻因由記》今存有 S. 3457、S. 3702、S. 5643、P. 3849、BD03129（騰 29，北 8416）等五件寫本。其中 P. 3849、BD03129 二寫本，原卷有首題"《佛説諸經雜緣喻因由記》"。

③ 黄征、張涌泉：《敦煌變文集校注》，北京：中華書局，1997 年，第 1083 頁。

在唱導、俗講中的運用。

敦煌寫本 P. 3849V 及 S. 4417《俗講儀式》講《維摩》儀式，有"便入經，説緣喻了"，"便入經"的"入經"指的是俗講進入講釋《維摩詰經》經文的階段，"説緣喻"當是講經的一部分。"便入經"與"説緣喻"並非俗講活動中各自獨立的兩個程序，不是在《維摩詰經講經文》進行時，另有其他如《四獸因緣》《醜女緣起》等一類獨立"因緣"的講唱，而是在進行講釋經文階段時，隨著適當的時機，穿插相關因緣、譬喻故事以爲引證，其情況正如《高僧傳》"唱導論"的"或雜序因緣，或傍引譬喻"一樣。

唐代俗講中，化俗法師在講唱經文時，可視情況於講唱經文中選擇適當的因緣故事或譬喻故事來進行説教。這既可通過這些因緣、譬喻背後所蘊含的道理來宣傳佛法教義，又可借助佛經中情節生動、極具故事性的因緣和譬喻來吸引信眾，避免聽眾因長時間聽經而疲困，發揮宣教弘法之效益。

"説因緣"盛行於唐五代的佛教齋會中，通常由一位僧人來講唱，只鋪陳故事，不講釋經文；或選取佛經中的一段故事進行鋪陳演繹，其文每散韻兼施，以爲講唱。而高僧"因緣記"，雖同在齋會時穿插宣講，蓋其爲純散文體，大多摘取《高僧傳》有關高僧之行迹與神通片段以供照本宣科之用，顯然與"説因緣"有所不同。

可見"因緣記"與"因緣"，就其本質與意義而言，均屬解説佛説經、律的事緣，高僧出家學佛成道的行迹因緣，且均具弘法布道時針對信眾宣説而進行採擇運用的特性。就文學體制論，"因緣記"是散文體高僧行蹟之記叙文，可作爲俗講唱導活動中"説緣喻"之提示綱要。

佛教經典中的"因緣""緣起"等故事，在俗講唱導活動中被廣泛運用於"入經，説緣喻"中，在這樣的需求發展之下，遂產生各類説唱體的特殊佛教故事主題文學。敦煌寫本的"因緣"，包括《悉達太子修道因緣》《太子成道因緣》《須大挐太子好施因緣》《四獸因緣》《金剛醜女因緣》等，也省稱爲"緣"，如《金剛醜女緣》《歡喜國王緣》；敦煌寫本的"緣起"，包括《難陀出家緣起》《目連緣起》等一類獨立講唱作品。

這些文本蓋爲佛教講唱中"雜叙因緣"的底本，其內容大略爲佛陀、佛弟子或善信之本生、本行、本事故事，多涉前世今生、因果報應等。在講唱過程中每每穿插"吟""側""斷""吟斷""側斷"等表示唱腔的指示詞語，形成獨特的説唱文體。所以，"因緣""緣起"與"因緣記"在唱導活動中的作用大抵相同，然就文學體制與文本功能而論仍有所差异。

三、"因緣記"與"靈驗記"

靈驗記是佛教信衆的宗教見證載體，也是僧人的宗教宣傳工具，因此自來將之歸屬於佛教史傳部。又因其具備傳説的性質，文士聽聞之後輒加採録，而發爲筆記小説，故又將之歸屬於子部小説類。可見靈驗記具宗教與文學之雙重特性，可説是佛教的弘傳文學。歷代佛典中也有如唐道宣《集神州三寶感通録》之類的集結，但因非關教理，以致未受佛學研究者的重視，縱有小説志怪、靈异之姿，但一般被視爲輔教之具，故於文學研究之中也未能給予應有之關注。值得欣慰的是，近年敦煌佛教"靈驗記"的整理與研究已頗有進展。

從上一章的考察中可知 S.381、S.1625 二件寫本均抄有《佛圖澄和尚因緣》及《唐京師大莊嚴寺僧釋智興》。《唐京師大莊嚴寺僧釋智興》是記叙唐道宣律師的師兄京師大莊嚴寺鐘頭釋智興鳴鐘感應的故事，而在唐釋道世《法苑珠林》中將此故事編入《眠夢篇第二十六》"感應緣"，屬於佛教靈驗記①，與記叙神异事迹的《佛圖澄和尚因緣》同爲傳教布道之利器。

"靈驗記"與"因緣記"在内容上同樣具有故事情節與傳奇色彩；在篇幅上同樣以短小爲主；取材上同樣都有逕取某一高僧的傳記，或採擇民間傳説以成篇；文體上大多都以散文爲主，爲講究書面閲讀文本的文采性，間有以駢文撰寫者；功能上皆可兼作唱導活動或齋會中穿插講唱時之參考文本或提示綱要之用。然二者仍有所區別，靈驗記記叙的人物範圍較爲廣泛，有僧俗信衆、士族大家、平民百姓，而因緣記顯然側重於得道高僧、地方名僧等。二者内容雖同爲人物行蹟故事，然靈驗記記叙内容大多爲受持、讀誦、講説佛經而得到救護、復活、延壽或滅罪等神奇靈應功德的見證，"因緣記"的内容則側重於高僧成道的因緣及神通事迹。二者宣

---

① 楊寶玉：《敦煌本佛教靈驗記校注並研究》，蘭州：甘肅人民出版社，2009 年；鄭阿財《見證與宣傳：敦煌佛教靈驗記研究》。臺北：新文豐出版公司，2010 年。

教的思想、意涵與對象、目的各有分別，當加區別。

四、高僧因緣記在佛教弘傳中之運用

神異事迹在宗教傳播中是一種利器，是對神和神奇力量的展現，是構成宗教的重要元素，對於宗教學研究的意義非常大。歷代《高僧傳》中神異故事屢見不鮮，主要圍繞預言、神足、治病、分身、持咒念法、通靈、神力、天眼等高僧的神異能力展開。《續高僧傳》的神異故事類型稱爲"感通型"，即以"感"和"通"爲主綫分析神異故事的理念。高僧因緣記的本質爲高僧的神異故事，通過宣説發揮宗教引導及弘揚佛法的功能。敦煌文獻《佛圖澄和尚因緣記》等六種高僧"因緣記"分別抄寫在 S.1625、P.2680V、S.528 等九個卷子中，從這些寫卷的抄寫情況來看，可以發現存在的幾個現象。

第一，各卷正背面主要均與佛教經卷和佛教法事相關文書合抄。如 S.528 背面爲《三界寺僧智德請節度使放歸牒》，P.2680 背面抄寫有名録、便粟曆、絹帛曆、練綾曆、聲聞唱道文、轉帖、社司轉帖、丙申年四月十七日慕容使軍請當寺開大般若經付經曆、疋段曆，P.3570 正面抄《大般若波羅蜜多經卷第四百七十》，P.3727 正面抄《付法藏傳》及其他禪宗史料，另有沙洲官吏及僧人來往狀牒數通，羽 698 背面抄《十方千五百佛名經》。説明這些寫卷蓋爲敦煌地區佛教僧人或寺院所使用，即使正面爲《長興四年具注曆》，而不是佛教類文獻的 S.276，也當視爲佛教寺院使用之寫卷。

第二，各高僧因緣記之寫卷，除羽 698 現存只抄《劉薩訶和尚因緣記》一種外，其他各卷均爲多種高僧因緣記的匯抄。如 P.2680 同卷抄有《佛圖澄和尚因緣記》《劉薩訶和尚因緣記》《隋净影寺沙門惠遠和尚因緣記》《靈州龍興寺白草院史和尚因緣記》四種高僧因緣記，P.3570 同卷匯抄有《劉薩訶和尚因緣記》《隋净影寺沙門惠遠和尚因緣記》《靈州龍興寺白草院史和尚因緣記》，P.3727 同卷匯抄有《劉薩訶和尚因緣記》《隋净影寺沙門惠遠和尚因緣記》《靈州龍興寺白草院史和尚因緣記》。

第三，除匯抄外，有些寫卷還與高僧別傳、高僧贊等一起匯聚抄録。如 P.2680 與《唯識論師世親菩薩本生緣》《唯識大師无著菩薩本生緣》《寺門首立禪師讚》《靈州龍興寺白草院和尚俗姓史法號增忍以節度使李公度尚書立難刺血書經義》《第廿三代付法藏人聖者鶴勒那夜奢》《第廿四代付法藏人聖者師子比丘》《劉薩訶和尚因緣記》《大唐義淨三藏讚》《佛圖澄和尚因緣記》《大唐三藏讚》《羅什法師讚》《隋淨影寺沙門惠遠和尚因緣記》《遠公和尚緣起》等匯抄，P. 3727 在《付法藏傳》行間插寫或接寫的文書中抄有《聖者僧伽和尚无念因緣》《惠淨法師讚》《靈州龍興寺白草院和尚俗姓史法號增忍以節度使李公度尚書立難刺血書經義》《隋淨影寺沙門惠遠和尚因緣記》《劉薩訶和尚因緣記》《大唐義淨三藏傳》。

第四，P. 2130《法照和尚因緣傳》（擬題）後接抄《西方道場法事文》（內容包括《念佛法事次第》《散花樂讚》《寶鳥讚》《廻向發願文》《念佛偈讚》《西方十五願讚》《十願讚》《西方念佛讚》《淨土樂讚》《西方禮讚偈文》《懺悔文》等）、《佛説觀佛三昧海藏經本行品第八》兩部分，係同一人所抄。與淨土五會念佛有關，顯爲法照門徒所持之寫卷。

以上這些關係高僧因緣記原生態面貌的抄寫現象，正可爲我們提供考察有關高僧“因緣記”在佛教弘傳時的視窗。通過此一視窗的觀察，筆者認爲：當時僧人於各種法會上選擇《高僧傳》中適當的高僧神異事迹，檃栝其內容以備宣講參考之用，此即所謂“因緣傳”或“因緣記”；這也是敦煌寫本出現佛教靈驗記與各《高僧傳》相涉之情況的表現。如英藏S. 381 正面分別有《唐京師大莊嚴寺釋智興鳴鐘感應記》（擬題）、《鳩摩羅什傳略》（擬題）、《龍興寺毗沙門天王靈驗記》，依字迹觀之，《龍興寺毗沙門天王靈驗記》乃另一人所抄，然全卷當屬同一用途的抄本；《鳩摩羅什傳略》的內容極簡略，約兩三百字，蓋檃栝《高僧傳》羅什傳文；《龍興寺毗沙門天王靈驗記》所記則爲敦煌地區龍興寺所發生的有關傳説。

S. 1625 同卷抄有《佛圖澄和尚因緣》《唐京師大莊嚴寺僧釋智興》，出自一人之手。《佛圖澄和尚因緣》全文僅二百多字，內容也是檃栝《高僧傳》《竺佛圖澄傳》文。《高僧傳》將《竺佛圖澄傳》編入卷九《神異上》，則其要旨蓋在神異感通無疑。

S. 381、S. 1625 二寫卷抄録“唐京師大莊嚴寺僧釋智興”鳴鐘感應的故事，內容與唐釋道宣《續高僧傳》卷二十九《興福篇》第九之“唐京師大莊嚴寺僧釋智興傳六”的記述多相同，顯然是檃栝《續高僧傳》“釋智興傳”而來。

高僧“因緣記”和“因緣傳”，主要記叙有關高僧的神異事迹，內容雖與《高僧傳》《續高僧傳》相似，文字亦大同小异，但實際也有並非摘自《高僧傳》《續高僧傳》的，而是《高僧傳》《續高僧傳》與此類"因緣記""因緣傳"同採自民間傳説。如 P.2130《法照和尚因緣傳》，其内容與北宋初年贊寧《宋高僧傳·五臺山竹林寺法照傳》、北宋延一《廣清凉傳·法照和尚入化竹林寺》所載大抵相同。P.2130 卷末有"三界寺道真經不出寺門"之文，是此寫本爲三界寺所有。道真（約 915—987）爲晚唐時期敦煌三界寺的高僧，此時《法照和尚因緣傳》不可能摘録、櫽栝北宋時期的《宋高僧傳》或《廣清凉傳》。類似情況也出現在敦煌本《靈州龍興寺白草院史和尚因緣記》上，其内容雖與贊寧《續高僧傳》大同小异，依時序也不可能採自《續高僧傳》。這些"因緣傳""因緣記"均以凸顯高僧神异事迹爲主，法師抄録此類文獻以備宣講提示參考之用。

"因緣記"是以散文體叙述佛教因緣的文學作品，是佛教傳記文學的特殊成員，以其傳主藝術形象的豐富性、故事的傳奇性，强化叙事的生動性，在中土的傳播過程中産生兼具閲讀與宣講備用提示功能的文學形式，既體現了中國僧傳文學的多元性，也展示了佛教文學的發展過程，其形式、題材之特色及其在唱導活動中的運用與功能，具有佛教文化與文學研究的價值。

唱導、俗講往往進行於中宵疲極之時，需要採擇佛教本生、因緣、譬喻中的故事來"説緣喻"，以資啓悟。因此，便有法師編纂並抄録佛教故事綱要，就本生、因緣、譬喻中摘録，以爲唱導俗講之時參考與選用。隨著唱導活動及法會宣説的發展與實際需求，漸有擷取民間傳説者，或摘録《高僧傳》中高僧神通靈异事迹以利弘法宣教，是以有高僧因緣記的産生。此類高僧故事綱要既可供唱導俗講時參考與備忘之用，又可應付法會贊僧功德之需。"因緣記"之起源與取義，或與"因緣""説緣喻"有關，而與"靈驗記"同性質，且關係尤爲密切，與"高僧傳""高僧贊"則是同質而异用，同中有异，异中有同，不得不辨。

第三節　敦煌寫本高僧贊的性質與功能

上一章據 21 件寫本内容考察歸納了高僧因緣記、高僧贊及相關文獻匯抄的三種情況，其中一種是與法事讚一類佛教藝文的匯抄。這一系的表現主要是高僧讚與法事讚的合抄。特别是 P. 4597《義净三藏讚》《羅什法師讚》《唐三藏讚》《稠禪師解虎讚》與《西方樂讚文》《散華樂讚文》等三十種佛教法事讚、文匯抄在同一寫卷上。分析這些内容的性質，即可得知其與何種法事活動有關。

首先是與受戒有關，如開頭的《和菩薩戒文》與第十八種《菩薩十無盡戒》。《和菩薩戒文》又名《菩薩和戒文》《和十戒文》《和戒文》《禍戒文》《佛家勸善歌》等，敦煌寫本現存有 20 多件①，内容爲演繹《梵網經》之菩薩十重戒，是佛教勸善之作。《菩薩十無盡戒》是授菩薩戒儀軌，包括請聖、發四弘誓願、宣説戒相三部分。二者内容性質相同，只是《和菩薩戒文》採用了代言體的形式，《菩薩十無盡戒》則是以一般的表述方式來作爲授戒儀軌的提示。

其次爲净土法事讚性質，如《法照净土五會念佛略法事儀讚》《西方樂讚文》《散華樂讚文》《般舟梵讚文》。這些是净土法會常用的法事讚，其中《西方樂讚文》《散華樂讚文》在一般法會上也常用。《般舟梵讚文》可能是善導所撰《依觀經等明般舟三昧行道往生讚》，又稱《般舟三昧往生讚》，省稱《般舟讚》，也有可能是《法照净土五會念佛略法事儀讚》收慈愍和尚所撰《般舟三昧讚》。净土法照倡導净土五會念佛，並舉辦五會念佛法會，故而使念佛法事讚大爲流行。法照後居五臺山竹林寺，帶動了西北的净土念佛信仰，敦煌文獻出現大量《五臺山讚》當是此一影響的反映。

最後爲有關布薩儀軌使用的《香湯讚文》《入布薩堂説偈文》《受水説偈文》《聲聞布薩文》《布薩文》等②，僧人安居結夏、解夏儀軌念誦文《菩薩安居息（自恣）解夏法》③，以及有關禮懺儀軌中使用的《金剛五禮

---

① 于淑健：《敦煌本〈和菩薩戒文〉考論》，《敦煌研究》2008 年 1 期，第 92～97 頁。

② “布薩”是佛教最爲頻繁的説戒懺悔儀式，由參加者的不同而分爲“聲聞布薩”和“大乘布薩”兩類，前者只有出家五眾才能參加，後者凡受大乘菩薩戒者均可參與，除了僧尼之外，還有在家信眾。

③ 佛教規定僧人於每年夏季實行三個月的夏安居，其間僧徒于寺内坐禪修行，不得隨便外出。四月十六日“結夏”，七月十五日“解夏”，解夏之日又稱爲“自恣日”。關於結夏、解夏均有隆重的儀式，念誦結夏文、解夏文。敦煌寺院的夏安居及結夏、解夏，參見郝春文：《唐後期五代宋初敦煌僧尼的社會生活》，北京：中國社會科學出版社，1998 年，第 201～210 頁。

文》《寅招（朝）禮》《十二光禮》《法身禮》等。其他如《四威儀讚》《香讚文》《花讚文》，爲一般法會普遍使用。

P. 2130 正面抄有《法照和尚因緣傳》（擬）、《西方道場法事文》及《佛説觀佛三昧海藏經本行品第八》，爲同一人所抄。《西方道場法事文》内容有"念佛法事次第"，依次爲《散花樂讚》《寶鳥讚》《迴向發願文》《念佛偈讚》《西方十五願讚》《西方念佛讚》《净土樂讚》《西方禮讚偈文》《懺悔文》，是法照净土念佛信仰在敦煌風行的寫照。

S. 6631 背面分抄《歸極樂去讚》《四威儀》《卧輪禪師偈》《香讚文》《遊五臺山讚文》《辭父母讚》《義净三藏讚》《唐三藏讚》《九想觀詩》《和菩薩戒文》《羅什法師讚》《維摩五更轉十二時》等，基本和 P. 4597 一樣，也與净土念佛、受菩薩戒有關，只是規模較小。法會的儀式程序除必要的套用外，其節目也因實際需求而有所增減改易，故用此類寫本，其性質仍屬法會儀軌使用的贊頌藝文。

總體考察，高僧贊除了用作石窟壁畫高僧圖像的解説外，還與一般法會中使用的法事讚、禮懺、布薩文等匯抄，表明高僧贊也出現在法會上，作爲諷誦之用。

日本圓仁《入唐求法巡禮行記》記述唐開成五年五月五日五臺山竹林寺齋禮佛儀式，云："閣院鋪嚴道場，供養七十二賢聖。……便赴請入道場，看禮念佛法事。堂中傍壁次第安列七十二賢聖畫像。寶幡、寶珠，盡世妙彩張施鋪列，雜色毡毯敷洽地上。花燈、名香、茶藥食供養賢聖。黄昏之後，大僧集會。一僧登禮座，先打螺鈸，次説法事之興由。一一唱舉供主名及施物色。爲施主念佛菩薩。次奉請七十二賢聖，一一稱名。……其奉請及讚文，寫取在别。"① 敦煌寫本 P. 4597、S. 6631 二件，匯抄《義净三藏贊》《羅什法師贊》《唐三藏贊》等高僧贊與《西方樂讚文》《歸極樂去讚》《散華樂讚文》《香讚文》《佛母讚》《出家讚文》《遊五臺山讚文》《辭父母》等佛教歌讚，及《和菩薩戒文》《布薩文》等法會儀式文書。這些都是唐代敦煌寺院儀式文書實物的遺存，若將其相互印證，則此類高僧贊的性質與功能便可了然。

---

① ［日］釋圓仁原著，小野勝年校注，白化文、李鼎霞、許德楠修訂校注：《入唐求法巡禮行記校注》，石家莊：花山文藝出版社，1992 年，第 272～273 頁。

此外，日本大阪杏雨書屋《敦煌秘笈》羽 698《劉薩訶和尚因緣記》卷背爲《十方千五百佛名經》殘卷，未見與《付法藏傳》或其他高僧贊、高僧因緣記合抄的情形，但也透露出其在佛教儀式中使用的有關訊息。蓋佛教典籍中有關《佛名經》一類典籍以佛名爲主要内容，既無深奥教義，又無華美文辭。從竺法護譯《賢劫經》卷六"千佛名號品"之後，此類典籍便在佛教弘傳過程中風行，各種佛名經層出不窮，如元魏菩提流支譯十二卷本《佛説佛名經》、瞿曇般若流支譯《佛説八部佛名經》，隋闍那崛多譯《五千五百佛名經》、隋那連提耶舍譯《佛説百佛名經》，還有失譯之《過去莊嚴劫千佛名經》《現在賢劫千佛名經》《未來星宿劫千佛名經》等。敦煌寫本中更有大量《佛名經》寫本，如十二卷本《佛名經》有 66 號，二十卷本《佛名經》有 102 號，十六卷本《佛名經》更多達 648 號，卷次系統不明的《佛名經》也有 201 號。推究其盛行原因，誠如《高僧傳》卷十三"唱導傳論"所説："唱導者，蓋以宣唱法理，開導衆心也。昔佛法初傳，於時齊集，止宣唱佛名，依文致禮。"[1] 是以佛名經與佛教儀式中的使用有關。[2]

第四節 敦煌寫本高僧因緣記、 高僧傳、高僧贊的關係

佛教繼承了古代印度重視歌詠、贊嘆的傳統，大量的偈頌歌贊是用來禮佛、頌佛的唱辭。佛教文獻中將贊美佛菩薩及祖師等功德偉業之韻文章句稱爲贊或贊頌，甚至有將贊歌獨立成編之典籍，如漢譯佛典中膾炙人口的《佛本行贊》。贊頌文學是贊頌佛、法、僧三寶的文學，包括皈依頂禮三寶及頌揚其威德時頌揚佛德之贊嘆歌曲、歌詠佛法甚深微妙之詩文以及歌頌高僧作爲之文。其中以佛陀及佛弟子贊頌最爲矚目。敦煌文獻中的佛教贊頌文學，内容主題以贊佛成道、贊佛子出家等最爲豐富。其中贊佛成道最爲主要，包括

① 湯用彤校注：《高僧傳》卷十三，北京：中華書局，1992 年，第 521 頁。
② 參見 [日] 鹽入良道：《中國における佛教懺法の成立》，東京：山喜房佛書林，2007 年，第 225～362 頁；汪娟：《佛名經典與佛教禮懺的關係》，《法鼓佛學學報》2007 年第 1 期，第 35～69 頁。

佛陀生平之事迹，例如誕生、出家、苦行、降魔等。這些作品在贊頌佛陀的同時，也成爲另類的佛陀生平傳記文學，敦煌文獻中《太子贊》《悉達太子贊》《太子修道贊》等種類豐富多樣的敦煌寫本，可資證明。

至於贊揚高僧的贊文，有《佛圖澄羅漢和尚贊》《彌天釋道安贊》《羅什法師贊》《稠禪師解虎贊》《南山宣律師贊》《唐三藏贊》《義净三藏法師贊》等，蓋爲晚唐五代歸義軍時期的寫本。

佛教文學的發展，依功能分類系統看，大抵從贊頌文學開始，進而爲自證文學，而後到弘傳文學。就文學體類而論，佛教傳記文學的發展，初期以佛傳文學爲主，之後擴展至僧傳文學，並且在中國佛教發展繁盛的晋魏隋唐以來，蔚爲大宗。佛教繼承了印度的贊頌傳統，初期有贊佛，隨著佛教的發展，高僧大德輩出，在其宣教弘法過程中産生了贊僧，贊揚高僧的贊文逐漸增多。"高僧贊"贊頌的對象、"高僧傳"記叙的傳主以及高僧"因緣記"記叙的主人翁，多爲有道高僧，其内容多涉及其行迹故事等。"高僧贊"多採五言、七言或四言的韻文形式以贊揚高僧或祖師之功德，篇幅簡短，概括典範性强；"高僧傳"多以散文體記叙人物生平事迹，以表彰高僧在弘揚佛法過程中的行迹，彰顯其高遠德行和深厚法力等，以强調其佛教史地位與評價爲主體，篇幅較長，史傳性、全面性、史料性强；"因緣記"多以散文爲體，偶有駢文，講究文采，篇幅短小，傳奇性較强。故高僧"因緣記""高僧贊""高僧傳"三者可以説是同質而分用。

第三章　敦煌寫本僧傳文學的發展與演變

　　本章從佛教傳播的視角，從印度佛教佛陀、佛弟子、菩薩的傳記文學到中國佛教傳播中的佛傳、菩薩傳的編譯與創作，再到中土佛傳、十大弟子讚、菩薩本生緣、高僧讚、高僧因緣記的創作，進而關注敦煌寫本中具有畫像讚、法會儀軌性能的僧傳文學，從文體學的視角論述敦煌寫本高僧因緣記、高僧傳略及高僧讚的發展，並聚焦傳主、讚主爲晉唐高僧的佛教藝文，論述其文體的淵源流別及體制與寫作手法等特色。特別對兩晉南北佛教以佛、菩薩、十大弟子及高僧爲傳主的傳、讚作品進行考察與比較，借以説明敦煌寫本僧傳文學的淵源與發展。

第一節　印度佛教的佛傳經籍與佛傳文學

　　佛傳文學有廣義與狹義的區分。廣義的佛傳文學指所有記述佛陀生平事迹的作品，包括取材佛陀生平事迹而創作的各類作品，可以説包含所有的佛傳經籍。狹義的佛傳文學則指有系統地整理或全面記述佛陀生平事迹的作品。①

　　佛陀所説法，依其叙述形式與内容分爲十二種類，稱爲十二部經，又作十二分教，即契經、應頌、記別、諷頌、自説、因緣、譬喻、本事、本生、方廣、希法、論議。其中的本事（梵語 itivrttaka，音譯伊帝曰多

---

①　參見侯傳文：《佛傳與僧傳——中印佛教傳記文學比較研究》，《東方論壇》2017 年第 6 期，第 1～8 頁。

伽），指記載本生故事以外有關佛陀的事迹，也就是佛傳内容。凡記述佛陀一生事迹的經典，皆可稱爲佛傳經籍。

佛傳經籍爲數眾多，不僅包括歷史性的傳記資料，也包含雜糅了信仰因素的傳奇故事，以及含有神話色彩的民間傳說。佛傳經典的編撰輯録者往往將自身所隸屬、傳持之教團思想注入著作，故形成了北傳梵語系統與南傳巴厘語系統兩派互有出入之佛傳經典。北傳佛傳之内容通常分爲八大項目，稱爲八相成道，即降兜率、托胎、降誕、出家、降魔、成道、轉法輪、入涅槃。敦煌變文頗多此類主題的作品，如《太子成道變文》《八相變》等。

佛教傳入中國，有關佛陀生平事迹的典籍也相續譯出，如東漢竺大力共康孟詳在公元 197 年譯出的《修行本起經》二卷，又作《宿行本起經》，内容主要叙説釋迦牟尼佛托胎、降生及至出家、成道之事迹。本經卷上分現變、菩薩降身、試藝三品，卷下爲遊觀、出家二品。

東漢曇果共康孟詳在公元 207 年譯出《中本起經》二卷，記述釋迦成道後行教化事迹，計有轉法輪品、現變品、化迦葉品、度瓶沙王品、舍利弗大目揵連來學品、還至父國品、須達品、本起該容品、瞿曇彌來作比丘尼品、度波斯匿王品、自愛品、大迦葉始來品、度奈女品、尼揵問疑品、佛食馬麥品十五品。《中本起經》爲佛傳之中分，與佛傳第一分《修行本起經》具有連帶關係。

三國吳支謙在公元 222—238 年譯出《太子瑞應本起經》二卷，又作《太子本起瑞應經》《瑞應本起經》《瑞應經》。本經爲早期創作的佛傳，其内容之編排與記述之體裁大抵皆與《修行本起經》類似，均採太子悉達多十七歲納妃、十九歲出家之説，記述釋尊之過去因緣至成道後濟度三迦葉等事。其中有關四門出遊，出城時内殿之描寫，與車匿訣別，尤其是氣勢磅礴雄渾的降魔成道之記載，皆爲重要佛傳文獻。

西晋竺法護在公元 308 年譯出《普曜經》八卷，又稱《方等本起經》，爲大乘之佛傳，記載佛陀降生至初轉法輪等事迹。異譯本有唐代日照（梵 Divākara，地婆訶羅）所譯之《方廣大莊嚴經》，又稱《神通遊戲經》，凡十二卷，二十七品。

北凉曇無讖於公元 414—426 年譯出《佛所行讚》五卷，計二十八品。《佛所行讚》是從釋尊誕生開始叙述，没有《本經因緣品》《稱嘆如來品》

《降胎品》《調達入地獄品》，其中《化給孤獨品》《父子相見品》《庵摩羅女見佛品》《離車辭別品》，本經則未見録。

《佛所行讚》又稱《佛本行讚》《佛所行讚經》《佛所行讚傳》《佛所行讚經傳》《馬鳴菩薩讚》《馬鳴讚》，以五言偈頌讚述佛陀一生由誕生至八分舍利之事迹。《佛所行讚》爲馬鳴之代表作，其内容取材自吠陀、奥義書及叙事詩《摩訶婆羅多》（梵 Mahābhārata）、《羅摩衍那》（梵 Rāmāyana）者頗多，乃古典梵文學美文體之先驅，曾廣泛流傳於古印度，佛傳文學無出其右者。在思想上，該書並無大乘佛教思想之成分，而頗受説一切有部之影響。現存梵本共十七章，僅述釋尊誕生至歸國等事，其中第十四章後半部分至第十七章爲後世尼波羅國（今尼泊爾）阿姆利達難陀（梵 Amrtānanda）所附加。公元 1893 年，英人喀畏爾（E. B. Cowell）以五字一句之偈頌，頌佛陀誕生至八國均分舍利之事迹。①

劉宋寶雲於公元 424—453 年譯出《佛本行經》七卷，計三十一品，又稱《佛本行讚傳》，其第四至第三十一品，順序與《佛所行讚》相似，二者或係同本异譯。全篇以詩頌的形式，叙述佛陀一生由誕生至八分舍利事迹，文體、内容亦與《佛所行讚》類似。

隋闍那崛多在公元 587—593 年譯出《佛本行集經》六十卷，省稱《本行集經》，叙述世尊誕生、出家、成道等事迹，及佛弟子歸化之因緣，乃佛傳之集大成者。其内容分三部六十章：第一部共五章，叙述佛陀之本生譚，即發菩提心，生於兜率天，托胎於摩耶夫人。第二部共三十二章，言佛陀誕生、學習、結婚、生子至懷抱出世思想之在俗期，出家後訪仙苦行之修行期，以及成道後初轉法輪之成道期。第三部共十五章，記佛陀傳道、行教化之生活，即記弟子列傳之傳道期。

此外，還有西晉聶道真於公元 280—312 年譯出的《异出菩薩本起經》一卷，苻秦僧伽跋澄等於公元 384 年譯出的《僧伽羅刹所集經》三卷，東晉迦留陀伽於公元 392 年譯出的《佛説十二遊經》一卷，劉宋求那跋陀羅於公元 435—443 年譯出的《過去現在因果經》四卷等。

---

① 現存梵文抄本是歐洲學者十九世紀末在尼泊爾發現的，殘存前十四章。但漢文及藏文全譯本皆有二十八章，且均標明“馬鳴菩薩造”，漢譯本署名北涼曇无讖譯，通篇採五言詩體。參平等通昭：《馬鳴及び梵文佛所行讚の研究》，東京：岩波書店，1930 年；黄寶生：《梵漢對勘佛所行讚》，北京：中國社會科學出版社，2015 年。

　　這些佛傳經籍皆記述了佛陀生平事迹，其叙事龐雜，不僅是歷史人物之傳記資料，更雜糅宗教神話、本生輪迴等傳說，隨著佛傳典籍在中國的傳布，佛傳文學也對中土佛教文學創作影響深廣。詩人馬鳴贊頌佛陀生涯的《佛所行贊》五卷二十八品，可說是佛傳文學的白眉，也是漢譯佛典中膾炙人口的佛傳文學，更是中國佛傳文學發展所依據的主要根源。

　　佛傳文學主要以佛陀降誕、出生、出家、降魔、成道、涅槃等事迹爲主題。印度有關佛陀的事迹，早期僅零散存在於各經中，蓋早期佛教徒所最關心的是佛陀的教導。[①] 佛陀在世的時代，有關佛陀的行迹，是以零散片段在信徒間口耳相傳的，由於去佛日遠，佛陀形象在修行者心目中亦逐漸淡漠，所以有關佛陀的生平尚無完整的傳記出現。[②] 佛傳的成立要到佛陀涅槃後，此時信徒對教主的思念、崇敬之心日增，才開始結合經、律典籍中相關片段事迹加以增飾，編輯佛陀的傳記，以宣揚贊頌佛陀的功德，並逐漸發展爲今天所見的内容豐富且自成系統的佛傳典籍。如《大事》便是一部顯揚佛陀生平與功德的經典，其文體乃韻散雜糅，採用的語言是混合梵語。至於較早出現且完整的佛傳作品當推公元一、二世紀馬鳴所作的《佛所行贊》[③]，其以豐富多樣的文學手法鋪陳佛陀生平，是爲長篇叙事詩，成爲宣教的利器。

---

　　① 郭良鋆在《佛陀和原始佛教思想》一書中指出："在巴厘語三藏中並無完整的佛陀傳記，而只有散見於各處的佛陀生平片斷。顯然，在佛陀時代，佛教徒們最關心的是佛陀的教導。"（北京：中國社會科學出版社，2011 年，第 21 頁）

　　② 印順法師在《原始佛教盛典之集成》中認爲："佛傳——佛陀一生的傳記，以文字集録爲大部，傳誦或書寫而流傳下來，是並不太早的。在没有大部以前，先有片段的記録；片段記録以前，是作爲事迹，而傳説於僧伽或信衆之間。"（臺北：正聞出版社，1994 年，第 357 頁）

　　③ 賴鵬舉在《北傳大乘佛教的起點——紀元後西北印以"釋迦佛"爲中心的思想、造像與禪法》中以爲："馬鳴是佛教史上已知第一位將教化的重點由法相地分别移到佛陀在世功德（佛傳）的講述。而且馬鳴以其優美且細膩的文學手法，來叙述佛陀不平凡的一生……以佛陀的功德作爲佛教的主題正是爾後大乘的起點。"（《普門學報》2001 年第 4 期，第 112 頁）

第二節 中國佛教傳播視野下佛陀與 佛弟子的傳記文學

一、中國佛教傳播下的佛傳文學

佛教東傳，從印度到中亞，經由陸上絲路進入中土。在傳播與接受的發展歷程中，佛教與漢地文化互相融合，逐漸中國化、世俗化。中國佛教的弘傳，在文學的傳播上，除了繼承印度佛教原有本生、佛傳、因緣等文學傳統外，在佛傳傳統與中國佛教傳播發展的實際歷程中，歷代彰顯高僧修行典範與弘法行迹的僧傳文學，更在中國固有的史傳文學影響下蓬勃發展，逐漸成爲中國佛教傳記文學的主流，也是中國佛教叙事文學的新題材。

佛教傳記文學早在印度佛教十二分教中便占有一席之地，佛傳文學更在因緣、譬喻、本生與本事等體類中一一呈現。佛教傳入中國後，教主釋迦牟尼的一生，從誕生、出家、修行、證道、成佛、轉法輪到涅槃的種種事迹，體現了佛教產生與發展的歷程，是佛教佈教的重要內容，更是佛教文學與圖像展現的主要題材。

當佛教傳入具有深厚史學傳統的中國，中國佛教傳記文學益趨發達，除了印度佛陀傳記經典翻譯外，中土也自行編纂佛傳，如南梁僧祐（445—518）的《釋迦譜》五卷，唐道宣撰《釋迦氏譜》一卷，王勃撰《釋迦如來成道記》一卷等。中土僧人、文士更有爲贊嘆佛菩薩威德，及爲佛、菩薩像撰寫銘、贊，如東晉支遁（314—366）《釋迦文佛像讚並序》、南梁簡文帝蕭綱（503—551）《釋迦文佛像銘》《梁安寺釋迦文佛像銘》、唐穆員（750—810）《畫釋迦牟尼佛讚（並序）》等。

在中國，佛傳文學初期以佛陀傳記經典的翻譯爲主，齊梁以來漸有將經典中龐雜的佛傳材料進行整理編撰者，使佛傳內容系統化。隨著寺院道場造像的普及，因佛陀圖像而產生的佛像銘、贊的撰作涌現，醞釀了文士佛傳文學的創作土壤。隋唐時佛教在廣大民眾中更趨普及，是佛教傳布"由雅而俗"的關鍵時期，佛傳隨之以多樣的表現形式出現，成爲當時佛教文學的流行主題。尤其以佛陀八相成道作爲主要敘事情節的模式，不僅有學問僧進行改寫，如道宣《釋迦氏譜》的編撰，即在僧祐《釋迦譜》的基礎上進行的，還有文人亦爲之立傳，如王勃的《釋迦如來成道記》及署其名的《釋迦佛賦》。①

新興佛教傳播手法的講唱文學更是被撰成變文，宣講於寺院變場，或編爲歌讚，傳唱於齋會道場，一時間風靡信衆，成爲膾炙人口的故事。今所得見敦煌藏經洞發現的有關佛傳的寫卷，其中演繹佛傳題材的變文有《佛說如來八相成道講經文》《太子成道經》《悉達太子修道因緣》《太子成道變文》《八相變》《降魔變》《破魔變》《八相押座文》等十六種文本，分別抄在 36 件寫本上。

另外，敦煌寫本也保存有不少佛傳歌讚，如 S.0126、S.2204《太子讚》（聽說牟尼佛），P.3061、P.3065、P.3817、S.6537 及李盛鐸舊藏本《太子入山修道五更轉》（一更夜月涼），P.2483、P.3083、S.5478、S.8655V《太子五更轉》（太子欲發作心思），P.2734、P.2918、S.5567《聖教十二時》（摩耶夫人生太子），P.3156《太子踰城念佛讚文》（初出東門逢襄老），P.4017《太子讚》（我今捨却人間寶），Дx.1230《太子讚》（釋迦住在寶城樓）等，顯示佛傳故事不僅作爲講唱使用，亦融入宗教儀式，用途甚廣。②

二、中國佛教傳播下的十大弟子讚

任何宗教教主的生平事迹都是信徒最爲關切的，也是弘法布道的最佳題材。其次受關注的就是最初、最親近的門徒弟子，如儒家有孔門四科十哲，基督教有耶穌十二門徒。因此，除了原有的佛傳題材外，佛陀十大弟子與菩薩的傳讚也在佛傳的風行之下，開始在中土展開傳播。

佛教有所謂佛陀"十大弟子"，又作釋迦十聖、十弟子，指的是佛弟子中特別卓越的十人。隨樂欲各執一法門，皆具衆德而各有偏長，故稱第一。十人包括：（1）舍利弗，智慧猛利，能解決諸疑，號稱"智慧第一"。

---

① 詹杭倫：《王勃〈釋迦佛賦〉乃金代丁暐仁作考》，《文學遺產》2006 年第 1 期，第 142～145 頁。

② 詳參張家豪《唐代佛傳文學研究》，嘉義：中正大學中國文學研究所博士學位論文，2019 年。

（2）摩訶目犍連，神足輕舉，能飛遍十方，故稱"神通第一"。（3）摩訶迦葉，行十二頭陀，能堪苦行，故稱"頭陀第一"。（4）須菩提，恒好空定，能通達空義，故稱"解空第一"。（5）富樓那，又作滿願子。能廣説法，分別義理，故稱"説法第一"。（6）摩訶迦旃延（略稱迦旃延），能分別深義，敷演道教，故稱"論義第一"。（7）阿那律，又作阿尼律陀。得天眼，能見十方世界，故稱"天眼第一"。（8）優波離，又作優婆離。奉持戒律，無絲毫觸犯，故稱"持律第一"。（9）羅睺羅，不壞禁戒，能誦讀不懈，故稱"密行第一"。（10）阿難（全名阿難陀），能知時明物，所至無障礙，多聞，憶持不忘，堪任奉上，故稱"多聞第一"。

東晉帛尸梨蜜多羅譯《佛説灌頂經》卷八有關於十大弟子威德的記載，言：

> 佛又告賢者阿難：我十大弟子各有威德，智慧齊等，悉皆第一。我今結之，各現其威神，護諸四輩。佛言阿難：舍利弗、大目犍連、大迦葉、須菩提、富樓那、阿那律、迦旃延、優波離、羅睺羅、阿難，若四輩弟子爲邪惡所中者，皆當呼其名號，爲人除憂，去諸厄難，萬事吉祥。[①]

齊梁以降，中國崇拜十大弟子之風即已盛行，既有撰讚文於法會活動中諷誦者，又有繪製圖畫形像於寺院道場莊嚴者。敦煌文獻保存的有關佛陀十大弟子讚，計有 S. 276V、S. 1042V、S. 5706、S. 6006、P. 3355V、P. 3727、P. 4968、BD14546V、羽 025-1 等，其文皆爲四言，十六句，八韻，一韻到底。這些讚文既可用於法會諷誦，又可作爲十大弟子畫像的榜題文字。根據羅華慶《敦煌石窟全集》第二册《尊像畫卷》的統計，依敦煌莫高窟壁畫佛龕：北周時期開始有佛弟子像的繪製，並與龕內佛弟子塑像組合成十弟子像，或單繪十弟子像，表現釋迦十聖。隋代釋迦十大弟子是最常見的石窟壁畫塑像的題材，有繪十弟子像計 9 窟，繪塑組合的十弟子像計 26 窟，數目不等的佛弟子像計 12 窟。唐代更爲風行，前期繪塑組合的十弟子像計 47 窟，數目不等的計 25 窟，部分石窟保存有十大弟子的

---

① ［東晉］帛尸梨蜜多羅譯：《佛説灌頂經》卷八（CBETA 2019. Q3，T21，No. 1331，p. 517c21－26）。

題名；後期計 13 窟，部分存有榜題。五代宋計 24 窟。①

敦煌寫本壁畫榜題稿有關十大弟子贊，每人一贊凡十首，每首均採四言韻語，八韻，十六句，六十四字（全文見附錄）。茲舉前兩首以窺一斑，如下：

舍利弗智惠第一

美哉身子，胎內傳芳，母談异昔，舅學殊方。八歲包括，十六論場。裸形舌卷，俱稀爪長。威逾龍象，智利金剛。頰鞞分衛，進止安庠。請説甘露，聞偈非常。遺簪脱屨，歸依法王。

大目乾連神通第一

美哉采菽，身子情同。譬猶管鮑，膠投漆中。琢磨爲器，高抱淳風。誘諸异道，師我人雄。最上羅漢，第一神通。大入芥子，小遍虛空。梵志戰搖，魔王鞠躬。助宣妙法，永絶無窮。

敦煌寫本十大弟子的標目右側每每標注有畫像形態特徵，如 P.3355V "須菩提解空" 右上角注有小字 "托經"，"摩訶迦葉頭陀第一" 右上角注有小字 "把仗"，"聖者大目乾連神通第一" 右上角注有小字 "念珠"，"聖者舍利弗智惠第一" 右上角注有小字 "香爐"，"富樓那説法第一" 右上角注有 "把意仗"，"優婆梨持律第一" 右上角注有 "囓枝"；BD14546V "摩訶迦旃延論義第一" 下書 "右扇" 二字，"富樓那説法第一" 下書 "如意仗"，"優波離持律第一" 下書 "口銜柳枝"。這些顯然是壁畫中人物標志性特徵的提示。此外，文中有多處出現 "……時" 的句式，是典型壁畫的榜題套語。這些情況似可説明佛陀十大弟子讚及高僧贊源於圖像，誠如東晋文論家李充在《翰林論》説："容像圖而贊立，宜使辭簡而義正，孔融之贊楊公，亦其美也。"② 梁昭明太子蕭統也繼承李充的觀點，他在《文選序》説："美終則誄發，圖像則贊興。"③

南梁僧祐《釋迦譜》卷一云："祐歷觀學者，業盛則聲流，其在悠悠

① 敦煌研究院編：《敦煌石窟全集》，香港：商務印書館，2002 年，第 191～192 頁。

② ［清］嚴可均：《全上古三代秦漢三國六朝文》，卷五十三，北京：中華書局，1965 年，第 1767 頁。

③ ［梁］蕭統：《文選》，上海：上海古籍出版社，1986 年，第 2 頁。

未足算也。故十大弟子以第一爲標，四部之衆以名聞自顯，所謂衆所知識出乎其類者也。嗟夫，後進思自勗焉。"① 又其所撰《出三藏記集》卷十二也提及齊竟陵王蕭子良世子巴陵王蕭昭胄有《十弟子讚》十首，可見齊梁以降佛陀十大弟子隨樂欲各執一法門，以不同偏長威德分屬第一的說法已在中土流傳，並成爲佛教弘傳的主題之一，也是繪製佛陀説法圖的搭配，漸次凸顯，標示名目，並有榜題圖讚，顯見其在信衆中地位的不斷提升。隋智顗《維摩經文疏》卷十一有云：

> 第二別釋十弟子。經明十大弟子次第，多有不同，今辨十弟子還約此經爲次，第一往與《法華》明三根意亦似同，唯迦旃延在富樓那後异耳，但如來法王道王三千，初開三藏之教，必須法臣輔翼，共化衆生，此十大聲聞十德互有所長，故各掌一法，助佛化一切衆生也。舍利弗即是佛法智慧第一，二目連即是神足第一，三迦葉頭陀苦行第一，四須菩提即空行無諍三昧第一，五富樓那即是辯才説法第一，六迦旃延即是論義第一，七阿那律即是天眼第一，八優波離即是持律第一，九羅睺羅即是密行持戒第一，十阿難即是多聞總持第一。②

隋唐時十大弟子更加風行，如敦煌莫高窟有關佛弟子像的繪製，除了繪於龕内作主尊釋迦摩尼佛的脅侍外，還有釋迦十大弟子像繪畫，以及繪畫與塑像組合而成的十大弟子像，足見其盛行。十人次第不同的現象已經到了相當混亂的程度，不得不加以説明。所以智顗在對《維摩經》進行注疏時才會特別爲十弟子次第進行辨析。唐代爲中國佛教全盛時期，石窟、寺院更加普遍，十大弟子像、贊更頻頻出現，入唐求法的日本僧人多有從東土携帶《十弟子贊》回國者，如最澄《傳教大師將來越州録》著録有《十弟子贊》一卷③，圓珍《福州温州台州求得經律論疏記外書等目録》也録有《上都雲花寺十大弟子贊》一卷④，安然《諸阿闍梨真言密教部類

---

① ［梁］僧祐：《釋迦譜》卷一（CBETA，T50，No. 2040，p. 13，b22—25）。
② ［隋］智顗：《維摩羅詰經文疏》卷第十一（CBETA，X18，No. 338，p. 538，c6—17）。
③ ［日］最澄：《傳教大師將來越州録》，（CBETA，T55，No. 2160，p. 1059b7）
④ ［日］圓珍《福州温州台州求得經律論疏記外書等目録》（CBETA，T55，No. 2170，p. 1094c23）。另，圓珍《日本比丘圓珍入唐求法目録》也載有《上都雲花寺十大弟子贊》一本（CBETA，T55，No. 2172，p. 1101b9）。

總録》也録有《十弟子贊》一卷①，唯今多已亡佚。

三、中土編撰的菩薩傳贊

除佛傳、佛陀十大弟子贊外，菩薩傳贊也在中土流行。公元前三世紀印度大乘佛教開始發展，到了二至四世紀時龍樹菩薩開創中觀派，無著菩薩及世親菩薩開創瑜伽行派。四世紀時鳩摩羅什（334—413）將這些佛教派别的經典進行漢譯，帶動了中觀、瑜伽行派在中國的流行，同時也出現了一些典型的著名印度僧傳，如署名爲羅什翻譯的《馬鳴菩薩傳》②《龍樹菩薩傳》③《提婆菩薩傳》④。但印度並無真正專門的僧傳作品，只是在《阿含經》等佛典中留下了一些佛弟子的生平片段及本生故事。《馬鳴菩薩傳》《龍樹菩薩傳》《提婆菩薩傳》並非產生於印度，也未見有梵本。《馬鳴菩薩傳》以及現存最古的《龍樹菩薩傳》，究竟是否爲羅什所譯，學界頗多存疑。2008 年 Stuart H. Young 博士指出，依據北魏吉迦夜、曇曜所譯的《付法藏因緣傳》，這兩部菩薩傳當是後世所著。⑤ 之後，山野千惠子以此爲基礎，進一步以敦煌寫本及日本古寫經爲基本依據，考察《龍樹菩薩傳》的形成，認爲《龍樹菩薩傳》本以羅什口述爲主，流傳於西域地區，反復編輯，最終纔成爲現今傳本的樣貌。⑥ 學界或將之列爲中國人之撰述，或將之視爲中土"編譯"之作⑦，如侯傳文認爲，印度或者西域的佛教譯師來到中國以後，受到中國史學文化影響或者應中國僧徒之請，根據自己掌握的印度著名高僧的生平事迹和神話傳說資料，編譯了上述印度

① ［日］安然：《諸阿闍梨真言密教部類總録》卷二， （CBETA，T55，No. 2176，p. 1129c25）。

② 《馬鳴菩薩傳》收入《大正藏》第 50 册，第 183～184 頁。

③ 《龍樹菩薩傳》收入《大正藏》，有二種本，分别爲：《大正藏》第 50 册，第 184～185 頁；《大正藏》第 50 册，第 185～186 頁。

④ 《提婆菩薩傳》收入《大正藏》第 50 册，第 186～188 頁。

⑤ Stuart H. Young, *"Conceiving the Indian Buddhist Patriarchs in China"* (A dissertation Presented to the faculty of Princeton University in candidacy for the degree of doctor of philosophy, 2008), *"Conceiving the Indian Buddhist Patriarchs in China"* (Kuroda Institute Studies in East Asian Buddhism Series). Honolulu: University of Hawaii Press, 2014.

⑥ ［日］山野智惠：《初期的龍樹傳》，《蓮花寺佛教研究所紀要》2009 年 2 期。［日］山野千惠子：《〈龍樹菩薩傳〉的成立問題》，《仙石山佛教學論集》2010 年第 5 期，第 49～65 頁。

⑦ 吕澂：《印度佛學源流略講》，收入《吕澂佛學論著選集》卷四，濟南：齊魯書社，1991年，第 2054 頁。

僧傳，這些僧傳是中國史學文化影響的産物。① 這些作品雖然大多出自印度或者西域的高僧之手，但它們基本産生於東土，在印度和西域都没有發現它們的梵本。

敦煌寫本 P. 2680 卷子本，其高僧贊、高僧因緣記的匯抄中有《唯識論師世親菩薩本生緣》《唯識大師無著菩薩本生緣》；P. 3727《付法藏傳》寫本中也抄有《唯識大師無著菩薩本生緣》《唯識論師世親菩薩本生緣》。1981 年陳祚龍曾據 P. 2680 進行了録校，並對無著、世親的生平作了簡介。② 2018 年楊明璋據 P. 2680、P. 3727 二件寫本③，進行其文本屬性與故事源流的探究。

從 P. 2680 的叙録可見《唯識論師世親菩薩本生緣》《唯識大師無著菩薩本生緣》與《寺門首立禪師贊》等四種高僧贊、《佛圖澄和尚因緣記》等四種高僧因緣記匯抄，同卷還匯抄有《付法藏傳》的第廿三代、廿四代付法藏人，以及榜書底稿《遠公和尚緣起》（隋净影寺沙門惠遠和尚因緣變榜題）等。

P. 3727 是由 12 張大小不一的紙張黏貼而成的專輯。總合統觀其抄寫内容，除《内親從都頭知常樂縣令羅員定狀》《廣順五年正月都知兵馬使吕富延、陰義進等狀》等文書外，主要爲僧伽、史和尚、净影寺惠遠、劉薩訶四種高僧因緣記與首立禪師、義净二種高僧贊的匯抄。其中還有《付法藏傳》，殘存第一代到第十二代及廿五代聖者等。又有"十夢"，存"第一夢"至"第五夢"。又 P. 3355 寫本與《佛圖澄羅漢和尚贊》《彌天釋道安贊》合抄。這與敦煌石窟壁畫中十大弟子等圖讚形式的繪畫及榜題多所相應。

另外，P. 3727 還有硬筆書寫歷代高僧畫像的壁畫提示稿，有"未畫間子第一代白象前　第二代三鑊前　第三代一馬兩項　智公和尚　解虎禪師讚　肩長和尚十三代掩耳帽十四代　十五代前有一僧一俗新樂器　十六代有池内有火　十七代有僧項上放五色光　十八代有僧説法並有剃度　十

① 侯傳文：《佛傳與僧傳——中印佛教傳記文學比較研究》，《東方論壇》2017 年第 6 期，第 8 頁。

② 陳祚龍：《關於研究無著、世親的生平及其"著述"之新資料》，《中華佛教文化史散策三集》，臺北：新文豐出版公司，1981 年，第 181~192 頁。

③ 楊明璋：《敦煌本〈唯識大師無著菩薩本生緣〉、〈唯識論師世親菩薩本生緣〉之文本屬性與故事源流》，《中國學術年刊》2018 年第 40 期，第 123~146 頁。

九代有樓内有一手放光 又有一僧花山硤身 廿代前有剃度出家"4 行文字。另外還抄有"聖者馬鳴菩薩從尊者富那舍受一代教時""斛飯王生太子後，遣人往於聖者相太子時"，無著菩薩"以舌舐蛆時""却送刀時"，世親菩薩"從無著菩薩受制千部論時"等指示壁畫圖像榜題的套語，應是圖像繪製的榜題文字。

總體看來，《唯識論師世親菩薩本生緣》《唯識大師無著菩薩本生緣》與佛陀十大弟子贊及歷代聖者傳等，是結合中國高僧，形成了中國本土佛教的傳法世系，並作爲繪製石窟壁畫的文本依據，此外，也有一些文本是從石窟壁畫實際繪製後的榜題文字抄錄下來的。

《唯識論師世親菩薩本生緣》《唯識大師無著菩薩本生緣》兩篇（寫卷錄文見附錄）題名均分別首冠"唯識論師""唯識大師"，已明確顯示此《本生緣》當爲中土所撰，非據梵本翻譯。其標題均作《本生緣》，楊明璋以爲所謂的"本生緣"，應該就是"本生"與"緣起"的合稱，並舉無著菩薩造、玄奘譯《顯揚聖教論》卷六《攝净義品》所云"緣起者，謂諸經中列請者姓名已，而爲宣説，及諸所有毗奈耶、攝有緣起教、別解脱戒經等，是爲緣起"釋之。《大正藏》據高麗藏再雕本作"緣起"，校記説宋、元、明、宫、聖諸本作"因緣"。又舉佛典中亦名爲"本生緣""本生因緣"者，如唐代道宣撰《釋迦氏譜·説法開化迹第七》有"佛還本生緣"，龍樹菩薩造，後秦鳩摩羅什譯《大智度論》卷九十六《薩陀波侖品》也有"薩陀波侖菩薩本生因緣"等爲證。① 按：P. 2680 抄錄《隋净影寺沙門惠遠和尚因緣記》後緊接四行"隋净影寺沙門惠遠和尚因緣變"的榜題文字稿，其第一行標題即作"遠公和尚緣起"，是因緣、緣起當每多互用。

《唯識大師無著菩薩本生緣》所叙述的諸多情節中，最重要的是無著悲憫一老狗爲蛆所食，割己肉以代狗，同時也顧及蛆，爲避免傷害牠，遂以舌舐蛆。此一菩薩行爲，與唐代窺基撰《説無垢稱經疏》卷五《菩提分品》針對《説無垢稱經》② "諸佛土無量"至"利樂名本生"一段疏解意

---

① 楊明璋：《敦煌本〈唯識大師無著菩薩本生緣〉、〈唯識論師世親菩薩本生緣〉之文本屬性與故事源流》，《中國學術年刊》2018 年第 40 期，第 123～146 頁。

② ［唐］窺基《説無垢稱經疏·菩提分品》："此二頌往惡道而救，雖佛土地獄，故菩薩救他，亦示無邊。彼背正法，而行眾惡，故墮地獄，亦復無邊。悲速拔苦，慈與安樂。現爲大魚，於鱗甲内，養諸小蟲，而令啖食。現爲鹿王，救懷孕鹿。現爲飛雉，救被燒。諸有情類，如是往救利樂，此成佛已，名爲本生。正是菩薩本生事故。"（《大正藏》第 38 册，第 1090 頁）

涵相似。

第三節 中國高僧傳、高僧贊文學的興起

一、齊梁以來中國僧傳的興起

佛教於兩漢之際傳入中國，這是較爲可信的説法。隨著陸上絲綢之路的繁榮，中外經濟文化交流全面展開，佛教也沿著商道開始傳入中國。《漢書》記載了大月氏國王的使者伊存在中國口授《浮屠經》，漢楚王劉英信奉佛教，以及漢明帝感夢派遣使者求法的事迹，説明了東漢時期佛教確已傳入中國。而佛教真正在中國弘法布道，形成完備的教團，也就是佛、法、僧三寶在中土的具備，則要到稍晚的三國中期。

三國時期來到中國的僧侶以西域僧人爲主，直到曹魏後期嘉平二年（250），印度律學沙門曇柯迦羅到達洛陽譯經，在白馬寺設戒壇，朱士行（203—282）登壇受戒成爲中國歷史上第一位正式的漢人僧人。之後兩晋南北朝佛教興盛，中土僧人輩出，或苦行求法，或譯經弘法，或習禪證道，或持戒明律，或義解注經，或亡身興福，或神異感通。這些中土高僧出家、學佛、修道、悟道、證道的經驗與心路歷程自然成爲僧人、信眾修行學道的借鑒與典範。

佛教傳記文學初期以佛傳爲主，教主佛陀爲始成道者，自然是信眾崇拜學習的對象。至於佛陀的十大弟子則居次要，經典對其記述不多，加上時代久遠，尤多隔膜。無著、世親雖時代較爲接近，然囿於地緣的隔閡，對中土信眾而言相對陌生。

佛教傳入中國後信眾出家者漸多，僧人景仰佛陀，學習佛陀，佛陀傳記既是修習佛法的實踐，又是佛教弘法布道的載體。其學習、實踐的歷程與典範更是後世佛教傳播新穎而有效的見證與宣傳。是以僧人傳記隨之孳乳，尤其是六朝以來僧傳蜂出。

在中國史學與文學傳統中，"傳"體是一種以人物或事件爲核心的叙事文體。《四庫全書總目》"史部傳類"對"傳記"解釋説："傳記者，總

名也。類而別之，則叙一人之始末者，爲傳之屬；叙一事之始末者，爲記之屬。"① 以叙述事件的始末來突出傳主的生平，是中國傳記文學的叙事傳統。此類文體在中國有悠久的文學歷史，古代傳記文學大體上包括兩大類：歷史傳記文學（即史傳文學）以及雜體傳記文學（即雜傳文學）。

宗教人物的事迹一般罕爲正史所載，六朝以來高僧傳記文獻蜂出，史志將其與高士傳、列女傳、高道傳、神仙傳、先賢傳、耆舊傳等一類正史史傳之外的人物事迹一併歸爲雜傳。此類傳記主要是正史之外，以類相從的傳記集。

高僧傳記既屬佛教典籍，又可歸於佛教和歷史文獻，同時也是文學著述，人文色彩尤其鮮明。隨著佛教的傳播，中國僧傳逐漸發展，尤其自西晉後趙開始，朝廷廢止了漢人出家的禁令，有了中國第一位真正的僧人朱士行，其後本土僧人漸多。記述僧人弘法事迹的僧傳也漸次出現，先有個別僧人傳記的"別傳"，如《佛圖澄別傳》②《支遁別傳》③ 等，而後出現將同類僧人結集的"類傳"，或述求法，或述高逸，或專述某地僧人，又有所謂的"總傳"，匯述各個歷史時期的中外各類高僧，有眾僧合傳、宗派僧人合傳、祖師合傳等。在中國史傳傳統的影響下，僧傳文學得以快速發展。

東晉義熙十二年（416），法顯在建康道場寺撰《佛國記》，又名《法顯傳》，記載其西行求法的見聞，是現存最早的一部自述性"別傳"。南朝時期佛教在中國的傳播成爲學者關注的熱點。當時佛教傳入中土已數百年，其間"西域名僧往往而至，或傳度經法，或教授禪道，或以异迹化人，或以神力救物"，而"此土桑門，含章秀起，群英間出，迭有其人"，南朝僧俗亦競相撰述各類僧人史傳。較具規模，卷帙較多的是綜合性的僧傳，一般稱之爲總傳。這種僧傳篇幅寬度廣大，時代跨越度長，記叙僧人眾多，以南梁寶唱及慧皎的撰著最爲著名。

南梁天監九年至十三年（510—514），寶唱深受其師僧祐《出三藏記

---

① 永瑢等：《四庫全書總目》卷五十八"史部傳類"，北京：中華書局，1965 年，第 531 頁。

② 《世説新語·言語篇》第四五條劉注引作《佛圖澄別傳》。另《太平御覽》卷六十四"地部二十九·澠水"引作《浮圖澄別傳》，四庫本《太平御覽》卷六十四引作《佛圖澄別傳》，從《北堂書鈔》卷九十所引。

③ 《世説新語·賞譽篇》第八八條劉注引一條，引作《支遁別傳》。

集》末三卷述列傳的影響，"遍尋經論，使無遺失，搜括列代僧録，創區別之，辯真偽，芟繁冗"，歷時四年完成《名僧傳》三十一卷。全書分列法師、律師、禪師、神力、苦節、導師、經師七科，分別記述東漢、三國吳、晉、後秦、北魏、劉宋、蕭齊七代名僧 425 人，開 "分科總傳" 體例之先河。此書已亡佚，今存有《名僧傳抄》一卷，係日本釋宗性在文曆二年（1235）的摘抄本。

寶唱之後，慧皎（497—554）撰《高僧傳》，借鑒《名僧傳》七科體例，立釋門 "德業" 爲十科，將傳主分別系入僧傳 "十科" 體例。收録高僧 257 人，附見二百餘人。時間上起東漢永平十年（67），下訖南梁天監十八年（519），上下達 453 年。其寫作遵循繼承傳統 "史傳體" 體例，先寫傳主的法名、俗姓名、籍貫、出家時間地點等，次寫其釋門主要行事與貢獻，表叙傳主生涯，並於每科傳後創設附 "論"。其體例、分類方式與寫作形式影響深遠，成爲後世釋門總傳的典範。

唐道宣《續高僧傳》遵承傳統，師法正史，繼承並發展慧皎《高僧傳》之例法，沿承慧皎 "十科"，而略有變通，或保留，或更名，或合併，或增删。凡十五卷，約 46 萬字，正傳 468 人，附見 229 人，時間跨度自南梁初（502）至唐麟德二年（665），凡 164 年，兼收南北高僧。

隋唐之際，釋門還有撰述 "別傳" 之風，如灌頂的《天台智者大師別傳》①，彦悰的《唐護法沙門法琳別傳》② 等。另一方面，基於佛教布教弘傳活動的實際需求，以及佛教中國化、世俗化的發展，僧傳體類日趨多元。除原有的僧傳傳統外，更衍生出 "高僧傳略" "高僧贊" "高僧因緣記" 等系列。這些僧傳文學篇幅短小，體制多樣，尤便於發揮因時、因地化俗成信的特殊功能，凸顯中國僧傳文學的獨特性，是中國佛教弘傳文學的重要組成部分，只是學界自來關注的焦點都集中在歷代 "高僧傳" 上，

---

① 隋釋灌頂（516—632）撰《天台智者大師別傳》一卷，宋釋曇照注，二卷。此傳爲灌頂於智者去世後根據平日的記憶，並訪詢前輩撰寫而成。傳末所列感通事迹第八條是隋大業元年（605）二月二十日的事，故此傳的寫作當在此後不久。傳中關於智者的家世、出家學道、修持弘法、居瓦官寺、住天台山、受朝野之尊奉、及神通感應等，均有詳盡記載。宋代先有吳興廣福寺釋智湛爲此傳作箋注，今不傳。後有曇照宣和三年（1121）的注本二卷。

② 《唐護法沙門法琳別傳》或作《法琳別傳》。法琳，《續高僧傳》卷二十四有傳。別傳成於《續傳》之後，以年爲綱，將法琳的事迹及作品容納在內，主要聚焦於佛、道論爭，爲佛道關係史上的重要著作。

對於這些零星散落的另類僧傳文獻甚少留意。

僧傳爲六朝新興的史傳，在佛教全盛時期的唐代，各式各樣的僧傳文學益加發展，蔚爲大宗。其中有“高僧傳略”“高僧贊”“高僧因緣記”等一類篇幅短小的僧傳，其特點是單篇，散錄，既不成集，又無編纂集錄，主要流布在寺院、道場、齋會之間，以傳抄寫本構成。其中一些題寫於壁畫上，作爲提示、解説高僧圖像的榜題文字，呈現與實際應用場合相應的文本特色。可惜受到正統文學觀念的影響，此類僧傳大多未能受到應有的重視，以致隨時代遷移而散亡。

在中國，佛教傳播初期主要傳法者爲外來高僧，傳播方式以口頭諷誦、宣説爲主，其次是訴諸文字的經典翻譯。之後，信衆憑藉漢譯經典誦習，快速推動佛教信仰的傳播。除了語言宣説、經典文字外，教法的宣揚與弘傳也採取綫條、色彩形成的圖像。視覺具像的傳達能夠擺脱語言文字的限制與障礙，也發揮了文字、圖像相輔相成的功效。如此多元的傳播方式與豐富的傳播媒介，使得佛教在中土的傳播空間與對象大爲擴張。

隋唐五代，佛教的發展與傳播進入了由雅而俗的新階段。這一階段不論是雖識字但不便或無緣讀經的信衆，還是因不識字而無法讀經的信衆，皆可到寺院聽講。化俗法師以講唱經文或歌讚唱誦俗曲的方式，對佛教進行口頭傳播。同時，在寺院大型壁畫的繪製中，匠人以綫條、色彩來製作經變畫，或以絹本、紙本繪製經變掛畫，進行視覺上的傳播。這些“口宣俗講”“圖繪變相”的取材，首先便是最爲引人入勝的佛傳故事、本生、因緣與譬喻等叙事題材。

統而觀之，佛教教主釋迦牟尼的一生，即所謂的佛本行，從誕生、出家、修行、證道、成佛、轉法到涅槃的種種事迹，體現了佛教產生與發展的歷程，是佛教布教的重要內容，更是佛教文學與圖像展現的主要題材。當佛教傳入具有深厚史學傳統的中國後，除了原有的佛傳題材外，僧傳的發展也在接受印度佛傳文學的因素下應運而生，並蓬勃發展，成爲漢傳佛教興起的獨特文類，既反映了佛教中國化的過程，也體現了中華民族獨具的歷史意識，是具有繼承與創新的佛教傳記文學。

二、晉唐中國佛教像贊的發展

“圖贊”“像贊”“圖像贊”，統言無异，析言有別，指的是題寫在畫面或圖像上的贊美詩文。東晉文論家李充《翰林論》有云："容像圖而贊立，宜使辭簡而義正，孔融之贊楊公，亦其美也。"梁昭明太子蕭統《文選序》也説："美終則誄發，圖像則贊興。""贊"或作"讚"，本義爲"佐""助""明"，是中國固有的文體，蓋源於祭祀等儀式上的導引唱拜之辭，或宴會中主客雙方用以應答等禮儀形式的贊辭。贊體的發展，可上溯至先秦，兩漢時期是贊體文學的成熟期。魏晉南北朝時期，此類文學作品數量遽增，迎來贊體文學的繁榮期，無論在題材内容或文體形式方面均有快速發展，寫作主體越發多元，大量人物贊、詠物贊、畫贊、雜贊紛紛涌現。據清嚴可均《全上古三代秦漢三國六朝文》統計，魏晉南北朝時期的"畫贊""像贊""圖贊"作品有 250 多篇。① 隨著佛教在中國的盛行，佛贊、菩薩贊等更是在固有人物贊的基礎上大爲擴展添飾。從中央到地方，從大家世族到社邑信衆，佛教造像蔚然成風。關於南北朝時佛教造像的情況，唐法琳《辯正論》言："修治故像一百五十萬八千九百四十許軀，宮内常造刺繡織成像及畫像，五色珠旛五彩畫旛等不可稱計。"② 這是法琳説隋文帝時修治的"故像"數目，其"故像"當指南北朝時期所造的佛像，足見數量之大。南北朝時期，佛教石窟、摩崖、石刻造像頻繁，雖然歷代迭遭損毁，大多不存，然今收集保存下來的"造像記"仍有不少。③ 同時，這一時期爲供奉於佛寺或宫中而鑄造的各種類型的金銅佛造像，也不在少數。如此可觀的造像盛況自然會推動高僧大德、文人居士佛像贊的撰寫。如著名高僧支遁便寫有《釋迦文佛像讚並序》《阿彌陀佛像讚並序》等。除造像讚外，他還結合名僧畫作，讚揚竺法護的人格與成就，撰寫了《竺法護像讚》等。④ 除《竺法護像讚》爲四言外，其餘均爲五言，篇幅短小，約 70 字。此類像讚以佛、菩薩及高僧等爲贊頌對象，爲讚體文學開創了嶄新的局面，其獨特的文學表現既彰顯了佛讚已然成爲南北朝讚體文學新興的主題，更凸顯了中國讚體文學的新變。

---

① 有關唐代以前讚體的發展，可參李成榮：《先唐贊體文研究》，大連：遼寧師範大學碩士學位論文，2006 年；王亞利：《漢魏兩晉贊體文研究》，南寧：廣西大學碩士學位論文，2017 年。

② ［唐］法琳撰《辯正論》卷三，《大正藏》第 52 册，第 509 頁。

③ 如邵正坤的《北朝紀年造像記匯編》（長春：吉林人民出版社，2014 年）收錄北朝造像記材料便有 1200 多通。

④ 參張富春：《贊體新變：佛教題材及五言詩贊之開拓——以東晉名僧支遁詩文爲例》，《回眸一瞥·當代文壇》2014 年 1 期，第 142～145 頁。

南北朝以後，讚體文進一步發展。根據對《全唐文》的初步統計，計收錄讚體文 401 篇，足見唐代讚體文學的繁盛。北宋李昉等編纂的《文苑英華》第二十六類將"贊"分爲帝德、聖賢、佛像（附道像）、寫真、圖畫、雜贊等六類。北宋姚鉉（967—1020）等編纂的《唐文粹》將文體分爲二十三大類，其中第六大類爲贊類，其子目分帝王、將相功臣、庶官、孝子、名臣、浮圖、圖畫、鷙鳥、絶藝、雅樂、橋梁十一類。此類贊文中涉及佛教主題的佛像、寫真、圖畫等，特別是佛像讚，無疑與佛教全盛時期唐代社會佛教信仰活動息息相關，是值得關注的。

又唐代曾出現在宮廷内道場等場所爲高僧繪製圖像的風尚，據陝西咸寧出土的常無名（688—744）撰《唐大薦福寺故大德思恒律師志文並序》載："開元十四年十一月二十六日，終於京大薦福寺，年七十有六。初和帝代召（思恒）入内道場，命爲菩薩戒師，充十大德，統知天下佛法僧事，圖像於林光殿，御製畫贊，律師固辭恩命，屢請歸閑，歲餘方見許焉，其靜退皆此類也。"據此可知在此風尚的推動下，高僧圖像贊的撰作自是興盛不迭，甚至連唐中宗李顯都曾撰有《林光宮道岸法師像贊》[1]《賢首國師真贊》[2]。

此外，唐代還有單獨爲高僧畫像的習俗，除了描繪歷代著名高僧外，也爲當代的高僧繪製畫像。如庋藏於日本京都教王護國寺的唐畫珍品，相傳爲中唐著名畫家李真所繪的《不空真剛像》。此外，榕溪園藏有八世紀中期的《金剛三藏像》，該圖像是金剛三藏在開元二十九年（741）8 月回日本途中的自畫像。[3]

圖像右上方朱底黑字，當爲榜題。雖絹絲破損，字迹殘泐，不易辨識，但仍可確定有四行文字。兹據前賢録文，轉録如下：

---

① 《全唐文》卷十七《林光宮道岸法師像贊》："戒珠皎潔，慧流清净。身局五篇，心融八定。學綜寶典，觀通實性。維持法務，綱統僧政。律藏异兮傳芳，象教因乎光盛。"（臺北：大化書局，1987年，第88頁）

② 《全唐文》卷十七《賢首國師真贊》："宿植明因，專求正真。庵園晦迹，蓮界分身。闡揚釋教，拯濟迷津。常流一雨，恒净六塵。辨囿方開，言泉廣濬。護持忍辱，勤修精進。講集天華，微符地震。運斯法力，殄兹魔陣。爰標十觀，用契四禪。普斷煩惱，遐袪蓋纏。心源鑒徹，法鏡澄懸。慧筏周運，慈燈永傳。名簡紫宸，聲流紺域。梵眾綱紀，僧徒楷則。鎮洽四生，曾無懈息。播美三千，傳芳百億。"（臺北：大化書局，1987年，第88頁）

③ 康耀仁：《〈金剛三藏像〉考略》，《中國美術》2015年第2期，第102～107頁。

1. 阿目　傳日羅金剛三藏
2. 付法　　　蔭　下唐
3. 陽就知變　灌頂
4. 　　　　　　師深

雖文字模糊，但可以確定其爲高僧畫像之榜題，是唐代高僧圖像衍生高僧傳略、高僧贊乃至高僧因緣記的實體見證。我們再從今天日本奈良藥師寺所藏法相宗慈恩大師窺基的畫像進行考察，可以得到更明顯的證據。

慈恩大師（632—682）是唐玄奘的弟子，爲法相宗的開基祖。生於唐貞觀六年（632），17歲出家成爲玄奘的弟子，極盡瑜伽和唯識的奧義，永淳元年（682）逝世於長安大慈恩寺。

圖3—1　《金剛三藏像》

本圖長161.2釐米，寬132.7釐米。被推定繪於平安時代後期，在唐土將來的圖像粉本上描繪而成。奈良藥師寺每年慈恩大師窺基忌日舉行所謂御影供慈恩會時，會懸掛此畫像供人瞻仰追悼。興福寺也存有慈恩大師畫像，但畫的是立像。藥師寺畫的是坐像，畫像上方有四言韻文的慈恩大師讚。

另，日本奈良興福寺沙門永超集的《東域傳燈目錄》卷一載有"《慈恩基大師讚》一卷（大宋文皇帝御製）"①，正可作爲印證。

圖3—2　窺基畫像

在敦煌石窟與敦煌文獻中，更有贊文作爲高僧贊配圖而用的佐證。如莫高窟第97窟原爲唐窟，現存表層壁畫一般認爲是沙州回鶻的作品，繪於"十世紀初至十一世紀後半期"②，王惠民以爲很可能是依據前蜀武成

---

① ［日］永超：《東域傳燈目錄》卷一，《大正藏》第55冊，第1163頁。
② 劉玉權：《關於沙州回鶻洞窟的劃分》，《1987年敦煌石窟國際討論會文集》，瀋陽：遼寧美術出版社，1990年，第1～29頁。

圖 3-3　莫高窟第 97 窟壁畫

年間（908—910）以畫羅漢而聲名顯赫的張玄《十六羅漢圖》繪製的。① 此窟東、南、北三壁繪有十六羅漢，現存十一身，每一畫像上均有榜題，每條榜題前半部分是羅漢簡介，内容出自唐玄奘譯《大阿羅漢難提蜜多羅所説法住記》，後半部分爲七言贊頌，共八句。與敦煌寫本 S.1589V、P.3504、BD07650V（皇字 50V）、BD08227V（服字 27V）之《十六羅漢頌鈔》（擬）文字内容相同。茲列南壁第九尊者戍博迦榜題文字形式如下：

慈悲不替賜提携　　永捨喧煩生死路

我今發露依歸願　　眾會咸生虔仰心

勅諸羅漢住諸方　　化苦眾生超苦海

佛爲四弘悲願力　　臨滅猶哀救世人

世間　作大利益　頌曰

等敬奉　佛敕不入涅槃久住

阿羅漢自與眷屬九百阿羅漢

香醉山中第九尊者戍博迦大

榜題文字書寫由左至右，自上而下。當作"香醉山中第九尊者戍博迦，大阿羅漢自與眷屬九百阿羅漢等，敬奉佛敕，不入涅槃，久住世間，作大利益。頌曰：佛爲四弘悲願力，臨滅猶哀救世人；敕諸羅漢住諸方，化苦眾生超苦海。我今發露依歸願，眾會咸生虔仰心；慈悲不替賜提携，永捨喧煩生死路"。前有小序，後有七言頌八句，敦煌寫本《稠禪師解虎讚》也是前有序，後有讚，序末以"不揆庸愚，後列其頌"引領以下五言

① 參王惠民：《敦煌壁畫〈十六羅漢圖〉榜題研究》，《敦煌研究》1993 年第 1 期，第 25～36 頁。

八句的贊，也可作爲實證。

　　唐代繪製高僧的寫真圖像風行，無論法相宗、天台宗、律宗、净土宗、禪宗、密宗，幾乎各宗各派都有此舉。而敦煌的佛教是無宗無派的，其繪製的高僧圖像更是不分宗派，凡爲敦煌地方佛教信衆所崇仰的高僧都有可能被繪製禮拜，尤其是吐蕃、歸義軍時期的晚唐五代繪像，更凸顯了敦煌佛教信仰的地域性。

第四節　敦煌佛教視野下僧傳文學多元的發展

　　敦煌爲佛教勝地，雖地處邊陲，却居佛教東來西往之關鍵樞紐。今所發現的佛教文獻雖各宗典籍都有遺存，各個時代的壁畫也有各宗經典内容呈現，但只能説明當時各宗都曾在敦煌活動，很難考察敦煌寺院分屬哪一宗派。可以説敦煌的佛教文獻所呈現的是佛教經由西域東傳，逐漸漢化的發展過程。尤其是吐蕃、歸義軍時期的晚唐五代，敦煌佛教呈現漢藏交融、地域化及民俗化的特色。敦煌藏經洞中六萬多號的寫本，90%是佛教文獻，莫高窟492個有壁畫的石窟，共同反映了佛教在敦煌活動的實況。

　　在敦煌發現的文獻，其中保存有高僧因緣記、高僧傳略、高僧贊等一類僧傳文學文獻，且呈現出承繼中國雜傳與圖讚文學傳統的特點。同時，在敦煌石窟壁畫與紙本畫、卷本畫中也發現了不少與這些僧傳文學相應的高僧史迹畫、高僧人物畫，更加彰顯了僧傳文學與圖像在敦煌佛教傳播中多元的文化功能與意涵。

一、高僧因緣記

　　"高僧因緣記"或稱"高僧因緣傳"，主要記述高僧出家、得道、成爲聖僧的因緣事迹。印度佛教十二分教中，佛教文學採取因緣、譬喻、本生與本事等幾種文體，其因素也在中國佛教傳記文學中孳乳、轉化。其中文學形式的"因緣"後來漸漸與本生、譬喻、本事相結合，内容更加廣泛，成爲佛教文學的重要組成部分。而唱導活動中所謂的"説緣喻"，便是説唱佛教的"因緣""譬喻"故事。南梁慧皎《高僧傳·唱導論》記叙六朝佛教唱導活動，即提到"或雜序因緣，或傍引譬喻"①，唐代敦煌寫卷《俗講儀式》中更有"便入經，説緣喻"② 之文，可見深具故事性的"因緣""譬喻"是聽眾所喜聞樂道的。因此在中國佛教齋會的進行中，往往會將之安插在唱導、俗講中，作爲聽講疲憊時提振精神，並資啓發開悟之用。

高僧行迹可在法會中宣説，也可將之繪製成壁畫以莊嚴道場，並收弘傳之功，其所參考者自以《高僧傳》爲方便而可靠。然《高僧傳》之作，其記叙力求全面而完整，一般多宏篇巨幅，而法事活動時間有限，儀軌繁多，難以長久述説，壁畫繪製則受制於載體與空間，榜題文字更需切合畫面主題與情節，力求簡明。因此，無論宣説或繪製，都需將材料進行壓縮、節録，或擷取其中重要情節，或摘録部分字句，進行改編或改寫，使篇幅大小符合需求，同時達到内容主題凝聚，叙述概括而凝練的要求。基於達到宣講傳誦的聽覺傳播與壁畫圖像的視覺傳播效果，鮮明突出的故事情節自是首選的題材，高僧的神異、感通事迹更是佛教弘法布教之利器。既然記叙側重人事，篇幅則宜簡短，"高僧傳略""高僧因緣記"一類編撰作品也就因運而生。

按："傳"是記叙人物事迹的文字。高僧傳是高僧人物生平事迹的記叙。傳有轉述、傳布的意涵。高僧因緣則是專就高僧出家學佛、修行得道成爲高僧的歷程中足可資信眾修行學習及信仰崇拜的重要事迹。"記"指記述，説明。作爲文體名，以叙事爲主，兼及情事之描寫。"傳"以人物爲主體，"記"以事情爲核心。雖側重點稍異，但"因緣傳"與"因緣記"同爲叙述因緣的散文體傳記文學作品，是佛教傳記文學的特殊成員，也是高僧傳的變體。

今所知見敦煌文獻中題名或擬名爲"因緣記""因緣傳"的寫卷主要有《佛圖澄和尚因緣記》（S. 1625、P. 2680）、《劉薩訶和尚因緣記》

---

① 《高僧傳》卷十三："唱導者，蓋以宣唱法理，開導眾心也。昔佛法初傳，於時齊集，止宣唱佛名，依文致禮。至中宵疲極，事資啓悟，乃別請宿德，昇座説法。或雜序因緣，或傍引譬喻。"（湯用彤校注《高僧傳》卷十三，北京：中華書局，1992 年，第 521 頁）

② P. 3849V 及 S. 4417《俗講儀式》記講《維摩經講經文》的儀式中有云："講《維摩》：先作梵，次念觀世音菩薩三兩聲，便索唱經文了。唱曰法師自説經題了；便説開贊了；便莊嚴了；便念佛一兩聲了；法師科三分經文了；念佛一兩聲，便一一説其經題名字了；便入經，説緣喻了；便説念佛贊了；便施主各各發願了；便迴向、發願、取散。"

（P. 2680、P. 3570、P. 3727、羽 698）、《隋净影寺沙門惠遠和尚因緣記》（P. 2680、P. 3570、P. 3727）、《法照和尚因緣傳》（P. 2130）、《靈州龍興寺白草院史和尚因緣記》（P. 2680、S. 276V、S. 528、S. 3570V、P. 3727）、《聖者泗州僧伽和尚元念因緣記》（P. 3727）。此類高僧“因緣記”的出現，表明唐代佛教僧傳文學的多元化發展。

二、高僧傳略

所謂“傳略”是對人物大略生平事迹的記述，而高僧傳略即指佛教高僧生平事迹的大略記述。一般來説，傳略所記述的内容粗略，文字簡潔樸實，大多情節引自史傳，亦酌採舊聞軼事。相對“詳傳”而言，或可稱之爲“略傳”。略傳是作者就高僧生平進行簡要記述的寫作，傳略則是基於使用場合與功能的需求，就已有的高僧傳（即詳傳）進行適當剪裁，對高僧大要事迹進行加工創作。

佛教弘傳的過程中，高僧足以垂示世人的種種事迹往往被穿插在法會儀軌中，作贊嘆之用。這些贊頌高僧的參考文本自然以歷代《高僧傳》最爲完備便利。不過基於法會時序、節目及傳誦、贊詠時間的種種制約，這些文本篇幅相對簡短，内容概括凝練。因此，從《高僧傳》中選擇所要贊頌高僧的傳記文本，往往需要截取適當篇幅，以充贊頌之用。或據以删簡改易，或加以增補改寫，無須另行撰作。如 S. 3074《高僧傳略》中的“釋弘明”，全文 179 字，句首開頭“齊永明中”多“齊”字，“今墮清中”之“清”作“厠”，後有“右二驗出梁《高僧傳》”等，前 115 字完全與唐釋道世《法苑珠林》卷九十四“穢濁篇”之“便利部·感應緣”所載相同，後 64 字則爲諸僧傳史料載籍所無，蓋爲作者之撰作。

S. 3074《高僧傳略》殘卷中，竺道生部分前題有《宋揚都龍光寺法師竺道生圖贊》，鳩摩羅什部分前題有《羅什法師譯經院》，據此推測，此蓋爲配合高僧畫像，節錄或檃栝《高僧傳》内容、文字而作的圖像解説贊文。由此可見這些高僧贊也是配合高僧圖像的説明，極可能是在寺院道場懸掛諸佛、菩薩、歷代高僧及祖師畫像以供法會禮拜時，由法師進行一一禮拜贊頌，並結爲一體，書寫於畫像下，也可抄錄下來，以備法師歌詠贊頌之用。

三、高僧贊

中國自古以來也有贊這一文體，贊或作讚，是對人物頌揚贊嘆而作的文章，相當於佛經中的頌詞。《文心雕龍‧頌贊篇》："贊者，明也，助也。昔虞舜之祀，樂正重贊，蓋唱發之辭也。及益贊於禹，伊陟贊於巫咸，並揚言以明事，嗟嘆以助辭也。"① 清姚鼐在《古文辭類纂》序言中也曾指出："贊頌類者亦詩頌之流。頌者美盛德之形容，以其成功，告於神明者也。"② 頌即容，兼樂章舞容者，別於風雅徒歌。因此，贊、頌同歸爲一類，經常並稱。

佛教贊頌的形式有押韻與不押韻，齊言與長短句。因此每有與詩歌難以區分之作品，自來論者頗多直以詩歌來概括。

在印度原始佛典十二分教中，韻文居其二，即重頌（Geya）與諷頌（Gāthā，偈頌）。佛典中用來贊嘆佛德，且具高度文學性的偈頌，在漢譯後自然也是最具文學性的作品，如馬鳴贊叹佛陀生涯的《佛所行贊》二十八品，可説是佛傳文學之白眉。佛教東傳，在漢譯佛典的發展過程中，佛傳文學逐漸結合中國固有文學中的詩歌贊頌等文體，形成了中國佛教文學中獨特的贊頌文體。敦煌佛教文學文獻中，贊頌互稱也時有所見，如P. 2680、P. 3490、P. 3727、S. 1774V 四件《寺門首立禪師讚》寫本，前三件首題均作《寺門首立禪師讚》，S. 1774V 首題作《寺門首立禪師頌》。

漢譯佛典中出現頗多譯作"贊"的文體，由於是翻譯的產物，其基本文化源自印度佛教，因此，漢譯佛典標示爲"贊"的文體，其內涵不必然等同於中國文學中的"贊"。

隨著佛教在中國的發展，釋徒作品出現融合中國傳統贊頌與佛典贊頌而成的佛教贊頌文學。唐代佛教中國化、世俗化最爲成功的净土宗與禪宗，其門徒大量創作並普遍使用贊頌作品來傳道布教。

在中國佛教諸多佛教宗派中，净土宗與音樂文學的結合最爲密切，且最受稱道。北魏曇鸞（476—542?）《贊阿彌陀偈》蓋爲净土頌贊之嚆矢。七言一句，二句一行，計九十二行，凡五十一偈。内容主要據《無量壽

---

① 王利器：《文心雕龍校証》，上海：上海古籍出版社，1980年，第59頁。
② ［清］姚鼐：《古文辭類纂》，臺北：世界書局，1956年，第22頁。

經》以贊嘆佛陀過去修行的結果。每偈末句分別以"歸命禮""頂禮""稽首""頭面禮""禮"等作結，顯然是禮佛儀式中，大衆齊集一堂時實際使用的贊頌。① 佛教繁盛，佛曲流行，尤其是净土宗興起，提倡專心念佛。初唐善導（613—681）弘傳"净土法門"，更有《法事贊》《往生禮佛贊》《般舟贊》等歌贊三卷，其中有曰："咸然奏天樂，暢發和雅音，歌嘆最勝尊，供養彌陀佛。"中唐法照更制定"五會念佛"法規，有《净土五會念佛略法事儀贊》《净土五會念佛誦經觀行儀》等，影響甚遠。

唐代禪宗大量使用贊頌來表現體道、悟道的心境與禪理，乃至作爲傳法的媒介，因而禪門一般也以贊頌來作爲偈頌、銘贊等佛教韻文的總稱。

今敦煌文獻中高僧贊這一佛教文學體裁，與三藏經典中的梵贊、偈陀不同，是出自中土釋門的漢贊，是遠紹中國古代人物贊、畫像贊的傳統，近承兩晋六朝佛像贊發展而來的。其形式大抵採四言韻，以八句、十六句居多，偶有採五言韻語的，具有中國詩歌文學的特點。其内容既有法事、禮佛之用者，也有配合佛、弟子、菩薩、高僧畫像而撰者。張志勇在《唐代頌讚文體研究》② 中曾指出唐代贊文具有簡筆勾勒顯儀容、細選行事寫性情、褒贊稱美譽平生的特性，以爲唐代贊文已有紀傳功能的指向。這正是敦煌高僧贊、高僧因緣記、高僧傳略同卷匯抄，形成僧傳文學文本群的原因，三者的功能性質已趨於相同。

佛教贊頌文學繼承印度贊頌傳統，贊頌佛陀及其弟子。隨著中土佛教的發展，其贊頌文學逐漸豐富，除了接受印度佛教贊頌佛陀成道、佛子出家等題材之外，由於中土高僧大德輩出，佛教宣教弘法過程中贊揚稱頌高僧的贊文也因之漸次發展，且日趨多樣，形成了贊頌佛、法、僧三寶具足的贊頌文學。其内容包括皈依頂禮三寶，頌揚佛祖威德，歌詠佛法深奧微妙，以及傳達高僧學行典範等。大量贊揚中土高僧的贊文，可說是佛教在中國傳播後所衍生的佛教傳記文學的豐富成果。

今敦煌文獻保存有不少此類作品，其中原卷題名有"贊（讚）"的，計有佚名《佛圖澄羅漢和尚贊》《彌天釋道安贊》，釋金髻《羅什法師贊》《稠禪師解虎讚》《南山宣律和尚讚》，釋利濟《唐三藏贊》，釋金髻《義净

----

① 如："若聞阿彌陀佛號，歡喜贊仰心歸依。下至一念得大利，則爲具族功德寶。設滿大千世界火，亦應直過聞佛名，聞阿彌陀不復退，是故至心稽首禮。"

② 張志勇：《唐代頌讚文體研究》，河北大學博士學位論文，2010 年。

三藏法師贊》《寺門首立禪師讚》等，這些贊頌大抵在佛教寺院法事活動中作爲高僧圖像解説以莊嚴道場、贊頌高僧之用。

第五節　敦煌邈真贊與人物畫像記之新變

　　敦煌石窟壁畫中出現最早、延續時間最長、數量眾多的首推佛教尊像畫。與石窟中的佛教故事畫、經變畫等相比，這類尊像畫形式簡約、内容單一，主要以人物形象爲中心。佛教將這類"尊像"以雕刻或繪畫的形式表現出來，以供修行者瞻仰禮拜。隨著佛教在中國的發展，更有將得道成聖、弘法傳教的高僧形象繪製成爲壁畫、紙畫、絹畫，或是雕塑成像，以供弟子、信眾瞻仰禮拜之用。如敦煌莫高窟第 72 窟繪有聖者劉薩訶像及聖者僧伽和尚像，這是中國人物畫的拓展，也是佛教尊像畫的衍生。佛教東傳後，除傳法高僧被繪製成圖像外，因唐代佛教諸宗派盛行，寺院也每每繪製其宗派祖師真容，甚或設置影堂圖寫繪製，或塑造僧形，以供存念禮拜。佛教全盛時期的唐代，各宗派林立，寺院中都有祖師真容的繪像，以供弟子瞻仰，藉以彰顯其宗派傳承，加强宗門向心力。特别是禪宗，不論南宗、北宗，均有高僧真像，即使净眾宗、保唐宗也有各自僧像。傳世文獻對於唐代禪宗高僧繪塑影像之事多有記述，而相關文集也都載録了有關高僧的寫真贊文。如敦煌寫本《歷代法寶記》中即載録有保唐宗無住和尚的寫真贊文。

　　隨著僧人寫真的盛行，寺院中出現世代僧人享用同一影堂的風尚，唐羊士諤（約 762—819）《山寺題壁》詩便有"一燈心法在，三世影堂空"的詩句。禪宗六祖慧能坐化，有漆像肉身，弟子神會序禪宗宗脈，將其餘五祖繪作影像安置於慧能的真堂一起供奉。這些用以説明祖師傳承由來並供瞻仰的祖師圖像，或可稱之爲"傳法高僧圖"。

　　英國博物館藏斯坦因所收集的敦煌繪畫中，編號 163. Ch. 00145 的爲紙本墨畫白描高僧圖一幅。高 46 釐米，寬 30 釐米，約製作於 9 世紀末到 10 世紀初。

　　此高僧畫像爲紙本，以墨綫白描繪製，出自莫高窟 17 窟藏經洞。畫

面内容爲：一高僧身著通肩袈裟，坐於
方毯上，作禪定狀。前側畫有一雙雲頭
鞋，僧人右側畫一净瓶，身後一樹，樹
上掛有念珠及挎袋。

　　從僧人著裝並隨身携帶有净瓶、念
珠、挎袋及雲頭鞋等裝備看，此畫當爲
高僧禪修圖。姜伯勤曾引唐皎然《大雲
寺逸公寫真贊》"一床獨坐，道具長隨，
瓶執堪瀉，珠傳似移。清風拂素，若整
威儀"來印證唐代高僧寫真像的
特性。①

　　按：莫高窟第 17 窟爲河西僧統洪
辯的影窟，即所謂"吳和尚窟"，約建
於唐大中、咸通年間（851—862），此

圖 3—4　白描高僧圖

窟位於第 16 窟甬道的北壁，是當時敦煌佛教界領袖洪辯的影堂。洪辯和
尚俗姓吳，幼時出家，學養豐厚，通曉吐蕃語，轉譯佛書，精通佛理。唐
大中二年（848），曾極力協助張議潮推翻吐蕃，收復敦煌及河西地區，重
新歸附大唐王朝。後被唐宣宗敕封爲"釋門河西都僧統"，約卒於 862 年。
此畫製作年代當在洪辯死後數十年，是以畫中描繪的禪僧顯然不是洪辯。
此種形式的高僧真容繪畫應該是唐代僧人影堂、影窟普遍的裝置。唐張祜
（約 785—849）在東京神秀禪師（606—706）影堂瞻仰時，有《題秀師影
堂》詩，云："澤國聞師泥日後，蜀王全禮葬餘灰。白蓮塔向清泉鎖，禪
月堂臨錦水開。西嶽千篇傳古律，南宗一句印靈臺。不堪隻履還西去，葱
嶺如今無使回。"（《全唐詩》卷五一一）唐齊己（約 863—937）瞻仰禪月
大師貫休（832—912）影堂時，有《荆門寄題禪月大師影堂》詩，云：
"楚客送僧歸桂陽，海門帆勢極瀟湘。碧雲千里暮愁合，白雪一聲春思長。
柳絮擁堤添衲軟，松花浮水注瓶香。南宗長老幾年別，聞道半岩多影堂。"
（《全唐詩》卷八四五）可見唐時此風之盛行。

---

　　①　姜伯勤：《敦煌的寫真邈真與肖像藝術》，《敦煌藝術宗教與禮樂文明》，北京：中國社會
科學出版社，1996 年，第 77 頁。

　　高僧寫真主要是置於影堂以供世人瞻仰膜拜。影堂或作影窟，是爲紀念高僧而繪塑有高僧真容的紀念性窟室。至於真堂的設置，鄭炳林在《敦煌寫本邈真贊所見真堂及其相關問題研究——關於莫高窟供養人畫像研究之一》一文中認爲，敦煌的真堂分爲兩類：一類是寺院設置的真堂，如靈圖寺、龍興寺設置的真堂，安置的是高僧真容圖；一類是敦煌俗姓家族設置的真堂，安置的是先人描真像。這很可能受到廟堂的影響。① 他還據敦煌寫本 P. 3636《雜抄》的記載判斷：敦煌地區不僅有倉慈廟，還有李嵩廟、張芝廟、孟敏廟等，都塑有廟主真容。其次索使君佛堂、張安三佛堂、周鼎佛堂等可能也供奉有其真容，是佛堂與真堂的混合物。②

圖 3—5　莫高窟第 17 窟洪辯高僧塑像

　　莫高窟第 17 窟窟頂爲覆斗形。洞窟平面近方形，地面至窟頂高約 3 公尺。靠近北壁地面有一長方形禪榻。禪榻上有洪辯高僧塑像。塑像極具寫實風格，高僧身著通肩袈裟，結跏趺坐。背後壁上畫有兩棵菩提樹，樹上懸掛著净瓶及挎袋。東側菩提樹下畫一持對鳳扇的比丘尼，西側菩提樹下畫一執杖持巾的近事女。

　　中國佛教除供養高僧寫真圖畫外，也有對高僧漆身、塑像的供養，尤其是開創宗派的祖師或創置寺院的高僧，一般仍多以肉身漆身供養。如禪宗六祖惠能坐化後有漆像肉身，莫高窟第 17 窟洪辯和尚塑像（後有舍利、骨灰袋）的製作安置，皆屬此概念的延續。

　　唐代僧傳文學在中國人物畫像讚的傳統與佛教喪葬文化影響與交融

---

① 鄭炳林《敦煌寫本邈真贊所見真堂及其相關問題研究——關於莫高窟供養人畫像研究之一》，《敦煌研究》2006 年第 6 期，第 64～73 頁。

② 敦煌寫本 P. 3636《雜抄》："倉慈，字孝仁，淮南人也。爲敦煌太守。先時强族欺奪諸胡，爲慈到郡處平割中，無有阿黨，胡女嫁漢，漢女嫁胡，兩家爲親，更不相奪，去除煩役，但勸廣辟田疇，遠方異産，悉入敦煌，鄰國蕃戎，不相征伐。慈染疾，薨於龍沙。胡漢悲悼，如喪考妣，皆以刀劃面，千人負土築墳於此，家家燒瓦爲廟，仍素真形，以爲神主。後漢時人，出《良吏傳》。"

下，還出現所謂"邈真贊"一類的新興文類。"邈真贊"，又稱"真贊""寫真贊""真儀贊""圖真贊""邈影贊""邈生贊"。其所謂的"邈"，即描繪、圖畫的意思；"真"即真容，指人物肖像；"贊"或作"讚"，稱讚、頌揚之意。"邈真贊"就是人物畫像贊，是依托畫像記述主人公生平行迹的贊文體類。

敦煌寫本邈真贊中也存有"故吳和尚贊洪辯"，顯示寫真肖像、塑像的製作及圖贊寫作之間的配置關係。敦煌地區寫真、圖贊的傳統由來久矣，《三國志·魏書》卷十九載，敦煌太守倉慈卒，吏民悲戚，圖寫其形。東晉隆安間，李暠自稱涼公，領秦涼二州牧，在敦煌南門外設堂圖贊古聖帝、明王、忠臣、孝子、烈士、貞女，以示鑒戒。

唐宋時期敦煌社會上層人物多在晚年或病危時，抑或死後，由家人口述，請當地文士爲其畫像、作贊，以供家屬、子孫、門人、弟子祭奠之時瞻仰憑吊之用，即所謂的"邈真贊"，依圖配贊，其贊文則歷叙讚主德業，以期訓勉後人。

"邈真贊"贊述對象爲當代往生者，贊主有僧人，有俗人。一般分爲生前贊及死後贊兩種。其撰寫製作材料一般選用上等絲絹，以利保存。畫幅大多採長方形，分上下兩欄。上欄繪製佛、菩薩、觀音尊像，或佛經變相圖；下欄則分三格，左右兩格一格畫菩薩、觀音尊像，另一格則畫像主，多作禮佛狀，或跪或立，也有在像主身後繪有家屬子女、僕役的，也有左右兩格分別畫像主夫婦或父子兄弟的。中間一格則專供作"贊"之用。贊詞的格式一般具標題、撰者姓名、正文、書寫年月題記。其中正文前又多有序，記叙贊主生平。序後爲贊詞，多採四言韻體，以概括序文内容，稱頌贊主業績功德。

敦煌文獻中保留的"邈真贊"，據《敦煌邈真贊校録並研究》[①]一書統計，計 92 篇。作品時間集中在吐蕃占領敦煌後到北宋太平興國年間之前的歸義軍時期。敦煌爲佛教聖地，佛教是敦煌社會文化的主體，敦煌文獻中存留佛教人士的邈真贊，或可稱之爲高僧邈真贊，如"故前釋門都法律京兆杜和尚寫真贊""故吳和尚贊洪辯""敦煌都教授兼攝三學法主隴西李教授闍梨寫真贊""敦煌唱導法將兼毗尼藏主廣平宋律侍彩真贊""河西

---

① 姜伯勤、項楚、榮新江：《敦煌邈真讚校録並研究》，臺北：新文豐出版公司，1994 年。

都僧統京城内外臨壇供奉大德兼闡揚三教大法師賜紫沙門悟真邈真贊並序"等 30 餘篇，皆屬此類。這些邈真贊的贊主主要爲吐蕃時期及歸義軍時期敦煌當地的僧官，如都法律、教授、都教授、僧統、都僧統、僧政、都僧政、僧錄等。此與中原地區强調祖師血脉和重視傳承的特點明顯有别，凸顯了無宗無派的敦煌佛教特色。

"高僧贊"與高僧人物畫相結合，供法事齋會與寺院真堂、影堂懸掛之用，贊頌對象爲歷代高僧或寺院的祖師。敦煌石窟壁畫之佛教史蹟畫中的僧傳叙事畫，往往用以莊嚴道場，是佛教藝術的表現。"邈真贊"的本質是人物畫像贊，也是中國傳統人物畫像贊與佛教喪葬文化影響與交融下的衍生物。敦煌邈真贊以敦煌當地僧官爲贊主的高僧邈真贊尤爲顯著，大多繪製高僧邈真像，安置於真堂、影堂，作爲弟子、門人往來瞻仰祭拜之憑藉，旨在配合真像記叙生平，頌贊功德，啓勵後人。

第四章　交叉學科下的高僧因緣記及相關文獻研究

第一節　出土文獻與傳世文獻互釋互證運用的興起

　　1925 年王國維於清華大學國學講座《古史新證・總論》中提出了"二重證據法"。他説：

　　　　吾輩生於今日，幸於紙上之材料外，更得地下之新材料。由此種材料，我輩固得據以補正紙上之材料，亦得證明古書之某部分全爲實録，即百家不雅訓之言亦不無表示一面之事實。此二重證據法惟在今日始得爲之。①

　　此後所謂的"二重證據法"便快速形成一種學術潮流，爲史學研究開闢了一片新天地，其不僅是一種歷史考證法，也成爲可以廣泛使用的治學新法。

　　陳寅恪在《王静安先生遺書序》中總結王國維的學術内容及治學方法時，也標榜王國維在"取地下之實物與紙上之遺文互相釋證"的突出貢獻，説：

---

① 王國維：《古史新證・總論》，1925 年，原載《國學月報》2 卷 8、9、10 合刊《王静安先生專號》，後收入《王國維全集》第十一卷，杭州：浙江教育出版社，2009 年，第 241～243 頁。

王靜安先生……其學術内容及治學方法，殆可舉三目以概括之者。一
曰取地下之實物與紙上之遺文互相釋證，凡屬於考古學及上古史之作，如
《殷卜辭中所見先公先王考》及《鬼方昆夷玁狁考》等是也。二曰取異族
之故書與吾國之舊籍互相補正，凡屬於遼金元史事及邊疆地理之作，如
《蒙古考》及《元朝秘史之主因亦兒堅考》等是也。三曰取外來之觀念與
固有之材料互相參證，凡屬於文藝批評及小説戲曲之作，如《紅樓夢評
論》及《宋元戲曲考》《唐宋大曲考》等是也。此三類之著作，其學術性
質固有異同，所用方法亦不盡符會，要皆足以轉移一時之風氣，而示來者
以軌則。吾國他日文史考據之學，範圍縱廣，途徑縱多，恐亦無以遠出三
類之外。①

1930 年陳寅恪在爲《敦煌劫餘錄》作序時也提及新材料與新問題是
學術的新潮流，他説：

一時代之學術，必有其新材料與新問題。取用此材料以研求問題，則
爲此時代學術之新潮流。治學之士得預於此潮流者，謂之預流；其未得預
者，謂之未入流。此古代學術史之通義，非彼閉門造車之徒所能同喻者
也。敦煌學者，今日世界學術之新潮流也。②

19 世紀開始，西方考古學家、探險隊在中亞以及我國新疆、甘肅、
西藏等地紛紛展開所謂的考古、探險工作，各處多樣多種的文物與文獻相
繼被發現，令人目不暇及，乃至震撼不已。在這樣的學術環境下，文物與
文獻相結合的研究是極其自然的發展趨勢，特別是敦煌藏經洞六萬多號寫
本文獻的發現與莫高窟 492 個石窟壁畫的現世，使得圖文結合的研究方法
成爲學術新潮。

近年文史學界對於傳世載籍的圖文資料越發重視，從考古出土的畫像

---

① 陳寅恪：《王靜安先生遺書序》，原載《海寧王靜安先生遺書》，臺北：商務印書館，
1940 年。後收入《金明館叢稿二編》，北京：生活·讀書·新知三聯書店，2001 年，第247～
248頁。

② 陳寅恪：《陳垣編敦煌劫餘錄序》，原載《中研院歷史語言研究所集刊》第 1 本第 4 分
冊，1930 年 6 月。後收入《金明館叢稿二編》，北京：生活·讀書·新知三聯書店，2001 年，第
266～268頁。

磚、畫像石、墓室壁畫、石窟壁畫等，到近代老照片的遺存，均頗受學者
關注，且不乏善加運用者。他們在研究論述過程中，不僅對傳統文獻典籍
文字進行梳理，也逐漸將圖像資料視爲歷史遺存，進行互證互釋，逐漸擴
大圖像資料使用的比例，凸顯其重要地位。這在敦煌學的發展過程中益形
突出。當敦煌文獻與敦煌石窟藝術圖録陸續公布之後，敦煌文獻與圖像的
整合研究也逐漸成爲敦煌學研究的主流。

　　詳審其因，蓋以傳統文獻典籍對於記載的事物名稱與形象描述不易掌
握，讀者對於文字描述的理解各有不同，以致易有分歧；圖像具象生動直
觀，更容易把握。在典籍文獻記載外，若結合圖像，使得文圖形意相得益
彰，確實有助於對文獻載籍之解讀，而文字記述也能發揮補充圖像描繪所
難呈現的意涵功能。

　　其實圖文之間關係本就密切，其結合出現也早。在研究過程中，學者
逐漸意識到文物與文獻繫聯的必要性，於是將此二者或結合，或互證的研
究方法與觀念也隨之開展。宋代鄭樵在《通志・圖譜略》中論及圖文結合
的重要性，開圖像器物與文獻互證風氣之先河。其《通志》有云：

　　圖，經也；書，緯也。一經一緯，相錯而成文；圖，植物也；書，動
物也，一動一植，相須而成變化。見書不見圖，聞其聲不見其形；見圖不
見書，見其人不聞其語。圖，至約也；書，至博也。即圖而求易，即書而
求難。古之學者，爲學有要。置圖於左，置書於右，索象於圖，索理
於書。①

第二節　敦煌佛教圖文整合與
交叉學科的研究

　　敦煌學是以敦煌莫高窟藏經洞發現的文獻爲研究核心的新興學科。現
行的學科分類大多將"敦煌學"放在"歷史學"二級學科的"歷史文獻

---

　　① ［宋］鄭樵：《通志》卷七十二"圖譜略・索像"，杭州：浙江古籍出版社，1988 年，第
837 頁。

學”之下。

隨著敦煌學的發展，其研究範疇不斷擴展，特別是對於莫高窟、榆林窟等石窟所保存的精美壁畫、彩塑以及石窟建築等的探索發現。現在敦煌學的研究範圍已包括敦煌石窟藝術、敦煌文書、敦煌簡牘乃至敦煌及其周邊一帶遺存的長城、烽燧、寺塔等考古遺迹。面對這些研究對象，如何將其繫聯起來、相互照應，在研究的議題與方法上，交叉學科或科際整合應運而生。

隋唐五代，佛教進入全盛時期。佛教的發展與傳播也進入由雅而俗的新階段，在講唱經文和俗曲歌讚盛行於寺院的同時，大型壁畫的繪製也開始興起，以綫條、色彩、圖像來製作經變畫，或以絹本、紙繪製作經變掛畫，既具有圖解經文的效用，又可莊嚴道場，示化信眾，發揮視覺傳播的最佳功能。同時，這些繪畫也是精美的工藝品與歷史的見證。當敦煌文獻與敦煌石窟藝術圖錄陸續公布之後，文獻與圖像的整合研究也逐漸成爲敦煌學研究的主流。

敦煌文獻與敦煌壁畫圖像在過去的研究中各有其領域，甚少交涉。敦煌佛教石窟群及敦煌文獻 90％以上的是佛教文獻，且大多出自隋唐五代。其時適值中國佛教發展的關鍵期，相關的寫卷文書與壁畫内容爲我們提供了考察佛教東傳乃至佛教中國化、世俗化等發展歷程的珍貴材料。

佛教叙事文學是敦煌佛教文學的核心，過去的研究大多以文獻溯源法探討其與敦煌佛教文獻之關係，論述經典與文學間的位移與落差。而敦煌佛教叙事圖象的研究者大多聚焦於分析壁畫、絹畫、經卷圖繪等圖像題材的來源，以及圖像釋讀與經典詮釋的關係。

隨著敦煌學這門學科的發展，研究的材料對象逐漸形成“敦煌文獻”“敦煌石窟藝術”“敦煌歷史地理”“敦煌學理論”四個主要面向。其中，“敦煌文獻”與“敦煌石窟藝術”可說是敦煌學的兩大區塊，不但各自有其學科屬性與特質，而且有了豐碩且可觀的研究成果。近年來，因研究對象與視野漸趨拓展，所涉及的學科也不斷增加，學界對敦煌學所具有的鮮明的多學科交叉特徵的感受更加深切。

同一題材的佛教文學與圖像，由於法師、畫工們對經典的理解與詮釋不一，更因表達工具、傳播媒介及時空的差異，不免存在位移與落差，同時也存在文本的互文性。透過相關題材的敦煌佛教文學、圖像的爬梳與應照，展開比對分析，進而論述其間的關係，或許可建構一個傳播與釋讀的體系，並在傳播方式多元化、傳播媒介豐富化的情況下，爲同一佛教故事題材在文學與圖像表現中所呈現的異同尋求合理的解釋，也是改變傳統文學與藝術各自爲政甚少交流的狀態，進行科際整合之研究。

叙事文學與叙事圖象之間具有相同的叙事特質，而不同的載體與表現工具，也使它們之間存在著既相異而又可互補的特殊關係。敦煌佛教文學與佛教圖象中的"維摩經變""報恩經變""父母恩重經變""佛傳壁畫""八相變""降魔變"乃至膾炙人口的"目連變"等，都是值得交叉整合研究的課題。

回顧敦煌學研究史，跨學科的研究也屢有嘗試，但主要仍以文獻研究爲主，進行文史的交叉整合。偶有利用敦煌文獻圖像來作爲歷史、名物考察之佐證者，如圖文並茂的佛教疑偽經《十王經》，生動描繪了地獄十王對罪人進行審判的場景，宗教史研究的前輩利用此文獻來探索中國古代地獄觀念的變遷，日本學者仁井田陞則利用《十王經》圖中的地獄刑具圖考察了唐宋刑具的形制與樣式等問題。[1]

有關"五道將軍"的圖像，除了在地藏菩薩絹畫中出現過，敦煌文獻中今所知見的帶圖本《十王經》經卷中更有"五道轉輪王"坐殿判案的圖像。關於此經卷，有法藏 P. 2003、P. 2870、英藏 Ch. 00414＋Ch. 00212＋S. 3961、日本和泉市久保惣紀念美術館藏董文員繪卷、P. 4523＋Ch. cii. 0015 等完整的五件寫本。這可能是當時齋會法事活動中僧人用來講説的繪解經卷。[2]

近年文獻與文本的研究發展逐漸從傳統的物質文本研究發展爲與非物質文本結合。物質文本的研究也從紙質文本開展到與非紙質文本的統整。紙質文本，包含寫本、刻本、拓本與印本等，傳統的文獻學、文本學研究主要以傳世的刻本、印本爲主。二十世紀以來，隨著敦煌吐魯番文獻的發現，寫本文獻研究迅速成爲學界潮流與研究核心。與此同時，非紙質文本的物質文獻、文本包含金石、簡牘、陶瓷、磚刻等，也先後大量出土，在

---

① ［日］仁井田陞：《敦煌發見〈十王經圖〉卷に見ゑたる刑法史料》，《東洋學報》1938 年第 25 卷第 1 期，第 377～392 頁。

② 鄭阿財：《從敦煌吐魯番文書論唐代五道將軍信仰》，《2006 民俗暨民間文學學術研討會論文集》，臺北：文津出版社，2006 年，第 77～112 頁。

對其進行整理研究的同時，也促進了傳統研究方法的提升。1925 年王國維提出“二重證據法”，主要倡導地下材料與傳世典籍的互證，實際上就是紙質文本與非紙質文本的結合應用。

第三節　交叉學科下僧傳文學
文字文本與非文字文本研究

在佛教信仰的傳播中，有關佛陀事迹的傳記文獻是其主要的文本之一。佛傳是佛教傳記文學的主體，隨著佛教的發展，崇拜佛陀、學習佛陀、實踐佛法的僧人，既是佛教弘法布道的載體，其學習、實踐佛法的歷程與成道的典範更是佛教傳播的見證與宣傳。漢傳佛教的發展，使得僧傳文學逐漸蔚爲大觀。佛教全盛時期的唐代，各式各樣的僧傳文學作品紛呈競現，可惜受到正統文學觀念的影響，大多未受重視，隨時代的遷移而散佚。

敦煌文獻的發現爲我們提供了瞭解僧傳文學發展演變的具體實物材料，我們可針對有關的僧傳文本，從寫本原生態的視角進行考察，展開寫本物質形態、文本構成情况的析論及現象解讀。同時還可進一步結合僧傳文學的物質文本，如敦煌寫卷、傳世刻本、石窟壁畫、絹畫榜題、石碑鐫刻等的文字文本，以及石窟壁畫、摩崖石刻、卷本紙本等以綫條、色彩刻繪的圖像文本，進行佛教、歷史、文學、藝術等學科的交叉研究，乃至民俗、信仰、語言、歌謠、民間傳説等非物質文本匯整的追尋與探索。

一、敦煌僧傳文學的紙質文本

佛教傳入中國後，在漢地文化環境的熏染下，其傳記文學也益趨發達。隨著佛教在中國的盛行與普及，高僧大德輩出，加上中國傳統史傳文學的影響，《名僧傳》《高僧傳》等一類僧傳作品遽增，佛教傳記文學的範疇更爲寬廣，體類更加豐富，僧傳文學進而成爲中國佛教傳記文學的大宗。

在中國佛教全盛時期的唐代，更是出現了各式各樣的僧傳文學作品，其中“高僧傳略”“高僧贊”“高僧因緣記”是佛教在中國傳播過程中所衍生的佛教傳記文學的奇葩。敦煌文獻與許多石窟遺迹皆保存有與這些僧傳

文學相關的寫本文獻及紙質、非紙質的壁畫。這些遺存都爲我們瞭解僧傳
文學的流佈及發展演變提供了具體的實物材料。

（一）敦煌文獻紙質文本

敦煌文獻中保存的僧傳文學有"高僧因緣記""高僧傳略""高僧贊"
等一類寫本，此類文本內容簡短，且多與其他文本共同抄寫，構成一組集
合同質性文本的文獻或文本群。今所得見大致如下：

1. 高僧因緣記

敦煌文獻中題名或擬名爲"因緣記""因緣傳"的寫卷，計有《佛圖
澄和尚因緣記》（S. 1625、P. 2680、S. 3074）、《劉薩訶和尚因緣記》
（P. 2680、P. 3570、P. 3727、羽 698）、《隋净影寺沙門惠遠和尚因緣記》
（P. 2680、P. 3570、P. 3727）、《法照和尚因緣傳》（P. 2130）、《靈州龍興
寺白草院史和尚因緣記》（P. 2680、S. 276V、S. 528、S. 3570V、
P. 3727）、《聖者泗州僧伽和尚元念因緣記》（P. 3727）等。

2. 高僧傳略

敦煌寫本 S. 3074 有康僧會、鳩摩羅什、竺道生、法顯、釋弘明等節
録梁慧皎《高僧傳》以成篇的《高僧傳略》①，S. 381 有《鳩摩羅什傳
略》②，P. 4964 有《康僧會傳略》。

3. 高僧贊

僧贊寫本有《佛圖澄羅漢和尚贊》（S. 276V、P. 2680、P. 3355）、
《羅什法師贊》（S. 276V、S. 6631V、P. 2680、P. 4597）、《稠禪師解虎讚》
（P. 3490、P. 4597）、《南山宣律和尚讚》（P. 3570）、《唐三藏贊》
（S. 6631V、P. 2680、P. 4597）、《净三藏法師贊》（S. 6631V、P. 2680、
P. 3727、P. 4597）、《寺門首立禪師讚》（S. 1774V、P. 2680、P. 3490、
P. 3727）等。

敦煌寫本文獻除了"高僧因緣記""高僧傳略""高僧贊"等一類同質

---

① 如《英藏敦煌文獻》卷五（成都：四川人民出版社，1992 年，第 5～7 頁）、《英藏敦煌
社會歷史文獻釋録》卷十五（北京：社會科學文獻出版社，2017 年，第 199～208 頁）所著録
S. 3074 均擬作《高僧傳略》。

② 如《英藏敦煌文獻》卷五（成都：四川人民出版社，1992 年，第 5～7 頁）、《英藏敦煌
社會歷史文獻釋録》第十五卷（北京：社會科學文獻出版社，2017 年，第 199～208 頁）著録
S. 3074 均擬作《高僧傳略》。

性文本的文本群外，還有許多與這些作品的傳主、贊主有關的文獻，可供參照，如敦煌研究院藏有 3370 號《佛圖棠（澄）所化經》一卷。此卷爲民間流傳的僞經，也就是托名佛圖澄的中國化的民間佛教著作。内容以預言灾難、勸人傳抄寫經以消灾解厄爲勸喻目的。佛圖澄是中國佛教史上以神異著稱的西域入華高僧，慧皎《高僧傳·神異傳》將其列爲第一，《法苑珠林》《集神州三寶感通録》《佛祖統紀》《釋氏稽古略》都載録有關他顯神通的種種神異傳説。此書當是佛圖澄神異事迹在民間廣爲稱道流行後，著者利用佛經形式，依托其名號，傳達了民間信仰，雖與佛圖澄没有直接關係，但間接顯示了佛圖澄顯神通的事迹在佛教傳播初期的影響力。

另 S. 4654 有《薩訶上人寄錫雁閣留題並序呈獻》，此篇既是文學典範，内容又具佛教、史學意涵，如"屬以兩重禦足，二載安居"二句，説劉薩訶曾兩次來敦煌，並且在此安居二年；"晋左薩訶，祥驗胡虚兮，杳絶龍盂；盂奮迅赫，瞬奪五印之光"，詩序之述，似言劉薩訶由敦煌西往五天竺，可與《法顯傳》相證。

又僧伽和尚的相關文獻，如 S. 1624《唐泗州僧伽大師寔録（鈔）》、S. 2565、S. 2754、P. 2217《僧伽和尚欲入涅槃説六度經》，經題雖稱僧伽和尚所説，然實爲僧伽和尚死後由門人所編造的一部經，即所謂僞經，實際是中國撰述的佛經。其内容涉及僧伽和尚的活動及相關傳説，便於從中理解僧伽和尚信仰的形成及其融合三教，對佛教世俗化、中國化的推動作用。

S. 0556 殘卷一紙，正背連抄。學者或定名《竺道生·釋僧肇别傳》，或將正面定名爲《竺道生傳》，背面定名爲《釋僧叡傳》。細録殘卷，按核全文，知此殘卷正背連書，係同一人所抄，内容多取自《浄名經關中疏釋抄》，其中有關竺道生、釋僧叡的傳記均爲《浄名經關中疏釋抄》的原文，是《釋抄》摘録《高僧傳》竺道生、僧釋叡傳，用以疏釋《浄名經》的，其屬性與高僧傳略不同，故本書不加採録。

又 如 S. 264、S. 276V、S. 366V、S. 1730、S. 4478、P. 2124、P. 2775、P. 2775V、P. 2776V、P. 3355V、P. 3727、P. 4968 共 12 件《付法藏因緣傳》，S. 1053、S. 8758、S. 9407、P. 2680、P. 2774、P. 2791、P. 3212、BD 06369V（鹹 29V）、BD 07262（帝 62）共 9 件《付囑法藏傳略抄》，除了與高僧因緣記、高僧贊合抄的 S. 276V、P. 2775V、

P. 3355V、P. 3727、P. 2680、P. 2774 外,對這些寫本的總體認知,有助於對高僧因緣記、高僧贊的性質與功能進行説明與判定。

（二）傳世文獻的紙質文本

傳世文獻有關晋唐高僧的載籍,最值得一提的是梁僧祐《出三藏記集》卷十三至卷十五之"述列傳",内容叙述 32 位歷代譯經及義解高僧的生平事迹,前兩卷記叙外國僧人安世高等 22 人,後一卷記叙中國僧人法祖等 10 人,是中國現存最早的僧傳。其後寶唱《名僧傳》、慧皎《高僧傳》對其史料多有採用,其叙述方法也爲慧皎以後各代僧傳所因襲。唐道宣《續高僧傳》、宋贊寧《宋高僧傳》等僧史文獻,記述翔實,是晋唐高僧因緣記、高僧贊的完備載籍。僧史傳記之外,還有其他僧人著作也涉及僧傳,比如道宣的《廣弘明集》《集神州三寶感通録》《釋迦方志》《道宣律師感通録》,以及道世的《法苑珠林》等。

表 4-1　敦煌本高僧因緣記等傳主、贊主與有關傳世文獻對照總表

	傳主	敦煌寫本	傳世文獻
1	康僧會	《康僧會傳略》（一）S. 3074 《康僧會傳略》（二）P. 4964	《出三藏記集·傳上·康僧會傳》 《高僧傳·譯經·康僧會》 《續集古今佛道論衡》 《法苑珠林·舍利篇·感應緣》
2	佛圖澄	《佛圖澄和尚因緣記》P. 2680、 S. 1625、S. 3074 《佛圖澄羅漢和尚贊》P. 3355、 S. 276V	《高僧傳·神异·竺佛圖澄》 《集神州三寶感通録》卷三 《法苑珠林·潛通篇·感應緣· 竺佛圖澄》 《法苑珠林·咒術篇·感應緣· 佛圖澄》
3	道安	《彌天釋道安贊》P. 3355	《出三藏記集·傳下·道安法師 傳》 《高僧傳·義解·釋道安》
4	鳩摩羅什	《羅什法師贊》S. 276V、 S. 6631V、P. 2680、P. 4597 《鳩摩羅什傳略》（一）S. 381 《鳩摩羅什傳略》（二）S. 3074	《出三藏記集·傳中·鳩摩羅什 傳》 《高僧傳·譯經·鳩摩羅什》 《法苑珠林·見解篇·感應緣· 晋沙門鳩摩羅什》

	傳主	敦煌寫本	傳世文獻
5	法顯	《法顯傳略》S. 3074	《出三藏記集·傳下·法顯法師傳》 《高僧傳·譯經·釋法顯》 《法苑珠林·見解篇·感應緣·釋法顯》
6	竺道生	《竺道生傳略》S. 3074	《出三藏記集·傳下·道生法師傳》 《高僧傳·義解·竺道生》 《法苑珠林·説聽篇·感應緣·宋沙門竺道生》
7	劉薩訶	《劉薩訶和尚因緣記》P. 2680、P. 3570V、P. 3727、羽698	王琰《冥祥記》 《高僧傳·興福·釋慧達傳》 《續高僧傳·感通篇·釋慧達傳》 《集神州三寶感通録》 《道宣律師感通録》 《廣弘明集》 《釋迦方志》 《法苑珠林·潛通篇·感應緣·西晉沙門劉薩何》
8	釋弘明	《釋弘明傳略》S. 3074	《高僧傳·誦經·釋弘明》 《集神州三寶感通録》 《法苑珠林·神异篇·感應緣》 《法苑珠林·穢濁篇·感應緣》
9	釋僧稠	《稠禪師解虎讚》P. 3490、P. 4597	《續高僧傳·習禪初·釋僧稠傳》 《法苑珠林·六度篇·感應緣·釋僧稠》 《佛祖統紀·未詳承嗣傳·北齊僧稠禪師》
10	净影寺惠遠	《隋净影寺沙門惠遠和尚因緣記》P. 2680、P. 3570V、P. 3727	《續高僧傳·義解篇·净影寺釋慧遠傳》 《集古今佛道論衡》 《法苑珠林·説聽篇·感應緣》
11	宣律和尚	《宣律和尚讚》P. 3570	《法苑珠林·千佛篇·灌帶部》 《宋高僧·明律篇·道宣傳》
12	唐玄奘	《唐三藏讚》S. 6631V、P. 2680、P. 4597	《大唐大慈恩寺三藏法師傳》 《大唐故三藏玄奘法師行狀》 《續高僧傳·譯經篇·釋玄奘傳》 《大唐西域記》

	傳主	敦煌寫本	傳世文獻
13	僧伽和尚元念	《聖者泗州僧伽和尚元念因緣記》P. 3727	《宋高僧傳·感通篇·唐泗州普光王寺僧伽傳》 李白《僧伽歌》 《大唐泗州臨淮縣普光王寺碑》 《太平廣記·异僧·僧伽大師》
14	義净三藏	《義净三藏法師贊》S. 6631V、P. 2680、P. 3727、P. 4597	《宋高僧傳·譯經篇·義净傳》 《大唐西域求法高僧傳》 《南海寄歸內法傳》
15	寺門首立禪師	《寺門首立禪師讚》S. 1774V、P. 2680、P. 3490、P. 3727	《續高僧傳·譯經篇·紀國寺沙門釋慧傳》
16	法照和尚	《法照和尚因緣傳》P. 2130	《宋高僧傳·感通篇·竹林寺法照傳》 《廣清涼傳》 《佛祖統紀》《國師法照傳》 《樂邦文類》《蓮社繼祖五大法師傳》
17	史和尚增忍	《靈州龍興寺白草院史和尚因緣記》P. 2680、P. 3727、P. 3902、S. 276V、S. 528、S. 3570V	《宋高僧傳·興福篇·增忍傳》 《新修科分六學僧傳·攝念科·唐增忍》

　　此外，四部典籍中的其他一些文獻對僧傳也有相關記載，如《世說新語·言語》第四五條劉孝標注引一條《佛圖澄別傳》，可以和《佛圖澄和尚因緣記》《佛圖澄羅漢和尚讚》對照比較。而《晋書·藝術傳》也有《佛圖澄傳》。雖然此類文獻對"佛圖澄"的記載大多不出《高僧傳》的範圍，但有些片段的叙述却較《高僧傳》鮮明，特別是對"佛圖澄"預知未來的能力的描述，而《晋書》對於掘佛圖澄墓的情節記述也著墨較多。

二、非紙質文本

　　在敦煌藏經洞發現的文獻中有不少僧傳文學的紙質文本，同時還有刺綉畫、絹本畫等，藏經洞以外的各處石窟壁畫中也有許多與這些僧傳文學相應的高僧史迹畫、高僧人物畫，這更加彰顯了僧傳文學與圖像在敦煌佛教傳播中多元的文化功能與意涵。這些刺綉畫、絹本畫、石窟壁畫蓋屬於非紙質的物質文本，主要以線條、色彩構成的圖像文本來表達意蘊。其情形如下：

（一）石窟圖像

敦煌僧傳文學文本在石窟圖像中的呈現，目前所見主要有西域來華高僧佛圖澄及南北朝前期在中土出家成道的高僧劉薩訶。這些圖像文本與敦煌寫本僧傳文學都屬於弘法宣教的重要載體。

莫高窟現存 735 個洞窟繪有佛圖澄顯神通事迹的壁畫，最受關注的是初唐時期開鑿的第 323 窟，此窟是目前保存敦煌史迹壁畫年代最早的洞窟。主室南北兩壁繪製有内容豐富的佛教史迹故事畫。南壁由東至西繪有隋曇延法師故事及東晉時於水中發現的阿育王放光像，以及西晉二石佛浮江圖（爲劉薩訶故事情節）等，其故事情節以山水作區隔，採連環漫畫式的構圖方式。北壁繪有五個不同的故事，由東而西，依次爲康僧會故事、阿育王拜塔、佛圖澄故事、釋迦曬衣故事、西漢武帝拜金像。其中佛圖澄的神异事迹繪製於北壁東側中部，以全景式連環畫描繪，壁畫高 1.29 米，寬 5.36 米，全畫從西向東由五組内容不相銜接的畫面組成，每組有一幅或幾幅畫面，每一畫面附有一方榜題。

图 4—1　莫高窟第 323 窟壁畫

另外，關於晉末南北朝初期高僧劉薩訶出家學佛、由凡入聖有關事迹的記載，除敦煌寫本《劉薩訶因緣記》外，民間相傳劉薩訶於涼州地區發現倚山石佛像，此石佛像能預測社會興衰、人世治亂以及吉凶福禍，極其靈驗。敦煌、河西地區也多有相關"瑞像"主題石窟的營建與壁畫的繪製，學界對此多有研究。日本肥田路美對番禾瑞像相關文物進行了全面統計，認爲“唐至宋、西夏時期有關番禾瑞像的圖例約有 50 例之多”①。此外，莫高窟第 72 窟、203 窟、231 窟、300 窟、332 窟等也都有相關瑞像的呈現，學界多稱之爲“凉州瑞像”。

尤其是第 72 窟《劉薩訶與凉州瑞像變》，蓋本於道宣《續高僧傳》根據《姚道安製像碑》的記述：劉薩訶“行及凉州番禾郡東北望御谷，而遥禮之”，並預言“此崖當有像現，若靈相圓備，則世樂時康；如其有闕，則世亂民苦”。果然，“爾後八十七年至正光初，忽大風雨，雷震山裂，挺出石像。舉身丈八，形相端嚴，惟無有首登。即選石，命工雕鎸別頭。安訖還落，因遂任之。魏道陵遲，其言驗矣”。此外，根據道宣《集神州三寶感通録》所稱的“元魏凉州山開出像者”、《廣弘明集》所稱的“凉州西番禾縣瑞石像者”而繪製的大型壁畫，與劉薩訶信仰流行下的敦煌寫本《劉薩訶和尚因緣記》等關係密切，其保存的榜題與壁畫内容也可與因緣記文本互釋、互補。

（二）絹畫

1900 年敦煌莫高窟藏經洞六萬多號寫本文書被偶然發現，不少卷本、紙本、刺綉等佛教畫像的現世，英國斯坦因帶走不少。其中有一件高 241釐米、寬 160 釐米的巨幅刺綉，編號 MAS，0.1129（斯坦因編號Ch.00260）。此畫自來被定名爲《靈鷲山佛説法圖》②，近年經學者依據内容研究，以爲《靈鷲山佛説法圖》之名並不準確，應該定名爲《凉州瑞像圖》③。

　　① ［日］肥田路美著，牛源譯：《凉州番禾縣瑞像故事及造型》，《敦煌學輯刊》2006 年第 2期，第 165～180 頁。
　　② 如［英］韋陀、［日］秋山光和：《西域美術——大英博物館斯坦因搜集品》第三卷，圖版 1 及第 277～280 頁圖版説明（東京：講談社，1984 年）。
　　③ 見《敦煌文物珍品（4）：敦煌刺綉〈凉州瑞像圖〉》，敦煌研究院－敦煌學研究－敦煌石窟公共網 2016－05－13。

圖 4-2　MAS，0.1129 涼州瑞像圖

　　劉薩訶信仰盛行於河西地區，殆自唐武周時期開始，河西地區出現大量涼州瑞像造像碑石和石窟，敦煌莫高窟也興起了大量以涼州瑞像爲主題洞窟的營造，其中包括巨幅的涼州瑞像壁畫和涼州瑞像刺綉。這些都是劉薩訶信仰在河西地區流行盛况的最佳明證。

圖 4-3　劉薩訶因緣圖　　　　　　　圖 4-4　劉薩訶因緣圖
絹本設色　大英博物館藏　　　　　絹本設色　法國巴黎吉美博物館藏
唐代（8—9世紀）　　　　　　　　唐代（9世紀前半期）
高 95.9cm　寬 51.8cm　　　　　　高 73cm　寬 27.5cm
Stein painting 20. ch. 0059　　　　　　　MG17677

（三）壁畫榜題

"榜"或作"牓"，原指木片。"榜題"本指題寫在木片上的文字，後指匾額題字。《南齊書·禮志上》："至於朝堂榜題，本施至極，既追尊所不及，禮降於在三，晋之京兆，宋之東安，不列榜題。"現"榜題"一般指題寫於墓葬壁畫、畫像磚或石窟壁畫上，以説明其所指圖像主題或内容。因其形制沿襲木片、匾額的形式，故多畫長條形或方形框，於框内題寫或鑴刻關於所畫人物或繪製圖像事件的文字内容，也有直接書寫或刻畫在畫面空白背景上而無長方形邊框者，一般稱爲題記。

敦煌學研究的兩大區塊，即敦煌寫本文獻及敦煌石窟藝術，二者與榜題都有著密切的關聯。既有研究主要集中於個別石窟或經變與榜題關係的研究，如王惠民《敦煌壁畫〈十六羅漢圖〉榜題研究》《敦煌遺書中的藥師經變榜題底稿校録》《敦煌遺書中的藥師經變榜題底稿校録補遺》《敦煌遺書的觀無量壽經變榜題底稿校録》《國圖 BD 09092 觀經變榜題底稿校考》① 等系列研究，公維章《敦煌莫高窟第 61 窟屏風畫〈佛傳·涅槃圖〉榜題研究》②。其中沙武田《敦煌壁畫榜題寫本研究》尤其關注到敦煌寫本中保存的與經變畫有關的榜題文字稿，認爲有些爲畫工所使用，有些是壁畫設計的草稿，並調查統計，此類榜題文字共有 12 種 20 份，此外還有一些其他壁畫榜題。③ 通過對這些文字底稿和畫面底稿的研究，有助於瞭解當時的創作方案，誠如王惠民所説，這是經變畫研究的重要突破。至於從文獻視角出發的，主要研究變文與榜題的關係，如白化文《變文和榜題——京洪字 62 號等幾個卷子中"榜題"的録文及相關問題的討論》。④

沙武田全面綜合前賢的研究成果，從宏觀的視角討論壁畫繪製、設計

---

① 王惠民：《敦煌壁畫〈十六羅漢圖〉榜題研究》，《敦煌研究》1993 年第 1 期，第 25～38 頁；《敦煌遺書中的藥師經變榜題底稿校録》，《敦煌研究》1998 年第 4 期，第 12～18 頁；《敦煌遺書中的藥師經變榜題底稿校録補遺》，《敦煌研究》1999 年第 4 期，第 25～38 頁；《敦煌遺書的觀無量壽經變榜題底稿校録》，《敦煌研究》2002 年第 5 期，第 57～61 頁；《國圖 BD 09092 觀經變榜題底稿校考》，《敦煌研究》2009 年第 5 期，第 1～7 頁。

② 公維章：《敦煌莫高窟第 61 窟屏風畫〈佛傳·涅槃圖〉榜題研究》，《敦煌研究》2010 年第 4 期，第 27～33 頁。

③ 沙武田：《敦煌壁畫榜題寫本研究》，《敦煌研究》2004 年第 3 期，第 104～110 頁。

④ 白化文：《變文和榜題——京洪字 62 號等幾個卷子中"榜題"的録文及相關問題的討論》，《敦煌研究》1988 年第 1 期，第 41～51 頁；《變文和榜題（續）——京洪字 62 號等幾個卷子中"榜題"的録文及相關問題的討論》，《敦煌研究》1988 年第 3 期，第 98～105 頁。

與榜題底稿之間的各種情況，對壁畫榜題寫本内容與書寫特徵的關係等各方面進行了詳細的分析研究，認爲榜題寫本大多是壁畫榜題的抄録本，部分有壁畫榜題底稿的可能性，也有個別寫本兼具雙重性質，否定了學界一般認爲的榜題寫本全是洞窟"壁畫榜題底稿"的看法。

筆者除了關注壁畫的榜題與寫本中所謂的壁畫榜題底稿或壁畫榜題抄録本之間的關係外，還留意這些榜題擬訂的文本依據及壁畫繪製畫面情節的文本依據，特別是經變畫以外，十大弟子贊、佛教史迹畫、高僧像、聖者像等，與敦煌寫本高僧因緣記、高僧傳略、高僧贊的關係。這也是過去没有討論過的主題。

P.2775 正面爲《付法藏因緣傳》背面接抄的最後 12 行有"義净三藏/卓哉大士/白草院史和尚/劉薩訶和尚/惠遠和尚/佛圖澄"及"稠禪師解虎/龍樹菩薩讚/寺門首立禪師頌/隋净影寺沙門惠遠/靈州史和尚/佛圖澄和尚/羅什法師/唐大莊嚴寺僧釋智興/大唐三藏法師/大唐義净法師/劉薩訶/宣律和尚"，這些文字都是高僧贊與高僧因緣記贊主、傳主名號的排列，呈現與敦煌寫本高僧因緣記、高僧傳寫本相應的特點，也與一些榜題文字稿相契。若將此類寫本逐一與壁畫圖像進行比對考察，則既能説明高僧因緣記、高僧贊的文本與圖像的關係，瞭解其功能，也能説明敦煌佛教無宗無派的地域特性。

謹將 P.2775 榜題名目與 P.2680、P.3727、P.2971 榜題文字稿的相關對照，表列如下：

表 4-2　P.2775、P.2680、P.3727、P.2971 **榜題對比**

P.2775	P.2680 榜題文字稿	P.3727 榜題文字稿	P.2971 壁畫榜題底稿
稠禪師解虎		解虎禪師讚	
龍樹菩薩讚			
寺門首立禪師頌	寺門首立禪師讚	寺門首立禪師讚	
净影寺沙門惠遠	隋净影寺沙門惠遠和尚因緣記	隋净影寺沙門惠遠和尚因緣記	第二十三惠遠和尚

P. 2775	P. 2680 榜題文字稿	P. 3727 榜題文字稿	P. 2971 壁畫榜題底稿
靈州史和尚	靈州龍興寺白草院和尚俗姓史法號增忍以節度使李公度尚書立難刺血書經義	靈州龍興寺白草院和尚俗姓史法號增忍以節度使李公度尚書立難刺血書經義	
佛圖澄和尚	佛圖澄和尚因緣記		第二十一佛圖澄
羅什法師	羅什法師讚		第二十羅什法師
唐大莊嚴寺僧釋智興			
大唐三藏法師	大唐三藏贊		
大唐義净法師	大唐義净三藏讚	大唐義净三藏讚	
劉薩訶	佛圖澄和尚因緣記	劉薩訶和尚因緣記	第二十二劉薩訶
宣律和尚			

P. 2775 標目的《龍樹菩薩讚》，今存敦煌寫本尚未發現。今漢譯佛典中有兩篇署名姚秦三藏鳩摩羅什譯《龍樹菩薩傳》，敦煌寫本 P. 2775 正面《付法藏因緣傳》抄有"第十三代付法藏人聖者龍樹菩薩傳"字樣。又有 P. 3727 第十葉，單面書寫，在接續第九葉背面抄寫的《隋净影寺沙門惠遠和尚因緣記》之後，有"龍樹菩薩從龍宮將《華嚴經》却還閻浮時""龍樹菩薩受龍王請往龍宮時""龍樹共三人隱身入王宮，三人被傷，龍樹隨王不離三步，爲刀不向王，免得此難，從兹厭欲出家"等 5 行文字，其形式類同壁畫榜題指示情節之套語，當是龍樹菩薩壁畫榜題的遺存。雖未見，但當時應有《龍樹菩薩讚》的存在，以配合壁畫解說。

另 P. 2680、P. 3727 雖未見有"唐大莊嚴寺僧釋智興""宣律和尚"，但 S. 381 正面有《唐京師大莊嚴寺釋智興鳴鐘感應記（擬）》與《鳩摩羅什別傳（擬）》的合抄，S. 1625 卷背有《佛圖澄和尚因緣》與《唐京師大莊嚴寺僧釋智興》的合抄，字迹一致，是出自一人之手，P. 3570 背面有《南山宣律和尚讚》，且與《隋净影寺沙門慧遠和尚因緣記》《劉薩訶和尚因緣記》《靈州龍興寺白草院和尚俗姓史法號增忍以節度使李公度尚書立難刺血書經義》（原題，今擬名《靈州龍興寺白草院史和尚因緣記》）合抄。由此可以推知這些寫本應當是"唐大莊嚴寺僧釋智興""宣律和尚"壁畫繪製的文本依據與壁畫榜題之文字參考。

更值得注意的是 P. 2680 榜題文字稿，在《隋淨影寺沙門惠遠和尚因緣記》之後接抄有《遠公和尚緣起》等四行字，文字逐錄如下：

1　遠公和尚緣起　北方大聖毗沙門天王第三之子諸天配遣逐日往於

2　廬山龍聖者遠公前送粢食供養不闕時　周武帝升座

3　破滅佛法信邪時　惠遠和尚不具王條不信邪教對而嘖

4　罵帝王三塗地獄不揀貴賤大眾驚恠和尚直入廬山

詳審其內容，正是《隋淨影寺沙門惠遠和尚因緣記》的重要精彩情節。"北方大聖毗沙門天王第三之子，諸天配遣逐日往於廬山龍聖者遠公前送齋食，供養不闕時""周武帝升座破滅佛法信邪時""惠遠和尚不具王條，不信邪教，對而嘖罵帝王三塗地獄，不揀貴賤，大眾驚恠，和尚直入廬山"，從這三則榜題，可以得知壁畫當有此三個畫面。"……供養不闕時""……破滅佛法信邪時"，從現存壁畫榜題寫作情形看，常見榜題對應繪畫畫面情節的套語有"爾時……""時……""……時"，因此 P. 2680 這四行顯然是"隋淨影寺沙門惠遠和尚因緣變"的榜題文字稿無疑。這更是高僧因緣記具畫像讚性質與功能的明證。

（四）石刻文字

僧傳文學除了寫卷文本、石窟壁畫的表現外，石刻碑記也是其載體之一。1979 年 5 月於甘肅武威發現的《涼州御山石佛瑞像因緣記》碑，僅存下半段，上段及碑額、碑座皆缺。殘碑高 152 釐米、寬 115 釐米、厚 37 釐米。正面真書文字 25 行，現存計 1000 餘字。碑文內容記敘了有關劉薩訶和尚在河西走廊進行的宗教活動及涼州番禾縣御山谷中石佛瑞像出現的故事①，是可與敦煌寫卷及敦煌石窟壁畫、絹畫有關劉薩訶的各種文本相互參照的寶貴資料。

《涼州御山石佛瑞像因緣記》的碑文內容對劉薩訶的故事情節描述較

_____

① 　全文及相關研究參見孫修身、党壽山：《〈涼州御山石佛瑞像因緣記〉考釋》，《敦煌研究》1983 年創刊號，第 102～107 頁。

爲細化，强化了地方碑記的特性，還添加了河西地區民間流傳的有關劉薩
訶勸化獵師李師仁的傳説情節，爲莫高窟第 61 窟、98 窟中五代時期繪製
的壁畫中有關劉薩訶勸化獵師的畫面情節提供了故事文本依據，有助於對
壁畫的解讀。凡此，均能補充各僧傳記述之不足，是研究敦煌寫本《劉薩
訶因緣記》不可忽視的重要參考文獻。

三、紙質與非紙質文本結合對僧傳文學研究的意義

"讚""因緣記"以及"高僧傳"雖同爲僧傳文學，但其特點各有不
同。"讚"不求情節的完整，側重整體印象，故人物刻畫較爲概括；"因緣
記"的故事情節叙述相對較爲完整，以利提示，方便講説者鋪陳演繹。至
於"高僧傳"，記述全面，篇幅較長，叙述力求完整而詳盡，且對相關情
節的因果始末多有詮釋，展現了佛教歷史傳記的本質與特色。

《佛圖澄因緣記》《佛圖澄和尚讚》乃至《高僧傳·佛圖澄傳》均以佛
圖澄的神異事迹爲叙事核心。南梁慧皎《高僧傳·佛圖澄傳》篇幅長達
5000 多字。《因緣記》僅 250 字，内容、文字大抵取自《高僧傳》，或摘
録，或裁剪，有些片段甚至一字不漏地抄録搬用。《佛圖澄和尚讚》篇幅
更小，有四言讚體 14 句 56 字，加上五言詩 8 句 40 字，總共 99 字。儘管
如此，三者均能各依其文，突出佛圖澄在中國佛教傳播中的鮮明表徵。

試以探腹洗腸一節，將《佛圖澄羅漢和尚讚》《佛圖澄和尚因緣記》
《高僧傳·佛圖澄傳》對照表列如下：

表 4-3　探腹洗腸情節對照表

《佛圖澄羅漢和尚讚》	《佛圖澄和尚因緣記》	《高僧傳·佛圖澄傳》
探腹洗腸；晝還謀塞，夜出抽光	澄左乳旁先有一孔，圓四五寸，通徹腹内，或時腸從出，輒以絮塞之。夜欲誦書，拔去其絮，則一室洞明。又於齋日至水邊，引腸洗之，已洗還内	澄左乳傍先有一孔，圍四五寸，通徹腹内。有時腸從中出，或以絮塞孔。夜欲讀書，輒拔絮，則一室洞明。又齋日輒至水邊，引腸洗之，還復内中

從上表可見，《佛圖澄和尚因緣記》此段直接摘録《高僧傳》。《佛圖
澄羅漢和尚讚》限於讚體篇幅與文字，較爲精簡概括。但無論如何，探腹
洗腸確實是佛圖澄諸多神異事迹中最爲膾炙人口的故事之一，所以高僧

傳、高僧贊、高僧因緣記均對其有所描述。而上舉敦煌莫高窟初唐 323 窟佛教史迹壁畫中，有關佛圖澄事迹的畫面中也有此一精彩畫面的描繪，並有榜題標示內容。畫面描繪的是一僧人袒上身，盤腿坐於水邊，右手將腹中之腸引出，就水洗之。有榜題，但文字已漫漶不清。

在佛教弘傳的過程產生了精彩的佛教叙事文學，這些文學同時也被畫家繪製成動人的叙事圖像，推動了佛教的通俗化。敦煌寫本保存的《佛圖澄和尚讚》《佛圖澄因緣記》，以及莫高窟史迹畫中佛圖澄顯神通的畫面，提供了佛教傳播手法及傳播實況極其珍貴的實證。佛圖澄幽州滅火、聞鈴斷事、探腹洗腸等情節，既爲僧俗信眾所喜聞樂道，更是寺院壁畫莊嚴道場、展示中國佛教歷史的熱門題材。二者雖然載體不同，然於弘法布道之效用則顯無二致，且可相輔相成，發揮互文與互釋之功能。

宗教信仰人物事迹的流傳一般爲正史所罕載，六朝以來乃有雜傳，記録高士傳、列女傳、高道傳、名僧傳、高僧傳、先賢傳、耆舊傳等一類正史史傳之外的人物事迹，高僧傳即在其列。至於有關高僧傳略、高僧贊、高僧因緣記（傳）等僧傳文學，篇幅短小，都是單篇、散録，既不成集，且未有編纂集録，其流布主要在寺院、道場、齋會之間，其寫本文本的構成呈現與實際應用場合相應的特色。雖然此類文體與高僧傳的屬性各有側重，但不同文類的文本與圖像文本間彼此皆具有共性與殊性，既可互證互釋，又可互補。

寫本文本主要透過文字記叙以供僧眾、信徒閱讀或贊頌講説，除了紙本、石刻等文字記録的物質文本流傳外，基於廣大受眾多爲一般信眾，或不識字，或不便閱讀，或無緣閱讀，因而便有以綫條、色彩、造型等藝術手法繪製的圖畫，通過視覺功能弘揚佛法，也有通過口耳相傳的傳説、歌謡等，以宣講或俗講的形式，對信眾進行佛教傳播。這些傳播手段的文本有一些別於文字載體的物質性，甚至僅僅保存在信仰民俗之間，是流動變異的非物質文本。因此我們從敦煌寫本的物質形態與文本構成研究僧傳文學時，不僅要關注佛教信仰、歷史載籍、寫本文獻、石窟壁畫等物質文本，也應嘗試結合考古、信仰、民俗、語言、歌謡、民間傳説等所謂"多重證據法"的運用，也就是物質文本與非物質文本的關連研究。

以下六章將以交叉學科的理念，以敦煌寫本中六種高僧因緣記爲主要研究對象，結合具體的史傳、載籍、寫本文獻、石窟壁畫、榜題文字、石刻碑記等物質文本，進行個案分論。

研究篇　分論

第一章 敦煌寫本《佛圖澄和尚因緣記》研究

佛圖澄是西晋末十六國時期的名僧，是兩晋南北朝佛教東傳關鍵階段頗具影響力的人物之一。本姓帛氏，西域龜茲人，少年出家學道，精通佛典經論。西晋永嘉四年（310），以七十九歲高齡雲遊洛陽，能誦經數十萬言，善解文意，雖未讀中土儒史，却能與諸學士論辯無滯。追隨者常數百人，前後授徒幾達萬人，釋道安和竺法雅等中土名僧均爲其弟子。其修持特重戒律，身體力行。佛圖澄至洛陽時，適值永嘉之亂，洛陽陷落，只好潛居草野。石勒屯兵葛陂（今河南新蔡縣北），初不信佛，洛陽一帶沙門遇害者不少。佛圖澄只好投奔石勒的大將郭黑略。郭黑略一向敬奉佛法，視佛圖澄如貴賓，並拜爲師。後因郭黑略的引見，澄得以會見石勒，勸其少行殺戮。當時將被殺戮者，十有八九經佛圖澄的勸解而獲免。他對石勒多有輔助，石勒在河北稱帝建立趙國（史稱後趙）後，事澄甚篤，禮遇有加，每事必先諮而後行。石勒死後，後趙皇帝石虎更加敬奉佛圖澄，尊稱國師。澄在後趙弘揚佛法，所經之地，多興建佛寺，史稱所建佛寺凡八百九十三所。今天安徽省太湖縣佛圖寺相傳爲其所建，故稱佛圖寺。佛圖澄常服氣自養，能多日不食，善誦神咒，役使鬼神。還能聽鈴聲而辨吉凶，觀面相而知人意，兼通醫術，善治雜症，爲時人所尊，其神异事迹廣爲後世僧徒傳頌。

因其化導後趙二石，澤潤蒼生，故名流千古，垂範後世，在中國佛教史上深受矚目。尤其是他展現諸多神通，教化世人權巧方便的種種行迹，更是膾炙人口，故慧皎《高僧傳》將之列爲"神异傳"的第一人。其事迹不但史書、僧傳多有載録，敦煌寫本也保存有 P. 2680、S. 1625V、S. 3074 三件《佛圖澄和尚因緣記》，以及 S. 276V、P. 3355 二件《佛圖澄羅漢和尚讚》，一爲散文，一爲韻文。這些寫本的內容相對簡略，其文獻本質雖屬人物傳記，却不同於一般的傳記，均具有宗教的文化意涵。敦煌研究院還存有一件《佛圖澄所化經》寫本，是研究民間佛圖澄信仰的珍貴材料。

在敦煌莫高窟大型壁畫的石窟中，有初唐時期開鑿的第 323 窟，其中既有佛圖澄顯神通的佛教史迹描繪，同時還存留了相關榜題。《佛圖澄因緣記》《佛圖澄和尚讚》的文字記述與佛圖澄史迹壁畫的繪製，因功能、屬性不同，文本載體有殊而各有側重。然不論在叙述主題或叙述手法方面，三者均顯現了獨特的文學與圖像的地域特質。敦煌石窟與敦煌文獻同時存在的關联性，能夠呈現佛教在敦煌傳播的地域特性。以下特就敦煌寫本文獻校錄的基礎，檢視傳世文獻與敦煌其他與佛圖澄有關的寫本，對其情節與叙事進行析論，結合敦煌石窟壁畫與榜題，論述其傳播功能與佛教弘法之運用，並從 S.1625 卷背《佛圖澄和尚因緣》與《唐京師大莊嚴寺僧釋智興鳴鐘感應》的合抄説明神通感應也是早期佛教弘傳的方便手段。

第一節　傳世文獻中的佛圖澄

傳世文獻有關佛圖澄的生平及相關事迹的載籍，以僧傳中慧皎《高僧傳》及正史《晋書》中的記叙爲主，其篇幅皆較長，內容較爲全面，尤其慧皎《高僧傳》的成書時代早，資料完備，叙寫深入，是歷代有關佛圖澄資料的主要來源。唐朝初期，釋道宣《集神州三寶感通録》卷三、釋道世《法苑珠林·潛遁篇·感應緣》及《法苑珠林·咒術篇·感應緣》也載録有關佛圖澄的傳記資料。此外，其事迹還見録於南北朝及隋唐雜傳類中的《佛圖澄傳》《佛圖澄別傳》等。各典籍分別從不同的視角記述了高僧佛圖澄的形象與風貌。

一、梁慧皎《高僧傳》卷第九"神异上"《晋鄴中竺佛圖澄一》

梁慧皎《高僧傳》是中國現存最早的一部系統性僧人傳記，全書十四卷，收録自東漢永平十年（67）至南朝梁天監十八年（519）上下 453 年間總計 257 名高僧，附見者 200 餘人。分爲譯經、義解、神异、習禪、明律、亡身、誦經、興福、經師、唱導十科。每科後均有“論”，以説明各科立傳之本意及其發展，評論各科在佛教史的表現及實況，這一體例亦爲後世僧傳因襲。

高僧的神異能力是早期佛教傳播常見且重要的表現。慧皎所立“神異”科分上下，計正傳 20 人，附見 12 人，佛圖澄被列爲第一。整部《高僧傳》記叙了許多高僧的生平事迹，表彰了他們在弘揚佛法過程中的重要作用。對於這些高僧，慧皎也進行了相當多的神異描寫。這既是顯示當時神異是描寫事迹、塑造高僧形象的重要一環，也是塑造高僧德行高遠、法力深厚的基本保障。這一手法在較早寶唱撰《名僧傳》時便已受到重視，當時稱爲“神通弘教”。慧皎《高僧傳》確立了爲高僧立傳的體例模式以及對其進行神異描寫的寫作傳統。後世因襲發展，釋道宣《續高僧傳》立“感通篇”上、中、下三卷，宋贊寧《宋高僧傳》更分“感通篇”爲上、中、下五卷，更細緻地繼承發展了以“感”和“通”作爲主綫記述高僧神異故事。是以高僧的神異事迹，神通感應的開展，在佛教的弘傳歷程中具有重要的社會功能。

按：“神”指神奇莫測，“通”指通達無礙。據佛教經論闡釋，得道高僧具有神足通、天耳通、他心通、宿命通、天眼通、漏盡通六種神通。《高僧傳》中僧人神異行爲的描寫即是圍繞這六種神通展開的。這些神通的展現或分別散見於不同高僧身上，或集中展現在某一高僧身上，從而塑造了具有無邊佛法、德高望重的高僧形象，佛圖澄可以説是其中最爲典型的代表。《高僧傳》對這六種神通進行最集中、最詳細叙述的是“神異”一科，將佛圖澄列爲第一，自有其道理。其卷十《神異傳·論》云：

　　論曰：神道之爲化也，蓋以抑夸强，摧侮慢，挫兇鋭，解塵紛。至若飛輪御寶，則善信歸降。竦石參烟，至治無心，剛柔在化。自晋惠失政，懷愍播遷。

　　中州寇蕩，群羯亂交。淵曜篡虐於前，勒虎潛兇於後。郡國分崩，民遭屠炭。澄公憫鋒鏑之方始，痛刑害之未央。遂彰神化於葛陂，騁懸記於襄鄴。借秘咒而濟將盡，擬香氣而拔臨危。瞻鈴映掌，坐定吉凶。終令二石稽首，荒裔子來。澤潤蒼萌，固無以校也。

　　雖是總結 32 位正附神異高僧，用釋名以彰義、敷理以舉統、原始以表末的方式，來論述神異的源流與發展，兼及理論脉絡，然其論述篇幅却明顯以佛圖澄展神通事居多，是以將佛圖澄作爲神異高僧之典範的用心甚明。

《高僧傳》對佛圖澄的記述最爲全面，從其入華，志弘大法，適逢永嘉之亂，立寺未果，到潛澤草野，以觀世變。當時石勒爲前趙劉曜手下將領，屯兵於葛陂（今河南新蔡縣北），殺戮逞凶，道俗遇害甚多。佛圖澄爲拯救生靈於荼炭，以神通攝化石勒、石虎奉佛，後爲後趙"國師"，大行法化，促使佛教空前發展，不僅立寺眾多，更使"中州胡晋，略皆奉佛"。其僧徒多達萬人，門下高僧輩出。

慧皎對佛圖澄的描寫著重在展現其各種神異事迹，佛教的各種神通在他身上都有所體現。如天耳通，指的是能聞眾生言語、憂樂疾苦及世間其他各種聲音，或能跨越一切障礙聽到音聲的神通。佛圖澄通過天耳通可以把握世間萬象，預見世間動態，並以此告誡世人，度化眾生，充分展現其神異能力之所在，也展示了佛家法力的深遠。《高僧傳·晋鄴中竺佛圖澄傳》云：

> 佛時止鄴城内中寺，遣弟子法常至北襄國。弟子法佐從襄國還，相遇在梁基城下共宿，對車夜談。言及和尚，比旦各去且……澄逆笑曰："昨夜爾與法常交車，共説汝師耶？……幽獨者，敬慎之本，爾不識乎？"……及澄之所在，無敢向其方面涕唾便利者。

這一情節説的是佛圖澄法力高深，儘管與其弟子相距甚遠，却完全知曉弟子的談話内容，洞悉細節。在凸顯佛圖澄佛法深厚之餘，也從側面塑造了佛圖澄謹言慎行、德行高尚的形象。天耳通的表現在佛圖澄傳中頻繁展現，如他對石勒避而不見，却依然能夠聽聞石勒的悔過之語，感知其悔意，石勒這才得以與之相見。原文云：

> （石勒）信人尋至，覓澄不得。使還報勒，勒驚曰："吾有惡意向聖人，聖人捨我去矣。"通夜不寢……澄知勒意悔，明旦造勒。

天耳通之外，佛圖澄還具他心通。他心通又稱知他心通，是指能知眾生心念造作，知他人心想，洞悉他人心理活動等的神通。佛圖澄通過他心通可以在他人未言之時便知其意，未動之時便知其行。比如他能預知石勒的歹意，從而能及早避禍，避免其故意刁難，最終讓石勒深感懊悔，及時消除了惡念。原文云：

> 勒後因忿欲害諸道士，並欲害澄。澄乃避至黑略舍，告弟子曰："若將軍信至問吾所在者，報云不知所之。"信人尋至，覓澄不得。使還報勒。

這是佛圖澄善以他心通來避禍趨吉的體現，也是慧皎在此傳中花費最大篇幅敘寫的一種神通。

此外，傳文還記敘了兩件事情：

> 建平四年四月，天靜無風，而塔上一鈴獨鳴。澄謂眾曰："鈴音云：國有大喪，不出今年矣。"是歲七月勒死。子弘襲位。
>
> 志弘大法，善誦神咒，能役使鬼物，以麻油雜胭脂塗掌，千里外事，皆徹見掌中。

由此可見佛圖澄不但可以洞悉他人的心理活動，也能夠知曉事物情狀所要表達的深刻意蘊，當是其天眼通的展現。天眼通是超越凡人肉眼的神異能力，它不依賴肉眼，可以穿越阻礙，掌握現實情境，千里之外的事情盡現於手掌中。此神通似較其他神通更勝一籌，非同凡響。

二、《佛圖澄別傳》

《世說新語》劉孝標注徵引有《佛圖澄別傳》107 字，內容簡明扼要，概括了佛圖澄事功，把握其主要神異事蹟，言簡意賅。此傳未見諸史志目錄著錄。[①] 今據劉義慶《世說新語・言語》第四五條劉孝標注所引，迻錄其文如下：

---

　① 《法苑珠林》卷三九《華香篇・感應緣》引一條，作《佛圖澄傳》；卷第六十三《祈雨篇・感應緣》引有"晉沙門佛圖澄能祈雨白龍二頭見"。《法苑珠林》卷三九《華香篇第三十三・感應緣》引一條，作《佛圖澄傳》。

佛圖澄別傳

道人佛圖澄，不知何許人。出於敦煌，好佛道，出家爲沙門。永嘉中，至洛陽，值京師有難，潛遁草澤間。石勒雄异好殺害，因勒大將軍郭默（黑）略見勒。以麻油塗掌，占見吉凶。數百里外聽浮圖鈴聲，逆知禍福。勒甚敬信之。虎即位，亦師澄，號大和尚。自知終日開棺無尸，唯袈裟法服在焉。①

其中有言佛圖澄"出於敦煌"，爲各有關佛圖澄僧傳載籍所無，是可資補充佛圖澄與敦煌關係之佐證，甚爲可貴。

三、《佛圖澄傳》

今見傳世典籍所徵引有關佛圖澄之傳記還有《佛圖澄傳》兩種，見引於唐代道宣《集神州三寶感通録》卷下，以及道世《法苑珠林》卷三十一"潛遁篇·感應緣"②。全篇約 400 字，大抵據慧皎《高僧傳》鎔裁成篇，主要凸顯其神异事迹。其文如下：

西晋沙門竺佛圖澄傳

西晋末竺佛圖澄，西域人。形貌似百歲人，左脅孔圍可四五寸，以帛塞之。齋日就水邊抽腸胃出，洗已內孔。夜則除帛，光照一室，以讀書。雖未通群籍，與諸學士輒辯析無滯，莫不伏者。至永嘉中，遊洛下。時石勒屯兵河北，以殺戮爲威，道俗遇害不少。澄往造軍門，豫定吉凶。勒見每拜，澄化令奉佛，減虐省刑，故中州免者十而八九。勒與劉曜相拒搆隙，以問澄。澄曰："可生擒耳，何憂乎。"麻油塗掌，令視見之，曜被執，朱繩縛肘。後果獲之，如掌所見。至建平四年四月八日，勒至寺灌佛，微風吹鈴有聲，顧謂眾曰："解此鈴音者不？鈴言國有大喪，不出今年。"至七月而勒死。石虎即位，師奉過勒，賜以舉輦，入出乘焉。所有祥感，其相極多，略而不述。虎末，澄告弟子曰："禍將作矣。及期未至，

---

① 余嘉錫：《世説新語箋疏》，北京：中華書局，1983 年，第 126 頁。

② 又《法苑珠林》卷三十九"華香篇·感應緣"引一條，作《佛圖澄傳》；卷六十三"祈雨篇·感應緣"引有"晋沙門佛圖澄能祈雨白龍二頭見"一條。

吾且過世。”至戊申年，太子殺其母弟。虎怒，誅及妻子。明年，虎死，遂有冉閔之亂。葬於鄴西。一云澄死之日，商者見在流沙，虎開棺，唯見衣鉢。澄在中原，時遭凶亂，而能通暢仁化，其德最高，非夫至聖，何能救此塗炭。凡造寺九百八十餘所。通濟道俗者，中分天下矣。①

　　以上佛圖澄傳之内容，以佛圖澄的神異事迹爲記述的重點。蓋神異是當時佛教宣傳必要的方便手法之一。湯用彤在論及魏晋佛法之盛時，總結説：“然佛教之傳播民間，報應而外，必亦借方術以推進，此大法之所以興起於魏晋，原因一也。”② 這種理解是極爲正確的。

　　此外，正史《晋書》之“藝術傳”中也有《佛圖澄傳》，與《高僧傳》不同，一爲僧傳，一爲史傳，兩者專博有别，撰寫立場不同，因此内容也多有异同，詳略側重點也不同。《高僧傳》爲僧傳的文體性質，其特色在於叙述神通事迹，力求叙事的主體能具真實感，故多清楚交代事件發生時的人、時、地，從而帶有可以稽考之史學性。《晋書》爲史書，其人物傳記的叙事從文本結構、叙述的語氣口吻、觀點立場等來看，基本多具歷史視角。其編撰年代後於《高僧傳》，故記述佛圖澄事迹當多參閲《高僧傳·佛圖澄傳》。只是二者編撰目的不同，内容當各有所重。慧皎爲高僧立傳，應是真實記載高僧生平、事迹③，當然也有著墨渲染之處。房玄齡等編撰的《晋書》以政治史事爲核心，除求紀實外，有些編撰者亦好采詭謬碎事，廣納异聞。④ 因此二書有關佛圖澄的故事自然也就有所异同。如佛圖澄於西晋永嘉四年（310）到洛陽弘法，未投石勒大將軍郭黑略前的情節，《高僧傳》中叙述得比較詳細。另有部分内容，如佛圖澄欲於洛陽立寺未果、佛圖澄諫石勒、襄國人薛合二子惱怒鮮卑奴、石斌欲僭位事、佛圖澄勸諫石勒毋殺生、遊民麻襦預言石虎之死等情節，也是《晋書·佛

　　① 周叔迦、蘇晋仁：《法苑珠林校注》，北京：中華書局，2003 年，第 954～955 頁。
　　② 湯用彤：《漢魏晋南北朝佛教史》，北京：中華書局，1983 年，第 134 頁。
　　③ ［梁］慧皎《高僧傳·序録》：“（前之作者）各競舉一方，不通今古；務存一善，不及餘行。逮乎即時，亦繼有作者。然或褒贊之下，過相揄揚；或叙事之中，空列辭費。求之實理，無的可稱。或復嫌以繁廣，删减其事，而抗迹之奇，多所遺削。謂出家之士，處國賓王，不應勵然自遠，高蹈獨絶。尋辭榮弃愛，本以异俗爲賢。若此而不論，竟何所紀。”
　　④ 房玄齡等人編撰的《晋書》，從貞觀十八年（644）開始，至貞觀二十年（646）完成，距慧皎（497—554）逝世已約 90 年之久。《舊唐書·房玄齡傳》云：“《晋書》史官多是文詠之士，然好采詭謬碎事，以廣异聞；又所評論，競爲綺豔，不求篤實，由是頗爲學者所譏。”

圖澄傳》所未見的。

第二節　敦煌文獻中的佛圖澄

除《高僧傳》的記載外，敦煌寫本中存有三件《佛圖澄和尚因緣記》，記其在華行事與神通；兩件《佛圖澄羅漢和尚贊》，頌其佛教事功及神通事迹；一件《佛圖棠（澄）所化經》，是勸喻傳帖性質的僞經。三種文本共同顯現了晋代西域入華高僧佛圖澄在敦煌佛教信仰中的地位，兹分別略述如下。

一、敦煌寫本《佛圖澄和尚因緣記》

敦煌寫本《佛圖澄和尚因緣記》計有 S. 1625V、P. 2680、S. 3074 三件，其内容與文字雖較《高僧傳·晋鄴中竺佛圖澄傳》與《晋書·佛圖澄傳》所載簡略，然較之於《佛圖澄羅漢和尚讚》，則事迹情節完整，具有講説、閲讀之文本特色。《高僧傳》内容是早期有關佛圖澄事迹較爲完備的記述，是其他有關佛圖澄文學主要的依據材料，《佛圖澄和尚因緣記》也當是參考《高僧傳》的記載，摘録其要點，加以修改，別録成文的抄本。全篇爲散文，計 250 字。以下謹據本文校注篇之文本分析其内容，大要如下：

（1）天竺東來，深諳儒佛

佛圖澄者，中天竺國人也。幼年入道，而求出家，誦經數百萬言善解文義，雖未誦此土儒史，論辯而無疑滯。

（2）志弘大法，神异度世

若志弘大法，善誦神咒，能役鬼神，以麻油塗掌，千里事徹見由掌中，如對面焉。又聽鈴音，便知萬事。

（3）降伏二石，國之大寶

石勒、石虎尊之甚重，虎詔曰："和尚，國之大寶，榮爵不加，高位不受，何以旌德？從此已往，宜衣以綾錦，乘以雕輦，朝會之日，和尚升殿。"

（4）貌雅教深，培育僧才

澄身長八尺，風姿詳雅，妙解深經，須菩提等數十名僧大德詣澄講說矣。

（5）乳孔流光，齋日洗腸

澄左乳旁先有一孔，圓四五寸，通徹腹內，或時腸從出，輒以絮塞之。夜欲誦書，拔去其絮，則一室洞明。又於齋日至水邊，引腸洗之，已洗還內。

（6）棺不見屍，生死自在

澄死之日，有人見在流沙南行。中天竺國人聞知，不信，遂開棺驗之，全不見屍矣。

從以上《佛圖澄和尚因緣記》內容來看，敦煌釋門擷取的佛圖澄形象大抵是"天竺東來，深諳儒佛；志弘大法，神異度世；降伏二石，國之大寶；乳孔流光，齋日洗腸；遊戲神通，生死自在"。簡要地概括了佛圖澄從出生到死亡的歷程，也強調了其深得佛法與世法精隨，以大乘慈悲心度化二石，成爲國師並作育英才的事迹。對佛圖澄善誦咒、役鬼神、觀掌事、聽鈴音等神異事迹均加以彰揚，尤其對不可思議的"乳孔流光，齋日洗腸"及"棺不見尸，生死自在"更是特別著墨。

二、敦煌寫本《佛圖澄羅漢和尚贊》

除了《佛圖澄因緣記》外，還有 S.276V、P.3355 兩件《佛圖澄羅漢和尚贊》寫本。全篇爲四言體制，七韻，十四句，凡 56 字。平聲陽韻，一韻到底。贊後附五言詩一首，四韻，八句，與贊同爲平聲陽韻。主要頌贊佛圖澄和尚的佛教事功及其神通事迹，内容多見載於《高僧傳·晋鄴中竺佛圖澄傳》與《晋書·佛圖澄傳》。贊體文字簡略，贊頌事迹概括。兹據本文校注迻録如下：

佛圖澄羅漢和尚贊

异哉釋種，作用難量，洞興旨奥，默識臧否。以油塗掌，探腹洗腸；晝還謀塞，夜出抽光；自在生死，示現無常；葬石而起，後趙知亡。載《高僧傳》，後代騰芳。又詩曰：

權實應無方，臨流每洗腸。腹孔明照室，掌裏現興亡。

示滅非起滅，名常則不常。世人思賤迹，猶想覺花香。

大誓憫塗炭，乘機入生死。中州法既弘，葛陂暴亦止。

乳孔光一室，掌鏡徹千里。道盛咒蓮花，灾生吟棘子。

埋石緣雖謝，流沙化方始。

此贊以“异哉釋種，作用難量”點出佛圖澄是釋門高僧之佼佼者，以神異感化二石，具有不可思議之功德；“以油塗掌，探腹洗腸”彰顯佛圖澄爲世人所驚嘆的神通，掌握其最顯著的形象。附詩以“權實應無方”，巧妙稱贊佛圖澄的顯异事迹之餘，更有助於理解菩薩“以權入實”的方便。

《全唐詩》卷八○八有唐慧宣撰《奉和寶使君同恭法師咏高僧竺佛圖澄》詩：

大誓憫塗炭，乘機入生死。

中州法既弘，葛陂暴亦止。

乳孔光一室，掌鏡徹千里。

道盛咒蓮花，灾生吟棘子。

埋石緣雖謝，流沙化方始。

此五言十句的俳律行文緊凑，歌詠佛圖澄的難行能行的悲智行願。其中“灾生吟棘子”一句蓋爲《佛圖澄羅漢和尚贊》中“後趙知亡”與“掌裏現興亡"的意涵，指佛圖澄曾預言"棘子成林"，後趙滅亡之事。石虎的養子冉閔，小字棘奴，深得石虎器重。公元349年冉閔篡奪帝位，佛圖澄一語成讖。此詩末尾兩句"埋石緣雖謝，流沙化方始"，與敦煌《佛圖澄和尚因緣記》中"澄死之日，有人見在流沙南行。中天竺國人聞知，不信，遂開棺驗之，全不見尸矣"以及 S.276V《佛圖澄羅漢和尚贊》"示滅無起滅，名常則不常"可謂交相輝映。

三、《佛圖棠（澄）所化經》

敦煌研究院藏 370 號有《佛圖棠（澄）所化經》一卷，此卷爲 1997 年日本青山慶示捐贈給敦煌研究院 8 件舊藏敦煌寫卷之一。卷高 27 釐米，寬 17 釐米，首尾俱完，計 11 行，行 25～29 字。末尾兩行上端四字殘缺不易辨認，其寫本性質蓋爲民間一種預言灾難、勸傳抄寫經的勸喻傳帖。

圖1—1　《佛圖棠（澄）所化經》

1998 年敦煌研究院邰惠莉發表了《敦煌寫本〈佛圖澄所化經〉初探》[①] 一文，認爲此經未見有其他傳世本，且敦煌文獻中僅此一卷，特撰文介紹，茲據以迻錄全文如下：

1. 佛圖棠（澄）所化經

2. 和平四年正月一日，河内組（温）縣劉起之等十五人，入山斫材（柴），卒（猝）過治王天，颺

3. 風卒（猝）起，迷沉（程）失道。經過風山，白日便現，見一鴻鵠，從西南来，自投而下。

4. 化爲壹老公，手提九節杖，而便自謂：吾是佛圖棠（澄），故来語

① 邰惠莉：《敦煌寫本〈佛圖澄所化經〉初探》，《敦煌研究》1998 年第 4 期，第 96～100 頁。

汝罪福。

5. 泰山東門崩，泰山遣鬼兵千九萬人，提赤袍，持赤繩，取九萬男、女，三十萬人

6. 治東門崩，十千九萬女治袍袄。自今以後，當行毒腫病，十傷九死，無

7. 門不有。汝急作福，可得度世。三家五家，隨村大小，共作龍虎舌（蛇）餅，人各

8. 持七枚食之，一日一夜轉經行道，可得度世。期（其）誹謗不信受者，受（壽）終

9. 致惡，必作□，病厄右七月八月，想難可度世。男女大小，各寫一通，僕（袄）著肘後

10. □鬼不來近人，殃猜（精）不至，壽命得長，得離此苦。見者寫取，其身受福，見者

11. 不寫，身壽（受）長病，寫不轉者，死滅門。見者急急通讀，如律令令

　　邰惠莉認爲本卷沒有明確抄寫年代，但從紙張及抄寫字體看，應爲北朝時西北人假托中原人所作，其性質是“中古民間的一種預言災難、勸傳抄寫經的勸喻傳帖”。方廣錩在《寧夏西夏方塔出土漢文佛典叙録》中也提及敦煌藏經洞發現很多類似的勸喻傳帖，他在考察寧夏出土的疑偽經《异本救諸衆生一切苦難經》時提到：“東晋南北朝時間，這類傳帖已經出現，可參見敦煌研究院藏《佛圖澄所化經》《大慈如來告疏》。晚唐貞元年間，這類傳帖曾在西北地區大規模流行，可參見至今保存在敦煌遺書中的大量同類文獻。本文獻則證明，直到西夏時期，這類傳帖仍在民間流傳。”[1]

　　據《高僧傳》所載，佛圖澄深得後趙政權統治者崇信，其神异頗多，在民間廣爲流傳。故依托佛圖澄之名而進行傳說宣教是自然而然的事。《佛圖澄所化經》雖屬偽經，然從民間佛教信仰的視角來考察的話，當可將其作爲研究佛圖澄在民間形象與信仰的重要材料。詳審其內容主題，大體可分爲三個部分。

---

① 方廣錩：《寧夏西夏方塔出土漢文佛典叙録》卷1（ZW07，no.65，p.377，a）。

　　第一部分説明時間及此經的緣起："和平四年正月一日，河内温縣劉起之等十五人，入山斫柴，卒遇治王天□，颮風卒起，迷程失道。"據郜惠莉考證，此指前凉威王張祚和平四年（357）的事，距佛圖澄去世九年。該年大年初一，司州河内郡（今河南洛陽一帶）劉起之等十五樵夫，因入山砍柴，遭遇暴風而迷路。

　　第二部分是講佛圖澄化身鴻鵠及老人，向人們預言灾難，並教示如何解難的事："經過風山，白日便現，見一鴻鵠，從西南來，自投而下化爲壹老公，手提九節杖，而便自謂吾是佛圖澄，故來語汝罪福。"以及佛圖澄説罪福之事及吉凶之兆，如："泰山東門崩，泰山遣鬼兵千九萬人，提赤枹，持赤繩，取九萬男女，三十萬人治東門崩，十千九萬女治袍襖。自今以後，當行毒腫病，十傷九死，無門不有。"又教示積福滅罪之法："汝急作福，可得度世。三家五家，隨村大小，共作龍虎蛇餅，人各持七枚食之，一日一夜轉經行道，可得度世。其誹謗不信受者，壽終致惡，必作□。病厄右七月八月，想難可度世。"佛圖澄告知人們出動所有村落全家大小，三五家聚集，共作龍虎蛇餅（將麵食做成龍虎等形狀），人各持七枚食之，並一日一夜轉經行道。做龍虎蛇餅以驅毒解厄，也是西北民俗特色的表現。

　　第三部分則是勸寫傳經，於經文最後勸喻眾人抄寫此經一遍，以消灾延壽："男女大小，各寫一通，袟著肘後□，鬼不來近人，殃精不至，壽命得長，得離此苦。見者寫取，其身受福；見者不寫，身受長病；寫不轉者，死滅門。見者急急通讀，如律令令。"

　　總體而言，此勸喻傳帖性質的僞經，篇幅短小，内容淺近，方法易行，具有教化庶民遷惡向善的宗教功能，其中還夾雜著濃厚的道教色彩，是順應當時民間趨吉避凶、消灾解厄的心理需求而產生的一部僞經。其叙寫基本不涉佛教教義，深具民俗信仰的意涵。因此從宣傳文學來看，無疑是成功捕捉了佛圖澄神通變化、預卜吉凶的特質，將其形像升華到了近似神佛的化身，反映了他在人們心中宛如大慈大悲、救苦救難的觀世音菩薩，頗與敦煌寫本《佛頂心觀世音菩薩救難神驗經》相似。①

---

　　①　參鄭阿財：《敦煌本〈佛頂心觀世音菩薩救難神驗經〉研究》，《新國學》，成都：巴蜀書社，第 313～333 頁。

第三節　莫高窟第 323 窟初唐壁畫中的 佛圖澄神异事迹

　　敦煌莫高窟第 323 窟初唐時期的史迹壁畫中，佛圖澄的神异事迹繪製於北壁東側中部，以全景式連環畫描繪。壁畫高 1.29 米，東西寬 5.36 米。全畫從西向東由五組內容不相銜接的畫面組成。每組有一幅或幾幅畫面。每一畫面都附有榜題一方。佛圖澄的神异事迹表現在第三組，以四幅畫面來展現三段情節。

一、佛圖澄 "滅幽州火"

第一段情節以兩幅畫面來呈現。

圖 1－2　莫高窟第 323 窟壁畫局部

　　第一幅畫面描繪的是一王者端坐胡床上，雙手憑几觀望。胡床一側另置一小胡床。臣屬七人侍於左右，其中一人持傘蓋。眾人皆注目觀看前立施法僧人。僧人手中升起一團烏雲向前移動。

　　畫面上有一則榜題，作："幽州四城門被天火燒，□澄法/師與後主說法之次，忽□驚/愕，遂即索酒，乃於東方鐱之，/其酒變爲大雨，應時而至，其火即/滅，雨中並有酒氣。"

　　榜題說明此畫面描繪的內容乃佛圖澄幽州滅火的神异事迹。詳見《高僧傳》卷九《神异上·佛圖澄傳》："澄又嘗與虎共升中臺（堂），澄忽驚曰：
'變！變！幽州當火災。'乃取酒洒之。久而笑曰：'救已得矣。'虎遣驗幽州，
云：'爾日火從四門起，西南有黑雲來，驟雨滅之，雨亦頗有酒氣。'"

　　石勒在殲滅劉曜後，於東晉成帝咸和五年（330），在襄國（今河北邢台）
自稱"大趙天王"，行皇帝事，改元建平。他在登位以後，對佛圖澄更加崇
敬，並尊其爲大和尚。建平二年（329），石勒滅前趙，關隴地區大部和弘農、
上洛郡等地皆爲後趙所有。建平四年（333），石勒往生。次年石虎篡位，建武
四年（338）燕王慕容皝與後趙帝石虎聯軍消滅段部鮮卑，幽州之地全入後趙。
史稱後趙强盛之時"其地南逾淮、漢，東濱於海，西至河，西北盡燕、代"。

　　第二幅畫面描繪的是一方形城廓，門樓聳立。城中火起，烈焰升騰。上
部烏雲密佈，驟降大雨，將火熄滅。有一則榜題，文字已漫漶不清。畫面內
容當爲第一幅畫面的接續，描繪的是幽州城大火爲佛圖澄酒雨所滅的情景。

二、佛圖澄"聞鈴斷事"

　　第二段情節壁畫以一幅畫面呈現。

圖 1-3　莫高窟第 323 窟壁畫局部

　　畫面描繪的是山間一座九層寶塔，塔檐懸鈴。塔前有一高僧以手指塔
鈴向二人講説。二侍者立於後。其內容表現的是佛圖澄能"聽鈴音，以言

吉凶，莫不懸驗"的神異事迹。事詳《高僧傳》《晋書》之佛圖澄傳。①

《高僧傳》《晋書》佛圖澄傳中，記其聞鈴音言凶吉之事，共有四次，分別是：

1. 聞鈴預卜，勸勒宥波（建興元年，即 313 年）：佛圖澄聞鈴預卜當擒鮮卑段末波，並勸石勒安撫。石勒從之，收爲義子，又封官，及放還遼西。段末波感懷石勒大恩，沿途每日朝南拜謝三次，一心歸附。

2. 聞輪鈴音，掌見擒曜（光初十一年，即 328 年）：石勒的侄子石虎鎮守洛陽時，劉曜攻之。石勒欲親上陣，群臣勸退。勒前往問佛圖澄，澄聞鈴預卜，言出兵必擒劉曜。

3. 聞鈴預卜，石勒將死（建平四年，即 333 年）：佛圖澄聞塔上一鈴獨鳴，預卜石勒在一年内當死。

4. 聽鈴預卜，石宣謀反（建武十四年，即 348 年）：佛圖澄聞鈴聲，預卜石宣有意殺石韜，遂自己暫住東閣，諭示石虎十天内必有流血事件，勸勿往東面去。石虎因佛圖澄之勸誡，逃過一劫。

由於榜題文字漫漶不清，不易判斷，323窟壁畫中究竟描繪的是哪次聞鈴事件，學者看法多有分歧。

圖1-4　莫高窟第323窟壁畫局部

三、"探腹洗腸"

第三段情節壁畫以一幅畫面呈現。畫面描

① 馬世長：《莫高窟第 323 窟佛教感應故事畫》云："檢《高僧傳》《晋書》'佛圖澄傳'，記其聞鈴音言凶吉之事，凡四條：鮮卑段波攻勒，其衆甚盛。勒懼問澄，澄曰：'昨寺鈴鳴云，明旦食時，當擒段波。''光初十一年，吸自率兵攻洛陽，勒欲自往拒暇，内外僚佐無不必諫，勒以訪澄，澄曰：相輪鈴音云：秀支替戾岡，僕谷劬禿當。此羯言也。秀支，軍也。替戾岡，出也。僕谷，劉曜胡位也。劬禿當，捉也。此言軍出捉得曜也。建平四年四月，天静無風，而塔上一鈴獨鳴，澄謂衆曰：鈴音云，國有大喪，不出今年矣。是歲七月勒死。''至虎建武十四年七月，石宣、石韜將圖相殺。宣到寺與澄同坐。浮圖一鈴獨鳴，澄謂宣曰：解鈴音乎？鈴云：胡子落度。宣變色曰：是何言歟？澄謬曰：老胡爲道，不能山居無言，重茵美服，豈非落度乎？石韜後至，澄熟視良久，韜懼而問澄，澄曰，怪公血臭，故相視耳。'畫面中的場面，似是佛圖澄向石宣、石韜講説鈴音。但二人先後至寺，並不同時，故難以確定畫中究係指哪次。"（《敦煌研究》1982 年第 1 期，第 80～96 頁）

繪的是：一僧人袒上身，盤腿坐於水邊。右手將腹中之腸引出，就水洗之。有榜題，文字已漫漶不清。勉强辨識如下："澄法師右乳中有孔衣/出光明白照至水口。"

畫面描繪的內容是佛圖澄以水洗腸，這是其諸多神異中最爲稱著之事。事見《高僧傳》佛圖澄傳："澄左乳傍先有一孔，圍四、五寸，通徹腹內。有時腸從中出，或以絮塞孔。夜欲讀書，輒拔絮，則一室洞明。又齋日輒至水邊，引腸洗之，還腹內中。"

第四節　《佛圖澄和尚因緣記》與《佛圖澄羅漢讚》

佛教法會活動時，僧人在諷誦經文之外，也往往會對佛法僧三寶進行讚頌。其法蓋通常由維那一人舉腔領誦，而僧眾隨之和聲，高聲唱誦，同時引磬擊鼓，以莊嚴道場，營造氛圍。其讚辭內容或有頌讚佛、菩薩及經典，或讚頌佛教聖迹，或讚頌高僧。《佛圖澄羅漢和尚讚》與《佛圖澄和尚因緣記》讚頌與記述的對象同爲西晉來華傳教以神異見稱的名僧佛圖澄。以下特將二者對照表列，標示其故事情節之異同：

表 1—1　《佛圖澄羅漢和尚讚》和《佛圖澄和尚因緣記》情節對照表

《佛圖澄羅漢和尚讚》99字	《佛圖澄和尚因緣記》250字
异哉釋種，作用難量，洞興旨奧，默識臧否。以油塗掌，探腹洗腸；畫還謀塞，夜出抽光；自在生死，示現無常；葬石而起，後趙知亡。載《高僧傳》，後代騰芳。 又詩曰： 權實應無方，臨流每洗[腸]；腹[孔]明照室，掌裏現興亡。 示滅無□□，名常則不常；世人思賤迹，猶想覺花香。	佛圖澄者，中天竺國人也。幼年入道，而求出家，誦經數百萬言，善解文義，雖未誦此土儒史，論辯而無疑滯。若志弘大法，善誦神咒，能役鬼神，以麻油塗掌，千里事徹見由掌中，如對面焉。又聽鈴音，便知萬事。石勒、石虎尊之甚重，虎詔曰："和尚，國之大寶，榮爵不加，高位不受，何以旌德？從此已往，宜衣以綾錦，乘以雕輦，朝會之日，和尚升殿。"澄身長八尺，風姿詳雅，妙解深經，須菩提等數十名僧大德詣澄講說矣。澄左乳旁先有一孔，圓四五寸，通徹腹內，或時腸從出，輒以絮塞之。夜欲誦書，拔去其絮，則一室洞明。又於齋日至水邊，引腸洗之，已洗還內。 澄死之日，有人見在流沙南行。中天竺國人聞知，不信，遂開棺驗之，全不見屍矣。

《佛圖澄羅漢和尚讚》爲韻文，《佛圖澄和尚因緣記》爲散文。二者篇幅皆短小，讚計 99 字，含四言讚體 14 句 56 字及五言詩 8 句 40 字；因緣記 250 字。由於二者都是穿插於法會活動中使用，所以篇幅較爲簡短，讚體尤短。其內容對於讚頌的對象與記述的人物事迹均極具概括性。然二者一爲唱誦，一爲講説，於法會活動中的儀式功能與屬性各有所主，各有所重，自然會出現同題異寫的文學現象。

雖然《佛圖澄羅漢和尚讚》《佛圖澄和尚因緣記》乃至《高僧傳·佛圖澄傳》均以佛圖澄神異事迹的記述爲敘事核心，然《佛圖澄羅漢和尚讚》屬高僧頌讚體，與《佛圖澄和尚因緣記》作爲閱讀兼供宣講説唱參考綱要的文本，自然有些許的差異。《佛圖澄羅漢和尚讚》的頌讚，基本情節不求完整，人物刻畫較爲概括，側重整體印象；《佛圖澄和尚因緣記》的記述，故事情節的敘述面向相對較爲完整，以利提示，方便講説者鋪陳演繹。

第五節　《因緣記》與《高僧傳》
佛圖澄情節比較

敦煌寫本《佛圖澄和尚因緣記》全文僅 250 字，慧皎《高僧傳·佛圖澄傳》篇幅則長達 5000 多字。《因緣記》的內容大抵取自《高僧傳》，或摘録，或裁剪，有些片段甚至一字不漏地抄録搬用。以下謹將《佛圖澄和尚因緣記》與《高僧傳·佛圖澄傳》對照表列，並略加説明：

表 1-2　《佛圖澄和尚因緣記》和《高僧傳·佛圖澄傳》情節對照表

《佛圖澄和尚因緣記》250 字	《高僧傳·佛圖澄傳》5000 多字
佛圖澄者，中天竺國人也。幼年入道，而求出家，誦經數百萬言，善解文義，雖未誦此土儒史，論辯而無疑滯。	竺佛圖澄者，西域人也，本姓帛氏。少出家，清真務學，誦經數百萬言，善解文義。雖未讀此土儒史，而與諸學士論辯疑滯，皆闇若符契，無能屈者。
若志弘大法，善誦神咒，能役鬼神，以麻油塗掌，千里事徹見由掌中，如對面焉。又聽鈴音，便知萬事。	志弘大法。善誦神咒，能役使鬼物，以麻油雜胭脂塗掌，千里外事，皆徹見掌中，如對面焉，亦能令潔齋者見。又聽鈴音以言事，無不劾驗。

《佛圖澄和尚因緣記》250 字	《高僧傳·佛圖澄傳》5000 多字
石勒、石虎尊之甚重，虎詔曰："和尚，國之大寶，榮爵不加，高位不受，何以旌德？從此已往，宜衣以綾綿，乘以雕輦，朝會之日，和尚升殿。"	虎傾心事澄，有重於勒。下書曰："和上國之大寶，榮爵不加，高禄不受，榮禄匪及，何以旌德。從此已往，宜衣以綾錦，乘以雕輦。朝會之日，和上升殿，常侍已下，悉助舉輿。"
澄身長八尺，風姿詳雅，妙解深經，須菩提等數十名僧大德詣澄講説矣。澄左乳旁先有一孔，圓四五寸，通徹腹内，或時腸從中出，輒以絮塞之。夜欲誦書，拔去其絮，則一室洞明。又於齋日至水邊引腸洗之，已洗還内。	澄左乳傍先有一孔，圍四五寸，通徹腹内。有時腸從中出，或以絮塞孔。夜欲讀書，輒拔絮，則一室洞明。又齋日輒至水邊，引腸洗之，還復内中。 　　澄身長八尺，風姿詳雅。妙解深經，傍通世論。
澄死之日，有人見在流沙南行。中天竺國人聞知，不信，遂開棺驗之，全不見屍矣。	或言澄死之月，有人見在流沙，虎疑不死，開棺不見屍。

　　《佛圖澄和尚因緣記》叙述的重點有幼年出家、善解文義、對佛法悟性甚高、具備預知之神通、深受石勒石虎的尊崇、異於常人的形象、生死未卜等情節，篇幅短小，極具概括性。與《高僧傳》對比，有關佛圖澄顯神通的記述，二者都有，如誦咒、役鬼、掌中見事、辯鈴、腹中洞明、水邊洗腸、開棺不見尸等神通。

　　佛教所謂的"神通"，是由修持而獲得的特異功能，佛教典籍記述佛陀弟子各有神通，各類僧傳對於高僧神通的描寫，展現了佛教傳播過程中文學題材的擴展，更是佛教文學的熱門故事。《佛圖澄和尚因緣記》"以麻油塗掌，千里事徹見由掌中，如對面焉""聽鈴音，便知萬事""澄左乳旁先有一孔，圓四五寸，通徹腹内，或時腸從出，輒以絮塞之。夜欲誦書，拔去其絮，則一室洞明。又於齋日至水邊，引腸洗之，已洗還内"等情節，便是很好的例證。

　　慧皎《高僧傳》將當時在佛教傳播與實踐中的重要高僧分別立傳，分爲十科，《佛圖澄傳》被安置在"神異"中的第一傳，自然是以記叙佛圖澄預知事件等種種神通爲主。此外，慧皎還特別集中於佛圖澄與石勒、石虎二人互動的描寫，以凸顯其促進後趙佛教信仰的貢獻，乃至對整個佛教在中國傳播進程的推動作用。正如南山茅蓬寺遺址出土北魏王文龢詩碑，詩曰："西域佛圖澄，東土濟蒼生。河邊洗心穢，聞鈴辯吉凶。法惠皇太子，渡化石世龍。聖師今猶在，南山梵音輕。"①

圖1—5　出土北魏王文謨詩碑

　　僧傳文學對於高僧神异的渲染是佛教在中國弘傳初期所處的環境與遭遇所決定的，其時非神异不足以鎮愚頑，所以南朝梁慧皎在《高僧傳·神异·論》中肯定了佛圖澄顯神通的意義與貢獻，既彰顯了佛圖澄神通爲當時所矚目，且爲僧俗大眾所喜聞樂道的情形，並據以作爲僧人神异事迹立傳之張本。

　　二十世紀六十年代初，在武鄉南山茅蓬寺遺址出土唐高宗李治調露元年（679）《大唐重修茅蓬寺碑》碑，碑文有云：

　　……聖師竺佛圖澄，於晋永嘉四年，東行洛陽，普濟眾靈，逢時大亂，聖道不行，遂隱南山，結茅修持，隨相□體，静觀世變，行洗髒、辯鈴、誦咒、役鬼、醫死、卜吉之神通。遐邇轟傳，奉者如雲。……②

　　可見世人念念不忘的還是佛圖澄行洗髒、辯鈴、誦咒、役鬼、醫死、卜吉等神异事迹。在佛教傳播的初期，佛圖澄的這些神异行迹必定爲信眾所津津樂道，對於佛法之推動亦必有相當之助益。

---

① 王文謨，據乾隆版《武鄉縣志》卷之三"人物篇"載："北魏王文謨，道武帝時，嘗爲東道行軍總管、善州刺使諸軍使，著有政績，封燕國公……"
② 温金玉：《佛圖澄山西遺迹考》，《普門學報》2004年第21期，第131～156頁。

　　兩晉南北朝是佛教東傳中國後發芽開花的關鍵階段，佛圖澄是其時最具影響力的佛教高僧之一。其入華適值佛教初傳，身處亂世，化導二石，澤潤蒼生，而垂範後世，慧皎《高僧傳》特爲神异僧人設科立傳，更以佛圖澄爲傳首，其意義及受重視程度不言而喻。其生平及神异事迹，更是佛教弘傳過程中叙事文學創作與叙事圖像繪製的最佳題材。敦煌寫本保存的《佛圖澄和尚因緣記》《佛圖澄讚》，莫高窟第 323 窟佛教史蹟畫中佛圖澄顯神通的畫面，更是這一題材在佛教藝術創作和民間信仰中典型的表現。

　　僧傳史籍提到佛圖澄在戒、定、慧三學都有精到入微的修行，行解具足，悲智雙運，深受中原與西域僧俗敬重。一時間四方英秀蜂擁而至，不僅道安、曇徽、竺法雅等跨越關河，紛往依止學法，就連康居國的佛調、須菩提等數十位僧人也不遠萬里，足涉流沙，前來受教。當時以佛圖澄爲中心的僧團，其受業追隨者常有數百，前後門徒，幾至萬人。所歷州郡共興立佛寺八百九十三，使得當時佛教大化中土，可謂盛況空前。佛圖澄門下高僧輩出，尤其是道安與慧遠，出類拔萃，可謂代有傳人，致使道流中國。但由於民間信仰主體等因素的影響，其義學與戒行往往爲其神异事迹所掩。

第二章　敦煌寫本《劉薩訶和尚因緣記》研究

　　《劉薩訶和尚因緣記》是記述東晉末年到南北朝初期稽胡族的遊方僧人劉薩訶由平凡而成聖的因緣行迹，極具地域特色，最爲特殊。有關他的籍貫、名號、事迹、傳説等，自來史籍、僧傳等文獻多有所記載，加上敦煌文獻有《劉薩訶和尚因緣記》，莫高窟壁畫亦有相關的瑞像等，成爲近年學界關注的熱點，研究面向多元，有文獻考訂、事迹考述、文學闡釋、圖像解讀、佛教信仰與民俗傳説等諸多論題，相關篇章已逾六十篇，論述深淺、專博不一。①

　　《因緣記》是以散文體史傳形式記叙高僧成道因緣及神通事迹的僧傳文學，是新生的文類。劉薩訶由一介平凡的稽胡出家到成爲"聖僧"，是僧團與信眾景仰崇拜的對象，是高僧傳記叙的典範。其在大西北地區受到漢胡各族民眾的崇敬，成爲地域與民族史上重要的人物以及宗教民俗信仰的文化核心。

　　中國佛教史上足以作爲修行學習典範的高僧，會有多元多樣的文學與圖像流傳。敦煌佛教文獻與佛教藝術中也可見描繪同一傳主的各種人物、事迹的文學與圖像。高僧傳略、高僧贊、高僧因緣記，主要記叙有關高僧生平，内容多參考《高僧傳》《續高僧傳》，文字大同小异，但也有採自民間佛教傳説，主要凸顯高僧的神异事迹。敦煌石窟壁畫的佛教史迹畫也多有此類高僧神通題材，以作爲傳教弘法之津梁。這些僧傳文學與高僧叙事

---

①　有關研究概況，盧秀文《劉薩訶研究綜述》（《敦煌研究》1991 年第 3 期，第 113～119 頁）、尚麗新《劉薩訶研究綜述》（《敦煌學輯刊》2009 年第 1 期，第 135～143 頁）、紀應昕《劉薩訶研究綜述》（《敦煌學國際聯絡委員會通訊》2017 年 7 月，第 96～104 頁）先後有所述介，可資參考。

畫可相互印證，共爲佛教弘傳之資糧。

傳世正史、佛教史傳及民間碑記中不乏有關劉薩訶行迹的記載，在劉薩訶信仰流行的河西地區，地方文獻及民間傳説亦多有流傳，石窟壁畫、造像，石刻碑記也時有保存，以往的研究對於這些文獻文學與圖像的文本屬性少有區別，歷史、宗教、文學與藝術各自的特性與相互的關係尚有進一步體認的空間。今所得見敦煌寫本《劉薩訶和尚因緣記》計有法藏 P. 2680、P. 3570V、P. 3727 及日本杏雨書屋《敦煌秘笈》羽 698 四件，有關的傳世文獻如南朝齊王琰《冥祥記》，南朝梁慧皎《高僧傳》，唐道宣《續高僧傳》《廣弘明集》《集神州三寶感通録》《釋迦方志》《道宣律師感通録》，唐道世《法苑珠林》等。這些物質性的文字文本與圖像文本之間既具有傳承的文本共性，又有因媒介工具材質、時間、空間的制約，在傳播的過程中，存在理解、詮釋與表達差異的殊性，彼此既可互證互釋，又可互補。日本藏中國佛教古逸文獻《畫圖讚文》，經學者考證爲唐釋道宣所編撰，是在抄録南朝齊竟陵王蕭子良《净住子》的基礎上，據西明寺的壁畫内容編撰而成，成書年代蓋在顯慶五年，全書約有三十卷。定源《日藏唐抄本〈畫圖讚文〉及其作者考述》一文提供了研究《劉薩訶因緣記》及莫高窟初唐第 323 窟有關劉薩訶史迹畫的珍貴材料。以下謹結合這些傳世文獻與考古資料，著眼於有關的物質文本，將其相關文獻、文學與圖像依序梳理，進而析論其展現在文獻、文學與圖像間的互文性。

第一節　唐代以前有關劉薩訶的傳世文獻

劉薩訶是活動於東晉末至南北朝初期的一位高僧，傳世文獻中有關他的籍貫、名號、事迹及傳説的記載爲數不少，依據時代先後，主要有南朝齊王琰（生卒年不詳，約活動在 46—501）《冥祥記》，南朝梁慧皎（497—554）《高僧傳》，唐道宣（596—667）《續高僧傳》《廣弘明集》《集神州三寶感通録》《釋迦方志》《道宣律師感通録》《畫圖讚文》，以及唐釋道世（？—683）《法苑珠林》等記載。以下謹以《冥祥記》《高僧傳》《續高僧傳》爲中心，略述唐代以前傳世文獻中有關劉薩訶的情形。

一、王琰《冥祥記》中的慧達事迹

南朝齊王琰的《冥祥記》是中國現存保存較多的一部佛教靈應記集，旨在"徵明善惡，勸戒將來，實使聞者，深心感寤"。唐魏徵撰《隋書·經籍志二》"史部·雜傳類"著錄："《冥祥記》十卷，王琰撰。"原書十卷，早已亡佚。後世多有輯佚，如魯迅《古小説鈎沉》①、王國良《冥祥記研究》② 輯録有133則，基本上是佛教靈驗傳説。

《冥祥記》有關"劉薩訶"事迹的載録，見於《法苑珠林》卷八十六"懺悔篇·感應緣"下"晋沙門慧達"條，末注明"右此一驗出《冥祥記》"，全文約1300字。其内容開頭以"晋沙門慧達，姓劉名薩荷，西河離石人也。未出家時，長於軍旅，不聞佛法；尚氣武，好畋獵。年三十一，暴病而死。體尚温柔，家未殮。至七日而穌。説云：將盡之時，見有兩人執縛將去"③ 簡單介紹了沙門慧達的時代、俗家姓名、里籍、出家前身份，暴病而死，七日復蘇。之後，緊接著以1000多字的篇幅記叙劉薩訶入冥、遊歷地獄及其靈驗事迹，用以彰顯其不平凡的學佛歷程。末尾則僅以"奉法精勤，遂即出家，字曰慧達。太元末，尚在京師。後往許昌，不知所終"④ 27字簡要作結。

六朝以來，靈驗、感應一類宗教信仰的靈异經驗與宣揚因果報應佛教教義合流，展現了佛教信仰見證與宣傳的風行，成爲當時佛教的"輔教之書"，晋唐高僧大德多所纂集，以爲宣教之利器。如劉義慶的《宣驗記》、朱君台《徵應傳》、王延秀《感應傳》、張演《續觀世音應驗記》、范晏《陰德傳》、王琰《冥祥記》、蕭子良《宣驗記》、陸杲《繫觀世音應驗記》、王曼穎《補續冥祥記》、劉泳《因果記》、顔之推《還冤記》《集靈記》、釋亡名《驗善知識傳》及釋净辯《感應傳》等，唐代有唐臨《冥報記》、道宣編有《集神州三寶感通録》、孟獻忠《金剛般若經集驗記》、蕭瑀《金剛般若經靈驗記》等，乃至敦煌寫本都保存不少各類靈驗記，集録、單篇多

---

① 魯迅：《古小説鈎沉》，北京：人民文學出版社，1951年。
② 王國良：《冥祥記研究》，臺北：文史哲出版社，1999年。
③ 周叔迦、蘇晋仁：《法苑珠林校注》，北京：中華書局，2003年，第2483頁。
④ 周叔迦、蘇晋仁：《法苑珠林校注》，北京：中華書局，2003年，第2486頁。

有，是此類作品的延續與發展。①

《冥祥記》載劉薩訶“暴病而死至七日而蘇”之類冥遊、靈驗的故事，“死亡、入冥、受報、復活、懺悔、出家奉佛”正是南北朝盛行的宣說弘傳模式，也是晉唐佛教靈驗記常見的情節，如敦煌寫本靈驗記《黄仕强傳》《懺悔滅罪金光明經冥報傳》一類，傳主均以無疾暴亡，而入冥、遊冥之後復活，是流傳廣遠，膾炙人口的名篇。②

《冥祥記》爲護教之作，内容主要爲與佛教有關的各種神異事迹，其材料來源主要爲此前各種佛教靈异記；其次是東晉以後陸續出現記載名僧行迹的各種僧傳以及其他雜史、雜傳③，以及王琰自己的親見親聞。今存133則中，有18則是有關“入冥還魂”的故事。這類故事情節大都以“人物臨終→死未及斂→數日復蘇→講述地獄遊歷見聞→皈依佛教，終得善果”爲基本模式。

二、南朝梁慧皎《高僧傳·釋慧達傳》

《高僧傳》記事止於南朝梁天監十八年（519），其成書時間略晚於《冥祥記》。慧皎自序云：“嘗以暇日，遍覽群作，輒搜撿雜録數十餘家，及晉宋齊梁春秋書史，秦趙燕凉荒朝僞曆、地理雜篇、孤文片記，並博諮故老，廣訪先達，校其有無，取其同异。”可知其書資料廣泛，不僅可補史闕，且可據以校勘、輯佚，故其書歷來爲佛教學者及史家所重。《高僧傳·釋慧達一》全文800字，開頭以99字簡要介紹了高僧慧達的出身及出家因緣。“釋慧達，姓劉，本名薩訶，並州西河離石人。少好田獵。年三十一，忽如暫死，經日還蘇。備見地獄苦報，見一道人云是其前世師，爲其説法訓誨，令出家，往丹陽、會稽、吴郡覓阿育王塔像。禮拜悔過，以懺先罪。既醒，即出家學道，改名慧達。精勤福業，唯以禮懺爲先。”之後以700字的篇幅，記叙劉薩訶在江東一帶巡禮阿育王塔的活動行迹，

---

① 參鄭阿財《見證與宣傳：敦煌佛教靈驗記研究》，臺北：新文豐出版公司，2010年。
② 參鄭阿財《見證與宣傳：敦煌佛教靈驗記研究》，臺北：新文豐出版公司，2010年。
③ 雜傳起於漢代，興於魏晉南朝，如西漢劉向的《列女傳》，南朝梁慧皎的《高僧傳》。雜傳之名，最早見於南朝劉宋時王儉撰寫的《七志》。屬於人物傳記性質的“雜傳”之名，當始於南朝蕭梁時代阮孝緒的《七録》，亦見於《隋書·經籍志·史部·雜傳類》小序。雜傳因作者率爾而作，不在正史，離史獨立，其傳主形象反較真實。

著重在劉薩訶的興福事迹，最後以"達東西觀禮，屢表徵驗，精勤篤勵，終年無改。後不知所之"22字作結。與王琰《冥祥記》宣揚佛教報應的寫作動機有別，其繁簡有秩的記述契合了作爲佛教史傳爲高僧立傳的精神與客觀的寫作態度，是關於劉薩訶早期事迹最爲可信的記錄。

三、唐道宣《續高僧傳·魏文成沙門釋慧達傳三》

唐初南山律宗開山祖師道宣著録有關劉薩訶的記述甚多，主要爲《續高僧傳》，此外還有《集神州三寶感通録》《道宣律師感通録》《廣弘明集》《釋迦方志》等。

道宣以爲慧皎《高僧傳》收録梁代高僧過少，實有補輯續編之必要，乃廣續慧皎《高僧傳》收録南朝梁到唐貞觀十九年（645）144年間的高僧傳記，編纂成《續高僧傳》，或稱《唐高僧傳》。全書凡三十卷，正傳331人，附見160人。道宣圓寂後，該書仍迭有補綴，至總章二年（669）收録更多，達486人。

《續高僧傳》編纂體例遵循慧皎《高僧傳》十科之分，而略有調整。將"神異"改爲"感通"，"亡身"改爲"遺身"，"誦經"改爲"讀誦"，"經師""唱導"合爲"雜科聲德"，而另新增"護法"，仍爲十科。其中"感通"所録之傳主皆兼具神異能力並述其感通故事。

由於道宣此書編纂於初唐，傳主南北兼收，大大彌補了慧皎《高僧傳》的不足。《續高僧傳·魏文成沙門釋慧達傳三》是慧皎《高僧傳·慧達傳》的續編，其開頭"釋慧達，姓劉，名窣蘇骨反和，本咸陽東北三城定陽稽胡也。先不事佛，目不識字，爲人兇頑，勇健多力，行獵射，爲梁城突騎，守於襄陽。父母兄弟三人並存，居家大富，豪侈鄉間，縱橫不理。後因酒會，遇疾命終，備覩地獄眾苦之相，廣有別傳，具詳聖迹。達後出家，住於文成郡，今慈州東南高平原，即其生地矣，見有廟像，戎、夏禮敬，處於治下安民寺中。曾往吴越，備如前傳"138字，説明慧達姓名、里籍、命終入冥，復活出家，戎、夏禮敬。之後歷叙其遥禮涼州番禾御谷，預言瑞像，行至肅州酒泉遷化石澗中，遺骨顯靈，後預言瑞像一一應驗，經像大弘，更崇寺宇等。最後道宣强調親至謁達之本廟，考察關内道及河東道劉薩訶信仰的情況，云："余以貞觀之初歷遊關表，故謁達之本廟，圖像儼肅，日有隆敬。自石、隰、慈、丹、延、綏、威、嵐等州，並圖寫其形，所在供養，號爲劉師佛焉。因之懲革胡性，奉行戒約者殷矣。”並明確表明“見姚道安《製像碑》”。

對於已被慧皎《高僧傳》所載劉薩訶往江東尋找阿育王塔等相關活動，則以“曾往吳越，備如前傳”一筆帶過，不加重複叙述，而將重點放在劉薩訶及番禾瑞像的有關記叙上，這是王琰《冥祥記》、慧皎《高僧傳》所無，凸顯了道宣《續高僧傳》叙述的用心，而標示根據北周“姚道安製像碑”則顯示編纂態度的謹慎。

姚道安指北周道安法師，因俗姓姚，故稱姚道安，或有意與東晉著名的道安法師區別。姚道安曾作《二教論》爲佛教辯護（收入《廣弘明集》卷八）。姚道安卒於北周建德三年（574）“五月十七日，普滅佛道一宗”之後。姚道安《製像碑》今已亡佚。道宣《集神州三寶感通錄·元魏涼州石像山裂出現緣》也提及“備於周釋道安碑”，敦煌寫本《劉薩訶因緣記》引“道安法師碑”。可見此碑内容頗多涉及記述慧達與涼州石像事迹，是唐人有關劉薩訶記述的重要根據史料。

《集神州三寶感通錄》三卷，原名《東夏二寶感通記》，後稱《集神州塔寺三寶感通錄》，簡稱《三寶感通錄》，爲道宣編撰於唐麟德元年（664）的佛教感應集。全書共收錄150則感通故事，上自東漢，下至唐初。每則故事均有標題。其序有云：“夫三寶利見其來久矣。但以信毀相競。故有感應之緣。自漢洎唐年餘六百，靈相肸向，群錄可尋；而神化無方，待機而扣。光瑞出没，開信於一時；景像垂容，陳迹於萬代。或見於既往，或顯於將來，昭彰於道俗，生信於迷悟，故撮舉其要。”並將感應事迹依内容分爲“明舍利表塔”“雜明神州山川藏寶等緣”“列靈像垂降”“聖寺”“瑞經”及“神僧”六部分。

《集神州三寶感通錄》中也有好幾處提到有關劉薩訶的事迹。如卷上“西晉會稽鄮塔緣一”“東晉金陵長干塔緣二”，卷中“元魏涼州石像山裂出現緣十四”，卷下“神僧感通錄”。其中卷下“神僧感通錄”記述劉薩訶信仰流行區域，以“銀州”取代《續高僧傳》記載的“威州”。道宣的《釋迦方志》卷二、釋道世《法苑珠林》卷三十一所載也是以“銀州”取代“威州”。此外，道宣在撰集的《廣弘明集·佛德篇》“晉代已來佛像感應相”下，載有“涼州西番禾縣瑞石像者”。整體而言，唐代的這些記載基本内容大同小异。唐前記述集中在劉薩訶由世俗獵人入冥復活，懺悔出家，巡禮江南阿育王塔等事迹，是著眼於劉薩訶現世的遊化。唐代記述則著眼於劉薩訶後世的信仰發展，關內道、河東道等八州乃至河西地區劉薩訶信仰的流播，尤其酒泉"涼州番禾縣東北望御谷瑞石像"昭示天下離亂等感通事迹的盛行。

四、唐道宣《畫圖讚文》卷第二十七引《僧史》

今存《畫圖讚文》標明援引的典籍有《精異記》及《僧史》，《精異記》當是《旌異記》之音訛。其中記叙有關劉薩訶事迹的便是《僧史》，"僧史"可作爲通稱，指高僧的史記、史傳。但其文云"撿《僧史》"，明顯是書名專稱。史志目錄所載，以《僧史》作爲書名，僅有南朝齊文宣王記室王巾撰《僧史》（十卷）。慧皎《高僧傳》卷十四有云："琅琊王巾所撰《僧史》，意似該綜，而文體未足。"① 隋費長房《歷代三寶紀》卷第十一著錄："文宣王記室王巾一部十卷《僧史》。"定源因《僧史》不存，無從查核，而以爲這裏的《僧史》很可能就是指《高僧傳》。② 按：道宣《集神州三寶感通錄》卷三："余所討尋前後傳記備列如前。至於事條不可具歷。故總出之。"後便列有"《宣驗記》（劉度）、《幽明錄》（宋臨川）、《冥祥傳》（王琰）、《僧史》（王巾）……"③ 筆者認爲此《僧史》當即王巾的《僧史》。雖說其所引有關劉薩訶的生平事迹散見於慧皎《高僧傳》卷十三、道宣《續高僧傳》卷二十五所收之"釋慧達傳"等資料，部分事迹不見於《續高僧傳》，而與《高僧傳》所述內容大體相同，但是不能排除不見於王巾《僧史》，且慧皎《高僧傳》也可能參考王巾《僧史》，這如同慧皎《高僧傳》採用僧祐《出三藏記集》一樣，都是極其合理的。但不論如何，《畫圖讚文》確實提供了過去我們沒注意到的訊息。茲據定源校錄逐錄與劉薩訶有關部分即《畫圖讚文》卷第二十七《第二十二圖讚聖迹

① ［梁］慧皎《高僧傳》卷十四（CBETA，T50，No. 2059，p. 418c6—7）。

② 定源認爲："但這裏的《僧史》，是否指王巾《僧史》，因該書不存，無從查核。僅從《僧史》名稱看，不能排除泛指某部僧傳著作的可能。上文第一段記載的離石僧慧達，即劉薩訶，有關他的生平事迹，散見於慧皎《高僧傳》卷十三、道宣《續高僧傳》卷二十五所收之釋慧達傳等資料。通過比較，如上文所載的釋慧達部分事迹不見於《續高僧傳》，而與《高僧傳》所述內容大體相同。不僅如此，上文第二段'又石趙時……果得盤像焉'部分，也可在《高僧傳》卷九《佛圖澄傳》中找到相應文字。因此，上文所謂的《僧史》，很可能就是指《高僧傳》。"（《日藏唐抄本《畫圖讚文》及其作者考述》，《域外漢籍研究集刊》第十五輯，2017年，第313頁）

③ ［唐］道宣《集神州三寶感通錄》（CBETA T52，No. 2016，p. 430a20—25）。

住法相此神州感通育王瑞像》《第二十三圖讚聖迹住法相此神州佛像立塔感通事迹》如下：

第二十二圖讚聖迹住法相此神州感通育王瑞像

魏吳孫晧時，後圃獲一金像，晧穢之，愚患甚篤，求命謝之，乃損。此乃育王本像也。

西晉建興元年，有二石佛浮在吳松江，初疑爲海神。巫祝迎之，風濤彌盛。奉黄老者，爲是天師，往接不獲，風浪大動。有奉佛者，至滬瀆口迎之，風潮忽静。接置岸上，乃是石佛，高七尺，銘其背：一曰維衛；二曰迦葉。以狀奏聞，令（今）吳郡通玄寺。見《旌异記》。

東晉太元中，荆州沙門曇翼造長沙寺，寺成乃祈育王像。不久見於城北，高七尺。後屬賓僧至，識知是育王所造。光在文上，屢放光明。今在州寺。

元魏太武太延元年，沙門惠達行至凉州，望御谷山，禮之曰：不久此山瑞像出見，若形相不具，天下將亂。後八十七年，大風雪震，山裂出像，身長二丈，唯無其首。隨作隨落，魏道陵遲。後於州東得首，安之符合。今感通寺是也。

晉咸和中，丹陽尹高悝逢天竺僧五人，昔遇難，埋像何上，夢云：得之。見浦有光，尋之得一金像。於後東海見銅花趺，浮在水上，送安像足符合。又於南海交州得光，又安像背，孔穴懸同。身趺及光皆放明，五代君王莫不歸信。銘云：育王爲第四女造，今在京大興善寺。坊州玉華宫寺鐵礦像，高三丈，因發光明，周宣重之，爲開佛法，號年大像元年也。

第二十三圖讚聖迹住法相此神州佛像立塔感通事迹

阿育王佛塔遍闍浮州，振旦東川見其塔。自赤澤靈靈，青丘化漸，惟功弗有，而冥感潛通。且育王統御，總此南洲八萬餘塔，遍於環海。生福滅罪，弘利無窮。今姑臧、扶風、彭城、臨緇、丹陽、會稽、蜀郡，咸有塔焉。各顯神异，備如前，故疏時事數條，以顯育王置塔不惑矣。

撿《僧史》云：晉時離石僧慧達，感通靈异，往江南丹陽、會稽吳郡，禮阿育王塔及浮江石像。於揚州登越城，望見异光，乃長干寺剎也。每放光，乃掘入丈許，得三石匣，有鐵銀金函相盛，中有三舍利，一爪甲一髪。髪申長數尺，放卷成螺，光色炫燿。自此以前，無有佛法。今掘得之，明是周宣王時，育王立八萬四千之一塔也。

又往吳郡通玄寺禮浮江石像，三年懺悔。又往會稽禮鄮縣塔，亦是育王所造，歲久荒凉，示存其蹤。又見神光焰發，因立龕砌石。塔上踊非人所造，群鳥不栖，漁田無獲，道俗移信。[①]

第二節　《凉州御山石佛瑞像因緣記》碑記

僧傳文學的物質文本除了寫卷、石窟壁畫之外，還有石刻碑記。1979年5月武威發現了《凉州御山石佛瑞像因緣記》碑，僅存下半段，上段及碑額、碑座皆缺。其時代晚於北周《道安製像碑》、唐初道宣《續高僧傳》《集神州三寶感通錄》、道世《法苑珠林》等，早於歸義軍時期敦煌寫本《劉薩訶因緣記》，是有關劉薩訶河西地區凉州瑞像發展的重要材料。

殘碑高 152 釐米、寬 115 釐米、厚 37 釐米。正面真書文字 25 行，每行容字不等，最多者 43 字，現存計一千餘字。據碑文第 23 行"天寶元年壬午徵士天柱山逸人楊播記"，知此碑刻當製於唐天寶元年（742）。以下謹參考孫修身、党壽山《〈凉州御山石佛瑞像因緣記〉考釋》錄文，校錄斷句，逐錄如下：

1.（缺）延元年，丹陽僧劉薩何，天生神异，動莫能測，將往天竺觀佛遺迹。行至於此，北面頂禮。弟子悕而問□□□□□/2.（缺）□少，即是喪亂之象。言訖而過。至後魏正光元年，相去八十有六年，獵師李師仁趁鹿於此山，忽見一寺，儼然宏□□□□□/3.（缺）□師仁稽首作禮，舉頭不見其僧。竊念常游於兹左，未曾有如是。遂壘石爲記，將擬驗之，行未越界，忽□雷震/4.（缺）□屬魏末喪亂，生靈塗炭，薩何之言至是驗焉。師仁於時懷果，走詣所部，言終，出柰，柰化爲石，於是□□

---

① 見白鶴美術館藏《畫圖讚文》卷廿七，收入大阪市立美術館編《唐鈔本》，京都：同朋社出版社，1981 年，第 104～110 頁。

嘆此稀有之/5.（缺）□之東七里澗，夜有神光照燭，見像[首]。眾疑必是御山靈相，捧戴於肩，相去數尺，飛而暗合，無復差殊。於是，四眾悲欣，千里/6.（缺）。周保定元年，敕使宇文儉檢覆，靈驗不虛，便敕涼、甘、肅三州力役三千人造寺。至三年，功畢，肆僧七十人，置屯三/7.（缺）□削逾明至今猶然。至周建德三年，廢三教，敕使將欲毀像，像乃放光溢庭，使人惶怖，具狀聞奏，唯茲一所/8.（缺）□涼州行至寺，放火焚燒，應時大雪翳空而下，祥風繚繞，撲滅其焰。□梁毀棟，今亦見存。又於南岸見一僧/9.（缺）□番禾官人，爲我於僧隱處造一龕功德。今石龕功德見在。又至[開皇]九年，涼州總管、燕國公詣寺禮拜，忽/10（缺）樊儉等至寺供養，師等見青衣童子八九人，堂內灑掃，就視不見，具狀聞奏，駕[遂]幸之，改爲感通寺。又至/11（缺）遠之則見，朝□看石上依稀有處。至大唐貞觀十年，有鳳凰五色，雙鶴導前，百鳥蔽日，栖於像山，所部以/12（缺）[天]乃蘇活。貞觀十年，三藏法師從五天竺國來，云：□□□下有像一雙，彼國老宿云一像忽然不知去處。玄/13（缺）[知]此土眾生有緣。神龍兵部尚書郭元振往任安西都護，曾詣寺禮謁，因畫其像。後奉使入强虜烏折勒，宣/14（缺）[旁]視。是日大雪深尺餘，元振岳歸，移晷不動，虜狂失神暴卒於夕，虜五男娑葛之徒，凶悍尤甚，勞面枕戈。將/15（缺）遂便聞奏，宗令御史霍嗣光持幡花□□，綉袈裟各一幅，皆長冊餘尺，闊十三幅，詣寺，申敬禮。其時，當/16（缺）光現，大雲寺僧元明先住彼寺，常聞寺有□[鐘]響，獨恨未聞，恒自投地禮拜，供養懸撤，自誓，旬月无徵，/17（缺）御山谷中，遠无泉源，山谷燋涸，獨[於]□□西北二三里，泊然潛出清流，堪激小輪，經過伽藍，溉寺田二、三十/18（缺）[近]寺四、五十里，孤遊獨宿，晨去夕還，爰□□□，秋毫不犯。山中石壁，常有鳩鴿群飛，佛殿晝開，曾不敢入。開/19（缺）[知]運、杜賓客共詣一婆羅門，三藏□□不久皆有大厄，不可過，宜修福德。運□之，信。賓客即罄舍所有/20（缺）□至今无急事，俱驗[焉]。若乃鄉曲賤[微]之人，遠方羈旅之士，或飄□[獨]往，叩地申冤，或子爾孤遊，瞻顏乞願，慈/21（缺）□□涼都會，萬里□通，徵稅之□，往來□時之所，填委戎夷雜處，戕害爲常，不有神變之奇，寧革頑嚚之/22（缺）□彰，无微不燭，何異今台山之瑞相，折天竺之慈顏，福於茲方難得而稱者也。且慮人代超忽傳說，差殊有/23（缺）相傳庶□勸善之詞，以表大慈之致。時天寶元年壬午徵士天柱山逸人楊播記/24（缺）□□□□□初止此地，後便以此處爲白馬寺，至宇文滅法，其地□俗居者多不安遂，復施爲感通下寺，時五涼/25（缺）□□□赤水軍使京兆王公锤同贊靈迹，以傳海內有緣。

　　《涼州御山石佛瑞像因緣記》記叙了劉薩訶和尚在河西走廊進行宗教活動，在《續高僧傳》的基礎上，記叙了初唐到天寶元年（742）之間的涼州番禾縣御山谷中石佛瑞像出現的故事及瑞像寺的建成和發展史。

圖2-1　《涼州御山石佛瑞像因緣記》碑記

　　唐前各文獻記叙劉薩訶的活動，先是江南地區的巡禮阿育王塔，後是河東道、關內道的遊化。《涼州御山石佛瑞像因緣記》則更强化其在河西地區的諸多行迹，以及最終遷化於酒泉的記述。從地方信仰的視角提供了河西地區劉薩訶信仰的發展及各地瑞像遺迹的豐富信息，同時還增添了前此所無的劉薩訶將往天竺觀佛遺迹，以爲劉薩訶與河西地區特別是敦煌莫高窟授記的張本。

《涼州御山石佛瑞像因緣記》還對初唐之前流傳的劉薩訶故事情節進一步細化，在敘述北魏正光元年涼州瑞像示現的時候，添加了河西地區民間信仰傳説劉薩訶勸化獵師李師仁的情節。這是唐前及初唐其他文獻所未見的，是敦煌、河西地區特有的傳説。莫高窟第61窟（五代）及第98窟（五代）壁畫有此一情節繪製的遺存。

第三節　《劉薩訶和尚因緣記》的文本功能

敦煌文獻中有關《劉薩訶因緣記》的寫本今所得見計有法藏 P.2680、P.3570V、P.3727 及日本杏雨書屋《敦煌秘笈》羽698 四件。詳細參見本書校注篇的叙録及敦煌寫本《劉薩訶因緣記》校注。

敦煌寫本《劉薩訶和尚因緣記》蓋爲十世紀歸義軍時期的寫本。全文560字。內容記叙劉薩訶姓氏、里籍，因遊獵煞鹿而卒亡，入冥，遊諸地獄，因觀世音菩薩勸化，懺悔復活而出家，廣尋聖迹。使驢耳王復人耳，番禾授記現瑞像，西行五天竺感佛鉢，秦州敷化，至酒泉遷化，以及漠高窟受記等。

此因緣記的文本性質，自來説法分歧。尚麗新以爲是民間文人對民間傳説的記録和整理。[①]其材料來源不是僧傳，而是民間傳聞，具有獨特的民間佛教文學價值。其文體雖找不到歸屬，但題名"因緣記"，"從這些因緣記的内容和形式上看不出任何講唱的痕迹"，"這種形式的因緣記，根本不可能用於講唱"，"不過仍然暗示了與講唱因緣文存在著某種聯繫"。又説"《劉薩訶因緣記》是講唱因緣文的藍本，極有可能是爲了講唱搜集整

---

① 尚麗新：《劉薩訶信仰解讀——關於中古民間佛教信仰的一點探索》一文説："《劉薩訶因緣記》篇一共600多字，大致依時間順序排列了地獄巡遊、朝聖、治病、番禾瑞像等傳聞，從其顛倒錯亂的叙事順序、極度簡略的叙事風格、樸實無華的叙事語言來看，這決不會出自上層知識分子之手，而是民間文人對民間傳説的記録和整理。"（載《東方叢刊》2006年第3期，第6～23頁）

理素材"①。

2010 年竇懷永、張涌泉《敦煌小説合集》分敦煌文獻中的小説爲古體小説與通俗小説二種，將《劉薩訶和尚因緣記》歸入通俗小説中的"傳奇類"②。

筆者認爲"高僧因緣記"的文本功能是多元的。P. 2680、P. 3727《劉薩訶和尚因緣記》均與其他高僧因緣記、菩薩本生緣、高僧贊、《付法藏傳》、榜書底稿等合抄，顯示隋唐以來隨著各地方信仰的發展，高僧往往被列入佛教寺院宗派祖師法統世系與一般傳法世系的聖者、菩薩並列，引進歷代祖師付囑心法的傳承之中。同時寺院、石窟也多有據以繪製圖畫、塑像，用以説明祖師來歷，並供禮拜瞻仰的情形。前舉 P. 2971 "壁畫榜題底稿"中"第十八無著菩薩、第十九世親菩薩、第二十羅什法師、第二十一佛圖澄、第二十二劉薩訶、第二十三惠遠和尚"既可與 P. 2680、P. 3727 寫本現象相互印證，又可説明《劉薩訶和尚因緣記》等高僧因緣記的文本具有圖像繪製的參考，是引導信眾石窟、寺院參拜巡禮時，僧人解説之參考文本。③ 這點通過對敦煌本《劉薩訶和尚因緣記》寫本原生態的析論獲得證實。《劉薩訶和尚因緣記》是以散文體史傳形式記叙高僧成道因緣及神通事迹的中國新生的僧傳文學，它的文本功能多元，兼具有寺院石窟圖像繪製，僧人禮拜祖師及解説聖僧圖像之參考；又可作爲佛教齋會活動，法師唱導、俗講時"雜序因緣""説緣喻"講説的依據或提示之用。

另外，尚麗新認爲《劉薩訶和尚因緣記》"採用散文體的形式，確實類似、接近於僧傳。它是對劉薩訶和尚一生事迹的叙述。這種形式的'因緣記'，根本不可能用於講唱。顯而易見，它决不是用於講唱的因緣文"④。筆者以爲《劉薩訶和尚因緣記》一類的高僧因緣記，其本質就是佛教弘傳文學，可兼有唱導活動或齋會中穿插講唱時之參考文本或提示綱要之作用。《敦煌秘笈》羽 698《劉薩訶和尚因緣記》背面爲《十方千五

---

① 尚麗新：《敦煌本〈劉薩訶因緣記〉解讀》，《文獻》2007 年第 1 期，第 65~74 頁。

② 竇懷永、張涌泉：《敦煌小説合集》，杭州：浙江文藝出版社，2010 年，第 417~424 頁。

③ 詳參拙文《從寫本原生態析論〈劉薩訶和尚因緣記〉性質與功能》，2018 年 11 月 9 日~12 日，四川大學中國俗文化研究所主辦"第五屆佛教文獻與文學國際學術研討會"論文。

④ 尚麗新：《敦煌本〈劉薩訶因緣記〉解讀》，《文獻》2007 年第 1 期，第 72 頁。

百佛名經》，提供了佛教齋會儀式進行中使用的訊息。慧皎《高僧傳·唱導傳論》對"唱導"進行論述說：

論曰：唱導者，蓋以宣唱佛法，開導眾心也。昔佛法初傳，於時齋集，止宣唱佛名，依文致禮。至中宵疲極，事資啓悟，乃別請宿德升座説法，或雜序因緣，或傍引譬喻。其後廬山釋慧遠，道業貞華，風才秀發。每至齋集輒自升高座，躬爲導首，先明三世因果，却辯一齋大意。後代傳受遂成永則，故道照、曇穎等十有餘人，並駢次相師，各擅名當世。①

唱導活動主要出現在八關齋會、禮懺齋會等場合，其目的在於"宣唱法理，開導眾心"，内容則是宣唱佛名、依文致禮、升座説法、明因果、辯齋意等。講經職事包括法師、都講、香火、維那和梵唄。這些活動所使用的文學種類除了宣唱佛名時唱和佛、菩薩名的佛贊外，還有受八關齋戒使用的應用文、講經説法相關的文本及穿插於講經説法間"雜序因緣，傍引譬喻"的諸經緣喻因由，以及辯齋意之相關文書，如咒願、表白、莊嚴、迴向、發願等。"止宣唱佛名，依文致禮"當是依據《佛名經》，而"雜序因緣"的"序"同"叙"，是叙説、講述的意思，説明齋會中有插因緣故事的講説，所以篇幅短小而内容簡潔，多具神异、傳奇的文學特性，方能在中宵疲極時發揮振作精神的作用，其文本雖非變文一類韻散夾雜的説唱，然無疑具有唱導文學功能。不能僅僅停留在一般俗講變文的講唱概念上，而忽略實際齋會活動中雜序因緣的具體功能。

唐代的俗講活動中也會穿插因緣故事的講説。敦煌寫本 P.3849V 及 S.4417 的《俗講儀式》，其内容均分抄有《温室經講經文》儀式、《受八關齋戒》儀式及《維摩經講經文》儀式三段，《維摩經講經文》的儀式中便提及：

講《維摩》：先作梵，次念觀世音菩薩三兩聲，便説押座了；便索唱經文了。唱曰法師自説經題了；便説開贊了；便莊嚴了；便念佛一兩聲了；法師科三分經文了；念佛一兩聲；便一一説其經題名字了；便入經，

---

① ［梁］慧皎、湯用彤校注：《高僧傳》卷十三，北京：中華書局，1992 年，第 521 頁。

說緣喻了；便說念佛贊了；便施主各各發願了；便迴向、發願、取散。

這裏的“說緣喻”，指的就是講說因緣、譬喻故事。這段也顯示了唐代俗講活動中有時也穿插著因緣、譬喻故事的講說，似可作爲高僧因緣記一類文學文本功能的輔證。

第四節　敦煌石窟及河西地區
劉薩訶經變與瑞像

劉薩訶是東晋末年至南北朝初期稽胡族的遊方僧人，他由凡人而成爲聖僧的神异行迹，基於地緣、民族關係，加上獵人的生活方式，在大西北地區廣受各族的崇敬，因此有劉薩訶經變的繪製與瑞像出現。

瑞像本指稱佛教始祖釋迦牟尼之像。“瑞像之所以爲瑞像，是有光瑞、靈瑞的出現。瑞的意思是指神通、神變，還進一步地延續漢代以來的祥瑞、符瑞思想。”[①] 印度佛教聖地所見的瑞像包括釋迦牟尼佛、彌勒佛、觀音菩薩等特定瑞像。瑞像爲近年佛教史、藝術史及圖像學研究的熱點，敦煌石窟、中亞佛教藝術考古的研究者對其尤爲關注。[②]

敦煌學者關注瑞像，主要由敦煌文獻中《劉薩訶和尚因緣記》的考釋[③]而引發，1983 年史葦湘的《劉薩訶與敦煌莫高窟》，孫修身的《古凉州番禾縣調查記》，以及孫修身、党壽山的《〈凉州御山石佛瑞像因緣記〉考釋》[④] 等相關研究的發表，更吸引了中外學者的眼光，開始了劉薩訶瑞

---

① ［日］小野勝年：《敦煌の釋迦瑞像圖》，《龍谷史壇》1970 年第 63 期，第 28～61 頁。

② 汪娟：《中土瑞像傳說的特色與發展——以敦煌瑞像作爲考察的起點》，《敦煌吐魯番研究》第十五卷，2015 年，第 343～367 頁。

③ 陳祚龍：《劉薩訶研究——敦煌佛教文獻解析之一》，《華岡佛學學報》1973 年第 3 期，第 33～56 頁。

④ 史葦湘：《劉薩訶與敦煌莫高窟》，《文物》1983 年第 6 期，第 5～13 頁；孫修身《古凉州番禾縣調查記》，《西北民族文叢》1983 年第 3 期，第 147～154 頁；孫修身、党壽山《凉州御山石佛瑞像因緣記考釋》，《敦煌研究》1983（創刊號），第 102～107 頁。

像的系列考察研究①，並不斷有所發現。

我們從道宣《續高僧傳》所説"余以貞觀之初歷遊關表，故謁達之本廟，圖像儼肅，日有隆敬。自石、隰、慈、丹、延、綏、威、嵐等州，並圖寫其形，所在供養，號爲劉師佛焉"，可知唐代劉薩訶信仰流行區域極廣，唯宋以後逐漸消失，劉薩訶終爲後世人所遺忘。

劉薩訶瑞像是指因劉薩訶授記（預言）而出現的瑞像。因發現於涼州番禾縣（今甘肅永昌縣）御山（今永昌縣城關鎮金川西村西），所以又稱"涼州瑞像"或"番禾瑞像"，也稱爲"番禾聖容像"或"御山聖容像"等。

敦煌文獻《劉薩訶和尚因緣記》寫本引發了學界對莫高窟壁畫、塑像、刺綉畫（絹畫）有關載劉薩訶瑞像圖像的探究，武威"涼州御山石佛瑞像因緣記"碑記的發掘，更激起河西地區乃至各地劉薩訶瑞像及有關遺迹的調查與研究。總結前輩學者的成果，目前發現的劉薩訶瑞像圖主要集中在唐至五代、北宋時期的敦煌石窟，包括莫高窟及榆林窟。其表現形式有大型經變畫（莫高窟第 72 窟、61 窟、98 窟均爲五代）、單體瑞像畫（莫高窟中唐第 231 窟，西壁佛龕頂，中唐第 237 窟，西壁龕頂東披正中、第 76 窟甬道頂，宋；榆林窟 33 窟南壁西側佛教聖迹畫中上方中心位置）、刺綉畫（藏英國，編號 MAS，0.1129，斯坦因編號 Ch.00260。藏經洞發現，唐代）、泥塑龕像（莫高窟第 203 窟西龕，初唐；第 300 窟西龕，初唐；榆林窟 28 窟中心柱北向面龕内）。

另外，據文静、魏文斌調查，敦煌以外尚有"石雕劉薩訶瑞像"，分别爲：甘肅省博物館藏唐聖曆元年（698）竇意造聖容像、山西省博物院藏唐開元二十五年（737）李元封等八人造聖容像、炳靈寺石窟晚唐第 13 號龕造像、甘肅省永昌縣博物館藏劉薩訶瑞像、張掖馬蹄寺千佛洞石窟群第 6 窟造像。②

---

① ［法］蘇遠鳴（Michel Soymié）：《敦煌石窟中的瑞像圖》，譯自《敦煌研究論文集》第 3 輯（*Conteribbutions auxetudes de Touenhouang*，Vol. III，1984 年，第 77～102 頁，收録於謝和耐、蘇遠鳴等著，耿升譯《法國學者敦煌學論文選萃》，北京：中華書局，1993 年，第 151～175 頁。［日］肥田路美著，牛源譯：《涼州番禾縣瑞像故事及造型》，《敦煌學輯刊》2006 年第 2 期，第 165～180 頁。

② 參文静、魏文斌：《唐代石雕劉薩訶瑞像初步研究》，《華夏考古》2011 年第 2 期，第 93～102頁。

敦煌、河西地區相關瑞像主題石窟與壁畫的營建與繪製較多，學界多有研究。日本肥田路美對番禾瑞像相關文物進行了全面統計，認爲唐至宋、西夏時期有關番禾瑞像的圖例約有 50 例之多。[①] 這些正足説明唐宋時期劉薩訶信仰在敦煌地區的流行。此外，甘肅永靖炳靈寺石窟、甘肅張掖馬蹄寺石窟群劉薩訶瑞像聖容的石雕造像，涼州番禾縣瑞像、武威永昌乃至甘肅各地的石窟、碑記、文物、傳説、民俗，亦説明劉薩訶信仰在河西走廊的風行，九、十世紀敦煌寫本《劉薩訶和尚因緣記》的流通，更是文獻、文學與圖像的交互輝映。

以下謹參考前賢對敦煌石窟壁畫的研究，列舉有關高僧劉薩訶事迹叙事文本較爲豐富的大型經變，介紹其相關內容，以闡明文獻、文學與圖像交互輝映的互文性。單體瑞像畫及刺繡瑞像畫，有可供參考者也略加説明。至於泥塑龕像、石雕造像，蓋爲單純瑞像聖容，因不涉情節，故略而不論。

一、莫高窟第 323 窟

此窟是初唐時期開鑿的中型洞窟。洞窟主室南北兩壁繪製有內容豐富的佛教史迹故事畫。南壁上畫千佛，中畫佛教史迹畫西晉吴淞江石佛浮江、東晉楊都出金像（大部分被美國人華爾納盜劫破壞）其內容即劉薩訶事迹事。今存壁畫主要繪製於南壁西端，以全景式連環畫描繪。南畫面上段自東向西轉下而中，計分七個畫面，畫面附有榜題，如示意圖 2－2。[②] 從榜題內容可知與劉薩訶事迹有關，內容均本於慧皎《高僧傳·釋慧達傳》，可見初唐時劉薩訶信仰尚未發展爲地區的民俗信仰。

---

① ［日］肥田路美著，牛源譯：《涼州番禾縣瑞像故事及造型》，《敦煌學輯刊》2006 年第 2 期，第 165~180 頁。

② 參孫修身《敦煌石窟全集 12 佛教東傳故事畫卷》第五節 "預言滅佛的劉薩訶"，香港：商務印書館，1999 年，第 144~164 頁。

圖 2—2 莫高窟第 323 窟南壁石佛浮江畫面示意圖

莫高窟第 323 窟南壁，壁畫主題是石佛浮江，謹將榜題、《高僧傳》及《畫圖讚文》相應內容依次條列如下：

1. 長干寺附近發現金佛像

有榜題："東晉楊都水中晝夜常有五色光明/出現於水上，魚父云：善哉，我之善有，得/見光明，必是如來濟育群生。發願尋/之，度盲令尋之，得一銅古育王像，長/丈六，空身。不久光跌而至。"

《高僧傳》："昔晉咸和中，丹陽尹高悝，於張侯橋浦裏，掘得一金像，無有光跌。……悝載像還至長干巷口……徑趣長干寺。"

《畫圖讚文·第二十二圖讚聖迹住法相此神州感通育王瑞像》："晉咸和中，丹陽尹高悝逢天竺僧五人，昔遇難，埋像何上，夢云：得之。見浦有光，尋之得一金像。於後東海見銅花跌，浮在水上，送安像足符合。"

2. 長干寺附近發現同蓮花座

有榜題："東晉海中，浮一金銅佛跌有，光冊/人接得，送楊都，乃是育王像跌/，勘之宛然符合。其佛見在楊都西靈寺供養。"

《高僧傳》："爾後年許，有臨海漁人張係世，於海□得銅蓮華跌，浮在水上，即取送縣。"

《畫圖讚文·第二十二圖讚聖迹住法相此神州感通育王瑞像》："見浦有光，尋之得一金像。於後東海見銅花跌，浮在水上，送安像足符合。"

3. 合浦發現佛像身光

有榜題："交州""合浦水""東晉時交州合浦水中有五色光/現其時到俗等照所發願皆稱□/□戒□世之善友得見如來五色光/現應時尋之得一佛

佛光豔五/色勘之乃□楊都育王像之光。"

《高僧傳》："晋咸安元年，交州合浦縣採珠人董宗之，於海底得一佛光。"

《畫圖讚文·第二十二圖讚聖迹住法相此神州感通育王瑞像》："又於南海交州得光，又安像背，孔穴懸同。身趺及光皆放明，五代君王莫不歸信。"

4. 二石佛在漂浮

有榜題："吳松江""此西晋時有二石佛浮游吳/松江波濤雖盛飄飄逆水而又久撈得其佛裙上有□/號第一維衛佛第二迦葉佛/其像見在吳都供養""迦葉佛""維衛佛"。其情節當本於《高僧傳》："後東遊吳縣，禮拜石像。以像於西晋將末，建興元年癸酉之歲，浮在吳松江滬瀆口。……遙見二人浮江而至，乃是石像，背有銘志一名'惟衛'，二名'迦葉'。後有奉佛居士吳縣民朱應……乃潔齋共東雲寺帛尼及信者數人，到滬瀆口。"

《畫圖讚文·第二十二圖讚聖迹住法相此神州感通育王瑞像》："西晋建興元年，有二石佛浮在吳松江，初疑爲海神。巫祝迎之，風濤彌盛。奉黃老者，爲是天師，往接不獲，風浪大動。有奉佛者，至滬瀆口迎之，風潮忽静。接置岸上，乃是石佛，高七尺，銘其背：一曰維衛；二曰迦葉。以狀奏聞，今吳郡通玄寺。見《精异記》。"

5. 道士設醮迎接石佛

有榜題："石佛浮江，天下稀/瑞，□□□□謂□/道來降章醮迎之，/數旬不獲而歸。"

《高僧傳》："時有奉黃老者。謂是天師之神，復共往接，飄浪如初。"

《畫圖讚文·第二十二圖讚聖迹住法相此神州感通育王瑞像》："巫祝迎之，風濤彌盛。奉黃老者，爲是天師，往接不獲，風浪大動。"

6. 僧俗迎石佛入通玄寺

有榜題："靈應所之，不在人事。/信佛法者以爲佛降，/風波遂静，迎送向/通玄寺供養，迄至於今。"

《高僧傳》："稽首盡虔，歌唄至德，即風潮調静。即接還安置通玄寺。"

《畫圖讚文·第二十二圖讚聖迹住法相此神州感通育王瑞像》："有奉佛者，至滬瀆口迎之，風潮忽静。接置岸上，乃是石佛，高七尺，銘其背：一曰維衛；二曰迦葉。以狀奏聞，今吴郡通玄寺。見《精异記》。"

7. 僧俗觀石佛入寺

此情節當本於慧皎《高僧傳》："吴中士庶嗟其靈异，歸心者衆矣。"

日本東京五島美術館·大東急記念文庫及兵庫白鶴美術館藏中國佛教古逸文獻《畫圖讚文》殘卷，經學者研究認爲係唐釋道宣據西明寺的壁畫内容編撰而成，雖僅存卷二十六、二十七兩卷，然提供了研究的寶貴材料。定源在考述後還總結出此爲道宣的久佚著作、可推進《净住子》的研究、爲研究唐代長安寺院壁畫提供一種文字材料三點價值。其中第三點作了如下説明：

關於唐代長安寺院的壁畫，實際存世的圖畫作品不多，向來只有通過張彦遠的《歷代名畫記》、韋述的《兩京新記》、段成式的《寺塔記》以及朱景玄的《唐朝名畫録》等文獻的記載，獲得一麟半爪的信息。而《畫圖讚文》的面世，雖然其圖畫部分没有保存下來，但通過其中聖迹部分，我們可以瞭解長安西明寺壁畫的具體内容，有助於進一步認識唐代寺院壁畫的題材與榜題，當然也可以與敦煌石窟壁畫等進行比較研究。[1]

道宣寺畫圖像繪製的文本依據也是榜題文字的參考材料《統略净住子净行法門序》："又圖而讚之，廣於寺壁，庶使愚智齊曉諷誦之用，識信牢强。"[2] 定源認爲，寺壁圖畫的文本依據並非《净住子》，而是《畫圖讚文》中的聖迹部分内容。道宣只是爲了向廣大群衆普及佛教懺悔等基本思想，纔將《净住子》與聖迹圖畫相互交叉抄寫於寺壁的。《畫圖讚文》的讚文並非指文體，實際是指繪製壁畫圖像的説明文字，是繪製壁畫的文本依據。我們從以上莫高窟初唐第 323 窟南壁石佛浮江畫面及榜題與《畫圖讚文》的對照，至少可以推知如果定源考證的結果無誤，則《畫圖讚文》是道宣於唐顯慶五年（660）據西明寺的壁畫内容編撰而成，則初唐時長安寺院已有高僧劉薩訶江南禮長干寺、拜阿育王塔等行迹的壁畫繪製。初唐時期的敦煌已成爲西北地方的政治中心及唐王朝西北地區重要的軍事後

---

① 定源（王招國）：《日藏唐抄本〈畫圖讚文〉及其作者考述》，《域外漢籍研究集刊》第十五輯，2017 年，第 331 頁。

② 《廣弘明集》卷二十七（CBETA，T52，No. 2103，p. 306，b11—12）。

勤基地。七世紀 60 年代以後，更是敦煌的全盛時期，長安寺院壁畫的畫稿、樣式、設計、粉本等，也極可能隨著高僧、官員、工匠的往來交流而傳進敦煌，影響敦煌。

二、莫高窟第 72 窟《劉薩訶與凉州山開出像因緣變》

莫高窟第 72 窟南壁，五代繪製。下壁殘毀，上畫垂幔，中繪劉薩訶因緣變相一鋪，南壁上端保存較爲完整，主要爲劉薩訶番禾郡御谷山出像故事情節，學界稱之爲"劉薩訶因緣變相"。遺憾的是，此壁畫其他部分過於殘破，且遭後人香火燈燭熏燎，畫面漫漶難以辨識。

另西壁龕沿畫卷草邊飾。龕上畫垂幔、帳頂圖案。龕外南側上畫聖者泗州和尚、毗沙門天王赴哪吒會，中普賢變，下模糊。龕外北側上畫"聖者劉薩訶像"、毗沙門天王赴哪吒會，中文殊變，下模糊。窟內有聖者劉薩訶和尚像與聖者泗洲和尚像相對，是兩位神僧的單幅畫像，敦煌現存僅此一例，意義特殊。

對於南壁劉薩訶因緣變相一鋪的內容，1983 年史葦湘在《劉薩訶與敦煌莫高窟》[①] 一文中曾有詳細的描述，並注意到此壁畫上殘存的榜題，而據以主張稱此壁畫爲《劉薩訶與凉州瑞像變》。1993 年霍熙亮對第 72 窟及其南壁劉薩訶瑞像史迹變做了進一步的描述與考釋。[②]

今殘存的壁畫內容呈現有一無頭佛像，像脚邊列三佛頭，旁有五位僧人與一位世俗信士圍觀。有一立佛像手脚木架圍繞，架上有工匠正在安置佛頭，並有僧人持爐禮懺，架下歌舞、百戲雜陳，作慶祝狀。中央有佛説法圖，旁有繪有一大畫框，畫匠正在布帛上畫一身首具備、光趺齊全的立佛，下有一畫僧正持鉢揮毫，畫面旁爲儀容莊嚴，身光、寶蓋、蓮花趺具全的"瑞像"，瑞像下方繪僧人指揮塑匠執長竿尺等量佛像等畫面。主要畫面約可分爲七段，以下謹以數字標示先後，略加説明如下：

---

① 史葦湘：《劉薩訶與敦煌莫高窟》，《文物》1983 年第 6 期，第 5～13 頁。
② 霍熙亮：《莫高窟第 72 窟及其南壁劉薩訶與凉州聖容佛瑞像史迹變》，《文物》1993 年第 3 期，第 32～47 頁。

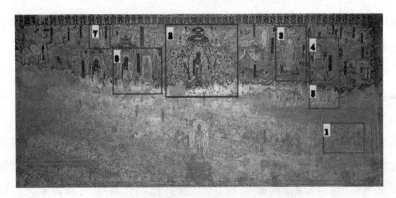

圖 2-3　莫高窟第 72 窟南壁畫面示意圖

1. 南壁西端下：涼州士庶送佛頭入寺。

2. 南壁上段中：御容山大石佛。

3. 南壁上段西端上：御容山無頭大佛像。有榜題“聖容像初下無頭時”。

4. 南壁西端下：御容山大佛安裝佛頭。有榜題“却得聖容像本頭安置仍舊時”。

5. 南壁西端中：百姓慶祝佛頭安裝場面。

6. 南壁上段中：畫師寫御容山石佛。有榜題“請丹青巧匠邈聖容真身時”“請工人巧匠等真身造聖容像時”，此當本道宣《續高僧傳》：“故令模寫傳形，量不可測，臨度終异。”

7. 南壁上段東端：石佛聖容真身乘雲而來。有榜題“聖容像真身乘雲來時”。

另尚有榜題“劉薩訶和尚坐禪入定時”“劉薩訶和尚見□師□以勸化時”“長者以從等詣會□□□□”“劉薩訶和尚赴發修僧時”“劉薩訶和尚焚香啓願時”“蕃人放火燒寺天降雷鳴時”“以霹靂打煞時”等。惜壁畫下半長年積沙埋没，以致大都毀壞，漫漶難辨。

將之與今所得見的相關文獻比勘，可知《劉薩訶與涼州瑞像變》蓋本於道宣《續高僧傳》根據《姚道安製像碑》的記述，劉薩訶“行及涼州番禾郡東北望御谷而遥禮之”，曾預言：“此崖當有像現，若靈相圓備，則世樂時康；如其有闕，則世亂民苦。……爾後八十七年至正光初，忽大風雨，雷震山裂，挺出石像。”其與武威發現的唐天寶元年（724）製的《涼州御山石佛瑞像因緣記》碑，以及敦煌寫本《劉薩訶和尚因緣記》同爲河西地區的文獻、文物記叙關係更加密切。

此外，第98窟（五代）覆斗形頂，中心設佛壇，壇上背屏連接窟頂。背屏正面畫菩提寶蓋、四飛天、二天王；背面畫立佛一鋪，以整壁的畫面繪製了以山巒爲背景的祖垂右臂、左手執襟的巨大立佛。兩側下方南側畫一個獵人馳馬射鹿，北側畫一老僧正訓誨一位胡跪請罪的騎士。此畫面情節當是獵師李師仁在番禾射鹿，劉薩訶和尚見獵師加以勸化。此情節僅見於《涼州御山石佛瑞像因緣記》，唐前及其他唐代各類文獻皆未見。或以爲"李師仁"與"離石人"諧音，是"李師仁"實乃稽胡離石劉薩訶。[1]《涼州御山石佛瑞像因緣記》在《續高僧傳》的基礎上增加了"李師仁"，應是劉薩訶與涼州瑞像故事在中古時期河西民間傳播過程中衍生出來的虛構人物，是歷史撰寫的層累，也是口頭文學特色的展現。究其根源，還是受《高僧傳》"少好田獵。年三十一，忽如暫死，經日還蘇。備見地獄苦報，見一道人云是其前世師，爲其説法訓誨，令出家"與《續高僧傳》"（薩訶）先不事佛，目不識字，爲人兇頑，勇健多力，行獵射"等傳世僧傳記述的影響。在民間信仰中，劉薩訶本爲獵人，因殺鹿受勸化，懺悔贖罪，出家得道，更進而借其親身經歷，勸化獵鹿人李師仁，以展現佛教現身説法的弘化特色。

第61窟（五代）原名文殊堂，曹元忠建於947—951年。覆斗形頂，中心設佛壇，壇上背屏連接窟頂。西壁畫有著名的五臺山圖一鋪。背屏正面畫菩提寶蓋、菩薩、天王、力士。背面畫立佛一鋪，情形與第98窟相同。

圖2—4　莫高窟第61窟 背屏後西面　　　　圖2—5　莫高窟第98窟背屏後

---

[1]　張善慶：《"李師仁"實乃稽胡離石劉薩訶》，《文獻》2016年第3期，第14～24頁。

　　敦煌石窟單體瑞像畫，以莫高窟 231 窟西壁佛龕頂，及 237 窟（中唐）西壁龕頂東披正中最爲代表，尤其標示有"盤和都督府仰容山番禾縣北聖容瑞像"的榜題，這些單體瑞像畫出現的時間都是在中唐以後。

圖 2－6　莫高窟第 231 窟西壁佛龕頂　　圖 2－7　莫高窟第 237 窟西壁龕頂東披正中

三、《涼州瑞像圖》刺繡畫

　　圖 2－8 右邊可見一尊立佛的大型火焰紋背光。佛祖右手垂下，掌心向外，其上方繪一大型華蓋，後方以較粗的綫條表現峰巒。此立佛即爲絹畫的主尊。僧人面佛而立，内著紅色僧祇支，外披藍色袈裟，頭光爲紅色。僧人的上方及右方皆繪一立佛，描繪的是劉薩訶預言的故事。圖 2－9 殘片的左上方繪一捧花菩薩，跪於青蓮上，面對一大香爐。菩薩與香爐之間繪一綠色佛首，置於青色長方形横物上。其餘畫面繪多位人物，榜題無文字記載。

圖 2—8 　《劉薩訶因緣圖》殘片　　　　　圖 2—9 　《劉薩訶因緣圖》殘片
　　　　唐代（618—907）絹本設色　　　　　　　　高 73cm，寬 27.5cm
　　　　高 95.5cm，寬 51.8cm　　　　　　　　　法國巴黎吉美博物館藏
　　　　甘肅省敦煌市莫高窟第 17 窟出土
　　　　大英博物館藏

　　此外，英藏編號 MAS，0.1129（斯坦因編號 Ch.00260）高 241 釐米、寬 160 釐米的巨幅刺繡，此畫自來被定名爲《靈鷲山佛説法圖》[1]，近年經學者研究認爲不是《靈鷲山佛説法圖》，應該定名爲《涼州瑞像圖》[2]。

　　① ［英］韋陀、［日］秋山光和：《西域美術——大英博物館斯坦因搜集品》第三卷，圖版 1 及第 277～280 頁圖版説明（東京：講談社，1984 年 11 月）。
　　② 見《敦煌文物珍品（4）：敦煌刺繡〈涼州瑞像圖〉》，敦煌研究院－敦煌學研究－敦煌石窟公共網 2016－05－13。

圖 2—10　　《凉州瑞像圖》刺綉

　　這幅刺綉的底部爲男女供養人像及題名榜、發願文榜。發願文榜框居中，左邊爲男供養人五身，其中僧裝一身、官吏俗裝四身（包括侍從一身），供養人榜題四條；右邊女供養人像六身，其中俗裝五身（含侍女一身）、小比丘尼裝一身，供養人榜題四條。發願文及女供養人的字迹，僅存榜框。男供養僧人及身後著官服的一位供養人榜題都綉有字。1997 年王惠民受倫敦大學韋陀（Roderick Whitfield）的邀請赴英訪學，對此幅刺綉上的榜題進行仔細識讀，辨認出那位僧裝供養人及官吏裝男供養人榜題上的部分文字爲：

　　崇教寺維那義明供養
　　……王□□一心供養

　　按：崇教寺在莫高窟，初唐 332 窟前室南側原有建窟時立的《李君莫高窟佛龕碑》，殘碑現存敦煌研究院陳列中心。碑文又見 P. 2551 敦煌寫本。此碑乃武周聖曆元年（698）立，又稱《聖曆碑》。碑文内容先叙述此窟創建年代及武周時敦煌佛教的盛況，云："爰自秦建元之日，迄大周聖曆之辰，樂僔、法良發其宗，建平、東陽弘其迹，推甲子四百他歲，計窟室一千餘龕，今見置僧徒，即爲崇教寺也。"後來不見敦煌有"崇教寺"的寺名，李正宇以爲由於"約在開元、天寶間，寺額改稱，其名遂湮"①。

　　① 李正宇、潘玉閃撰"崇教寺"詞條，載《敦煌學大辭典》，上海：上海辭書出版社，1998 年，第 628 頁。

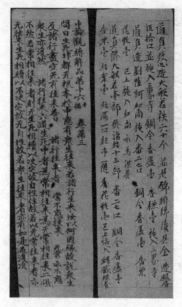

圖 2-11　S.5663《中論》

從莫高窟塑像、壁畫與現藏於倫敦大英博物館的敦煌刺繡畫中可以看出關隴、河西地區少數民族與漢族對於劉薩訶信仰的崇拜。劉薩訶信仰在敦煌、河西、隴右地區的群眾中是很有影響的，至少自唐武周時期開始，河西地區出現大量有關劉薩訶的造像、碑石和石窟，敦煌莫高窟也有大量以涼州瑞像爲主題的洞窟營造，其中繪製有巨幅的涼州瑞像壁畫，同時還出現了大幅的涼州瑞像刺繡。這些都是劉薩訶信仰在河西地區流行盛況的最佳證明。

又 S.5663《中論》卷二寫本末尾三界寺道真題記有云："己未年正月十五日三界寺修大般若經，兼内道場課念沙門道真，造劉薩訶和尚（像）施入。銅令（鈴），香盧壹，香兼（櫼），花毡壹，已上施入，和尚永爲供養。"説明晚唐五代敦煌地區劉薩訶信仰極盛，除了寫本《劉薩訶因緣記》外，還有石窟壁畫、絹畫等。

此外，泉州開元寺有保存有南宋時"薩訶朝塔"石刻浮雕，日本兵庫縣極樂寺所藏鎌倉時期"六道繪"也存有劉薩訶入冥的畫面，分别略數如下：

四、泉州開元寺鎮國塔南宋"薩訶朝塔"石刻浮雕

福建泉州開元寺寺前東西雙塔，東塔名鎮國塔，西塔名仁受塔。此寺建於唐垂拱二年（686），後屢毀屢建，現存宋建雙石塔和明建大殿。

東塔鎮國塔始建於唐咸通年間（860—873），爲 9 層木塔。宋天禧年間（1017—1021）改爲 13 層；紹興年間（1131—1162）又易爲 7 級磚砌。嘉熙二年（1238）改建石塔，淳祐十年（1250）建成塔高 5 層，稱鎮國塔。

鎮國塔塔身結構花崗岩，仿宋式木構建築。塔高五層，每層八面，壁面均嵌刻浮雕等人身大小之佛教人物，展現佛教修行的五種境界（即五乘）。第一層至第五層分别爲人天乘、聲聞乘、緣覺乘、菩薩乘和佛乘，

並按照人物之間性類相近相應對稱的關係，兩尊一對，排列於各層塔門及塔龕的兩旁，總計 80 尊，尊卑有序，系統分明，體現了東方娑婆世界的境界。①

塔基須彌座雕刻精美，壺門雕刻有佛陀從誕生至成道的佛教故事以及佛教史迹的主題，内容包括佛本生故事、阿育王皈依佛門、佛教東傳史迹等畫面計 39 幅。其中有一幅内容爲劉薩訶和尚朝拜阿育王塔，右側有榜題"薩訶朝塔"。

圖 2—12　劉薩訶和尚朝拜阿育王塔

畫面正中爲一山丘，上有塔放光，左有一僧人高跪，手持柄香爐朝塔禮拜。按：劉薩訶早年性好游獵，因殺鹿過多，被鬼使捉入至冥間，遍歷地獄。後受觀音菩薩感化，出家爲僧，四處尋訪朝拜阿育王塔。此畫面正是刻畫期朝拜阿育王塔的情節。有關巡禮朝拜各地阿育王塔，慧皎《高僧傳》載："慧達，姓劉，本名薩河……年三十一，忽如暫死，經日還蘇。備見地獄苦報，見一道人云是其前世師，爲其説法訓誨，令出家，往丹陽、會稽、吳郡覓阿育王塔像，禮拜悔過，以懺先罪。"之後載籍多有所載，如道宣《集神州三寶感通録》卷二："歷遊江表，禮鄮縣塔。至金陵，開育王舍利。"道世《法苑珠林》卷三一："高平原上，有人名薩何，姓劉

① 有關泉州元寺雙塔，可參 Ecke, Gustav; Demiéville, Paul, "The twin pagodas of Zayton: a study of later Buddhist sculpture in China", Cambridge, Mass.: Harvard Univ. Press, 1935。中譯本爲林雰、姚鳴琪譯《刺桐双塔》，北京：九州出版社，2019 年。

氏。……在冥道中見觀世音，曰：汝罪重，應受苦。念汝無知，且放令活。雒下、齊城、丹陽、會稽，並有育王塔，可往禮拜。”

劉薩訶拜塔立塔的感通事迹膾炙人口，石窟壁畫，寺院塔壁浮雕每多繪製雕造，前節所引道宣《畫圖讚文》“第二十三圖讚聖迹住法相此神州佛像立塔感通事迹”載之甚詳，可以印證。

有關阿育王塔崇奉的傳播，相關史迹都顯示與河海港口有關，可提供佛教海路入傳的一些訊息。唐代創建的泉州開元寺，地處東南沿海，也有阿育王塔的遺跡。劉薩訶定陽稽胡，爲遊方僧人，基於種族及地緣關係，其行化區域以河東道、關內道等八州爲主。然基於阿育王塔的崇拜，在東南沿海的流行，劉薩訶曾巡歷鄞縣（寧波鄞縣）、建康等沿海地區，覓得阿育王塔，留下諸多史迹故事與傳說，泉州開元寺有阿育王塔遺迹，因此開元寺東塔塔基浮雕有“薩訶朝塔”的圖像，應是信仰傳播圈的擴大與影響所及。

五、日本兵庫縣極樂寺“六道繪”劉薩訶入冥圖

日本兵庫縣多可町的極樂寺藏有十四世紀初的六道繪，計上、中、下三幅，十王與六道結合的十王六道圖。上部爲十王圖，依次繪製十王坐殿，右幅：秦廣王、初江王、宋帝王、五官王，中幅：閻羅王、變成王、大（泰）山王、平等王，左幅：都市王、五道轉輪王。[①]

下部爲六道圖，依次描繪六道的各個場景，人道：右幅右。地獄道：右幅左、中幅、左幅右。畜生道、惡鬼道、修羅道、天道：左幅左上中下通。

畫面中部穿插九個佛教冥報靈應故事，有墨書榜題，存八則，一則殘缺不明。分別爲右幅中“宋帝王”下部有“周武帝”；右幅左部“五官王”下，上有“宋武當寺沙門清規”、下有“唐幽州虞安良”；中幅右“閻羅王”下，上靠右“清河□邪見女”、上靠左“劉薩荷”，中部靠上榜題殘缺不明、靠下“高陸秦安義”，中幅左“變成王”下，右上及中幅下“阿輪

闍國婆羅門"，右上靠下"隋鷹楊郎將天水姜略"。

圖 2—13　劉薩訶入冥圖

中幅右"閻羅王"下，上部靠左畫面繪鬼使押解一赤身亡者，左手抓住亡者頭髮，面對業鏡，鏡前有一小鹿翹首旁觀。榜題有墨書"劉薩荷"三字，"劉薩荷"或作"劉薩訶"，爲歷代載籍常見的异文，《集神州三寶感通録》《法苑珠林》等也都作"薩荷"。

按：《冥祥記》《高僧傳》等佛教史傳記載劉薩訶事迹，主要記叙其出家前，性好遊獵，因殺鹿過多，忽被鬼使捉入冥間，變爲鹿身，遭人射殺，又復爲人身，遍歷地獄諸苦。後受觀音菩薩訓化，出家爲僧，四處尋訪朝拜阿育王塔，最終由凡轉聖，成爲高僧。敦煌寫本《劉薩訶和尚因緣記》的記述情節與兵庫縣極樂寺"六道繪"劉薩訶入冥圖的描繪更爲貼近。《劉薩訶和尚因緣記》載"和尚俗姓劉氏，字薩訶，丹州定陽人也。性好遊獵，多曾煞鹿。後忽卒亡，乃被鬼使擒捉，領至閻羅王所，問薩訶："汝曾煞鹿以否?"薩訶因即抵諱。須臾，乃見怨家競來相證，即便招承。"儼然是極樂寺"六道繪"此一畫面的解說文字。

第五節　劉薩訶故事物質文本的互文性

佛教文獻是佛教教義、思想及傳播發展的主要載體；佛教文學則爲佛教傳播與體悟的主要呈現方式。二者既同屬佛學領域，又屬文獻學與文學的交叉學科。佛教或以語言、文字爲媒介，經由口頭講說或文學記述來進行文學傳播。在傳播的過程中，既存在著理解、詮釋與表達的差异，也受到媒介工具材質、時間、空間等的制約，因此，文獻與文學間也就出現了所謂的互文性。①

劉薩訶信仰流行於河西地區，諸多文字文本與圖像文本在傳播的過程中不斷進行再現與改寫，出現了共相與殊相，提供了研究文本互文性的空間。

筆者認爲劉薩訶的故事是宗教信仰與民俗、文學、藝術的綜合展現。既涉史實，又涉傳說；流傳時間漫長，傳播空間廣闊；内容情節既有傳承性，又有變异性。《劉薩訶和尚因緣記》雖是民間傳説的積累，却不是一般民間文學、俗文學，而是佛教文學。它的屬性、功能、傳播乃至解讀，當離不開寺院空間與佛教活動。因此，若能依文獻時代、屬性、内容表列，觀察其規律與現象，進而展開解讀與詮釋，當不失爲一種新的嘗試。以下以主要情節爲經，以齊梁、初唐、唐五代之文獻、文學、圖像文本爲緯，表列以便説明其文本的互文關係。

表 2-1　劉薩訶故事情節對比

情節	文本								
	冥祥記	高僧傳	續高僧傳	集神州三寶感通録	法苑珠林	涼州瑞像因緣碑記	劉薩訶和尚因緣記	初唐第323窟	五代第72窟
冥遊地獄	○	○					○		
觀音勸化	○	○	○	○	○		○		
復活出家	○	○	○				○		
訪阿育王塔	○	○		○	○			○	
佛像徵感		○	○					○	
吳中禮像		○						○	
鄮塔禮拜		○		○					
不知所終		○							
謁薩何本廟			○						
本鄉宣佛			○						

---

① "互文性"是二十世紀六十年代西方文學理論提出的術語，通常被用來指示兩個或兩個以上文本間發生的互文關係。它包括兩個具體或特殊文本之間的關係（transexuality），某一文本通過記憶、重復、修正，向其他文本產生的擴散性影響（intertexuality）。

情節	文本								
	冥祥記	高僧傳	續高僧傳	集神州三寶感通録	法苑珠林	凉州瑞像因緣碑記	劉薩訶和尚因緣記	初唐第323窟	五代第72窟
瑞像靈异			○						
八州信奉			○	○	○				
廣尋聖迹			○				○		
番禾瑞像			○	○	○	○	○		○
遺骨顯靈			○						
勸化獵師						○			○
酒泉遷化				○	○				
驢王復人耳							○		
五天竺感鉢							○		
秦州敷化							○		
莫高受記							○		

　　東晋末到南北朝初期的高僧釋慧達，史料所載其姓氏、里籍及出身等基本信息雖有歧异，大抵不差。釋慧達，因唐寫本"慧""惠"不分，或作"惠達"，如《名僧傳抄》"晋長干寺惠達"。俗姓"劉"，名"薩訶"。"薩訶"蓋爲稽胡語"蠶繭"的音譯。由於音譯以不同漢字記音，因有多種不同的音寫字。如《冥祥記》作"薩荷""屑荷"，《高僧傳》《廣弘明集》作"薩河"，《續高僧傳》作"窣荷"，《集神州三寶感通録》作"薩荷""薩何""薩訶""蘇和"，《法苑珠林》作"薩荷""薩何"，《釋迦方志》《凉州瑞像因緣碑記》《梁書》《南史》作"薩何"，《凉州瑞像因緣碑記》《劉薩訶和尚因緣記》作"薩訶"。

　　劉薩訶是稽胡族，"稽胡"全名"步落稽"，是北朝後期才出現的一種雜胡，唐長孺推測應該與晋代稱"山胡"者同。但北魏後期以來的"稽胡"或"山胡"包括的族類更廣泛，原本北魏初期以個別名稱出現的"屠各""盧水""鐵弗""支胡"等，從"稽胡"出現後就不見記載，可能所有未與漢族同化避入山谷居住者，一律被稱爲"稽胡"。《周書·稽胡傳》

云："稽胡，一曰步落稽，蓋匈奴別種，劉元海五部之苗裔也。"① 稽胡族是包括匈奴、胡人以及當地人的"雜胡"②，散布區域遼闊，在魏晉南北朝時期生活在今陝西、山西交界的山谷中，以遊牧、射獵爲業。

至於里籍則小有歧異。《冥祥記》作"西河離石人也"，《高僧傳》作"并州西河離石人"，《集神州三寶感通録》《法苑珠林》卷三十八作"并州離石人"，《續高僧傳》作"三城定陽稽胡也"，《法苑珠林》卷八十六作"西河離石人也"，《集神州三寶感通録》作"有離石沙門劉薩訶者"，《釋迦方志》作"家於離石南高平原，今慈州也"；《涼州瑞像因緣碑記》作"丹陽僧劉薩何"《劉薩訶和尚因緣記》作"丹州定陽人也"。

有關劉薩訶的里籍，可總歸爲離石、定陽兩種説法。而以"離石人"的説法文獻記載最早，影響也最大，且有西河、并州、慈州之別，南朝齊梁時流行的劉薩訶里籍就是并州西河離石或西河離石，其次則爲三城定陽、丹州定陽、丹陽，三者實爲一地。三城定陽比丹州定陽出現得要早，在劉薩訶生時就有；丹州出現於西魏，丹陽出現於北周。按：丹州係因丹陽川而得名。春秋時爲白翟所居，秦屬上郡，漢因之。後西魏大統元年（535）割鄜、延二州地置汾州。西魏廢帝（551—553）以河東汾州同名，改爲丹州。隋唐間曾多次改名，唐肅宗乾元元年（758）復稱丹州。該州的州治設在今陝西省宜川縣。

離石説出現最早，見於南朝王琰《冥祥記》和慧皎《高僧傳》，影響深遠，唐代釋道宣、道世等也採用了這種説法。尚麗新在《"敦煌高僧"劉薩訶的史實與傳説》中認爲："離石説産生最早，具有史源意義。……定陽説應起因於劉薩訶在該地有廣泛深入的傳教活動，而慈州説則是隨著定陽稽胡東渡黃河而來。"③ 離石是稽胡重要聚居區之一，所以稽胡又稱爲離石胡。張善慶指出"離石胡某某某"的方式稱呼某位歷史人物，比如"離石胡帥呼延鐵""離石胡劉苗王""離石胡劉季"等。④

除了劉薩訶的姓氏、里籍、出身等基本史實外，其他文獻文本所記叙

---

① ［唐］令狐德棻：《周書》，北京：中華書局，1971年，第896頁。
② 林幹：《稽胡（山胡）略考》，《社會科學戰線》1984年第1期，第148～156頁。
③ 尚麗新：《"敦煌高僧"劉薩訶的史實與傳説》，《西南民族大學學報》（人文社科版）2007年第4期，第76～82頁。
④ 張善慶：《"李師仁"實乃稽胡離石劉薩訶》，《文獻》2016年第3期，第16～17頁。

的情節母題學者已有論述，2006 年尚麗新在《劉薩訶信仰解讀——關於中古民間佛教信仰的一點探索》一文中便借用民間故事的母題研究，以《劉薩訶和尚因緣記》爲主，析論了劉薩訶傳聞的基本信仰單元和情節單元；2009 年劉苑如的《重繪生命地圖——聖僧劉薩荷形象的多重書寫》也有附錄"《冥祥記·劉薩荷》情節單元分析表""《高僧傳·晋并州竺慧達傳》情節單元分析表""《集神州三寶感通録·神僧感通録·釋慧達》情節單元分析表"，這些研究已對晋唐文獻有關劉薩訶的故事情節（母題）做了很好的梳理，也涉及了相關文本的互文問題，在此則不贅述。

有關劉薩訶的佛教行迹及其後之信仰發展的記述，各種文獻載籍或因文獻屬性不同，記述内容或詳或略，各有所重，分歧亦多，宜加甄別。上述有關劉薩訶的文獻、文學與圖像，依其成書、繪製時代論，大致可分爲唐前、唐代前期、盛唐五代等三個階段。唐前主要爲南朝齊王琰《冥祥記》與南朝梁慧皎《高僧傳》。王琰《冥祥記》撰於南齊，乃江南早期佛教重要的靈驗記集；慧皎《高僧傳》則是基於南朝江南撰著的佛教僧傳總集。二書距離東晋南北朝劉薩訶時代相近，其所述都以劉薩訶前半生禮佛奉法的重要行迹爲主。

敦煌莫高窟初唐第 323 窟也有關於劉薩訶描繪，而盛唐五代時期，主要以天寶元年的《凉州瑞像因緣碑記》及晚唐的敦煌寫本《劉薩訶和尚因緣記》的記述，及莫高窟五代第 72 窟壁畫的繪製。

相較之下，唐道宣《續高僧傳·釋慧達》《集神州三寶感通録》、《凉州瑞像因緣碑記》、敦煌寫本《劉薩訶和尚因緣記》以及莫高窟現存與劉薩訶行迹有關的壁畫等，蓋因離東晋南北朝時劉薩訶時代相對較遠，自然以劉薩訶成道之後各地遊行敷化行迹以及後世各地崇奉信仰的發展爲焦點。

據文獻、文學與圖像的屬性論，則可分爲傳記類（雜傳）：《高僧傳》《續高僧傳》；護教類：《冥祥記》《廣弘明集》《集神州三寶感通録》《道宣律師感通録》；纂集類：《法苑珠林》《釋迦方志》。《凉州瑞像因緣碑記》與《劉薩訶和尚因緣記》凸顯的是敦煌及河西地區地方佛教信仰，呈現的碑記、別傳，與長安高僧撰述態度、關注點與取材也顯有不同。莫高窟大型經變壁畫的繪製，透過綫條、色彩、圖像將劉薩訶故事情節以生動的畫面具像地向廣大信眾進行傳播，也是劉薩訶信仰發展實況的展現。《凉州瑞像因緣碑記》《劉薩訶和尚因緣記》與莫高窟壁畫，相較於道宣、道世等有關文獻，其河西、敦煌劉薩訶信仰的地域特色更是鮮明。

同爲南朝人，王琰以奉佛文士爲護教而作《冥祥記》，其内容主要側重佛教神异事迹，借以宣揚佛教因果報應思想。其有關劉薩訶事迹的記述，文字長達 1300 字，是唐前及唐代記述劉薩訶事迹最長的一篇。然其有關劉薩訶的時代、俗家姓名、何方人士、出家前身份及去處交代極爲簡單，以 1000 多字的篇幅記叙劉薩訶入冥、遊歷地獄及其靈驗事迹，舉凡地獄路程、屋舍、寒冰地獄、刀山地獄等，爲所有有關劉薩訶文獻載籍最早且最爲詳盡的。慧皎《高僧傳》雖亦述及，但却僅有“經日還蘇，備見地獄苦報”。《續高僧傳》也是僅以“命終備睹地獄眾苦之相，廣有别傳”一句帶過。《劉薩訶和尚因緣記》也以“後忽卒亡，乃被鬼使擒捉，領至閻羅王所⋯⋯汝可令家人，速爲填納，即得生處，免歷幽冥也”約 280 字記叙冥遊情節，包含冥判轉爲鹿身遭射殺，以償生前殺鹿之罪；地獄遇故舊請代轉達親人，設齋造像，以濟幽冥等。這似乎可以理解爲佛教初傳中土，神通、靈驗、感應是見證與宣傳的主要傳播手法。慧皎《高僧傳》以十科立傳，於“譯經”“義解”之後立有“神异”，且分上下二卷，其盛行可知。[1]

南朝梁代高僧、佛教史學家慧皎撰寫的《高僧傳》，樹立了中國佛教高僧總傳的典範。其在卷十三“興福第八”將劉薩訶立傳列爲《釋慧達一》，全文計 800 多字，内容相較於 1300 字的《冥祥記》顯得更爲簡要平實，呈現出一代佛教史家嚴謹的寫作態度，這與王琰基於護教宣揚佛教的用心不一，取材記叙也明顯有所不同。同時展現了其爲興福高僧立傳的用心，集中記叙劉薩訶晋寧康中至京師禮長干寺、拜阿育王塔像、東西觀禮、屢表徵驗之事，且劉薩訶“忽如暫死”以後，只用“備見地獄苦報”一筆帶過，與《冥祥記》詳簡有别，有互補之功。

南山律宗開山祖師道宣有關劉薩訶的記述甚多，主要爲《續高僧傳》，此外還有《集神州三寶感通録》《道宣律師感通録》《廣弘明集》《釋迦方志》《畫圖讚文》等，是分屬不同性質的記述。《集神州三寶感通録》爲佛教感應集，其提及有關劉薩訶的事迹内容大抵多同於《續高僧傳》，然記

---

① 湯用彤：《漢魏晋南北朝佛教史》在論及魏晋佛法之盛時，便總結説：“然佛教之傳播民間，報應而外，必亦借方術以推進，此大法之所以興起於魏晋，原因一也。”（北京：中華書局，1983 年，第 134 頁）

叙重在神异感通事迹的描述。

道宣《續高僧傳》最後强調其親自拜謁慧達本廟，考察關内道及河東道劉薩訶信仰的情況，云："余以貞觀之初歷遊關表，故謁達之本廟，圖像儼肅，日有隆敬。自石、隰、慈、丹、延、綏、威、嵐等州，並圖寫其形，所在供養，號爲劉師佛焉。因之懲革胡性，奉行戒約者殷矣。"按：石州是離石所在，慈州是隋的文成郡，丹即丹州。以唐地理論，嵐、石、慈、隰諸州屬河東道，丹、綏、延州屬關内道。這些地方古時爲白狄聚居，後爲稽胡部落。如《元和郡縣圖志》"綏州"云："秦上郡城……自後漢末已來，荒廢已久，俗是稽胡。……後魏明帝神龜元年……於此置上郡，廢帝元年於此郡内分置綏州。……五德三年……置綏州總管。"[①] 道宣所述爲貞觀初年事，是符合唐初地理狀況的。《集神州三寶感通錄》卷下《神僧感通錄》記述劉薩訶信仰流行區域，雖同爲八州，然以"銀州"取代《續高僧傳》記載的"威州"。《新唐書》卷三一《地理・關内道》載，貞觀三年以河濱縣置雲州，四年改曰威州，八年州廢。是此威州即原雲州，都屬關内道。因使用時間短，故道宣《釋迦方志》、道世《法苑珠林》則以"銀州"取代"威州"。

這些州原爲稽胡散布之地，劉薩訶本是定陽稽胡，又爲遊方僧人，基於種族及地緣關係，其以河東道、關内道八州爲行化區域，尤其容易受到信奉。道宣《續高僧傳》的撰寫以實際遊歷補充慧皎《高僧傳》不足之處，其記述重實際考察，提供了劉薩訶行脚僧遊化區的勘定，也説明劉薩訶信仰圈已在唐代形成。

《涼州御山石佛瑞像因緣記》碑，現存 1000 餘字，主要在《續高僧傳》的基礎上記叙了初唐到天寶元年（742）之間的涼州番禾縣御山谷中石佛瑞像出現的故事及瑞像寺的建成和發展史。唐前各文獻記叙劉薩訶的活動，先是江南地區的巡禮阿育王塔，後是河東道、關内道的遊化。《涼州御山石佛瑞像因緣記》則更强調劉薩訶在河西地區的諸多行迹，以及最終遷化於酒泉的記述。從地方信仰的視角提供了河西地區劉薩訶信仰的發展及各地瑞像遺迹的豐富信息。同時還增添了前此所無的劉薩訶將往天竺

---

① ［唐］李吉甫撰，賀次君點校：《元和郡縣圖志》卷四 "關内道・綏州"，北京：中華書局，1983 年。

觀佛遺迹，以及劉薩訶勸化獵師李師仁等情節，爲劉薩訶與河西地區特別是敦煌莫高窟授記的張本。

又敦煌寫本《劉薩訶和尚因緣記》有"和尚西至五天，曾感佛鉢出現"一句，S. 4654《薩訶上人寄錫雁閣留題並序呈獻》中有"晋左薩訶，祥驗胡虛分，杳絕龍盂。舊迅赫瞬，奪五印之光"，也記述了劉薩訶涉足敦煌、印度的傳說。《高僧法顯傳》中記載法顯留于闐欲觀行像，慧達與僧景、道整先去那竭國供養佛影、佛齒及頂骨，後慧景病倒弗樓沙國佛鉢寺，因留道整護理，慧達遂從那竭國返弗樓沙國，與寶雲、僧景還秦土。① 此則記載慧達到過天竺，曾在弗樓沙國的佛鉢寺盤桓，時間雖短，却提供了《劉薩訶和尚因緣記》所記叙和尚游天竺的明證。

《涼州御山石佛瑞像因緣記》碑文内容記叙有關劉薩訶和尚在河西走廊進行宗教活動，涼州番禾縣御山谷中石佛瑞像出現的故事及瑞像寺的建成和發展史。② 除可與傳世文獻相對照外，更是敦煌寫卷及敦煌石窟壁畫、絹畫有關劉薩訶各種文本相互參照的寶貴資料。

莫高窟初唐第 323 窟南壁中畫西晋吳淞江石佛浮江、東晋楊都出金像，今存長干寺附近發現金佛像、長干寺附近發現同蓮花座、合浦發現佛像身光、二石佛在漂浮、道士設醮迎接石佛、僧俗迎石佛入通玄寺、僧俗觀石佛入寺七個畫面，並附有榜題，從榜題内容可知與劉薩訶事迹有關，内容均本諸慧皎《高僧傳·釋慧達傳》。可見初唐時劉薩訶信仰尚未發展爲地區的民俗信仰。

莫高窟五代第 72 窟南壁中繪"劉薩訶因緣變相"一鋪，劉薩訶番禾郡御谷山出像故事情節，殘存畫面主要爲涼州士庶送佛頭入寺、御容山大石佛、御容山無頭大佛像、御容山大佛安裝佛頭、百姓慶祝佛頭安裝場面、畫師寫御容山石佛、石佛聖容真身乘雲而來等。其他畫面毀壞，尚有

---

① 《高僧法顯傳》卷一："昔在長安慨律藏殘缺，於是遂以弘始二年歲在己亥，與慧景、道整、慧應、慧嵬等同契，至天竺尋求戒律。初，發迹長安，度隴至乾歸國夏坐。夏坐訖，前至褥檀國。度養樓山，至張掖鎮。張掖大亂，道路不通。張掖王慇勤，遂留爲作檀越。於是與智嚴、慧簡、僧紹、寶雲、僧景等相遇，欣於同志。便共夏坐。夏坐訖，復進到燉煌。有塞，東西可八十里，南北四十里。共停一月餘日。法顯等五人隨使先發，復與寶雲等別燉煌。太守李浩供給度沙河。……慧景、道整、慧達先發向竭叉國，法顯等欲觀行像，停三月日。"（CBETA，T51，No. 2085，p. 857，a3－b12）

② 全文及相關研究，參見孫修身、党壽山：《〈涼州御山石佛瑞像因緣記〉考釋》，《敦煌研究》1983 年創刊號，第 102～107 頁。

榜題可辨識者七則。持與相關文獻比勘，知蓋本於道宣《續高僧傳》《集神州三寶感通錄》《廣弘明集》所載 "涼州西番禾縣瑞石像者"。尤其與武威發現唐天寶元年製的《涼州御山石佛瑞像因緣記》碑，以及敦煌寫本《劉薩訶和尚因緣記》同爲和西地區的文獻、文物記叙關係顯得更加密切。

莫高窟五代第 98 窟背屏後以及第 61 窟背屏後西面均畫有一獵人馳馬射鹿，及一老僧訓誨胡跪請罪的騎士。描繪的内容是獵師李師仁在番禾射鹿，劉薩訶和尚勸化獵師。此情節僅見於《涼州御山石佛瑞像因緣記》，唐前及其他唐代各類文獻皆未見。蓋爲敦煌河西地區民間信仰後期衍生的傳説，借以傳達劉薩訶本爲獵人，因殺鹿受勸化，懺悔贖罪，出家得道，更進而以勸化獵師李師仁，展現佛教現身説法的弘化特色。張善慶認爲，"李師仁" 角色的産生，首先是口頭傳播的結果，也是口頭文學的變异，也是涼州瑞像故事層累疊加的呈現。①

文字文本與非文字文本具有交叉研究的特質，現存各時代的文獻、文學與圖像呈現了歷史與傳説的穿插混搭。時間越晚，傳説比重越高，傳説内容越多，傳播區域越廣，傳説的情節越趨多元，與史實的衝突牴牾也就越多。但其意義則更能呈現時代、地域與階層的信仰與傳説傳播圈的發展與流佈。

敦煌寫本《劉薩訶和尚因緣記》的記叙從劉薩訶的生平開始，依序記叙冥遊、廣尋聖迹、使驢耳王復人耳、番禾授記、西行五天竺感佛鉢、秦州敷化、酒泉遷化、莫高窟受記等。劉薩訶信仰在宋後逐漸消失，劉薩訶也爲後人所遺忘，敦煌寫本《劉薩訶和尚因緣記》的發現引發了莫高窟壁畫、塑像、刺繡絹畫等有關劉薩訶瑞像圖像的探究，武威《涼州御山石佛瑞像因緣記》碑記的發掘更豐富了劉薩訶研究的材料。

西方神學對聖傳研究頗早，有從閲讀視角出發，以事實、批判、詮釋來考察聖傳的發展，頗有值得借鑒之處。② 筆者覺得若從俗文化、俗信仰

① 張善慶：《"李師仁" 實乃稽胡離石劉薩訶》，《文獻》2016 年第 3 期，第 23～24 頁。

② 劉苑如：《重繪生命地圖——聖僧劉薩荷形象的多重書寫》便借鑒，他説："宗教傳記作爲一種宗教人物的生命書寫，歷經了實用、批判與詮釋三種不同階段的閲讀策略，早期通常又將其當作一種宗教典範人物的史實記載，具有不可懷疑的歷史價值，引發許多研究者的質疑。因有 Hippolyte Delehaye 提出批判的解讀觀點，認爲與其重視傳主本身的生平事迹，毋寧更重視其所反映的聖傳作者本身，及其活動時代相關的神學、精神領域和政治。"（載《中國文哲研究集刊》2009 年第 34 期，第 1～51 頁）

與俗文學的視角考察劉薩訶信仰，細爲析論，不難發現其發展、演變與信仰圈、傳播圈的關係極爲密切。劉薩訶稽胡獵人出身，感悟悔罪，出家學佛，遊化爲業的特殊背景與特質，與東晉佛圖澄、支遁等一類具有名士風範，與士族交往密切，具有士族文化特質的高僧不同，其在佛教信仰傳播中的獨特性尤爲鮮明。我們在借鑒既有研究成果的同時，不妨多觀照僧傳文本的時代特性、文本屬性，以及文本需求、使用場合與受眾等功能性。

畢竟僧傳文本有史傳、雜傳、別傳、靈驗記、感通記、因緣記之別，更有文字與圖像之分，甚至還有傳説、民俗、歌謠等不同載體之殊。歷史史實描述的鋪陳與渲染形成傳説，也造就了信仰，傳説的傳播更促進了信仰的發展，擴大了信仰圈，也增添衍生了多姿多樣的傳説，層層積累，豐富了信仰文化。從文獻時代、屬性、情節的表列，似可觀察到其中隱約存在著一些規律，即早期具史傳性質的文獻，對凡人悔悟、學道，由獵人出家到成聖的記叙以平實爲要；護教宣教文獻則主要宣説因果報應觀念，多以感通、靈驗模式作爲宣傳手段。行脚僧遊化爲業的特性促使傳播圈、信仰圈的擴大，形成地域性的民間信仰，層層疊加的民間傳説，既有其傳承性，又有其因時因地制宜衍生的變異性，其中，地域性與民族性的瑞像傳説，情節每有渲染與嫁接，更凸顯了劉薩訶信仰在廣大西北地區的流傳與影響。

第三章 敦煌寫本《隋净影寺沙門惠遠和尚因緣記》研究

中國佛教史上，名爲慧（唐寫本多作惠）遠的僧人不少，隋以前見於史傳載籍者便有三位，各負盛名。依時序是東晋慧遠（334—416），俗姓賈，并州雁門樓煩縣（今山西寧武附近）人，是中觀般若學大師。曾在廬山東林寺組織蓮社，故稱廬山慧遠或東林慧遠，被後世尊爲净土宗初祖。其次是劉宋時江陵長沙寺高僧慧遠，修般舟行，以預言死期，死後現形於多寶寺，爲世人所稱道。另一位隋代慧遠（523—592），敦煌人，爲地論宗重要代表人物。北齊時，即以開講《十地經論》聞名，爲涅槃學名師。隋開皇三年（583），隋文帝爲他建立净影寺，故後世稱爲净影寺慧遠。敦煌文獻中遺存有不少净影惠遠的《維摩義記》寫本。其與天台智者大師、嘉祥吉藏大師並稱爲隋代三大師。

有關净影寺慧遠的記載，以唐道宣《續高僧傳·隋京師净影寺釋慧遠傳》① 爲最早，内容也最爲詳盡。敦煌文獻中 P. 2680、P. 3570、P. 3727 三件《隋净影寺沙門惠遠和尚因緣記》寫本主要叙述慧遠和尚成爲隋代净影寺高僧的種種因緣，叙述慧遠自幼慕道出家，進而修道學法，護法弘道，終至成爲一代高僧。

以下謹據校注文本，析論其叙述情節與特色，與《續高僧傳·慧遠傳》進行比較，論述其在佛教弘傳的運用，並探究其與壁畫、榜題之關係，借以彰顯高僧因緣記的性質及其在佛教弘傳的意義。

---

① ［唐］道宣《續高僧傳》卷八《隋京師净影寺釋慧遠傳》，見《大正新修大正藏經》50 册 "史傳部"，No. 2060，第 489—492a 頁。近人關於慧遠生平行持之論述有：杜斗城《釋慧遠》，《敦煌學輯刊》創刊號（總第 4 期），1983 年，第 144～149 頁；李會智、師焕英《净影慧遠生平小考》，《五臺山研究》2002 年第 1 期，第 27～31 頁。可參考。

第一節　《隋净影寺沙門慧遠和尚因緣記》
情節叙事

敦煌寫本《隋净影寺沙門慧遠和尚因緣記》全篇不到 500 字，篇幅簡短，然記述的有關慧遠和尚的事迹却涉及北周到隋代佛教的重大事件與朝代興替；尤其是慧遠大師護法弘道的因緣，關係著佛教的隆盛。以下試就其幼年慕道向佛，少年出家學道，中年弘法、護法以至入山修行講經，展現神異、授記等情節略作析論，借以彰顯此"因緣記"之内容情節，並探究其叙事手法。

一、出家前：出身與慕道學佛特質的簡述

有關慧遠出家前的叙述，僅有短短的幾句："師俗姓張氏，燉煌人也，纔年三歲，志慕出家，不戀囂塵，情歸大教。"其叙述重心除了交代俗家姓氏及出生地外，便是彰顯其自幼與佛有緣，極具慕道向佛之心。

三歲的孩子認知能力有限，慧遠却異於常人，頗具慧根，對凡塵無所眷戀，而立下出家的心願，這或許與其出生於佛教聖地敦煌有關。敦煌是佛教東傳的要道，自來多有高僧在此譯經、立寺、研學，中國佛教初期最偉大的譯經家竺法護便世居敦煌，八歲出家，人稱敦煌菩薩。慧遠除自身佛緣外，出生於佛教聖地，在佛教環境氛圍的耳濡目染下，虔心向佛極其自然。

佛緣、慧根、天生向道之心也是歷代高僧主要的出家緣由。按：僧人出家因由不一，據歷代高僧傳所記述，大抵以因佛緣天生、宿懷道性、思報親恩、感悟剃度、勸萌出家爲要，其中先天佛緣與自幼慧根最受稱道。近人據《宋高僧傳》考察唐代僧人出家因緣，分成七類，其中"母夢异象，佛緣天生"有 33 人，而"幼顯聰敏，宿懷道性"、超然離俗、進入佛門的高達 109 人，爲所有出家緣由之冠。[①] 可見佛緣天生、宿懷道性不但

---

① 楊曉菁：《唐代僧人出家因緣考——以〈宋高僧傳〉爲主要考證依據》，《全國佛學論文聯合發表會論文集》（第 18 屆），圓光佛學研究所，2007 年 9 月，第 1～33 頁。

是僧人出家因由之首，更是高僧之所以爲高僧的先天條件，也是《因緣記》向信眾宣揚慧遠學佛成道的重要因緣。

二、出家後：品學道行與抗周護法的描述

有關慧遠出家後的叙述，《因緣記》以其戒行、修道、護法爲叙事核心，大約可分爲兩大階段，一爲"十三落髮，六禮無虧，大小中乘，如瓶注水，鵝珠掌握，戒月恒明，杖錫漕溪，周遊江蜀"。叙述慧遠十三歲出家後學習佛法，三乘皆通，修持戒行及雲遊參學的情況。一般常人十三歲時仍心性未定，而慧遠宿懷道性，三歲便心慕出家，十三歲落髮出家後，便專注於佛經義理的學習，且很快融會貫通，還到各地遊歷、求法。

此部分對慧遠出家後學習佛經義理的情形，看似輕描淡寫，實則把慧遠對於佛法的慧根及專注、聚焦展現得非常清楚。信眾出家學習佛法，並非人人皆可如此快速掌握，且融會貫通，一切有賴先天的資質及後天的努力，慧遠得以如此一則是在幼年便立志出家，二則是對佛法的熱忱與獨鍾。

"時周武帝删割大法……名響寰中。"此段內容強調護法，叙事重心爲慧遠力抗北周武帝滅佛之事迹。北周武帝滅佛事件，唐道宣《續高僧傳》以 1000 多字的篇幅翔實記述，包括僧道論辯、君臣對話，鉅細靡遺大篇幅的記述，儼然一實況記錄。《因緣記》僅以 100 多字突出了慧遠抗周護法的表現，以此爲《因緣記》叙事之核心，彰顯慧遠作爲佛教高僧護法之典範。

中國佛教發展史上發生的禁佛事件中以"三武之禍"規模最大。慧遠遭遇的是北周武帝滅佛。在北周武帝宣告廢佛時，僧眾皆驚惶失措，投身無地，只能默然接受。唯有慧遠獨力抗辯，力陳信仰義理，堅守信念，不畏強權，甚至直指武帝必下地獄。殺害出家人或妨礙出家人修行的"破和合僧"爲"五逆罪"之一。

慧遠強力"護法"，令僧俗大眾驚恐不已，深怕受其牽連拖累，默不作聲。慧遠在守護佛、法、僧三寶的同時，爲不連累他人，乃隻身入廬山隱居求佛學道。其"護佛抗上"雖未獲當時僧眾適時的響應，然其"護法菩薩"的形象已然深植大眾心中，而爲四眾所歸仰，聲名響遍寰中。

北周武帝滅佛不僅是一件歷史事件，更是關係著中國佛教的興衰，此

時正是虔誠的佛教信徒實踐其宗教理念的絕好時機，慧遠挺身護法充分展現了大乘菩薩道捨身護法的慈悲精神；此篇《因緣記》對於此重大事件的敘述運用了對比的手法。如北周武帝下詔滅佛，在場的僧眾只有慧遠一人獨力提出反對意見，詔令難違之下以小博大，越能凸顯慧遠維護佛法的堅持與信念，這樣的精神與勇氣越顯難能可貴。

又慧遠在帝王面前毫無畏懼，除犯顏抗詔外，更嚴厲警告帝王："三塗地獄，不揀貴賤。"告誡佛法之前人人平等，即使貴為帝王之尊，毀佛滅法，也必入三塗地獄。帝龍顏大怒，僧眾驚惶，礙於帝王的權勢，不敢表態、沉默無聲，慧遠信念堅定，神情如常，選擇遠走深山，繼續修行之路。如此不亢不卑，極力護法之精神，頓使道俗失色，面面相覷，四眾遞相稱道，謂之"像教中之護法菩薩"。護法菩薩形象的確立，其因緣實為佛教弘法吸引信眾的主題，更是發揮布道宣講功效之利器。

三、入山修行：石頭聽經、授記隋君等神异記述

力抗滅佛，強力護法後，慧遠選擇隻身入山修行求佛學道。其地點《續高僧傳》作"入汲郡西山"，汲郡為今河南衛輝市，《因緣記》作"入廬山"，位於潯陽（今江西九江）。前者為史傳記載，合於史實；後者源自民間傳說，出自架接。蓋净土初祖慧遠（334—416）曾在廬山東林寺組織蓮社，而有净土宗的創立，其影響中國净土信仰至為深遠。廬山成為佛教聖地，家喻户曉，便於傳播記憶。此外，廬山遠公在民間傳說至為風行，而架接乃民間傳說故事之常態，尤為廣大聽群所喜聞樂道。

《因緣記》記叙慧遠入山修行的種種神異經歷，先是略述慧遠的形象："身長八尺，腰有九圍，容止肅然，時稱龍象，入《高僧傳》，標法仁尊，隱迹廬山。"《大智度論》："那伽，或名龍，或名象。是五千阿羅漢，諸無數阿羅漢中最大力，是以故言如龍、如象。水行中龍力大，陸行中象力大。復次，如善調象王，能破大軍，直入不迴，不畏刀杖，不難水火，不走不退，死至不避。諸阿羅漢亦復如是，修禪定、智慧故，能破魔軍及諸結使賊。罵詈、搥打，不悔、不恚；老死、水火，不畏不難。復次，如大龍王從大海出，起於大雲，遍覆虛空，放大電光，明照天地，澍大洪雨，潤澤萬物。諸阿羅漢亦復如是，從禪定、智慧大海水中出，起慈悲雲，潤

及可度，現大光明，種種變化，説實法相，雨弟子心，令生善牙。"① "時稱龍象"透過龍、象之佛教神力形象，以形塑慧遠護法之形象。

其次，則透過講經説法時神奇事迹之情節，展現慧遠和尚的奇特。慧遠和尚"廬山（西山）講經時，每至説法，群石應聲"的神異事迹乃膾炙人口的宗教故事，可與"生公説法，頑石點頭"② 相媲美。用誇飾的叙事手法來彰顯高僧説法的情形，連没有生命的石頭也聆聽説法而感悟。

此外，諸天命毗沙門天王第三子配事獻食與受記，尤其極盡神異、傳奇叙事之能事，《因緣記》云："時有一人，常來獻食，後一日，過齋其食不至，續馳飯鉢，食乃磣碎，因問其故。答云：我是北方毗沙門第三之子，諸天配事和尚。和尚又問：汝今日何故遲晚失時？太子答曰：今晨天朝晚散，所以稽遲人間之食，所以磣碎。又問：天朝何故晚散？答曰：原周武帝破滅佛法，令癩疾而崩，楊隋合當天下。和尚因與隋君受（授）記：汝若登位，必須再隆三寶。佛法興焉，至於今日。此則護法聖者威神之力也。"

慧遠隻身深入山中修行，諸天配事，每天固定送來齋飯，蓋彰顯其護法菩薩之尊貴。一日，過齋時却不見食至，之後飯鉢接續飛馳，然齋飯不似過往，且多摻雜砂石，慧遠深感疑惑，向獻食者一探究竟。獻齋者自報其乃佛教護法神"毗沙門天"的第三子，是護法眾天神（諸天）派來服侍慧遠法師的，今日之所以遲到，原因是"天朝晚散"。而天朝之所以晚散，實因天朝審理北周武帝滅佛一事，作出判決，"令癩疾而崩"，並預言"楊隋合當天下"。除宣告人間即將改朝換代外，並預示隋代佛法大興，這些都是因爲慧遠堅信護法而産生的神威。

此段諸天配事者暗助慧遠的情節雖採用神異性、傳奇性的叙事手法，但並不顯得突兀，反而與前段慧遠力抗武帝廢佛之事相呼應，有其因果關係。不論是慧遠與武帝辯滅佛事，還是入山修行，皆展現了其對佛法堅定的信念與護法精神。慧遠護法感得諸天暗助，此蓋皆緣於慧遠的護法神威。

---

① ［後秦］鳩摩羅什奉詔譯：《大智論度》卷三（CBETA 2019.Q3，T25，No.1509，p.81b15—27）。

② 《東林十八高賢傳》（《卍新纂續藏經》第78册）："師被擯南遷入虎丘山，聚石爲徒，講《涅槃經》。至闡提處，則説有佛性，且曰：如我所説契佛心否？群石皆爲點頭。"

第二節 《惠遠和尚因緣記》與《續高僧傳·隋京師净影寺釋慧遠傳》之比較

　　有關净影寺慧遠的傳世文獻主要有唐道宣《續高僧傳·隋京師净影寺釋慧遠傳》《集古今佛道論衡·周祖平齊·集論毀法·遠法師抗詔事二》《法苑珠林·説聽篇·感應緣》，以唐道宣《續高僧傳·隋京師净影寺釋慧遠傳》內容最爲詳盡。按：《續高僧傳》三十卷，唐道宣撰，又稱《唐高僧傳》，內容從南朝梁代初葉開始，到唐貞觀十九年（645）止，計正傳331人，附見160人。成書後二十年間，陸續有所增補。上列三件敦煌寫本《隋净影寺沙門慧遠和尚因緣記》其抄寫年代大抵都爲晚唐五代，且其內容明白提到："入《高僧傳》，標法仁尊，隱迹廬山。"足見此《因緣記》的寫作年代在《續高僧傳》之後，則其內容當有所參考。

　　《因緣記》中三個階段的情節慧遠出家前、慧遠出家後、慧遠入山修行，《隋京師净影寺釋慧遠傳》也多有述及，只是叙述手法及內容稍有不同。如"慧遠入山修行"的情節，《慧遠傳》僅著重叙述慧遠專注於修行之事："遂潛於汲郡西山，勤道無倦，三年之間誦《法華》《維摩》等各一千遍，用通遺法。既而山栖谷飲，禪誦無歇，理窟更深，浮囊不捨。"慧遠入山後，自我修行、勤於誦經，其間並未發生任何奇異的事。

　　兹將《隋净影寺沙門慧遠和尚因緣記》與《續高僧傳·隋京師净影寺釋慧遠傳》內容情節作比較，表列如下：

表 3－1　《因緣記》與《慧遠傳》之情節對照

		《惠遠和尚因緣記》	《净影寺釋慧遠傳》
慧遠出家前			
文本		俗姓張氏，燉煌人也，纔年三歲，志慕出家，不戀囂塵，情歸大教	釋慧遠，姓李氏，燉煌人也，後居上黨之高都焉。天縱疏朗，儀止冲和，局度通簡，崇覆高邈。幼喪其父與叔同居，偏蒙提誘，示以仁孝。年止三歲，心樂出家，每見沙門愛重崇敬。七歲在學功逾常百，神志峻爽，見稱明智
情節	同	出生燉煌；三歲時便立志出家	
	異	俗姓張	俗姓李
		慧遠於三歲時，便立志出家	慧遠出家前的家庭背景，如出生地上黨高都；性情冲和；家庭成員，幼年喪父與叔同居；七歲時學習的情況
叙事分析		1.《因緣記》僅在説明慧遠幼年即有佛緣，立志出家。《慧遠傳》也述及，且陳述的內容近似，或許是《因緣記》參考《净影寺釋慧遠傳》，轉而以四字句表達 2. 同樣是叙述慧遠出家前之事，《慧遠傳》較爲詳盡地介紹出家前慧遠的家庭生活、性情及學習情況；而《因緣記》則僅叙述慧遠在三歲立志出家一事，這樣的差異主要是二者撰寫的目的不同，而產生不同的叙述重點。《因緣記》僅欲傳達慧遠出家的因緣，而《慧遠傳》則盡可能地詳細記載慧遠出家前所發生的事	
慧遠出家後			
文本		師十三落髮，六禮無虧，大小中乘，如瓶注水，鵝珠掌握，戒月恒明，杖錫漕溪，周遊江蜀	1. 十三辭叔，往澤州東山古賢谷寺。時有華陰沙門僧思禪師，見而度之。思練行高世，眾所宗仰，語遠云："汝有出家之相，善自愛之。"初令誦經，隨事訓誨，六時之勤，未勞呼策。登爲虎暴不安，携以南詣懷州北山丹谷，每以經中大義問師，皆是玄隱，深知長有成器也 2. 年十六，師乃令隨闍梨湛律師往鄴。大小經論，普皆博涉，隨聽深隱，特蒙賞異。而偏重大乘，以爲道本 3. 年滿（二十歲）進具，又依上統爲和上、順都爲闍梨，光師十大弟子並爲證戒，時以爲聲榮之極者也。便就大隱律師聽《四分律》，流離請誨，五夏席端（中略）

		《惠遠和尚因緣記》	《净影寺釋慧遠傳》
			4. 末專師上統，綿篤七年，迴洞至理，爽拔微奧。負笈之徒，相誼亘道，講悟繼接，不略三餘，沐道成器，量非可笒（算） 5. 乃携諸學侣，返就高都之清化寺焉。眾緣歡慶，嘆所未聞，各出金帛爲之興會，講堂寺宇，一時崇敞，韓魏士庶，通共榮之
情節	同	於十三歲出家，叙述專心致志學習佛法的情形	
	异	僅用八句概述慧遠學習佛法的狀況	以400多字的篇幅，詳細叙述慧遠出家後，遵照老師的指示，轉益多師
叙事分析		1.《因緣記》僅以八句四字句叙述慧遠出家後學習佛法的情況，以凸顯慧遠學習佛法，如佛教戒律、佛經義理等，皆能迅速掌握，融會貫通 2.《慧遠傳》則是較爲詳盡地叙述慧遠出家後學習佛法的情況，每個階段皆展現其對佛法有愈來愈深入的瞭解及成效，最後成爲令人敬重的高僧	
		抗北周武帝廢佛事	
文本		時周武帝删割大法，欲致芟夷，遠公於是不顧微軀，屢獻逆鱗之範，謂武帝曰："三塗地獄，不揀貴賤。"帝乃發怒，直上衝冠，僧眾驚惶，投身無地。遠公神情不易，風調如常，直入廬山而求佛道。其時道俗失色，兩兩相看，雨泪霑襟，死而無恨，四眾遞相謂曰："此公則是像教之中護法菩薩。"眾心歸仰，名響寰中	及承光二年（578）春，周氏剋齊，便行廢教，敕前修大德並赴殿集，武帝自升高座，叙廢立義。（中略）……於時沙門大統法上等五百餘人，咸以帝爲王力，決諫難從，僉各默然，下敕頻催答詔，而相看失色，都無答者。（中略）帝曰："父母恩重，交賚色養，弃親向疏，未成至孝。"遠曰："若如來言，陛下左右皆有二親，何不放之？乃使長役五年，不見父母。"帝曰："朕亦依番上下，得歸侍奉。"（中略）遠曰："佛亦聽僧冬夏隨緣修道，春秋歸家侍養，故目連乞食餉母，如來擔棺臨葬。此理大通，未可獨廢。"帝又無答。遠抗聲曰："陛下今恃王力自在，破滅三寶，是邪見人。阿鼻地獄不揀貴賤，陛下何得不怖？"帝勃然作色大怒。直視於遠，曰："但令百姓得樂，朕何辭地獄諸苦！"遠曰："陛下以邪法化人，現種苦業，當共陛下同趣阿鼻，何處有樂可得？"帝理屈言前，所規意盛，更無所答，乃下敕云：

續表3-1

《惠遠和尚因緣記》		《净影寺釋慧遠傳》
		"僧等且還，後當更集。有司録取論僧姓字。"當斯時也，齊國初殄，周兵雷震，見遠抗詔，莫不流汗，咸謂粉其身骨，煮以鼎鑊，而遠神氣嵬然，辭色無撓。<u>上統、衍法師等執遠手泣而謝曰："天子之威，如龍火也，難以犯觸，汝能窮之。大經所云護法菩薩，應當如是。彼不悛革，非汝咎也。"</u>遠云："正理須申，豈惟顧此形命。"（中略）遂潛於汲郡西山，勤道無倦
情節	同	叙述慧遠抗周武帝廢佛事
	異	入廬山　　　　　　　　　　入西山
		《因緣記》所叙述的内容，《慧遠傳》皆有記載，但二者篇幅、叙事重點、方式及手法等方面皆有很大的差異
叙事分析		1.《因緣記》著重叙述慧遠護佛的堅定意志，孤軍奮戰，最後被稱爲"護法菩薩"。對於慧遠力抗廢佛的叙述主要聚焦在慧遠的一言一行皆影響其他人物的情緒起伏，用以凸顯"慧遠"與求明哲保身而默然的其他僧眾，反差至大 2.《慧遠傳》以1000多字的篇幅詳述慧遠對北周武帝"廢佛"理由一一破解，著重慧遠面對帝王滅佛抗辯的能破能立，並呈現慧遠不卑不亢的態度。慧遠護法事爲佛教史上的重要事件，叙述者以全知全能的視角，將帝王與慧遠論辯的經過詳細記録下來，使讀者身歷其境地觀看這場激烈的辯論會
入山修行		
慧遠形象		
文本		師身長八尺，腰有九圍，容止肅然，時稱"龍象"，入《高僧傳》，標法仁尊，隱迹廬山 ‖ 形長八尺五寸，眼長二寸，腰有九圍，十三幅裙，可爲常服。登座振吼，雷動蟄驚，充愜群望，斯爲盛矣
叙事分析		二者對慧遠形象的描述，大致相同。《因緣記》以"龍象"表之，據佛經所載，"諸阿羅漢中，修行勇猛，有最大力者，佛氏稱爲'龍象'。"《慧遠傳》則以"登座振吼，雷動蟄驚"表之，以慧遠開講時的情況具體呈現其形象
群石應聲、獻食推遲		

	《惠遠和尚因緣記》	《净影寺釋慧遠傳》
文本	每至説法，群石應聲。時有一人，常來獻食，後有一日，過齋，其食不至，續馳飯鉢，食乃磣碎，因問其故。答云："我是北方毗沙門弟三之子，諸天配事和尚。"和尚又問："汝今日何故遲晚失時?"小子答曰："今日天朝晚散，所以稽遲人間之食，所以磣碎。"又問："天朝何故晚散?"答曰："原周武帝破滅佛法，令癩疾而崩，楊隋合當天下。"和尚因與隋君授記："汝若登位，必須再隆三寶。"佛法興焉，至於今日。此則護法聖者威神之力也	遂潛於汲郡西山，勤道無倦，三年之間誦《法華》《維摩》等各一千遍，用通遺法。既而山栖谷飲，禪誦無歇，理窟更深，浮囊不捨（下略）
叙事分析	1.《因緣記》叙述慧遠入山修行所遇之事，"群石應聲"及"獻食推遲"帶有神异性的故事情節，後述及佛法再興，此展現慧遠護法聖者神威之力。最後以改朝换代、佛教再興，作結。顯現佛教弘法宣教宗旨與目的鮮明 2.《慧遠傳》僅述及慧遠入山後的修行及生活。以六個段落叙述慧遠在佛教再興後的種種作爲，中有"靈鵝聽經"一事，此亦見《法苑珠林》	

通過《因緣記》與《慧遠傳》情節的比對，可知《因緣記》在慧遠入山修行之前的情節與《慧遠傳》基本雷同。然而，《慧遠傳》對於慧遠入山修行之事僅略述修行成果，《因緣記》則叙述了"群石應聲"及"獻食推遲"極具神奇性的情節，頗能引發閱聽群衆之好奇心理。同時，借此二事凸顯慧遠具有异於常人的神威，發揮布道弘法之魅力，使信衆相信佛法靈驗，弘法布道效果尤佳。

慧遠和尚"廬山"講經"每至説法，群石應聲"的神异事迹乃膾炙人口的故事。此可與晋羅什四聖竺道所謂的"生公説法，頑石點頭"媲美。《東林十八高賢傳》："師被擯南還入虎丘山，聚石爲徒，講《涅槃經》。至闡提處，則説有佛性，且曰：如我所説契佛心否？群石皆爲點頭。"

從上述《隋净影寺沙門慧遠和尚因緣記》與《續高僧傳·隋京師净影寺釋慧遠傳》的對照比較，可見高僧傳記事是結合佛教、歷史與文學三方面元素，通過高僧的宗教實踐歷程，展現出足以垂範後世的修行典範。而"因緣記"的情節與叙事本身是一個包含著主觀的解釋活動，因撰述與宣説者的不一，其叙事自然有所不同。

又唐道宣《集古今佛道論衡》全書四卷，卷甲錄漢至南北朝事，卷乙錄北周、隋代事，卷丙錄唐高祖、太宗朝事，卷丁錄高宗朝事。前三卷龍朔元年（661）撰於西明寺，第四卷撰於麟德元年（664）。卷乙《周祖平齊·集論毀法·遠法師抗詔事二》記錄對北周武帝欲"毀法廢佛"的理由及慧遠法師極力抗辯的具體內容，以對話體完整地將十多條理由與抗聲逐條記錄，實爲當時佛道論衡的現況呈現。重點在於佛道論衡，彼此爭辯。如："遠抗聲曰：陛下令恃王力自在，破滅三寶，是邪見人。阿鼻地獄不揀貴賤，陛下何得不怖？帝勃然作色大怒，直視於遠。"

釋道世《法苑珠林·說聽篇·感應緣》中有關"隋京師淨影寺釋慧遠"的記述，篇幅與《因緣記》同樣短小，除簡要記述慧遠的出身、學養、道業說"隋京師淨影寺釋慧遠，姓李，燉煌人。後居上黨之高都焉。三藏備通，九流洞曉。天縱疏朗，儀止沖和。講導爲業，天下同歸"外，重點則集中在"靈鵝聽經"的記述。①

有關隋淨影寺慧遠和尚的事迹，主要見於釋道宣的《續高僧傳》。按：高僧因緣記及高僧傳有各自的功能性，"高僧因緣記"本質爲高僧的神異故事，在佛教傳播過程中每每發揮著宣教引導及弘揚佛法的功能。至於"高僧傳"記載高僧的宗教實踐，樹立一個足以作爲後世的修行典範。內容上有撰寫者對史料的揀選、改寫，往往帶有個人主觀或虛構的部分，不過確實呈現了傳主的生平事迹，是"傳記"的基本內容。

《因緣記》與《慧遠傳》對慧遠的叙述有明顯的差異，主要是二者體裁不同。《因緣記》主要是要叙說慧遠出家前、出家後的各種因緣，出家原因，出家後修行、悟道、成道的過程所歷經的種種，以說故事的口吻呈現；《慧遠傳》則是以"傳記"的形式記載慧遠的生平及重要事迹，內容中往往有明確的時間、地點、事件及人物，呈現真有其人其事的歷史記載。

---

① ［唐］釋道世撰《法苑珠林·說聽篇·感應緣》："隋京師淨影寺釋慧遠，姓李，燉煌人。後居上黨之高都焉。三藏備通，九流洞曉。天縱疏朗，儀止沖和。講導爲業，天下同歸。昔在清化，先養一鵝，聽講爲務。開皇七年，敕召入京，鵝講本寺，栖宿廊廡，晝夜鳴呼。衆共愍之，附使達京。至淨影寺大門放之，鳴叫騰躍，徑入遠房，依前馴聽，不避寒暑，但聞法集鐘聲，不問旦夕，皆入講堂，靜聲伏聽。僧徒梵散，出堂翔鳴。若值白黑布薩鳴鐘，終不入聽。時共异之。若遠常途講解，依法潛聽。中間及餘語，便鳴翔而出。信知道籍人弘，靈鳥嘉應不可非。其身未證法，輒升法座，定墮地獄。此亦別時之意，不得雷同總廢也。以開皇年中卒於淨影寺。"

　　從净影寺慧遠的《因緣記》及《慧遠傳》的内容來看，二者具有明顯的差異。《因緣記》篇幅短小，對於事件發生的時間、地點及相關人物没有太詳細的叙述，只著重在人物形象、情緒、情境及神异情節等方面。《慧遠傳》則鉅細靡地遺點出具體時間，慧遠在何年、何地，經歷了哪些事、有哪些人參與等，盡可能詳細交代，相對《因緣記》來説，其故事性較弱，著重於人物的歷史記載。

第三節　《惠遠和尚因緣記》與壁畫、榜題之關係

　　今所得見三件敦煌寫本《隋净影寺沙門惠遠和尚因緣記》，其中P. 2680 背面抄寫有名録、便粟曆、絹帛曆、練綾曆、聲聞唱道文、轉帖、社司轉帖、丙申年四月十七日慕容使軍請當寺開大般若經付經曆、疋段曆，P. 3570 正面抄《大般若波羅蜜多經卷第四百七十》，P. 3727 正面抄《付法藏傳》及其他禪宗史料、沙洲官吏及僧人來往狀牒數通。從各卷正背面主要均與佛教經卷及佛教法事相關文書合抄的情形來看，這些寫卷文書的使用者蓋爲敦煌地區佛教僧人或寺院。

　　又 P. 2680 同卷抄有《佛圖澄和尚因緣記》《劉薩訶和尚因緣記》《隋净影寺沙門惠遠和尚因緣記》《靈州龍興寺白草院史和尚因緣記》四種高僧因緣記，P. 3570 同卷抄有《劉薩訶和尚因緣記》《隋净影寺沙門惠遠和尚因緣記》《靈州龍興寺白草院史和尚因緣記》，P. 3727 同卷抄有《劉薩訶和尚因緣記》《隋净影寺沙門惠遠和尚因緣記》《靈州龍興寺白草院史和尚因緣記》，呈現了多種高僧因緣記匯抄的文獻特色。

　　這些關係高僧因緣記原生態的抄寫現象，正可爲我們提供考察有關高僧《因緣記》在佛教弘傳時運用的視窗。通過此一視窗的觀察，筆者認爲，當時僧人於各種法會間選擇《高僧傳》中適當的高僧神异事迹，驟栝其内容以備宣講參考之用，此即所謂"因緣傳"或"因緣記"。

　　P. 2680《隋净影寺沙門惠遠和尚因緣記》與《行威儀》之間有四行不起眼的文字，細加按核，恐與壁畫繪製净影寺惠遠和尚畫像有關，當是壁畫畫面情節的文本依據，且爲榜題文字稿的材料來源。兹將四行文字逐

録如下：

1 遠公和尚緣起　北方大聖毗沙門天王第三之子諸天配遣逐日往於

2 廬山龍聖者遠公前送齋食供養不闕時　周武帝升座

3 破滅佛法信邪時　惠遠和尚不具王條不信邪教對而嘖

4 罵帝王三塗地獄不揀貴賤大眾驚恠和尚直入廬山

詳審其内容正是《隋净影寺沙門惠遠和尚因緣記》中精彩的情節："北方大聖毗沙門天王第三之子，諸天配遣逐日往於廬山龍聖者遠公前送齋食，供養不闕時""周武帝升座破滅佛法信邪時""惠遠和尚不具王條，不信邪教，對而嘖駡帝王三塗地獄，不揀貴賤，大眾驚恠，和尚直入廬山"。從這三則榜題可見壁畫當有此三個畫面。"……供養不闕時""……破滅佛法信邪時"從現存壁畫榜題寫作情形看，常見榜題對應畫面情節的套語有"爾時……""時……""……時"，P. 2680 這四行顯然是"隋净影寺沙門惠遠和尚因緣變"的榜題文字稿無疑。這更是高僧因緣記具畫像贊性質與功能的明證。

表 3—2

《隋净影寺沙門惠遠和尚因緣記》	P. 2680《遠公和尚緣起》
師俗姓張氏，燉煌人也，纔年三歲，志慕出家，不戀囂塵，情歸大教。……時周武帝刪割大法，欲致芟夷，遠公於是不顧微軀，屢獻逆鱗之範，謂武帝曰："三塗地獄，不揀貴賤。"帝乃發怒，直上衝冠，僧眾驚惶，投身無地。遠公神情不易，風調如常，直入廬山而求佛道。其時道俗失色，兩兩相看，雨泪霑襟，死而恨，四眾遞相謂曰："此公則是教之中護法菩薩。"……隱迹廬山，每自説法，群石應聲。時有一人，常來獻食。後一日過齋，其食不至。續馳飯鉢，食乃磣䃰，因問其故。答云："我是北方毗沙門弟三之子，諸天配事和尚。"又問："汝今日何故遲晚其時?"太子答曰："今晨天朝晚散，所以稽遲；人間之食，所以磣䃰。"……	北方大聖毗沙門天王第三之子，諸天配遣逐日往於/廬山龍聖者遠公前，送齋食供養不闕時。　周武帝升座/，破滅佛法信邪時。　惠遠和尚不具王條，不信邪教，對而嘖/駡帝王，三塗地獄不揀貴賤，大眾驚恠，和尚直入廬山

道宣《續高僧傳》卷八記敘："釋慧遠姓李氏。燉煌人也。後居上黨之高都焉。"敦煌寫本《隋净影寺沙門惠遠和尚因緣記》："師俗姓張氏，燉煌人也。"一説俗姓李，一説俗姓張，姓氏不同，蓋因時代與地域不同，

文獻記叙有所异同。也許因敦煌歸義軍時期張氏爲大族，跟民間傳説故事一樣，民間佛教傳説人物的姓氏也會因地域不同而有攀緣附會的改變，因此不必較真。但無論如何，隋净影寺惠遠是敦煌人這是一致的。净影寺慧遠成爲敦煌地區佛教信仰高僧崇拜的對象，因而除有《隋净影寺沙門惠遠和尚因緣記》的流傳之外，同時還有壁畫圖像的繪製，再證以 P. 2971 "壁畫榜題底稿"中有"第二十羅什法師（寫經無弟子）、第二十一佛圖澄、第二十二劉薩訶、第二十三惠遠和尚"。而 P. 3727《付法藏傳》合抄的情形相吻合，以及 P. 2775《付法藏因緣傳》同卷合抄高僧名目也有惠遠和尚、隋净影寺沙門惠遠，其他也均是高僧因緣記、高僧贊的傳主，説明隋净影寺沙門惠遠與羅什法師、佛圖澄、劉薩訶、史和尚增忍、僧伽和尚元念等都是敦煌地區崇拜的高僧，充分展現了敦煌民間佛教的地域特色。

第四章　敦煌寫本《聖者泗州僧伽和尚元念因緣記》研究

第一節　泗州僧伽和尚信仰與研究

一、泗州僧伽和尚及其信仰

僧伽和尚（628—710）是唐代的著名高僧，本西域僧人，自言葱嶺北何國（屈霜儞迦）人，因以何爲姓。何爲唐代昭武九姓之一。唐高宗龍朔初年，先至西凉府（今甘肅武威），後遊歷江淮諸地，居止於楚州龍興寺。後於泗州臨淮縣（今江蘇省盱眙縣）信義坊得一金像，上有古香積之銘記及普照王佛之銘，遂建臨淮寺。屢次顯現神異，嘗現十一面觀音形，人益信重，世稱觀音化身。景龍二年（708），唐中宗遣使詔赴内道場，帝御法筵，言談造膝，占對休咎，契若合符，遂被尊爲國師。自此僧伽名聲大振。未久，即入住京師薦福寺，又因治衆病、祈雨有驗，蒙賜"普光王寺"之額於臨淮寺。後示寂於薦福寺，世壽八十有三。中宗深爲哀悼，敬漆肉身，送其遺骸還歸本處。弟子惠儼、木叉等爲之建塔院。唐懿宗咸通二年（861）賜號"證聖大師"。

後世有關僧伽大師的神异事迹，傳說不斷。五代後周世宗令"天下凡造精廬，必立伽真相，榜曰大聖僧伽和尚"[①]。唐宋以來居士佛教興起，儒、釋、道三教合一之風盛行，流風推動之下，泗州大聖僧伽的信仰圈更

[①] ［宋］贊寧撰，范祥雍點校：《宋高僧傳》卷18《唐泗州普光王寺僧伽傳》，北京：中華書局，1961年，第451頁。

快速擴展，流行於江淮、中原、四川、福建之間，甚至普及全國各省；宋真宗大中祥符六年（1013）敕賜"普照明覺大師"，加封"大聖"諡號，後世遂尊爲"大聖菩薩"，又稱"泗州大聖""狼山大聖"。

民間有關僧伽和尚神異事迹的傳説眾多，如"馬郎婦觀音與泗州大聖鬥法""泗州大聖鎖水母"等，是促使僧伽信仰中國化、世俗化，推動僧伽信仰發展的動力。又據前賢考察研究得知，今各地仍保有眾多有關泗州大聖僧伽和尚塔、寺、堂、像的遺存，更可見證泗州僧伽和尚信仰流傳的時空發展與演變。

關於僧伽和尚的生平及神異事迹，北宋贊寧成書於端拱元年（988）的《宋高僧傳·感通篇·唐泗州普光王寺僧伽傳》①有詳細的記載。此外，傳世文獻中還有唐李邕（678—747）撰於開元二十四年（736）的《大唐泗州臨淮縣普光王寺碑》②，北宋李昉編成於太平興國三年（978）的《太平廣記·僧伽大師》③，道原的《景德傳燈録·僧伽和尚傳》④。另外，盛唐詩仙李白也曾撰有《僧伽歌》⑤，學界以爲李白此詩篇所歌詠的僧伽非指泗州和尚，蓋爲同名異人。

筆者在整理研究敦煌文獻《聖者泗州僧伽和尚元念因緣記》時，除校録注釋 P.3727 寫本外，同時也網羅 S.1624《唐泗州僧伽大師實録（鈔）》及 S.2565、S.2754、P.2217《僧伽和尚欲入涅槃説六度經》等相關寫本文獻略作論述，並關注唐代僧伽和尚信仰的流傳與演變，從交叉學科的視野，結合有關泗州大聖僧伽和尚的圖像、經變，援引前輩時賢相關成果，

---

① ［宋］贊寧撰，范祥雍點校：《宋高僧傳》卷十八《唐泗州普光王寺僧伽傳》，北京：中華書局，1961 年，第 448～452 頁。

② ［宋］李昉等編：《文苑英華》卷八五八"大唐泗州臨淮縣普光王寺碑"，北京：中華書局，1966 年，第 4529 頁。

③ ［宋］李昉等編：《太平廣記》卷九六《僧伽大師》，北京：中華書局，1961 年，第 638 頁。

④ 《景德傳燈録》（CBETA，T51，No.2076，p.433，a4—b10）。

⑤ 安旗主編《李白全集編年注釋》"未編年詩"，成都：巴蜀書社，1992 年，第 1678 頁。自宋代以來，頗多主張《僧伽歌》爲僞作，如宋董逌《廣川書跋》云："《僧伽傳》，蔣穎叔作，其謂李太白嘗以詩與師論三者，誤也。詩鄙近，知非太白所作。世以昔人類在集中，信而不疑，且未嘗深求其言而知其不類。予爲之校其行，始知之。太白死在代宗元年（762），上距大足二年壬寅（702）爲六十，而生白。當景龍四年（710），白生九歲，固不與僧接。然則其詩爲出於世俗，而不復考歲月，殆涅其服者托白以爲重，而儒者信之，又增异也。"1987 年劉友竹發表的《〈僧伽歌〉非僞作辨》從文學角度出發，考證李白《僧伽歌》非僞作。只是李白所歌頌的僧伽不是泗州大聖僧伽，而是另有所指。

考論敦煌寫本，統整傳世文獻、敦煌石窟壁畫與四川石窟造像等，梳理略述如下。

二、泗州僧伽和尚研究的發展

僧伽和尚以一介西域僧人入華傳法，道行超凡，迭現靈異，遂成高僧，其神异傳説不斷疊加，遂由一方大師晋升爲護佑多方的聖者，而爲廣大信眾所尊信。

崇奉僧伽和尚的階層上自帝王將相，下及平民百姓，且自唐五代以來，歷經宋、元、明各朝，信伽和尚的信仰圈不斷擴大，遍及各省，這是中國佛教史、民間信仰的奇特現象。

在敦煌莫高窟藏經洞大量北宋初期以前的寫本中，也保存了有關僧伽和尚的寫本文獻及北宋時期紙本彩色的僧伽畫像；同時石窟壁畫中也發現有五代時期的僧伽畫像，爲研究唐五代到北宋以前僧伽和尚信仰提供了珍貴材料，擴展了僧伽和尚研究的視野。另外，有關各地僧伽寺、塔、堂、像等相關遺迹的發現，也促使相關調查研究陸續展開，20 世紀中期以來，學界論述漸多。

1957 年，牧田諦亮在《中國に於ける民俗佛教成立の一過程泗州大聖僧伽和尚について》①中廣泛網羅相關傳世文獻，並援引敦煌寫本《僧伽欲入涅槃説六度經》，對僧伽信仰進行了梳理，開啓了僧伽信仰研究的先河。90 年代，國人開始從事相關研究，涉及僧伽造像與信仰的相關篇章紛紛涌現。特別是 2003 年江蘇江陰泗州大聖舍利的發掘，引起了佛教、藝術、考古、史學等相關學者的關注，相關論著陸續發表。每位研究者學術背景不同，研究的重點也就各有側重。整體而言，主要圍繞僧伽和尚生平與信仰，如孫應傑《僧伽生平和僧伽信仰考》②；或僧伽和尚的圖像研究，如羅世平《敦煌泗州僧伽經像與泗州和尚信仰》③、孫曉崗《僧伽和

① ［日］牧田諦亮：《中國に於ける民俗佛教成立の一過程——泗州大聖僧伽和尚について》，《東方學報》（京都大學人文科學研究所）第 25 册（1954），第 264～286 頁。
② 孫應傑：《僧伽生平和僧伽信仰考》，《世界宗教研究》2017 年第 1 期，第 86～93 頁。
③ 羅世平：《敦煌泗州僧伽經像與泗州和尚信仰》，《美術研究》1993 年第 1 期，第 64～68 頁。

尚像及遺書〈僧伽欲入涅槃説六度經〉有關問題考》① 等；隨著僧伽圖像遺存的不斷發現，更多聚焦於泗州和尚三十二化變相圖的研究，如馬世長《泗州和尚、三聖像與僧伽三十二化變相圖》、姚崇新《四川安岳西禪寺石窟僧伽三十二化變相及相關問題》② 等，尤其四川地區唐宋石窟的造像，如李小强、鄧啓英的《成渝地區中東部僧伽變相初步考察及探略》③，高秀軍、李向東的《新發現資中月仙洞兩龕僧伽變相初考》④，相關研究情形可參王惠民《僧伽研究論著目録》⑤。2017 年 4 月中國社會科學院世界宗教研究所、中國宗教學會、江蘇省南京市民族宗教事務局共同主辦了"僧伽大師與佛教中國化感通篇"學術研討會，發表了近二十篇論文，主要集中在僧伽信仰的歷史、僧伽信仰的區域表現及佛教藝術視角下的僧伽信仰等議題。

第二節　敦煌寫本《聖者泗州僧伽和尚元念因緣記》及相關文獻

　　學界對於泗州大聖僧伽造像與信仰的研究，時段主要集中在宋代及其後之民間信仰，地域則以四川、江淮、福建爲重心。敦煌莫高窟藏經洞發現的文獻，其抄寫時代爲 4～11 世紀，據 Φ32A《燉煌王曹宗壽及夫人施入峽、寫經記》時代最晚爲"大宋咸平五年"（1002），大部分文獻鈔寫於 9 世紀中期至 11 世紀初的歸義軍時期。而敦煌莫高窟存有壁畫的石窟據統計有 735 窟，其時代從十六國時期的北涼、北魏、西魏、北周，經隋、

---

① 孫曉崗：《僧伽和尚像及遺書〈僧伽欲入涅槃説六度經〉有關問題考》，《西北民族研究》1998 年第 2 期，第 261～269 頁。

② 馬世長：《泗州和尚、三聖像與僧伽三十二化變相圖》，《藝術史研究》第 11 輯，廣州：中山大學出版社，2009 年，第 273～328 頁；姚崇新：《四川安岳西禪寺石窟僧伽三十二化變相及相關問題》，《藝術史研究》13 輯，廣州：中山大學出版社，2011 年，後收入姚崇新《觀音與神僧：中古宗教藝術與西域史論》，北京：商務印書館，2019 年，第 374～416 頁。

③ 李小强、鄧啓英：《成渝地區中東部僧伽變相初步考察及探略》，《石窟寺研究》2011 年第 2 期，第 237～249 頁。

④ 高秀軍、李向東：《新發現資中月仙洞兩龕僧伽變相初考》，《敦煌研究》2016 年第 2 期，第 46～54 頁。

⑤ 見"敦煌研究院－敦煌石窟公共網感通篇"，http：//public. dha. ac. cn/content. aspx? id＝149132737013。

唐、五代、宋、西夏至元。不論寫本或石窟，大抵以唐五代爲主。其中也存有與僧伽和尚有關的寫本文獻與壁畫圖像。

敦煌寫本中有《聖者泗州僧伽和尚元念因緣記》《唐泗州僧伽大師實錄（鈔）》《僧伽和尚欲入涅槃説六度經》三種有關泗州和尚僧伽的珍貴文獻，抄寫時代爲晚唐五代至北宋初期敦煌歸義軍時期。莫高窟第72窟西壁則保存有五代時期的僧伽像，法藏敦煌文獻 P. 4070 則是北宋時期紙本彩色的僧伽像；此外，四川地區也發現了唐代的僧伽石窟造像、摩崖刻石，如安岳縣西禪寺石窟中的僧伽因緣變、潼南縣千佛崖僧伽變相等，爲我們研究唐五代到北宋以前僧伽和尚信仰提供了相關材料，擴展了僧伽和尚研究的視野。

一、敦煌寫本《聖者泗州僧伽和尚元念因緣記》

《聖者泗州僧伽和尚元念因緣記》法藏編號 P. 3727，此本是有關《付法藏因緣傳》與高僧因緣記、高僧贊匯抄的專輯，由 12 張大小不一的紙張黏貼而成，從其中合抄有《廣順五年正月都知兵馬使吕富延、陰義進等狀》及《乙卯年二月廿日通報吕都知、陰都知狀》〔廣順五年即後周世宗顯德二年乙卯（955）〕可知此本當爲 10 世紀五代時期的寫本。

《聖者泗州僧伽和尚元念因緣記》是抄寫在第九葉正面，與《寺門首立禪師讚》合抄。背面分抄《靈州龍興寺白草院和尚俗姓史法號增忍以節度使李公度尚書立難刺血書經義》（《靈州龍興寺白草院史和尚因緣記》）、《隋净影寺沙門惠遠和尚因緣記》兩篇因緣記。

迴顧學界對敦煌文獻中有關僧伽和尚的材料，雖偶有叙及，但實際研究較少，特別是《聖者泗州僧伽和尚元念因緣記》的研究相對較晚。1962年，王重民《伯希和劫經録》著録 P. 3727 時僅説"背録《付法藏傳》及其他禪宗史料"，並未提及《聖者泗州僧伽和尚元念因緣記》；直到 2000年，敦煌研究院編《敦煌遺書總目索引新編》著録 P. 3727a "《付法藏傳》及其他禪宗史料"、P. 3727b "沙州官吏及僧人來往狀牒數通"其後有按語，提及在《付法藏傳》行間抄寫、接寫中有《聖者泗州僧伽和尚元念因緣》。① 2014 年，鍾書林、張磊《敦煌文研究與校注》② 才對此文本進行簡單校注。2017 年，楊明璋研究僧伽和尚的神異傳説，利用敦煌文獻中三種有關僧伽和尚事迹的寫本，據鍾、張《敦煌文研究與校注》按核寫本重新檢校、句讀③。

P.3727《聖者泗州僧伽和尚元念因緣記》寫本首尾俱完，計 12 行，凡 172 字。首題《聖者泗州僧伽和尚元念因緣記》。内容以僧伽和尚的神異事迹爲主，記叙僧伽和尚擅於變化，人若崇重則獲良緣、除灾沴，繪聖模真更是無願不遂等“化迹”。統觀 P.3727 全輯各葉抄寫内容，除主要爲《付法藏傳》與高僧因緣記、高僧讚匯抄，其中還有硬筆書寫歷代高僧畫像的壁畫提示稿：“未畫間子第一代白象前 第二代三鑊前 第三代一馬兩項 智公和尚 解虎禪師贊 肩長和尚十三代掩耳帽 十四代 十五代前有一僧一俗新樂器 十六代有池内有火 十七代有僧項上放五色光 十八代有僧説法並有剃度 十九代有樓内有一手放光 又有一僧花山硤身廿代前有剃度出家”4 行。並且還合抄有許多具有壁畫榜題套語“聖者……時”“……時”，如“大迦葉不悟迴時，釋迦如來再現大身，相廣爲説法，受付囑留傳一代教法時”“聖者提多迦從尊者付優波毱多時”“聖者富那奢從尊者脇比丘受付囑時”“聖者脇比丘從尊者伏陁密多受付囑時”“聖者馬鳴菩薩從尊者富那舍受一代教時”“斛飯王生太子後，遣人往於聖者相太子時”“從無著菩薩受制千部論時”“誦無盡意經時”“誦十地經時”“彌勒菩薩即爲説法時”“龍樹菩薩從龍宫將《華嚴經》却還閻浮時”“龍樹菩薩受龍王請往龍宫時”等，顯然是指示壁畫圖像繪製的榜題文字。

這種匯抄情形説明此文本群蓋以《付法藏傳》爲主體，抄錄有關佛陀十大弟子讚或名目，菩薩本生緣及歷代聖者傳等，並結合中國高僧形成本土佛教的傳法世系，《聖者泗州僧伽和尚元念因緣記》記叙唐代僧伽和尚元念神異事迹，既是聖者泗州僧伽和尚壁畫繪製故事情節的文本依據，也是壁畫榜題文字撰寫的參考。兹據校注編迻錄全文如下：

---

① 敦煌研究院編：《敦煌遺書總目索引新編》，北京：中華書局，2000 年，第 296 頁。
② 鍾書林、張磊：《敦煌文研究與校注》，武漢：武漢大學出版社，2014 年，第 646~648 頁。
③ 楊明璋：《泗州僧伽和尚神異傳説研究——以敦煌文獻爲中心的討論》，《中國學術年刊》2017 年第 39 期，第 51~76 頁。

聖者泗州僧伽和尚元念因緣記

　　昔僧伽和尚者，化迹之邦，現身百顯，戈甲莫侵，端然而定，或朝變人相，或夜現佛儀，度昔眾生，令歸彼岸。有人崇重，當獲良緣；若有拒惡，不發羞怒。凡人莫測，數作奇真。因茲誠實，人發勝心，海內清平，殄除灾沴。若有修建，繪聖模真者，無願不遂，更有靈應別錄傳文。奉勸至心敬禮。渴仰聖者，求願滿足，隨願現種種身，或示大身，側塞遍滿虛空；變小身，猶如微塵，不可稱、不可量，不可論、不可說。大慈大悲誌公和尚真影。

　　張僧繇邈此和尚真影時。

　　此篇全文 169 字，主要記叙僧伽和尚現身百顯、戈甲莫侵，並形容僧伽和尚能百變，時而爲人相，時而現佛面，或示大身，或變小身，若人對其崇重，則可獲良緣、除灾沴，世人若能“繪聖模真”，則可“無願不遂”。

　　首題《聖者泗州僧伽和尚元念因緣記》，明確稱泗州僧伽和尚爲“聖者”，這在僧伽和尚佛教信仰史上具有一定的意義。莫高窟第 72 窟西壁龕外南側上畫聖者泗州和尚，榜題明白標示“聖者泗洲（州）和尚”；同一窟龕外北側相對畫有“聖者劉薩訶像”，榜題也是標示“聖者劉薩訶”，顯示此具有敦煌地區佛教信仰的獨特意涵。按：史傳所載僧伽和尚唐景龍二年（707）被尊爲國師，八十三歲示寂，懿宗咸通二年（861）賜號“證聖大師”，五代後周世宗下旨“天下凡造精廬，必立伽真相，榜曰大聖僧伽和尚”。這是帝王的尊崇，然在敦煌佛教的信仰中顯然將其與佛圖澄、劉薩訶、净影寺惠遠等視爲《付法藏因緣傳》西天佛祖聖者在中土的延續與傳承。

　　又《聖者泗州僧伽和尚元念因緣》省略僧伽和尚的生平、經歷，而集中强調僧伽和尚的神异表現；“現身百顯，戈甲莫侵，朝變人相，或夜現佛儀”“隨願現種種身，或示大身，或變小身”旨在展示僧伽觀音化身，“有人崇重，當獲良緣，人發勝心，殄除灾沴”則傳達了僧伽具消灾解厄、有求必應的信仰功能。奉勸信眾修建僧伽塔院、堂等，造像、模真、寫影，至心敬禮。對於僧伽信仰的傳播具有積極的宣傳作用。

　　至於文末所提的“大慈大悲誌公和尚真影。張僧繇邈此和尚真影時”，顯然不是《聖者泗州僧伽和尚元念因緣記》的本文。但是我們若結合S.1624《泗州僧伽大師實錄（鈔）》《唐虢州萬迴和尚傳（鈔）》《三寶感通録・宋寶誌傳（鈔）》的匯抄，敦煌石窟僧伽、寶誌、萬迴的畫像與資料，四川夾江千佛崖第 91 號窟刻有僧伽、萬迴、寶誌三高僧合龕像，乃至大足北山佛灣第 177 窟北宋時的僧伽、萬迴、寶誌三高僧合龕像等來思考，可以想見 P.3727 匯抄許多高僧畫像榜題文字稿，"大慈大悲誌公和尚真影"是提示"誌公和尚真影"的繪製，"……時"爲壁畫變相榜題套語，"張僧繇邈此和尚真影時"無疑是誌公和尚變相畫的榜題。據此還可推測《聖者泗州僧伽和尚元念因緣記》可能是僧伽和尚因緣變相的文本依據，也是榜題文字稿的參考。

二、敦煌寫本《唐泗州僧伽大師實録（鈔）》

敦煌文獻中有關僧伽信仰的資料，除了 P.3727《聖者泗州僧伽和尚元念因緣記》外，還有英藏 S.1624《泗州僧伽大師實録（鈔）》。S.1624 爲卷子本，長 89.5 釐米，高 30.5 釐米，首尾俱殘，存三紙。正背書。正面爲后晉天福七年（942）《大乘寺常住什物點檢歷》存 46 行。背面分抄《泗州僧伽大師實録（鈔）》8 行、《唐虢州萬迴和尚傳（鈔）》13 行、《三寶感應録・宋寶誌傳（鈔）》14 行。

按核原卷，S.1624 卷背與 S.1625 卷背《佛圖澄因緣記》《隋大興寺釋智興鳴鐘感應記》及 S.1774 卷背《寺門首立禪師頌》筆迹相同，當係出自同一人所抄，屬同一主題的文本群，均是記叙高僧靈應、感通事迹。

詳審 S.1624 所抄之文本，其内容記叙高僧事迹並不完整，當是摘録抄略。其中抄録的"謹按《泗州僧伽大師實録》"9 行，與李邕"大唐泗州臨淮縣普光王寺碑"相較，内容簡要，顯然是實録的摘鈔本。基於抄録性質，其内容明顯側重在僧伽和尚的神異事迹。同一寫卷匯抄的其他兩則："謹按《傳記》唐中宗皇帝時萬迴和尚""謹按《三寶感通録》宋末沙門寶志"，其摘抄的内容也是聚焦在有關萬迴與寶誌的靈應事迹。

郝春文《英藏敦煌社會歷史文獻釋録》著録此卷時云："此件由斯一六二四正面和斯一七七六（2）背拼接而成，其内容爲僧傳摘抄，有惠能禪師、僧伽大師、萬迴和尚、張僧謠（縣）和沙門寶志等。所抄惠能禪師的有關文字與《歷代法寶記》相關記載大致相同，但只抄寫了其前半部分。僧伽大師和萬迴和尚的事迹，抄者稱抄自'實録'和'傳記'，其内容與《宋高僧傳》不同，且都是只抄了這兩位僧人生平的一部分。卷末有濃筆大字書寫的‘感通’二字，至少自僧伽大師以後，所抄寫的多是有關‘感通’的内容。"①

　　鍾書林、張磊的《敦煌文研究與校注》認爲 S. 1624《唐泗州僧伽大師實錄》由三個“謹按”引述的内容構成："謹按《唐泗州僧伽大師寔（實）錄》""謹按《傳記》""謹按《三寶感通錄》"，實際主要是兩則"謹按"，後一則僅殘有數字。

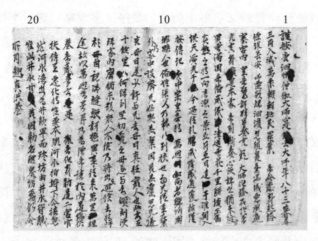

圖 4－1　S. 1624《唐泗州僧伽大師寔（實）錄》局部

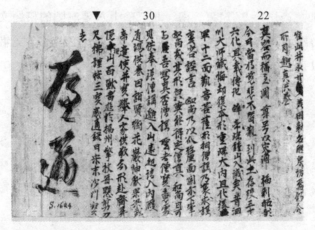

圖 4－2　S. 1624《唐泗州僧伽大師寔（實）錄》局部

　　① 郝春文：《英藏敦煌社會歷史文獻釋錄》第七卷，北京：社會科學文獻出版社，2010 年，第 375 頁。

按：S.1624 第 1 行到第 8 行爲第一主題，記叙僧伽和尚行蹟，據《唐泗州僧伽大師實録》摘鈔；第 8 行到 21 行爲第二主題，記叙萬迴和尚行蹟，據《傳記》摘鈔；第 22 到 35 行爲第三主題，記叙寶誌和尚行蹟，據《三寶感通録·宋寶誌傳鈔》摘鈔。其中第三部分寶誌和尚行蹟的記述，時賢有依寫本行款先後順序逐録釋讀，如郝春文《英藏敦煌社會歷史文獻釋録》①，鍾書林、張磊《敦煌文研究與校注》②，然因底本抄寫本身的問題，致使依序釋讀文字多不銜接，語序又多混亂，難以卒讀。

對此，方廣錩在《英國國家圖書館藏敦煌書》條記目録著録 S.1624 時有云：“本遺書原抄《天福七年（942）大乘寺常住什物點檢歷》（擬），其後作廢，有人利用其背面空白抄寫《泗州僧伽大師實録鈔》（擬）、《唐號州萬迴和尚傳鈔》（擬）、《三寶感應録·宋寶誌傳鈔》（擬）三種有關高僧行狀的文獻。正背面文獻從内容看無邏輯關係，背面三種文獻爲同一主題，但抄自不同來源。”又於著録 S.1624 背面《三寶感應録·宋寶誌傳鈔（擬）》時進一步説明：“本文獻所據底本的文字共 15 行，係從左向右排列。抄寫者未注意底本的這一書寫特點，按照從右向左的慣例抄寫文字，且抄寫時未顧及底本之原行款，將底本的 15 行文字抄爲 14 行，故使全文難以卒讀。今録文按照文意重新整理組織文字，並恢復該文獻所據底本之行款。”③ 如莫高窟第 97 窟東、南、北三壁十六羅漢圖的榜題文字也是自上而下，由左而右書寫的；衡以寫卷抄寫現象，並詳審全文語意文字脉絡，個人以爲方廣錩説法合理可取。兹據原卷，參考諸家釋録，録文如下：

謹按《唐泗州僧伽大師寔（實）録》云：大師年八十三，暮春三月入滅。萬乘輟朝，兆民罷業。帝令漆身起塔，便設長安。師靈欲歸泗濱，忽現臭氣滿城，惡風遍塞宫内。皇帝驚訝，群臣奏言，疑大師化緣在於普光寺，身願還本處。帝聞斯奏，心便許之。猶未發言，异香滿國。帝備威

① 郝春文：《英藏敦煌社會歷史文獻釋録》第七卷，北京：社會科學文獻出版社，2010 年，第 374～375 頁。
② 鍾書林、張磊：《敦煌文研究與校注》，武漢：武漢大學出版社，2014 年，第 617 頁。
③ 楊明璋討論 S.1624 時採方廣錩之説，見《泗州僧伽和尚神异傳説研究——以敦煌文獻爲中心的討論》，《中國學術年刊》，2017 年第 39 期，第 54～55 頁。

儀，津送香花，千里駢填。正當炎熱之時，一向清源之景，五月五日達於淮甸。入塔，天演光於今。過往禮瞻，咸降感通覆祐。

謹按《傳記》：唐中宗皇帝時，萬迴和尚者，虢州閿鄉縣人也。俗姓張，父乃轅門別校也。時兄從軍在塞外，乃家中設齋，兄好喫羔（餻）糜，因見羔（餻）糜思兄，遂先母曰："送少許與兄去。"母曰："真癡狂人也，此去五十（千）餘里，如何得到？"堅切覓之，母遂與去，傾（項）刻便歸，家內齋猶未散。眾人不信，乃將出兄迴信去時汗衫，母自認得縫繼，訝極異事，徒來萬里程途，故以萬迴爲號。尋乃爲僧，帝請於內道場供養。帝感夢，云是觀音化身，敕遣二宮官扶侍。至遷化時，唯要鄉河水，指堦下令掘，忽然河水涌出爲井，飲畢而終。坊曲井水皆鹹（鹹），唯此井水甘美，因敕名醴泉坊焉，仍令所司邈真供養。

謹按《三寶感通錄》曰：宋末沙門寶志（誌）者，遊於楊（揚）州。擎杖每懸剪刀、尺拂（綍）。人家供敬，分形赴齋。尋隱鍾山，百獸銜花，岩神獻果。梁武帝遣使並寶輿，入山遠迎，請入內殿道場供養。因詣賢聖者僧寶意處，見供奉張僧謠（繇）邈真，和尚曰："可與吾寫真否？"僧謠（繇）下筆。和尚或（惑）其形貌，莫能得定。僧謠（繇）變容，證（徑）言："和尚！"乃以爪鏊（劈）面，開示十二面觀音菩薩形相。僧謠（繇）乃哀求、懺悔，却復本形，重歸大內。且化緣畢，辭帝，歸鍾山入滅矣。昔泗州大師到此土存歿，三十六化，具載《傳記》，福利昭彰。今日當時，慈悲不替。觀真容而福至，聞尊號以灾消。

"謹按《唐泗州僧伽大師寔（實）錄》""謹按《傳記》""謹按《三寶感通錄》"，說明本篇蓋由三段以"謹按"作爲開頭的引述內容構成。考謹按又作謹案，意謂審慎查考。如《魏書·源賀傳》："懷乃奏曰：謹按條例：逃吏不在赦限。"又論述中每以"謹按"作爲引用論據、史實開端的常用語，之後則緊接著引據經典文獻，如《唐會要》卷十二："深乖明詔之意，又與先典不同。謹按《孝經》云：孝莫大於嚴父，嚴父莫大於配天。"如《唐會要》卷十七："祭器議　永徽二年。禮部尚書許敬宗議籩豆之數曰：謹按《光祿式》：祭天地日月嶽鎮海瀆先蠶等。……俱爲中祀。或四或六，理不可通。謹按《禮記·郊特牲》云：籩豆之薦。水土之品。……兵部侍郎張均及職方郎中韋述等議曰：謹按《禮·祭統》曰：凡天之所生。地之所長。"敦煌文獻中以"謹按""謹案"作爲引經據典論述的開頭，時有所見。如英藏 S.3092 道明和尚故事的記敘，原卷開頭也是以"謹案《還魂記》"。既是引據，自然多節引摘錄，並非引據完整全文。詳審 S.1624 號全文，可確知其內容是引據典籍史傳的節錄摘抄無疑。

以上三段謹按的文字內容，第一段 136 字，記敘僧伽和尚事迹；第二段 213 字，記述萬迴和尚事迹；第三段 200 字，主要記述寶誌指爪劈面，顯示十二面觀音形相，使畫師張僧繇無從下筆寫真一事，並記敘同爲觀音化身的僧伽和尚，謂其能三十六化，信眾得以觀真容而福至，聞尊號以災消，是對傳記的補充注釋性文字，並非《唐泗州僧伽大師實錄》《傳記》《三寶感通錄》的原作。①

宋贊寧《宋高僧傳》卷第十八《唐泗州普光寺僧伽傳》中有載"先是此寺先因篲中金像刻其佛曰普照王，乃以爲寺額。後避天后御名，以光字代之。因近宣索《僧伽實錄》，上覽已，敕還其題額曰普照王寺矣"②，足見北宋時《唐泗州僧伽大師實錄》尚存，唯今已失傳，其內容遂不得其詳。

三段記敘均以神異傳說爲核心，雖以"謹按"開頭，說明下爲引據經典，然所明白標示援引之《唐泗州僧伽大師寔錄》《傳記》《三寶感通錄》內容，遍尋原典均不可得。其中有關寶誌的敘事與道宣撰《集神州三寶感通錄》有部分近似，是謹按並非忠實引文。然 S.1624 僧伽、萬迴、寶誌合抄同一卷面，僧伽三十六化相、寶誌以爪劈面十二面觀音菩薩相等，均見載於《宋高僧傳·萬迴傳》中。又四川省安岳西禪寺石窟 1 號龕唐元和十三年（818）僧伽和尚三十二化因緣變相龕，雖主像已遭毀損，然此窟有三尊主像，應該是僧伽、寶志、萬迴三僧窟；潼南縣千佛崖殘存有唐代僧伽變相 10 組；大足北山佛灣 177 窟、夾江千佛崖 91 龕，均有唐末五代刻的僧伽、萬迴、寶志三僧合龕像，說明此一現象絕非偶然，其間關係有待進一步探究。

① 參鍾書林、張磊：《敦煌文研究與校注》，武漢：武漢大學出版社，2014 年，第 617 頁。

② ［宋］贊寧撰、范祥雍點校：《宋高僧傳》卷第十八《唐泗州普光王寺僧伽傳（木叉、慧儼、慧岸）》，北京：中華書局，1987 年，第 451～452 頁。

三、敦煌寫本《僧伽和尚欲入涅槃説六度經》

一般根據《敦煌遺書總目索引》著録，以爲敦煌寫本《僧伽和尚欲入涅槃説六度經》共有四個寫卷，如孫曉崗《僧伽和尚像及遺書〈僧伽欲入涅槃説六度經〉有關問題考》①、楊明璋《泗州僧伽和尚神異傳説研究——以敦煌文獻爲中心的討論》② 等，指的是 S.2565、S.2754、P.2217、散 1563 等。

事實上，敦煌寫本《僧伽和尚欲入涅槃説六度經》總計只有 S.2565、S.2754、P.2217 三件寫本。其所謂的散 1563，實際指的是《大正新修大藏經》第八十五册古逸部、疑似部 No.2920《僧伽和尚欲入涅槃説六度經》，其録文係根據 S.2754 爲底本，加以校録排印。實質上並無所謂的第四種本子，詳見《大正新修大藏經》第八十五册校記③，及矢吹慶輝《鳴沙遺韻解説》④。

S.2565，卷子本，存 5 紙，長 144.7 釐米，高 25.4 釐米。爲 9 至 10 世紀歸義軍時期的寫本。正背書寫。正面計 84 行，行約 18 字，分別抄有《僧伽和尚欲入涅槃説六度經》《受十齋戒經》《大乘莊嚴經論》《菩薩瓔珞經》；背面抄有《金剛經纂》《十齋日》《劉師禮文》。《僧伽和尚欲入涅槃説六度經》，首完尾缺，存 17 行。首題《僧伽和尚欲入涅槃説六度經》，起"吾告於閻浮提中善男子善女人"，訖"遂入涅槃。舍利本骨"（以下未抄）。

S.2754，卷子本，存 2 紙。長 91.8 釐米，高 25.3 釐米，是 8 至 9 世紀吐蕃時期的寫本。計 42 行，行 17 字。首尾俱完。首題《僧伽和尚欲入涅槃説六度經》，起"吾告於閻浮提中善男子善女人"，訖"唵跋勒攝娑婆訶"。尾題《僧伽和尚經》。後有署名"恩會"。文中"愍"字缺筆避諱。

① 孫曉崗：《僧伽和尚像及遺書〈僧伽欲入涅槃説六度經〉有關問題考》："此經在敦煌遺書中，共有四個卷號，分別爲伯 2217、斯 2556、斯 2754、散 1563。"（《西北民族研究》1998 年第 2 期，第 262 頁）

② 楊明璋：《泗州僧伽和尚神異傳説研究——以敦煌文獻爲中心的討論》："此經爲疑僞經，據稱有 S.2565、S.2754、P.2217、散 1563 四個寫本，惟散 1563 一本，筆者尚未尋見。"（《中國學術年刊》2017 年第 39 期，第 56 頁）

③ 《大正新修大藏經》第八十五册，第 1463 頁。

④ ［日］矢吹慶輝：《鳴沙遺韻解説》第一部，東京：岩波書店，1933 年，第 195 頁。

P.2217，卷子本，存2紙。長96.3釐米，高25.5或25.6釐米。計42行，行15～18字。首尾俱完。首題《僧伽和尚欲入涅槃説六度經》，起"吾告於閻浮提中善男子善女人"，迄"唵跋勒攝　娑婆訶"。尾題《僧伽和尚經》。

茲以P.2217爲底本，參校S.2754、S.S.2565。錄文如下：

僧伽和尚欲入涅槃説六度經

吾告於閻浮提中善男子善女人：吾自生閻浮，爲大慈父，教化眾生，輪迴世間，經今無始曠劫，分身萬億，救度眾生。爲見閻浮提眾生，多造惡業，不信佛法，惡業者多，吾不忍見，吾身便入涅槃，舍利形像遍於閻浮，引化眾生，以後像法世界滿正法興時，吾與彌勒尊佛同時下生，共坐化城，救度善緣。元居本宅，在於東海，是過去先世淨土緣，爲眾生頑愚難化，不信佛法，多造惡業，吾離本處，身至西方，教化眾生，號爲釋迦牟尼佛。東國遂被五百毒龍，陷爲大海，一切眾生沉在海中，化爲黿鼉魚鼈。吾身已後，却從西方胡國中來生於閻浮，救度善緣，佛性種子。吾見閻浮眾生，遍境凶惡，自相吞食，不可開化，吾今遂入涅槃。舍利本骨願住泗州，已後若有善男子善女人，慈心孝順，敬吾形像，長齋菜食，念吾名字，如是之人散在閻浮，吾潛見惡世刀兵競起，一切諸惡逼身，不得自在。吾後與彌勒尊佛下生本國，足踏海，水枯竭，遂使諸天龍神八部聖眾在於東海中心，修造化城，金銀爲壁，琉璃爲地，七寶爲殿。吾後至閻浮，與流佛法，唯傳此經，教化善緣，六度弟子歸我化城，免在閻浮受其苦難，悉得安穩，衣食自然，長受極樂，天魔外道，弱水隔之，不來爲害。吾當度六種之人：第一度者，孝順父母，敬重三寶；第二度者，不殺眾生；第三度者，不飲酒食肉；第四度者，平等好心，不爲偷盜；第五度者，頭陀苦行，好修橋梁，並諸功德；第六度者，憐貧念病，佈施衣食，拯濟窮無。如此善道六度之人，吾先使百童子領上寶船，載過弱水，免使沉溺，得入化城。若不是吾六度之人，見吾此經，心不信受，毀謗正法，當知此人宿世罪根，身受惡報，或逢盜賊兵瘴而死，或被水火焚漂，或被時行惡病，遭官落獄，不善眾生皆受無量苦惱，死入地獄，無有出期，萬劫不復人道。善男子善女人，書寫此經，志意受持，若逢劫水劫火，黑風天暗，吾放無量光明照汝，因緣俱來佛國，同歸化城，悉得解脱。

南無僧伽　南無僧禁吒　莎訶達多侄他耶　唵　跋勒攝　娑婆訶

《僧伽和尚經》

這篇僞經的具體創作年代難以考證。但是可根據寫本紙張行款、字體、避諱字及整體風格來推測寫本的抄寫時代。楊明璋據 S. 2754《僧伽和尚經》寫本尾題"僧伽和尚經"後有"恩會"二字，以爲是活動於 10 世紀末 11 世紀初的僧人恩會所抄，此卷抄寫時代爲歸義軍後期，進一步推論撰造年代應不會晚於北宋太平興國九年（984）。①

全經係以僧伽和尚本人自述的口吻，聲稱自己輪迴世間無數劫，是觀音化身，前來東土教化眾生，因閻浮提眾生多作惡業，不信佛法，故今欲涅槃。待日後與彌勒同時下生，救度善緣。經中自稱本居於東海，後離本處至西方教化眾生，被稱作釋迦牟尼佛。又從西方胡國來生於閻浮提，爲涅槃後舍利願安放於泗州。

《僧伽和尚欲入涅槃説六度經》歷代經録不録，藏經不載，當是僧伽和尚信仰盛行後所撰造。按：佛教所謂的"六度"是指布施、持戒、忍辱、精進、禪定、智慧，是大乘佛教中菩薩欲成佛的六種德目。《僧伽和尚欲入涅槃説六度經》中所謂的"六度"，則是指僧伽今後欲救度的六種人：第一度者，孝順父母，敬重三寶；第二度者，不殺眾生；第三度者，不飲酒食肉；第四度者，平等好心；第五度者，頭陀苦行，好修橋梁，並諸功德；第六度者，憐貧念病，布施衣食，拯濟窮無。並將這六種人接度到所設的佛國。經文內容主要記叙僧伽和尚與水灾有關的神異救度叙事，經中將僧伽形塑成眾生逢劫難的救世主，尤其是水、火、風三灾的水灾之救濟。牧田諦亮則認爲此經的撰造與泗州爲中心的淮水流域水患有關，並引《淮系年表》中記載開寶七年（974）、咸平四年（1001）淮水氾濫成

---

① 楊明璋認爲："尾題"僧伽和尚經之隔行，書寫有"恩會"二字，應是人名，甚至就是抄寫者，經查索土肥義和編《八世紀末期—十一世紀初期燉煌氏族人名集成》一書，發現"恩會"確實爲人名，是活動於十世紀末十一世紀初的僧人，敦煌文獻中書有"恩會"的寫本，除 S. 2754 之外，還包括：P. 3240 的"壬寅年（1002）六月廿一日配經歷"中有"恩會法律"、"壬寅年（1002）七月十六日付帋歷"中有"恩會法律"，S. 4117"寫經人校字人名目"中有"壬寅年（1002）三月廿九日"及"恩會法律"，S. 6946V 雜抄則有"恩會"二字及"太平興國九年（984）六月立契莫高鄉百姓押衙陰丑撻"。這些時間和牧田氏引述的《淮系年表》所記録淮水氾濫時間相當，而一部與淮水流域水患密切相關而撰造的經典，要流布至敦煌並成爲敦煌僧侶傳抄念誦的對象，恐怕也需要一些時日，故《僧伽和尚經》的撰造應不會晚於太平興國九年（984）（見《泗州僧伽和尚神異傳說研究——以敦煌文獻爲中心的討論》，《中國學術年刊》2017 年第 39 期，第 58 頁）。

灾，推論此疑僞經大概成立於北宋初期。經文中呈現儒佛雜糅、儒佛會通的特點，展現了佛教中國化積極而具體的作爲，推動了唐宋居士佛教的大幅發展，是研究民間宗教的珍貴資料。

第三節　傳世文獻呈現的僧伽和尚

現存有關僧伽傳記資料最古老的當推唐李邕撰於開元二十四年（736）的《大唐泗州臨淮縣普光王寺碑》。李邕字太和，江夏咸寧（今湖北咸寧市）人，曾任北海太守，故人稱李北海，是唐代文選學大家李善的兒子，著名的行書碑法大家。書法風格奇偉倜儻，《宣和書譜》說："邕精於翰墨，行草之名尤著。初學右將軍行法，既得其妙，乃復擺脱舊習，筆力一新。"傳世碑刻甚多，如著名的《麓山寺碑》《李思訓碑》等。

《大唐泗州臨淮縣普光王寺碑》全文見録於宋李昉等編《文苑英華》卷八五八。① 李邕撰此碑文係以史傳形式表述僧伽和尚生前行迹，如實地記叙了僧伽和尚從西域何國，東來中土，致力於化導衆生。初至臨淮，發心建寺，救助苦難民衆。寺院以普照王佛爲本尊，"光相才現，瞻仰已多，遠近簪裾，往來舟楫，一歸聖像"，之後，如何從江淮地方的民間信奉，發展到中宗皇帝的尊崇，詔入内殿說法，並賜予本尊佛號匾額。景龍四年僧伽示寂，"皇帝申弟子之禮，悼大師之情，敬漆色身，謹將法供，仍造福度門人七僧，賜絹三百匹。敕有司造靈輿，給傳遞，百官四部，哀送國門，以五日還至本處"。弟子惠嚴、道堅、木叉等建起崇塔院等。較之其他有關僧伽的文獻記載，碑文最大的特點在於不涉神異傳説，是傳世文獻中有關僧伽傳記極爲平實中肯的史傳材料。後世各種有關僧伽和尚傳記記叙大抵以此爲基本架構，只是隨著僧伽信仰的發展，後世的相關記叙，逐漸將重心集中在僧伽和尚的種種神異事迹與靈驗傳説。

另外，《太平廣記》《宋高僧傳》也是根據唐代相關資料加以記述的主要史傳文獻，兹略加論述如下。

---

① ［宋］李昉等編：《文苑英華》卷八五八《大唐泗州臨淮縣普光王寺碑》，《文淵閣四庫全書》第一三四一册，集部二八零，第451～453頁。

　　《太平廣記》是北宋太平興國三年（978）李昉等主編成書的，其卷九十六"异僧"下有《僧伽大師傳》。[①] 相較於李北海《大唐泗州臨淮縣普光王寺碑》接近史實的描述，這篇記述增添了不少有關僧伽和尚的神异功能與傳説，如："其頂有一穴，恒以絮塞之，夜則去絮，香從頂穴中出，烟氣滿房，非常芬馥。及曉，香還入頂穴中，又以絮塞之。""師常濯足，人取其水飲之，痼疾皆愈。""京畿無雨，已是數月……師乃將瓶水泛灑，俄頃，陰雲驟起，甘雨大降。""長安薦福寺端坐而終。中宗即令於薦福寺起塔，漆身供養。俄而，大風欻起，臭氣遍滿於長安。中宗問曰：是何祥也？近臣奏曰：僧伽大師化緣在臨淮，恐是欲歸彼處，故現此變也。中宗默然心許，其臭頓息，頃刻之間，奇香鬱烈。即以其年五月，送至臨淮，起塔供養，即今塔是也。"其中還提及中宗問萬迴師僧伽大師何人，萬迴迴答説："是觀音化身也。如《法華經普門品》云：應以比丘、比丘尼等身得度者，即皆見之而爲説法，此即是也。"這是傳世文獻中有關僧伽爲觀音化身的最早記載。至於其他記述僧伽和尚的生平事迹，《僧伽大師傳》基本上多承襲碑文的記述。

　　《宋高僧傳》是北宋贊寧於端拱元年（988）編撰完成的，其"感通篇"中立有《唐泗州普光王寺僧伽傳》[②]，内容涵蓋僧伽和尚的生平行狀及其神异、靈驗事迹。此篇記叙對於僧伽生前的經歷雖然未脱邕碑文的框架，然相較於碑文及《太平廣記》《僧伽大師傳》的記載，篇幅更長，内容更全面，是有關僧伽生平事迹記叙最爲詳細且具代表性的文本。

　　此外，另一鮮明的特點是贊寧叙述加重僧伽和尚示寂之後，所出現的靈驗感通事迹，涉及事件的人物也較爲多元，有皇帝、官員、文士、平民、百姓、商人、漁民、船夫、善信、僧尼；同時對於僧伽以十一面觀音的形象示現，在水難、盜賊、疾病、旱灾、兵難等各方面所展現的種種神异事迹，著墨尤多，可説將僧伽和尚在"本國三十年，化唐土五十三載"的靈异事迹一一網羅，如："嘗卧賀跋氏家，身忽長其床榻各三尺許，莫不驚怪。次現十一面觀音形，其家舉族欣慶，倍加信重，遂舍宅焉。""帝慘悼黯然。於時穢氣充塞，而形體宛如，多現靈迹。敕有司給絹三百疋俾

　　① ［宋］李昉等編：《太平廣記》卷九六，北京：中華書局，1961年，第638頁。
　　② ［宋］贊寧撰、范祥雍點校：《宋高僧傳》卷第十八《唐泗州普光王寺僧伽傳（木叉、慧儼、慧岸）》，北京：中華書局，1987年，第448～452頁。

歸葬淮上。""帝以仰慕不忘，因問萬迴師曰：'彼僧伽者何人也？'對曰：'觀音菩薩化身也。經可不云乎？應以比丘身得度者，故現之沙門相也。'"其將僧伽和尚作爲觀音化身是佛教中國化、世俗化有效而成功的傳播方式，關係著泗州僧伽和尚信仰在宋代的盛行與發展。

第四節　唐五代泗州僧伽和尚的圖像

一、今存唐五代泗州僧伽和尚的圖像

（一）敦煌莫高窟僧伽和尚造像

僧伽和尚初唐時經由河西而入中原，成名於泗州，其信仰流傳於江淮，其後又迴流西傳至敦煌，今所得見敦煌寫本中有《泗州僧伽和尚因緣記》《泗州僧伽和尚實錄鈔》《僧伽和尚欲入涅槃説六度經》等相關文獻，S. 4474《文樣》中《慶蘭若》一文有"敬造瓦堂一所，塑僧伽和尚一軀"一句，可見塑僧伽和尚像已是敦煌當地佛教流行的事情。敦煌莫高窟的圖像資料中也有關於僧伽和尚的圖像，既有莫高窟晚唐五代第 72 窟西壁的僧伽像，又有法國巴黎藏 P. 4070 北宋紙本彩繪的僧伽像。略述如下。

圖 4-3　僧伽和尚壁畫

敦煌莫高窟第 72 窟西壁龕帳門外南側上端，畫一高僧，頭戴菩薩冠（殘）、身著水雲袈裟，雙手置於腹前，作禪修狀，結跏趺坐於深山精廬之中。畫面右側有長條榜題，作"聖者泗洲（州）和尚"[①]。又畫北方大聖毗沙門天王請西方極樂世界阿彌陀佛入塔赴哪吒會一鋪，中爲普賢菩薩變，下模糊。

龕帳門外北側上端，畫聖者劉薩訶和尚像及北方大聖毗沙門天王請西方極樂世界阿彌陀佛入塔赴哪吒會一鋪，中

---

①　孫修身：《莫高窟佛教史蹟畫介紹（一）》，載《敦煌研究論文集》，蘭州：甘肅人民出版社，1982 年，第 332～353 頁。

爲文殊菩薩變，下模糊。

　　莫高窟第 72 窟爲張氏歸義軍初期開鑿，約晚唐五代。關於此畫像繪製的年代，有主張爲晚唐作品，宋代部分補色。由於五代末期周世宗柴榮於顯德四年（957）取泗州之後，曾詔命“天下凡造精廬，必立伽真像，榜曰：大聖僧伽和尚”①，有學者據此認爲此像爲五代所繪製，是現存有明確榜題的僧伽和尚畫像中年代較早。

　　更值得注意的是第 72 窟西壁龕外南側上畫聖者泗州和尚、毗沙門天王赴哪吒會，中普賢變，下模糊。榜題明白標示“聖者泗洲（州）和尚”，相對的龕外北側上也畫有“聖者劉薩訶像”。同一窟內聖者劉薩訶和尚像與聖者泗洲和尚像兩位神僧的單幅畫像相對，現存僅此一例，意義特殊，且二者同樣在敦煌文獻中均有因緣記的存在，顯示敦煌地區佛教信仰的獨特意涵。

　　按：“高僧因緣記”主要記叙高僧出家學佛的因，修行得道成爲高僧的緣。敦煌寫本 P.2680、P.3727、P.3355 所抄録的內容以《付法藏因緣傳》爲主體，且將十大弟子讚或名目、菩薩本生緣、歷代傳法聖者傳、《佛圖澄因緣記》《劉薩訶和尚因緣記》《隋净影寺沙門惠遠和尚因緣記》《聖者泗州僧伽和尚元念因緣》《靈州龍興寺白草院史和尚因緣記》等匯抄一起，顯示出敦煌當地將中土高僧列入歷代祖師、聖者之列，並繪製畫像。高僧因緣記即是壁畫繪製的文本依據，也是榜題擬撰的參考。

圖 4—4　紙本僧伽畫像

　　佛教從印度經絲路而東傳，晋唐高僧崇拜興起，由西域入華高僧漸次發

---

① ［宋］贊寧撰、范祥雍點校：《宋高僧傳》卷第十八《唐泗州普光王寺僧伽傳（木叉、慧儼、慧岸）》，北京：中華書局，1987 年，第 451 頁。

展，受《付法藏因緣傳》西天祖師聖者世系之影響，中土高僧逐漸接續西天祖師聖者，成爲中土信眾敬崇禮拜的對象，甚而撰作高僧因緣記、繪製高僧圖像，尤其中土高僧之出身或弘傳過程中與河西敦煌有著密切地緣關係的劉薩訶、净影寺惠遠、僧伽和尚等在敦煌石窟與文獻的展現，實爲自然的發展。

又法國國家圖書館藏 P. 4070V 也有北宋彩色紙本僧伽畫像。高 80.4 釐米，寬 33.8 釐米。畫中所繪外框是一個盝頂型龕，上有垂幔、帷帳；中繪僧伽像，頭戴風帽，身著交領袈裟，手結禪定印，結跏趺坐於椅榻上；背後繪有雙娑羅樹雙，左右各有一立侍者，頭梳雙髻，右者右手執净瓶、左手持柳枝；左者右手握拳，左手執扶塵。椅榻前右側男性供養人胡跪於毯上，面向僧伽禮敬；供養者身後繪有一侍女；榻前左側有雙鹿。

二、四川地區僧伽和尚造像與經變

20 世紀 80 年代以來有關僧伽和尚造像的研究隨著佛教考古的發現，論著篇章漸多。其中鄭弌的《佛裝與佛化——中古時期泗州僧伽信仰與圖像的在地化》[①] 是較爲全面系統的梳理研究，主要以宋以後及四川地區的調查爲主要研究對象，宋以前相對較少。

按：今已發現最早的僧伽造像是唐元和十三年（818）四川安岳石窟西禪寺中的三十二化僧伽和尚龕像。[②] 此後，僧伽的形象常見於石窟寺、佛寺、佛塔甚至墓室壁畫等，身份包括高僧、神僧以及觀音化身等。目前，可移動的單體僧伽像以閩浙蘇滬一帶佛塔出土的爲主。

四川省安岳西禪寺石窟 1 號龕唐元和十三年（818）僧伽和尚三十二化因緣變相龕，此窟有三尊主像，應該是僧伽、寶誌、萬迴三僧窟，但主像均已遭毁損。造像題記有兩側，一處位於龕眉正中，左行真書"泗州僧伽和尚"，另一側位於開口左側壁，主要鐫刻功德主姓名。據此題記，該

[①] 鄭弌：《佛裝與佛化——中古時期泗州僧伽信仰與圖像的在地化》，《中國國家博物館館刊》2016 年第 12 期，第 71～97 頁。

[②] 馬世長：《泗州和尚、三聖像與僧伽三十二化變相圖》，《藝術史研究》第 11 輯，廣州：中山大學出版社，2009 年，第 273～328 頁；姚崇新《四川安岳西禪寺石窟僧伽三十二化變相及相關問題》，《藝術史研究》13 輯，廣州：中山大學出版社，2011 年，後收入姚崇新《觀音與神僧：中古宗教藝術與西域史論》，北京：商務印書館，2019 年，第 374～416 頁。

龕開鑿於唐憲宗元和十三年（818），首題"敬造卅二化僧伽和尚龕□（後闕）"。主像後壁雕刻僧伽因緣變相圖非常罕見[1]。

又四川省夾江縣千佛岩第 091 號窟刻有僧伽、萬迴、寶誌三高僧合龕像。全龕共計有 5 尊像，正尊 3 尊均戴帷帽，爲僧伽、萬迴、寶誌。正壁爲僧伽及脇侍二弟子，一人雙手合十於胸前，另一位右手持灌瓶。左壁爲寶志，右壁是萬迴。僧伽像所處爲主尊的位置，手持禪定印，結跏趺坐；寶志、萬迴一左一右，所處位置屬配祀的位置。此種組合關係，顯示泗州僧伽和尚是本窟奉祀的主尊，並預示爲後來稱爲泗州佛的發展。窟門口另有兩尊造像，一尊嚴重風化，已不可辨識；另一尊爲俗家造像，時代被定爲唐末至五代[2]。此窟共有造像七尊，主尊爲僧侶坐像，頭部已殘缺，但仍然可以看出披在肩上的風帽垂帶，當是僧伽像。僧伽左側亦是一位戴風帽的僧侶，左手持錫杖，上掛剪刀、直角尺等，當是寶誌和尚的形象。僧伽右側爲萬迴像作沙門形，身穿翻領袍服。雙目呆滯，張口未合，表情木訥。

圖 4—5　四川省夾江縣千佛岩 D 區第 91 號窟
僧伽、萬迴、寶誌三高僧合龕綫描圖
轉錄自《四川文物》2014 年第 4 期

此外，四川地區石窟僧伽造像與夾江千佛崖第 91 龕唐末五代的人物組合方式與造形特徵基本相同的還有大足北山佛灣第 177 窟。此爲北宋靖康元年（1126）雕刻。保存較好，圖像清晰，可供參考，介紹如下。

---

[1]　重慶市大足石刻藝術博物館、四川省安岳縣文物局：《四川省安岳縣西禪寺石窟調查簡報》，中山大學藝術史研究中心《藝術史研究》第十輯，2008 年。
[2]　于春：《四川夾江千佛岩摩崖造像初步研究》，《考古與文物》2014 年第 3 期，第 85～96頁。

　　此僧伽窟爲平頂窟，中壁刻僧伽像，盤膝而坐，首戴披風，背有椅靠，前爲三脚夾軾。兩旁侍者，一執净瓶者當爲僧伽弟子慧儼或慧岸、一執錫杖（木叉）。左一像戴披風，垂足而坐，左手持杖，杖上掛有剪刀、拂子等物，當是蕭梁時的高僧寶誌和尚；右一像是萬迴，光頭垂足而坐，頭戴風帽，頭部微頷，緊眉低目，張口未合，神態癡呆而微苦，具有"生而愚"的相貌特徵。

圖 4—6　大足石窟北山第 177 窟

圖 4—7　左壁寶誌

圖 4—8　右壁萬迴

此外，1986 夏，陝西淳化縣固賢鄉丁村河出土李敬周造僧伽像。石像砂石質。通高 93 釐米，肩寬 33 釐米。披僧衣，頭戴兜風。兜風項爲星光四射形，帶結腦後下垂於背，兩手作吉祥印，結跏趺坐。長方體座，寬 50 釐米，高 21.5 釐米。方形台座正面題記陰刻 13 行，行 4～11 字，題記文多剝蝕。其文爲：

維清泰三年歲次丙卯九月丁□□二十七癸□李敬周爲闔家大小平善敬造軀及侍者□□□□□□□□佛□□弟子一心供養弟子□□□□□□男行□□□□孫□義□可憐僧□女□黨敬思□□□女弟子□氏□□張氏女子李氏女子李氏

按："清泰"是五代後唐末帝李從坷的年號，清泰三年爲公元 936 年。與該造像一組同出兩件袖手立像，頭部缺失，據題記判斷應爲僧伽"侍者"。

第五節　唐五代泗州僧伽和尚信仰的發展

一、唐五代泗州僧伽和尚信仰圈的形成

僧伽和尚是初唐西域入華的傳奇人物，他乃一介胡僧，神通初露，漸成道行超凡的高僧，進而成爲迭現靈異的觀音化身，因受士大夫推崇、皇帝的封贈、民眾的崇信而演變成護佑多方的聖僧，信徒眾多，香火不絕。其在本國三十年，化唐土五十三載的生命歷程中，爲民消灾解難、救治疾病、祈雨抗旱、化身現形、預測吉凶，大慈大悲，有求必應。因此得以從入華僧人到泗州和尚，再到"泗州大聖""聖者泗州和尚"，甚至被視爲"泗州佛"，成爲廣大信眾頂禮膜拜的神聖偶像。僧伽造像遂如雨後春笋，層出不窮，從唐五代，歷經兩宋、元明的發展，神異傳說層層疊加，促使其信仰崇拜從淮水下游逐漸遍及東南沿海乃至全國，最終成爲民間擁有廣大信仰圈的僧伽信仰。

唐中宗景龍四年（710）僧伽示寂，李邕《大唐泗州臨淮縣普光王寺碑》載中宗"皇帝申弟子之禮，悼大師之情，敬漆色身"，"攀係儀形，建

崇塔院，植婆羅樹，表蓮花台”，又提及“申弟子之禮……敬漆色身”“植婆羅樹，表蓮花台”“宛然坐而不言”。《太平廣記》亦記載於薦福寺塑身起塔。

贊寧《宋高僧傳》中載：“令寫貌入內供養”，“燕使齎所求物到，認塔中形信矣”，“遂圖貌而歸，自燕薊輾轉傳寫，無不遍焉”。

敦煌寫本 S. 1624《唐泗州僧伽大師寔録（鈔）》云：“大師年八十三，暮春三月入滅。萬乘輟朝，兆民罷業。帝令漆身起塔。”贊寧《宋高僧傳》：“天下凡造精廬，必立伽真相，榜曰大聖僧伽和尚。”足見唐五代爲僧伽和尚修建塔院、造像、描真、繪像相當風行，展現僧伽和尚信仰的普遍。

據學者統計，迄今發現唐五代至明清時期的泗州寺院有 96 處，其中供奉有僧伽像的有 25 處；文獻中記載有僧伽像的有 20 處，傳世或學者新考證有關的僧伽像有 27 處 29 件。[1]

除了單體僧伽像外，還有僧伽、寶誌、萬迴三者合龕造像，僧伽變相，以及僧伽、弟子、供養人合龕像等；其時間從晚唐五代、兩宋時期到元明清；流布的空間，從臨淮泗州輻射到西北的敦煌、西南的四川、中原的長安、北方的燕薊以及東南的江、浙，幾乎遍及全國各地。

僧伽信仰初期的唐五代，有關各地泗州僧伽和尚寺、堂、塔院、像等遺迹，茲據牧田諦亮[2]、林曉君[3]、牛長立等的統計及有關考察研究，初步梳理條列如下。

（一）僧伽寺 4 處

◎吳江縣蘆墟內有泗州寺。見《江南通志》卷四十四，位於吳江縣蘆

---

① 牛長立：《論古代泗州僧伽像僧、佛、俗神的演化進程》（《宗教學研究》2016 年第 2 期），主要據林曉君《泗州佛信仰研究》（福建師範大學碩士論文，2007）的統計資料，再行增補。

② ［日］牧田諦亮：《中國に於ける民俗佛教成立の一過程——泗州大聖僧伽和尚について》，《東方學報》（京都大學人文科學研究所）第 25 册（1954），第 264～286 頁。後改題《中國に於ける民俗佛教成立の過程》收入《中國佛教史研究》第二册第三章，東京：大東出版社，1984 年，第 28～84 頁。

③ 林曉君《泗州佛信仰研究》列舉了 8 處：寧波天封院（唐通天登封年間，696—697）、江蘇吳江泗州寺（唐景龍二年，708）、寧波太平興國寺有泗州像（唐開元二十八年，740）、湖南醴陵泗州寺（唐代創建，明洪武重修）、福建長樂泗州院（唐大中六年，852）、湖北雲夢縣泗州寺（相傳系唐代創建）、寧波方廣教寺（唐咸通十一年，870）、廈門南普陀寺（始建於唐代）（見福建師範大學 2007 年碩士學位論文，第 31 頁）。

墟內，創建於景龍二年（708）。

◎湖南醴陵泗州寺。唐代創建，明洪武重修。

◎湖北雲夢縣泗州寺。相傳系唐代創建。

◎寧波天封院。唐通天登封年間創建，696—697。①

（二）僧伽堂 2 處

◎登州開元寺。圓仁《入唐求法巡禮行記》卷二載："此開元寺佛殿西廊外，僧伽和尚堂內北壁上，畫西方净土及補陀落净土，是日本國使之願。"②

◎成都大慈寺南畔。《舊唐書》中記載：唐德宗建中元年（780），成都大慈寺南畔建立了僧伽和尚堂，畫家辛澄偶得胡本，畫僧伽及諸變相，隨後各代都有增飾。《舊唐書》載有唐德宗建中元年（780）成都大聖慈寺僧伽和尚堂。宋郭若虛《圖畫見聞志》卷二載，成都大慈寺（亦有作"大悲寺"）泗州堂有僧伽像，普賢閣下有五如來像。宋黃休復《益州名畫錄》卷上"辛澄"條亦載有此事③，又"常重胤"（唐僖宗年間人）條下云："……大聖慈寺興善院泗州和尚真、華亭張居士真、寶曆寺請塔天王、甯蜀寺都官土地，並重胤筆，見存。"

（三）泗州院、塔院 6 處

◎浙江寧波府方廣教寺。《雍正寧波府志》卷三十三記載，位於浙江寧波府西南三十五里的方廣教寺，原名泗州院，創建於公元 870 年。④

◎廈門五老山的南普陀寺。《廈門南普陀寺志》記載，位於廈門五老山的南普陀寺爲五代僧人清浩創建，初名泗州院。

◎福建長樂泗州院。唐大中六年（852）創建。

◎懷安縣：閩天成元年（927）在懷安縣置泗州院。

---

① ［元］袁桷等撰，《（延佑）四明志》卷十六，"釋道考上·昌國州·在城甲乙教院·天封院"，載《中國方志叢書：華中地方浙江省·577》，臺北：成文出版社，1970 年，第 20 頁。

② 白化文等：《入唐求法巡禮行記校注》，石家莊：花山文藝出版社，1992 年，第 224 頁。

③ 宋黃休復《益州名畫錄》卷上"辛澄"條："辛澄者，不知何許人也。建中元年，大聖慈寺南畔創立僧伽和尚堂，請澄畫焉。纔欲援筆，有一胡人云：'僕有泗州真本。'一見甚奇，遂依樣描寫，及諸變相。未畢，蜀城士女瞻仰儀容者側足，將香燈供養者如驅。"又"常重胤"條："大聖慈寺興善院泗州和尚真，華亭張居士真，寶曆寺請塔天王甯蜀寺都官土地，並重胤筆，見存。"

④ ［元］袁桷等撰，《（延佑）四明志》卷十七，"釋道考中·鄞縣甲乙院·方廣寺"，載《中國方志叢書：華中地方浙江省·577》，臺北：成文出版社，1970 年，第 14 頁。

◎南唐後主將净相院改爲泗州塔院。

◎荆南天福三年（938）修建僧伽妙應塔。

（四）僧伽像 5 處

◎寧波太平興國寺。寺有泗州像，長尺餘。先是於福名橋水中時見光景，入木得之，因加嚴飾，崇奉於寺。[1]

◎寧波天封塔内“天封塔地宫殿”模型西次間也是種縮微的僧伽影堂。

◎長安：招福寺、興善寺、青龍寺。

◎長安：段成式《酉陽雜俎》卷六記録了睿宗聖容院西南角僧伽像。

◎潤州甘露寺。唐張彦遠《歷代名畫記》卷三《記兩京外州寺觀壁畫》（東都寺觀附録）載，宰相李德裕鎮浙西，創立甘露寺，唯該寺不曾在會昌五年滅法中爲武宗所毀，取管内諸寺畫壁置於寺内，吴道子鬼神及王陀子須彌山海水在僧伽和尚外壁。

僧伽和尚爲粟特人，出生於西域葱嶺北的何國（屈霜儞迦），從小出家，有志周遊四方，三十歲時入華，經河西初到西凉府（今甘肅武威），後遊歷於江淮一帶。唐高宗龍朔元年（661），寄居山陽龍興寺，初露神異。同年到泗州臨淮縣（今江蘇省盱眙縣）置普照王寺弘法布道，名聲遠播，深受百姓崇敬，以至造寺供奉；龍朔二年（662），僧伽應召入京，中宗封爲國師，並敕泗州寺爲“普光王寺”；景龍四年（710）僧伽八十三歲圓寂於長安薦福寺。中宗爲其敬漆肉身，送迴泗州臨淮起塔供養，奉爲“泗州大聖”。後世更是信仰崇奉，香火不斷。全國各省州縣多有僧伽的塔、寺、堂、像等修建營造繪製，又在唐五代到宋元以來居士佛教的推動下，僧伽信仰更加傳播，從以上梳理，大致約略可見唐五代時期泗州僧伽和尚信仰圈已然形成。

二、觀音化身與僧伽信仰的發展

僧伽和尚以一介粟特僧人入中土布道，爲高僧、泗州和尚、泗州大師、泗州大聖，稱爲泗州文佛，最終形成一個廣大的信仰圈，有關此一發

---

① ［元］袁桷等撰，《（延佑）四明志》卷十六，“釋道考上·昌國州·在城教院·太平興國寺”，載《中國方志叢書：華中地方浙江省·577》，臺北：成文出版社，1970 年，第 16 頁。

展形成的原因，自來學界頗多探究，除了以其精通醫藥、卜兆，多顯神通，治病救人，出民水火，利益眾生之外，其以觀音化身示現當是主要原因之一。然而歷來僧人借助觀音示化以弘法傳教者甚多，何以僧伽和尚得以成就，其中緣由值得深究。

觀音菩薩是早期印度大乘佛教菩薩信仰的代表，是中國四大菩薩之一。據《妙法蓮華經·普門品》記述，當眾生遭遇困難時，只要誦念觀世音名號，觀世音菩薩會即時觀其音聲，前往拯救。隨著佛教的東傳，觀世音菩薩以其完美的慈悲化身成爲中國佛教的主要信仰，是所有菩薩信仰中最具影響力者，故而有所謂"家家觀世音，戶戶阿彌陀"的說法。同時，觀音信仰也廣泛地流傳至中國周邊的國家，成爲半個亞洲的信仰。

觀世音大慈大悲、救苦救難的形象，從 3 世紀末在中土即深受廣大人民的信仰。魏晉南北朝時，觀世音信仰就已在民間廣泛流行。它的主旨乃在於宣揚解脫、救濟的觀念，體現的是現世救濟，尤其拔苦與樂，解脫水火刀兵之災等。隨著觀音信仰的發展，產生了許許多多不同形態的觀世音，儘管形態千差萬別，然救苦救難的根本精神始終一致。同時有關觀世音的各種神變、靈异傳説故事更隨著不同的時空環境、不同的信眾階層不斷地滋生衍化。

觀世音信仰在歷史發展中經歷了不同的演變過程。在南北朝分裂動亂的時代，人們的信仰主要依據《法華經·觀世音菩薩普門品》。南北朝時代苦難深重，人們無不期望觀世音菩薩的救苦救難。南北朝後期，隨著凈土信仰開始流傳，凈土觀音也隨之受到重視。

此外，中土早已流傳不少古密教的觀音咒，到唐代初期，印度新興起的瑜珈密教輸入，大悲觀音以及其他一批密教變形觀音隨之流行起來，密教變形觀音的十一面觀音、千手千眼觀音奇特瑰麗的面貌很符合其時浪漫的藝術趣味，而無比神奇的威力和靈迹也適應了其時人們追求超越、嚮往靈异的心理，具有密教形象的觀世音廣受崇奉。千手千眼觀音、如意輪觀音、十一面觀音、不空羂索觀音、大悲觀音等隨之流行起來。《大悲經》《大悲咒》更是風靡各界。

《普門品》所表現的觀音信仰內容主要有三。一是普門救濟，即普遍的救濟。《普門品》中佛告無盡意菩薩："善男子，若有百千萬億眾生，受諸苦惱，是觀世音菩薩，一心稱名，觀世音菩薩即時觀其音聲，皆得解脫。”一心稱名以求解脫，顯然已有運用咒語的意味。二是拔苦濟難的簡易與方便。《普門品》中提出稱名可以濟水、火、羅刹、刀杖、惡鬼、枷鎖、怨賊七難；念觀音可以離貪、嗔、癡三毒；禮拜觀音則滿二求：求男得男，求女得女。具有稱名救濟的現世利益。三是化身示現，即觀世音施設方便，以三十三化身爲眾生説法。這三十三化身是佛、闢支佛、聲聞、梵王、帝釋、自在天、大自在天、天大將軍、毗沙門、小王、長者、居士、宰官、婆羅門、比丘、比丘尼、優婆塞、優婆夷、長者婦女、居士婦女、宰官婦女、婆羅門婦女、童男、童女、天身、龍身、夜叉身、乾闥婆身、阿修羅身、迦樓羅身、緊那羅身、摩睺羅身、執金剛神等。這充分顯示了觀音的神變與方便。

漢譯佛典中與觀音有關係的大乘顯密經多達 80 種，其中最重要的是《法華經》《華嚴經》《心經》《楞嚴經》《請觀世音菩薩消伏毒害陀羅尼經》《千手千眼無礙大悲心陀羅尼經》《十一面神咒心經》《不空羂索咒心經》等，同時還有不少疑僞經，如後世盛行的《觀世音三昧經》及《高王觀世音經》等①。“僞經”主要是以廣大民眾爲訴求對象，因此更能順應人們的要求，也更能反映他們的心理。這些僞經使觀音信仰更加普及和深入，顯示了佛教的中國化與世俗化。

觀音示現與觀音化身是大乘佛教化身觀念的具體發揮，充分顯示了觀音的神變與方便。實際上三十三身衹是列舉出的例子，觀音可以化身爲各種各樣的人物，任意地出入世間，發揮救濟的功能。

中國佛教的傳播過程中，以觀音化身示現最受廣大信眾的崇敬，如蕭梁時期的寶誌、初唐的泗州和尚僧伽乃至虔州閿鄉萬迴。其中僧伽和尚最爲稱著。

僧伽和尚現世救濟、拔苦與樂、解脫人們的水火刀兵之災等事迹，呼應了唐宋以來中土人士的意識，滿足了人們超離苦難現實的要求。唐密的盛行引入了密教十一面觀音信仰。十一面觀音又稱十一面菩薩、大光普照觀音，是觀世音菩薩的化身之一。在中國有關十一面觀音的經典有四種譯本，分別是《佛説十一面觀世音神咒經》，北周耶舍崛多與闍那崛多共譯（約 570）；《十一面觀世音神咒經》，唐高宗永徽四年（653）阿地瞿多譯

---

① 詳參藍吉富編《觀世音菩薩聖德新編》“典籍篇”，臺北：迦陵出版社，1995 年。

譯；《十一面神咒心經》，顯慶元年（656）唐玄奘譯；《十一面觀自在菩薩心密言念誦儀軌經》，天寶年間（746—774）不空譯。

以上四部有關十一面觀音的經典均強調持誦此經有身常無病、爲十方諸佛憶念、財物飲食充足、破一切怨敵、使衆生生慈心、蠱毒熱病不能侵、刀杖不能害、水難不能漂、火難不能焚、不受橫死十種功德，以及臨命終時見十方無量諸佛、永不墮地獄、不爲一切禽獸所害、命終後生無量國四種果報。

唐代净土觀音信仰發展到了鼎盛階段，這可從敦煌壁畫描繪的無數燦爛輝煌的"净土變"中獲得佐證，也反映了人們對來世救濟和理想生活的嚮往，觀音在其中是個主要角色。密教系統的菩薩像以觀音爲最早，而變化觀音中又以十一面觀音的經典及造像最早出現，7世紀末到8世紀初十一面觀音像大量出現，根據彭金章《敦煌石窟隋—元密教疑迹種類與數量統計表》，敦煌石窟壁畫十一面觀音（經變）共計有34幅，初唐7幅，盛唐1幅，中唐3幅，晚唐8幅，五代9幅，宋初2幅，西夏4幅。[①]

唐朝前期是密教十一面觀音信仰發展的初期，正是僧伽入華布教的時代，其時密教十一面觀音受到當時統治者的重視，如契丹首領李盡忠叛亂時，賢首國師法藏（643—712）奉武則天之命奔赴幽州，便是以十一面觀音法破敵。而安史之亂期間，十一面觀世音的化身——僧伽的信仰一度風靡幽州地區。[②] 從中可窺知僧伽和尚的信仰與密教十一面觀音的流行具有一定關係。

三、僧伽、寶誌、萬迴三僧合龕崇拜的發展

寶誌爲南朝宋梁高僧，僧伽、萬迴同爲唐朝前期的高僧，晚唐五代宋初四川各地石窟有關僧伽造像眾多，除了僧伽和尚的單體造像外，也出現了僧伽和尚變相及僧伽、寶誌、萬迴三聖同窟的造像，顯示唐五代宋初僧伽、寶誌、萬迴三僧崇拜，且有結合在一起，反映了三聖合龕共祀信仰的發展。

不僅是四川石窟，敦煌石窟壁畫與藏經洞寫本文獻的資料也顯示出僧

---

① 彭金章：《敦煌石窟全集10密教畫卷》，香港：商務印書館，2003年，第251頁。

② 尤李：《唐代幽州地區的佛教與社會》，北京：中國社會科學出版社，2019年，第118頁。

伽、寶誌、萬迴三僧崇拜的訊息。敦煌文獻保存有 P.3727《泗州僧伽和尚因緣記》及 S.1624《泗州僧伽大師實録（鈔）》《唐虢州萬迴和尚傳（鈔）》《三寶感通録・宋寶誌傳（鈔）》匯抄外，敦煌石窟也保存有僧伽、寶誌、萬迴的畫像資料。日本入唐求法高僧圓仁（794—864）在《入唐新求聖教目録》中也著録有"壇龕僧伽、誌公、萬迴三聖像一合"，並標明："右件法門佛像道具等，於長安城興善、青龍及諸寺求得者，謹具録如前。"顯示中唐時都城長安僧伽、寶誌、萬迴三聖僧合一已時有所見。

四川夾江千佛崖第 91 號窟刻有僧伽、萬迴、寶誌三高僧合龕像①，乃至大足北山佛灣 177 窟僧伽、萬迴、寶誌三高僧合龕像的實體材料等，意味著寶誌、僧伽、萬迴三位高僧均以能自顯神通，治病禳災，度化眾生聞名，並且均以觀音化身、示現等神異事迹，獲得帝王、士人及庶民的崇信。從現存的文獻與考古資料，可看出晚唐五代宋初的長安、四川、敦煌等地，民間已有共同崇拜三聖僧信仰的端倪。

敦煌寫本 P.3727《聖者泗州僧伽和尚元念因緣記》及 S.1624《泗州僧伽大師實録（鈔）》《唐虢州萬迴和尚傳（鈔）》《三寶感應録・宋寶志傳（鈔）》的匯抄，莫高窟五代第 395 窟有寶誌和尚像。張小剛《敦煌佛感通畫研究》著録："莫高窟 395 窟甬道南壁朝是歸義軍前期畫一僧人像，像已殘。現存山巒與一鹿。並云：20 世紀初法國伯希和考察對曾拍攝該畫像。"②伯希和編號 147a《敦煌石窟筆記》記載此處有漢文題記："蕭梁武帝問誌公和尚如何修道，和尚以偈答。"③可能是此僧人像的榜題。

另外，P.3490《諸雜齋文》中有："弟子歸義軍節度押衙知當州左馬部都虞侯銀青光禄大夫檢校太子賓客兼察御使李神好，奉爲國界安寧，人民樂業。府主使君長延寶位，次爲己躬吉慶，障沴不侵，合家康寧，所求得遂。敬繪萬迴大師，願垂悲聖力，救護蒼生，一心供養。"今雖未見敦煌石窟中有萬迴大師像的遺存，但從此篇李神好的供養文可以推知歸義軍時期敦煌地區有繪製萬迴大師畫像供養禮拜，只是實物没有保留下來。今

---

① 詳參［日］肥田路美：《四川省夾江千仏岩の僧伽・寶誌・萬迴三聖龕について》，《早稻田大學大學院文學研究科紀要》第 3 分册，2013 年 2 月，第 51～67 頁。另有中譯版，見［日］肥田路美著，臧衛軍譯：《夾江千佛岩 091 號三聖僧龕研究》，《四川文物》2014 年第 4 期，第 73～82 頁。

② 見伯希和《敦煌石窟圖録》第 6 册圖版 PL. CCCXXXⅢ。

③ 伯希和著、耿升譯：《敦煌石窟筆記》，蘭州：甘肅人民出版社，2007 年，第 338 頁。

存敦煌石窟壁畫也未見有僧伽、萬迴、寶誌三高僧合龕畫像，但三聖共同
禮拜的發展趨勢似已隱然成形。

　　三位神异僧人以僧伽爲主尊並列的形式，除夾江千佛岩第 091 龕、北
山佛灣第 177 窟外，還有四川綿陽魏城鎮北山院石窟第 11 號龕。此龕中
尊的脅侍、龕口四川綿陽北山院第 11 號龕内站立俗像以及龕内構圖形式
都酷似夾江千佛岩第 091 龕，比較明顯的差別是左右兩尊下垂的足是内側
而不是外側。此龕有學者以爲是晚唐 9 世紀末期的作品，亦應被看作三聖
僧組合的代表作。[1]

圖 4—9　四川綿陽北山院第 11 號龕

　　敦煌文獻各寫本所記僧伽、萬迴、寶誌三位和尚的神异事迹，展現的
大抵均屬神足通：或爲化身，或爲變物，均在凸顯三位和尚以异迹化人、
以神力救物。寶誌以此獲得梁武帝的崇敬信任，僧伽、萬迴也是借此得到
唐中宗的仰慕崇重。

---

[1]　于春、王婷：《綿陽龕窟——四川綿陽古代造像調查研究報告集》，北京：文物出版社，
2010 年，第 111 頁。

第五章　敦煌寫本《靈州龍興寺白草院 史和尚因緣記》研究

　　靈州龍興寺白草院史和尚增忍的生平事迹，主要見載於宋贊寧《宋高僧傳·唐朔方靈武龍興寺增忍傳》。[①] 根據該傳可知，增忍和尚俗姓史，法名增忍，沛國陳留（今河南開封）人，生於唐憲宗元和八年（813）。未出家以前爲一飽讀詩書之儒生，才華橫溢，唯科舉多舛，仕途無緣。歷穆宗（821—824）、敬宗（825—826）、文宗（827—840），而立之年值唐武宗（841—846）會昌法難，因遊靈武賀蘭山時，有緣偶得佛家勝地白草谷，乃發心出家。定居白草谷後，以茅草爲屋，專心研習佛法，精進修持，並爲當地的羌胡之族講經説法，信徒競先貢獻酥酪。時朔方節度使李彦佐嘉其名節，特爲其興建白草院，屬靈州龍興寺別院。增忍虔心向佛，以刺血寫經二百八十餘卷，以修功德，並著《三教毀傷論》，以明其任持教法之志。唐大中七年（853），節度使李公因爲擔心增忍刺血寫經損壞身體，便親自到白草院勸諫，"師何獨善一身行小乘行"，希望增忍能放弃刺血寫經，保重身體，以期能長久地講經説法，教化眾生。懿宗咸通十二年（871）示寂，世壽五十九。著有《大悲論》六卷。

　　增忍大師刺血寫經及《大悲論》《三教毀傷論》今都不傳，後世不知其詳。1900 年敦煌莫高窟藏經洞所發現的北宋以前的寫本文獻中存有《靈州龍興寺白草院和尚俗姓史法號增忍以節度李公度尚書立難刺血寫經義》寫本，或作《靈州龍興寺白草院史和尚因緣記》，或省題爲《靈州史和尚因緣記》，然審其内容當係後人據增忍所撰《三教毀傷論》節錄改易而成。敦煌寫本的整理可提供增忍《三教毀傷論》具體内容的大概，同時

---

① ［宋］贊寧撰，范祥雍點校：《宋高僧傳》，北京：中華書局，1961 年，第 667～668 頁。

也可據以探究晉唐以來佛教寫經功德觀與刺血寫經流行衍生的問題。尤其自佛教東傳以來，因與中國傳統文化有所衝突，而迭遭强烈抨擊，其中以"入國破國，入家破家，入身破身"的三破論爲代表。特別是與中國文化根柢孝道相抵觸，"入家則破家，入身則破身"更成爲三教論爭攻擊的主軸。先是僧人除髮剃鬚的"破身"問題，隨著南北朝以來佛教刺血寫經之風的興起，唐五代佛教的發展更是蔚爲一時風尚，儼然成爲一種信仰民俗。嚴峻的"毀傷"問題遂繼漢魏兩晉"破身論"之後成爲唐五代三教論爭的議題。通過《靈州龍興寺白草院史和尚因緣記》保存的《三教毀傷論》內容，也可略窺在此類佛教論義的影響下論難的體制概況及其文學特色。

第一節　敦煌寫本《靈州龍興寺白草院史和尚因緣記》

敦煌文獻中的《靈州龍興寺白草院史和尚因緣記》寫本計有 S.528、P.2680、S.276V、P.3727、P.3570V、P.3902 六號寫本。另 P.2775 抄有"白草院史和尚"名目。

S.528 正面抄寫《靈州龍興寺白草院史和尚因緣記》，首尾俱全，背面抄寫《敦煌縣莫高等鄉配物歷》《三界寺僧智德狀稿》。按：敦煌寫本有智德名號見於開元寺、永安寺、乾元寺、及三界寺，均爲 10 世紀後期。如 P.2250 "開元寺僧唱布歷"，P.2250 "開元寺僧唱布歷"、P.3423 "乾元寺新登戒僧次第歷"等。

P.2680 正面原題《靈州龍興寺白草院和尚俗姓史法號增忍以節度使李公度尚書立難刺血書經義》，與《唯識論師世親菩薩本生緣》、《唯識大師無著菩薩本生緣》、《寺門首立禪師讚》、《付法藏傳》、《劉薩訶和尚因緣記》、"榜書底稿"、《大唐義净三藏讚》、《佛圖澄和尚因緣記》、《大唐三藏讚》、《羅什法師讚》、《隋净影寺沙門惠遠和尚因緣記》等合抄。背面分別抄寫名錄、便粟歷、絹帛歷、練綾歷、《聲聞唱道文》、轉帖、社司轉帖、丙申年四月十七日慕容使軍請當寺開大般若經付經歷、定段歷。

S.276 正面爲長興四年癸巳歲《具注曆日》。背面分抄《阿難陀總持第一》等十弟子名目及《靈州史和尚因緣記》《佛圖澄羅漢和尚贊》《羅什法師贊》等。

P. 3727 第九葉，正面抄《聖者泗州僧伽和尚元念因緣》及《寺門首立禪師讚》。背面抄《靈州龍興寺白草院史和尚因緣記》《隋净影寺沙門惠遠和尚因緣記》。

P. 3570 正面爲《大般若波羅蜜多經卷第四百七十》。背面分別抄寫《南山宣律和尚讚》《隋净影寺沙門慧遠和尚因緣記》《劉薩訶和尚因緣記》《靈州龍興寺白草院史和尚因緣記》。

P. 3902 正面抄《龍興寺白草院和尚俗姓史法號增忍與節度使李尚書立難刺血寫經義》，首尾俱完。

按：以上《靈州龍興寺白草院史和尚因緣記》寫本，除 P. 3570 尾殘不全外，其他五件均首尾完整，且有標題。其中，P. 2680、P. 3570V、P. 3902 首題均作《靈州龍興寺白草院和尚俗姓史法號增忍以節度使李尚書立難刺血書經義》，P. 3727 作《靈州龍興寺白草院和尚俗姓史法號增忍以節度使李尚書立難刺血書經義記》。今據 S. 276V、S. 528 題作《靈州龍興寺白草院史和尚因緣記》。

有關《靈州龍興寺白草院史和尚因緣記》的研究，較早爲 1975 年陳祚龍的《新校重訂釋增忍的答李“難”》[①]，據 P. 2680、P. 3570、P. 3727、S. 276V、S. 528 五件寫本進行校訂，並對增忍傳説與刺寫寫經進行論述；之後，主要爲有關寫本的校錄，先後有柴劍虹[②]，郝春文[③]，竇懷永、張涌泉[④]，鍾書林、張磊[⑤]等。

此外，還有部分研究篇章對《靈州龍興寺白草院史和尚因緣記》偶有

---

① 陳祚龍：《敦煌學海探珠》下，臺北：臺北商務印書館，1979 年，第 309～316 頁。

② 顔廷亮主編：《敦煌文學》，蘭州：甘肅人民出版社，1989 年，第 272～278 頁；後改題爲《敦煌文學中的“因緣”與詩話》，收入《西域文史論稿》，臺北：國文天地雜志社，1991 年，第 520～521 頁。又見於柴劍虹《敦煌吐魯番學論稿》，杭州：浙江教育出版社，2000 年，第 192～199 頁。文中述及《靈州龍興寺白草院史和尚因緣記》S. 276、S. 528、P. 2680、P. 3570 等四件，並迻錄全文。按：其中 S. 528 誤作 S. 5528。

③ 郝春文：《英藏敦煌社會歷史文獻釋録》第 3 卷，北京：社會科學文獻出版社，2003 年，第 28 頁。據 S. 276 進行釋録。

④ 竇懷永、張涌泉：《敦煌小説合集》，杭州：浙江文藝出版社，2010 年，第 413～438 頁。據 P. 2680、P. 3570、P. 3727、S. 276V、S. 528 五號寫本進行校録。

⑤ 鍾書林、張磊：《敦煌文研究與校注》，武漢：武漢大學出版社，2014 年，第 635～639 頁。據 S. 276V、S. 528、P. 2680、P. 3570V、P. 3727 等寫本進行校注。

觸及，不過大都從各自研究的議題出發，僅在論述過程中引述《因緣記》的片段內容，或寥寥幾句簡單帶過，甚至僅提及篇名而已。

2017 年錢光勝《敦煌寫卷〈靈州龍興寺白草院史和尚因緣記〉與唐五代的刺血寫經》[①] 一文主要結合唐五代小説來論述唐五代刺血寫經的盛行，以爲《史和尚因緣記》蓋爲刺血寫經所招致反對與批判的代表。2019 年梅雪《〈靈州龍興寺白草院史和尚因緣記〉研究》[②]，在前賢基礎上，以《史和尚因緣記》爲視窗，從小觀大，主要論述白草谷與靈州密教、《史和尚因緣記》與晚唐五代社會環境等，並據以探討高僧與末法思想。

按：S. 528、P. 2680、S. 276V、P. 3727、P. 3570V、P. 3902 六號寫本，書寫字體蓋爲楷書，並略帶行書意味，其中以 P. 2680 行書字體較爲流暢，S. 528 楷體工整，品相較佳。茲據本文校注篇迻録其文如下：

靈州龍興寺白草院史和尚因緣記

和尚俗姓史氏，法號增忍。以節度使李公度尚書立難刺血寫經義。尚書難曰：“教有受之父母，不敢毀傷，文儒刺血寫經，實恐非善，惡傷風教，必壞墳典，幸請明宣，以誠來者。”

史和尚答曰：“此難前後雖繁，然道門未至。今已逆訪三教，以正群言，或小差殊，伏垂再詰。竊以夫子談經，志趣垂訓，擇積善之餘慶，去小惡而無傷，何則擁佛教門，輒關異義？子不聞古者以求聰廢目，奄致之身，干將之劍或非，角哀之墓誰讚，此儒教之毀傷也。又有羽客致屍林野，遊戲丹霄，群仙挂骨蓬萊，飛騰碧落，此則道教之毀傷也。我《華嚴》有一句投火，《涅槃》有半偈捨身，至於慈力剜燈，尸毗救鴿，此則佛教之毀傷。伏緣彼文不該三教，聖迹偏在五刑，今則權掩釋門，略開儒術。昔先賢以懸頭刺股，明載於典墳；當今有割股奉親，必彰於旌表；別有直臣致死，烈士亡軀。不然者，謬立禮官，錯封太史。比干知虐，焉合重陳；弁（下）子遭辜，寧容再獻？韓朋初聞截耳，何不逃刑？蘇武既被髡頭，便合設拜。且傳説虛陳，高祖曾不流行；韋題雖奏，玄宗全無中

---

① 錢光勝：《敦煌寫卷〈靈州龍興寺白草院史和尚因緣記〉與唐五代的刺血寫經》，《敦煌研究》2017 年第 6 期，第 100～107 頁。

② 梅雪：《〈靈州龍興寺白草院史和尚因緣記〉研究》，蘭州大學敦煌學研究所碩士學位論文，2019 年，第 13～14 頁。

的。黃河東注，誰置能迴？大教將行，請絶斯義。謹答。

　　此篇全文計 372 字，以“和尚俗姓史氏，法號增忍”開頭，義在説明此篇因緣記傳主的姓氏及法號。其後 360 字的記叙全爲史和尚增忍“以節度使李公度尚書立難刺血寫經義”答難的内容。增忍主要針對李公度所提出的“刺血寫經”與中國傳統儒家經典《孝經·開宗明義章》所謂“身體髮膚，受之父母，不敢毁傷，孝之始也”相違背的議題，逐一列出儒釋道三教毁傷己身的事例，進行具體的辯駁。這些寫本雖非《三教毁傷論》原本的抄録本，但應是根據《三教毁傷論》加以增删改易而成篇的，保存了《宋高僧傳·唐朔方靈武龍興寺增忍傳》提及增忍所撰《三教毁傷論》的主要内容，提供了原作的基本樣貌，具有較高的文獻價值。

　　高僧因緣記主要是記述高僧出家、得道、成爲聖僧的因緣事迹。此《靈州龍興寺白草院史和尚因緣記》寫本多與《佛圖澄和尚因緣記》《劉薩訶和尚因緣記》《隋净影寺沙門惠遠和尚因緣記》《聖者泗州僧伽和尚元念因緣》等高僧因緣記匯抄一起，同時也與《寺門首立禪師讚》《南山宣律和尚讚》等高僧讚合抄。

第二節　佛教寫經功德觀與刺血寫經的流行

一、佛教寫經的功德與類型

　　佛、法、僧三寶是佛教教法和證法的核心。三寶具備後，佛教傳道弘法得以順利展開。佛寶，指覺悟人生真象，而能教導他人的佛教教主釋迦牟尼佛，或泛指一切諸佛；法寶，指根據佛陀所悟而向人宣説的一切教法，包括三藏十二部經及八萬四千法門；僧寶，指依諸佛教法修行、弘傳、度化眾生的出家沙門。

　　法寶後世一般都泛指佛經，是佛陀所説的經典，包括相傳爲釋迦牟尼佛所説而於後世結集的經典，是佛教的根本教義及教法的文本依據。然佛經的文字文本傳播受限於物質與文化條件，抄造流通很不容易。因此，在許多大乘佛典均極力宣説受持、讀誦、抄寫佛經的殊勝功德，借以鼓吹抄造佛經，以利傳播。如鳩摩羅什譯《妙法蓮華經·法師品第十》云：

若善男子，善女人，於《法華經》，乃至一句，受持，讀誦，解說，書寫，種種供養經卷，華、香、瓔珞、末香、塗香、燒香、繒蓋、幢幡、衣服、伎樂，合掌恭敬，是人一切世間所應瞻奉，應以如來供養而供養之。當知此人是大菩薩，成就阿耨多羅三藐三菩提，哀愍眾生，願生此間，廣演分別《妙法華經》，何況盡能受持，種種供養者。

《妙法蓮華經·普賢菩薩勸發品第二十八》有云：

普賢，若有受持、讀誦、正憶念、修習、書寫是《法華經》者，當知是人，則見釋迦牟尼佛，如從佛口聞此經典。

鳩摩羅什譯《金剛般若波羅蜜經》亦云：

若復有人聞此經典，信心不逆，其福勝彼，何況書寫、受持、讀誦、爲人解說。

又如《大方廣佛華嚴經·入不思議解脫境界普賢行願品》云：

或復有人以深信心，於此大願受持讀誦，乃至書寫一四句偈，速能除滅五無間業，所有世間身心等病，種種苦惱，乃至佛刹極微塵數一切惡業，皆得銷除。

經過《妙法蓮華經》《金剛般若波羅蜜經》《大方廣佛華嚴經》這幾部漢傳佛教最爲風行、影響最大的大乘經典的宣傳鼓吹，寫經、抄經已然成爲中國佛教信仰者普遍的奉佛方式。

唐釋道世《法苑珠林·敬法篇·述意部》云："信知受持一偈，福利弘深；書寫一言，功超數劫。"凡人敬信佛法，乃至發心書寫佛經，便會得到經典的護佑。敦煌寫本 P. 2049《持誦金剛經靈驗功德記》記述十九則靈驗故事後，末尾更說："以此前件驗之，假令有人將三千大千世界七寶持用布施者，不如流傳此經，功德最勝。若有人書寫《金剛經》受持誦讀，亦令餘人書寫流布，譬如一燈燃百千萬燈，幽冥皆照，明終不絕。若能抄寫此文，榜於寺壁者，功德無量無邊，不可思議。"

　　敦煌寫本《懺悔滅罪金光明經傳》記述張居道因殺生受報應而入冥府，冥使示之以懺悔法，發願抄造《金光明經》四卷，以求懺悔滅罪，使牲畜得生善道，因而還陽，發揮勸化世人寫經止殺的廣大影響。① 又佛教東傳中土，初期弘法布道者主要是西域入華的高僧，他們憑藉記憶口誦經典，之後才透過翻譯筆授而訴諸文字，於是中土僧人信眾開始傳抄流通譯經，信眾得以讀誦研習，佛教信仰也因而大爲發展。佛教在中國發展最爲關鍵的晉唐時期是中國圖書的寫本卷軸時期，雕版印刷尚未發展、普及，佛經翻譯與傳播，端賴抄寫；受制於物質與文化條件，佛典抄造流通實在不易。

　　在此時期佛教的寫經因抄造、使用的性質與功能不同，可大別爲一切經、施經（供養經）、日常用經三大類。"一切經"是入藏的，也就是所謂的大藏經，主要由官方進行抄造，屬於正式的標準寫經。此類抄本抄寫精細，書法工整，行款有秩；紙質良好，有界有欄，大多染潢、裝潢，同時抄校再三。卷末題記大都署明書寫時間、書手姓名、書手職銜，用紙張數、裝潢手姓名等。

　　官方寫經事由訓練有素的經生、書手抄寫，每卷抄寫完成後均署有抄寫者姓名，具有校勘精準、紙墨優良、字迹美觀、裝潢精美等特點。

　　"供養經"爲一般信眾發願捐施供養的經典，雖然供養人多，但由於發願目的大抵相同，所以供養的佛經種類集中複本也多。一般世俗信仰流行使用之經典多爲民間職業抄手、經生所抄，品相不佳，文字與文物價值不高，但却爲民間信仰研究者所關注。例如適合將功德迴向給亡者親人的《阿彌陀佛經》，祈願患者病痛早日痊癒抄造的《藥師經》，祈求消灾解厄的《觀世音經》，祈求增長智慧、增壽延命的《金剛經》等。供養經，大多數在卷末，留有供養人發願、迴向的題記。這些題記載明了供養者抄造佛經的時間、地點、動機、數量，甚至供養者的身份、抄經目的以及心中的願望。透過這些記載，我們得以一窺古代佛教信眾抄造佛經的内心世界。

---

　　① 參鄭阿財《敦煌寫本〈懺悔滅罪金光明經傳〉研究》，收入《敦煌文藪》下册，臺北：新文豐出版公司，1999 年，第 69～92 頁。

"日常用經"基本屬於僧人、居士、信徒個人修習、諷誦、研讀、講授之用。基於紙張寶貴，一般形制不一，字體隨性，匯抄雜録、信手加註，删改，塗抹，時有所見，其抄寫並無定式，其顯現當時實際使用之樣貌，大抵以方便實用爲要。今敦煌藏經洞發現的 4 世紀至 11 世紀的大量寫經提供了豐富的實證。供養經及日常用經，關係信眾個人的信仰。大乘佛教中菩薩欲成佛道所實踐之六種德目（即所謂六波羅蜜或稱六度），其中第一則便是布施波羅蜜，又作布施度無極。有財施、法施、無畏施三種。其中法施也可説是法供養，即供養法，指供養佛所説之教理行法，或供養經卷。供養寫經的態度必須虔敬謹慎，不可輕忽，若粗製濫造，漂草塞責；或文字脱漏，舛錯叢生，則易結惡緣。如《大般若經》云：

> 住菩薩乘諸善男子女人等，書寫《般若波羅蜜多甚深經》時，頻申欠呿，無端戲笑，互相輕凌，身心躁擾；文句倒錯，迷惑義理，不得滋味，橫事欻起，書寫不終，當知是爲菩薩魔事。[1]

基於此觀念，再加上經典卷帙繁多，一般功德主不易勝任，於是略通文墨、具佛教修養的寫經生便運時而生。受雇的寫經生既不敢草率行事，而出錢的功德主亦可安心獲福。唐臨（600—659）《冥報記》"陳嚴恭"條載陳代有揚州嚴恭者，因放生獲報，乃"起經舍，專寫《法華經》。遂從家揚州，家轉富，大起房廊，爲寫經之室，莊嚴清净，供給豐厚，書生常數十人。揚州道俗，共相崇敬，號爲'嚴法華'"[2]。可見富貴之家爲消灾祈福雇人寫經，其莊嚴慎重，甚至專闢經室，寫經書手常數十人之多，且供給豐厚。

二、請人抄造佛經的負擔

供養寫經的功德主請人抄造佛經，所需的花費不少。若是講究者，除紙張、墨色、裝潢、裝幀等物質要求之外，更要請高僧或寫經書手工整抄寫，一一校對，絲毫不可草率，其所需費用自然更高。甚至還有將黄金研

---

① 《大般若波羅蜜多經》卷 440（CBETA，T07，No. 220，p. 216a3—8）。
② ［唐］唐臨撰、方詩銘輯校：《冥報記》，北京：中華書局，1992 年，第 14 頁。

成粉末，調製成泥，書寫成金經，既莊嚴又高貴。這更非一般信眾可堪負荷。日本書道博物館藏《大般涅槃經卷第冊》有題記："正始二年正月八日，信士張寶護武威人也。涼州刺史前安樂王行參軍援護。蓋聞志性虛寂，超於名像之表，冥化幽微，絕於玩尋之旨。是以弟子開發微心，減割資分之餘，雇文士敬寫大般涅槃一部。爲七世父母，所生父母，家眷大小內外親戚，遠離參途，值遇三寶。"

日本書道博物館藏中村不折 55 號東晉佛陀跋陀羅譯《大方廣佛華嚴經》卷四題記也云："開皇十七年四月一日，清信優婆夷袁敬姿，謹減身口之費，敬造此經一部，永劫供養。願從今已去，灾障殄除，福慶臻集，國界永隆，萬民安泰。七世久遠，一切先靈，並願離苦獲安，遊神淨國，罪滅福生，無諸障累。三界六道，怨親平等，普共含生，同升佛地。"

以上兩例抄造佛經的時代，一爲北魏，一爲隋，抄造佛經的功德主皆爲當時世家、大族。從其寫經題記中還特別説"減割資分之餘，雇文士敬寫《大般涅槃經》一部"，"謹減身口之費，敬造此經一部"，可以想見抄造佛經花費的經費必然可觀。我們再從敦煌寫本《黃仕強傳》看唐朝初年專爲鼓吹抄造《普賢菩薩説此證明經》的靈應故事中有段情節的記叙，可見抄經費用非一般人家所能辦到，尤其是多卷帙佛經的抄造，《黃仕強傳》有載：

仕强行又得十步，守文案人喚仕强住："汝有錢不？與我少多，示汝長命法。"仕强云："無有多錢，唯有卅餘文，恐畏短少。"守文書人云："亦足，何必須多。汝還家訪寫《證明經》三卷，得壽一百二十歲。"仕强云："家內燋然，不能得三卷。仕强身充衛士，一弟捉安州公廨本錢。一弟復向嶺南逃走。若遣寫三卷，恐不能辦。寫取一卷，復得已不？"守文案人云："不得！要須三卷，猶如三人證事，始得誠證。若寫一卷，於事無益。"仕强云："家事憔煎，一時不辦，漸寫取足，復得已不？"守文案人云："若一時不辦，漸寫取足亦得。"[1]

對身充衛士的黃仕强來説，以其家庭經濟能力，要抄寫三卷《普賢菩

---

① 竇懷永、張涌泉：《敦煌小説合集》，杭州：浙江文藝出版社，2010 年，第 255 頁。

薩説此證明經》竟是一時無法負擔，得一卷一卷分期，漸次寫足。可見抄寫佛經所費不貲，一般平民百姓實難負荷。

但究竟抄造一部佛經所需的費用要多少呢？敦煌寫本 P. 2912《康秀華寫經施入疏》中記載有“寫《大般若經》一部，施銀盤子三枚，共卅五兩。麥壹佰碩、粟伍拾碩、粉肆斤。右施上件物寫經，謹請炫和上收掌貨賣充寫經直，紙墨筆自供足，謹疏四月八日弟子康秀華”。

康氏家族是晚唐五代敦煌的豪族，是敦煌粟特人中很有勢力的胡人，他們亦官亦商，既從事商業、手工業經營，又在吐蕃及歸義軍政權中擔任各種官職。此件文書中的康秀華就是其中的代表。康秀華，吐蕃統治時期曾出任吐蕃部落使，並經營胡粉等高級奢侈品生意，歸義軍時期出任歸義軍使衙判官，最後升遷爲瓜州刺史。

圖 5-1　P. 2912《康秀華寫經施入疏》局部

此疏記載康秀華曾委托敦煌乾元寺炫和尚[①]抄寫《大般若經》一部，因而捨施銀盤子三枚，共卅五兩。麥壹佰碩、粟伍拾碩、粉肆斤，充作寫經值。

鄭炳林據胡粉、銀器價格推算出康秀華向乾元寺施物價值折麥約 548 石，據此可知當時寫一部《大般若經》的工價爲 548 石麥。[②] 其所花費實在相當可觀，因此一般人家只能請職業寫經者抄造或購買抄好的《金剛經》《心經》《觀音經》《父母恩重經》等簡短的供養經，再行添加供養者願文、施經者姓名。一般供養經的紙張、墨色自然不如官方寫經，寫經者程度也不一，寫經字體遠不如世家大族所雇專業文士的水平。因此，基於宗教信仰更高的虔誠與崇敬的展現，則是表現在以代表生命熱度的刺血寫經上。

---

① 乾元寺炫和尚即釋金炫，俗姓張氏，又稱炫闍梨，生卒年不詳，是吐蕃統治敦煌時期著名的僧人，曾任沙洲釋門都教授。

② 鄭炳林：《晚唐五代敦煌康氏家族與歸義軍瓜州刺史康秀華考》，《敦煌研究》2018 年第 3 期，第 9～18 頁。

第三節　刺血寫經興於南朝盛於唐五代

　　漢譯佛經中有"折骨爲筆，刺血爲墨"之説，此一説法推動了信徒"刺血爲墨"以表達虔誠信仰的抄經行爲。抄寫佛經是佛教重要的修行與功德，六朝隋唐時期，除了一般的寫經外，還産生了金經與血經等兩種特殊寫經。2007 年筆者曾據敦煌寫本保存的金經與血經實物圖版撰寫《幾件極具深意的敦煌特殊寫經》① 一文，略作説明。

　　所謂"刺血寫經"，是指書寫者以自身鮮血爲墨或和墨抄寫經文，這是中國古代佛教信仰中的一種特殊現象，頗受關注。有關研究如 1977 年日本平野顯照《刺血寫經について》② 簡略論述了刺血寫經的佛典依據；同年，諏訪義純《手の皮を剝て净土をえがだ小考》③ 短文考述日本的血經；2000 年美國柯嘉豪（John Kieschnick）在《中國佛教的刺血寫經》④ 中搜集六朝到明代的資料，分別從功德、苦行、孝敬、血盟等角度探討在中國實踐血經的背景。2012 年日本村田澪《血經的淵源以及意義》⑤ 是繼其《金經的淵源以及意義》之後的系列研究。此文在梳理前賢提及漢譯佛典刺血寫經之典據後再行補充，並重新探研。2017 年錢光勝在《敦煌寫卷〈靈州龍興寺白草院史和尚因緣記〉與唐五代的刺血寫經》⑥ 一文中，在學界既有成果的基礎上，以敦煌寫本《靈州龍興寺白草院史和尚因緣記》結合唐五代志怪小説的相關材料，對唐五代時期的刺血寫經再作探討。

---

　　① 鄭阿財：《幾件極具深意的敦煌特殊寫經》，《人乘佛刊》2007 年第 12 期。

　　② ［日］平野顯照：《刺血寫經について》，《書論》1977 年第 10 號，第 186～195 頁、第 227 頁。

　　③ 諏訪義純：《手の皮を剝て净土をえがだ小考》，原載《愛知學院大學人間文化研究所報》第 16 號，1990 年，後收入《中國南朝佛教史研究》附篇《雞肋記》，京都：法藏館，1997 年，第 357～361 頁。

　　④ John Kieschnick, Blood Writing in Chinese Buddhism. *Journal of the International Association of Buddhist Studies*，23，2，2000. pp177—194。

　　⑤ ［日］村田澪：《血經的淵源以及意義》，《佛學研究》，2012 年，第 56～63 頁。

　　⑥ 錢光勝：《敦煌寫卷〈靈州龍興寺白草院史和尚因緣記〉與唐五代的刺血寫經》，《敦煌研究》2017 年第 6 期，第 100～107 頁。

一、刺血寫經源自大乘經論

學界認爲有關刺血寫經的説法蓋源自 4 世紀至 5 世紀期間的漢譯佛典，主要有《大般涅槃經》《梵網經》《大智度論》《賢愚經》等。可見中國刺血寫經蓋源自大乘經論的記載，據此推知中土刺血寫經的風氣興於南朝，盛於唐五代。茲將漢譯佛典中提及有關刺血寫經的經論依序條列如下。

北凉天竺三藏曇無讖（385—433）譯《大般涅槃經》卷十三《聖行品十九》：

> 迦葉菩薩白佛言："世尊！我於今者實能堪忍剥皮爲紙、刺血爲墨、以髓爲水、折骨爲筆，書寫如是《大涅槃經》。書已讀誦，令其通利，然後爲人廣説其義。"

又相傳爲後秦鳩摩羅什（344—413）譯的《梵網經》被視爲漢傳大乘律之第一經典，其卷下也載：

> 剥皮爲紙，刺血爲墨，以髓爲水，析骨爲筆，書寫佛戒。

按：《梵網經》全稱《梵網經盧舍那佛説菩薩心地戒品第十》，雖相傳爲羅什所譯，但學術界認爲應是中國人於劉宋末年所編述，並非源於印度。本經收於大正藏第二十四册，與《瓔珞經》一樣，都被歸類爲"菩薩戒經"。

古印度時期龍樹菩薩（約 3 世紀）撰《大智度論》，漢譯爲鳩摩羅什於後秦弘始七年（405 年）譯成，其中有三處提及有關刺血寫經。卷十六《釋初品中昆梨耶波羅蜜義》有云：

> 有一婆羅門言，我有聖法一偈，若實愛法，當以與汝。答言，實愛法。婆羅門言，若實愛法，當以汝皮爲紙，以身骨爲筆，以血書之，當以與汝。即如其言，破骨剥皮，以血寫偈。

又卷四十九《釋發趣品》有云:

> 如釋迦文佛,本爲菩薩時,名曰樂法。時世無佛,不聞善語,四方求法,精勤不懈,了不能得。爾時,魔變作婆羅門,而語之言,我有佛所說一偈,汝能以皮爲紙,以骨爲筆,以血爲墨,書寫此偈,當以與汝。

又卷二十八《初品中欲住六神通釋論》:

> 如一本生經中說,菩薩智慧于無量阿僧祇劫已來合集衆智,於無量劫中無苦不行,無難不爲。爲求法故,赴火投岩,受剝皮苦,出骨爲筆,以血爲墨,以皮爲紙,書受經法。

慧覺等譯於北魏太平真君六年(445)的《賢愚經》,全稱《賢愚因緣經》,是佛陀本生傳中的經典,主要收集種種有關賢者與愚者的譬喻因緣而撰成。其卷一《梵天請法六事品》有云:

> 時仙人師,名欝多羅,恒思正法,欲得修學四方推求……婆羅門言:"學法事難!久苦乃獲,汝今云何直爾欲聞?於理不可。汝若至誠欲得法者,當隨我教。"仙人白言:"大師所敕不敢違逆。"尋即語曰:"汝今若能剝皮作紙,析骨爲筆,血用和墨,寫吾法者,乃與汝說。"是時欝多羅聞此語已,歡喜踴躍,敬如來教,即剝身皮,析取身骨,以血和墨。

《大智度論》三處及《賢愚經》記叙的本生故事頗爲相似,只是情節有詳有略,人物名字有异而已。故事中提及以皮、血、骨充當紙張筆墨書寫經、偈,均作"剝皮作紙,析骨爲筆,血用和墨",可見後世以血書寫經文之風蓋源於此。南北朝時期,有關刺血寫經的佛陀本生故事廣爲信衆所接受,進而影響到刺血寫經在中土的發展。根據文獻史籍所載,中土刺血寫經的具體呈現最早見於南朝。《南史》載南朝梁武帝大同元年(546)同泰寺火灾,梁武帝欲爲法事,"於是人人贊善,莫不從風,或刺血灑地,或刺血書經，穿心然燈，坐禪不食"①。又載梁簡文帝蕭綱"造慈敬、報恩二寺，刺血自寫《般若》十部，願畢日不食而齋"②。《陳書》亦載陳始興王叔陵"（太建）十一年（579），丁所生母彭氏憂去職……晋世王公貴人，多葬梅嶺，及彭（叔陵之母）卒，（陳）叔陵啓求于梅嶺葬之，乃發故太傅謝安舊墓，弃去安柩，以葬其母。初喪之日，僞爲哀毁，自稱刺血寫《涅槃經》"③。

大乘佛教認爲刺血寫經除了具有一般抄造佛經的功德外，還具有苦行與捨身的修行意義。④ 從以上列舉的經論可見刺血寫經都具有功德、苦行、捨身三種基本意義。自願傷害肉體，忍受著痛苦書寫寶貴的經典，一方面是忍受痛苦的修行，另一方面是奉獻肉體，進而奉獻生命的自我犧牲，是繼承佛教本生故事中薩埵那太子捨身飼虎、尸毗王割肉貿鷹等布施波羅蜜的精神與修行，兼具供養佛經的法施功德。

唐五代佛教刺血寫經主要是基於功德、奉獻，佛教信眾刺血和墨抄寫佛經更是蔚然成風，不但僧人刺血寫經者多，且抄寫不限於般若、涅槃類佛經；文人對刺血寫經也多有關注，文獻載籍頗多記述。錢光勝《敦煌寫卷〈靈州龍興寺白草院史和尚因緣記〉與唐五代的刺血寫經》一文引述筆記小説所載，不勝枚舉，可參考，《全唐文》《全唐詩》也多有記述、歌詠，足以證明其風之盛。

二、敦煌刺血寫經的實物遺存

刺血寫經的信仰表現屢見不鮮，前賢多有記述。然刺血寫經的具體實物後世大多不傳。20 世紀初敦煌文獻被發現，先後公布的文獻資料保存有不少刺血寫經的實物，如《金剛經》有 S. 5444、S. 5451、S. 5669、S. 5965、P. 2876、Дx. 11043、BD08888、敦煌市博物館藏 053 等；《妙法蓮華經》有上海圖書館藏 55 號；《佛頂尊勝陀羅尼經》有上海圖書館藏

① 見《南史》卷七，北京：中華書局，1975 年，第 225 頁。
② 見《法苑珠林》卷一〇〇，（CBETA，T53，No. 2122，p. 1025b26）。
③ 見《南史》卷六十五，北京：中華書局，1975 年，第 1584 頁；《陳書》卷三十六，北京：中華書局，1975 年，第 494~495 頁。
④ 參〔日〕村田澪：《六朝隋唐時期的佛典書寫思想的考察》，日本中國學會"日本中國學會第一迴若手シンポジウム論文集中國學内新局面"，2012 年，第 107~121 頁。

49號，主要是敦煌歸義軍時期的抄本，反映了刺血寫經在唐五代的風行。此外，從寫經題記中也可見信眾刺血寫經的宗教觀念與意圖。

令人驚訝的是有八十多歲的老人年年抄寫《金剛經》，而且還是刺血寫經。如英藏 S.5534《金剛經》，卷末有："西川過家真印本　時天復五年歲次乙丑三月一日寫竟。信心受持，老人八十有二。"按：天復是唐昭宗的年號，共計 4 年（901—904），904 年閏四月唐昭宗改元天祐。蜀王王建不承認唐昭宗改元的天祐年號，仍續用天復年號，故敦煌寫本或用天復，或用天祐，天復五年即天祐二年（905）。

S.5444《金剛經》卷末有："西川過家真印本　天祐二年歲次乙丑四月廿三日，八十二老人手寫此經流傳信士。"

圖 5－2　S.5444《金剛經》卷末

S.5965《金剛經》卷末有："西川過家真印本　天復（祐）二年歲次乙丑十二月廿日，八十二老人手寫流傳。"

S.5451《金剛經》卷末有："西川過家真印本　天祐三年丙寅二月二日，八十三老人手自刺血寫之。"

S.5669《金剛經》卷末有："西川過家真印本　天祐三年丙寅二月三日，八十三老人刺左手中指出血，以香墨寫此金經流傳。信心人一無所願，本性實空，無有願樂。"

圖 5-3　S. 5669《金剛經》卷末

　　法藏編號 P. 2876《金剛經》卷末有："西川過家真印本　天祐三年（906）丙寅四月五日八十三老翁刺血和墨，手寫此經，流布沙州，一切信士國土安寧，法輪常轉。"

　　中國國家圖書館藏 BD08888（有字 9 號）《金剛經》，卷末有題記："西川過家真印本　丁卯年三月十二日，八十四老人手寫流傳。"這些都是五代時期的寫本，雖然題有"西川過家真印本"，但此時印刷方興，印本甚爲寶貴，獲取不易，大部分只是依西川印本的抄録本。其抄録之後所以要標"西川過家真印本"，蓋以其時在人們心目中"西川印本"具有標準典範的權威地位。即使現在印刷技術發達，人們還是要發願，以虔誠的心、恭敬的態度，一筆一畫抄寫佛經，其奉持修行之意義大過一切。

第四節　刺血寫經與三教論爭

　　宗教是文化的一個層面，佛教由印度東傳中土，因文化、教義、儀式等與中土固有的文化、思想及原有的宗教產生抵觸而發生衝突。在諸多碰撞與衝突中，尤其以與中土儒家思想、道教信仰的抵觸發生最早，爭論最激烈，歷時也久。所謂"三教論壇""三教論衡"的活動指的便是儒、釋、道三教的論爭。

　　早期的三教論衡或爲儒、釋彼此論辯，或爲釋、道相互争論①，或涉教義②，或涉禮儀③，大都屬於個別的論辯。《北史·周本紀》載"帝升高座，辨釋三教先後。以儒教爲先，道教次之，佛教爲後"④，可見北周時儒、釋、道三教争論已成國家宗教政策的重要項目。三教優劣、三教先後已是當時熱門的議題，而"三教"一詞已是約定俗成的術語，相關論題更有專文論述。如日本入唐求法高僧弘法大師空海即撰有《三教指歸》，敦煌寫本 S. 5645 也有唐劉宴《三教不齊論》。另空海、最澄從中土請迴的姚辯《三教不齊論》今日本流傳有多種寫本，篇名相同，内容有別。隨著佛教在中國的發展與普及，歷代帝王對佛教的崇奉、宗教態度與政策變遷，官方與民間時有匯聚儒、釋、道三教名德進行公開論難的論談活動漸成制度。

　　在相關論争議題中，歷時最長，抨擊最烈的首推佛教出家廢弃孝道的問題。其所引發的批判與攻擊，自漢季以來，相繼不絶。相傳漢代牟融所作的《牟子理惑論》便有所反駁⑤，其云：

　　問曰："《孝經》言：身體髮膚，受之父母，不敢毁傷。曾子臨没，啓予手、啓予足。今沙門剃頭，何其違聖人之語，不合孝子之道也。吾子常好論是非、平曲直，而反善之乎？"

　　牟子曰："夫訕聖賢不仁，平不中不智也。不仁不智，何以樹德？……且《孝經》曰：先王有至德要道，而泰伯祝髮文身，自從吴越之俗，違於身體髮膚之義，然孔子稱之：其可謂至德矣。仲尼不以其祝髮毁之也。……何違聖語不合孝乎？豫讓吞炭漆身，聶政剝面自刑，伯姬蹈火

---

① 如西晋時王浮與帛遠論道佛之優劣。

② 如劉宋鄭道子、僧含撰《神不滅論》，慧琳撰《白黑論》、何承天撰《達性論》，主張神滅、天命以謗佛教；宗炳作《明佛論》、顏之推撰《釋何衡陽達性論》、劉少府撰《答何承天》破何承天之説。

③ 如東晋慧遠撰《沙門不敬王者論》《沙門袒服論》，以明佛教禮儀异於我國傳統之制；何無忌撰《難袒服論》以難破慧遠之説等。

④ ［唐］李延壽：《北史》，北京：中華書局，1974 年，第 359 頁。

⑤ 《牟子理惑論》是一篇記載佛教初入中土時的重要文獻，也是争議最多的一篇文章，全篇三十八問，凡一多萬字。其寫作時代存在分歧，或以爲東晋劉宋之作，或主張後漢之作。審其内容多引道家之言比况佛道，合於漢末儒、道思想興衰及佛教初傳的背景，當爲東漢末年佛教初入中土之作。

高行截容。君子以爲勇而死義，不聞識其自毀沒也。沙門剃除鬚髮，而比之於四人，不已遠乎？"

及至晋時，抨擊指斥僧人去鬚剃髮、毀傷體貌之聲仍不絕於耳。東晋孫綽乃繼《牟子理惑論》之後捍衛佛教立場，撰著《喻道論》①，以問答的形式對周孔之教與佛教的關係、出家是否違背孝道等問題進行了論證。

六朝齊世更有道士假張融之名義作《三破論》（入國破國、入家破家、入身破身）詆毀佛教，猛烈抨擊，其言尤峻。"入家而破家，使父子殊事，兄弟异法，遺弃二親，孝道頓絶。憂娛各异，歌哭不同。骨血生讎，服屬永弃。悖化犯順，無昊天之報，五逆不孝，不復過此。"抨擊尤爲嚴峻，故劉勰著《滅惑論》，汲汲爲之辯護。② 可見佛教東傳，在中土弘法布道，其最大的障礙即在於與中國固有的孝道思想相抵觸。是以釋門有識之徒於洞察障礙之根由後，爲消弭弘傳之障礙，化解與中土孝道之衝突，除辯護外，更是積極倡導孝道。一方面就佛教有關孝道思想的典籍加以翻譯流通，如東漢安世高譯《佛説父母恩難報經》，失譯人名之《佛説孝子經》，晋聖堅譯《佛説睒子經》，竺法護譯《盂蘭盆經》等是也。此外，更通過佛教典籍的義疏，因勢利導地發揚孝道思想，如吉藏《盂蘭盆經讚述》、慧净《盂蘭盆經讚述》、體清《父母恩重經疏》、宗密《盂蘭盆經疏》等，尤其宗密援引儒家孝道以疏釋《盂蘭盆經》，糅合中國孝道故事於注疏中，是表現佛教中國化的重要文獻。

另一方面唐五代俗講、齋會及盂蘭盆節民俗活動盛行，更是凸顯了佛教提倡孝道的努力與佛教中國化的發展軌迹。又如《父母恩重經》唐代以來雖然被斥而不入藏，然此經的内容特色則漸具中國化，並在民間廣爲流行；加以强調報恩度亡的《盂蘭盆經》與道教中元節結合，遂使六朝以來盂蘭盆會盛行，釋門、道徒、俗流，上至帝王下至百姓，皆於七月十五佛歡喜日作盂蘭盆供，以爲佛弟子修孝順、報父母長養之恩，此風歷代盛行不輟。

---

① 孫綽《喻道論》："或難曰：周、孔之教，以孝爲首，孝德之至，百行之本，本立道生通於神明，故子之事親，生則致其養，没則奉其祀，三千之責莫大無後，體之父母不敢夷毀，是以樂正傷足，終身含愧也。而沙門之道，委離所生，弃親即疏，刊剃鬚髮，殘其天貌，生廢色養，終絶血食，骨肉之親，等之行路；背理傷情，莫此之甚。"見《弘明集》卷八（CBETA，T52，No. 2102，pp. 16b5－17c25）。

② 劉勰《滅惑論》載《弘明集》卷八（CBETA，T52，No. 2102，pp. 49c3－51c10）。

歷經無數高僧大德的努力，一時佛教孝道典籍大爲流通，而佛教的孝道思想也爲之流行，遂使原與中土固有倫理思想抵觸的佛教逐漸轉爲相互調和，由調和而終至會通融合。

唐五代三破論之抨擊，也在佛教大力提倡孝道的苦心經營下漸趨緩和。儘管如此，世俗儒道之間對於佛教與孝道之爭論並未因之而平息。有唐一代，佛教之受攻擊者多矣，初唐傅奕之論難最爲稱著。關於毀傷體貌的問題，也因傅奕尚書請廢佛法僧而激起高潮。高祖難定取捨，乃下詔問僧。

南朝以來刺血寫經之風興唐五代尤盛，《舊唐書·肅宗本紀》載："上元二年正月甲午，上不康，皇后張氏刺血寫佛經。"① 皇后刺血寫經，必然上行下效。同時又有僧人大力鼓吹。如孫光憲（901—968）《北夢瑣言》記叙唐咸通中，有西川僧法進刺血寫經，聚眾教化寺，所司報之於高駢（821—887），高判云"斷臂既是凶人，刺血必非善事"②，是流風所致，愈行愈烈，以致深受社會詬病，乃成佛教新起的爭議焦點，而多有批判。李公度立難"刺血寫經"當是延續魏晋六朝以來儒釋道三教衝突，更是三破論入身破身之餘緒。增忍《三教毀傷論》在此環境下出現，而原爲標榜高僧出家、得道因緣，凸顯神异事迹的《靈州龍興寺白草院史和尚因緣記》特別抄録其《三教毀傷論》作爲全篇的核心，實具用心，旨在凸顯增忍和尚捍衛佛教的貢獻。

第五節　論難與佛教論義體制

敦煌寫本《靈州龍興寺白草院史和尚因緣記》內容當係根據增忍和尚的《三教毀傷論》進行改編而成，"和尚俗姓史氏，法號增忍。以節度使李公度尚書立難刺血寫經義"以下當爲《三教毀傷論》的原文。按：有關增忍的傳記見以宋贊寧《宋高僧傳》卷二十六"興福篇"第九之一《唐朔方靈武龍興寺增忍傳》，全文 472 字，主要記述釋增忍的生平事迹，其內

① ［後晋］劉昫《舊唐書》，北京：中華書局，1975 年，第 260 頁。
② ［五代］孫光憲撰，賈二强點校：《北夢瑣言》，北京：中華書局，2002 年，第 188 頁。

容與《靈州龍興寺白草院史和尚因緣記》有關的蓋爲開頭"釋增忍，俗姓史氏"及"忍刺血寫諸經。唐大中七年，李公慮其枯悴，躬往敦論曰師何獨善一身，行小乘行。胡不延惜生性，任持教法，所利博哉！忍執情膠固，遂著《三教毀傷論》以見志"，實際上，贊寧《增忍傳》僅提及其著有《三教毀傷論》，而並無《三教毀傷論》的隻言片語，亦未言及《三教毀傷論》的存佚。傳世文獻均未見有增忍《三教毀傷論》，史志目錄也未見著錄。敦煌寫本《靈州龍興寺白草院史和尚因緣記》各本抄寫年代蓋爲十世紀後期，其撰寫年代當稍早於贊寧《宋高僧傳》成書的北宋端拱元年（988）。詳審《靈州龍興寺白草院史和尚因緣記》的内容及文筆、用典等，當是根據增忍《三教毀傷論》原文稍事整飾成篇，雖未必是增忍《三教毀傷論》的全文，然基本保存了原著風貌，既可充實有關增忍的相關文獻，又可提供晚唐三教關係研究的珍貴史料。

《靈州龍興寺白草院史和尚因緣記》除了開頭"和尚俗姓史氏，法號增忍。以節度使李公度尚書立難刺血寫經義"外，其他 360 字基本都是根據《三教毀傷論》的原文修整成篇。全篇結構有二：前段 40 字，以"尚書曰難"開頭爲李公度尚書難；後段 320 字，以"史和尚答曰"開頭，"謹答"作結，當是史和尚增忍針對李公度尚書難所作的答。

按：論難體的起源甚早。"難"從東漢以來就已作爲獨立文體被著錄。論難並稱，早在東漢班固《漢書》中即已出現。[1] 然均指文士擅長論辯，並不具有文體意義。具文體意義的論難似自晋范曄《後漢書·賈逵傳》始，曰："（逵）著經傳義詁及論難百餘萬言。又作詩、頌、誄、書、連珠、酒令凡九篇，學者宗之，後世稱爲通儒。"[2] 其後《晋書》多有記載，除史書外，東晋李充《翰林論》有云："研核名理而論難生焉，論貴於允理，不求支離，若嵇康之論，成文美矣。"[3] 已對論難文體有了較爲的明確看法。魏晋南北朝論辯風氣的盛行促進了論辯型論體文的發達。論難文的使用更爲普遍，且深受佛教影響，而多所發展。

---

① 如《漢書》卷六十六贊曰："至宣帝時，汝南桓寬次公治《公羊春秋》舉爲郎，至廬江太守丞，博通善屬文，推衍鹽鐵之議，增廣條目，極其論難，著數萬言，亦欲以究治亂，成一家之法焉。"

② 《後漢書》卷三十六《賈逵傳》，北京：中華書局，1975 年，第 1240 頁。

③ 見《太平御覽》卷五百九十五"文部十一"，臺北：明倫出版社，1975 年，第 3065 頁。

　　據梁僧祐《弘明集》收録各家之論，文中有"難"有"答"，或題目標明"難"者之篇章頗多，如孫綽《喻道論》的開頭有孫綽的論，之後則有"答難"，如："難曰：周、孔適時而殺，佛欲頓去之，將何以懲暴止奸，統理群生者哉？答：不然，周、孔即佛，佛即周孔，蓋外内名之耳。故在皇爲皇，在王爲王。佛者，梵語，晋訓覺也。覺之爲義，悟物之謂。……故逆尋者每見其二，順通者無往不一。"又："或難曰：周、孔之教，以孝爲首，孝德之至，百行之本，本立道生通於神明，……皮之不存，毛將安附？此大乖於世教，子將何以袪之？答曰：此誠窮俗之所甚惑，倒見之爲大謬，諮嗟而不能默已者也。……以誣罔爲辯，以果敢爲名，可謂狎大人而侮天命者也。"①

　　又如鄭道子《神不滅論》開頭有論，之後則有"答難"，如："難曰：子推神照於形表，指太極於物先，誠有其義。然理貴厭心，然後談可究也。……既不資形，何理與形爲生？終不相違，不能相違，則生本是同，斷可知矣。答曰：有斯難也，形神有源，請爲子循本而釋之。夫火因薪則有火，無薪則無火，……神不賴形又如茲矣。神不待形，可以悟乎？"又"難曰：神不待形，未可頓辯。就如子言，苟不待形，則資形，之與獨照，其理常一。……佛理所明，而必陶鑄此神，以濟彼形。何哉？答曰：子之問，曰有心矣，此悠悠之所惑，而未暨其本者也。……如四時之於萬物，豈有心於相濟哉！理之所順，自然之所至耳。"②

　　孫綽《喻道論》、鄭道子《神不滅論》均是開頭有論，論後有一連多組的"難"與"答"。此外，《弘明集》中還收録有對方有論，己方難之，如宗居士炳《答何承天書難白黑論》《答何衡陽難釋白黑論》，何承天《釋〈均善難〉》，張融《門律》，周剡《難》，常侍朱昭之《難顧道士夷夏論》，高明二法師《答李交州淼難不見形事》等。

　　三教"論難"促進了"難"體的發展，"難"依"論"而生。及先有"論"，而後才有"難"。有"難"則有"答"，蓋皆以説理爲主，論與難相輔相成，結構既有一對一的駁辯，兩人針對同一主題，往返辯論，又有多對一的駁辯，一論既出，數篇競駁。"難……論"或"難……答"的流行，

---

① ［梁］僧祐《弘明集》卷三（CBETA，T52，No. 2102，pp. 16b5—17c25）。
② ［梁］僧祐《弘明集》卷五（CBETA，T52，No. 2102，pp. 27c28—29a16）。

逐漸形成文學難體的"答難"，用以專指應答他人所難的文辭。清王兆芳《文體通釋》："答難者，答本字作畲，對也，對答他人之難問也。主於對人詰駁，申釋卓見。"源出漢東方朔《答驃騎難》，流有張敞《答兩府人穀贖罪難問》，蕭望之《對兩府難問入穀贖罪議》，班勇《對譚顯難》《對毛軫難》，又鄭玄《答臨孝存碩周禮難》，晋蔡謨《答范寧難》。

敦煌寫本《靈州龍興寺白草院史和尚因緣記》保存了增忍《三教毀傷論》原貌，提供了考察唐五代論難體的發展材料。詳審全篇蓋"以節度使李公度尚書立難刺血寫經義"，史和尚增忍針對立難作答，當是以單純一難一答的判決難義而成篇。

另《靈州龍興寺白草院史和尚因緣記》保存的《三教毀傷論》文本，展現用語當理，發言簡潔，立論多有經典依據。誠如敦煌寫本 S. 1170《書儀新鏡（擬）》提及論義言論軌則所説的："夫立論端，語須當理，發言申吐，未要繁詞，若口用競紛紜，則上下踈失，言不關典，君子所慚。"足見增忍佛教論義習染下答難的文學表現，頗能體現道宣在《續高僧傳》卷一五《義解篇論》提及施設論義具有"擊揚以明其道，幽旨由斯得開""影響以扇其風，慧業由斯弘樹""抱疑以諮明決""安詞以拔愚箭"的功用與論辯特色。①

---

① 《大正新修大藏經》第五十卷（CBETA，T50，No. 2060，p. 549c1—5）。

附　録

一、敦煌寫本《十大弟子贊》録文

《十大弟子贊》計有 S.276V、P.3355V、P.3727、BD14546V、P.4968、S.5706、S.1042V、S.6006、羽025－1 等，全贊爲四言，十六句，八韻，一韻到底。兹以 S.5706 爲底本，參校各本，録文如下，爲省篇幅，不出校記。

舍利弗智惠第一

美哉身子，胎内傳芳，母談异昔，舅學殊方。八歲包括，十六論場。裸形舌卷，俱稀爪長。威逾龍象，智利金剛。頻鞞分衛，進止安庠。請説甘露，聞偈非常。遺簪脱履，歸依法王。

大目乾連神通第一

美哉采菽，身子情同。譬猶管鮑，膠投漆中。琢磨爲器，高挹淳風。誘諸异道，師我人雄。最上羅漢，第一神通。大入芥子，小遍虚空。梵志戰攝，魔王鞠躬。助宣妙法，永絶無窮。

摩河迦葉頭陀第一

美哉龜氏，積學資身。夫妻敬讓，處世無塵。心輝白玉，體耀黄銀。紹隆政教，拯濟沉淪。火宅虚僞，牛車實真。頭陀蘭若，弃富從貧。王城集法，鷲嶺潜身。龍花樹下，冀舉慈仁。

須菩提解空第一

美哉善吉，別號空生。襁褓之瑞，擅此嘉名。體達權實，窮研色聲。埃塵异水，蜃氣非城。愍傷蠢動，哀念含靈。嫌坐即立，疑住便行。三脫妙解，六度專明。怨親等想，無形現行。

富樓那説法第一

美哉滿願，初學深山。採果支命，披莎禦寒。外道徒黨，梵志衣冠。鍱腹智溢，明柈論端。身子折挫，意解情歡。剖析幽微，在義無難。辯流疾水，依然涅槃。

摩訶迦旃延論義第一

美哉扇繩，從臂立字。母最嬌憐，情無越异。挺特光顏，雍容雅志。論義高推，人天罕值。覆仰縱橫，支角俱備。慧炬常明，智刀恒利。聲聞外現，菩薩內秘。孰能若斯，何惟越智。

阿那律天眼第一

善截無滅，釋子秘傳。厭斯名利，軌則人天。螺蚌懸記，終身不眠。弃捨五蓋，割斷十纏。眼既失食，無由可痊。欲覽外道，仍依四禪。修德報德，果現周旋。半頭清净，徹見三千。

優波離持律第一

善哉上首，釋子追隨。雖沾財惠，皆留樹枝。恩愛已斷，情無所規。須髮既墮，法眼仍披。貴族前禮，憍慢山移。五篇妙達，七聚精知。迦葉有命，談柄便揮。汪汪桌涌，法水連猗。

二、《馬鳴菩薩傳》姚秦三藏鳩摩羅什譯[①]

趙鑫桐　鄭阿財點校

有大師名馬鳴菩薩，長老脇弟子也。時長老脇勤憂佛法，入三昧觀，誰堪出家，廣宣道化，開悟眾生者。見中天竺有出家外道，世智聰辯，善通論議，唱言："若諸比丘，能與我論議者，可打犍椎。如其不能，不足公鳴犍椎受人供養。"時長老脇始從北天竺欲至中國，城名釋迦。路逢諸沙彌，皆共戲之。大德長老與我富羅提即有持去者，種種嬈之，輒不以理。長老脇顏無異容，恬然不忤。諸沙彌中廣學問者，覺其遠大，疑非常人。試問其人，觀察所爲，隨問盡答，而行不足，意色深遠，不存近細。時諸沙彌具觀長老德量沖邃，知不可，倍加恭敬，咸共侍送。於是長老脇即以神力乘虛而逝，到中天竺，在一寺住，問諸比丘："何不依法鳴犍椎耶？"諸比丘言："長老摩訶羅有以故不打也。"問言："何故？"答言："有出家外道善能論議，唱令國中諸釋子沙門眾：'若其不能與我論議者，不得公鳴犍椎受人供養。'以有此言是故不打。"長老脇言："但鳴犍椎。設彼來者，吾自對之。"諸舊比丘深奇其言，而疑不能辨，集共議言："且鳴犍椎。外道若來，當令長老任其所爲。"即鳴犍椎。外道即問："今日何故打此木耶？"答言："北方有長老沙門來鳴犍椎，非我等也。"外道言："可令其來。"即出相見。外道問言："欲論議耶？"答言："然。"外道即形笑言："此長老比丘形貌既爾。"又言："不出常人，如何乃欲與吾論議？"即共要言。却後七日，當集國王大臣、沙門外道諸大法師於此論也。至六日夜，長老脇入於三昧，觀其所應。七日明旦，大眾雲集。長老脇先至，即升高座，顏色怡懌倍於常日。外道後來當前而坐，占視沙門容貌和悦，志意安泰。又復舉體，備有論相，便念言："將無非是聖比丘耶？志安且悦，又備論相。今日將成佳論議也。"便共立要，"若墮負者當以何罪？"外道言："若負者，當斷其舌。"長老脇言："此不可也。但作弟子足以允約。"

① 據《大正新修大藏經》，東京：大正一切經刊行會，大正十三年（1924）至昭和九年（1934）版，第 50 冊，第 183 頁上欄至第 184 頁上欄。參照《中華大藏經》《高麗藏》點校。

答言："可爾。"又問："誰應先語?"長老脇言："吾既年邁，故從遠來。又先在此坐，理應先語。"外道言："亦可爾耳。現汝所說，吾盡當破。"長老脇即言："當令天下泰平，大王長壽，國土豐樂，無諸災患。"外道默然，不知所言，論法無對，即墮負處，伏爲弟子，剃除鬚髮，度爲沙彌，受具足戒，獨坐一處，心自惟曰："吾才明遠識，聲震天下。如何一言致屈，便爲人弟子?"念已不悦。師知其心，即命入房，爲現神足種種變化。知師非恒，心乃悦伏，念曰："吾爲弟子，固其宜矣。"師語言："汝才明不易，真未成耳。設學吾所得法，根力覺道，辯才深達，明審義趣者，將天下無對也。"師還本國，弟子住中天竺，博通眾經，明達內外，才辯蓋世，四輩敬伏。天竺國王甚珍遇之。其後北天竺小月氏國王伐於中國，圍守經時。中天竺王遣信問言："若有所求，當相給與。何足苦困人民久住此耶?"答言："汝意伏者，送三億金當相赦耳。"王言："舉此一國無一億金，如何三億而可得耶?"答言："汝國內有二大寶，一佛鉢，二辯才比丘。以此與我足當二億金也。"王言："此二寶者，吾甚重之，不能捨也。"於是比丘爲王說法，其辭曰："夫含情受化者，天下莫二也。佛道淵弘，義存兼救。大人之德，亦以濟物爲上。世教多難，故王化一國而已。今弘宣佛道，自可爲四海法王也。比丘度人，義不容異，功德在心，理無遠近。宜存遠大，何必在目前而已?"王素宗重，敬用其言，即以與之。月氏王便還本國。諸臣議曰："王奉佛鉢，固其宜矣。夫比丘者，天下皆是當一億金，無乃太過。"王審知比丘高明勝達，導利弘深，辯才說法，乃感非人類。將欲悟諸群惑，餓七匹馬。至於六日旦，普集內外沙門異學，請比丘說法。諸有聽者，莫不開悟。王繫此馬於眾會前，以草與之馬嗜浮流，故以浮流草與之也馬垂淚聽法，無念食想。於是天下乃知非恒，以馬解其音故，遂號爲馬鳴菩薩，於北天竺廣宣佛法，導利群生，善能方便，成人功德，四輩敬重。復咸稱爲功德日。

三、《龍樹菩薩傳》姚秦三藏鳩摩羅什譯①

趙鑫桐　鄭阿財點校

　　龍樹菩薩者，出南天竺梵志種也。天聰奇悟，事不再告。在乳餔之中，聞諸梵志誦四圍陀典各四萬偈，偈有三十二字，皆諷其文而領其義。弱冠馳名，獨步諸國。天文、地理、圖緯、秘讖，及諸道術，無不悉綜。契友三人亦是一時之傑，相與議曰："天下理義可以開神明悟幽旨者，吾等盡之矣。復欲何以自娛？騁情極欲，最是一生之樂。然諸梵志道士，勢非王公，何由得之？唯有隱身之術斯樂可辦。"四人相視，莫逆於心，俱至術家求隱身法。術師念曰："此四梵志擅名一世，草芥群生。今以術故屈辱就我。此諸梵志才明絕世，所不知者唯此賤法。我若授之，得必弃我，不可復屈。且與其藥使用而不知，藥盡必來，永當師我。"各與青藥一丸，告之曰："汝在静處，以水磨之，用塗眼瞼，汝形當隱，無人見者。"龍樹磨此藥時，聞其氣即皆識之，分數多少，錙銖無失。還告藥師向所得藥有七十種，分數多少，皆如其方。藥師問曰："汝何由知之？"答曰："藥自有氣，何以不知？"師即嘆伏："若斯人者，聞之猶難，而況相遇。我之賤術何足惜耶！"即具授之。四人得術，縱意自在。常入王宮，宮中美人皆被侵凌。百餘日後，宮中人有懷妊者，懅以白王，庶免罪咎。王大不悦："此何不祥？爲怪乃爾。"召諸智臣以謀此事。有舊老者言："凡如此事，應有二種。或是鬼魅，或是方術。可以細土置諸門中，令有司守之，斷諸行者。若是術人，其迹自現，可以兵除；若是鬼魅，入而無迹，可以術滅。"即敕門者備法試之，見四人迹，驟以聞王。王將力士數百人入宮，悉閉諸門，令諸力士揮刀空斬，三人即死，唯有龍樹斂身屏氣，依王頭側，王頭側七尺刀所不至。是時始悟：欲爲苦本，眾禍之根，敗德危身，皆由此起。即自誓曰："我若得脱，當詣沙門，受出家法。"既出入山，詣一佛塔，出家受戒。九十日中，誦三藏盡。更求异經，都無得

①　據《大正新修大藏經》，東京：大正一切經刊行會，大正十三年（1924）至昭和九年（1934）版，第 50 册，第 184 頁上欄至第 185 頁下欄。參照《中華大藏經》《高麗藏》點校。

處，遂入雪山。山中有塔，塔中有一老比丘，以《摩訶衍》經典與之。誦受愛樂，雖知實義，未得通利。周遊諸國，更求餘經。於閻浮提中遍求不得，外道論師、沙門義宗咸皆摧伏。外道弟子白之言："師爲一切智人。今爲佛弟子，弟子之道諮承不足，將未足耶？未足一事，非一切智也。"辭窮情屈，即起邪慢心。自念言："世界法中津塗甚多。佛經雖妙，以理推之，故有未盡。未盡之中，可推而演之，以悟後學。於理不違，於事無失，斯有何咎？"思此事已，即欲行之。立師教戒，更造衣服，令附佛法而有小异。欲以除衆人情，示不受學，擇日選時，當與謂弟子受新戒，著新衣，獨在静處水精房中。大龍菩薩見其如是，惜而愍之，即接之入海，於宮殿中開七寶藏，發七寶華函，以諸方等深奧經典無量妙法授之。龍樹受讀九十日中，通解甚多，其心深入，體得寶利。龍知其心而問之曰："看經遍未？"答言："汝諸函中經多無量，不可盡也。我可讀者已十倍閻浮提。"龍言："如我宮中所有經典，諸處此比復不可數。"龍樹既得諸經一相，深入無生二忍具足。龍還送出，於南天竺大弘佛法，摧伏外道，廣明《摩訶衍》，作《優波提舍》十萬偈。又作《莊嚴佛道論》五千偈、《大慈方便論》五千偈、《中論》五百偈，令摩訶衍教大行於天竺。又造《無畏論》十萬偈，《中論》出其中。

時有婆羅門，善知咒術，欲以所能與龍樹諍勝。告天竺國王："我能伏此比，王當驗之。"王言："汝大愚癡！此菩薩者，明與日月争光，智與聖心並照。汝何不遜，敢不宗敬！"婆羅門言："王爲智人，何不以理驗之而見抑挫？"王見其言至爲，請龍樹、清旦共坐政聽殿上。婆羅門後至，便於殿前咒作大池，廣長清净，中有千葉蓮華，自坐其上而誇龍樹："汝在地坐，與畜生無异，而欲與我清净華上大德智人抗言論議。"爾時龍樹亦用咒術化作六牙白象，行池水上，趣其華座，以鼻絞拔，高舉擲地。婆羅門傷腰，委頓歸命龍樹："我不自量，毀辱大師。願哀受我，啓其愚蒙。"又南天竺王總御諸國信用邪道，沙門釋子一不得見，國人遠近皆化其道。龍樹念曰："樹不伐本則條不傾，人主不化則道不行。"其國政法，王家出錢，雇人宿衛。龍樹乃應募爲其將，荷戟前驅，整行伍勒部曲，威不嚴而令行，法不彰而物隨。王甚嘉之，問是何人。侍者答言："此人應募，既不食廪，又不取錢。而在事恭謹，閑習如此。不知其意何求何欲。"王召問之："汝是何人？"答言："我是一切智人。"王大驚愕而問言："一切智人曠代一有。汝自言是，何以驗之？"答言："欲知智在説王當見問。"
王即自念："我爲智主大論議師，問之能屈，猶不是名。一旦不如，此非
小事。若其不問，便是一屈。"遲疑良久，不得已而問之："天今何爲耶？"
龍樹言："天今與阿修羅戰。"王聞此言："譬如人噎，既不得吐，又不得
咽。欲非其言，復無以證之。欲是其事，無事可明。"未言之間，龍樹復
言："此非虛論求勝之談。王小待之，須臾有驗言訖，空中便有干戈兵器
相係而落。"王言："干戈矛戟雖是戰器，汝何必知是天與阿修羅戰？"龍
樹言："構之虛言不如校以實事。"言已，阿修羅手、足、指及其耳鼻從空
而下。又令王及臣民、婆羅門眾見空中清除兩陣相對。王乃稽首伏其法
化。殿上有萬婆羅門，皆弃束髮，受成就戒。是時有一小乘法師，常懷忿
疾。龍樹將去此世，而問之曰："汝樂我久住此世不？"答言："實所不願
也。"退入閒室，經日不出。弟子破户看之，遂蟬蛻而去，去此世已來至
今，始過百歲。南天竺諸國爲其立廟，敬奉如佛。其母樹下生之，因字阿
周陀那。阿周陀那，樹名也。以龍成其道，故以龍配字，號曰龍樹也，依
《付法藏傳》，即第十三祖師也。假餌仙藥，現住長壽二百餘年。住持佛
法，其所度人不可稱數。如法藏説。

四、《龍樹菩薩傳》（別本）姚秦三藏法師鳩摩羅什譯[①]

趙鑫桐　鄭阿財點校

大師名龍樹菩薩者，出南天竺梵志種也。天聰奇悟，事不再告。在乳哺之中，聞諸梵志誦《四韋陀典》各四萬偈，偈有四十二字，背誦其文而領其義。弱冠馳名，獨步諸國。世學藝能，天文、地理、圖緯、秘讖，及諸道術，無不悉練。契友三人亦是一時之傑，相與議曰：“天下義理可以開神明悟幽旨者，吾等盡之矣。復欲何以自娛？騁情極欲，最是一生之樂。然諸梵志道士勢非王公，何由得之？唯有隱身之術斯樂可辦。”四人相視，莫逆於心，俱至術家求隱身法。術師念曰：“此四梵志擅名一世，草芥群生。今以術故屈辱就我。我若咒法授之，此人才明絕世，所不知者唯此賤法。若得之便去，不復可屈。且與其藥，使日用而不知，藥盡必來，求可以術屈爲我弟子。”各與青藥一丸，告之曰：“汝於静處用水磨之，以塗眼瞼。則無有人能見汝形者。”龍樹菩薩磨藥聞氣，便盡知藥名，分數多少，錙銖無失。隨其氣勢，龍樹識之，還語術師：“此藥有七十種。分數多少，盡如其方。”藥師問曰：“汝何由知？”答曰：“藥自有氣，何以不知？”師即嘆伏：“顧斯人者，聞之猶難，而況相學。我之賤術何足惜耶？”即具授。其四人得術，隱身自在，入王宮中。宮中美人皆被侵陵。百餘日後，宮中人有懷妊者，以事白王。王大不悦：“此何不祥？爲怪乃爾。”召諸智臣以謀此事。有舊老者言：“凡如此事，應有二種，或鬼或術。可以細土置諸門中，令有司守之，斷諸術者。若是術人，足迹自現，可以兵除；若其是鬼，則無迹也。鬼可咒除，人可刀殺。”備法試之，見四人迹。即閉諸門，令數百力士，揮刀空斫。斫殺三人，唯有龍樹斂身屏氣，依王頭側，王頭側七尺刀所不至。是時始悟：欲爲苦本，厭欲心生。發出家願：若我得脱，當詣沙門求出家法。既而得出，入山詣佛塔，出家受戒。九十日中誦三藏盡，通諸深義。更求諸經，都無得處。雪山中深遠

---

① 據《大正新修大藏經》，東京：大正一切經刊行會，大正十三年（1924）至昭和九年（1934）版，第 50 册，第 185 頁下欄至第 186 頁上欄。參照《中華大藏經》《高麗藏》點校。

處有佛塔，塔中有一老比丘，以《摩訶衍經》與之，誦受愛樂。雖知實義，未得通利。周遊諸國，更求餘經。於閻浮提中遍求不得。外道論師、沙門義宗，咸皆摧伏。即起憍慢心，自念言："世界法中津塗甚多。佛經雖妙，以理推之故未盡，未盡之中可推而説之，以悟後學。於理不違，於事無失，斯有何咎？"思此事已，即欲行之。立師教誡，更造衣服，今附佛法，所別爲異。方欲以無所推屈，表一切智相，擇日選時，當與諸弟子受新戒，著新衣，便欲行之，獨在静室水精地房。大龍菩薩見其如此，惜而愍之，即接入海，於宮殿中開七寶藏，發七寶函，以諸方等深奧經典、無上妙法授之龍樹。龍樹受讀九十日中，通練其多，其心深入，體得實利。龍知其心而問之曰："看經遍未？"答言："汝諸函中經甚多，無量不可盡也。我所讀者已十倍閻浮提。"龍言："如我宮中所有經典，諸處此比復不可知。"龍樹即得諸經一箱，深入無生三忍具足。龍還送出。時南天竺王甚邪見，承事外道，毀謗正法。龍樹菩薩爲化彼故，躬持赤旛，在王前行，經歷七年。王始怪問："此是何人，在我前行？"答曰："我是一切智人。"王聞是已，甚大驚愕，而問之言："一切智人，曠代不有。汝自言是，何以驗之？"答言："欲知智在説，王當見問。"王即自念："我爲智主大論議師，問之能屈，猶不足名。一旦不如，此非小事。若其不問，便是一屈。"遲疑良久，不得已而問之："天今何爲耶？"龍樹言："天今與阿修羅戰。"王聞此言，譬如人噎，既不得吐，又不得咽。欲非其言，復無以證之。欲是其事，無事可明。未言之間，龍樹復言："此非虛論求勝之談。王小待之，須臾有驗。"言訖，空中便有干戈兵器相係而落。王言："干戈矛戟雖是戰器，汝何必知是天與阿修羅戰？"龍樹言："構之虛言，不如校以實事。"言已，阿修羅手、足、指及其耳、鼻從空而下。又令王及臣民、婆羅門眾，見空中清除，兩陣相對。王乃稽首，伏其法化。殿上有萬婆羅門，皆弃束髮，受成就戒。是時龍樹於南天竺大弘佛教，摧伏外道，廣明《摩訶衍》，作《優波提舍》十萬偈。又作《莊嚴佛道論》五千偈，《大慈方便論》五十偈，令摩訶衍教大行於天竺。又造《無畏論》十萬偈，於《無畏》中出《中論》也。時有婆羅門善知咒術，欲以所能與龍樹諍勝，告天竺國王："我能伏此比丘，王當驗之。"王言："汝大愚人！此菩薩者，明與日月爭光，智與聖心並照。汝何不遜，敢不推敬？"婆羅門言："王爲智人，何不以理驗之，而抑斷一切？"王見言至爲，請龍樹、清旦共坐政德殿上。婆羅門後至，便於殿前咒作大池，廣長清净，中有千葉蓮華。自坐其上而訶龍樹：“汝在地坐，如畜生無异。而欲與我清净華上大德智人抗言論議。”爾時龍樹亦以咒術化作一六牙白象，行池水上，趣其華坐，以鼻繳拔，高舉擲地。婆羅門傷腰委頓，歸命龍樹：“我不自量，毀辱大師。願哀受我，啓其愚蒙。”有一小乘法師，常懷忿嫉。龍樹問之言：“汝樂我久住世不？”答言：“實不願也。”退入閑室，經日不出。弟子破户看之，遂蟬蜕而去。去世已來，始過百歲。南天竺諸國爲其立廟，敬奉如佛。其母樹下生之，因字阿周陀那。阿周陀那，樹名也，以龍成其道，故以龍配字，號曰“龍樹”也。依《付法藏经》，即第十三祖。三百餘年任持佛法。

五、敦煌寫本《唯識論師世親菩薩本生緣》録文

　　敦煌寫本《唯識論師世親菩薩本生緣》，今所得見，計有 P.2680、P.3727 二件。

　　P.2680 正面第 1—24 行，首尾俱完，計 24 行。首題《唯識論師世親善薩本生緣》。

　　P.3727 第六葉正面末三行下半《唯識論師世親菩薩本生緣》結尾殘存。

　　以下謹以 P.2680 逐録如下，以資參考，爲省篇幅，不出校記。

唯識論師世親菩薩本生緣

　　世親菩薩者，如〔來〕滅後九百年，初出現於世，婆羅門種。以兄无著厭世非常，善説教中國時出家。兄修大乘，證得初地。弟樂小乘，毀謗大乘，不顧修習，在罽賓國，行小乘行。无著菩薩，既證初地，即作是念："我從聖者慈氏菩薩，親聞大乘甚深玄妙，唯餘世親，更无有人堪爲法器揚我教者。"唯化世親，遣二弟子往世親所，與爲侍者，初夜誦《无盡意經》，一人後夜誦《十地經》。彼二弟子，至世親所，後於异時，如其師教，一人初夜誦《无盡意經》，世親聞已，作如是言："雖有甚因，而无其果。"一人後誦《十地經》，世親聞已，作是思惟："前者是因，此是其果，因果相稱，我先毀訾，悲悔交集，我先毀訾，果由此舌，宜截斷之。"即執利刀，欲斷自舌，忽見无著住立其前，執持刀手，而謂之曰："夫大乘者，究竟之法，吾欲誨汝，汝當自語，諸佛聖教，改軌是誨。汝先以舌毀謗大乘，今應以舌廣釋之，空斷其舌，何所益乎？"作是語已，忽然不見。世親深悟，遂不斷舌。後至无著，請問大乘，无著爲彼廣説《瑜伽師地》之論，即證發光三味，一皆加行。无著菩薩造《攝論本》，令其造釋。授《十地經》，使其造論也。故此二論，世親菩薩初入大乘，創初造成。世親菩薩後因异時，釋經千部，造論五百，破於外道、小乘异執，豎爲盛宗，流於世。高建法撞，摧滅邪論，廣化有情。化緣將訖，便捨命行，門人悲感，起塔供養。或有傳説：世親菩薩者，付法中第廿一傳法人也。世親菩薩於罽賓國聽

《毗婆沙論》，造《俱舍論》。其時，五百羅漢造《毗婆沙論》，世規每日迫彼衲衣而坐，至夜歸房，遂結其頌，破彼宗見，造論成就，論頌亦成，遂寫一本與彼城中一老僧。世規走逃出城，彼城門有一泥神，手把銅鈴，有人偷物出城，神便撼鈴。世親出城，神撼其鈴。城中尋問，並无失脱，眾人怪之。因問人："見世親出城？"其老僧向諸羅漢説："世親去時，留一文書與我。"羅漢觀之，《毗婆沙》等盡被彼打破，遂使尋捉不得，即《俱舍論頌》是也。所有聖迹，略如別傳，此但略明耳。

六、敦煌寫本《唯識大師无著菩薩本生緣》録文

敦煌寫本《唯識大師无著菩薩本生緣》，今所得見，計有 P. 2680、P. 3727 二件。

P. 2680 正面第 25—39 行，首尾俱完，計 15 行。首題《唯識大師无著菩薩本生緣》。

P. 3727 第四葉正面第 9—24 行及第五葉背面抄《吕都知、陰都知與親友往來書狀》（擬）18 行。行間接抄正面《唯識大師无著菩薩本生緣》。

首尾俱完，首題《唯識大師无著菩薩本生緣》。正面 16 行。起"无著等薩者，佛滅度後九百年"，訖"无著答言：我不忘（妄）語"。背面分散書信行間，起"纔送如是"，訖"起塔供養"。

P. 2680 寫本保存良好，行書字迹清楚。P. 3727 抄寫雜亂，字迹相對模糊，二卷内容相同，文字小有差異，彼此有所互補。以下謹以 P. 2680 爲底本，P. 3727 並參酌前賢成果，校録成篇，以爲參考，爲省篇幅，不出校記。

唯識大師无著等薩本生緣

无著菩薩薩者，佛滅度後九百年，初出現世於北天竺，婆羅門種。厭世非常，善能説教，傾慕出家，既出家已，在於那闍哺利山中。雖久修道，於大乘法未能斷疑，求善知識，而行乞食。途中忽逢一老狗，蟲蛆食啖。見已，興悲，割自身肉以代其狗，无刀咼肉。至鐵師所，即借其刀，鐵師答言："汝是沙門，先不相識，有何典質？"无著告言："我无別物，但留錫杖，與爲質典，願與我刀，須臾却還。"即持其刀，往至狗所，以刀割肉，至於地上，抱取其狗，以舌舐蛆，狗忽不見。慈氏菩薩及諸眷屬，坐寶宮殿，空中而現，即告言之："善男子，汝何所願？"无著白言："我今惟願於大乘法无有疑惑。"慈氏菩薩即便爲彼，廣説《瑜伽師地》之論。其時，无著證法光三昧，位登初地，彌勒慈尊，忽然不見。却送其刀，鐵師告言："沙門无妄，何故違限，於時不還？"无著言："我不妄語，纔送如是。"鐵師報言："汝將其刀，直經六月。"无著再言："經今六月，

汝所言可實，故聞上僅一晝夜，下□百餘年，不延須臾，正當如此，賢聖
加持。"從此已後，造《瑜伽》《攝大乘論》《阿毗達磨論》等，廣開玄門，
立唯識中宗，年百五十，化利有情，廣度群品。化緣已畢，便捨命行，人
天咸感，起塔供養。

參考文獻

一、敦煌圖録

北京大學藏敦煌文獻：1—2［M］. 上海：上海古籍出版社，1995.

敦煌寶藏［M］. 臺北：新文豐出版公司，1981—1986.

敦煌研究院. 敦煌石窟全集［M］. 香港：商務印書館，2002.

俄羅斯科學院東方研究所聖彼得堡分所藏敦煌文獻：1—17［M］. 上海：上海古籍出版社，1992—2001.

法國國家圖書館藏敦煌西域漢文文獻：1—34［M］. 上海：上海古籍出版社，1995—2005.

方廣錩，吳芳思. 英國國家圖書館藏敦煌遺書［M］. 桂林：廣西師範大學出版社，2011—2017.

甘藏敦煌文獻：1—6［M］. 蘭州：甘肅文化出版社，2000.

國家圖書館藏敦煌遺書：1—146［M］. 北京：北京圖書館出版社，2005—2012.

秋山光和. 西域美術：ギメ美術館ペリオ. コレクション［M］. 東京：講談社，1994—1995.

上海博物館藏敦煌吐魯番文獻：1—2［M］. 上海：上海古籍出版社，1993.

上海圖書館藏敦煌吐魯番文獻：1—4［M］. 上海：上海古籍出版社，1999.

台東區立書道博物館所藏：中村不折舊藏禹域墨書集成［M］. 東京：文部科學省科學研究費特定領域研究《東アジア出版文化の研究》総括班，2005.

武田科学振興財團杏雨書屋. 敦煌秘笈影片册：1—9［M］. 大阪：武田科学振興財團，2009—2013.

西域美術：大英博物館スタイン. コレクション［M］. 東京：講談社，1982—1984.

浙江藏敦煌文獻［M］. 杭州：浙江教育出版社，2000.

中國社會科學院歷史研究所. 英藏敦煌文獻：漢文佛經以外部分：1—15［M］. 成都：四川人民出版社，1990—2010.

中國石窟：敦煌莫高窟［M］. 北京：文物出版社，1982—1987.

二、古籍

道宣. 續高僧傳［M］. 北京：中華書局，2014.

董誥等. 全唐文［M］. 北京：中華書局，1983.

段成式. 酉陽雜俎·續集［M］. 北京：中華書局，1981.

李昉. 太平廣記［M］. 北京：中華書局，1961.

李昉. 文苑英華［M］. 北京：中華書局，1966.

李肇. 翰林志［M］. 上海：上海古籍出版社，1988.

日本大正一切經刊行會. 大正新修大藏經［M］. 臺北：新文豐出版公司影印，1983.

釋慧皎. 高僧傳［M］. 北京：中華書局，1992.

釋僧祐. 出三藏記集［M］. 北京：中華書局，1995.

唐臨. 冥報記［M］. 北京：中華書局，1992.

新編卍續藏經［M］. 臺北：新文豐出版公司影印，1993.

嚴可均. 全上古三代秦漢三國六朝文［M］. 北京：中華書局，1991.

贊寧. 宋高僧傳［M］. 北京：中華書局，1961.

三、学术專著

（一）中文部分

巴宙. 敦煌韻文集［M］. 臺北：佛教文化服務處，1956.

柴劍虹. 敦煌古小説淺説［M］//1990年敦煌學國際研討會文集. 瀋陽：遼寧美術出版社，1995.

柴劍虹. 因緣（緣起）附因緣記［M］//敦煌吐魯番學論稿. 杭州：

浙江教育出版社，2000.

陳寅恪. 陳寅恪先生論文集［M］. 北京：生活·讀書·新知三聯書店，2001.

陳祚龍. 敦煌學海探珠［M］. 臺北：臺灣商務印書館，1977.

陳祚龍. 關於研究無著、世親的生平及其"著述"之新資料［M］//中華佛教文化史散策三集. 臺北：新文豐出版公司，1981.

陳祚龍. 新校重訂敦煌古抄僧讚集［M］//中華佛教文化史散策三集. 臺北：新文豐出版公司，1981.

戴密微. 唐代的入冥故事——黄仕强［M］//敦煌譯叢：第一輯. 蘭州：甘肅人民出版社，1985.

竇懷永，張涌泉. 敦煌小説合集［M］. 杭州：浙江文藝出版社，2010.

杜斗成. 敦煌本佛説十王經校録研究［M］. 蘭州：甘肅教育出版社，1989.

敦煌研究院編. 敦煌石窟内容總録［M］. 北京：文物出版社，1996.

敦煌研究院編. 敦煌遺書總目索引新編［M］. 北京：中華書局，2000.

樊錦詩. P. 3317 號敦煌文書及其與莫高窟第 61 窟佛傳故事畫關係之研究［M］//華學：9、10 合輯，上海：上海古籍出版社，2008.

方廣錩. 敦煌遺書中多主題遺書的類型研究（一）［M］//中國社會科學院敦煌學迴顧與前瞻學術研討會論文集. 上海：上海古籍出版社，2012.

郭良鋆. 佛陀和原始佛教思想［M］. 北京：中國社會科學出版社，2011.

郝春文. 唐後期五代宋初敦煌僧尼的社會生活［M］. 北京：中國社會科學出版社，1998.

郝春文. 英藏敦煌社會歷史文獻釋録［M］. 北京：社會科學文獻出版社，2001—2017.

荒見泰史. 法照門徒的念佛法事與《法照傳》的宣唱［M］//饒學與華學第二屆饒宗頤與華學暨香港大學饒宗頤學術館成立十周年慶典國際學術研討會論文集（上、下册），上海：辭書出版社，2016.

黃征，張涌泉. 敦煌變文集校注［M］. 北京：中華書局，1997.

季羨林. 大唐西域記校注［M］. 北京：中華書局，2000.

紀贇. 慧皎《高僧傳》研究［M］. 上海：上海古籍出版社，2009.

姜伯勤，項楚，榮新江. 敦煌邈真讚校錄並研究［M］. 臺北：新文豐出版公司，1994.

姜伯勤. 敦煌藝術宗教與禮樂文明［M］. 北京：中國社會科學出版社，1996.

金岡照光. 關於敦煌本高僧傳因緣［M］//古典文學 7. 臺北：臺灣學生書局，1985.

李小強，鄧啓兵. "成渝地區"中東部僧伽變相的初步考察及探略［M］//石窟寺研究：第 2 輯. 北京：文物出版社，2011.

李小榮. 敦煌佛教音樂文學研究［M］福州：福建人民出版社，2007.

劉林魁. 集古今佛道論衡校注［M］. 北京：中華書局，2018.

陸揚. 文本性與物質性交錯的中古中國專號導言［M］//唐研究：23 卷文本性與物質性交錯的中古中國專號. 北京：北京大學出版社，2017.

吕澂. 印度佛學源流略講［M］. 上海：上海人民出版社，2002.

馬世長. 泗州和尚、三聖像與僧伽三十二變相圖［M］//藝術史研究：第 11 輯. 廣州：中山大學出版社，2009.

潘重規. 敦煌變文集新書［M］. 臺北：文津出版社，1994.

潘重規. 敦煌壇經新書［M］. 臺北：佛陀教育基金會，1994.

平野顯照. 唐代小説與佛教［M］. 張桐生，譯. 臺北：業強出版社，1987.

冉雲華. 中國佛教研究論集［M］. 臺北：東初出版社，1990.

榮新江. 敦煌學十八講［M］. 北京：北京大學出版社，2001.

榮新江. 歸義軍史研究［M］. 上海：上海古籍出版社，1996.

釋圓仁. 入唐求法巡禮行記校注［M］. 石家莊：花山文藝出版社，1992.

宋家鈺，劉忠. 英國收藏敦煌漢藏文獻研究［M］. 北京：中國社會科學出版社，2000.

蘇晋仁，蕭鍊子. 出三藏記集［M］. 北京：中華書局，1995.

蘇遠鳴. 敦煌石窟中的瑞像圖［M］//法國學者敦煌學論文選萃. 北

京：中華書局，1993.

孫昌武. 觀世音應驗記三種 [M]. 北京：中華書局，1994.

孫修身. 劉薩訶和尚事迹考 [M] //1983 年全國敦煌學術討論會文集. 蘭州：甘肅人民出版社，1985.

孫修身. 莫高窟佛教史蹟畫介紹（一）[M] //敦煌研究論文集. 蘭州：甘肅人民出版社，1982.

湯用彤. 高僧傳 [M]. 北京：中華書局，1992.

湯用彤. 漢魏晉南北朝佛教史 [M]. 北京：中華書局，1983.

汪泛舟. 敦煌僧詩校輯 [M]. 蘭州：甘肅人民出版社，1994.

汪泛舟. 敦煌詩解讀 [M]. 北京：世界圖書出版有限公司，2015.

汪泛舟. 敦煌石窟僧詩校釋 [M]. 香港：香港和平圖書有限公司，2002.

汪娟. 敦煌禮懺文研究 [M]. 臺北：法鼓文化事業公司，1998.

王國良. 劉薩訶和尚因緣記探究 [M] //新世紀敦煌學論集. 成都：巴蜀書社，2003.

王國良. 冥祥記研究 [M]. 臺北：文史哲出版社，1999.

王惠民. 敦煌圖贊形式繪畫 [M] //佛教藝術模式與樣式. 上海：上海大學出版社，2017.

王書慶. 敦煌佛學·佛事篇 [M]. 蘭州：甘肅民族出版社，1995.

王志鵬. 敦煌佛教歌辭研究 [M]. 北京：高等教育出版社，2013.

王重民，劉銘恕，等. 敦煌遺書總目索引 [M]. 北京：商務印書館，1962.

王重民. 敦煌遺書論文集 [M]. 北京：中華書局，1984.

魏普賢. 劉薩訶和莫高窟 [M] //法國學者敦煌學論文選萃. 北京：中華書局，1993.

謝和耐，蘇遠鳴，等. 法國學者敦煌學論文選萃 [M]. 耿升，譯. 北京：中華書局，1993.

徐俊. 敦煌佛教贊頌寫本叙録——法藏部分六種 [M] //項楚先生欣開八秩頌壽文集. 北京：中華書局，2012.

徐俊. 敦煌詩集殘卷輯考 [M]. 北京：中華書局，2000.

顏廷亮. 敦煌文學 [M]. 蘭州：甘肅人民出版社，1989.

顏廷亮. 敦煌文學概論［M］. 蘭州：甘肅人民出版社，1993.

楊寶玉. 敦煌本佛教靈驗記校注並研究［M］. 蘭州：甘肅人民出版社，2009.

姚崇新，劉青莉. 四川安岳西禪寺石窟僧伽三十二化變相及相關問題［M］//藝術史研究：第 13 輯，廣州：中山大學出版社，2011.

印順法師. 原始佛教盛典之集成［M］. 臺北：正聞出版社，1994.

尤李. 唐代幽州地區的佛教與社會［M］. 北京：中國社會科學出版社，2019.

于春，王婷. 綿陽龕窟———四川綿陽古代造像調查研究報告集［M］. 北京：文物出版社，2010.

張廣達，榮新江. 上古于闐的塞種居民［M］//于闐史叢考. 上海：上海辭書出版社，1993.

張廣達，榮新江. 于闐史叢考［M］. 上海：上海辭書出版社，1993.

張錫厚. 全敦煌詩［M］. 北京：作家出版社，2006.

張涌泉. 敦煌寫本文獻學［M］. 蘭州：甘肅教育出版社，2013.

鄭阿財. 敦煌佛教靈應故事綜論［M］//佛學與文學——佛教文學與藝術學術研討會論文集：文學部分. 臺北：法鼓文化，1998.

鄭阿財. 敦煌孝道文學研究［M］. 臺北：石門圖書公司，1982.

鄭阿財. 敦煌寫本《佛頂心觀世音菩薩救難神驗經》研究［M］//新國學. 成都：巴蜀書社，1999.

鄭阿財. 敦煌寫卷懺悔滅罪金光明經傳初探［M］//慶祝潘石禪先生九秩華誕敦煌學特刊. 臺北：文津出版社，1996.

鄭阿財. 敦煌寫卷金光明經懺悔滅罪冥報傳研究［M］//敦煌文藪：下冊. 臺北：新文豐出版公司，1999.

鄭阿財. 敦煌疑偽經與靈驗記關係之考察［M］//漢語史學報專輯：第三輯，上海：上海教育出版社，2003.

鄭阿財. 見證與宣傳：敦煌佛教靈驗記研究［M］. 臺北：新文豐出版公司，2010.

鄭炳林. 敦煌碑銘贊輯釋［M］. 蘭州：甘肅教育出版社，1992.

鍾書林，張磊. 敦煌文研究與校注［M］. 武漢：武漢大學出版社，2014.

周紹良. 敦煌文學芻議及其他［M］. 臺北：新文豐出版公司，1992.

周叔迦，蘇晉仁. 法苑珠林校注［M］. 北京：中華書局，2003.

（二）外文部分

長部和雄. 唐代密教史雜考［M］. 神户：神户商科大學研究會，1971.

池田温. 中國古代寫本識語集録［M］// 東洋文化研究所叢刊第 11 輯. 東京：東京大學東洋文化研究所，1990.

池田温等. 講座敦煌 5 敦煌漢文文獻［M］. 東京：大東出版社，1992.

金岡照光. 敦煌の文學文獻［M］. 東京：大東出版社，1990.

牧田諦亮. 六朝古逸觀世音應驗記の研究［M］. 京都：平樂寺書店，1970.

牧田諦亮. 疑經研究［M］. 京都：京都大學人文科學研究所，1976.

牧田諦亮. 中國佛教史研究［M］. 東京：大東出版社，1984.

矢吹慶輝. 鳴沙餘韻解説［M］. 東京：岩波書店，1933.

松本榮一. 敦煌畫の研究：圖像篇［M］. 東方文化學院東方研究所，1937.

田中良昭. 『付法藏因緣傳』と『付囑法藏傳略抄』［M］//敦煌禪宗文獻の研究. 東京：大東出版社，1983.

韋陀，秋山光和. 西域美術——大英博物館斯坦因搜集品：第三卷［M］. 東京：講談社，1984.

鹽入良道. 中國における佛教懺法の成立［M］. 東京：東京大正大學天台學研究室，2007.

Lionel Giles：*Descriptive catalogue of the Chinese manuscripts from Tunhuang in the British Museum*，London，1957.

Stephen F. Teiser：*The Scripture on the Ten Kings*，University of Hawaii Press，1994.

四、期刊論文

（一）中文部分

陳明. 漢譯佛經中的偈頌簡要辨析 [J]. 南亞研究，2007 (2).

陳祚龍. 劉薩訶研究——敦煌佛教文獻解析之一 [J]. 華岡佛學學報，1973 (3).

定源. 日藏唐抄本《畫圖讚文》及其作者考述 [J]. 域外漢籍研究集刊，2017 (15).

杜斗城. 釋慧遠 [J]. 敦煌學輯刊，1983 (4).

方廣錩. 敦煌遺書中寫本的特异性——寫本學札記 [J]. 敦煌吐魯番研究，2014.

肥田路美. 涼州番禾縣瑞像故事及造型 [J]. 敦煌學輯刊，牛源，譯. 2006 (2).

高秀軍，李向東. 新發現資中月仙洞兩龕僧伽變相初考 [J]. 敦煌研究，2016 (2)，

侯傳文. 中印佛教傳記文學比較研究 [J]. 東方論壇，2017 (6).

霍熙亮. 莫高窟第 72 窟及其南壁劉薩訶與涼州聖容佛瑞像史迹變 [J]. 文物，1993 (3).

紀應昕. 劉薩訶研究綜述 [J]. 敦煌學國際聯絡委員會通訊，2017.

賴鵬舉. 北傳大乘佛教的起點——紀元後西北印以"釋迦佛"爲中心的思想、造像與禪法 [J]. 普門學報，2001 (3).

李會智，師煥英. 净影慧遠生平小考 [J]. 五臺山研究，2002 (1).

劉長東. 法照事迹新考 [J]. 佛学研究，1998 (7).

劉苑如. 重繪生命地圖——聖僧劉薩荷形象的多重書寫 [J]. 中國文哲研究集刊，2009 (34).

盧秀文. 劉薩訶研究綜述 [J]. 敦煌研究，1991 (3).

羅世平. 敦煌泗州僧伽經像與泗州和尚信仰 [J]. 美術研究，1993 (1).

馬德. 敦煌佛教文獻的再認識 [J]. 中國佛學院學報，2004 (22).

馬格俠. 敦煌《付法藏傳》與禪宗祖師信仰 [J]. 敦煌學輯刊，2007 (3)。

馬世長. 莫高窟第 323 窟佛教感應故事畫 [J]. 敦煌研究，1982 (1).

牛長立. 論古代泗州僧伽像僧、佛、俗神的演化進程 [J]. 宗教學研究，2016 (2).

潘重規. 敦煌卷子俗寫文字與俗文學之研究 [J]. 木鐸，1980.

錢光勝. 敦煌寫卷《靈州龍興寺白草院史和尚因緣記》與唐五代的刺血寫經 [J]. 敦煌研究，2017 (6).

尚麗新. 敦煌本劉薩訶因緣記解讀 [J]. 文獻，2007 (1).

尚麗新. 敦煌高僧劉薩訶的史實與傳説 [J]. 西南民族大學學報（人文社科版），2007 (4).

尚麗新. 高僧劉薩訶的傳説 [J]. 文史知識，2006 (5).

尚麗新. 劉薩訶信仰解讀——關於中古民間佛教信仰的一點探索 [J]. 東方叢刊，2006 (3).

尚麗新. 劉薩訶研究綜述 [J]. 敦煌學輯刊，2009 (1).

史葦湘. 劉薩訶與敦煌莫高窟 [J]. 文物，1983 (6).

孫尚勇. 中古漢譯佛經偈頌體式研究 [J]. 普門學報，2005 (27).

孫曉崗. 僧伽和尚像及遺書《僧伽欲入涅槃説六度經》有關問題考 [J]. 西北民族研究，1998 (2).

孫修身，党壽山.《涼州御山石佛瑞像因緣記》考釋 [J]. 敦煌研究，1983 (1).

孫修身. 古涼州番禾縣調查記 [J]. 西北民族文叢，1983 (3).

孫應杰. 僧伽生平和僧伽信仰考 [J]. 世界宗教研究，2017 (1).

邰惠莉. 敦煌寫本《佛圖澄所化經》初探 [J]. 敦煌研究，1998 (4).

汪娟. 佛名經典與佛教禮懺的關係 [J]. 法鼓佛學學報，2007 (1).

汪娟. 中土瑞像傳説的特色與發展——以敦煌瑞像作爲考察的起點 [J]. 敦煌吐魯番研究，2015 (15).

王書慶，楊富學. 也談敦煌文獻中的《付法藏因緣傳》[J]. 敦煌學輯刊，2008 (3).

文静，魏文斌. 唐代石雕劉薩訶瑞像初步研究 [J]. 華夏考古，2011 (2).

曉菁. 唐代僧人出家因緣考——以《宋高僧傳》爲主要考證依據 [J]. 第十八屆全國佛學論文聯合發表會論文集，2007.

徐蘋芳. 僧伽造像的發現和僧伽崇拜 [J]. 文物，1996 (5).

許尤娜. 敦煌寫本 S. 3074《高僧傳略》考釋 [J]. 第二十四屆全國佛學論文聯合發表會論文集，2013.

楊明璋. 敦煌本《唯識大師無著菩薩本生緣》《唯識論師世親菩薩本生緣》之文本屬性與故事源流 [J]. 中國學術年刊, 2018 (40).

楊明璋. 敦煌文獻中的高僧贊抄及其用途 [J]. 敦煌寫本研究年報, 2018 (12).

楊明璋. 泗州僧伽和尚神异傳説研究——以敦煌文獻爲中心的討論 [J]. 中國學術年刊, 2017 (39).

于春. 四川夾江千佛岩摩崖造像初步研究 [J]. 考古與文物, 2014 (3).

于君方. "僞經" 與觀音信仰 [J]. 中華佛學報, 1995 (8).

張富春. 贊體新變：佛教題材及五言詩贊之開拓——以東晋名僧支遁詩文爲例 [J]. 回眸一瞥·當代文壇, 2014 (1).

張善慶. "李師仁" 實乃稽胡離石劉薩訶 [J]. 文献, 2016 (3)。

鄭阿財. 從敦煌文獻論靈驗故事在唱導活動的運用 [J]. 敦煌研究, 2014 (3).

鄭阿財. 敦煌本《因緣記》之性質及其在佛教弘傳的運用 [J]. "敦煌與中外關係國際學術研討會" 論文, 敦煌研究院, 2015.

鄭阿財. 敦煌寫本《隋净影寺沙門惠遠和尚因緣記》研究 [J]. 敦煌研究, 2017 (1).

鄭阿財. 敦煌寫卷《釋智興鳴鐘感應記》研究 [J]. 九州學刊, 1995 (4).

鄭阿財. 幾件極具深意的敦煌特殊寫經 [J]. 人乘佛刊, 2007 (12).

鄭阿財. 論敦煌俗字與寫本學之關係 [J]. 敦煌研究, 2006 (6).

鄭阿財. 寫本原生態及文本視野下的敦煌高僧贊 [J]. 敦煌學輯刊, 2008 (1).

鄭炳林. 敦煌寫本邈真贊所見真堂及其相關問題研究——關於莫高窟供養人畫像研究之一 [J]. 敦煌研究, 2006 (6).

鄭炳林. 晚唐五代敦煌康氏家族與歸義軍瓜州刺史康秀華考 [J]. 敦煌研究, 2018 (3).

鄭弌. 從祭祀到紀功——唐五代敦煌 "邈真" 圖像的空間與禮儀 [J]. 美術, 2014 (7).

鄭弌. 佛裝與佛化——中古時期泗州僧伽信仰與圖像的在地化 [J].

中國國家博物館館刊，2016（12）.

周紹良. 唐代的變文及其他［J］. 文史知識，1985（12）.

朱鳳玉. 論講唱活動在敦煌佛教寺院的傳播——以莫高窟三界寺爲例［J］. 敦煌學，2017（33）.

（二）外文部分

程正. 法照撰《浄土法身讚》の依據文獻について［J］. 印度學佛教學研究，2004（53）.

川崎ミチコ. 佛母讚管見［J］. 東洋學論叢，1988（41）.

村田澪. 六朝隋唐時期的佛典書寫思想的考察［J］. 日本中國學會『日本中國學會第一迴若手シンポジウム論文集中國學内新局面』，2012.

肥田路美. 夾江千佛岩 091 號三聖僧龕研究［J］. 臧衛軍，譯. 四川文物，2014（4）.

肥田路美. 四川省夾江千佛岩の僧伽. 寶誌. 萬迴三聖龕について［J］. 早稲田大學大學院文學研究科紀要第 3 分冊，2013.

馬淵和夫. 懺悔滅罪金光明經傳［J］. 國語與國文學論集・永山勇博士退官紀念會，1974.

牧田諦亮. 中國に於ける民俗佛教成立の一過程泗州大聖僧伽和尚について［J］. 東方學報，1954（25）.

平野顯照. 關於刺血爲墨的寫經［J］. 書論，1977（10）.

仁井田陞. 敦煌發見の十王經圖卷に見えたる刑法史料［J］. 東洋學報，1938（15）.

山口正晃. 《十方千五百佛名經》全文復元の試み［J］. 敦煌寫本研究年報，2011（5）.

上山大峻. 敦煌出土《浄土法身讚》について［J］. 真宗研究，1976（21）.

小川貫一. 十王生七經讚圖卷の構造［J］. 佛教文化史研究，1973（5）.

小野勝年. 敦煌の釋迦瑞像圖［J］. 龍谷史壇，1970（63）.

徐銘. 敦煌本讚文類小考——唱導、俗講、變文との關わりより［J］. 敦煌寫本研究年報，2013（7）.

竺沙雅章. 敦煌の僧官制度［J］. 中國佛教社會史研究，1982（2）.

諏訪義純. 手の皮を剥て净土をえがだ小考［J］. 愛知學院大學人間文化研究所報，1900（16）.

佐藤哲英. 法照和尚佛讚について［J］. 佛教史學，1952（3）.

佐藤哲英. 法照和尚念佛讚の紙背文書について［J］. 佛教學研究，1951（5）.

KIESCHNICK，John（柯嘉豪）Blood Writing in Chinese Buddhism. *Journal of the International Association of Buddhist Studies* 23，2，2000.

五、學位論文

林仁昱. 敦煌佛教歌曲之研究［D］. 嘉義：中正大學，2001.

林曉君. 泗州佛信仰研究［D］. 福州：福建師範大學，2007.

耿朝暉. 釋慧皎《高僧傳》文學探析［D］. 西安：陝西師範大學，2011.

張志勇. 唐代頌讚文體研究［D］. 保定：河北大學，2010.

張家豪. 唐代佛傳文學研究［D］. 嘉義：中正大學，2019.

梅雪.《靈州龍興寺白草院史和尚因緣記》研究［D］. 蘭州：蘭州大學，2019.

黃敬家. 贊寧《宋高僧傳》敘事研究［D］. 臺北：臺灣師範大學，2006.

六、學術網址

中華電子佛典協會，"CBETA 電子佛典集成"，網址：http://www.cbeta.org/

英國國家圖書館，"國際敦煌項目"（International Dunhuang Project）簡稱（IDP）。網址：http://idp.bl.uk/http：//idp.nlc.cn/

敦煌研究院－敦煌學研究－http://public.dha.ac.cn/